忆萨马兰奇

——改变世界体育21年的国际奥委会主席

［西］佩德罗·帕拉西奥斯
［西］埃德加·蒙胡瓦
［西］胡安·曼纽尔·苏拉卡

Pedro Palacios
Edgar Mont-Roig
Juan Manuel Surroca

温 冰 译

人民体育出版社

图书在版编目(CIP)数据

忆萨马兰奇：改变世界体育21年的国际奥委会主席/（西）佩德罗·帕拉西奥斯，（西）埃德加·蒙胡瓦，（西）胡安·曼纽尔·苏拉卡著；温冰译．–北京：人民体育出版社，2019
ISBN 978-7-5009-5553-5

Ⅰ.①忆⋯ Ⅱ.①佩⋯ ②埃⋯ ③胡⋯ ④温⋯ Ⅲ.①萨马兰奇（Samaranch, Juan Antonio 1920-2010）–生平事迹 Ⅳ.①K835.515.47

中国版本图书馆CIP数据核字（2019）第069819号

*

人民体育出版社出版发行
北京中科印刷有限公司印刷
新 华 书 店 经 销

*

880×1230 16开本 28.75印张 1000千字
2019年5月第1版 2019年5月第1次印刷
印数：1—3,000册

*

ISBN 978-7-5009-5553-5
定价：200.00元

社址：北京市东城区体育馆路8号（天坛公园东门）
电话：67151482（发行部） 邮编：100061
传真：67151483 邮购：67118491
网址：www.sportspublish.cn
（购买本社图书，如遇有缺损页可与邮购部联系）

编委会

中国奥委会　　刘　鹏　　杨树安　　宋鲁增

萨马兰奇家族　　玛丽娅·特蕾莎·萨马兰奇
　　　　　　　　　胡安·安东尼奥·萨马兰奇

萨马兰奇体育发展基金会　　于再清　　严建昌

顾 问 委 员 会　　弗朗索瓦丝·兹韦费尔　　费尔南多·利巴
　　　　　　　　　　爱尔维拉·拉米尼　　　　佩德罗·帕拉西奥斯
　　　　　　　　　　艾利克斯·吉拉迪

萨马兰奇，中国人民的老朋友

北京2008年奥运会的成功举办，为中国和中国人民留下了丰富的遗产。中国奥委会和中国体育界一直致力传承这笔宝贵的财富。为此，我们积极支持萨马兰奇体育发展基金会，以多种形式延续萨马兰奇与中国人民，特别是与中国体育界的深厚情谊。

萨马兰奇是奥林匹克运动的杰出领导者，他将自己毕生的精力献给了推广奥林匹克运动，献给了世界的和平与发展。在领导国际奥委会的21年中，他大力推进改革，从而让奥林匹克运动充满勃勃生机。卸任国际奥委会主席职务后，年逾八旬的他还继续为西班牙和中国的文化体育交流、为促进两国的友好关系奔波。萨马兰奇一直理解、赞赏和重视中国在重大国际体育事务中所持的原则立场，关心和支持中国体育事业的发展。萨马兰奇仰慕中国悠久的历史和文化，曾先后29次来华访问，在中国，尤其在中国体育界几乎家喻户晓。萨马兰奇在中国深受尊敬和爱戴，正如他所说："我一生中得到过许多的荣誉和称号，但我最为珍惜的称号是——中国人民的老朋友。"

《忆萨马兰奇》由跟随萨马兰奇多年的西班牙记者佩德罗·帕拉西奥斯撰写，并已经翻译成了英文和中文。中文版《忆萨马兰奇》的出版具有特殊意义，它为中国人民进一步了解这位中国人民的老朋友的生涯和业绩，了解近代奥林匹克运动重大事件背后的故事增添了一个可信渠道。在此，我谨向所有为出版本书付出努力的人们表示敬意。

祝萨马兰奇家族与中国的友谊得到进一步传承！祝中西体育界的友谊源远流长！

刘鹏
中国奥委会名誉主席

萨马兰奇，奥林匹克运动无可争议的领导人

国际奥委会主席胡安·安东尼奥·萨马兰奇为塑造现代奥林匹克运动做出了杰出贡献。在国际奥林匹克运动日渐式微，甚至已深陷危机之时，他接任国际奥委会主席。其后20年，在他领导下，奥林匹克运动不断发展壮大，成为现代化的、空前团结的运动，奥运会也成为影响遍及世界的真正的全球盛会。

自1981年在德国巴登-巴登举行的奥林匹克大会上我们相识起，他就成为我们的导师并带领我们前进。我作为运动员代表在大会上发言。他克服重重阻力，采取了激励运动员的多项措施。最终，在他的努力下成立了国际奥委会运动员委员会，使运动员和奥林匹克运动受益至今。

国际奥委会运动员委员会的创立只是萨马兰奇诸多宝贵遗产中的一个。胡安·安东尼奥·萨马兰奇是一个具有远见卓识的人，他对奥林匹克运动的发展有着清晰的愿景，不断思考着如何推动奥林匹克运动的现代化和改革进程。

萨马兰奇有着杰出的领导才能。这一才能不仅使其在任职的二十多年中成为国际体育界最关键的人物之一，也使其成为世界体育界重塑国际奥林匹克运动的无可争议的领导人。他锐意改革，使国际单项体育联合会、各国家/地区奥委会以及运动员的代表进入国际奥委会，从而使奥林匹克运动得到不断加强。他在电视转播权和市场开发方面的改革拯救奥林匹克运动于破产的边缘，从而使其进入财政繁荣期。

萨马兰奇始终认为普遍性是奥林匹克运动的核心。经过不懈努力，他取得了成功。现在几乎全世界均参与奥运会的角逐，并通过所有205个国家/地区奥委会运动员的训练和项目的实施，使奥林匹克理想得到广泛传播。他认识到，运动员是奥运会和奥林匹克运动的核心。为保护纯洁的运动员，他促成了世界反兴奋剂机构的成立。他打破了性别障碍，使更多的女性走上国际奥委会和奥林匹克运动的领导岗位。在他担任主席期间，参加奥运会的女运动员数量显著增加。

胡安·安东尼奥·萨马兰奇还是一位有天赋的外交官。他穿梭于世界各地，与政治家和体育领导人共同商讨体育所面临的最重大问题。这些努力助其成功结束了人们对体育赛事，特别是对奥运会的抵制。他还以体育为杠杆，为结束南非的种族隔离坚持不懈，在被禁赛数十年后，南非终于在萨马兰奇担任主席期间重返奥林匹克运动。

萨马兰奇还大大加强了国际奥委会和联合国之间的联系，与之一起恢复了奥林匹克休战。在担任国际奥委会主席期间，他总共访问了189个国家/地区奥委会。得益于与各国政府建立的友好关系，他成功保持了奥林匹克运动政治上的独立。

读完此书我们会感觉到，胡安·安东尼奥·萨马兰奇在其工作中得以永生，事业得以永续，他给我们留下了一笔宝贵的遗产和一份沉甸甸的责任，让我们继续传承他的伟大事业。

托马斯·巴赫
国际奥委会主席

萨马兰奇基金会，萨马兰奇思想的继承者

萨马兰奇先生在雅典2004年奥运会期间的一天约我和他的儿子小萨马兰奇以及现任萨马兰奇体育发展基金会秘书长严建昌共进早餐时，饱含深情地说："奥林匹克事业以后就靠你们年轻人了，希望你们成为好朋友，为奥林匹克运动、为西班牙与中国的体育交流和发展做出贡献。"

这一年，萨马兰奇先生84岁。他担任国际奥委会主席的21年间，共主持了5届夏季奥运会和5届冬季奥运会，奥林匹克运动正是在他大刀阔斧的改革下从徘徊走向辉煌，提升了国际奥委会的地位，使奥林匹克理想和精神在国际政治、经济、外交、文化等领域产生了重要影响。

由萨马兰奇家族发起、在中国民政部注册成立的萨马兰奇体育发展基金会，是2012年7月13日北京申奥成功11周年之日成立的。基金会致力传承萨马兰奇先生的崇高声望和奥运遗产，本次由基金会组织出版的中文版《忆萨马兰奇》，以大量翔实的史料和细节向读者介绍了这位值得尊敬的传奇老人为奥林匹克运动奉献一生的真实故事。

中国体育正处于前所未有的黄金发展时代，值此北京成功申办2022年冬奥会之际，人们希望了解和参与体育的热情日益高涨，愿本书的出版有助于大家更详细和更全面地了解奥林匹克运动的发展历程。

于再清
萨马兰奇体育发展基金会理事长

萨马兰奇与体育大家庭

胡安·安东尼奥·萨马兰奇·托雷洛于2010年4月逝世。此书是怀念他并向他表达敬意的最好方式。我们的父亲是个话虽不多但讲求实际的人。如果他还在世，会对这本记载他担任国际奥委会主席21年间的工作概述感到非常满意。如果有什么不安或不满的，会是书中给予他本人及其工作的赞誉。他会带着顽皮的微笑更正道，这一切都是团队合作的结果，而他自己不过是这支配合默契交响乐团的指挥而已。谦虚是他的另一个美德。

在国际奥委会、中国奥委会和托马斯·巴赫主席的支持下，萨马兰奇中国基金会出版了此书，以向世人披露在萨马兰奇年代，国际奥委会的重要决策是如何做出的，以及萨马兰奇是如何直接参与创立和讨论的过程。出版此书的目的是使人们不要忘记奥林匹克运动的伟大改革者胡安·安东尼奥·萨马兰奇所做的出色工作。这些回忆是在参阅了大量文件后做出的，意在向世人证明那些在19世纪至20世纪改变体育的决定是如何做出的，并向世人展示如何结束抵制、使女性参与体育赛事及国际奥委会结构的民主化过程。

我们向所有为这部著作的出版做出贡献的人表示诚挚的谢意。包括本书的作者佩德罗·帕拉西奥斯、埃德加·蒙胡瓦和胡安·曼纽尔·苏拉卡以及设计师豪尔赫·福斯特。还有为本书在瑞士的出版贡献力量的弗朗索瓦丝·兹韦费尔、费尔南多·利巴以及爱尔维拉·拉米尼。同时我们想感谢那些直接参与编撰工作或提供宝贵资料的国际奥委会委员们，以及国际奥委会摄影及档案部门的积极配合。他们的帮助是非常宝贵的。

4月22日早晨，作为胡安·安东尼奥·萨马兰奇的子女，我们以这样的一段话与我们的父亲道别："胡安·安东尼奥·萨马兰奇有两个家庭。一个是我们这些他最直接、最亲密的家人。但我们很清楚，我们并不是他唯一的家人。另一个是体育和运动员。我们从孩提时代开始就理解并接受这一事实，学会了与运动员们共同分享我们的父亲，并为构建他的另外一个伟大家庭而尽力。我们知道，胡安·安东尼奥·萨马兰奇感到最开心的就是与运动员在一起，享受比赛和传播体育伟大价值的时候。因此，我们学会了去理解他为什么经常爽约家庭聚会，因为我们知道他正在世界的另一端与运动员们在一起。体育在我们家无处不在，运动员是我们的父亲的最爱。他建立了一个伟大的家庭——萨马兰奇与体育。体育让父亲感到快乐，与体育分享我们的父亲让我们感到幸福。"

我们在此与各位朋友们共同分享关于我们父亲的美好回忆。谢谢。

玛丽娅·特蕾莎·萨马兰奇与胡安·安东尼奥·萨马兰奇

永远铭记萨马兰奇的伟大贡献

胡安·安东尼奥·萨马兰奇担任国际奥委会主席21年，他所做出的伟大贡献充分证明了他是继皮埃尔·德·顾拜旦男爵之后奥林匹克运动历史上最伟大的领导人。这部传记的目的就是要使世人永远铭记萨马兰奇的努力，同时避免其取得的诸多成就因发生的问题而失色。

您面前的这部作品试图系统地讲述和解释萨马兰奇在担任国际奥委会主席期间所取得的成功及所做出的战略决定。这些数字本身足以证明一切：他组织了两次奥林匹克大会，参加了60场全会，主持了29次全会（从第84次到第112次）、主持了38场执委会与国际单项体育联合会的联席会议及11场执委会与国家/地区奥委会的联席会议。他还访问了192个国家及地区，平均每年出访206天，总行程达到200722公里。本书非学术研究，而是以新闻体撰写，按照时间顺序向人们讲述那些日后改变了世界体育界的决策做出的原因和过程。被称之为"萨马兰奇式"的风格对如何成为一名成功的管理者有很大的指导意义。观察、提供大量信息，回顾、倾听不同的观点并将它们进行对比，评估可能产生的后果并做出最终决定。萨马兰奇向来不喜欢冗长的会议，他也不喜欢阅读泛泛的报告。他与人谈话直截了当、直奔主题。首先，他会直指问题核心并进行分析，以一种坚决但又不过分强硬的态度与专家和信任的人分享自己的看法，然后采取行动。他那种与生俱来的本能，让他能够预见到可能出现的问题，并在很多情况下提出解决问题的方法。他喜欢在问题失控之前采取措施避免问题发生。作为一个既讲求方法又注重实际效果的人，他沉着冷静，内心坚定但又彬彬有礼。作为本书的作者，让我感到十分幸运的是，萨马兰奇严格自律，每天坚持写日记，总结自己的感受并详细记录当天所碰到的人和事。

我感到荣幸的是能够以记者和奥林匹克运动热爱者的身份撰写此书。在这里我想感谢中国萨马兰奇体育发展基金会理事长于再清和秘书长严建昌对我们的信任。当然，完成这本书对我们来说也是一个巨大的挑战。我同样想感谢萨马兰奇的子女玛丽娅·特蕾莎和胡安·安东尼奥，感谢他们对该项目的全力支持和信任。在他们的帮助下，我们全身心地进入到了萨马兰奇的世界，阅读他最私密的日记。我与两位优秀的记者同事埃德加·蒙胡瓦和胡安·曼纽尔·苏拉卡一同重新构筑了从1980年到2001年间奥林匹克历史上的重大时刻。在撰写关于中国的相关章节的过程中，张秀萍做了极为重要的工作。总而言之，创作这部作品是一项激动人心的挑战。

佩德罗·帕拉西奥斯

致 谢

以下各位为这本传记的出版做出了巨大贡献，他们的经历、回忆和知识让我们讲述国际奥委会主席胡安·安东尼奥·萨马兰奇的故事成为可能。感谢他们为本书所做的宝贵贡献及对我们的信任。他们是：弗朗索瓦丝·兹韦费尔、费尔南多·利巴、爱尔维拉·拉米尼、安妮·因肖斯佩、艾利克斯·吉拉迪、阿里恩·卢吉布尔、玛丽-劳尔·劳利亚、米古埃尔·赫尔南德斯、何塞·玛利亚·桑普思、约瑟普·博拉斯、安德里斯·梅尔斯·瓦雷拉以及孟宇微和方静怡。

目 录

序章　一位属于全世界的加泰罗尼亚人 ……………………………（1）

不平凡的体育之路
萨马兰奇在国际体育界的杰出表现助其在1980年当选国际奥委会主席

第1章　初期的举措 ……………………………………………………（30）

萨马兰奇决定搬到洛桑居住
第一个麻烦：政治干预、国际单项体育联合会的反抗和财务困境

第2章　巴登–巴登奥林匹克大会 ……………………………………（37）

宪章第26条规定以及体育业余化的终结带来变革与改变的大会
因体育而团结，为体育而团结。巴登–巴登，奥林匹克历史上的转折点

第3章　恢复奥运会品牌 ………………………………………………（51）

萨马兰奇使奥运会更加稳固
奥运会现代化改革带来了更多的比赛项目和更优秀的运动员，从而使得奥运会更具魅力

第4章　倾听运动员的心声 ……………………………………………（119）

奥林匹克之星
运动健儿成为体育管理层的核心

第5章　开发新的经济来源 ……………………………………………（137）

萨马兰奇为巩固奥运而寻求收入
电视转播权、奥运营销、技术革命以及这些努力的积极意义

第6章　奥林匹克团结基金 ……………………………………………（155）

帮助贫困国家
用电视转播权的收入资助奥林匹克运动，使运动员获得更平等的机会

第7章　女性与奥林匹克运动 …………………………………………（169）

女性进入奥林匹克运动
萨马兰奇时代国际奥委会首批女性委员弗洛·伊萨瓦·丰塞卡和皮尔约·哈格曼

第8章　奥运外交 ……（183）

萨马兰奇平息奥林匹克抵制风波
得益于对外交的了解，萨马兰奇同联合国及联合国教科文组织建立了密切的关系

第9章　国际体育仲裁法庭 ……（211）

运动员自己的司法机构
萨马兰奇让他的"非洲兄弟"凯巴·姆巴伊领导体育仲裁法庭

第10章　种族隔离制度的终结 ……（221）

南非重返奥林匹克运动
反种族隔离斗争促成萨马兰奇和纳尔逊·曼德拉的亲密友谊

第11章　反兴奋剂斗争 ……（237）

将作弊的人逐出奥林匹克运动
萨马兰奇维护梅罗德在医务委员会的工作，推动反兴奋剂的斗争

第12章　和平朝圣者 ……（255）

奥林匹克休战提议
萨马兰奇对和平的支持以及在联合国大会上的发言

第13章　在奥林匹克之都洛桑的日常生活 ……（267）

萨马兰奇与洛桑市的爱情故事
1981年，萨马兰奇为国际奥委会从瑞士当局争取到特殊地位

第14章　国际奥委会 ……（283）

萨马兰奇的同事们
重大决定：女性参与奥运会，退役运动员参选

第15章　奥林匹克运动：团结与壮大 ……（334）

奥林匹克的团结精神使得奥林匹克赛事得以复兴
萨马兰奇促进了国际单项体育联合会与各国家/地区奥委会之间的对话

第16章　环境保护 ……（358）

奥林匹克主义的第三要素
挪威利勒哈默尔1994年冬季奥运会示范如何减少负面环境影响

第17章　名副其实的运动员 ……（368）

从斯托克曼德维尔运动会到残疾人奥运会
萨马兰奇官方承认特殊奥林匹克运动会，推动国际残奥委会发展

第18章　国际奥委会民主化和2000年改革 ……………………………（380）

萨马兰奇启动奥委会改革
盐湖城丑闻导致奥委会进行一系列重大改革

第19章　奥林匹克文化、价值观和教育 ……………………………（395）

奥林匹克博物馆，留给未来的遗产
人们来到洛桑瞻仰这座宏伟的赞颂奥林匹克价值观的荣誉殿堂

第20章　萨马兰奇与中国 ……………………………（418）

萨马兰奇——中国的老朋友
与中国人民长达40年的情谊

第21章　萨马兰奇关键词 ……………………………（429）

奉献给体育和奥林匹克事业的一生
奥运理念和价值的革新者，奥林匹克运动的复兴者

序章　一位属于全世界的加泰罗尼亚人

不平凡的体育之路
萨马兰奇在国际体育界的杰出表现助其在1980年当选国际奥委会主席

《西班牙先锋报》将胡安·安东尼奥·萨马兰奇称为"一位属于全世界的加泰罗尼亚人""全身心地投入到体育事业，并为之做出了卓越贡献的人"。胡安·安东尼奥·萨马兰奇1920年7月17日出生在巴塞罗那的一个经营纺织业的富裕家庭。父亲弗朗西斯科·萨马兰奇·卡斯特罗和母亲乔安娜·托蕾洛·玛尔维均为企业家，在莫林斯–德尔雷伊创立了一家纺织公司。胡安有5个兄弟，分别是卡门、何塞–路易斯、奥古斯托、帕科和孟塞。他在巴塞罗那的一所德语学校学习商检和教育。1938年，他曾短暂参加西班牙内战，作为共和国青年军的一员，负责招募年满18岁的青年入伍。

胡安·安东尼奥·萨马兰奇酷爱体育，从孩提时起就投身到体育运动之中，而对家族生意却不感兴趣。他对体育爱好广泛，踢足球、驾驶帆船、打旱冰球。但年轻时他就发现，自己更适合做一名管理者，而不是运动员。

旱冰球是萨马兰奇最喜欢的运动，也正是这项运动开启了他漫长的体育管理者生涯。1943年，结束守门员的职业生涯后，萨马兰奇出任设在巴塞罗那的西班牙皇家体育俱乐部代表和副秘书长。该俱乐部是由萨马兰奇的弟弟奥古斯托发起组建的。很快，他在宣传和推动旱冰球发展的能力和才华展现出来，也因此被推选为西班牙旱冰球队教练员。在他的带领下，西班牙国家旱冰球队首次参加世界旱冰球锦标赛暨欧洲旱冰球锦标赛。1949年，在担任教练员的同时，萨马兰奇被任命为西班牙旱冰球联合会副主席。1951年，他承担了两项重要任务，既负责巴塞罗那世界旱冰球锦标赛的主要组织工作，又负责西班牙旱冰球队的训练工作，并帮助西班牙队在此次锦标赛中摘得桂冠。这是西班牙体育界的首

> 1955年是萨马兰奇一生中非常重要的一年。在地中海运动会取得成功后，他做出了个人生活中的一个重大决定——与玛丽娅·特蕾莎·萨利萨其斯·罗走入婚姻的殿堂。她美丽、时尚，走在时代前列，通晓多种语言，有丰富的文化知识，对萨马兰奇的事业产生了巨大的影响。她以缜密的思维、优雅的举止和友善的态度说服了无数其丈夫反对者。她是萨马兰奇理想的伴侣。

萨马兰奇的母亲乔安娜与儿子何塞–路易斯、胡安·安东尼奥、奥古斯托和弗朗西斯科在一起

个世界冠军，对正处于内战后恢复阶段，并遭受联合国制裁的西班牙来说，这无疑是西班牙的一个历史性事件。萨马兰奇在其《奥林匹克回忆》中写道："这支令人难忘的西班牙队由萨瓦利亚，索特拉斯，奥皮内，塞拉，蒂托·马斯，蒂利亚斯，巴索和利纳斯组成，他们在决赛中以4∶3战胜了葡萄牙队，成为民族英雄，其中蒂托·马斯更是打入了历史性的一球。"

奥运会上的记者　年轻的胡安·安东尼奥·萨马兰奇成为了

1992年6月18日,胡安·安东尼奥·萨马兰奇手持巴塞罗那奥运会火炬。他在自己的故乡,将奥林匹克圣火传递给女儿玛丽娅·特蕾莎·萨马兰奇

一名体育记者。但在1943年马德里以11∶1的大比分击败巴塞罗那之后,萨马兰奇撰写了一篇文章,暗示巴塞罗那的队员在比赛开始之前受到了警方的威胁,并被要求输掉比赛。因为这篇报道,萨马兰奇被暂停了记者的工作。

萨马兰奇首次作为记者参加奥运会是作为巴塞罗那《新闻日报》的特别记者,负责赫尔辛基1952年奥运会的报道工作。正是在这届奥运会上,他发现了奥运会的魅力所在,并在自己的回忆录中进行了如实记载。在回忆录中,他将传奇运动员帕沃·诺米(芬兰)和埃米尔·扎托佩克(捷克)称作"人类火车头"。"埃米尔·扎托佩克是一位与众不同的运动员。赫尔辛基奥运会的5000米长跑决赛可称为世纪之战。他率先跑进体育场,前3名选手的成绩均破了奥运会纪录。我终生难忘的是,当扎托佩克进入体育场跑过终点,拿到了自己在马拉松赛项目的第3枚金牌时,全场高呼'扎托佩克!扎托佩克'!此时我意识到,这与我之前对奥林匹克精神的理解是截然不同的。8月15日闭幕日当天,天气极差,天空灰蒙蒙的,大风呼啸。就在这一天,时任国际奥委会主席,来自瑞典的西格弗里德·埃斯特罗姆辞职,艾弗里·布伦戴奇正式上任。布伦戴奇在竞选中以30票比17票战胜了对手伯利勋爵。从此,布伦戴奇主席成为带领我走上体育管理者之路的一个关键人物。"萨马兰奇在《奥林匹克回忆》中这样写

萨马兰奇(左一)与弟弟帕科和奥古斯托在一起

道。此后，除继续担任联合会副主席外，年轻的萨马兰奇还在同一年进入国际轮滑联合会执委会，开始了自己在国际组织的职业生涯。在西班牙，旱冰球与足球和篮球同在一个联合会。正是在那里，他遇到了雷蒙·沙巴达和安塞尔莫·洛佩斯，他们成为终生挚友。1954年，第10届世界旱冰球锦标赛在巴塞罗那举行，萨马兰奇再一次展现了自己的领导才能。在萨马兰奇的领导下，赛事组织取得成功，西班牙队也夺取了比赛冠军。

萨马兰奇指挥西班牙旱冰球队获得1951年巴塞罗那世锦赛冠军

组织地中海运动会 胡安·安东尼奥·萨马兰奇清楚地知道，自己毕生的事业与世界体育息息相关。巴塞罗那的《先锋报》曾这样描述萨马兰奇的工作："他从未隐瞒自己曾参与佛朗哥运动的事实。他将自己的政治活动集中在如何切实推动体育的发展。而在佛朗哥统治下的西班牙，体育的命运掌握在法西斯运动的手中。"在1954年底，他迈出了对自己未来具有决定性的一步：成为巴塞罗那市政厅议员。在任期间，他的一项重要工作就是组建体育信息委员会。作为省议会代表，他负责管理巴塞罗那省政府体育代表团。这激发了他在巴塞罗那组织体育赛事的热情。第1届地中海运动会即将在埃及亚历山大市举行。这一赛事得到了国际奥委会的支持，地中海运动会国际委员会在亚历山大市成立。国际奥委会委员桂尔男爵是一位德高望重的巴塞罗那市民。他支持巴塞罗那申办1955年第2届地中海运动会。这也就意味着，巴塞罗那必须在短时间内解决体育设施短缺问题，并完成一系列复杂的组织工作。萨马兰奇承担了第2届地中海运动会组委会副秘书长的重任。因此，他需要担负赛前到访国际奥委会委员的陪同工作。在自传中他曾这样回忆道："这是巴萨罗那首次举办此类运动会。通过举办这一运动会，我获得了结识体育界领导人的特殊机会。在运动会比赛的过程中，我还有机

在获任1955年第2届地中海运动会组委会副秘书长后，他对在巴塞罗那举办体育赛事的热情进一步加深

会与很多来巴塞罗那观看运动会的国际奥委会委员成为了朋友，包括来自法国的国际奥委会副主席阿尔芒·埃米尔·马萨、法国贝当政府驻西班牙大使弗朗索瓦·皮埃特里、黎巴嫩委员加布里艾尔·杰马耶勒、埃及委员默罕默德·塔希尔·帕查和希腊委员波拉那齐。他们观看了比赛，并且不断鼓励我进入国际奥委会，坚持说我有新想法和新思路。"

这次赛事的组织工作在各个方面都取得了巨大成功。国际奥委会副主席阿尔芒·马萨表示，"巴塞罗那充分展示了在未来举办奥运会的实力"。城市中运动员无处不在的身影、一流的设施、充满创意的开闭幕式，这一切都证明，巴塞罗那成功应对了组织赛事所带来的挑战。萨马兰奇对自己在此次赛会的组织工作十分满意，在这一过程中，他"发现了"奥林匹克运动的魅力及其巨大的吸引力："出席运动会的委员们发来贺信，高度赞扬组织工作。贺信的结尾均建议我进入国际奥委会，并表示我对本届运动会的贡献对将来奥运会的组织工作会有很大帮助。我必须承认，从那时起我心中萌生了举办奥运会的梦想，并期待着有一天能得以实现。"

1955年是萨马兰奇一生中非常重要的一年。伴随着地中海运动会的成功，他做出了个人生活中的一个重大决定——与玛丽娅·特蕾莎·萨利萨其斯·罗走入婚姻的殿堂。她美丽时尚，走在时代前列，通晓多种语言，有丰富的文化知识，必将对萨马兰奇的事业产生巨大影响。她以缜密的思维、优雅的举止和友善的态度征服了一个个其丈夫的反对者。萨马兰奇曾写道："毫无疑问，她是巴塞罗那最美丽的姑娘。她通晓多国语言，懂得如何与不同的人沟通。她是一位很好的伴侣，给我带来了巨大的帮助。"玛丽娅·特蕾莎也常被称为"碧蔚丝"。她是胡安理想的伴侣，对他的职业生涯给予了坚定的支持。她那富有亲和力的笑容和无条件的支持对她丈夫的工作是巨大的帮助。

在2000年悉尼奥运会期间，玛丽娅·特蕾莎去世。萨马兰奇回忆道："没有她我永远也无法实现自己的理想。她是我最完美的伴侣，我爱她，欣赏她。在前进的路上，她给予了我最大的支持。"

体育精神。从左至右：担任旱冰球教练员；作为代表团团长参加科尔蒂纳·丹佩佐1956年冬奥会；在慕尼黑奥运村前；在西班牙抵制墨尔本1956年奥运会时在巴塞罗那升起五环旗；在罗马1960年奥运会上与西班牙队队员在一起

奥运会西班牙代表团团长 在此后一届奥运会上,萨马兰奇的地位和任务都有所变化。这一次,他担任了1956年科尔蒂纳·丹佩佐冬奥会西班牙代表团团长。由他发起成立的西班牙双人雪橇队仅以0.7秒之差与铜牌失之交臂。几个月之后,由于他卓越的组织才能,萨马兰奇被任命为西班牙国家体育委员会加泰罗尼亚分会主席。1956年6月,他成为刚刚完成重组的西班牙奥委会第一副主席。

1956年,西班牙政府决定抵制墨尔本奥运会。因此,萨马兰奇没能参加国际篮球联合会和国际曲棍球联合会的任何比赛和会议。1956年11月22日,正值奥运会开幕期间,根据传统,所有曾举办过奥运会或国际奥委会赞助的赛事的城市都要升起五环旗。萨马兰奇不顾政府的禁令坚持升起了五环旗。他曾在回忆录中这样回忆当时的情况:"在一群好朋友的陪伴下(包括记者和同事安德烈斯·梅尔切·瓦雷拉,巴塞罗那省政府官员何塞·玛丽亚·瓦耶斯和记者路易斯·梅奈德斯),我们在蒙特惠奇奥林匹克山上升起了五环旗。"

"这是我们表达团结的一种方式和对一个我们绝不赞同的政治决定所做出的反应。我相信不参加墨尔本奥运会对西班牙体育界来说是一个错误,如果不抵制奥运会,西班牙运动员本来有希望在三个项目上斩获奖牌,包括优秀的体操运动员华金·布鲁姆、神枪手里昂和未来的电视明星米格尔·德拉夸德拉·萨尔塞多。"

1960年,作为西班牙奥委会副主席,萨马兰奇再一次担任西班牙奥运会代表团团长,率队参加罗马奥运会。在接下来的东京1964年奥运会上,他继续担任团长一职。同年,尽管他有望成功竞选国际轮滑联合会主席,但是萨马兰奇决定不参加竞选。后来他还拒绝参选西班牙足球协会主席。因为他相信,自己的未来在其他方面。他在美国和加拿大访问时,出席了几场冰球和美式橄榄球比赛,并见到了时任国际奥委会主席艾弗里·布伦戴奇(美国)。此行中有人建议他应该进入奥林匹克运动,他也最终决定在奥林匹克运动中迈出自己职业生涯的重要一步。

萨马兰奇担任巴塞罗那市议会议员的任期结束了。任职期间,他与体育界和公众建立了紧密的联系,同时还推动建设了一批体育设施,其中一些至今仍在使用。这些设施对今后巴塞罗那举办各类国际体育赛事起到了促进作用。他的一项重大成就就是将1957年环法自行车赛引入了巴塞罗那。在接受《世界体育报》采访时他表示:"我投入了自己全部的希望和热情来完成我的使命。我很高兴在职期间能够与多方展开合作。我还应该在巴塞罗那并为巴塞罗那的体育事业发展做出更多的贡献。所有见证我事业发展过程的人们,不论远近,都一定会相信这点。"为表彰萨马兰奇在任职期间所取得的成就,加泰罗尼亚联邦体育部门在1961年4月29日特意为他举行了一场纪念活动。活动组委会表示:"此活动是加泰罗尼亚所有体育联合会自发组织的,是对他作为高层领导,为加泰罗尼亚和西班牙体育事业的发展做出杰出贡献的肯定。作为体育运动委员会主席,他大力推动了体育设施建设,这些设施至今被人称颂;作为省代表,他在无数城市和城镇做出了同样的成绩;作为全国体育运动代表团的加泰罗尼亚代表,他坚定地维护了加泰罗尼亚在全国组织中的利益。"

1961年6月11日,萨马兰奇将手中的接力棒传给了继任者——加泰罗尼亚自行车联合会主席阿尔伯特·阿萨伊特博士,但同时仍然以最高票再次当选省政府代表。在担任巴塞罗那省议会体育理事会负责人的同时,他被任命为慈善和公共工程委员会副会长。在任职期间,他大力推动了残疾人体育事业的发展。同年,萨马兰奇受命出任西班牙国家体育委员会副主席,成为西班牙体育界第二号人物,并与何塞·玛利亚·卡吉盖尔一同推动了西班牙首部体育法的起草工作。

记者安德烈斯·梅尔切·瓦雷拉当然不会遗漏这一重大事件。在发表于《奥林匹克通讯》的一篇题为《革命》的文章中,瓦雷拉写道:"这部法律带来了西班牙历史上首个影响深远的体育政策。它强调,在从小学到大学的各级教育体系中,体育都是一个必修科目。同时还强制要求直辖市和地方政府机构必须加强体育设施建设满足大众需要以及推动基层体育运动的发展。而这恰恰就是这部法律的主要目标。"

备受争议的报道 作为萨马兰奇一生的挚友,记者安德烈斯·梅尔切·瓦雷拉这样回忆这件事:"萨马兰奇为《新闻报》

萨马兰奇与艾弗里·布伦戴奇主席的关系始于巴塞罗那,并在1965年于马德里举行的国际奥委会第63次全会上得以加强

撰写关于西班牙冠军杯足球赛的相关报道。其中一篇引发了巨大争议。这篇报道关注的是西班牙国王杯的半决赛。该赛事具有浓重的政治意味。比赛双方是全国顶尖的两支球队——皇家马德里和巴塞罗那足球俱乐部。在第一场比赛中，来自加泰罗尼亚的巴塞罗那队以3∶0获胜。此后媒体对第二回合比赛大肆渲染，显然，政治因素在双方比赛中的影响十分明显。在比赛开始之前，警察局长来到巴塞罗那队的休息室，警告队员们任何违背运动员精神的行为都将受到警方的严惩。最终，皇家马德里以11∶1获胜，这一结果十分反常。在一份巴塞罗那的报纸上报道这样一场有很大争议的比赛绝非易事。但是萨马兰奇做到了。对于当时紧张的氛围和队员们受到的威胁以及当天发生的一切反常的情况，他丝毫没有掩藏。这篇署名萨马兰奇的文章显示出了他的专业性，丝毫没有受到巴塞罗那媒体所受的巨大压力的影响。"

当选国际奥委会委员 加入国际奥委会开启了胡安·安东尼奥·萨马兰奇职业生涯的下一个阶段。在《奥林匹克回忆》中他曾提到，成为国际奥委会委员既是自己的梦想也是命运的安排。"在三届奥运会中担任代表团团长让我的内心充满骄傲，也让我感到了巨大的责任。这就使我能够更深入地了解到奥林匹克大家庭的情况。因此，成为这个由皮埃尔·德·顾拜旦成立的组织中的一分子成为了我职业生涯中的一个重要目标。"在实现这一目标的过程中，萨马兰奇与艾弗里·布伦戴奇之间的密切关系起到了巨大的作用。1965年10月在马德里举行的第63届国际奥委会大会的筹备过程中萨马兰奇扮演了重要的角色。这就使他能够与奥委会代表，尤其是布伦戴奇主席建立起密切的联系。两人不仅都对奥林匹克运动满怀激情，并且都热爱艺术。尽管在会议期间布伦戴奇曾鼓励萨马兰奇竞选国际奥委会委员，但最终还是改变主意，建议他不参选，因为布伦戴奇认为时机还不成熟。但此时萨马兰奇已经做好了准备，在奥林匹克大家庭中已经获得了无数的支持者。

这一时刻终于来临。他的执着和才能引起了人们的关注。几个月后，在1966年罗马举行的国际奥委会第64次全会上，布伦戴奇提出将国际奥委会中西班牙代表的数量增至两位。已有的一位西班牙代表为第二代桂尔男爵佩德罗·亿芭利·麦克马洪。尽管布伦戴奇的提案并没有纳入日程当中，但却获得了通过。根据投票结果，

作为西班牙奥委会主席，萨马兰奇在墨西哥城1968年奥运会火炬传递中扮演了重要角色。此次火炬传递的路线是当年哥伦布发现美洲大陆时的路线

1967年，萨马兰奇当选巴塞罗那省政府成员，无数志愿者参与到了竞选活动中

胡安·安东尼奥·萨马兰奇于1973年被任命为巴塞罗那地方政府主席,并一直担任该职务至1977年。其间他大力推动公共体育设施的建立,给这座城市留下了宝贵的财富

布伦戴奇主席列出了4名候选人:格奥尔·冯·欧佩尔(民主德国),汉诺威乔治威廉王子,汉斯朔贝尔博士(联邦德国)和胡安·安东尼奥·萨马兰奇。对于萨马兰奇,他评价道:"他在自己的祖国完成了重要的任务,尤其是在组织地中海运动会的过程中。他是一位杰出的人才,无私并广受尊重。"围绕布伦戴奇存在很大的争议。《卫报》的一位专家约翰·伦达(英国)曾写道:"在艾弗里·布伦戴奇担任国际奥委会主席期间,人们对他的好感与日俱减。他试图将一项世界性运动置于一些很快就会过时的思想和规则之下。世界各国对他所提出的'体育业余化'的概念存在分歧。到了20世纪60年代末,就连布伦戴奇在国际奥委会的同事都开始无法再继续忍受他不愿做出改变的态度。而正是这种态度让他看起来有些虚伪。布伦戴奇反对在奥运年中,运动员可以有60天时间专门从事训练。"

胡安·安东尼奥·萨马兰奇的梦想实现了。46岁的萨马兰奇认为自己是幸运的,因为他已经实现了人生目标。他在回忆录中这样描述当时的情形:"那是4月27日,当天正好是加泰罗尼亚守护神蒙特塞拉特女神的节日。国际奥委会全会就在威尼托大街上的怡东酒店举行,但我并没有住在那儿。当时我正在康多蒂大街上,往酒店的方向走,巴塞罗那的记者安德烈斯·梅尔切·瓦雷拉迎面跑过来告诉我就在晚上七点,桂尔男爵亲自通知西班牙的记者们,我正式成为国际奥委会委员。说实话,当时我激动不已。我的一个梦想就这样实现了。"萨马兰奇成为国际奥委会委员的第二天,布伦戴奇坐他的私人轿车去参加罗马教皇保罗六世的觐见仪式。在同行的路上,萨马兰奇问布伦戴奇为什么支持自己参选国际奥委会委员。布伦戴奇微笑着答道:"因为有朝一日你会成为国际奥委会主席。"那一次的觐见仪式给萨马兰奇留下了非常深刻的印象。在回忆录中,他记录了教皇当时的话:"奥林匹克运动强调的是体育运动的普遍性这一特点。世界各地的每一个人都是永远平等的,真正的体育运动是没有国界的,也不会因你的肤色或政治身份的不同而有所歧视。每一个人因他所特有的价值而存在……公正地说,奥林匹克组织是一个为世界和平服务的伟大的国际性组织,而教会作为一个同样伟大的组织,以追求精神安宁的方式也在为世界的和平事业做出不懈的努力。因此很容易找到教会和体育的共同点,以及两者之间的必然联系……"

意大利总理阿尔多·莫罗亲自为第65次国际奥委会全会揭幕。这次会议还正式公布了举办1972年奥运会的候选城市。冬奥会的候选城市包括日本札幌、加拿大班夫、芬兰拉赫蒂和美国盐湖城。而夏季奥运会的候选举办城市为德国慕尼黑、西班牙马德里(水上项目在巴塞罗那举行)、加拿大蒙特利尔和美国底特律。

萨马兰奇十分欣赏和尊敬布伦戴奇，尤其是在1972年慕尼黑流血事件之后。三年后的1975年，当他获知布伦戴奇去世的消息时，萨马兰奇这样表达了自己的哀思："艾弗里·布伦戴奇能够站在全局的高度指挥国际奥委会的活动。在他任职期间，现代奥林匹克运动面临着前所未有的重大问题。他反对奥林匹克的商业化，反对运动员职业化，反对因为政治、种族和宗教原因歧视运动员。他所有的政策都是围绕这三点制定的。他永远充满活力，总是能以一种既高效又不失尊严的方式完成自己的工作。在过去的几十年里，我很荣幸能够成为他的朋友，并与他一同见证国际体育界的一些重大时刻：慕尼黑奥运会期间的巴勒斯坦恐怖主义袭击事件，对业余主义坚持不懈的捍卫以及对大国主义的反对。对这些近年来全球体育界的重大事件我都怀着热情、感情和同感与他一同经历。回首当时，一切仿佛就在眼前。在慕尼黑奥运会期间，我与他肩并肩共同经历了所有的事件。"

西班牙体委主任 1966年12月，萨马兰奇被任命为国家体委和国家体育代表团主任。该组织负责在西班牙管理和推动体育事业的发展。与此同时，萨马兰奇还担任西班牙奥委会主席。他将工作的重心放在欧洲理事会"全民体育"理念指导下的推广大众体育运动的开展。为了实现这一目标，他富有创造性地开展了"我们靠大家"活动，并获得了广泛的支持。该活动尝试唤醒西班牙人民的体育意识，宣传开展体育活动的必要性以及参与体育运动所能带来的好处。回看历史，这场广受大众欢迎的运动成为了西班牙体育界转型、发展和演变的重要起点。经过将近半个世纪的发展，西班牙已经在国际田径赛场占据了领先地位。除了这一重点任务，萨马兰奇还致力于鼓励在西班牙全境加强体育基础设施建设。同时，从担任巴塞罗那市议员起，他就开始通过举办展览等活动促进体育界与文艺界之间的交流。另外一件值得一提的事就是他推动了首个残疾人运动员联合会的成立。在担任西班牙体委主任的3年中，他亲自到52个省进行考察，还出席了大量的会议、开幕式和体育赛事。事实上，每周末他都要乘坐一架属于西班牙航空联合会的小飞机在各地奔波。

但是这种高效的管理方式同样也招致了嫉妒和流言蜚语。萨马兰奇在工作上十分活跃，所推出的计划广受欢迎，同时也使得无数西班牙运动员在赛场上获得成功。但这些都让一些人觉得措手不及，从而发出了批评之声。1970年欧洲游泳锦标赛在巴塞罗那新建的伯纳特·比科内利体育馆举行。当时马德里也希望能够承办该赛事。正是这次比赛使得萨马兰奇在同年9月结束了西班牙体委主任的职业生涯。在短短4年时间里，他彻底改革了西班牙体育界。不再让萨马兰奇担任这一职位的决定让人不可理喻，西班牙体育界也没能充分利用萨马兰奇作为国际奥委会委员的身份。当时他刚好被选为国际奥委会执委会成员，并在接下来的31年中一直担任这一职务。萨马兰奇曾这样回忆这段经历："他们让我确认了自己的怀疑。即胡安·吉驰（萨马兰奇的继任者）并没有参与我被免职的事。这一切都是由于托尔夸托·费尔南德斯·米兰达部长的嫉妒。此外，非常重要的一点是，在担任法西斯运动部长期间，乌特雷拉·莫利纳免除了吉驰的职位，以便能够向阿方索·德·波旁推荐卡雷洛将军。但是后者拒绝了他的任命，因此吉驰才得以留任。尽管后来随着索利斯和佩拉约·罗斯进入国家体育代表团，他最终离任，而我也不愿再重新回到这一职位。"

推动成立国家体育学院 1961年，西班牙政府成立了国家体育学院（INEF），作为主要供体育专家进行学术研究的中心。国家体育学院希望能够仿效一些欧洲国家和美国，开设大学体育专业。但是这一决定的政治立场十分微妙，同时也明显缺乏相应经济资源的支持。因此，国家体育学院的发展陷入了僵局。萨马兰奇代替何塞·安东尼奥·艾罗拉-奥拉索担任国家体委的领导工作后，使得体委核心组织的建立工作能够加速完成。何塞·玛丽亚·卡吉盖尔让萨马兰奇认识到加强体育教育中对训练的监管以及帮助教练员掌握更科学的训练方法都具有至关重要的意义。萨马兰奇因此成为了国家体育学院的坚定支持者，并且不遗余力促进该项目的发

重新发现奥林匹克主义

我一生中最幸运的事就是能够在过去的半个世纪中，与萨马兰奇共同分享我的奥林匹克梦。他改变了奥林匹克主义的未来，并克服了最近几十年来奥运会所遇到的巨大障碍。这就是胡安·安东尼奥·萨马兰奇。在过去的50年中，我有幸能够与他一同见证了22届奥运会，60届国际奥委会全会，10届足球世界杯。我们的足迹遍布五大洲，共同经历了世界体育界最精彩的时刻。这就使我能够发现胡安·安东尼奥·萨马兰奇身上的特质，正是这些品质让他"重新发现"了奥林匹克主义。

安德烈斯·梅尔切·瓦雷拉
国际奥委会新闻委员会成员。作为记者，他一直陪伴在萨马兰奇身边。瓦雷拉曾于2001年在《奥林匹克月刊》上发表题为《一位伟大的国际奥委会主席的事业》的长文，详细讲述了自己与萨马兰奇之间的深厚友谊

展。1967年11月,在萨马兰奇当选西班牙体委主任一年后,国家体育教育学院开启了首个为期4年的项目。这为日后西班牙体育活动的开展,教练员的培训和校园体育教育的发展奠定了基础。

与此同时,萨马兰奇也以体育为突破口开启了自己的政治生涯。1967年,7名候选人为两个巴塞罗那省检察官(相当于英国的议员)的位置展开竞争。萨马兰奇在选举中以493227票胜出,相当于获得了总票数的50%。在竞选过程中,数千名志愿者帮助萨马兰奇造势。在1971年的选举中,萨马兰奇又以273495票获得连任。后来在1973年他被任命为巴塞罗那地方政府主席。萨马兰奇坚决支持在后来成为国王的胡安·卡洛斯领导下恢复君主制。因此,当佛朗哥的统治开始日渐式微的时候,他在位于圣若梅广场的市政府发起活动缓和与民主反对力量之间的关系,以便能够以和平方式实现社会转型。

在佛朗哥去世后,萨马兰奇成立了一个名为"康科迪亚加泰罗尼亚"的政党。该党将加泰罗尼亚地方政府主席和几位相关城市的市长聚集在一起共同组建加泰罗尼亚保守党联盟。这一举动毫无疑问会严重影响中央民主联盟党的选举利益,该党由阿道弗·苏亚雷斯·冈萨雷斯首相领导。直到1977年,萨马兰奇一直担任巴塞罗那地方政府主席。在位期间,他留下了一笔重要的财富,那就是建设公共体育设施。在《奥林匹克回忆》中,他曾写道:"长期以来,我一直与国王和阿道弗·苏亚雷斯·冈萨雷斯首相保持着良好的关系。通过体育界的一些朋友,我有幸与国王陛下进行过几次交流。有一次,他直截了当地给我提出了建议。他说'胡安·安东尼奥,忘记政治吧,全心全意投入到国际奥委会的事业中,在那里施展你的才华,我保证在这一条路上你能走得很远'。后来,

萨马兰奇夫妇在苏联

萨马兰奇成为西班牙驻苏联和蒙古国大使后,在苏联政界极具影响力,这为他在莫斯科1980年奥运会之前与国际奥委会委员建立友好关系奠定了基础

只要一有机会我就会感谢国王给我的建议,并铭记他说过的充满智慧的话语。"1977年,在西班牙与苏联恢复外交关系后,萨马兰奇曾先后担任西班牙驻苏联大使和蒙古国大使,在莫斯科办公。这是一个非常重要的机会,使他能够利用职务所带来的资源竞选国际奥委会主席。

通往国际奥委会主席之路 这位"活力满满的西班牙年轻人"在国际奥委会的事业很快就有了迅速的发展。在加入国际奥委会短短两年后,萨马兰奇就因为让人耳目一新的想法受到了几位成员的青睐,并且在他们的鼓励下,在第67次全会上参加了执委会的选举。此次大会于1968年奥运会开幕前夕在墨西哥城举行。当时有两个名额。这是萨马兰奇整个奥林匹克生涯中第一次,也是唯一一次在选举中失利。尽管他没能成功当选,并因此感到十分沮丧,但实际上他与竞争对手之间的差距极其微弱。第一个席位由让德·博蒙特伯爵(法国)获得。在第二个席位的竞争中,萨马兰奇仅以两票之差落败。他获得了28票,竞争对手赫曼·冯·卡内比克(荷兰)则获得了30票。后者在1964年就加入了国际奥委会。但在墨西哥城萨马兰奇并非一无所获。布伦戴奇主席提议由他接任新任副主席基拉宁勋爵(爱尔兰)过去的职位,担任国际奥委会礼宾官。这一提议获得了全体代表的一致支持。

从1968年到当选为国际奥委会主席,除了短暂的一段时间外,萨马兰奇一直负责奥林匹克礼宾的相关工作。这就使他能够与国际奥委会的各个成员国保持密切的联系,并获得广泛好评。正如他在《奥林匹克回忆》中所说的那样,墨西哥城举行的执委会选举是他在国际奥委会职业生涯中唯一的一次失败。尽管没能达到自己的目标,但这次失败反而给了他更大的激励。在两年之后的1970年,50岁的萨马兰奇以压倒性的优势进入了执委会,并且在当选第7任国际奥委会主席之前一直担任这一职位。媒体评价认为萨马兰奇进入国际奥委会执委会代表了改革的大潮即将袭来。1972年,他开始负责新闻委员会的相关工作,同时还在1974年至1978年间担任副主席一职。在此期间,他曾受到来自伊瓦·埃米尔·文德(丹麦)的挑战,但后者最终退出。萨马兰奇在一片赞誉声中当选副主席。在经过了一年的"休息"后,他回到了执委会,直到后来成功当选国际奥委会主席。

赛车运动的推动者 从1957年开始,萨马兰奇就与加泰罗尼亚皇家汽车俱乐部建立了良好的关系。该组织致力于通过发展赛车运动来捍卫赛车手的权益、促进汽车旅游和推广赛车运动。这一重要组织有超过百万名会员,而萨马兰奇担任该组织副主席长达28年。同时加入该组织的还有他的好友,如速度赛车手帕科·高迪亚、萨尔瓦多·法布里加斯以及塞巴斯蒂亚·萨尔瓦多。在当选国际奥委会委员后,萨马兰奇被任命为该组织的荣誉主席。在建造"加泰罗尼亚赛道"的过程中,他扮演了重要的角色。这是巴塞罗那附近的一座永久性的基础设施建筑。每年都会在此举行一级方程式和摩托车比赛,场馆能容纳超过10万名观众。他的儿子胡安·安东尼奥·萨马兰奇·萨利萨其斯也是委员会成员。

岌岌可危的主席之位 国家/地区奥委会需要做出决定,是参加莫斯科1980年奥运会还是响应美国的号召进行抵制。这项决定牵动着奥林匹克运动,并且对胡安·安东尼奥·萨马兰奇的未来有着决定性的影响。在苏联入侵阿富汗之后,萨马兰奇就一直关注这一问题。在1974年至1978年间,萨马兰奇担任国际奥委会副主席,从1968年起担任礼宾官。作为西班牙王国驻苏联和蒙古大使,萨马兰奇在苏联领导人心中有较高的地位,这就让他能够与到莫斯科视察1980年奥运会组织工作的国际奥委会委员建立起了深厚的友谊。当时正在为主席竞选做准备的萨马兰奇热情周到地接待了每一位到访的同事。同时,他还充当了国际奥委会与苏联官方沟通的桥梁。虽然没有正式公开,但显而易见他的目标是参加国际奥委会主席竞选,接替基拉宁勋爵。后者国际奥委会主席的8年任期在1980年结束,当时人们的疑问是,这位爱尔兰贵族是否会谋求连任。虽然还没有确切的消息,但在突发心脏病后,他的健康状况一直不容乐观。

在萨马兰奇之前和之后

我与萨马兰奇之间的友谊持续了三十多年。胡安·安东尼奥·萨马兰奇能够从不同的角度理解体育。他以卓越的前瞻能力认识到奥林匹克运动需要彻底改革,而自己也有足够的勇气和视野来面对这一挑战。

除了能给对方一种亲切感之外,我们之所以能成为朋友的另一个原因是我们对体育事业未来的走向有共同的看法。我们有机会就这一问题交换意见,并针对大型体育项目管理的内部工作进行交流。萨马兰奇重新定义了整个奥林匹克运动并带领其走向未来。此外,他所留下的遗产具有更重要的意义,因为他能够站在幕后,将火炬传递给下一代。

奥运会及其在世界范围内的影响在萨马兰奇担任国际奥委会主席之前和之后是完全不同的。他知道如何减轻同事们的负担。他总是站在幕后为他人服务,却从未为自己争取过什么。他是独一无二的,他打破了固有的模式。

伯尼·埃克莱斯顿
F1行政总裁和首席执行官

6月中旬，一切尘埃落定。这位爱尔兰贵族宣布不会谋求连任而是选择退休。记者约翰·罗达曾这样评价这个决定："他在慕尼黑奥运会后成为了主席。但或许，这已经比预想的晚了4年。1966年，就有很多委员提出让他参选。直到各方达成协议，由官方承担国际奥委会主席的一切开支，他才接受提名。在担任主席的8年里，他并没能实现很多人希望看到的改变，基拉宁勋爵是一个极度谨慎和理性的人。他的行动非常慢，以便能够充分考虑各方面问题，并且不损害任何人的利益，至少是运动员的利益。"

国际奥委会主席的选举在莫斯科举行。当时距离奥运会开幕只有48小时。但是在同时举行的执委会会议上，有些人依旧希望取消选举。巴基斯坦代表团的萨义德·瓦吉德·阿里提出了一个让人意想不到的方案，即将主席选举推迟到1982年。强大的盎格鲁——萨克逊阵营没有合适的候选人，因此推迟选举无疑对他们有利。但是基拉宁却相当坚定，并且通过BBC表明自己的立场，即莫斯科奥运会将如期举行，国际奥委会也将迎来新的主席。

1980年，萨马兰奇当选国际奥委会主席。对于他的妻子碧蔚丝来说，此次成功当选是对萨马兰奇多年努力和牺牲的回报

很快候选人名单就横空出世。外界的质疑之声不断，候选人的选择似乎考虑得更多的是地理和政治阵营的平衡。社会主义阵营希望能有自己的代表，并在第一轮为他投票。于是就有了来自匈牙利的费罗茨瓦罗斯俱乐部前足球运动员阿帕德·兹阿那提。

阿拉伯国家所支持的是来自突尼斯的默罕默德·姆扎利，而南美阵营支持的是来自巴西的足球"教父"乔·阿维兰热。外界对于选举的结果有诸多猜测，但却很难达成一致意见。尽管萨马兰奇当选的可能性很高，但在选举前的两个月里，他不能出现任何差池。

在过去三年中，他耐心经营，以便能够获得国际奥委会中几个阵营的支持，同时获得来自社会主义国家成员国的青睐。于是，他成功取得了南美、阿拉伯和一些欧洲成员国的支持。奥林匹克运动的重量级人物，比如国际足联主席阿维兰热和来自墨西哥的国际奥协主席马里奥·巴斯克斯·拉涅亚也明确表达了对萨马兰奇的支持。在萨马兰奇能否当选国际奥委会主席的问题上，西班牙在莫斯科1980年奥运会上的选择就具有决定性的意义。如果西班牙抵制奥运会，那么萨马兰奇当选的可能性就几乎为零。

从巴黎1900年奥运会开始，西班牙仅缺席了两届奥运会。一次是因法西斯军国主义的崛起和西班牙内战而缺席1936年柏林奥运会，另一次是因抗议苏联入侵匈牙利而缺席墨尔本1956年奥运会。对此，萨马兰奇就曾说过"西班牙人比匈牙利人更像匈牙利人"。后来，由于澳大利亚对外国马匹入境有严格的法律规定，因此，1956年奥运会的马术比赛在瑞典斯德哥尔摩举行。萨马兰奇也到场观看了相关赛事。

萨马兰奇不得不通过谈判进行周旋。西班牙奥委会计划在5月12日召开会议。远在莫斯科的萨马兰奇要求将会议召开的时间推迟到5月23日，即等到基拉宁与美国总统吉米·卡特之间的谈话有了最终结果再行定夺。正是卡特总统发起了对莫斯科奥运会的抵制。就在同一天早晨，西班牙外交部公开了苏亚雷斯政府的立场，即政府不希望西班牙参加莫斯科奥运会。文化与体育部长李嘉图·德拉·希尔瓦和来自外交部的马瑟利诺·奥列加都对抵制活动表示支持。阿道弗·苏亚雷斯也持赞同态度。这时距离西班牙奥委会必

巴塞罗那记者安德烈斯·梅尔切·瓦雷拉与萨马兰奇的关系十分密切。他是这位国际奥委会主席重视的伙伴之一

1988年，萨马兰奇以全票通过获得奥斯图里亚斯王子体育奖，由波旁和希腊王子菲利普为他颁奖

须做出是否参加莫斯科奥运会的决定只剩下17个小时。这也意味着到底选择独立行动还是屈服于美国的政策即将揭晓。

5月24日，黎明带来了一丝希望。作为国务卿和西班牙奥委会主席，杰西·赫尔米达·赛布里埃罗的处境非常艰难。政府的决定对西班牙奥委会没有约束力，因此最终的决定权在西班牙奥委会手中，也就是说，政府尊重奥林匹克组织的独立性。萨马兰奇经过不懈努力将大批支持西班牙参加奥运会的人团结在一起。当晚西班牙奥委会就连夜给西班牙各单项运动联合会的主席致电，并于第二天早晨11点召开了会议。36名成员有权通过投票做出这一重大决定，6名选择弃权（摔跤、自行车、游泳、拳击联合会主席以及两位荣誉成员——前体育部长胡安·吉驰与前西班牙奥委会主席、国际奥委会委员第二代桂尔男爵佩德罗·亿芭利）。

人们对这场投票给予了很高的期待。12月26日，西班牙奥委会秘书长安塞尔莫·洛佩斯宣布了秘密投票的结果。在参与投票的29名成员中，有18个联合会的代表投票赞成西班牙参加奥运会，11个则赞成抵制。萨马兰奇在最后时刻得救了。当时距离正式回复第22届夏季奥运会邀请函的最后时限仅剩24小时。

这一结果让一个人感到格外高兴，他就是胡安·安东尼奥·萨马兰奇。如果最后的结果是抵制奥运会，自己当选国际奥委会主席的几率就会大幅下降。

在回忆录中，他曾这样记载此次事件："我知道如果西班牙不参加奥运会，我就无法成功当选国际奥委会主席。"一个前车之鉴就是德国的维利·道默。作为奥林匹克历史上的一位著名人物，他在慕尼黑奥运会的组织过程中扮演了重要角色。但是在国际奥委会主席选举中仅获5票。显然，这是奥委会委员对德国选择不参加奥运会的惩罚。出于同样的原因，来自加拿大的詹姆斯·沃拉尔后来也有类似遭遇。而其他有希望的候选人，包括来自瑞士的马克·霍德勒和来自荷兰的塞西尔·兰斯洛特则都因为各自的国家决定参加奥运会而得以有机会继续参加主席的角逐。

这场选举在萨马兰奇的记忆中一直无法抹去。数年之后，在对海地进行访问期间，萨马兰奇回忆起这次事件并写道："体育部长举行了晚宴。六位部长参加会议，还有弗朗西斯科·哈维尔·查帕和罗萨尔科斯爵士卡林德兹都参加了晚宴。卡林德兹是西班牙驻海地大使。我对他有很深的印象，因为他在莫斯科选举期间举行的西班牙奥委会会议上担任外交部代表。至今我仍记得，如果没有外交部，我们不可能参加奥运会，而我也不可能成为国际奥委会主席。"同样，法国记者阿兰·伦泽菲彻也引用了萨马兰奇的话："那是一个完美的决定，对西班牙运动员和我个人来说都是。反对票对我个人来说将是一场灾难。"

获得多数选票 1980年7月16日是决定性的一天。在莫斯科奥运会开幕之际举行了第7任国际奥委会主席的选举。结果如人们所料，在第一轮投票中就有一位候选人以绝对优势获胜。法国新闻社率先用一条新闻抓住了世界的眼球：萨马兰奇，他就是奥委会主席。当时是下午三时零五分，选票总数为77票，而萨马兰奇已经得到了44票，其余票数分散在几位竞争对手身上（霍德勒获得21票，沃拉尔后获得6票，道默获得5票，还有1票无效）。萨马兰奇在回忆录中这样写道："1980年7月15日，天气阴冷，外面下着小雨。大会的开幕式在莫斯科大彼得罗夫大剧院举行。基拉宁主席做了卸职演讲。他的话让大家在怀念旧日时光的同时又对未来充满希望。对于未来几天将要发生的事，我对自己充满信心，但同时也非常平静。我不希望被兴奋的心情带着走，所以我不得不一直强迫自己控制情绪。我就是以这样的态度迎来了体育生涯中最重要的一天。"

萨马兰奇当选主席的消息获得了外界的一致好评。他再次重申了自己改革的决心，而国际奥委会也给予了这位拉丁领导人绝对的信任，支持他改革和重振原有的奥林匹克框架。谈到这一伟大的历史时刻，萨马兰奇自己曾写道："在选举委员会向奥委会委员公布我当选主席之后，我用了整整3分钟时间才从会议室里挤出来。出来后我做的第一件事就是给住在莫斯科大酒店的妻子碧蔚丝，我的挚友和支持者安塞尔莫·洛佩斯、雷蒙·沙巴达、安德烈斯·梅尔切·瓦雷拉和胡安·何塞·卡斯蒂略打电话。他们一直都在身边支持我，因此我要首先与他们分享这个好消息。在我竞选的过程中，他们付出了很多，所以我必须亲自告诉他们这个好消息。他们都非常兴奋，消息就像野火一样传播开来。几分钟之后，西班牙各大广播电台就开始给我打电话。"

萨马兰奇实现了毕生的目标，成为了国际奥委会主席。一个全新的阶段即将开始。他向大众讲的第一句话就为世界许下了一个承诺，并且这个承诺还将伴随他的一生："我希望能够通过自己的努力维护奥林匹克运动的团结，在全世界的年轻人中贯彻和平、友谊和兄弟情谊的普世原则。"在描述这一历史时刻时，他这样写道："这里曾是沙皇官员们的赌场，这里也陈列着苏联领导人的遗体。一扇沉重的红木大门敞开着。在楼上的阳台上，基拉宁主席将我介绍给全球的媒体。他们都挤在长达22级的楼梯下面，等待着最终的消息。在豪华的宴会厅里，到处装饰着美轮美奂的吊灯，28根白色的柱子也显得肃穆而庄严。"

莫斯科的空气中弥漫着欢乐的气息。当时在酒店房间里等候消息的碧蔚丝这样说道："我和两个孩子玛丽娅·特蕾莎和小胡安·安东尼奥感到无比快乐。不仅仅是因为胡安·安东尼奥·萨马兰奇当选为国际奥委会主席，而是由于他为了实现这一目标，已经做了数年的努力。我将他的成功看作是对他努力和牺牲的一种嘉奖。我清楚地知道这一点，因为我陪伴他经历了这一切。大选前的几天让人备感煎熬，但实际上安东尼奥·萨马兰奇比我想象得更为冷静。他的态度是，既然为了成为国际奥委会主席已经付出了最大努力，即便最后以失败告终，也可以安然接受。"

就这样，萨马兰奇开始了人生中的一个新阶段。而21年后，还是在俄罗斯首都莫斯科同一地点，他从国际奥委会主席一职卸任。

巴塞罗那储蓄银行行长 这位享誉全球的加泰罗尼亚人也获得了家乡商界的广泛认可。1987年，他被任命为加泰罗尼亚及巴里阿里养老及储蓄银行（即"La Caixa"）行长。该金融机构成立于1904年，从1984年开始，萨马兰奇担任董事会成员，而在1985年9月26日，他又成为了该行执行董事会成员。1989年，"La Caixa"与巴塞罗那银行合并，萨马兰奇成为合并后的新机构唯一的行长。1999年1月28日，萨马兰奇将巴塞罗那储蓄银行行长一职让给了何塞普·维拉拉萨乌，但依旧担任终身荣誉行长。直到2003年5月，他一直代表巴塞罗那储蓄银行担任加泰罗尼亚不动产机构主席，之后在该机构董事会任职数年。

巴塞罗那储蓄银行现任行长为伊希德勒·法以内。如今，该行已经成为西班牙顶尖的储蓄银行，也是全国第三大金融机构。员工超过3万人，非银行类业务由CaixaBank负责。银行客户超过1290万，办公室和营业网点数量分别达到6342个和9696个，从而成为了西班牙金融界顶尖的零售银行机构，并深受储户的青睐。

获得侯爵头衔 1991年12月30日，西班牙国王胡安·卡洛斯一世决定授予萨马兰奇侯爵的称号。国王表示："胡安·安东尼奥·萨马

兰奇在担任要职期间致力推广体育运动，深化大众对于体育的了解。而他在成为国际奥委会主席后所采取的行动更是将这些努力推向了高潮。在他的诸多品质中，我想首先提到一点，那就是他是具有全球精神的西班牙人。他以自己的方式给一个全球化的时代带来了光明。"

他的侯爵纹章就凝聚了他一生的事业。金色的奥林匹克五环，莫斯科瓦西里升天大教堂的圆顶，还有巴塞罗那省政府的圣乔治十字架。在他去世后，侯爵头衔由长女玛丽娅·特蕾莎·萨马兰奇继承，即萨马兰奇女侯爵。

荣誉博士 在职业生涯中，萨马兰奇被多所西班牙大学授予荣誉博士称号：

马德里科技大学、阿利坎特大学、格拉纳达大学、韦尔瓦大学、马德里卡米洛·何塞·塞拉大学、马德里欧洲大学

他还被许多外国院校授予荣誉博士，包括：

匈牙利索菲亚大学、加拿大卡尔加里大学、魁北克大学三河城分校、魁北克拉瓦尔大学、捷克共和国布拉格卡罗莱纳大学、韩国首尔大学、匈牙利布达佩斯大学、东京日本大学、斯洛伐克伯拉第斯拉瓦柯美尼奥大学、马耳他大学、罗马尼亚布加勒斯特大学、巴黎索邦大学、哈萨克斯坦阿拉木图大学

同时，他还被巴塞罗那圣乔治皇家加泰罗尼亚美术学院、马德里圣费尔南多皇家美术学院以及巴黎体育学院授予院士称号。

萨马兰奇大讲堂 马德里卡米洛·何塞·塞拉大学决定举办萨马兰奇侯爵奥林匹克大讲堂。该活动的目的不仅仅是纪念这位国际奥委会荣誉主席，更是为奥林匹克运动的推广、发展和传播做出贡献。大讲堂旨在推广奥林匹克理念和拓展人们对奥林匹克主义的理解，即奥林匹克主义不仅仅与运动有关，它是教育不可分割的一部分，并且将促进和平和人与人之间的团结作为己任。大讲堂的使命就是创建一个文化中心，保护奥林匹克精神，在其哲学与社会原则的基础上发展教育和宣传项目，以便强化奥林匹克理念的科学依据。奥林匹克精神与理念源自希腊文化，并且在今天得到复苏。

萨马兰奇自己就曾说过："一所大学在课堂上进行奥林匹克主义研究，并且由此开发相应的课程计划，这是一件积极的事。在奥林匹克主义和奥运会方面，该项目进行了一系列研究，这些研究对来自不同领域的学生都有很强的吸引力，比如建筑（体育设施）、经济科学（体育营销）、传播（电视与媒体传播）、运动科学（运动单项）、医学（运动医学）等。所有这些领域都与奥运会及其组织有着密切联系。以我的名字命名这一活动是我的荣幸。我相信，教育是一个国家实力的最好体现，无论何时，人们都应不遗余力地给予教育发展以最多的资源。有些国家虽然自然资源短缺但经济发展却十分强劲，这正是由于它们在教育方面进行了大量的投资。而在教育进行投资就相当于对知识和未来投资。"

体育文化巴塞罗那 在从国际奥委会主席的职位卸任后，胡安·安东尼奥·萨马兰奇提出并推动了体育文化巴塞罗那的创建。这是一家独立的非盈利机构，旨在促进体育与文化之间的关系，并通过与一些知名机构合作来实现这一目标。在巴塞罗那公民社会促进体育与文化发展方面，其中一些机构有悠久的传统或是行业先驱。萨马兰奇与几位当地体育界的领导人取得了联系，在短短几周的时间里就有14个创始机构加入。

称职的父亲 萨马兰奇与家人的关系非常密切。他一直以子女事业上的成绩为傲。玛丽娅·特蕾莎继承了母亲碧蔚丝的美貌与优雅。她获得了经济学学位，并育有三个女儿：玛丽娅·特蕾莎、安娜和索菲亚。同时，她还是西班牙奥委会委员并兼任西班牙冰上运动联合会主席。胡安·安东尼奥是一位工业工程师。他是GBS金融的首席执行官，并于2001年成为国际奥委会委员。2012年，他通过选举进入执委会。同时，他还是国际现代五项联盟和加泰罗尼亚皇家汽车俱乐部的首位副主席、卡尔德高尔夫俱乐部以及西班牙特奥会主席。小胡安·安东尼奥·萨马兰奇育有四子，分别是胡安·安东尼奥、马蒂奥、阿莱西亚和阿莱格拉·萨马兰奇。作为父亲，他将勤奋工作、大胆决断和诚实做人的品质传递给了孩子们。但实际上，这些品质都是他从自己的父母身上学到的。"从父亲身上我学到了要热爱自己的工作并且善待周围的人。从母亲身上我学到了要有奉献精神，在日常生活中，她处处都能展现出这一点。一位父亲的职责就是教育他的孩子，因为你能给孩子留下的唯一的东西就是你给予他的教育。我自己就是一个很好的例子。整个家庭团结一致共同努力的精神一直是我前行的最大动力。"

自2001年从国际奥委会主席一职卸任后，萨马兰奇将精力投入到洛桑奥林匹克博物馆的发展中。洛桑奥林匹克博物馆于1993年开始对外开放。同时，萨马兰奇还以国际奥委会终身荣誉主席身份参加了执委会会议和奥委会大会，密切关注着奥林匹克运动的发展。在《奥林匹克回忆》一书中，胡安·安东尼奥·萨马兰奇简洁明了地评价了自己在担任国际奥委会主席期间所做出的重大决定："在我担任国际奥委会主席的21年间，我所推行的改革彻底改变了奥林匹克运动的面貌，而这些创新就意味着与1980年7月我进入国际奥委会时相比，2001年7月我离开时，国际奥委会已经焕然一新。"

卸任之前的国际奥委会主席基拉宁爵士在一封机密信件中对国际奥委会的真实情况进行了详细分析。这封信由国际奥委会秘书长莫妮卡·贝利乌（法国）转交给继任主席。以下是信件的详细内容。

基拉宁爵士的离职信

写信人：基拉宁勋爵，国际奥委会主席
收信人：新任国际奥委会主席（待定）
1980年7月15日于莫斯科

机密

1. 抵制委员会

我认为必须尽快组建抵制委员会。同时应尽快向所有国际奥委会委员和国家/地区奥委会下达通知，了解它们是否参加奥运会，以便确定：

a）它们之所以参加或未参加的原因。

b）是否有国家级体育联合会曾抵制过奥运会（比如英国奥委会决定参加奥运会，但英国马术联合会却拒绝参赛）。

c）国际奥委会委员在公开场合发表的意见和采取的行动。

2. 国际奥委会下属委员会

作为国际奥委会主席，你有权任命这些委员会的委员。根据我的经验：

A. 学院委员会

学院委员会的运作良好。我已经与穆罕穆德·姆扎利进行了交流，他将继续担任国际奥委会委员，并且计划继续出任该委员会主席。

B. 资格审查委员会

我用冈纳·埃里克松替换掉了彼得·塔尔伯格。维利·道默和亚历山德鲁·西贝尔科整理出了大量的文件。我认为必须在大会召开之前对它们进行仔细研究。

C. 文化委员会

到目前为止，该委员会还停留在理论阶段。如果重新开始，我会任命一位委员专门负责监督奥运会召开之前和之中关于文化方面的问题。我和已故的舒贝尔先生以及宣传委员会在这方面的尝试相当成功。

D. 财务委员会

让·德·博蒙特伯爵将在这次全会上宣布离开执委会。我们的财务与法国伊冯银行有密切关系。该银行过去提供的服务似乎是免费的。但是我认为此事还需三思，尤其是要将汇率波动考虑在内。

我个人的观点是，财务委员会应当加入一位金融专家，负责每日监控汇率走向，并由专业人士进行评估。自然，这在很大程度上还取决于国际奥委会在1980年奥运会和之后的奥运会中所获得的收入。

E. 法律委员会

该委员会成立的原本目的是监督相关规定的起草。成员包括让·德·博蒙特伯爵和埃克塞特爵士。由于越来越多的规定获得了法律地位，该委员会的规模得以扩大。不幸的是，我们遇到了很多法律纠纷（台湾问题、电视转播权、文字标识保护等）。要解决这些纠纷，我们就必须依靠律师。我个人的意见是，该委员没有存在的必要，但是执委会必须在有需要的时候聘请专业人士。

F. 医务委员会

这是所有委员会中最重要的一个。曾经有一段时间我认为应该由一位医生负责领导医疗委员会，但是毫无疑问，在兹阿那提的帮助下，梅罗德亲王（两人都不是医生）能够很好地对科学家们进行管理。由于美国奥委会拒绝参加奥运会，汉利博士不再担任委员会委员。我认为该委员会的规模过大。成立之初，医务委员会的工作主要是进行女性性别验证，之后又承担药检的工作，并开始处理一些包括类固醇在内的更为严重的问题。我认为应当与梅罗德亲王进行协调，对医务委员会成员进行调整。我曾问过自己，除了主席和副主席之外，其他国际奥委会委员是否也可以加入医疗委员会？作为一位妇科医生，爱德华多·海伊在成为国际奥委会委员之前就曾在医务委员会任职。国际奥委会委员中，有几位有医学背景，比如凯文·帕特里克·奥弗莱那根就是一位运动损伤专家。国际运动医学联合会和奥林匹克医务人员协会的工作有一定重合。实际上，对于后者可以做进一步研究，尤其是考虑到该团队的医务人员的变动十分频繁。

G. 新闻委员会

我认为新闻委员会主席是一个非常重要的职位。因为除了由国际奥委会主席直接发布的信息外，一

国际奥委会主席基拉宁勋爵从萨马兰奇手中接过观摩阿尔及尔1975年第7届地中海运动会的邀请函

切与外界的沟通工作都由新闻委员会主席负责。起初,主任负责新闻委员会,并且相关工作处理得十分到位。但我认为或许他身上的担子过重。当然这一点还需要与国际奥委会委员商议决定,但可以继续依靠国际体育记者协会主席和国际机构代表。

我也不是十分确定是否有必要吸纳来自国家/地区奥委会和国际单项体育联合会的代表。媒体委员会的规模很大,尽管可以和电视委员会合并,组建新的媒体委员会。在后文中,我将对电视委员会进行单独阐述。

H. 项目委员会

项目委员会的规模很大。兹阿那提很好地完成了任务,并且获得了国际单项体育联合会的信任。如果该委员会继续存在,成员不应超过5~7人(有人曾经向我建议:最理想的情况下,一个委员会的人数应该是奇数,3个人都太多)。

I. 团结基金委员会

该委员会已经失控。朱利奥·奥内斯蒂在组织"国家/地区奥委会全体大会"的时候与我达成协议,即他的技术顾问团队可以加入该委员会。从那时起,国际奥协正式成立。我任命国际奥委会执委会副主席担任该协会主席,并由我亲自管理。而在此之前一直由赫尔曼·冯·坎宁比克担任主席一职。清川正二出任主席,是因为我认为最好不要由国际奥委会主席担任团结基金委员会主席。此外,由于一些国家/地区奥委会没有派代表,我在团结委员会中纳入了一些国际奥委会和国家/地区奥委会委员。如果可以重新进行这项工作的话,我会将国际奥协主席以及每个地区选派出的一位代表纳入在内,或许我还会选派专人负责与各联合会之间进行联络。此外,梅赫拉将军已经不再担任印度奥委会主席,让-克洛德·冈加也不再担任非洲体育最高理事会成员。国际奥协申请大笔拨款用于组织工作,我要求他们提交预算方案,但至今仍未得到任何答复。毫无疑问,奥林匹克团结基金能够大幅促进各国家/地区奥委会的发展,但相关问题还需进一步探讨。

J. 广播电视委员会

我认为该委员会应当并入媒体委员会,而媒体委员会又应涵盖两个分会。穆罕默德·姆扎利无法出任该委员会主席。我认为电视转播权合同应由主任和财务委员会负责,而电视分会则应专注于公共关系和授权。还有广播的问题,目前该问题有时由新闻委员会负责,但在一些国家,该问题由电视主管部门决定。

K. 三方委员会

我认为应由国际奥委会主席领导三方委员会,副主席一直由该委员会成员轮流担任。这种安排的好处就是能够加强权威性,但弊端是缺少连贯性。由于普莱西德湖冬奥会后出现了一些新情况,该委员会一直都无法举行会议,尽管明年9月计划召开一次会议。显而易见,该委员会必须关注与大会筹备相关的一切事项。但我不确定从国际奥委会的角度看,这是否是最好的安排。我想与你就那些表现优秀,并能同你一起为大会做贡献的成员名单进行讨论。此外,我还为你准备了一份我与凯勒先生之间的通信。

此外,尽管从技术角度讲,代表联合会和奥委会的委员会成员由国际奥委会主席任命,但在实际操作中是由各自机构指派的。由于我们有一条不成文的规定,国际奥委会委员不能作为国际单项体育联合会或国家/地区奥委会的代表,因此朱利奥·奥内斯蒂不符合要求。菲利普·克鲁姆是奥林匹克团结基金在美洲的协调人,在成为美国奥委会主席之后就成为了我们的人选。我认为是时候替换掉他,重新任命一位符合规定的成员出任主席。

关于国际单项联合会,在当选为国际柔道联合会主席时,查尔斯·帕尔默被任命为国际单项联合会负责人。后来,他一直担任这一职位,因为人们希望能够保持政策的连贯性。该委员会的表现相当优秀,尤其是包括联合国和联合国教科文组织在内的政府组织。但是我认为还应进行进一步研究,尤其是要考虑到巴登-巴登大会可能出现的结果。维利·道默参加了与大会相关的会议,但没有参加其他会议。在最后几个月中,我没能在大会上投入足够的时间,而现在,我认为这一点具有关键性意义。来自加拿大的迪克·庞德坚持认为应当成立国际奥委会委员会,由2～3人专门负责准备大会上要讨论的问题。仔细阅读该委员会过去几年的会议纪要是十分重要的,尤其是要有参考点。

L. 奥林匹克勋章委员会

我认为奥林匹克勋章委员会的工作一直进展得不错。但是颁发勋章的过程中有一个问题不可避免:那些得到勋章的人会感到很骄傲,而那些没能获得勋章的人则通常会感到怨恨。奥林匹克勋章取代了已经过时的奥林匹克奖状。后者自动确保奥运会中的一个席位。这种方法操作简单,能够有效奖励那些为奥林匹克运动做出卓越贡献的人。因此,国际奥委会委员不应被授予奥林匹克勋章。

M. 希腊提案研究委员会

该委员会主席是路易·吉朗杜-恩迪亚耶,除了来自希腊的国际奥委会委员,其他成员还有佩德罗·拉米雷斯·巴斯克斯和詹姆斯·沃勒尔。我个人对这一提案的可行性有很大的疑问,但是我认为要做进一步研究后,再决定是否应尽快否决。

3. 国际奥委会委员候选人

在维迪堡有一份文件详细记载了所有国际奥委会委员候选人的资料,目前我手中没有副本。如果在本次全会召开之前不发生任何意外,我们已经决定不在国际奥委会中纳入任何新成员,包括候补。菲律宾是一个大问题。已故的豪尔·B.巴尔加斯因为国内政府的政权更迭,在接替自己的人选上一直摇摆不定。我与菲律宾奥委会主席马约尔·马隆索举行了会谈,并且给了他需要填写的表格。同时我还收到了来自乔·阿维兰热的一封信(随信寄出)。阿维兰热建议我们选择一名来自阿根廷的成员。他十分具有个人魅力,但却不受阿根廷奥委会欢迎。除了在紧急情况下,我认为在成员的选择上咨询国家/地区奥委会的意见是十分重要的。这正是当今的奥林匹克运动与它还是一个排外的小团体的时代相比最大的一点不同。

4. 人事

这一问题需要与主任进行探讨。几年前,我曾为此咨询过安达信的意见。从个人角度讲,我认为我们缺少放权。同时我还认为,人员安排总是在发生变化,尽管一些员工已经在这里工作了很多年。造成人员不稳定的部分原因在于我们总部位于洛桑,还有一部分原因在于我们的总干事要求过高,当然她对我十分忠诚。她在工作中异常高效,因此如果我继续连任的话,工作中绝对少不了她的帮助,尽管或许我会减轻她在技术和媒体相关工作上的负担。

5. 总部和章程

对这个问题的意见不一。我计划继续留在洛桑,但是如果瑞士政府不提供相关协助,尽管有深厚的历史渊源,我们也应当认真考虑迁移总部。

6. 对国际单项体育联合会的承认

这是一个需要长期深入思考的问题。不幸的是,目前的情况使得一些联合会相信它们有权利指挥国际奥委会的行动,而其他一些联合会则希望能够获得认可并被纳入奥林匹克项目。我认为这一问题只能由新任主席及其领导下的执委会来解决,只有这样才能够制定出最有利于未来发展的政策。

7. 主席、副主席和执委会

我发现与执委会一同工作是一项十分艰难的任务。每年执委会四分之一的人员都会发生变动。如果这是一家以盈利为目的的公司,我早就给董事会成员停发工资了。如果情况没有改变,我建议采取如下措施:

a)执委会主席不应在奥运会期间或大会期间选出。

b)应当指派一名副主席顾问,行使代表职责。副主席人选的不断变化意味着做到这一点是十分困难的,尤其是如果第一副主席的意志不坚定,或与主席不能和谐相处。就个人而言,我十分幸运,但这仅仅是因为运气。同时我还认为,如果确实能够胜任,执委会成员必须连任。但是我们本身的体系存在问题,因为执委会成员都是荣誉成员。有一些同事全力以赴给我提供了很大的帮助,而另外一些同事对国际奥委会的发展却没有做出一丁点儿贡献。

以上各项都是我的个人观点。我将就上述内容与你进行详细讨论。我想我可以先提交辞呈,但继续担任国际奥委会委员,直到巴登-巴登会议召开。因为我真心想要尽自己所能为你提供帮助,尽管我并不认为国际奥委会应该有两名来自爱尔兰的成员。在写这封信的时候,我还不知道谁将当选国际奥委会主席,但我知道,不论谁当选,以他对我的了解程度,也知道可以随时与我开门见山地进行讨论,我也一样。我只想说一点:有时候处在这个位置上的人会感到十分孤单。如果你想与总干事探讨这些问题,就应该完全信任她。我已经将这封信和相关文件的副本交给了她。

认真、严格、韧性与智慧

他担任国际奥委会主席的21年所带来的是一场前所未有的转变。对国际奥委会来说,这一转变带来了深远的影响。当时,国际奥委会正经历一场严峻的危机。在萨马兰奇的管理和带领下,国际奥委会和世界体育界在经济方面有了彻底的突破,从岌岌可危的状况中走出来,实现了难以想象的繁荣发展。通过废除那些已经没有修改和完善空间的过时的规定以及鼓励最优秀的运动员参加比赛,他将奥林匹克运动从危机中拯救出来。与此同时,在他的领导下,国际奥委会从一个精英控制的组织转变为一个更为开放的组织,将中国等国的成员纳入其中,而在此之前,这是难以想象的。

我想特别提到他在1992年奥运会的组织过程中所扮演的角色。我相信大家都同意,萨马兰奇在巴塞罗那获得奥运会主办权的过程中起到了决定性作用。

实际上,他是唯一的决定性因素。他希望奥运会能在自己的国家,在自己的家乡举办。而他成功办到了。但值得一提的是,他以最聪明、最绅士的方式实现了自己的目标。他从未给同事施加任何压力,也没有给他们任何一点暗示来促成此事。这一切都没有必要。国际奥委会的全体成员都非常了解他的愿望,而大家对他的喜爱和尊敬也足以让大家帮助他实现梦想。简而言之,他拥有巨大的威望。

在我的一生中,我有幸见到了很多大人物。但在我眼中,没有几个人能在认真、严格、韧性和智慧方面与萨马兰奇相媲美。

最后,我想谈一件我很难理解的事情。我认为国家和人民不知道该如何去正确地评价萨马兰奇。一方面,他做出了巨大的贡献,而另一方面,他又因为政治经历而长期受到不公的评价。萨马兰奇唯一的信念就是体育,是在巴塞罗那召开奥运会。政治只是一种工具,一个附属,但或许又是达到目标所必不可少的。而这些目标的实现却让所有人受益。我们没有为之付出任何代价,也没有进行任何交换。

莱奥波尔多·罗德斯(1935—2015)
巴塞罗那商人,萨马兰奇的挚友

胡安·安东尼奥·萨马兰奇：最后的采访

吉列尔·卡博内尔是一名记者，也是卡门·萨马兰奇·里亚尔普的孙子。卡门是胡安·安东尼奥·萨马兰奇的姐姐，她于2010年4月21日去世。在过去的几年中，卡博内尔一直致力于整理家族传记。2007年，他发表了一篇关于卡门·萨马兰奇的文章，并借此机会采访了胡安·安东尼奥·萨马兰奇。此后，他便产生了一个想法，那就是纪录与这位国际奥委会前主席在不同时期的对话，由此来展现他的生活。但这一工作因萨马兰奇的去世不得不搁置。两人之间的最后一次对话发生在2010年1月27日。西班牙《先锋报》在同年5月8日刊载了这次对话的部分内容。在采访中，萨马兰奇谈到了自己生活、家庭和青年时代鲜为人知的往事。

1月上旬，我给胡安·安东尼奥·萨马兰奇的办公室打电话，当时他正担任巴塞罗那储蓄银行的荣誉行长。在电话中，我提出对他进行采访，借此为家族传记的编写收集更多的材料。接到电话，他立即就同意了我的请求，并且告诉我"但是你得快点，我马上就要去温哥华了"。两周后，我们就开始了采访，内容涉及他生活的方方面面。之后我们一共进行了两次对话，一次是2009年在锡切斯，另一次是在2010年1月27日，也是时间最长的一次。

你出生在哪里？

在巴塞罗那巴伊兰街28号，跟Casp大街交界处。那时候我们住在那里，我父亲的办公室就在隔壁。我是他第二段婚姻中的第一个孩子。弗朗西斯科·萨马兰奇·卡斯特与第一位妻子弗朗西斯卡·里亚尔普·玛尔维育有两个孩子，一个男孩、一个女孩。在她1918年死于流感后，我父亲就与我母亲琼娜·托蕾洛·玛尔维，也就是他前妻的表妹结婚。我的父母共育有四个孩子，我是长子。我出生于1920年7月17日，也就是说，如果能平安度过今年，我就90岁了。

你对童年的第一印象是什么？

在莫林斯德雷伊度过的夏天。放学后，我们都去工厂。到了工厂，他们做的第一件事就是给我们剃头发，就连我的小妹妹也不例外。

你有乳母对么？

我们家在方方面面都十分传统。我们是在家里出生的，我们都有乳母。

你是什么时候搬家的？

1926年，我们搬到了蒙塔纳的一栋公寓，就在安德里亚广场旁边。1929年，我父母的经济状况有所好转后，我们搬到了博纳诺瓦区一座更大的的房子。就在雷纳·维多利亚和摩多莱尔大街交界的地方。

你对父亲有什么样的记忆？

他绝不是个普通人。他来自于一个普通家庭，靠自己白手起家。年仅10岁的时候，他就开始在贝内特·玛尔维纺织厂当实习设计师。后来他经过不懈努力，拥有了西班牙最重要的床上用品和室内装饰品工厂。

取得这样的成就，他付出了巨大的努力。但是对我来说，让我印象最深的是他非常慷慨，尤其是对那些像年轻时候的自己一样还没有机会施展才华的人。

他上过学么？

他只上过几天学。但是尽管上学的时间有限，他的知识水平却并不低。他每天都会读法语报纸，并且平常也大量阅读各方面的书籍。

他是否热衷于汽车？

是的，他有不少汽车。其中他最爱的就是希斯巴诺-苏莎。他还有一台奥斯汀和一台雷诺。但他其实根本不会开车，这一切都是为了好玩。他经常坐在司机旁边按喇叭，这样其他的车就都会为他让路。他喜欢开快车。

如果你父亲现在到巴塞罗那来，有什么会令他感到惊讶的么？

他会非常高兴地看到我为能在巴塞罗那举办奥运会所做出的努力。举办奥运会对这座城市和住在这里的每一个人都意味着巨大的改变。

你对母亲有怎样的记忆？

我觉得很难去描述她。她是个很有奉献精神、十分善良的人。她与我父亲结婚的时候，我父亲已经有两个孩子了，但她始终待他们像自己的儿女一样。她对我也十分有耐心。25岁的时候，我患上了肺结核，从而不得不卧床休息。这让我感到十分沮丧，我几乎不与任何人交流。最后，是我母亲用绝对的耐心让我重新振作起来。

你是否见过你的祖父母？

我只见过我外祖父胡安·托雷洛。他在自由大街上有一家纺织品商店。

当时的环境如何？

1929年以后，我们搬到了一座漂亮的房子里。我们可以邀请朋友到家里玩。在战争爆发之前，一切都很美好。我的父母相信，让我们接受良好的教育是十分必要的。他们十分注重语言学习。

你在哪里上学？

我先去上了瑞士学校，后来又转学到了德语学校。再后来，我选修了职业学院里的商业课程。

你对父亲在莫林斯·德·雷伊的工厂有怎样的记忆？

从社会角度讲，父亲的工厂走在了时代的前列。工厂里有日托中心，由我母亲负责，还有工人图书馆。工厂还举办了篮球赛。

你是否想到会发生战争？

没有。没有人想到会发生战争。战争刚刚爆发的时候，大家还都认为不久战争就会结束。

对7月18日的情况你有怎样的记忆？

在发生军事政变的那天我父亲在法国维琪。他跟我母亲谈了逃离巴塞罗那的事。但最终他们决定我父亲应该先回来。我不知道他们的选择是否正确。我父亲被拦在了波特博。他们问他："你是谁？"他回答道："我在莫林斯·德·雷伊开工厂。"因为这句话，他差一点就被判处死刑。巡逻队要求莫林斯·德·雷伊的巡逻队发送报告，而这些人可以说是加泰罗尼亚最冷血的一群人。巡逻队的队长叫马林，他接了电话。当他发现对方询问的是我父亲的情况时，马林说："放他走，他是个好人。"你知道这是为什么么？我父亲在建工厂的时候，每天会从巴塞罗那坐车去莫林斯·德·雷伊视察工程进度。在路上他总能看到一位砌砖工。于是有一天他就停下来问："你要去哪儿？"那位工人回答道："我要去桑菲留。"于是我父亲就说："上车吧，我带你一起去。"从那以后，只要我父亲看到他，就会让他上车。这名工人就是后来的巡逻队长马林。正是他的话救了我父亲一命。

革命时期发生的事对你是否有影响？

伊比利亚无政府主义者联盟控制巴塞罗那的时候形势十分恐怖。他们不仅杀害平民，还将所见到的一切统统夺走。1937年的五月事件给这一切画上了句号。当时位于瓦伦西亚的政府对伊比利亚无政府主义者联盟展开了行动，并派遣了攻击部队。

后来发生的一切可谓史上罕见。内战之中又发生了内战。共和国军队最终打败了无政府主义者联盟。之后的日子就好过多了，能跟掌权的人直接对话，一切就变得容易得多了。

革命时期您被查过两次对么？

当时我16岁。就在战争爆发前，我的一位朋友帮我报名参加了CEDA青年团，那是一个右翼政党。我甚至根本就不知道这是个怎样的党派，而且去了一次以后我就再也没去过，但名单上有我的名字。于是有一天他们就到家里找我。我收到了一条命令，必须去参加在莱伊塔纳区举行的宣讲会。我母亲陪我一起去的。我们去参加了活动，之后他们就让我们回家了。

民兵组织是否去过你家？

是的，民兵总会到我家来。他们会来视察你家的情况，看看能否住在你家。后来，他们拿走了我们所有的汽车，我们的房子里也住满了难民。于是我母亲在门口贴上了一张巨大的海报，上面写着"这座房子已经被CNT-FAI控制了。"这样就不会再有民兵来骚扰我们了。

那轰炸呢？

炸弹几乎没有落到我们所在的地区。我记得第一次轰炸的时候，我们正在家里玩牌。第一声爆炸传来的时候我们都吓得不敢动弹，但我父亲说："我们继续玩。"不久，炸弹接二连三地落下来，声音也越来越大，离我们越来越近。这时我父亲说："大家各自逃命！"于是，我们都跑到地下室里避难。

当时你家中有难民么？

是的。我们住在楼上，楼下住的就是难民。西班牙银行行长卡拉比尔斯先生搬来和我们一起住，我父亲的朋友弗洛里特也和我们住在一起。后来他被逮捕并被处决。

你加入了共和青年团么？

我报了名，因为如果不这样做，他们就可能扣留我们一家人。我意识到情况不妙。当时我的队长没有鞋子，只能穿帆布草鞋。于是我跟他套近乎，告诉他如果给我准假，我就送他几双鞋。就这样我离开了队伍，虽然确实给他寄了鞋子，但我自己没有归队。

对战争有什么想说的么？

我想告诉那些从没经历过战争的人，再没有比内战更糟糕的事情了。在战争中有赢家也有输家，战争结束后，大家各自回家。但是在欧洲，情况更加糟糕。四年的战争让敌对双方已经融合在了一起。我认为要真正搞清楚到底发生了什么，至少需要100年时间。

在战争结束后你都做了什么？

首先，我结束了兵役，然后继续完成了商科的学习。后来我开始在自家工厂工作，但我依旧热衷于体育事业。我打旱冰球。

你与弗朗西斯科·佛朗哥之间的关系十分密切，你对他的评价如何？

他是个以自我为中心的人。他有一些很好的想法。毫无疑问，他伤害了一些人，但他也让自己国家的很多人成为了中产阶级。

你是在1955年与玛丽娅·特蕾莎结婚的，对么？

是的，当时我已经34岁了，而她毫无疑问是巴塞罗那最美丽的女孩。她通晓数国语言，知道如何与大家和平相处。对我来说，她就是理想的伴侣，对我的事业和生活给予了巨大的帮助。

作为全国体育代表，你认为自己在工作中最大的成绩是什么？

我们建起了很多体育设施，并且让很多西班牙人开始对体育感兴趣。很多人到现在还记得当时的口号"我们靠大家"。我们就是用这样的口号鼓励年轻人参与体育运动的。

在1973年担任巴塞罗那省议会主席期间，最让你感到骄傲的是什么？

我和所有的官员都建立起了友好关系，其中很多人到现在还记得我。

在担任国际奥委会主席期间（1980—2001）你印象最深刻的是什么？

那是不同寻常的21年，我每天都能看到进步。我访问了199个国家并且认识了很多重要的人。

对于奥林匹克运动，你最为重视的是什么？

它是将人们团结在一起的最有效的方式。种族问题不再是障碍，同时我们也让女性参与进来。今天，关注体育事业的发展已经成为了各国的基本任务。

对于孙辈，你有怎样的建议？

必须要学习。通过学习，你会发现那些最富有的国家不是有石油的国家，而是能提供一流教育的国家。而体育也是教育的一部分。瑞士、日本和韩国从理论上讲是贫穷国家，但它们却能够引领世界。为什么？因为它们有强大的教育体系。教育具有至关重要的意义。在小学和中学教育上，我们实际上在退步，尽管我们有很多优秀的大学。

萨马兰奇的妻子玛丽娅·特蕾莎

萨马兰奇的妻子玛丽娅·特蕾莎

萨马兰奇一生热爱并参与体育活动

萨马兰奇夫妇在瑞士

萨马兰奇夫妇

萨马兰奇夫妇与子女

萨马兰奇与女儿玛丽娅·特蕾莎·萨马兰奇

萨马兰奇的全家福

小胡安·安东尼奥·萨马兰奇夫妇

萨马兰奇与外孙

萨马兰奇夫人与孙子

第 1 章 初期的举措

萨马兰奇决定搬到洛桑居住
第一个麻烦：政治干预、国际单项体育联合会的反抗和财务困境

在莫斯科举行的选举已经成为了过去时。受到抵制的奥运会也已经结束。1980年8月3日，基拉宁勋爵（爱尔兰）正式将职权移交给在莫斯科选出的新主席，并将具有象征意义的维迪堡的钥匙交给了萨马兰奇。自从1968年起，这座日内瓦湖边的美丽建筑就成为了国际奥委会的办公场所。这一举动也打破了一项传统，因为之前的主席都是在洛桑移交的钥匙：布伦戴奇（1952年在邦德堡）和基拉宁（1972年在维迪堡）。但是萨马兰奇却是在远离沃州首府的地方接到的钥匙。新的时代要在莫斯科开始，在过去的三年里，他在这座城市被任命为西班牙王国大使，并用自己高超的智慧将之作为跳板实现自己的目标。怀揣着维迪堡的钥匙，胡安·安东尼奥·萨马兰奇的国际奥委会主席生涯即将开始，尽管这意味着他的生活将发生翻天覆地的变化。

在度过了选举期那段不寻常的日子后，萨马兰奇和家人回到了位于巴塞罗那的家中。期间，按照规定，他在奥林匹克之都做了短暂停留，并在那里发表了讲话。在讲话中，萨马兰奇传达出一条简洁明确的信息，即他将像首席执行官一样工作。也就是说，每天早晨都到办公室去。这也就意味着洛桑将成为他的新家。他拒绝像前两任一样只是作为主席偶尔在洛桑办公。他知道这个决定或许会让一些人不高兴，比如总干事莫妮卡·贝利乌（法国），但萨马兰奇最终还是决定冒险。在之后的21年中，他的家就是洛桑宫酒店的310房间。在搬到洛桑后，他进行了就职之后的首次正式访问。这次访问十分具有象征意义，因为他首先到奥林匹克运动的创始人皮埃尔·德·顾拜旦的墓前祭扫。

> 当选之后，萨马兰奇利用短暂的假期制定了一张路线图。这张路线图勾画出了一个全新的时代。他还梳理了堆满办公桌的亟待解决的问题，并确定了处理这些问题的先后次序。

来自爱尔兰的基拉宁勋爵在1980年于莫斯科举行的第83次全会上将国际奥委会主席一职正式交给胡安·安东尼奥·萨马兰奇

作为国际奥委会主席,萨马兰奇在现代奥运会创始人皮埃尔·德·顾拜旦雕像前留影

之后,他安排了一场与洛桑市长让-帕斯卡尔·德拉米拉的会面。他的第三项任务就是与当地媒体取得联系。在与媒体的会面中,他穿着随意、态度亲和。对这种亲近而友好的方式,当地记者感到十分惊讶。通过此举,萨马兰奇传递出三重信息:首先,自己忠实于历史和奥林匹克理想;其次,自己理解和尊重政府的权威;最后,国际奥委会的大门向世界敞开。一个全新的时代即将到来。国际奥委会委员路易斯·吉朗杜-恩迪亚耶曾这样描述当时的情形:"萨马兰奇当选国际奥委会主席以后,他就打开了一扇窗。他倾听每个人的心声。他有自己的想法,他愿意考虑各方意见,尤其是那些能够为国际奥委会带来积极影响的观点。"

萨马兰奇共收到了1724封信件和345封电报,恭喜他当选国际奥委会主席。这些信件和电报先由他的秘书何塞·玛利亚·宋普西进行归类整理,然后一一由他亲自签名回复。对于所有对他当选表示关注的人,他都回以祝福与感激。最令他感动的是其中有几百封信都来自于不知名的西班牙运动员。他们纷纷表示,萨马兰奇当选国际奥委会主席让自己

萨马兰奇在自己的办公室中

直面问题,做出决定

我能清楚地回忆出1977年7月他到莫斯科时候的情形。时隔40年之后,我们两个国家重新建交。萨马兰奇就是第一位西班牙驻苏联大使。当时人们排着队等待他的到来,其中大部分都是来自外交部的高级公务员。大家都想站在他身边,但是他问:"国际奥委会委员斯米尔诺夫和安德里亚诺夫在哪里?"于是他们允许我俩从人群的最后面走到他的身边。在场的大多数人对此都感到十分惊讶,这或许是他们第一次体会到国际奥委会内部的团结。

作为大使和国际奥委会执委会成员,他积极参与了莫斯科1980年奥运会的准备工作。他经常去拜访组委会总部,当时我就担任组委会的执行副主席,还负责在建的体育设施。他总是给我们提出一些好的建议,并且帮助我们解决了各种各样的问题。而就在这个过程中,我们之间建立起了真正的友谊。

作为国际奥委会执委会成员和副主席,我在他的领导下工作了10年。我十分清楚,有时候他必须作出一些决定,国际奥委会也不得不面对一些挑战。他总能给我惊喜,因为面对问题,他总能灵活地找到独特的解决方法。

维塔利·斯米尔诺夫
从1971年起担任国际奥委会委员。曾出任国际奥委会副主席(1978—1982,1990—1994,2001—2005),苏联奥委会主席(1990—2001)及莫斯科1980年奥运会组委会执行副主席

感到由衷的骄傲，并且希望在他的带领下，体育事业能够更上一层楼。在完成这些任务后，他与家人一同前往位于布拉瓦海岸的圣·克里斯蒂娜·亚罗的避风港园石别墅度假。

在美丽的地中海宁静的氛围中，萨马兰奇决定利用假期修改路线图。这张路线图将开启一个新的时代。在整个夏天，思考和倾听最亲近的同事的意见成为了他工作中最重要的一部分。他的另一项任务就是从诸多待办事项中梳理出需要优先解决的问题。其中就包括中国重回奥林匹克大家庭和与之相关的"两个中国"问题，还有政客对奥运会的干预和安全

从出任国际奥委会主席的第一天起，萨马兰奇和国际奥委会总干事莫妮卡·贝利乌之间的关系就十分复杂

措施的影响。在1972年慕尼黑惨案发生后，安全问题依旧是一个巨大的挑战。其他问题还包括南非的种族隔离，抵制蒙特利尔1976年奥运会的原因，还有国际奥委会在体育问题上的全球领导权，当时这一点遭到了联合国教科文组织的质疑。并且在托马斯·凯勒（瑞士）的带领下，几个体育联合会也发出了反对的声音。另外还有1980年奥运会遭到抵制后所发生的危机以及国际奥委会艰难的经济处境。事实上，当时国际奥委会已经濒临破产。萨马兰奇花了很长的时间去反思和倾听各方观点。在繁忙的工作之余，他每天早晨依旧会坚持运动：一个60岁的人需要时刻保持良好的状态才能够开启一个全新的时代。

这是一段新生活的开始。这时他已经预料到眼前的任务可能会让自己焦头烂额。他所做的第一批决定都经过了深思熟虑。现在是时候将它们付诸实践了。但这同样也意味着挑战。

在《奥林匹克回忆》中，萨马兰奇曾提到过前任基拉宁所留下的遗产："1981年的情况并不乐观。我发现自己面对的是一个士气低落、四分五裂的组织，因为他们不知道如何去应对所面临的问题。这个组织身陷巨大的危机：之前的奥运会遭受了大规模的抵制，成员之间的意见很难统一，给外界的印象既高高在上又独断专行。在外界看来，它屈服于政治方面的压力，组织模式古板而过时，同时经济资源有限，且短时间内没有出现改变的迹象。"

国际奥委会委员、执行主任雷蒙德·贾夫纳（瑞士）认为萨马兰奇选择"彻底放弃过去的管理方式和思维模式是因为它们过于死板"。他认为萨马兰奇在上任后的第一阶段的主要工作就是"发展自己在1981年巴登-巴登奥林匹克大会上提出的战略，来建设一个更加团结的组织，确保财政独立性，改善财政状况，维护和利用外交关系来控制抵制活动及其影响，同时加强国际奥委会与国际组织和联合国之间的关系，由此实现两个目标，即保证奥林匹克运动的独立性并彰显其对现代社会的贡献，此外还要加强国际奥委会在教育方面所扮演的角色，助力文化艺术事业的发展，促进环保。"这位博学多才

萨马兰奇担任主席后召开的首届国际奥委会全会：1981年在德国巴登-巴登召开的第84次国际奥委会全会

的瑞士领导人用了一个非常准确的表达，那就是：抛弃一切。实际上，这就意味着从头开始。

在就职的第一年，他加倍努力工作以便能够实现自己的主要目标，即确保巴登-巴登会议能够取得成功。会议所取得的成果将改变奥林匹克运动的未来。法国记者罗伯特·帕里安特在为《队报》做的一篇专访中曾这样写道："对奥林匹克运动来说，巴登-巴登是一次蜕变，而非一场革命。"

给成员的一封信 一个至今从未公开过的片段最能体现这位新任主席所带来的新精神，那就是萨马兰奇写给国际奥委会委员的信。8月14日，正在度假中的萨马兰奇决定给全体奥委会委员写一封信，信以经典的方式开头——"亲爱的朋

1981年，萨马兰奇和路易斯·吉朗杜·恩迪亚耶一同到访希腊，并会见了希腊奥委会主席乔尔吉斯·阿塔纳西亚迪斯以及希腊共和国总统康斯坦丁·卡拉曼利斯

友和同事"。信中就当时影响奥林匹克运动的最敏感、争议最大的问题征求大家的意见。他想了解同事们的想法，从而对国际奥委会的情况进行分析。他的倡议令很多人大为震惊，并引起了相当大的震动。因为成员们的积极参与并没能成为管理体系的一部分。现有的管理体系限制了年会上的发声渠道，成员只有通过演讲才能表达自己的观点。在从最初的震惊中平静下来后，成员们对萨马兰奇的举动报以热烈的回应，并且表示出对主席的信心以及对即将开始的新时代的希望。

在信中，萨马兰奇对当时存在的主要问题进行了总结，向成员们征求意见，并要求他们提交自己的建议。萨马兰奇用这种方法来了解成员的想法、他们的顾虑以及最迫切需要解决的问题。如他所料，成员们所提出的问题也正是自己最为关心的问题。比如对《奥林匹克宪章》中关于奥运会运动员资格审查的相关条款（第26条）进行修改，各成员对该问题的反应各不相同。萨马兰奇同时还提出了提交开放式提案的建议，这样成员们就能在巴登-巴登第11届奥林匹克大会上就所关心的问题发表自己的看法。并且，在莫斯科1980年奥运会遭到抵制后，各方出现了预期的反应。委员们认为奥运礼仪象征图案需要更改，要根据"在尊重民族主义的基础上，实行无国界化运动"的目标，对国旗的使用方式和奥运会歌进行改动，同时必须对希腊成为奥运会永久举办地的提案进行研究。

还有一些人建议成立新的工作组。这就引发了关于"巨人症"和未来国际奥委会规模的讨论，同时，人们还建议对一些问题进行调查，比如奥林匹克运动的资金来源和过分依赖电视转播权所带来的收益。整体的态度是非常积极的。国际奥委会委员决定面向未来，将莫斯科奥运会遭受抵制所带来的影响抛在身后。

第1届执委会会议 在当选三个月后，萨马兰奇宣布在维迪堡召开第1届执委会会议。他喜欢将这里称作"奥林匹克运动真正的领导机构"。会议首先对常规议题进行了讨论，比如普莱西德湖1980年冬奥会和莫斯科奥运会组委会提交的报告，以及即将在1984年举行的萨拉热窝冬奥会和洛杉矶奥运会。之后引出建立新的委员会、确立奥林匹克机构框架的问题。包括由穆罕穆德·姆扎利（突尼斯）担任主席的国际奥林匹克学院委员会，由维利·道默（联邦德国）担任主席的资格审查委员会，由朱利奥·奥内斯蒂（意大利）担任主席的文化委员会，由让-德·博蒙伯爵（法国）担任主席的财务委员会，由梅罗德亲王（比利时）担任主席的医务委员会，由胡安·安东尼奥·萨马兰奇亲自负责的新闻委员会，由兹阿那提（匈牙利）担任主席的项目委员会（在其去世后由苏联的维塔利·斯米尔诺夫担任主席），由清川正二（日本）担任主席的奥林匹克团结基金，由塞西尔·兰斯洛特·克劳斯爵士（荷兰）担任主席的电视委员会，由胡安·安东尼奥·萨马兰奇亲自负责的第三方委员会，由路易斯·吉朗杜·恩迪亚耶（科特迪瓦）负责的希腊提案研究委员会以及由胡安·安东尼奥·萨马兰奇亲自领导的奥林匹克勋章委员会。礼宾官由科内利斯·科尔德尔（荷兰）担任。在第一次全会上，委员们对已经提交的亟待解决的问题进行了讨论和研究，比如南非的状况。

萨马兰奇时代的第1届国际奥委会执委会会议参会人员包括：

第一副主席：维塔利·斯米尔诺夫（苏联）

第二副主席：清川正二（日本）

第三副主席：路易斯·吉朗杜-恩迪亚耶（科特迪瓦）
成员：塞西尔·兰斯洛特·克劳斯（荷兰）
亚历山德鲁·西贝尔科（罗马尼亚）
维尔吉利奥·莱昂（巴拿马）
阿什维尼·库玛尔（印度）
亚历山大·德·梅罗德亲王（比利时）
总干事：莫妮卡·贝利乌（法国）
体育顾问：兹阿那提（匈牙利）

希腊，奥运会的永久举办地 这一提案很早就已经提出，但萨马兰奇当选后发现它又出现在自己的办公桌上。希腊共和国总统康斯坦丁·卡拉曼利斯向国际奥委会提出："希腊是举办奥运会的最佳地点。我认为除了希腊之外，没有哪个国家有资格在自己的国家永久举办奥运会。希腊是奥林匹克的故乡，并且在长达一千年的时间里，享有举办奥运会的神圣特权。选择希腊作为奥运会的永久举办地是净化奥林匹克机制，重拾奥林匹克精神的唯一方法。因为这样做可以让奥林匹克理想不受政治或国际意识形态冲突的影响，也不再受职业主义或商业压榨和经济问题的困扰。而这些问题产生的根源都在于当前的体系。希腊提出在同一地点，即古代奥运会的举办地举行奥运会，以此来帮助解决这些问题。这一永久举办地可以被认定为中立地带。可以签署一项国际协议保障相关设施的权利，规定所涉及的区域神圣不可侵犯，同时协议还应认可国际奥委会在体育比赛中的决定性地位。"

莫斯科1980年奥运会期间的抵制事件制造了一种紧张的政治氛围，从而使得希腊的提案在国际奥委会委员中积累了一批坚定的支持者。此外，美国政府也暗中支持卡拉曼利斯总统的提案。在1980年于普莱西德湖举行的第82次全会的开幕式上，美国国务卿塞勒斯·万斯在演讲中公开表达了对这项提案的支持，并且表示美国政府将提供全力支持："我们的立场非常坚定。它反映了美国国会和美国人民的信念。为确保这些问题在未来不会再次出现，我们支持为夏奥会和冬奥会设置永久举办地。"

四百万公里

我们有一半的时间都在飞机上度过。有时是常规航班，有时是洲际航班，有时是在巴斯克兹的私人飞机上。我总是陪在他身边。根据国际奥委会官方旅行社kuoni的统计，他到国际奥林匹克运动的199个成员国的行程总共达到了400万公里。他时刻准备好出门旅行，他那印着五环标志的黑色罗意威牌公文包里放着的都是需要研究的文件，他会重新读一读自己要做的演讲，回顾一下会议纪要或者关注一下最近的新闻。有的时候他也会放松一下，拿出《先锋报》和《国家报》上的填字游戏。这是他生活中不可或缺的一部分，因此不论他在哪里旅行，他的同事何塞普·博拉斯每天都会把最新的报纸传真过来。"它们是最好的头脑体操"，他一边填字一边说。

在飞行员点亮"请系紧安全带"的标志之前，他已经把蓝灰色衬衫换成了厚条绒裤和黄色开衫。他解开领带，取下带着巴塞罗那地方政府标志的领带夹。在洲际航班上，他希望能够保持一种舒适的状态。他希望在到达目的地之前得到充分的休息，以便能够即刻开始漫长的工作。他很少吃飞机上的简餐，通常是一份汤。他会喝很多的水，我记得有一次，他喝了25瓶小瓶矿泉水。他每次平均睡5~6小时，以便能够适应时差。在还有1小时到达目的地的时候，他已经做好了准备。在下飞机之前他会查一下所到国家的国旗。他从来不会忽略这些细节。

每两周，他就会在日内瓦和巴塞罗那之间往返一次。在那里，他的忠诚挚友何塞·普玛利亚·桑普希总是在飞机旁等着他。30年来一直如此。伊比利亚航空的空乘人员把1A这个座位称作"萨马兰奇专座"。他是一位拿着外交护照的旅客。

萨马兰奇不辞辛劳，遍访世界各国，实地了解问题

安妮·因肖斯佩
胡安·安东尼奥·萨马兰奇在国际奥委会的私人助理

希腊在打一场硬仗 卡拉曼利斯知道,这是一个千载难逢的机会,或许也是实现奥运会永久回归希腊的最后一个机会。萨马兰奇和国际奥委会也意识到,如果屈服于压力,自己就将在奥运会的组织和管理中彻底失去影响力,并且让奥运会失去最宝贵的,也是顾拜旦最看中的价值:全球性。希腊做了充分的准备。卡拉曼利斯总统提供了自己的私人飞机,以方便负责相关外交工作的路易斯·吉朗杜-恩迪亚耶能够亲自前往希腊政府提出的三个奥运会永久举办地进行考察。第一个是库伦纳,归希腊政府所有,占地6平方英里,位于雅典南部,距离奥林匹亚体育场25英里。第二个候选地点也归希腊政府所

萨马兰奇在维迪堡

有,占地面积更小,但优势是位于沿海。第三个选项看起来似乎是最好的选择:卡法亚,占地将近14平方英里,包括一个湖泊、条件优越的加泰罗尼亚港,附近还有军用机场。萨马兰奇在个人日记中曾这样描述当时的情况:"卡拉曼利斯是我一生中遇到的最顽固的人。他希望在洛杉矶举行的国际奥委会全会能够从原则上接受他的提案,这样在会议结束后就可以组织联合委员会就将奥运会永久举办地确定在希腊进行技术、经济和法律可行性研究。对于这一计划,我的答案直接而明确:先研究再决定。我不知道为什么他没有意识到99%的国际奥委会委员都反对他的提案。"路易斯·吉朗杜-恩迪亚耶就场地的考察情况提交了一份报告,而会议最终同意否决希腊的提案。

1985年2月,萨马兰奇主席对南斯拉夫进行正式访问

一直在路上 在萨马兰奇的职业生涯中,他一直坚持实用主义的原则。这一点也毫无疑问清楚地体现在了他当选国际奥委会主席后所采取的行动上。他决定直接与合作伙伴进行接触,在他们所处的环境中更好地了解他们。他要亲自到他们的工作环境中切身了解他们所面临的问题。因此,在这段时间,他的日程几乎全部被出访占据。事实上,在担任主席的21年间,这成了他生活的常态。这些都是纯工作性质的出访,需要探讨很多专业问题,根本没有时间观光旅游。在行程中,他的秘书和私人助理安妮·因肖斯佩一直陪伴在他的身边。安妮·因肖斯佩出生在法国巴斯克地区,由莫妮卡·贝利乌聘用成为国际奥委会员工。萨马兰奇希望能够在现场了解问题。在担任西班牙国家体育代表团团长期间他所采取的正是这一策略。当时,由于没有官方预算,他利用周末乘坐从西班牙航空中心借的小飞机访问了西班牙的50个省。在接到奥委会主席的任命后,他就已经决定要访问瑞士联邦的所有地区,以及全球所有的国家/地区奥委会。在出任国际奥委会主席的第一年,他到访了34个国家,并且发誓要到所有的国家/地区奥委会总部访问至少一次,尽管他常常多次访问同一个国家,比如萨马兰奇曾先后29次访问中华人民共和国。到卸任的时候,他的西班牙外交护照已经集齐了所有199个奥委会的签章。

萨马兰奇首批到访的地区尤其重要。他总是非常关注细节,并且充分认识到,所有人都在密切关注自己首先将前往哪里。蒙特卡洛就成为了他的第一个目的地。在到访的15天时间里举行了三方委员会会议和国际体育联合会全体大会,由托马斯·凯勒担任主席。国际体育联合会涵盖42个国际单项体育联合会,其中26个项目被纳入奥运会比赛项目。凯勒性格强势、脾气火爆("他一直鄙视国际奥委会",萨马兰奇曾这样回忆道),这就带来了一个潜在的问题。因为已经有迹象显示,他正在挑起国际单项体育联合会反对奥委会。凯勒希望由国际单项体育联合会来控制奥运会,而不是国际奥委会。博学多才、心思缜密的萨马兰奇选择的第二个出访目的地是法国:顾拜旦的故乡。在那里,他祭拜了这位国际奥委会的创始人和现代奥林匹克运动的复兴者。

中国台湾问题的法律纠纷 在担任主席的初期,一个比经济和税收更重要的问题摆在了萨马兰奇面前:国际奥委会的法律安全没能得到保障。这场法律纠纷让萨马兰奇度过了无数个不眠之夜尤其是1980年1月,国际奥委会前主席基拉宁勋爵不得不在洛桑民事法庭出庭之后,问题更加严重。由国际奥委会委员徐亨担任主席的

台奥委会针对国际奥委会发起了诉讼。国际奥委会提出，要结束中国奥委会和设在台北的奥委会的长期纠纷，承认两个组织的合法性，并要求台湾改变名、旗、歌。这场诉讼将在瑞士法庭进行审判，但在进行了一系列保留性内部调查后，台方最终撤诉。

这一决定是保证团结的最佳解决方案。国际奥委会提出的解决方式能够保证两者都参与到奥林匹克运动中。这一决策是十分明智的，并且这一点在后来也得到了肯定。包括联合国、联合国教科文组织和红十字会在内的多个国际组织都采取了类似决定。

女性的问题　　萨马兰奇面临的另一个亟待解决的问题就是女性在国际奥林匹克运动的管理和体育项目的参与上处于完全空白的状态。在当选之后，他决定首先抓住机会让女性参与到国际奥委会的工作中，为她们今后成为国际奥委会委员铺路。他尝试将很多其他机构采取的标准做法引入国际奥委会。他只需要等待恰当的时机。在首届任期中，他已经确立了自己在女性和国际奥委会问题上的立场。在1980年秋天，一场特殊的研讨会在都柏林城堡召开，研讨会的主题为"让更多女性参与体育"。会上决定要改变态度，提高女性在体育管理方面的参与度，并批准了欧洲委员会提出的在学校引入男女混合体育教育的建议。

艰难的财政状况　　或许最亟待解决的问题是财务问题。关于奥运会陷入经济困境的传闻得到了证实，而萨马兰奇也发现，自己所面临的情况比想象中的更为糟糕。实际上，国际奥委会手中的资金已经处于历史最低点。1977年到1980年的奥运会总收入为12657448瑞士法郎。1980年更是出现了16503瑞士法郎的亏损。1981年1月1日，国际奥委会的总资产为1170000瑞士法郎。

第 2 章 巴登-巴登奥林匹克大会

宪章第26条规定以及体育业余化的终结带来变革与改变的大会
因体育而团结，为体育而团结。巴登-巴登，奥林匹克历史上的转折点

胡安·安东尼奥·萨马兰奇从未掩藏过自己的信念，即最优秀的运动员应当参加奥运会。在成为国际奥委会主席之后，萨马兰奇的首要任务就是推动改革，解决关于业余和职业运动员的争议。

在1952年到1972年间担任国际奥委会主席的艾弗里·布伦戴奇（美国）提出了"付费角斗士"的概念，这一说法一经提出便引发了巨大的轰动，但很快就遭到萨马兰奇的反对。当时他正在竞选国际奥委会主席。对布伦戴奇来说，"一位允许他人用自己的名字或照片宣传商业产品的运动员在我们看来就像一名推销员"。国际奥委会关于业余运动员的相关政策具有很大的争议性，布伦戴奇非常重视和关注这一问题。萨马兰奇十分欣赏这种态度，但却并不赞同他的观点。萨马兰奇在回忆录中写道："布伦戴奇在任时最具标志性的观点就是对纯业余主义的捍卫。但他却并没有认识到这一概念已经不适用了，尤其是在社会主义国家。在那里，高水平运动员是真正的职业选手，尽管他们会在政府部门挂职。他在这一点上的观点十分极端。很难相信一个像他这样聪明的人会没有认识到这一情况以及由于时代发展所发生的变化。"

萨马兰奇在这一问题上的立场向来十分明确，从来没有任何遮掩与疑惑。"奥运会必须向全世界最优秀的运动员敞开大门，虽然也必须符合相应项目国际单项体育联合会的规定。并且这些运动员必须能够从从事的体育运动中赚钱。只有这样，奥运会才能一直都是全世界最重要的盛会。"为了进一步阐明自己的观点，他又写道："我们有必要将那些真正的'职业'选手阻挡在奥运大门之外。也就是那些在'经理'的指挥下进行体育训练的人，他们不受国际单项体育联合会的管理和约束，他们的行为更像商业公司或马戏团表演，而非真正的体育。"

关于业余主义和职业主义的争论很早就已经出现，直到20世纪80年代依旧存在，并且十分具有误导性。在捍卫自己颇具争议性的观点的过程中，萨马兰奇面临着与皮埃尔·德·顾拜旦相同的两难境地。作为现代奥林匹克之父，顾拜旦推动了业余运动员

> 对萨马兰奇来说，修改和更新第26条规定就建立起了一个良性循环。它所造福的不仅是奥林匹克运动，更是所有参与其中的人们。比赛的视觉冲击会更加强烈，因为最优秀的运动员都会参赛。他们将会参加世界上最受关注的比赛，并为奥运奖牌而战。奥运奖牌也将成为所有运动员最想获得的荣誉。到那时，大众就会涌入体育馆去享受这场视觉盛宴，电视转播也会吸引更多的观众。他们会热切地关注每场比赛。让所有运动员都能不受任何限制地参加奥运会就能使奥林匹克运动更加统一和团结。

国际奥委会主席胡安·安东尼奥·萨马兰奇赠给维利·道默一个银盘，感谢他在1981年巴登-巴登第11届奥林匹克大会组织过程中的杰出表现

的出现，尽管他曾公开承认完全的业余主义是不可能的。在1936年他就曾写道："所谓的奥林匹克业余主义是十分荒谬的。我所关心的是体育精神，而不是这样一个要求百万富翁只有放弃事业才能投身体育的荒谬的概念。"

"关于业余主义，我只想一笑而过。从来都没有业余运动员。这种争议十分任性。重要的只有奥林匹克精神，其他都不重要。"

萨马兰奇在这一问题上的立场与布伦戴奇正好相反，后者关于业余主义的理念相当极端和保守。他的立场与基拉宁勋爵相对中立的观点也不同。在1972年到1980年担任国际奥委会主席期间，基拉宁勋爵平息了一些反对的声音，但却并没有找到解决这一问题的根本方法。萨马兰奇认为必须打破这一僵局，并且自己一定会排除万难达到这一目标。在个人日记中他这样写道："国家利益以及民族主义的影响带来了假的业余主义，它们以学术资助、政府公职和隐形奖励的形式出现，尤其是在那些经济由国家集中控制的国家。这条规定只对西方国家适用，从而使得其运动员与来自社会主义阵营的运动员相比就处于一个明显的劣势。在社会主义阵营中，运动员由国家统一培养，能获得丰厚的补贴或工作机会。"但问题的根源何在？

萨马兰奇认为，导致这一问题的根本原因就是《奥林匹克宪章》第26条，即将业余运动员定义为"因为兴趣和热爱而参与体育运动，并且不期待获得任何形式的物质回报"。在认识到这一点之后，萨马兰奇在个人日记中继续写道："在体育事业中，我们处于这样的一个时刻，我们所采取的行动必须基于现实。这场闹剧不能再继续下去，我们不能让所有来自东方国家的运动员都是业余选手，而来自西方国家的都是职业选手。我认为将这两种主流的政治体系进行对比是十分荒谬的，但是我们必须找到真正的平衡，以便实现真正的相互尊重。"

萨马兰奇选择了正确的时间和正确的地点来发起这场关于奥运会中业余主义问题的讨论。一切与他在路线图中的规划一样。第11届国际奥委会大会将于1981年在德国城市巴登-巴登举行。这是一场重要的会议，萨马兰奇就曾将之称为"一场关于革新与改变的会议，一场关于希望、行动和前进方向的会议"。在著名运动员维利·道默的支持下，他采取行动开启了关于允许职业运动员参加奥运会的讨论。维利·道默从基拉宁爵士担任国际奥委会主席的时候就被任命为国际奥委会资格准入委员会主席。大会的开幕式致辞就奠定了未来前进的方向。萨马兰奇的立场明确且切中要害："运动员能够参加大洲或全球赛事，但却无法参加奥运会。我们决不能允许这种情况的出现。"

维利·道默是一名德国工程师，也是慕尼黑1972年奥运会组委会主席。他在国际奥委会主席的选举中输给了萨马兰奇，但在这一问题上却成为了萨马兰奇忠实的支持者。他表示："如果运动员付出了艰辛的努力，终于达到了教练、政府和大众对他们的要求，但却无法获得相应的物质回报，那么这就是不公平的。"多年之后，在1992年2月于高雪维尔举行的第98次全会上作为资格审查委员会主席做最后一次报告时他曾回忆道："当时我们的任务就是集中全力推进第26条的起草。这条规定从理论上认可了给予运动员的支持。1980年，在我们提交了关于这一问题的第一份研究报告后，出现了很长一段时间的讨论，并且可以说一直持续到今天。1981年，这一条款正式生效，并于洛杉矶1984年奥运会上开始使用。但是在此之前，在1983年我们又发布了该条款的更新版。最终，新的第26条在东京第96次国际奥委会全会上得以通过，并沿用至今。它反映出我们诚实的态度和从现实出发的立场。只有符合现实情况，并且在现实条件下能够实施的规定才是合理的。"

代表运动员发声

每隔四年都有四周时间，国际奥委会会承担起组织奥运赛事的重要任务。在奥运会期间我们能做些什么呢？我们建议可以利用举办奥运会的契机在体育界创造更多的机会。运动员和体育专家可以参与全球性的交流项目。

我们想要探索出一条新的道路，推动奥林匹克运动的历史和光荣传统向前发展。比如在这里（巴登-巴登）让运动员参与到社区活动当中。考虑到国际单项联合会在提案中提到的观点、塔尔伯格先生的支持和萨马兰奇主席的帮助，我们建议，由这些运动员组成咨询团来帮助找到一种方法，让运动员能够参与政策制定的过程。要实现这一目标，我们请求你们提供帮助，在明年为咨询团组织一次会议，以便我们能够开展后续工作。

在讲话中，皮特塔尔伯格亲切地将运动员们称为重要的资源、隐藏的宝藏。而让他们加入我们的队伍就是打开百宝箱的钥匙。

最后我相信，让我们参与巴登-巴登奥林匹克大会的决策制定，向大家展现我们在工作中的韧性，就能够消灭，至少是消除一个错误的观点：运动员是不会思考的机器。

塞巴斯蒂安·科
莫斯科1980年奥运会和洛杉矶1984年奥运会1500米冠军，800米亚军。1981年巴登-巴登第11届奥林匹克大会运动员发言人。2012年奥运会主办权伦敦竞选团主席，2012年伦敦奥运会组委会主席

英国著名报纸《泰晤士报》体育版主编大卫·米勒记录了道默对于萨马兰奇的感激之词。道默感谢萨马兰奇对自己在放松规定方面的支持。"通过支持这一提案，萨马兰奇展示出了非凡的远见。他能够看到体育和公平竞争的本质。同时他也是一名出色的外交官，知道如何去将自己的想法转变为支持自己的选票。"

巴登–巴登的讨论 这场主题为"因体育而团结，为体育而团结"的讨论是奥林匹克运动发展史上一个真正的转折点。大会重新定义了第26条规定，并得到这样的结论："运动员在遵守各国际单项体育联合会的相关规定的同时，必须遵守和尊重国际奥委会的规定才能参加奥运会"。同时，它也确立了自己作为许可准则第45条的补充规定的重要地位。根据这条规定，"奥运会的所有参赛选手在奥运会举办期间都不应允许将其名字、形象和比赛结果用于广告目的。运动员参赛也不应以获得经济方面的补偿为条件"。在会议期间，各项目国际单项体育联合会的运动员参赛资格审查规定得以通过，规定在充分考虑各项目不同要求的同时，规定它们必须遵守共同的最高原则：运动员的参赛条件在世界锦标赛和奥运会中同等适用，对来自世界任何地区的所有运动员同等适用。

每位发言人有5分钟的时间阐述自己的观点。其中国际马术联合会主席爱丁堡菲利普亲王（英国）的讲话给人留下的印象最为深刻。该演讲可谓妙语连珠："我的讲话就好像十年前流行的迷你裙一样。它们的长度足以遮住最关键的部位却又恰到好处能引起人们的兴趣。我将会尽己所能达到这两个目的。"在提到商业赞助的时候，他同样也展现出了英式幽默："这就好比为钢琴演奏付钱的人，他有权选择由哪位钢琴师来演奏，也有权决定演奏哪首曲子。"但随后，作为伊丽莎白二世女王的丈夫，他以一种更加严肃的方式提出了一项职业准则，对运动员获取的商业利益的规模进行界定，从而使得体育不受商业利益的控制。

萨马兰奇十分愿意倾听运动员的想法。虽然不能直接参与，但他们受邀旁听了辩论。来自法国的青年击剑运动员托马斯·巴赫在回忆当时的情况时这样写道："不顾当时国际奥委会其他成员的反对，萨马兰奇回复了我的请求，即给运动员代表更多的发言时间。"在闭幕式致辞中，萨马兰奇首次强调了让运动员和教练员参与此类讨论的重要性。这对日后奥林匹克运动的发展有关键意义。同时他还表示，很难想象各国际委员会和其他机构组织的世界锦标赛与奥运会采取不同的运动员资格审查标准。

对萨马兰奇来说，随着第26条规定的修订和更新，一个新的循环就此出现。这对奥林匹克运动和涉及到的各方都起到了帮助作用。由于最优秀的运动员将参加比赛，比赛的质量将得到大幅提高。这些运动员能够在全世界级别最高、最受关注的比赛中为获得奥运奖牌而展开激烈竞争。而一枚奥运奖牌也将成为运动员最看重的奖励。因此，观众会纷纷前往体育馆欣赏精彩绝伦的比赛，同时收看电视转播的观众也会大幅增加，他们会全程关注赛事。这样，通过让世界各地的运动员无条件地参与进来，奥林匹克运动将更加团结、更加强大。萨马兰奇指出："作为全球最重要的体育赛事，奥运会必须向最优秀的运动员开放。如若不然，我们就有可能将奥运会变成二流赛事。"

将奥运会变成世界上最重大的体育赛事的想法取得了巨大的成绩，比如在经过了多次谈判和谨慎的沟通后，萨马兰奇成功地首次让职业冰球队参加了卡尔加里1988年奥运会。后来，在取得了国际冰球联合会的批准，允许世界上最好的冰球队，美国国家冰球联盟参加奥运会之后，这一计划得以进一步扩展，职业冰球选手可以参加奥运会。这一事实使得美国国家冰球联盟在长野1998年冬奥会和盐湖城2002年冬奥会期间陷入瘫痪。随后，在缺席60年之后，职业网球选手也终于在汉城1988年奥运会上重回奥运赛场。1992年，人们又在巴塞罗那奥运会上看到了历史上最优秀的篮球队：著名的美国"梦之队"。

萨马兰奇表示，为了用自己的理论解决第26条规定所带来的争议，他提出了温布尔登的例子。这一全球最优秀的网球赛事每年都会在全英俱乐部的草场上举行。

但这项赛事也曾因业余和职业运动员的参赛问题所引发的争议而陷入危机。直到有一天组委会做出决定，不再对参赛的选手

皮特·塔尔伯格、萨马兰奇、唐娜·迪薇罗娜和托马斯·巴赫在1981年巴登–巴登奥林匹克大会上

进行区分。在《奥林匹克回忆》中，萨马兰奇曾这样写道："这是我对于奥运会的构想，但是需要一步一步实现，而且每一步都要非常小心，避免引发毫无意义的争论。所有的运动员都是一样的，没有业余和职业之分。"

萨马兰奇担任国际奥委会主席期间取得了一系列成绩，其中非常重要的一项就是对《奥林匹克宪章》第26条进行更为灵活的解读。正如英国记者大卫·米勒所言，第26条就是运动员参加奥运会的资格标准。米勒认为萨马兰奇的改革意味着职业运动员也可以参加奥运会，而这就能避免一些问题的出现，比如由独裁政府支持的专业运动员和美国大学中的准专业运动员主导比赛，从而导致不公平竞争。

托马斯·巴赫与塞巴斯蒂安·科，呼吁诚实与正义　正如当时报纸报道中所提到的那样，在巴登-巴登大会上，运动员的角色是人们最为关心的问题。作为运动员权益的坚定捍卫者，萨马兰奇希望能够与运动员之间展开公开、真诚的对话。萨马兰奇相信，运动员是推动奥林匹克运动发展的主要力量。因此他决定不通过任何中介，与运动员展开直接对话。

在这些演讲中，一位年轻律师的讲话引人注目。此人就是击剑运动员托马斯·巴赫，蒙特利尔1976年奥运会冠军。在讲话中，他支持放开第26条规定，并认为应当根据不同国家和不同体育项目的情况具体问题具体分析："我们应当构建一个完善的框架，使所有体育运动都能实现最大化发展。作为运动员，我们来到这里的目的并不是重新定义业余主义，在短短的几个小时里就给出一个让所有人都满意的定义。多年以来，无数代表都没能做到这一点。但是在这里所展开的讨论已经显示出，大部分人都赞同保留业余主义，但必须是现代意思上的业余主义。作为运动员，我们所追求的并不是允许职业选手参加奥运会，也就是那些完全依靠运动为生而不从事其他工作的人。作为运动员，我们不希望被当作行走的广告而加以利用。各个体育协会可以通过各种各样的方式满足赞助商的利益需求，但却不能让体育的独立性受到威胁。我们的目的就是要在一个人性化的、可以自由选择的环境下从事体育运动。"

2013年，巴赫当选第9任国际奥委会主席。他又进一步丰富了之前的观点："我们的目标是在结束体育生涯的时候，我们能与其他人在事业上和社会中享有同等的机会。因此，我们认为给运动员的训练和职业教育提供资金保障是首要目标。只有国际奥委会允许各个项目的国际单项体育联合会根据自身情况和标准对业余的概念进行重新定义，这一目标才能得以实现。萨马兰奇主席曾表示，希望能够采取行动来找到解决方案，并获得了来自社会各界的积极评价。因此，我们决定充分利用他所积累的资源，与各项目的国际单项体育联合会进行沟通。我们会尽量满足它们的要求，这样在为运动员参加奥运会的资格做新的规定的时候，它们就能够让各自项目的运动员更多地参与进来。在这里我们要坚定地表达出自己的意愿和立场，即以一种有建设性的方式参与进来。"

来自英国的中长跑选手塞巴斯蒂安·科作为全体运动员代表发言。他曾在莫斯科1980年奥运会和洛杉矶1984年奥运会上获得1500米金牌。在谈到有争议性的第26条规定时，他也提到："我们赞同大会的呼吁，即给各国际单项体育联合会更大的自主权，让它们能够根据自身情况决定各自项目的需求。对奥运会进行现代化改革的呼声很高。奥林匹克运动事业的重要性不应被低估。因此国际奥委会在道德上有义务确保在参赛资格审查规定框架下，运动员的社会地位能够得到充分考虑。"

会议做出的历史性决定　在第11届国际奥委会代表大会后，第84次国际奥委会全会于1981年在巴登-巴登举行。运动员资格审查委员会主席维利·道默做了总结报告。在报告中，他肯定了大会和会议在修改《奥林匹克宪章》第26条规定方面所取得的成绩。道默强调，这绝不是一项轻松的任务，而要找到一个完美的解决方案也是不可能的。但他同时表示，委员会和执委会所给出的提案比国际单项体育联合会在大会期间给出的解决方案要好得多。他认为前者提出的标准更适用于当前的情况，而且国际单项

慕尼黑1972年奥运会组委会主席、巴登-巴登奥林匹克大会组委会主席维利·道默

体育联合会也可以根据自身项目的需要作出适当调整。道默还认为各方都应当接受这一安排，不论是国际奥委会、各项目的国际单项体育联合会还是运动员。在数位成员做完演讲后，第26条规定没有经过任何修订就得以通过。同时一起通过的还有第26条规定的适用范围和实施指南。此外，各项目的国际单项体育联合会还应按照要求向国际奥委会提交自己的运动员资格审查规定。

至此，关于业余主义的一个新定义得以诞生。这个新的定义允许高水平运动员参加训练、比赛和奥运会。最优秀的奥林匹克专家、加泰罗尼亚记者安德烈斯·梅尔切·瓦雷拉认为，这一现代概念是建立在"对精英运动员的道德支持"的基础之上的。因为这是官方首次允许"运动员在比赛生涯结束时获得一笔钱，甚至是一大笔钱来重新开启自己的事业或进入大学学习。但前提是这笔资金必须经过各项目国际单项体育联合会或各国家/地区奥委会的批准并由它们进行管理"。

围绕这一问题出现了很多不同的声音。国际奥委会委员、瑞士奥委会主席雷蒙德·贾夫纳表达了对新修订的第26条规定的支持。"我们不要欺骗自己。具体的规定解决不了任何问题。所有这一切共同构成了一个无限循环的一部分。任何一个有组织的社会都会与任何形式的欺骗做斗争。对我们来说，让运动员重获公平竞争的机会是十分重要的。我们要让他们有机会获得成功，帮助他们提前为未来做好准备，而不是仅仅做出虚假的承诺。"

各项目国际单项体育联合会报送运动员资格审查记录的过程十分缓慢。在巴登-巴登会议召开一年后的1982年5月，国际奥委会全会在罗马召开。但会议在这一问题上依旧没有取得实质性的进展。只有国际田联、国际现代五项和冬季两项联盟完成了自己的任务。因此一个新的阶段就此开始。于1983年3月在新德里召开的第86次全会上，21个国际单项体育联合会中的19个都根据《奥林匹克宪章》第26条规定制定了自己的运动员资格审查标准。在新德里会议上，各位代表展开了激烈讨论。有二十多位国际奥委会委员参与进来。这次会议显示出，全体代表达成一致意见支持新的规定或对"职业运动员"进行准确定义都是十分困难的。如果要将这一提案用于1984年即将举行的萨拉热窝冬奥会和洛杉矶奥运会上的话，情况尤其如此。

国际奥委会委员之间的争论显示出前方的道路绝非一帆风顺。社会主义阵营国家的代表与其他国家代表之间的立场分歧很大。但无论如何，各方必须达成一致意见。萨马兰奇希望给自己赢得更多的时间，因此他在中途发言，打断这些讨论，从而将最终的决定推迟到第二天。他相信在三位国际奥委会副主席的出席下，资格审查委员会将能够对"职业运动员"的概念进行重新定义。最终提案得到认可，各方达成一致意见，资格审查委员会将在1984年洛杉矶国际奥委会全会上提交对"职业运动员"的新定义。

1984年2月和7月分别在萨拉热窝和洛杉矶举行了两次会议，第26条规定依旧是一个难以逾越的障碍，关于冰球和足球的复杂问题依旧是人们讨论的焦点。

与此同时，由拉涅亚（墨西哥）担任主席的国际奥协于同年11月在墨西哥城召开第11次执委会会议，并在一份名为《墨西哥宣言》的文件中要求对运动员资格审查规定立刻进行重新修改。萨马兰奇关注到了这一事件，并且鼓励各方进行详细而全面的研究，重新确定第26条规定的适用范围，同时编撰《运动员守则》。为达到这一目的，奥林匹克运动的三大主要部门的代表们都做了详尽的报告。包括：国际奥委会委员亚历山德鲁·西贝尔科（罗马尼亚）、国际单项体育联合会代表鲍里斯·斯坦科维奇（南斯拉夫）、国家/地区奥委会代表拉乌尔·摩勒（比利时）。他们都呼吁允许职业运动员参加奥运会，并且强调了行为举止、尊重荣誉、公平竞争、反兴奋剂与暴力的重要价值。

困难：足球、网球和冰球

1985年、1986年和1987年的国际奥委会全会在讨论运动员参加奥运会的资格审查问题的整个过程中都具有关键意义。有些出人意料的是，萨马兰奇几乎没有参加这些会议，而是将决定权交给了资格审查委员会主席道默。后者曾表示，1981年巴登-巴登会议上

古巴拳击手特奥菲洛·斯蒂文森是受邀参加1973年在瓦尔纳举行的第10届奥林匹克大会的运动员之一，虽然他的表现并不积极

所做出的决定拥有无与伦比的重要意义。因为它同意由各个项目的国际单项体育联合会提交各自的资格审查规定。这些规定在全球范围内适用，同时也必须获得国际奥委会的批准。他强调与国际单项体育联合会进行的谈判非常成功，其中25个联合会所提出的资格标准已经获得通过，从而大大提高了1984年萨拉热窝冬奥会和洛杉矶夏季奥运会的水平。他还表示，与三大摇摆不定的联合会（足球、网球和冰球）之间的谈判仍在继续，现在还不是为了在1988年卡尔加里冬奥会和汉城夏季奥运会之前拿到160个国家/地区和28个国际单项体育联合会的规定而做出仓促决定的时候。

在一份先期报告中，道默表示："毫无疑问，在体育中，绝对的平等是不存在的，机会对每个人来说也绝不可能完全相同。但真正关键的是对平等的不懈追求。"道默提到，要创造一个全新的、理想化的世界是不可能的。但他也认识到，几十年前提出的业余主义的概念已经不符合今天的标准。他表示："一些暗箱操作使得实际情况与外界看到的完全不同。东方和西方、南方与北方、贫穷国家与富裕国家以及不同体育项目之间的巨大差异被简单地忽略了。它们要么被搁置一边，要么被虚伪地掩盖。"他又说道："在奥运竞技场上，运动员之间也不再有阶层的区分，而这就是奥林匹克运动在推动和平的过程中所取得的一项重大成就。其重要意义超过了体育界所取得的任何其他成就。"

最后，资格审查委员会主席提到了当时仍在进行谈判的三大项目。在1984年奥运会上，这三大项目使用的是临时规定。就足球而言，他表示，国际足联希望能够划分出一个新的"奥运选手"类别。他们的年龄不能超过23岁，且所在的俱乐部所属的联合会必须是国际足联成员。显而易见，国际足联这一提案的最终目的就是确保自身比赛的地位和重要性，也就是四年一次的世界杯。作为回应，该组织承认，签署了职业合同的选手也可以参赛，尽管国际足联曾计划取消之前的规定，即曾参加过世界或大洲锦标赛的欧洲和南美洲球员禁止参加奥运会。道默对国际足联所做出的决定表示支持。正如他所言："此举能够防止不同大洲之间的歧视。在过去这曾是一个十分具有争议性的问题。"但他对设置年龄限制的做法表示了质疑，因为"这毫无疑问是一种歧视。我们或许需要采取双重方法来真正让足球在奥运舞台上大放异彩"。

冰球的情况又有所不同。因为资格审查委员会没有别的选择，只能"认可国际冰球联合会的规定。根据该规定，唯一不能参加奥运会的就是与国家冰球联盟（NHL）签署了职业合同的选手。国家冰球联盟是加拿

在网球被重新纳入奥运会比赛项目后，国际网球联合会主席菲利普·夏蒂埃在1990年成为了国际奥委会委员

大和美国最重要的冰球组织"。国际冰球联合会还表示，职业选手必须年满20周岁，因此他们的建议是"将最小年龄限制设置为21周岁，而不是像足球一样设置最大年龄为23周岁"。

阻力最大的就是网球。对道默来说，国际网球联合会"希望全球最优秀的网球选手都能参加奥运会，不论是否存在经济问题，收入状况如何或签署了怎样的合同"，并且"联合会不希望像足球和冰球一样设置任何年龄限制，不论是上限还是下限"。因此，联合会提出举行向所有选手开放的循环赛，同意为参赛选手设置现金或经济奖励，且一切安排符合奥运会标准。但是，关于"经纪人""私企"和"选手联盟"的问题依然存在。尽管它们在戴维斯杯和大满贯比赛中

出人意料的是，在具有决定意义的1986年首尔国际奥协峰会召开前不久，美国奥委会主席罗伯特·H.赫尔米克反对对第26条规定进行修改

几乎不受任何影响。"全球所有选手几乎都以各种各样的方式依赖着经纪人"。他们"组织纯商业性质的网球比赛，损害了国际单项体育联合会的利益，并通过组织表演赛或要求支付大额参赛费用从而阻碍了国际网球运动的发展"。对道默来说，这一点令人难以接受，因此国际奥委会必须在此事上给予国际网球联合会最大的支持。关于将网球纳入奥运会比赛项目所存在的另一个争议点就是在男子比赛和女子比赛中对运动员所做的限制。当然，还存在一个最大的障碍，那就是如何让运动员与商业公司签署的合同与《奥林匹克宪章》的规定相符合，尽管国际网球联合会似乎愿意与国际奥委会合作共同制定解决方案。

1985年10月，国际奥委会执委会会议在里斯本召开。会上理查德·庞德（加拿大）表示，各方意见倾向于允许所有运动员参加奥运会。在这种情况下，一些专家认为布伦戴奇所支持的业余主义的概念即将被束之高阁，彻底成为历史。一些专家相信"萨马兰奇希望让更多的人参与到这一全球最高级别的赛事"。他们还表示，正因如此，他逐渐疏远了莫妮卡·贝利乌（法国），因为"她是布伦戴奇教导出来的，一直接受的理念都是以严格的业余主义为基础。因此她绝不会同意对第26条规定作出改动，虽然这种修改符合现实需要而且能够帮助消除不公平竞争"。

胡安·安东尼奥·萨马兰奇所倡导的开放性所面临的一个不确定因素就是东方国家和第三世界国家的反应。以当时的情况来看，它们可能联合起来阻止国际奥委会做出这样的决定。以变相形式推行运动员职业化的社会主义阵营国家一直以来都是第26条规定的主要受益者。此外，欠发达国家在改革中所遭受的损失也将是最大的。因为新提出的措施将进一步拉大它们与第一世界国家之间在体育方面的差距。如果不谨慎对待的话，这种情况可能会引发进一步的冲突。

但是关于改革第26条规定的讨论还没有完全结束。按照计划，在1986年4月于首尔举行的国际奥协代表大会上，国际奥委会将决定是否通过《运动员准则》。就在峰会召开几天前，美国奥委会执委会率先采取了行动。美国奥委会主席罗伯特·H.赫尔米克（美国）表示"我们不赞同单纯出于商业目的组织体育比赛"，理由是"要保护年轻运动员和体育事业不被商业利益所裹挟"。真正令人感到惊讶的是，反对改革的声音竟然来自于美国。因为美国职业运动员的数量在世界各国当中是最高的，而且国内的俱乐部和大学一直以来都变相支持体育职业化。此外，尽管美国奥委会因种种顾虑拒绝进行改革，但其言论存在矛盾之处。在之前举行的洛杉矶1984年奥运会上，美国的明星选手卡尔·刘易斯（美国）甚至在拿到4枚金牌之前就签署了价值数百万美元的合同，而4枚金牌的战绩更是为他赢得了"风之子"的称号。

当时赫尔米克是接替萨马兰奇担任国际奥委会主席的有力人选。在奥林匹克事业上，他是一个重量级人物，同时担任美国奥委会执委会主席和力量强大的国际游泳联合会主席。他认为"只有四个项目的联合会（篮球、冰球、网球和足球）会要求允许专业选手参加奥运会"而"其他项目应当遵守不同的规定，对运动员通过联合会获得的经济支持进行监督"。

在这种情况下，第5届国际奥协代表大会于1986年4月在韩国首都汉城召开。大会由巴斯克兹主持，152个

国家/地区奥委会派代表参加会议。大会决定暂停决议，拿出两个月时间专门对具有争议性的第26条规定进行研究，之后再做出最终决定。苏联和社会主义阵营国家坚决反对对该规定进行修改，并且宣称自己的国家只有"业余体育"。面对这种态度，胡安·安东尼奥·萨马兰奇接受了事实，承认自己和国际奥委会执委会希望通过的议题最终失败。但是这一次，他再次显示出了自己在寻求和解方面的领导才能。他以质疑的方式提出了一个小小的建议。萨马兰奇同意将修正第26条的决议推迟到汉城奥运会结束之后，这就意味着在1988年的奥运比赛中，职业运动员将无法参赛。他表示："国际奥委会在10月于洛桑召开的会议上必须就第26条展开讨论。但国际奥协研究这一问题所需的时间过长，这就使得国际奥委会几乎没有时间来做出决定。因此，在距离1988年奥运会只剩两年的情况下，新的规定要到1992年奥运会召开时才能生效。"

面对这样的挫折，一些奥林匹克专家开始怀疑萨马兰奇对形势的判断是否正确，并且表示，作为国际奥委会主席，萨马兰奇没能想到国家/地区奥委会会反对由《运动员准则》代替问题重重的第26条规定。"这是等待他做出的一个重要的改革，而他也有可能因为这一决定而在体育史上留名"。一些评论人士则表示："问题是这一并不牢固的联盟可能带来巨大的风险，因为它将使得反对者们团结起来，而这些反对者正从四面八方虎视眈眈地盯着国际奥委会主席的宝座。"根据他们的观点，"就目前的情况而言，在匆忙之中让职业运动员参加汉城1988年奥运会使得《运动员准则》打了败仗。或者说让发起者搬起石头砸了自己的脚。而我们或许正处在现代奥林匹克历史上最重要的转折点"。

这些评论人士提醒人们，萨马兰奇及其领导策略面对各种各样的敌人："从他上任以来就没有得到重用的国际奥委会官员，到那些在暗中觊觎主席之位的人，再到那些对他与前任完全不同的领导风格加以批评的人们。"这些分析人士还表示，苏联对萨马兰奇根据现代西方社会的需求改革国际奥委会的做法表示不满，认为通过《运动员准则》就好比"向社会主义阵营在体育界的地位扔出了一颗炸弹。因为如果西方的职业运动员得以参加奥运会，国家运动员（实际上职业化程度并不低）的地位将受到严重影响"。

第一批协议 1986年10月，国际奥委会第91次全会在洛桑举行。会议的亮点就是通过了资格审查委员会的报告。该报告确定和通过了由国际单项体育联合会同意的参赛条件。执委会建议除了网球之外的其他项目在1988年奥运会选手资格审查的过程中参考这些条件。在这种情况下，维利·道默肯定了与国际冰球联合会和国际足球联合会达成的协议并同意进一步与国际网球联合会进行谈判，以便能够找到解决措施在汉城奥运会上将网球纳入奥运会比赛项目。萨马兰奇希望能够为自己争取时间，于是他提出国际奥委会委员应当在计划于1987年在伊斯坦布尔召开的下一次会议上重新讨论这一问题。在卡尔加里1988年冬奥会上，包括曾经或者正在为国家冰球联盟比赛的职业选手都获准参加奥运会，尽管还需国际冰球联合会做最终定夺。而在汉城夏季奥运会上，除了欧洲和南美曾参加过世界杯的选手之外，所有的足球运动员都获准参赛，这与之前莫斯科1980年奥运会和洛杉矶1984年奥运会的做法是一样的。

在1987年5月于伊斯坦布尔举行的第92次国际奥委会全会需要特别关注。在主持会议的过程中，萨马兰奇展示出了自己与生俱来的精准判断力和丰富的经

墨西哥的拉涅亚作为国际奥协主席在1986年汉城国际奥协第5届全体大会上发表讲话

资格审查委员会主席维利·道默在1989年于波多黎各举行的国际奥委会第95次全会上向委员会成员做汇报。此次会议具有历史性意义

验。在应对这一棘手的问题时,他的精明再次充分地展现了出来。在经过了一上午连续的讨论后,萨马兰奇将这一问题作为上午会议日程的最后一项。观察人士表示,萨马兰奇通过巧妙运用策略,"确保能够避免参会人员(当时已经饥肠辘辘)进行正式投票。尽管无论是否举行正式投票,他已经获得了足够多的支持来确保提案能够通过"。

在日记中,萨马兰奇这样描述当时的情况:"1987年5月11日是一个具有历史意义的日子。我们通过了所有的提案,包括与网球有关的提案。我花了很长时间对所有问题都做了详细的准备,将重担交给道默是成功的关键。这可能是我担任主席以来主持过的最艰难的一场会议。我给了34个人发言的机会,其中支持并赞同提案的最有力者被安排在了最后进行发言。莫里斯·埃尔佐格(著名登山运动员,戴高乐主义政治家,从1970年开始代表法国担任国际奥委会委员)和道默表现得很好。我充分利用了当时短暂出现的热烈氛围使得决议在一片喝彩声中得以通过。只有菲利普·冯·舍勒(从1977年开始在国际奥委会担任奥地利代表,前马术冠军)对这一结果表示抗议。我让他给我寄一封信,并将之纳入会议日程当中。整个讨论耗时3个小时。如果最终没能达成一致意见,国际奥委会就将面临巨大的灾难。"评论人士和专家对这一判断表示赞同:"奥林匹克运动最终认识到一个自己试图掩盖了三十多年的事实,即奥运会需要向所有运动员敞开大门。作为东西文化的交汇点,拥有五千年历史的伊斯坦布尔见证了这一时刻:西方资本主义逻辑战胜了东方社会主义意识形态"。

前运动员、记者沃尔特·卢茨(瑞士)在1989年3月的《奥林匹克资讯》中以一篇专稿详细记录了萨马兰奇是如何致力于革新奥运参赛资格规定的。该期刊由国际奥委会发行。在以《革命才能实现乌托邦》为标题的文章中,卢茨写道:"从就任国际奥委会主席的第一天起,胡安·安东尼奥·萨马兰奇就被证明是一个伟大的创新者。作为一名优秀的外交官,他默默地、毫不张扬地以一种几乎无法觉察的方式对第26条规定及其生效所需的配套条款进行了重要创新。"

这名瑞士记者还借此机会在文章中赞扬了国际滑雪联合会主席、国际奥委会瑞士代表马克·霍德勒,充分肯定了他在50多年的时间里为改革第26条所做出的努力。同时他也赞扬了萨马兰奇所采取的行动:将国际单项体育联合会和国家/地区奥委会的资格审查规定纳入到文件的起草过程中,尽管最终的决定权还在国际奥委会手中。卢茨说:"放开奥运会参赛资格带来了巨大的心理影响。尽管改革十分必要,但却并非一项简单的任务。因为我们必须在公众和舆论面前捍卫奥运会的权威和信誉以及所有参与者的荣誉。因此我们就必须永远结束围绕公平问题出现的谎言、流言和冲突。不论是对运动员还是对体育来说,重建基本的体育原则都是必要的,因为它能给每个人以同等的机会,不论他们所处的社会、政治、意识形态和经济环境如何。"

网球与足球 将网球重新纳入奥运会比赛项目具有决定性的意义。这条漫漫长路在1989年8月30日到9月1日于波多黎各圣胡安举行的第95次国际奥委会全会上取得了关键性的进展(详见"第3章 恢复奥运会品牌")。也正是在这次会议上,胡安·安东尼奥·萨马兰奇在不需要进行投票的情况下获得首次连任,在接下来的4年中继续担任国际奥委会主席。

在同一场会议上，国际奥委会决定在只有3张反对票的情况下通过了巴塞罗那1992年奥运会足球项目运动员资格审查规定。该试行规定将参加比赛的职业球员的最高年龄定为23岁。国际奥委会和国际足联之间的谈判仍在继续，最终双方达成协议。该协议对任何球员一视同仁。国际足联主席和国际奥委会委员乔·阿维兰热（巴西）对未来的发展十分乐观，并且表示从圣路易斯1904年奥运会开始，足球就是奥林匹克的一部分。同时他还表示，足球界一直尊重《奥林匹克宪章》所制定的规则，并且从未牵扯进任何兴奋剂或其他方面的丑闻。年龄限制是国际足联168个协会所共同确定的，既非国际足联大会或主席的决定，也并非来自于执委会。

1990年9月，国际奥委会在东京召开第96次全会，这次会议也为资格审查委员会主席维利·道默和萨马兰奇改革奥运会的努力画上了一个圆满的句号。尽管国际奥委会与国际足联之间关于年龄限制的谈判仍在继续，但道默宣布资格审查委员会的工作已经完成，并决定借此机会正式从委员会主席一职卸任。在会议上，他首次提出有必要限制参加奥运会的人数，以避免出现"超级代表团"或者"奥运观光团"。同时他还提出，有必要就参赛运动员的国籍问题进行进一步的讨论，以避免在这一问题上出现任何的歧视或者争议。在给大会提交的第一份报告中，道默写道："在奥运会足球赛事中适用的年龄限制是完全不可接受的。我希望这条规定能够在友好的基础上得以废除。"

尽管道默宣布从资格审查委员会主任的职位上退休，但在萨马兰奇的公开挽留下，道默继续留任，直至1992年2月在法国库舍韦尔召开的第98次全会上，他的职位由维塔利·斯米尔诺夫（俄罗斯）接任。尽管多年之前，斯米尔诺夫曾极力反对对第26条规定进行改革，但后来，他成为了最关心这场讨论的人。这主要是由于苏联解体，分裂成15个国家（俄罗斯、白俄罗斯、乌克兰、摩尔多瓦、爱沙尼亚、拉脱维亚、立陶宛、格鲁吉亚、亚美尼亚、阿塞拜疆、哈萨克斯坦、吉尔吉斯斯坦、塔吉克斯坦、乌兹别克斯坦和土库曼斯坦）。

最终一切归于平静。来自加拿大的国际奥委会副主席理查德·庞德用一个巧妙的对比描述了这一时刻："在20年时间里，国际奥委会主席的职位由一位过时的独裁主义者手中转移到魔术师梅林手中。"

运动员参加第11届奥林匹克大会

让运动员参加于巴登-巴登举行的第11届奥林匹克大会在全世界范围内引起了强烈反响。运动员所承担的工作以及所做出的贡献让与会嘉宾与记者刮目相看。同时在会议中的积极表现也为他们赢得了广泛的关注。

但让运动员能够积极参与巴登-巴登奥林匹克大会经过了一个漫长的准备过程。实际上，整个过程从1973年就开始了。当年第10届奥林匹克大会在保加利亚瓦尔纳举行，运动员也受邀出席。但当时他们还无法积极参与到会议的相关讨论中。

出席巴登-巴登大会的共有来自全球各地的28名运动员。我们彼此都不认识，对于奥林匹克大会的流程也没有准确的了解。第二天一大早我们的工作就开始了，我们成立了工作小组，选出了发言人。很快大家就都进入了工作状态。我们按照要求分为5个小组，每个小组负责一个话题，分别是：兴奋剂、第26条运动员资格审查规定、女性的角色、体育、政治和奥运会开闭幕式。

或许有些令人难以置信，但我们确实达成了一致意见。我们接纳了彼此，并且全程都保持理智和积极的态度。同时，我们谁也不知道与会人员和社会大众会对我们的主张有怎样的反应。但是维利·道默很快就增加了我们的信心。在妙语连珠的开幕式致辞中，他明确表达了对运动员的支持。

之后，萨马兰奇主席与我们就相关问题展开了讨论。此时，我们意识到，大会不仅热烈欢迎我们，而且真真正正重视我们的想法。

托马斯·巴赫
2013年起担任国际奥委会主席，国际奥委会副主席（2000—2004，2006—2013），1996年起担任执委会成员，1991年起在国际奥委会担任德国代表，德国奥委会主席（2006—2012），1981年巴登-巴登第11届奥林匹克大会运动员发言代表，1976年蒙特利尔奥运会击剑冠军

1983年,来自英国的塞巴斯蒂安·科在洛桑举行的第2届奥林匹克周活动上讲话

1987年在伊斯坦布尔举行的第92次全会上,运动员资格和网球资格规定获得通过并开始试行

在巴登-巴登第11届奥林匹克大会上,第26条规定得以重新修改。萨马兰奇改变了奥林匹克运动的发展轨迹

1981年巴登-巴登第11届奥林匹克大会会场入口

汉城1988年奥运会上的足球比赛。当时国际奥委会和国际足联还未就资格审查规定达成一致意见

汉城1988年奥运会重新将网球纳入比赛项目。瑞典的斯蒂芬·埃德伯格获得铜牌
在1984年洛杉矶奥运会上，他获得了金牌，当时网球还是表演项目

新的第26条规定在1981年巴登-巴登
第11届奥林匹克大会后开始生效

1982年，萨马兰奇与瑞士的雷蒙德·贾夫纳一同出席位于洛桑
奥林匹克研究中心开幕式。雷蒙德·贾夫纳支持重新制定第26

随着资格审查规定的修改，美国篮球"梦之队"得以参加巴塞罗那1992年奥运会

资格审查委员会在东京召开的国际奥委会第96次全会上完成了对第26条规定的修改

萨马兰奇和俄罗斯的维塔利·斯米尔诺夫在一起。后者在1992年取代维利·道默成为了资格审查委员会主席

在1983年第86次国际奥委会全会上，21个国际单项联合会中的19个准入规定都符合第26条规定

国际奥委会委员兼国际足联主席乔·阿维兰热在国际奥委会第95次全会上发表讲话。这次会议决定试验性地通过奥运会足球运动员年龄不超过23岁的规定

萨马兰奇和妻子碧蔚丝在1981年于巴登—巴登召开的第11届奥林匹克大会上

国际奥协主席马里奥·巴斯克兹·拉纳和胡安·安东尼奥·萨马兰奇在1986年汉城执委会会议

加拿大的理查德·庞德（中）在1985年里斯本制宪委员会会议上支持允许职业运动员参加奥运会

胡安·安东尼奥·萨马兰奇在1987年访问奥地利期间认真听取国际冰球联合会主席冈瑟·萨贝茨基的意见

1991年，在洛桑，瑞士记者瓦尔特·卢茨在雷蒙德·贾夫纳的陪伴下从萨马兰奇手中接过了雷蒙德·皮代特奖

第 3 章 恢复奥运会品牌

萨马兰奇使奥运会更加稳固
奥运会现代化改革带来了更多的比赛项目和更优秀的运动员，从而使得奥运会更具魅力

20世纪80年代初，奥运会比赛项目似乎是完全固定的。一切都是基于内部的兴趣而非媒体和大众的兴趣，要让这种状况在短时间内出现大规模改变的可能性也不大。一切似乎都停滞不前。巴黎1900年奥运会有12个项目，而到1980年，这一数字增长到了21个，也就是说，在长达80年的时间里，仅仅增加了9个比赛项目。

莫斯科1980年奥运会的赛事安排十分僵化，如果不是某个项目的狂热粉丝，这些比赛很难引起大众的兴趣。奥林匹克运动在布伦戴奇（美国）时代的墨守成规和基拉宁勋爵（爱尔兰）时代的骄傲自满间来回摇摆。虽然后者曾提出过个别改革建议，但很快就被压制了下去。在最近几任主席的带领下，奥林匹克运动已经过时，并且日渐与大众和体育界疏远。事实上，从20世纪70年代开始，体育界已经发生了翻天覆地的变化，技术不断进步，管理体制日益完善。同时，由于电视网络的出现，媒体的参与度也越来越高。这些变化会增加体育对社会的影响力，并且随着时间的推移产生一个强大的体育产业。

从1966年在罗马国际奥委会全会上正式成为国际奥委会委员开始，萨马兰奇就对外界的形势展开了详细的分析。奥林匹克运动已经停滞不前，日趋僵化。从慕尼黑1972年奥运会增加了男子手球和射箭比赛，到洛杉矶1984年奥运会，比赛项目没有任何变化，依旧是21个项目。也就是说，在连续举行的四届奥运会里，赛事数目仅增加了9%。蒙特利尔1972年奥运会和莫斯科1980年奥运会都缺少新意，这就

> 在长达89年的时间里，奥运会比赛项目仅增加了9项。萨马兰奇给自己定下了一个目标：增加项目数量，鼓励最优秀的运动员参加，同时让奥运会成为全球最高级别的体育赛事，吸引更多电视机前的观众。萨马兰奇在夏季奥运会中增加了7个项目，在冬季奥运会中增加了1个项目。

显示出奥运会的赛事安排已经陷入了僵局，越来越远离体育界，也不再能引起年轻人的兴趣。当选国际奥委会主席的第一天，在与媒体的首次见面中，萨马兰奇就阐述了自己在担任国际奥委会主席期间的基本工作思路。他提到的一个最基本的理念就是要使赛事安排能够与时俱进，反映出当下体育界的真实现状。同时，他还描述了自己在担任主席期间选择比赛项目的标准："我要使用我自己的（标准）。它建立在奥林匹克运动长期发展的经验之上，也建立在体育所发生的翻天覆地的变化的基础上。我是一个十分现实的加泰罗尼亚人，而今天的体育界也需要现实的解决措施。"这一发言是建立在深入反思的基础之上的。这一点在他的文章《现代奥林匹克》中已经有所体现。该文章预测了奥林匹克未来的发展。文章于1969年12月发表于《体育2000》杂志，当时他的身份是西班牙奥委会主席。这篇文章在1970年3月被《奥林匹克资讯》收录（全文详见本书第15章）。

萨马兰奇意识到，威胁奥林匹克运动发展的最严重的问题就是管理不积极，缺少目标和领导力。在他看来，如果要改变奥林匹克的未来，改革势在必行，只有改革才能给奥运会重新注入活力，从而使其免遭历史淘汰。事实上，受抵制运动的影响，奥运会彻底退出历史舞台的风险已经切实存在。如果国际奥委会增加奥运会的比赛项目，吸引更多人的关注，那么它就能实现拯救奥林匹克的目标。为达到这一目的，奥运会比赛项目的现代化改革就是必不可少的。因为它能增加奥运会所涵盖的比赛项目和大类，使得它们对体育迷更具有吸引力。在萨马兰奇看来，这对于奥林匹克的重新复苏是不可或缺的因素。总而言之，他希望能够形成一个"良性循环"，达成三重目标：更多体育项目、更多运动员、更具吸引力的奥运会。

1980年10月底，萨马兰奇组织了自己与执委会的首次会议。在会议上，他提出了自己的基本行动计划，阐述了当前需要解决的问题。他强调要更新奥运会比赛项目，因为现存的框架已经过时。他同样强调要推出必要的政策让女性在国际奥委会中扮演更重要的角色。

巴登-巴登：奥林匹克新秩序 这一主题将在巴登-巴登第11届奥林匹克大会上产生巨大的影响。8年前，在1973年举行的保加利亚瓦尔纳奥林匹克大会上，关于改革未来奥运会发展之路的讨论并没有取得有建设性的成果。在这种情况下，是时候去关注奥运会的未来了。

在准备第11届奥林匹克大会的过程中，德国奥委会发布了一系列专题新闻快报，对即将提交讨论的最重要的议题进行了分析。其中一篇文章所关注的就是"奥运会的未来"。文章整理了知名专家和国际奥委会委员的作品和观点，向读者展示了未来的多种可能性。比如曼弗雷德·拉莫尔教授（联邦德国）就支持对奥运会的内容进行现代化改革，但同时设定的目标必须是切实可行的。"奥林匹克的未来并不在过去。很多人希望它回到顾拜旦或古典希腊时代，但这是一个严重的错误。奥林匹克大会的目标是制定新的指导原则并对奥林匹克的概念进行重新定义。在即将开启奥林匹克新千年的时候，这一点具有至关重要的意义"。兹阿那提（匈牙利）在1964年成为国际奥委会委员，从1968年开始担任奥委会项目委员会主席。面对一个充满不确定性的未来，他提出了一系列具体的方案以求在奥运会中逐渐落实。但是，在选择新的比赛项目的问题上他表示："在我看来，国际奥委会必须放弃之前的传统立场。一个项目的受欢迎程度应当是决定是否将其纳入奥运会的一个必要条件。此外我还认为，未来奥运会的比赛项目必须不能与各项运动世锦赛的项目完全相同，否则就有可能出现某些选手主导比赛结果的情况。"最后他也提出了一些问题："到底应该有多少支队伍或多少运动员参加比赛？奥运会决赛应当以何种形式举行？一个人能否自由登记参加某项赛事，还是需要满足一些特定的要求？"此外，东京1964年奥运会组委会成员盐田优认为，对于可能出现的由某些选手主导比赛结果的情况，国际奥委会需要在以下四个领域实现多样化发展：个人项目、团体项目、水上项目和冬季项目。同时他还赞成比赛地点的多样化。

巴登-巴登大会的最后宣言是以一句非常有概括性的话开始的，这句话就是开启体育新时代的一个信号。"未来奥运会的比赛项目必须以一种更准确的方式反映出现代体育发展的趋势。"毫无疑问，大会实现了目标"因体育而团结，为体育而团结"。因为它为萨马兰奇后来所说的"奥林匹克革命"打下了基础。其中一点就是对奥运会的比赛项目进行必要的更新，为比赛流程制定新的指南，让更多的运动，最重要的是让各领域最优秀的运动员都能参与进来。这也就意味着，运动员代表的意见将得到高度重视，并且他们第一次有机会在国际奥委会领导人的面前阐述自己的观点。在一些问题上，运动员群体将采取坚决支持的态度，支持对奥运会比赛项目进行现代化改革。

同样在巴登-巴登举行的第84次全会上，奥林匹克项目委员会将网球和乒乓球纳入汉城1988年奥运会。而包括棒球、羽毛球和跆拳道在内的其他项目依旧因为各种各样的原因而位于待选名单之列。国际奥委会也已经批准，保证下届奥运会的比赛项目会在比赛开始前4年确定，并且表演项目的数量控制在两个，比如洛杉矶1984年奥运会的表演项目是网球和棒球。因此，奥运会项目的现代化改革就与运动员的选拔和之后对第26条规定的修改紧密联系在一起。这是个必须处理，并且也迫切需要解决的问题。要找到解决办法就必须与国际单项体育联合会和各国家/地区奥委会进行磋商，以便就"职业运动员"的定义达成一致意见。

增加奥运会的比赛项目需要一个漫长的过程。这就要求萨马兰奇主席发挥自己卓越的外交能力和倾听各方意见的能力,尽管他对于提案中所阐述的理由信心十足。他坚持自己的信念,即"只要能坐在一张桌子前,就一定能达成协议"。正是秉持这一信条,他成功地促使洛杉矶1984年奥运会组委会与国际业余摔跤联合会达成协议。两者之间的分歧曾差点使得这一历史悠久的项目无法出现在洛杉矶奥运会上。

1980—2000年间奥运会项目数量变化情况

夏季奥运会						
小项	1980	1984	1988	1992	1996	2000
男子	144	151	151	159	163	168
女子	50	62	72	86	97	120
混合	9	8	14	12	11	12
总计	203	221	237	257	271	300

1980—1988年间奥运会项目数量变化情况

冬季奥运会						
小项	1980	1984	1988	1992	1994	1998
男子	24	24	28	32	34	37
女子	12	13	16	23	25	29
混合	2	2	2	2	2	2
总计	38	39	46	57	61	68

体育遗产 在萨马兰奇担任国际奥委会主席的21年里,奥运会在不断推陈出新的同时,引起了大众的广泛兴趣。夏季奥运会的比赛项目从21个增加至28个,而冬季奥运会则从6个扩充至7个。夏季奥运会的小项数量也从莫斯科1980年奥运会的203个增加到悉尼2000年奥运会的300个,冬奥会的赛事数量则从普莱西德湖1980年冬奥会的38个增加到长野1998年冬奥会的68个。不仅如此,同期女子比赛的小项数量在夏奥会(从50个增加到120个)和冬奥运(从12个增加到29个)都翻了一番。

在萨马兰奇担任主席期间举办的共10届奥运会中,他每次都能增加一些令人眼前一亮的新内容,从而让比赛更加具有吸引力。在这20年中,新的运动项目被纳入到奥运会比赛当中,男子赛事也增加了新的专项。

另一项政策就是增加女子比赛的数量(见"第7章 女性与奥林匹克运动")。

扩大奥运会的规模,并使之适应现代社会的需要就包括非常关键的一步,即推动性别平等。参加夏季奥运会的女性运动员数量从莫斯科1980年奥运会时的1115人增加到年悉尼2000年奥运会时的4069人,参加冬奥会的女性运动员人数从普莱西德湖1980年冬奥会时的232人增加到长野1998年冬奥会时的787人。同期,女性运动员占参赛运动员总数的比重也呈上升趋势,从莫斯科1980年奥运会时的21.5%增长到悉尼2000年奥运会时的38.2%,从普莱西德湖1980年冬奥会时的21.6%增加到长野1998年冬奥会时的36.2%。

伴随这一趋势同时出现的还有奖牌数量的增加。奖牌数量从莫斯科1980年奥运会时的631枚增加到汉城1988年奥运会时的739枚再到悉尼2000年奥运会时的927枚。随着奖牌数量的增加,奥运会在走向全球化和大众化的同时,也见证了越来越多国家的运动员走上了领奖台。

在莫斯科1980年奥运会上有代表团参赛的80个国家/地区奥委会中,有36个拿到了奖牌。在1984年的洛杉矶奥运会上,参赛的140个国家/地区奥委会代表团中,有47个收获了奖牌。在1988年的汉城奥运会上,总共160个国家的奥委会有52个收获了奖牌。而在悉尼2000年奥运会上获奖牌国家更是增长到了80个,此届奥运会选派代表团的国家总共有199个。获得奖牌的国家数量的增加证明并展示了四年一度的奥运会在促进世界团结方面起到的积极作用。在任期内，萨马兰奇通过调动更多资源，使每一届奥运会都比上一届更加精彩（详见"第6章 奥林匹克团结基金"）。

1980—2000年间奥运会各届比赛奖牌总数和获得奖牌的国家/地区奥委会的数量变化

	参赛奥委会	获奖奥委会	奖牌情况			
			总数	金牌	银牌	铜牌
莫斯科1980年奥运会	80*	36	631	204	204	223
悉尼2000年奥运会	199**	80	927	300	300	327

*利比里亚队的7名运动员出席了开幕式，但最终放弃了比赛，并加入了抵制行列
**来自东帝汶的4名运动员，因为该国没有被正式承认的国家/地区奥委会，以个人身份参加奥运会

第一枚和最后一枚奖牌 在四届主席任期中，胡安·安东尼奥·萨马兰奇共主持召开了10次奥运会，其中5次为夏季奥运会，5次为冬季奥运会。萨马兰奇当选国际奥委会主席后所颁发的第一枚奖牌是在1984年2月9日的萨拉热窝冬奥会上。那是当年冬奥会的第一枚奖牌，由女子10公里越野滑雪冠军玛利娅–丽萨·哈玛莱宁（芬兰）获得。与她一同登上领奖台的还有该项目的另一位重量级选手赖萨·斯梅塔尼娜（苏联）以及布里特·彼得斯（挪威）。萨马兰奇将这一天当作珍贵的记忆，并在个人日记中写道："我颁出了第一枚奖牌：来自芬兰的女子十公里越野滑雪冠军玛丽娅–丽萨·哈玛莱宁。颁奖仪式在漫天飞舞的雪花的映衬下显得异常美好。"这位来自芬兰的运动员可以说是本届奥运会最大的赢家。她在所有越野滑雪个人赛中都获得了冠军（5公里、10公里和20公里）以及团体赛季军。但真正让萨马兰奇终身难忘的是精彩绝伦的花样滑冰之夜："当晚，在泽特拉冰场举行了花样滑冰总决赛。英国队的娅尼·托维尔和克里斯多夫·迪安前所未有的精彩表现大获成功。我亲自给这对搭档颁奖。他们改写了花样滑冰的历史。"联合新闻社记者杰弗里·米勒（英国）专门写了一篇文章记录这对选手当晚的表现。该文章被收录进了《奥林匹克资讯》杂志。但不幸的是，米勒在文章发表前就去世了。在文章中，米勒回忆道："他们用最美的舞蹈和最高难度的表演获得了一枚奥运金牌。他们忘记了传统的动作变换次数以及要跟上同一段节拍所需的不同技巧。因为这些刻板的要求就像波莱罗舞曲本身一样单调和沉闷。全部9位裁判在艺术表现上都给出了6.0分的最高分，这是前所未有的。再一次，奥运会给予了一对全心全意投入比赛的选手他们应得的荣誉。"

16年之后的2000年悉尼奥运会是萨马兰奇担任国际奥委会主席期间所举办的最后一场奥运会。2000年9月

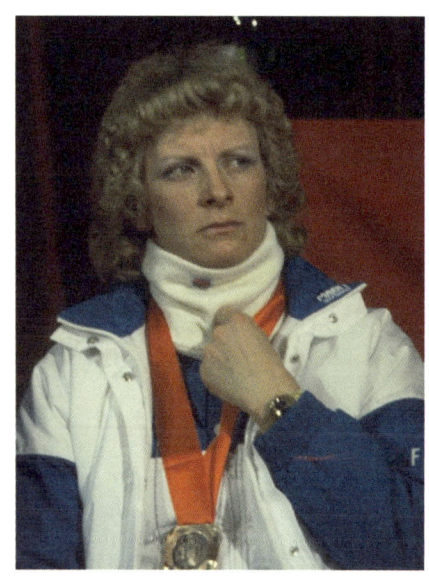

萨拉热窝1984年冬奥会女子10公里越野滑雪金牌得主玛利娅–丽萨·哈玛莱宁（芬兰）。这是萨马兰奇担任国际奥委会主席后颁发出的首枚奖牌

西班牙手球队在悉尼2000年奥运会上获得了铜牌。这是萨马兰奇作为国际奥委会主席颁发出的最后一枚奖牌

30日，在奥委会主席任期的最后一天，萨马兰奇为手球比赛颁奖。在观看手球比赛之前，萨马兰奇刚刚为田径赛事颁奖。在之前举行的比赛中，西班牙队获得了铜牌。决赛在俄罗斯和瑞典之间展开，由萨马兰奇主持颁奖典礼：获得金牌的是俄罗斯，获得银牌的是瑞典，而获得铜牌的是西班牙。西班牙队中有一位即将退役的老选手伊纳吉·乌丹加林。萨马兰奇在日记中回忆道："在把奖牌交给西班牙队队长伊纳吉·乌丹加林的时候，我对他说，这对我们来说都是最后一次。他最后一次领奖，我最后一次颁奖。"

萨马兰奇任期内夏奥会项目数量的变化

莫斯科1980年奥运会			运动	悉尼2000年奥运会		
男子	女子	总数	赛事	总数	男子	女子
15	15	30	游泳	42	20	22
13	13	26	游泳	32	16	16
2	2	4	跳水	8	4	4
	1984	0	花样游泳	2		2
24	14	38	田径	46	24	22
1992	1992	0	羽毛球	5	2	1	2
1	1	2	篮球	2	1	1
1	1	2	手球	2	1	1
1992	1996	0	棒球-垒球	2	1	1
11	2012	11	拳击	12	12	2012
6		6	自行车	18	11	7
2	1984	2	公路自行车	4	2	2
4	1988	4	场地自行车	12	8	4
1996	1996	0	山地自行车	2	1	1
	6	6	马术	6		6
	2	2	盛装舞步	2		2
	2	2	场地	2		2
	2	2	越野	2		2
6	2	8	击剑	10	6	4
1	1996	1	足球	2	1	1
8	6	14	体操	18	9	9
8	6	14	体操	14	8	6
	1984	0	艺术体操	2		2
2000	2000	0	蹦床	2	1	1
10	2000	10	举重	15	8	7
1	1	2	曲棍球	2	1	1
8	1992	8	柔道	14	7	7
20	2004	20	摔跤	16	16	2004

3

莫斯科1980年奥运会			运动	悉尼2000年奥运会		
男子	女子	总数	赛事	总数	男子	女子
2	2000	2	现代五项	2	1	1
9	2	11	皮划艇	16	12	4
9	2	11	静水	12	9	3
1992	1992	0	激流回旋	4	3	1
8	6	14	赛艇	14	8	6
4	3	1984	射击	17	10	7
1	1	2	射箭	4	2	2
2000	2000	0	跆拳道	8	4	4
1988	1988	0	网球	4	2	2
1988	1988	0	乒乓球	4	2	2
2000	2000	0	铁人三项	2	1	1
6	1988	6	帆船	11	3	5	3
1	1	2	排球	2	1	1
1996	1996	0	沙滩排球	2	1	1
1	2000	1	水球	2	1	1
144	9	50	203	总计	300	168	12	120

纳入奥运比赛的运动项目从21个增加到28个。每一届奥运会都会在不同的方面有所创新，从而使其更具吸引力，更能抓住媒体的目光，创造更大的利润，吸引更多的观众来到体育馆观看比赛。

	莫斯科1980年奥运会	悉尼2000年奥运会
国家/地区	80	199
运动员	5179	10651
男子运动员	4064 (78.5%)	6582 (61.8%)
女子运动员	1115 (21.5%)	4069 (38.2%)
大项	21	28
奖牌	631	927
小项	203	300
男子小项	144	168
女子小项	50	120
混合小项	9	12

萨马兰奇任期内冬奥会项目数量的变化

普莱西德湖1980年冬奥会			运动	长野1998年冬奥会		
男子	女子	总数	赛事	总数	男子	女子
3	1992	3	冬季两项	6	3	3
2	2002	2	雪橇	2	2	2002
1998	1998	0	冰壶	2	1	1
1		1	北欧两项	2	2	
3	3	6	自由速降	10	5	5
4	3	7	越野滑雪	10	5	5
1992	1992	0	自由式滑雪	4	2	2
2	0	2	跳台滑雪	3	3	2014
1998	1998	0	单板滑雪	4	2	2
1	1998	1	冰球	2	1	1
2	1	3	雪车	3	2	1
1	2 1	4	花样滑冰	4	1	2 1
5	4	9	速度滑冰	10	5	5
1992	1992	0	短道速滑	6	3	3
24	2 12	38	总计	68	37	2

	1980年普莱西德湖冬奥会	1998年长野冬奥会
国家/地区	37	72
运动员	1072	2176
男子运动员	840 (78.4%)	1389 (63.8%)
女子运动员	232 (21.6%)	787 (36.2%)
大项	6	7
奖牌	38	68
小项	24	37
女子小项	12	29
男子小项	2	2
混合小项	115	205

冬奥会经历了巨大的变化。新加入的项目对年轻人的吸引力更大，从而使得赛事有了更大的发展。但是最值得一提的还是冬奥会与夏季奥运会不再在同一年举行。

艺术体操

国际体操联合会的两位领导人安德里那·戈达·萨各（意大利）和伯特·卫兰切（法国）对艺术体操这一新的项目给予了坚定的支持。而他们的支持也成为了艺术体操在1961年获得FIG官方承认并成为该组织的第三个比赛项目的关键因素。

首届艺术体操世界锦标赛于1967年在布达佩斯举行，共有10个国家派选手参赛。同年还举行了首届世界团体锦标赛。1978年，首届欧洲锦标赛举办，而1983年则举行了首届艺术体操世界杯。发展到这一阶段，艺术体操克服了重重困难，已经积累了广泛的关注和兴趣。下一步的工作就是要让艺术体操成为奥运会正式比赛项目。

让艺术体操成为奥运会项目的努力始于1968年。在墨西哥城举行的第67次全会上，国际体操联合会表达了希望将现代体操纳入奥运项目的愿望。在1969年于华沙举行的第68次全会上，这一提案正式生效。国际体操联合会也为该项目纳入奥运会之后的具体发展制定了分类体系。但是于1972年在慕尼黑举行的第73次全会上，奥林匹克项目委员会否决了这一提案。7年时间过去了，直到1979年，在蒙德维的亚举行的第81次全会上，将现代体操纳入洛杉矶1984年奥运会比赛项目的提案终于被重新提上议程，尽管"在进行了重大修改的情况下，项目委员会从理论上支持关于将现代体操纳入奥运会比赛项目的要求。但该问题还需进一步研究"。这里提到的修改指得是国际奥委会和国际体操联合会之间所进行的谈判。该谈判的目的是保证奖牌的数量不会增加。不论情况如何，项目委员会决定在1980年莫斯科第83次全会上通过提案，将现代体操纳入奥运会比赛项目，包括一个单项的个人赛。每个国家的奥委会最多选派两名选手参赛。

洛杉矶1984年奥运会

尽管一开始由保加利亚独占鳌头，但最终称霸这一项目的是苏联。由于苏联抵制洛杉矶1984年奥运会，因此艺术体操决赛的结果有些出人意料。8月9日到11日，首次奥运会艺术体操比赛在加利福尼亚大学洛杉矶分校的埃德温尼·W.波利体育馆举行。在决赛中，冯黎明（加拿大）以绝对优势获得金牌，冬妮娅·斯泰库列斯库（罗马尼亚）获得银牌，雷吉娜·韦伯（西德）获得铜牌。

在汉城1988年奥运会后，俄罗斯、乌克兰和白俄罗斯一直在艺术体操项目上居领先地位。在亚特兰大1996年奥运会上举行了首次团体赛，西班牙队打败保加利亚和俄罗斯爆冷夺冠。但是从悉尼2000年奥运会开始，俄罗斯队就一直包揽该项目全部比赛的金牌。

加拿大的冯黎明出人意料地获得了洛杉矶1984年奥运会艺术体操冠军。她也是世界首位艺术体操奥运冠军

洛杉矶1984年奥运会艺术体操银牌得主来自罗马尼亚的冬妮娅·斯泰库列斯库正在进行圈操表演

艺术体操，站在奥林匹斯山之巅！

　　艺术体操起源于俄罗斯，是一项专门针对女性的运动。在俄语中，它叫作"*Khudozhestvennaya Gimnastika*"翻译成文也就是"韵律体育体操"。很快这项运动就在欧洲大陆上流行起来，后来传播到世界各地。这主要是由于其有丰富的文化、情感和艺术内涵。简而言之，这是一项用肢体表达音乐的运动。

　　国际奥委会主席胡安·安东尼奥·萨马兰奇很快就被这项新的运动所吸引，并且大力支持将其纳入奥运项目。在洛杉矶1984年奥运会的个人赛中，艺术体操运动员首次踏上奥运赛场。获得该项目首金的是来自加拿大的冯黎明。1963年，艺术体操被纳入国际体操联合会比赛项目。这还得益于当时一些先驱人士的支持。他们呼吁应当让女性更多地参与体育比赛，同时对国际体操联合会领导人的任命也有一定的决定权。在这些力量的推动下，个人和团体赛很快就得到了大部分成员的支持，包括那些最保守的成员。

　　1994年，胡安·安东尼奥·萨马兰奇作为特邀嘉宾在于日内瓦举行的国际体操联合会全体代表大会上发言。在讲话中他告诉全体代表，亚特兰大1996年奥运会将首次正式将艺术体操团体赛纳入比赛项目。这是个振奋人心的好消息。在1996年的奥运会上，西班牙体操队斩获了奥运史上首枚艺术体操团体金牌。

　　从那时起，该项目就越来越受欢迎。在里约2016年奥运会上，它甚至将成为奥运会体操比赛中的主要项目。

菲利普·J.希拉克奇
国际体操联合会新闻负责人

花样游泳

　　花样游泳又被称为"水上芭蕾"，起源于美国。后来经过发展成为一个体育专项。1924年，首届花样游泳比赛在加拿大蒙特利尔举行。但直到20世纪30年代，其影响力才慢慢扩大。1933年芝加哥世界博览会上特意组织了水上芭蕾表演，正是在这次表演中，前奥运会游泳冠军诺曼·罗斯（美国）在点评表演的时候首次使用了"花样游泳"一词。

　　这项运动所带来的视觉冲击和所蕴含的巨大潜力很快引起了好莱坞的注意，1944年由埃斯特·威廉斯主演的《出水芙蓉》上映，进一步提升了花样游泳的受欢迎程度。1940年，第一套花样游泳比赛规则出台，此后不久，花样游泳就成为了业余体育联盟的一项竞技体育项目。1942年，三家来自芝加哥的俱乐部参加了全国锦标赛。但是直到1952年国际游泳联合会才正式将花样游泳认定为其比赛项目之一。在同年举行的赫尔辛基奥运会上，花样游泳终于向成为奥运会比赛项目迈出了第一步。在赫尔辛基奥运会上，来自底特律的4名美国游泳运动员和加拿大队队员共同呈现了一场花样游泳表演。但是关于这场表演的信息并不多，它也没能达到预期效果。由于没能说服国际奥委会，这项运动在通往奥运的道路上前途未卜。1955年在墨西哥城举行的第2届泛美运动会亦未将花样游泳纳入正式比赛项目。

　　直到1977年，在布拉格举行的第79届大会上，国际泳联才首次就将花样游泳纳入奥运比赛项目的可能性与国际奥委会进行讨论。但该要求被驳回。在1979年蒙特维迪尔第81次全会上，尽管没有做出最终决定，但项目委员会宣布在经过更详细的研究后，有可能将花样游泳纳入奥运会比赛项目。最终，在1980年于莫斯科举行的第83次全会上，花样游泳被正式批准成为奥运比赛项目，尽管只有单人和双人比赛。在投票前的讨论中出现了反对的声音。他们认为花样游泳与艺术体操相似，比赛结果容易受到人为因素的影响。尽管如此，大多数人

洛杉矶1984年奥运会上正在进行的花样游泳比赛

依然赞同将其纳入奥运比赛项目。其中不少人表示,在这一问题上奥委会必须一视同仁,不能做出与艺术体操相异的决定。国际泳联主席罗伯特·H.赫米尔特(美国)表示:"花样游泳运动员一直在与男权思想作斗争。这种思想认为,花样游泳是一种芭蕾,而非一项运动。尽管我们已经清晰地向大家展示,要想在水上芭蕾项目中取得好成绩,就需要与水球运动同样刻苦的训练。"

花样游泳的奥运首秀是在1984年的洛杉矶奥运会上。比赛于8月6日到8月12日在南加州大学奥林匹克游泳馆举行。与人们之前预测的一样,世界冠军崔西·鲁伊斯(美国)成为双料冠军,在夺得个人赛金牌后,又与搭档坎迪·科斯蒂在双人比赛中夺金。个人赛由卡洛琳·沃尔多(加拿大)、木村纱织子(日本)分获亚军和季军,在双人赛中获得亚军和季军的分别是来自加拿大的莎伦·哈姆布鲁克、凯莉·克里茨卡组合和来自日本的元好三和子、木村纱织子组合。比赛结果清楚地显示出当时各国在花样游泳项目中的地位,前三位由美国、加拿大和日本占据。这样的格局直到亚特兰大1996年奥运会才得以改变。而到了21世纪,花样游泳又成为了俄罗斯的天下。

国际奥委会主席胡安·安东尼奥·萨马兰奇与奥运性别平等

胡安·安东尼奥·萨马兰奇于1980年当选国际奥委会主席,在接下来的21年中,由于他的推动和支持,有17项新的女性运动和更多的单项被纳入奥运会比赛项目。

作为国际奥委会领导人,萨马兰奇善于倾听运动员的意见,因为他们是体育界最宝贵的财富。在1981年巴登-巴登奥林匹克大会上,一些来自世界各地的运动员提出在奥运会比赛项目的设置上应更加注重性别平等。该提案获得了萨马兰奇的高度关注。正因如此,在洛杉矶1984年奥运会前,他没有理会那些反对女性参加马拉松比赛和反对将花样游泳纳入奥运赛程的呼声。

在洛杉矶奥运会上,花样游泳是当年的主推赛事。水下摄像机给人们呈现了独特的观赛体验,充分展示了体育与形体之美。此外,马拉松比赛也再一次向世人证明,所有的奥运会比赛项目都应当对女性开放,从而使奥运会成为全世界最具包容性和多样性的体育赛事。

感谢您,萨马兰奇主席!感谢您的远见卓识,感谢您愿意倾听我们运动员的心声!

美国选手崔西·鲁伊斯和坎迪·科斯蒂在洛杉矶1984年奥运会上打败了加拿大和日本组合,获得了花样游泳首枚奥运金牌

从成为奥运会比赛项目之日起,花样游泳就经历了持续的发展。在巴塞罗那1992年奥运会后,个人赛不再举办,而在1991年于伯明翰举行的第97次全会上,国际奥委会对赛事设置做了重大调整,在亚特兰大1996年奥运会上首次将团体赛作为单项比赛列入奥运会赛程。在接下来的悉尼2000年奥运会上,双人比赛重新举行,同时团体赛也继续保留。

亚特兰大1996年奥运会上墨西哥队在比赛中

唐娜·德·瓦罗纳
东京1964年奥运会游泳双料冠军

帆 板

帆板运动的起源并不明确。有好几位发明家都声称自己是帆板运动之父，其中就包括彼得·奇尔弗斯（英国）。但是帆板运动的出现还要归功于纽曼·达比（美国）。在经过了长时间的研究和数次试验后，他成功地在宾夕法尼亚州的萨斯奎哈纳河上试验了自己的帆板模型：一块有桅杆和帆的冲浪板。尽管从未为自己的设计申请专利，但他的经历被详细记录在《大众科学》杂志上。1968年，航空工程师吉姆·德雷克（美国）成功设计出一款有垂直桅杆和交差臂帆的帆板，从而解决了之前一直存在的问题。帆板运动正式诞生。在取得专利后，这项运动很快推广开来，并产生了巨大的影响。由于在欧洲发展迅速，帆板的销量激增，从而也使这项运动成为了年轻人中的一种社会现象，参与人数在短时间内就增加了好几倍。

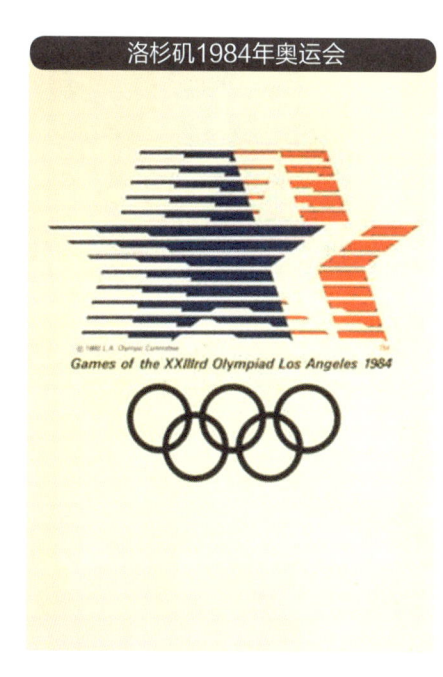

洛杉矶1984年奥运会

国际帆船竞赛联合会的前身国际游艇比赛联盟（IYRU）密切关注这项运动的发展，并进行了细致研究，撰写技术报告。国际游艇比赛联盟在1973年正式将该运动纳入比赛项目，并在1977年组建了专门委员会。在获得官方认可后，帆板运动得到了迅速发展。正如时任IYRU秘书长尼格尔（英国）所言，1981年仅在欧洲，下海的帆板数量就达到了一百万块，而同年在美国帆板的销量已经达到了50万美元。

在注意到这一巨大的社会需求后，在1980年普莱西德湖第82次全会上，国际游艇比赛联盟提出将帆板运动纳入洛杉矶1984年奥运会的比赛项目。在同年于莫斯科举行的第83次全会上，奥委会全票通过将其纳入1984年奥运会比赛项目（74票赞成，1票弃权）。关于比赛有两项重要的规定：每个国家的奥委会只能选派一名代表参赛；另外建议在比赛中采用使用国家最多、市场上最流行的帆板。

洛杉矶1984年奥运会正式将帆板运动纳入比赛项目，洛杉矶奥运会组委会主席彼得·尤伯罗斯（美国）也对这项运动的发展给予大力支持，从而使其迅速扩张。但更复杂的问题是选择在奥运会比赛中使用哪种

1984年，奥运会帆板项目的第一场比赛在加利福尼亚著名的长滩岛前的海岸线湾举行。图为在巴塞罗那举行的帆板比赛

3

帆板运动进入奥运会

帆板运动（有时也称风帆冲浪）是20世纪80年代以来，冲浪领域发展最为迅速的一项运动。它不需要昂贵的设备，只要有水和风的地方就能练习。这就使得它能在任何一个海滩上给人们带来无限乐趣。因此，在世界各地，参与帆板运动的人越来越多，各类比赛也以喜人的速度发展。

国际游艇比赛联盟（现为国际帆船竞赛联合会）一直十分关注该运动的发展，并且认为应当将其纳入奥运会比赛项目，从而确保奥运会能够与时俱进，反映出体育界最新的发展趋势。最终，帆板运动进入了奥运会赛程。

1984年奥运会对帆板运动还有另一个重要意义。在此之前，在所有的帆船运动中，运动员在比赛中使用的都是自己的设备。而现在，帆板选手的设备则由主办国统一配备。帆板的规格完全相同，由一家制造商在严格监督下统一制造。这就能保证比赛所关注的是选手的表现而不是设备上的优势。

现在，在男女赛事中，帆板运动都已经成为了世界帆船运动领域的一个重要组成部分。在国际奥委会主席的支持下，帆板运动已经成为了奥运会的一个重要单项。

斯蒂芬·范登贝格（荷兰）在洛杉矶1984年奥运会上成为世界首位帆板奥运冠军

帆板。IYRU最初选择了欧洲的"Windglider"，但其帆板模型与"Windsurfer One Design"之间产生了专利纠纷，进而导致了商业纠纷，并一直延续到1982年年底。最终，在1983年于新德里举行的第86次全会做出最终决定：正式比赛使用"Windglider"的帆板，而最后一天赛事结束后举行的自由式冲浪、激流冲浪和远距离冲浪表演赛将使用"Windsurfer One Design"的帆板。

奥运会帆板项目的第一场比赛在加利福尼亚著名的长滩岛前的海岸线湾举行。参赛的共有来自不同国家的38名选手。在经过了7场比赛并去掉了两个最低分后，斯蒂芬·范登贝格（荷兰）获得冠军，兰道尔·斯科特·斯蒂尔（美国）获得银牌，布鲁斯·肯德尔（新西兰）获得铜牌。

8年之后，女子帆板运动才被正式纳入奥运会赛程。在1988年于汉城举行的第94次全会上，女子比赛获得批准，并在1992年的巴塞罗那奥运会上与男子比赛一同举行。也是在这届奥运会上，帆板运动员首次与其他运动员一起住在了奥运村，他们也不再需要在场馆和驻地之间来回往返，因为冲浪俱乐部就在奥林匹克港内，在他们的驻地旁边。女子比赛有24名选手参加。芭芭拉·肯德尔（新西兰）在10场比赛中的7场都冲进了前3名，从而成为了该项目奥运史上的第一位女子冠军。获得银牌和铜牌的分别是张晓东（中国）和道里恩·德夫莉斯（新西兰）。

彼得·塔尔伯格

1976—2015年担任国际奥委会芬兰籍委员，国际游艇比赛联盟（现为国际帆船竞赛联合会）主席（1986—1994），国际奥委会运动员委员会主席（1982—2002），罗马1960年奥运会、东京1964年奥运会、墨西哥城1968年奥运会、慕尼黑1972年奥运会和莫斯科1980年奥运会帆船选手

64

网　球

尽管在1896年雅典第1届现代奥运会上网球就是11个比赛项目之一，但显然这项运动与新成立的国际奥委会之间存在巨大的分歧。这些分歧主要来自于网球界的赛程安排。因为温布尔登网球公开赛的日期不符合奥运会主办方的要求。国际网球联合会的领导人认为在自己没有参与的情况下，奥运会赛事的组织工作效率低下。在巴黎举行的第24次国际奥委会全会上，双方的矛盾已经到了不可调和的地步。最终，在阿姆斯特丹举行的第26次全会上，网球退出奥运会。国际奥委会批准了国际网球联合会退出奥运会的提案，理由是其对职业网球选手参赛的立场不符合奥运会要求。从那时起，除了偶尔被提及，网球被彻底打入了冷宫，直到1988年的汉城奥运会。胡安·安东尼奥·萨马兰奇是个网球迷，并且对这项运动有很大的热情。因此，他坚定地支持将网球重新纳入奥运会比赛项目。在这一过程中，萨马兰奇起到了重要作用，并最终于1987年在伊斯坦布尔举行的第92次全会上通过了让网球重回奥运会的条件，并同意最优秀的选手可以根据自身情况灵活参加比赛。萨马兰奇自己将这一决定描述为"实验性的"，并且在个人日记中表示温布尔登比赛是一个应当学习的范例。但是准备过程却是必要的。在收到国际奥委会执委会的批准后，网球和棒球成为了洛杉矶1984年奥运会的示范项目。在1981年于巴登-巴登举行的第84次全会上，网球正式纳入汉城1988年奥运会比赛项目的提案得以通过。至此，最重要的步骤已经完成，尽管接下来还有很长的路要走。

汉城1988年奥运会

让网球重回奥运会需要大量的谈判和对话。在这一过程中，萨马兰奇很好地控制了节奏。萨马兰奇相信，分步骤循序渐进地开展对话和谈判是最基本的原则，一切不能匆忙行事。因为同时在进行的还有针对修改第26条规定的讨论。该规定事关运动员参加奥运会的资格，旨在消除过去阻碍最优秀的运动员参加奥运会的障碍。与此同时，带着对网球的一腔热情，萨马兰奇充分利用每次机会与国际网球联合会保持联系。他经常定期出现在法网和温布尔登的比赛现场，这一点也产生了巨大的影响。

萨马兰奇与国际网球联合会主席菲利普·夏蒂埃（法国）的通力合作也是促成谈判推进直至成熟的一个必要条件。如今，法网著名的中央球场就以后者的名字命名。国际奥委会运动员资格审查委员会为运动员参加奥运会比赛提出了一系列要求：必须能够作为本国代表参加戴维斯杯或联合会杯比赛，尊重《奥林匹克宪章》的各条规定，在服装、出行、住宿等方面遵守各国家/地区奥委会规定。也就是说，在奥运会召开之前的一周和之后的一周里，参赛的网球运动员不能参加其他比赛或取得报酬，不得穿着由广告商赞助的服装或参加广告宣传活动，经纪人无权代表运动员承接此类工作（见"第2章　巴登-巴登奥林匹克大会"）。

1988年9月23日，奥运会网球比赛在位于汉城的奥林匹克网球中心举办，共有64名男性运动员和32名女性运动员参赛。萨马兰奇将之称为自己担任主席期间最为难忘的瞬间，并在《奥林匹克回忆》中写道："人们应当记住，这

世界网坛巨星施特菲·格拉芙（德国）在汉城1988年奥运会上获得金牌

是一项世界性的运动。网球重回奥林匹克大家庭，重新找回了1924年之前一直拥有的地位，我与国际网球联合会主席菲利普·夏蒂埃合作取得了圆满的成果，从此以后，世界上最优秀的网球运动员可以在奥运会的赛场上大显身手了。"他在手记中也表达了对网球重返奥运会的激动之情："我要去网球场了，有很多观众。夏蒂埃高兴得不得了。"在看到施特菲·格拉芙（联邦德国）在女单决赛中夺冠后他说道："网球比赛的组织活动十分顺利，我不认为继续让网球作为奥运会比赛项目还存在什么问题。"

在当时顶尖的男选手（马茨·维兰德、伊万·伦德尔、鲍里斯·贝克尔和帕特·卡什）都缺席比赛的情况下，汉城奥运会的网球比赛依旧获得了成功。但这并没能让夏蒂埃彻底安心。他表示："我不想降低比赛的水准。因此我问萨马兰奇，奥委会是否已经真正做好了准备，如果还没有，我宁愿等到1992年巴塞罗那奥运会甚至是1996年奥运会。我们已经做好了向后推迟的准备。"

萨马兰奇在公开场合表达了对老对手维利·道默的肯定。他说："他以坚定的决心秉承着相互尊重的态度与反对进行改革的人们展开了谈判。并最终获得了广泛的赞赏。"在网球回归奥运会的首场比赛中，施特菲·格拉芙获得了金牌。在4年前的洛杉矶1984年奥运会的表演赛上，获得冠军的也是她。在男子比赛中，斯蒂芬·埃德伯格（瑞典）没能再次夺冠，在半决赛中惜败后来的冠军米洛斯拉夫·梅策尔（捷克斯洛伐克），而该项目的上一枚金牌还是文森特·理查德斯（美国）在巴黎1924年奥运会上获得的。转眼已经过去了64年。

胡安·安东尼奥·萨马兰奇与菲利普·夏蒂埃，两位为使网球重回奥运而战的伟大领导人

重回奥运是网球史上具有里程碑意义的事件。在那些关注网球事业发展的奥委会的支持下，该项目重回奥运会给有才华的运动员打开了在最高水平舞台上竞技的大门。

负责此事的是国际奥委会主席胡安·安东尼奥·萨马兰奇和国际网球联合会主席菲利普·夏蒂埃。这两位伟大的领导人看到了网球作为奥运会比赛项目的潜能，并始终相信网球会成为奥运会的一个重要比赛项目。他们的努力最终得到了回报。今天，几乎每位优秀的网球选手都希望能够获得一块奥运奖牌。

就个人而言，能够担任洛杉矶1984年奥运会网球比赛技术代表是一件十分幸运的事。那是一场21岁以下级的比赛。由斯蒂芬·埃德伯格和施特菲·格拉芙分获男女项目的金牌。两个月后，萨马兰奇主席与菲利普、秘书长大卫·格雷还有我会面，共同分析洛杉矶比赛所取得的积极成果。后来的事实证明，这场比赛成为了网球重回奥运赛场的关键，对克服其在奥委会中所面对的阻力起到了很大的帮助。可以说当时几乎所有职业运动在奥林匹克运动中都面临着同样的阻力。

国际网球联合会一直都十分感激萨马兰奇主席，并在2000年将我们的最高荣誉——菲利普·夏蒂埃奖章颁给了他。他也是迄今为止唯一一个获此殊荣的奥委会官员。

弗朗切斯科·里奇·比蒂
代表国际单项体育联合会担任国际奥委会委员（2006—2012），国际网球联合会主席（1999年起），洛杉矶1984年奥运会网球项目国际网球联合会技术代表，巴塞罗那1992年奥运会与亚特兰大1996年奥运会国际网球联合会代表，夏季奥运项目国际单项体育联合会协会主席（2013年起）

米洛斯拉夫·梅策尔在汉城1988年奥运会男子网球单打决赛中打败了来自美国的蒂姆·马约特获得冠军

乒乓球

乒乓球在19世纪90年代末诞生于英国。作为一项室内运动，它的灵感来源于网球。20世纪初，乒乓球很快传播到了欧洲各个国家，并且通过英国军队和外交使团传播到了更多的国家和地区，尤其是那些英国的殖民地，使其发展成为一项极受欢迎的体育项目。直到20世纪50年代，亚洲国家成为了这项运动的霸主。一开始是日本，后来是中国。从20世纪后半叶开始，可以说中国几乎包揽了乒乓球项目的冠军，成为了绝对的王者。

20世纪70年代，乒乓球因为体育之外的原因得到了人们的关注。它是帮助缓和中美紧张关系的钥匙，并进而缔造了"乒乓外交"的概念。北美代表队受邀与中国代表队比赛，从而拉开了1972年美国总统理查德·尼克松访华的序幕。在北京，尼克松与中国伟大的领导人毛泽东举行了会谈。

国际乒乓球联合会成立于1929年。两年之后，关于将乒乓球纳入奥运会比赛项目的讨论就已经开始。国际乒乓球联合会提交了将乒乓球纳入洛杉矶1932年奥运会和柏林1936年奥运会比赛项目的提案。第二次世界大战结束后，关于将乒乓球纳入奥运比赛项目的讨论被重新提起。国际乒联创始人兼时任主席艾弗人·蒙塔古（英国）并不支持这一想法。但他的竞争对手则坚信成为奥运会比赛项目能提高乒乓球的地位。在1946年于洛桑举行的第39次全会上，国际奥委会就几个项目展开了讨论，其中就包括乒乓球。当时，乒乓球与手球和国际象棋一起成为冬奥会的候选项目。将室内运动纳入冬奥会的建议遭到否决，包括乒乓球在内的其他运动也没能进入夏季奥运会。1967年罗伊·埃文斯（英国）担任国际乒乓球联合会主席，这对乒乓球纳入奥运会比赛项目无疑是一个有利因素。1977年11月，在根据《奥林匹克宪章》修改了相关章程后，国际乒乓球联合会获得了国际奥委会的承认。

将乒乓球纳入奥运会比赛项目的进程正式开始。三年之后的1980年7月，在莫斯科举行的第83次全会上，国际奥委会项目委员会决定在汉城1988年奥运会上将乒乓球纳入比赛项目。得益于该运动在全球范围内的巨大影响力及国际乒乓球联合会166个成员的共同努力，在萨马兰奇当选国际奥委会主席一年后，项目委员会在1984年于巴登-巴登举行的第84次全会上正式核准将乒乓球纳入汉城1988年奥运会比赛项目。

在宣布这一决定的几周后，夏季奥运项目国际单项体育联合会协会会议举办之前的一次演讲中，萨马兰奇提到了对奥运会项目的改革，并且强调改革很快就取得了良好的成果。作为国际奥委会主席，萨马兰奇对项目改革所取得的成绩感到满意。一直以来，他都希望能够将备受欢迎且历史悠久的体育项目纳入到奥运会赛程中，这一愿望终于得以实现。这些项目终于在奥运会中占有了一席之地。在参加完在瑞士城市巴塞尔举行的12国会议后，萨马兰奇在日记中写道："乒乓球将成为一个重要的奥运会比赛项目。"比赛计划还在制定当中。欧洲杯期间，萨马兰奇在布达佩斯与国际乒乓球联合会执委会举行会议。他回忆道："36位选手，每个国家最多两名，其中包括双打选手。就国际奥委会而言，这是个不错的主意。他们非常理解我们，并且愿意帮助我们。"

但是成功却并不总是能够带来好运。乒乓球运动所获得的关注并没能帮助罗伊·埃文斯保住国际乒乓球协会主席的位置，很快，在1987年，他就被取而代之。对于此事，萨马兰奇的态度是中立

汉城1988年奥运会

汉城1988年奥运会乒乓球男子单打金牌得主刘南奎（韩国）

的。"他将和其他盎格鲁—撒克逊人一样不再担任重要职位,亚洲人已经做好了接替他的准备。"萨马兰奇的预测是正确的:新任主席荻村伊智郎(日本)有良好的成绩作支持——12枚世乒赛金牌。

在汉城1988年奥运会上,乒乓球在奥运赛场上首次亮相就大获成功,也进一步确立了亚洲国家在这个项目中的霸主地位。萨马兰奇向来注重人文关怀,因此他希望公开对罗伊·埃文斯的努力表示认可,并授予他奥林匹克勋章。而几天之后,具有历史意义的乒乓球奥运会首秀就在同一场馆举行。在韩国举行的这场比赛促进了关于乒乓球新提案的出现。在1989年4月9日的个人日记中,出席了杜塞尔多夫世界锦标赛的萨马兰奇写道:"种子选手的比赛真的十分精彩。我给荻村提出了一些建议。我坚持认为应该用黄色的乒乓球,我想他们已经接受了这条建议。我让他把记分牌换成电子的,同时在乒乓球台下面安装话筒,以便观众能够全程关注比赛。目前,比赛现场有些像无声电影。"最终这些建议都被采纳。比如乒乓球台的颜色就从绿色变为了蓝色。萨马兰奇在参加完1990年亚运会后写道:"我还努力说服他,选手们应该穿蓝色和红色的服装,品牌没有特殊的要求,但必须是国际乒乓球协会的官方颜色。"作为国际奥委会主席,萨马兰奇对每一个细节都十分关注。

汉城1988年奥运会上,4项乒乓球比赛均由亚洲选手包揽奖牌

萨马兰奇是谁?一位热爱乒乓球的人

1981年5月,世乒赛的女单决赛在日本千叶市举行。当时我刚满18岁,首次在重要赛事上夺冠。"你知道给你颁奖的是谁么?"他们问我。"萨马兰奇!",我睁大眼睛看着他们:"萨马兰奇是谁?"那是我第一次从这位国际奥委会主席手中接过奖杯。我知道他是一位乒乓球爱好者,而且正是因为有了他的帮助,我们的运动才能正式成为奥运会比赛项目。

同年9月,我参加了在日本松本举行的"萨马兰奇主席杯"国际乒乓球联赛。我知道,在与何振梁谈到我的表现时,他曾说"邓亚萍展现出的决心和韧性代表了所有运动员的风格和精神"。在给我颁发奖杯后,萨马兰奇主席还向我承诺,如果我能在将于次年在他的家乡巴塞罗那举办的第25届奥运会上获得金牌,他还会为我颁奖。他还邀请我前往位于洛桑的国际奥委会总部参观。

同年10月,我来到了洛桑。萨马兰奇特意调整了日程安排,以便能与我在国际奥委会总部共进晚餐,当时,我破例为他唱了一首歌,还给他送上了礼物——一对减压球和一个产自我家乡河南省的独山玉雕。萨马兰奇再次提及他的承诺,只要我获得奖牌,他就亲自为我颁奖。这段经历令人终身难忘。但我最珍贵的记忆还是在参观奥林匹克博物馆时与他进行的一场乒乓球赛。这场比赛令我终身难忘。

邓亚萍
巴塞罗那1992年奥运会和亚特兰大1996年奥运会乒乓球单打和双打冠军,国际奥委会运动员委员会委员(1997—2009),国际奥委会体育与环境委员会委员(2004—2009)

羽毛球

1982年4月21日，在访问印度尼西亚期间，萨马兰奇受邀参加了在首都雅加达举办的羽毛球展。这项风靡印尼的运动当时已经被列入了奥运会比赛项目候选名单。在当天的个人日记中，萨马兰奇主席写道："我观看了一场羽毛球比赛。参赛的运动员都十分优秀。这项运动充满魅力，与候选名单上的其他项目相比，更应该被列入奥运比赛项目。"但是直到10年后，这一愿望才得以实现。

巴塞罗那1992年奥运会

在奥运会的所有比赛项目中，羽毛球或许是历史最悠久的一个。与柔道、跆拳道等项目一样，羽毛球的起源也在亚洲。这项源于中国的运动已经有两千年的历史，后来逐渐传播到印度半岛。在19世纪晚期，英国士兵在印度"发现了"这项运动。在那里它被称作"poona"，这一名称来自于马哈拉施特拉邦。后来羽毛球被引入英国，并成为了一项贵族运动。由于经常下雨，英国出现了室内羽毛球，并且制定了一系列规则。英文中的羽毛球（badminton）一词来自于格洛斯特郡的拜明顿庄园（Badminton House）。当时庄园的主人伯福特公爵（英国）和一群好友经常在这里打羽毛球。与其他运动一样，第一批羽毛球俱乐部也出现在英格兰，并在这里发展壮大、进一步规范。随后再逐渐传入美国、加拿大和欧洲，最后是处于英国控制下的亚洲国家。1934年，由英国和澳大利亚牵头，9个国家共同成立了国际羽毛球联合会。20世纪50年代诞生了著名的汤姆斯杯和尤伯杯，尽管当时最重要的还是1899年创办、在民间一直以来都被看作是羽毛球世锦赛的全英联赛。

羽毛球的发展较为缓慢。经过了40多年的努力，国际羽毛球联合会成员国的数量才达到获得国际奥委会认可的数量要求。也就是说，直到1977年亚洲羽毛球联合会和欧盟羽毛球联合会的加入，国际羽毛球联合会才获得了国际奥委会的认可。此后，羽毛球呈现出了迅猛发展的趋势。在5年时间里，成员数量就达到了100个。根据维利·道默的一份提案，慕尼黑1972年奥运会举行了羽毛球表演赛。1972年8月4日，在奥林匹亚公园排球馆，羽毛球在奥运会上首次亮相。有来自11个国家的25名选手参加了表演赛。其中大部分来自亚洲国家。总共举行了26场比赛。最后梁海量（印度尼西亚）获得男单冠军，中山纪子（日本）获得女单冠军。在双打比赛中，张鑫源/纪明发（印度尼西亚）组合获得男双冠军，德里克·陶尔伯特和吉莉安·吉尔克斯（英国）获得

巴塞罗那1992年奥运会上，羽毛球在马尔贝拉体育中心迎来了奥运首秀

了混双冠军。

但这时出现的一场危机给羽毛球未来的命运增加了不确定性。当时10个亚洲成员国和10个非洲国家成立了世界羽毛球联合会，从而使这项运动的组织出现了分裂。因此，1979年于蒙德维的亚举行的第81次全会决定到洛杉矶1984年奥运会再将羽毛球纳入奥运项目。在1980年于莫斯科举行的第83次全会上，国际奥委会决定在两个组织合二为一后再考虑将羽毛球纳入奥运会比赛项目。

很快双方就达成协议。1981年5月25日，国际羽毛球联合会和世界羽毛球联合会达成一致，共同组成羽毛球世界联合会，由后来的国际奥委会委员克雷格·里迪（英国）担任主席。在1985年于东柏林举行的第90次全会上羽毛球世界联合会获得国际奥委会承认。这就加速了羽毛球成为奥运会比赛项目的步伐，并使其最终成为了汉城1988年奥运会的表演项目。汉城奥运会组委会大力支持这一决定，因为羽毛球在韩国非常受欢迎。如预期一样，比赛得到了观众的热烈回应。在1988年于汉城举行的第94次全会上，将羽毛球纳入奥运会比赛项目的提案得以通过。

1992年首届奥运会羽毛球比赛在位于巴塞罗那奥运村旁边的马尔贝拉体育场举行。不出所料，亚洲国家以绝对优势主导了比赛，紧随其后的是那些将羽毛球当作一项国民运动的国家，比如印度尼西亚和韩国。中国和马来西亚也收获了奖牌。最终，在所有20枚奖牌中，只有1枚由非亚洲国家获得。这就是丹麦。

巴塞罗那1992年奥运会上，王莲香（印度尼西亚）成为首位奥运会羽毛球冠军

奥委会主席被说服了

我第一次与萨马兰奇主席见面是于1982年在罗马举行的国际奥委会全会上。当时年轻的我刚刚成为国际羽毛球联合会主席，带着满腔热情希望羽毛球能正式纳入奥运会比赛项目。

有一天，在当天的会议日程结束后，萨马兰奇主席抽出30分钟与我进行了一次座谈。很快，他就了解到了羽毛球的魅力。这项运动没有过高的技术要求，男性和女性都可以参与，在亚洲，尤其是东南亚地区广受欢迎。但在奥运会的影响力却相对较小。

我们达成一致意见，他将出席于1983年4月在哥本哈根举行的一届世界羽毛球锦标赛。当年的比赛在丹麦羽毛球协会的组织下成功举行。组织工作得力、观众热情有序、与媒体之间的关系融洽，并且决赛异常精彩。萨马兰奇主席被说服了。从那时起，他就一直公开支持我的工作和羽毛球运动的发展。1985年，羽毛球世界联合会在东柏林举行的国际奥委会全会上获得国际奥委会承认，并且在1992年的巴萨罗那奥运会上成为正式比赛项目。此后这项运动不断发展壮大，现在，已经成为全球最重要的运动之一。

克雷格·里迪
1994年起代表英国担任国际奥委会委员，2012年起担任国际奥委会副主席，国际奥委会执委会成员（2009—2012），国际羽毛球联合会主席（后更名为羽毛球世界联合会）

棒 球

与正式比赛项目相比,棒球在奥运会上更多地是作为表演项目出现。这在奥运会历史上是绝无仅有的。从1904年到1988年,棒球8次作为表演赛项目出现在奥运会上。在柏林1936年奥运会上,它以出色的表现吸引了9万名观众,并因此被列入东京1940年奥运会比赛项目。但是,由于发生了第二次世界大战,东京奥运会没能如期举行,从而也切断了棒球成为奥运会比赛项目的道路。后来,棒球三次成为奥运会表演项目,并且这三次几乎是连续的:赫尔辛基1952年基奥运会、墨尔本1956年奥运会和东京1964年奥运会。

巴塞罗那1992年奥运会

奇怪的是,这项传统的美国运动却并没有在艾佛里·布伦戴奇(美国)主席在职期间成为奥运会比赛项目。因为布伦戴奇坚决维护具有争议性的业余主义。而20世纪70年代出现的内部分歧也让情况雪上加霜。当时出现了两个联合会:国际业余棒球联合会与世界业余棒球联合会。直到1976年,两个组织合并组成了国际业余棒球协会,并于1984年更名为国际棒球协会。在满足了国际奥委会关于组织统一的要求后,国际棒球协会获得了认可,对于推动棒球成为奥运会比赛项目的意愿也越来越强烈。在这一过程中,两位萨马兰奇的挚友起到了重要的作用:国际奥委会资深成员曼努埃尔·冈萨雷斯·格拉(古巴)和国际体育电影电视联合会主席布鲁诺·贝内克(意大利)。

国际棒球协会一直与彼得·尤伯罗斯保持着密切联系。在1980年于普莱西德湖举行的第82次会议上,洛杉矶奥运会组委会表达了让棒球成为表演项目的意愿。这一提案得到了洛杉矶道奇队老板彼特·欧麦莱(美国)和美国职业棒球大联盟委员会成员鲍伊·库恩的支持,尽管对前者来说,这一决定可能意味着相当大的经济风险。该提案在1981年得到了国际奥委会执委会的正式批准。1983年在新德里举行的第86次全会决定比赛将由6支队伍参加。

在巴塞罗那1992年奥运会上,古巴队和中国台北队展开冠亚军争夺

3

不出所料，表演赛大获成功。观众人数达到了40万。1981年至1993年间担任国际棒球协会主席的罗伯特·E.史密斯（美国）表示："胡安·安东尼奥·萨马兰奇为国际棒球协会做出了巨大贡献。他提出的建议很有价值。我清楚地记得，在评价1984年奥运会的时候，他告诉记者棒球应当成为下一个纳入奥运会比赛项目的运动。而这也成为了棒球通往奥运会之路的一个转折点。"1985年，美国总统罗纳德·里根亲自给汉城奥运会组委会写信，要求在汉城1988年奥运会上继续将棒球作为表演项目。很快，这一请求就得到了肯定的回复。棒球与韩国国民运动跆拳道一起被列入表演项目。汉城1988年奥运会的棒球循环赛中，有8支队伍参赛，数量多于表演赛。对于将该项目纳入奥运会比赛项目，这是一场测试。1986年10月13日，第91届大会在洛桑举行，确定了棒球将在巴塞罗那1992年奥运会上正式成为比赛项目。

棒球的奥运会首秀在巴塞罗那奥林匹克区附近的洛斯皮塔莱—德略布雷加特的法伊沙·雅尔加体育馆举行。该场馆可容纳8000名观众，被认为是当时整个欧洲最好的棒球场。比赛形式沿用了汉城表演赛的形式。但是与篮球不同的是，棒球无法再现"美国梦之队"的传奇。美国职业棒球大联盟中的知名选手并未参赛。这些选手的缺席对野心勃勃的北美国家来说是个沉重的打击，他们甚至没能走上领奖台。在决赛中，古巴摘取了奥运会的首枚棒球金牌，中国台北获得银牌，而在铜牌争夺战中，日本打败美国获得季军。

与正式比赛项目相比，棒球在奥运会上更多地是作为表演项目出现。这在奥运会历史上是绝无仅有的

加勒比雄狮

在古巴体育史上，1992年8月5日是个辉煌的日子。因为在这天，"加勒比雄狮"获得了首届奥运会棒球比赛的冠军。比赛持续了将近5小时。但是在场的6000多名观众已经忘记了时间，共同见证了这场具有历史性意义的比赛，最终古巴队战胜了中国台北夺得金牌。

在加泰罗尼亚，午夜已过。但在8000公里以外的古巴，夜色才刚刚降临。人们无法从电视机和收音机前走开，大家都密切关注着一场棒球赛。对古巴人来说，这不是一场简单的比赛。伴随着最后一声"出局"，欢呼声响彻整个半岛。

在巴塞罗那奥运会后，古巴队又获得了亚特兰大1996年奥运会和雅典2004年奥运会的冠军。在悉尼2000年奥运会上，古巴队在决赛中输给了美国队，在2008年奥运会上输给了韩国队。伦敦2012年奥运会没有举行棒球比赛。

从圣路易斯1904年奥运会开始，棒球就数次作为表演项目出现在奥运会上。在萨马兰奇的前任基拉宁爵士的时代，这项运动似乎并没有得到他的青睐。而在接任萨马兰奇的雅克·罗格的时代，这项运动被排除在奥运之外。

这位来自西班牙的主席还充分利用了当时的有利条件消除影响棒球大家庭团结的分歧。他任命古巴的曼纽尔·冈萨雷斯·古尔拉担任国际单项体育联合会主席。此举得到了墨西哥的马里奥·瓦斯盖兹·雷拉的支持，他于最近刚刚当选泛美体育组织主席。

萨马兰奇希望通过这一划时代的决定能够有一天让国际棒球巨星出现在奥运会的赛场上，就像篮球和网球中的"梦之队"一样。但不幸的是，美国职业棒球大联盟似乎对奥运会并没有多大兴趣，尽管它对古巴人来说意义非凡。2005年棒球被移出奥运会比赛项目，曾获得了3枚奥运金牌的古巴队受到了巨大的打击。但现在他们又开始微笑着期待能够在东京2020年奥运会上重回赛场，再创辉煌。我们永远铭记萨马兰奇。

米戈尔·赫尔南德斯
古巴记者

激流皮划艇

首届激流皮划艇比赛于1934年9月9日在瑞士阿尔河举行。主办方是中部高原皮划艇俱乐部。同一时期奥地利和德国也组织了类似的比赛。1936年，国际皮划艇联合会的前身国际皮划艇协会特意组建了皮划艇专门委员会。一年后，第1届皮划艇比赛得以举行。在经过了第二次世界大战期间的休赛后，首届世界皮划艇锦标赛在1949年举行。

巴塞罗那1992年奥运会

在将近20年后的1968年，在慕尼黑1972年奥运会组委会的支持下，国际划艇联合会向在墨西哥城举行的第67次全会提交提案，要求在慕尼黑奥运会上举行激流回旋和落降的表演赛。该提案获得有条件通过，条件是比赛必须在距离奥运村最近的地方举行。接下来，在1969年于华沙举行的奥委会会议上，组委会和国际划艇联合会共同提交了一份报告。根据这份报告，由于很难保证稳定的水流，在慕尼黑附近修建激流回旋赛道的可行性不大。但是在多瑙河的支流莱希河上已经找到了一个理想的地点。该地距离奥运村大约60公里。后来在这里建成了世界上第一条激流回旋赛道Eiskanal。整个场馆能够容纳3万名观众。该场馆的建设也推动了这项运动的持续发展。尽管在1970年于阿姆斯特丹举行的第69次全会上国际划艇联合会陈述了自己的观点和理由，但艾佛里·布伦戴奇对在不同城市举办比赛的问题一直十分苛刻。这时就出现了关于修改《奥林匹克宪章》第53条规定的建议。根据这条规定"所有的比赛必须在主办城市或距离主办城市最近的地方举行，最好是在主场馆或主场馆附近举行。主办城市不能与其他城市分享赛事举办权，也不能调整项目设置和奥林匹克规定"。

Eiskanal是一个模范设施，对未来的奥运比赛有很大的借鉴意义。首届激流回旋和激流皮划艇比赛在Eiskanal举行，吸引了大批观众前来观赛。这次比赛再一次确立了民主德国和联邦德国在该项目中的霸主地位。前者在4场比赛中获得金牌（莱因哈德·艾本获男子单人划艇金牌，沃尔特·霍夫曼和拉尔夫·阿门德获得男子双人划艇金牌，希格博特·霍恩获男子单人皮艇金牌，安吉莉卡·巴曼在女子单人皮艇比赛中获得金牌），而后者则在4场比赛中的3场摘得银牌（莱因霍尔德·考德尔在男子单人划艇、汉斯·奥托·许马克和维尔汉姆·鲍斯在男子双人划艇以及吉塞拉·格罗特豪斯在女子单人皮艇比赛中获得银牌）。有趣的是，东道主准备的比赛路线虽然对自己国家的皮划艇选手非常有利，但他们也惊讶地发现，民主德国队几个月来在莱比锡训练的场地和条件与奥运赛场非常相似。

鉴于建设场馆设施需要高达2500万美元的巨额投资，蒙特利尔1976年奥运会和莫斯科1980年奥运会组委会都决定不再将该项目保留在赛程当中，尽管于1980年在莫斯科举行的国际奥委会第83次全会上，国际划艇联合会提出恢复比赛，因为在距离洛杉矶不远的地方就有现成的设施可用，并不需要额外的投资。除了提案提交过晚之外，该提案也没有获得洛杉矶奥运会组委会的支持，因为组委会根本就不赞成组织比赛。但是国际划艇联合会并不接受这一结果，并且在巴塞罗那1992年奥运会上找到了两个重要的同盟，并获得了胡安·安东尼奥·萨马兰奇的支持。

萨马兰奇再一次显示出自己对未来发展前景的精准判断。他支持修建一个划艇公园。这也是比利牛斯山脚下的乌赫尔镇一直以来的愿望，可以充分利用塞格雷河支流的天然条件。塞格雷河奥林匹克公园工程的建设工作由巴塞罗那1992年奥运会组委会负责。组委会已经将激流皮划艇纳入其比赛项目提案当中。面对这一难以驳回的提案，1988年在汉城举行的第94次全会破例批准了巴塞罗那1992年奥运会举办男子单人皮划艇和激流回旋比赛、双人划艇比赛和女子单人皮划艇比赛。新的激流皮划艇赛道于1991年建成，并且在两个方面做了创新：闭环设计概念增加了船提升装置和电动可逆式抽水机以及涡轮机站。这些在未来相关设施的建设中都有很大的参考价值。巴塞罗那奥运会的激流皮划艇比赛共有来自25个国家/地区奥委会的135名运动员参加。比赛大获成功，超高的电视转播收视率就充分证明了这一点。

国际奥委会将奥林匹克银环奖颁给了奥运会激流回旋项目。比赛的实况转播获得超高的收视率，这就进一步确保了激流皮划艇能继续作为奥运会比赛项目而存在。其强大的视觉冲击和比赛的激烈程度都帮助这项运动在短时间内实现飞速发展。尤其值得一提的是，1993年塞格雷奥林匹克公园因其在促进环境与体育和谐发展方面所做出的努力而得到了国际奥委会的认可。

塞格雷河奥林匹克公园举办了1992年奥运会激流皮划艇比赛

奥运会上的激流皮划艇

在将激流皮划艇纳入巴塞罗那1992年奥运会比赛项目的过程中，萨马兰奇在协调各方利益时的表现尤其值得一提。国际划艇联合会坚持认为该项目应该纳入奥运会赛程，并且不是像在慕尼黑1972年奥运会上那样暂时纳入。今天，我们可以说划艇项目是奥运会的一个官方正式项目，而这一切都要归功于胡安·安东尼奥·萨马兰奇主席的远见卓识。

慕尼黑1972年奥运会以来，国际划艇联合会就一直致力于将激流回旋纳入奥运会比赛项目。但奥林匹克项目委员会似乎一直都是一个不可逾越的障碍。在项目委员会会议上，各国际单项体育联合会都努力维护自己的利益，向委员会施压，以便使自己代表的运动或专项能够成为奥运会比赛的官方项目。但是，1992年的巴塞罗那奥运会是不同的。感兴趣的并不仅仅是国际单项体育联合会。与此事有关的各方消除了所有分歧，一致坚持，积极朝着同一个方向努力，推动目标的实现。国际划艇联合会、加泰罗尼亚联合会、乌赫尔镇政府、该市的划艇俱乐部、加泰罗尼亚政府、巴塞罗那奥运会组委会以及数不清的个人都通力合作，在自己认为最重要的领域不懈努力，以达成共同的目标。

关于这一新的项目未来在奥运会中的发展潜力各方都有不同的意见，尤其是一些委员会成员缺乏远见。这就使得将划艇纳入奥运会比赛项目变得异常困难。来自于委员会内部的阻力非常大。这就迫使萨马兰奇主席在1988年4月7日于斯德哥尔摩举行的国际奥委会执委会会议上实施他所谓的"强制方法"。于是，激流皮划艇终于被认定为巴塞罗那1992年奥运会的官方比赛项目。

他的第一个电话打给了外交官欧亨尼奥·布莱科莱特。后者在萨马兰奇担任西班牙驻莫斯科大使期间是大使馆的一名高级外交官。虽然问题得到了解决，但整个过程并不简单。值得一提的是，布莱科莱特就出生在划艇比赛的协办城市乌赫尔。

多年之后，在巴塞罗那奥运会上，萨马兰奇颁出的第一枚奖牌就是激流皮划艇项目。在面对媒体发表的一篇讲话中，他简洁但坚定地表示，自己支持这一项目继续成为1996年奥运会的正式比赛项目。事实也确实如此。今天划艇依旧是奥运会项目的一部分。

何塞·佩鲁雷纳
2011年起作为国际单项体育联合会代表担任国际奥委会委员，2008年起担任国际皮划艇联合会主席，2014年起担任国际世界运动会协会主席

山地自行车

1996年7月30日，在亚特兰大一个新的体育单项在奥运会首次亮相。阿尔杰斯·马西克梅茨（爱沙尼亚）有幸成为了第一个踏上佐治亚国际马术公园坡道的自行车运动员。该公园位于距离亚特兰大50公里的科尼尔斯市。但他在十公里赛道的第3圈退出比赛。根据规定男选手必须完成四圈半，而女选手必须完成三圈。总共有44名男选手和29名女选手在30摄氏度的高温下，面对4万名观众，参加了一项新的奥运会比赛项目——山地自行车。世界冠军巴特·布伦吉斯（荷兰）击败托马斯·弗利史克尼赫特（瑞士）和米格尔·马丁内斯（法国）夺得男子金牌；帕乌拉·佩索（意大利）击败艾莉森·西多尔（加拿大）和苏珊·德玛特伊（美国）夺得女子金牌。

山地自行车运动的发展是体育科技发展和影响力不断扩大的一个例子。最初，一群自行车发烧友将自己的车骑上了北加利福尼亚的山林小路，从而自然而然地创造了这项新兴的运动。很快，他们就意识到自己需要对自行车进行改造，以便能够适应崎岖的山地。20世纪70年代，这项原本只是为了打发时间的运动开始在美国迅速传播开来，并且出现了一系列比赛。后来这项运动传播到欧洲，进而在世界范围内流行起来。在成为了一种社会现象后，该运动吸引了数百万名爱好者，并获得了媒体的广泛关注。因此，国际自行车联盟承认了山地自行车的地位，并使之成为其主要的运动专项。现有的两个联合会在赫因·维尔布鲁根（荷兰）的带领下合二为一，从而使得国际自行车联盟进入了一个转型和现代化的新阶段。1990年，两家联合会重新合并，以满足奥林匹克运动的新标准。到这一阶段，奥委会已经公开表示要致力于对奥运会比赛项目进行更新。

亚特兰大1996年奥运会首场山地自行车比赛在距离亚特兰大50公里的科尼尔斯市佐治亚国家马术公园举行

意大利选手帕乌拉·佩索获得亚特兰大1996年奥运会第一枚女子山地自行车比赛金牌

1992年,国际自行车联盟公布了一项宏大的复兴计划,并提出山地自行车应当成为奥运会比赛项目,成为两轮运动除公路赛和赛道赛之外的另一个奥运会比赛单项。这一事件与亚特兰大奥运会组委会领导人关于设置团体赛精密计时系统的考虑不谋而合。因为当时一些道路关闭,一些成员甚至提出建议,取消这一赛事,大众对其的兴趣也在逐渐消失。从那时起,国际自行车联盟山地自行车负责人马克(加拿大)发起了一项运动,坚决要求将该专项纳入奥运会比赛项目。这项运动在年轻人中广受欢迎,聚集了大批爱好者,同时也展现出巨大的经济潜力。这些都帮助它扫除了前进道路上的诸多障碍。

萨马兰奇批准了这一提案。因为这项运动能够引起年轻人的兴趣,同时吸引大量电视机前的观众。在1993年会议上,执委会同意将山地自行车纳入奥运会比赛项目,前提是国际自行车联盟践行自己的承诺,采取措施避免对环境造成负面影响,在1993年于蒙特卡洛举行的第101次全会上,该运动被纳入亚特兰大1996年奥运会比赛项目。

在同一场会议上,公路自行车赛的100公里团体计时赛被取消,新增了男子52.2公里个人计时赛和女子26.1公里个人计时赛。赛道总长13公里,横穿亚特兰大街道。米格尔·安杜兰(西班牙)、亚伯拉罕·奥拉诺(西班牙)和克里斯·博德曼(英国)分获男子组前3名,而祖尔菲亚·扎比洛娃(俄罗斯)、让妮·隆戈(法国)和克拉拉·休斯(加拿大)分获女子项比赛的前3名。

第一枚奖牌

我是从23岁开始参加山地自行车比赛的。在我的祖国荷兰,它最开始只是一项公路自行车专业选手在非赛季为了保持体型而从事的运动。

后来我们发现,山地自行车在美国是一项夏季运动。于是我开始在荷兰和欧洲比赛。我也参加公路赛,直到一个冬天,我发现了山地越野。我认为我在山地自行车中的表现要比公路自行车更好,并很快受到了一些队伍的邀请。对我来说能获得免费的自行车和服装显得有些不可思议。我开始参加国内比赛,一年后我就参加了国家级赛事,因为我所在的队伍规模很大。所有一切发生的都很快。1994年我24岁。我在1994年和1995年世界杯比赛中获胜。我感觉自己在亚特兰大1996年奥运会上会有好的表现。在这项即将在亚特兰大1996年奥运会上完成首秀的运动中,我是最受欢迎的一位选手。

毫无疑问,这是一段很棒的经历,对一位运动员来说,是终身难以忘记的独特经历。它在不知不觉间发生。一枚金牌会改变你的一生。这就是我在亚特兰大的经历。在2004年的赛季中,我最大的目标就是在雅典获得一枚奖牌。后来我获得了铜牌。

巴特·布伦吉斯
荷兰自行车运动员,亚特兰大1996年奥运会山地自行车冠军,2004年雅典奥运会山地自行车铜牌得主

垒　球

垒球运动是在1887年的感恩节期间出现的。其诞生纯属偶然。当时，在美国芝加哥的法拉格特划船俱乐部，一群学生聚在一起观看哈佛大学和耶鲁大学之间的美式橄榄球比赛。在晚间庆祝活动期间，有人扔出了一只拳击手套，而另一个人扔回了一只扫帚把。乔治斯·汉考克（美国）从中受到了启发，发明了一项运动，也就是后来的垒球。他在房间里画了一个小菱形，将手套团成球形，又将扫帚把削短了一截。从而产生了一种与垒球类似的室内游戏。在20世纪30年代，该运动得到了广泛传播，主要有两个原因：首先，在大萧条期间失业的工人们将之看作是一种打发时间的方式；其次，1933—1934年芝加哥世界博览会期间举行的垒球锦标赛大获成功。

如果说有一个人为了将垒球纳入奥运会比赛项目而付出了长时间的巨大努力，那一定是唐·E.波特（美国）。他从1965年起担任国际垒球联合会秘书长，并在1987年至2013年间担任国际垒球联合会主席。整个过程十分漫长。在数届奥委会会议上，这一问题多次被提起，但都因为时机不合适而被搁置。1967年国际垒球联合会获得国际奥委会的承认，此后，在通往奥运会比赛项目过程中的下一步就是再在慕尼黑1972年奥运会上使其成为表演项目。但是奥运会组委会却选择了羽毛球和滑水。直到1977年在布拉格举行的第79次全会上，项目委员会才正式将垒球与定向越野和速度滑冰认定为体育运动。这就使其在今后有资格成为奥运会比赛项目。在1980年于莫斯科举行的第83次全会上，在洛杉矶奥运会组委会的要求下，项目委员会讨论了借鉴棒球的经验，在洛杉矶1984年奥运会期间举办垒球表演循环赛的可能性。在数次讨论中，人们反复提到的一点就是，棒球是一项男子运动，但与其相对应的女子运动——垒球也同样存在。但会上并未对其进行评估，决定是否将其纳入奥运会比赛项目。在1988年于汉城举行的第94次全会上，委员会成员就巴塞罗那1992年奥运会新增比赛项目进行了分析，关于是否应当将垒球纳入奥运会比赛项目的问题再次引发了人们的讨论。尽管包括阿妮塔·德弗朗茨（美国）和弗洛尔·伊萨瓦·丰塞卡（委内瑞拉）在内的一些国际奥委会委员支持将其纳入比赛项目，但萨马兰奇提醒他们，如果巴塞罗那奥运会组委会不同意，国际奥委会不能勉强其将垒球纳入比赛项目。这就使得该问题可能再一次被推迟到之后的会议上再进行讨论。项目委员会因此就在接下来的奥运中将垒球纳入比赛项目进行了进一步的研究。巴塞罗那1989年奥运会组委会单方面提出将高尔夫和垒球作为奥运会表演项目。萨马兰奇很快就对此举做出了回应，他提醒道，应该事先与国际奥委会就这一决定进行讨论。只要条件允许，并且有最优秀的选手参与，萨马兰奇就坚决支持让高尔夫重回奥运会赛场。不幸的是，当时职业和业余选手的标准问题还没有完全解决。

亚特兰大1996年奥运会女子垒球比赛有8个国家/地区代表队参加

3

在亚特兰大1996年奥运会上，美国获得垒球首枚奥运金牌。这是美国队明星球员丽莎·费尔南德斯

就垒球而言，由于其在西班牙的知名度并不高，因此委员会成员们建议在未来的奥运会中再将其纳入比赛项目，而不是在即将举办的巴塞罗那1992年奥运会上。在1989年于波多黎各的圣胡安举行的第95次全会上，委员们对在巴塞罗那1992年奥运会上加入更多团体项目所面临的阻碍进行了分析，并将最终的决定权交给了执委会。执委会在1989年12月举行会议，否决了巴塞罗那奥运会组委会关于将高尔夫和垒球作为表演项目的提案。巴塞罗那1992年奥运会也是奥运会历史上最后一次设置表演项目。最终被选中的是巴斯克球（西班牙当地运动）、旱冰球（在加泰罗尼亚广受欢迎，胡安·安东尼奥·萨马兰奇本人是一名优秀的旱冰球选手，并且负责为国家代表队挑选选手）和跆拳道。

1991年7月16日，在伯明翰举行的第97次全会上，垒球成为奥运会比赛项目的愿望终于得以实现。这项运动以一种不同寻常的方式被纳入了亚特兰大1996年奥运会比赛项目。做出这一决定的依据是国际奥委会必须关注各主办国组委会对于将本国流行项目纳入奥运会比赛的请求。在1996年7月21日到30日间，在哥伦布市的金园举行了首届奥运会女子垒球比赛。比赛采取小组赛模式，小组赛的前四强进入总决赛。正如人们所料，拥有2500万名垒球爱好者的美国在决赛中打败了中国获得了金牌。铜牌则由澳大利亚摘得。在澳大利亚，这项运动也同样广受欢迎。但是这项运动的未来依旧不甚明朗：在2005年于新加坡举行的第117次全会上，棒球和垒球都没有出现在奥运会比赛项目之列。

要有耐心

布伦戴奇和萨马兰奇主席都经常把我叫到他们的房间里，告诉我同一句话，"要有耐心"。基拉宁爵士和我没有任何联系，他对垒球没有任何了解。

1988年，奥委会向我们做出承诺，女子垒球终于将和棒球一起成为奥运会比赛项目。看到他们完成了我们没能做到的事，我们感到十分惊讶。萨马兰奇告诉我一个我们或许已经猜到的消息。在巴塞罗那，垒球不能成为正式比赛项目，但仍有机会成为表演项目。但是似乎国际奥委会已经计划在1992年之后取消表演项目。他告诉我，我们还有机会，因此应该耐心等待。我说，棒球用了25年才成为奥运会比赛项目，而我们才努力了8年。尽管实际上已经差不多超过了15年。

我对国际奥委会十分尊敬。我相信它有历史上最优秀的主席。我们做了它们要求的一切，甚至更多。世界不会停滞不前，垒球将继续发展，它将继续在其他国家不断壮大。我认为这一决定是奥运会的损失，并不是垒球的损失。它们失去了一项优秀的运动。

在伯明翰大会上，当他们宣布女子垒球将在亚特兰大1996年奥运会上首次亮相时，我真的很想振臂欢呼。但是当时我被媒体所包围，连站都站不起来。此外，斯米尔诺夫（苏联代表和国际奥委会项目委员会主席）在过去这些年中进行了多次讨论，我不想毁掉这一切。他们可以再考虑一下！

唐·E.波特
国际垒球联合会主席（1987—2013）

跆拳道

跆拳道是在武术的基础上演变而来的。它植根于韩国文化，将近两千年来代代相传。这种原本以自卫为目的出现的武术，现在演化为两种流派，在全球范围内吸引了超过7000万名爱好者。跆拳道（Taekwondo）一词由3个单词组成——"taek（踢）""won（击）"和"do（通往完美之路）"因此，这3个词组合在一起就可以大致翻译为"不断完善击踢之术"。今天的跆拳道源于东方武术，旨在强身健体、磨练意志。作为一项可以终生从事的运动，跆拳道是一个学习的过程，参与者在获得哲学体验的同时，还能不断学习到新的技巧。总而言之，这是一项帮助人们保持身心健康的运动。

20世纪50年代，韩国的崔泓熙将军将日本的松涛馆流空手道和朝鲜半岛传统武术跆跟相结合，创造了"跆拳道"。这项运动很快就被几所学校接纳。这些组织联合起来，共同组成了韩国跆拳道协会。20世纪60年代，首届全国跆拳道比赛得以举行。1966年，崔泓熙将军创建了国际跆拳道联合会。但是由于他并不受韩国官方的欢迎，因此不得不在1972年离开韩国流亡加拿大，同时将国际跆拳道联合会总部搬到了加拿大。

首届世界跆拳道锦标赛于1973年5月底在韩国汉城举行，共有19个国家参赛。比赛举行期间，金云龙博士创建了世界跆拳道联合会。他得到了官方的全面支持，对该运动实施统一管理。

两个组织之间存在一系列重大差异。首先就是"跆拳道"一词的英语拼写：taekwondo-do（国际跆拳道联合会）还是taekwondo（世界跆拳道联合会）。很多专家认为，中间的连字符体现的正是这项运动的武术本质，比如传统跆拳道和现代跆拳道之间的差异。国际跆拳道联合会采用经典概念，强调迅速、简洁的动作和直

悉尼2000年奥运会

跆拳道首次亮相悉尼2000年奥运会，24枚奖牌由18个国家/地区的选手分享

接攻击。并且与空手道相似，允许使用拳头。但世界跆拳道联合会却不允许使用拳头，同时强调连续、循环、灵活的动作和正面接触。认为身体本身就是有力的武器。

成立后的世界跆拳道联合会迅速采取了扩张策略，加入了多个国际体育组织，比如在1974年加入了世界体育联合会总会。两年之后，第1届跆拳道欧洲锦标赛在巴塞罗那举行。

在满足了国际奥委会的最低要求后，世界跆拳道联合会开始寻求得到奥运会的进一步认可。于1979年在蒙得维的亚举行的第81次全会上，委员会决定推迟关于这一问题的讨论，进行更详细的调研。几个月后，国际奥委会执委会批准了这一提案，在1980年于莫斯科举行的第83次全会上，它得到了国际奥委会的认可。也正是在这次会议上，萨马兰奇当选国际奥委会主席。一年后，在巴登-巴登，它成为奥运会比赛的候选项目。

世界跆拳道联合会是国际世界运动会协会的最主要推动者。在国际奥委会的支持下，该协会创办了世界运动会，并于1981年在美国圣克拉拉市举行了第1届比赛。这一包括多项运动的赛事是衡量一些项目能否被纳入奥运会比赛的基准。而这一点也是1983年国际奥委会与国际世界运动会协会签署合作协议时萨马兰奇所特别强调的一个方面："显而易见，现在奥运会中的好几个项目和大项都曾是世界运动会的比赛项目，并且持续出现在世界运动会上。由于国际奥委会在平衡奥运会项目需求的过程中面临重大挑战，世界运动会对被纳入赛事的运动来说将继续是一个具有重要意义的全球舞台。"

汉城获得1988年奥运会举办权后，在正式成为奥运会比赛项目的道路上，跆拳道获得了又一个好机会：它成为了汉城1988年奥运会的表演项目。主办方并没有错过这一绝佳的机会，通过在开幕式上加入由数百名跆拳道爱好者参加的精彩绝伦的跆拳道动作表演，组委会有效地推动了这一运动的发展。

在巴塞罗那1992年奥运会上，跆拳道继续被纳入表演项目。1993年，奥林匹克项目委员会决定不推荐其纳入亚特兰大1996年奥运会比赛项目。但是，在1995年于布达佩斯举行的第104次全会上，将其纳入奥运比赛项目的提案得以通过。跆拳道将与铁人三项一同成为悉尼2000年奥运会的正式比赛项目。

首届奥运会跆拳道比赛于2000年9月27日到30日在悉尼国际体育中心举行，包括男女4个级别的比赛。该届奥运会的奖牌分布也证明了跆拳道是一项全球性的运动。总共24枚奖牌由18个国家获得，其中韩国的表现尤其值得一提，共收获4枚奖牌，其中3枚为金牌。

为了表彰萨马兰奇对跆拳道运动发展所做的贡献，时任世界跆拳道联合会主席金云龙亲自向其颁发了国技院名誉十段黑带认证，这也是该运动理论上的最高级别，金云龙在2004年之前一直担任世界跆拳道联合会主席，并于1986年至2005年间代表韩国担任国际奥委会委员。

尊重对手

跆拳道能在悉尼2000年奥运会上成为正式比赛项目在很大程度上都要归功于来自韩国的国际奥委会委员，胡安·安东尼奥·萨马兰奇的好朋友金云龙。跆拳道曾是汉城1988年奥运会和巴塞罗那1992年奥运会的表演项目。

无论是从自身特点还是发展潜力来讲，跆拳道都能够适应新时代新形势的要求，并且已经成为了一项竞技运动，对生理和心理素质都有一定的要求，尽管竞技跆拳道还需要对抗策略。毫无疑问，在学习过程中，跆拳道所关注的基本原则与其他武术项目是相同的：教育、尊重、自律、正直、自控和努力。我的父亲和我的教练以及我的导师在体育馆中都向我展示了如何去运用腿部动作，但是从同事身上，我也学到了如何去控制我自己的情绪和身体。我们已经将比赛中的这种精神内化。

因此，或许跆拳道一开始看起来似乎是一项具有攻击性的运动，但实际上却截然相反。在跆拳道中，你并不是在战斗，而是在竞争。优秀的选手并不是那些出击更多的选手，而是通过精准的动作和策略获得更高得分的选手。在开始比赛之前，我们要向对手、教练员和裁判员鞠躬表示尊重。从这一刻开始，你就要研究你的对手，形成自己的策略，采取行动，调整行动（在不到一秒钟的时间里就要做出反应）并阻止对手的行动。所有这些都发生在每轮2分钟、共3轮的比赛中。比赛结束后，你要向所有人再次鞠躬。

乔尔·冈萨雷斯·伯尼亚
2012年伦敦奥运会58公斤以下级冠军，世界锦标赛冠军（2009年和2011年），欧洲锦标赛冠军（2010年和2012年）

铁人三项

莱斯·麦克唐纳（加拿大）在2008年11月30日作为国际铁人三项联盟主席发表了最后一次演讲。在担任该组织主席19年之后，他即将将手中的接力棒交给下一任主席马里索尔·卡萨多（西班牙）。当时，第21届奥林匹克大会即将在马德里召开。在演讲中，麦克唐纳提到："铁人三项能够发展成今天的规模，在很大程度上要归功于胡安·安东尼奥·萨马兰奇。他为这项运动成为奥运会比赛项目做出了重要承诺。是他设计和评估了这项运动未来发展的政策。正是因为他，铁人三项才在今天成为了一项全球性赛事。没有他，铁人三项永远都无法在悉尼2000年奥运会上首次成为奥运会比赛项目，从很大程度上讲，它就无法发展到今天的规模，无法拥有今天这样正面的形象。"

铁人三项代表了我们今天所说的"现代"运动，即那些在20世纪70年代和80年代发展起来的运动。它们给奥运会带来了一股新鲜力量，并且引起了大批青年人的兴趣和关注。这项运动将全球最受欢迎的三项运动结合起来（跑步、游泳和自行车）。这项运动的正式兴起是在20世纪70年代，尽管根据记载，早在20世纪20年代，法国就组织过类似的比赛。在当时，这项运动被叫作"三项运动"。

与包括沙滩排球和山地自行车在内的其他运动相似，铁人三项也起源于加利福尼亚州。在圣地亚哥市田径俱乐部的支持下，一项由美国人杰克·约翰斯通和唐·沙南发起的新运动得以出现，作为枯燥而严格的田径训练的替代。首届使命湾铁人三项比赛在1974年9月25日举行。46名选手参加了史上首场铁人三项比赛：跑步9.6公里、骑行5公里、游泳500米。1977年，在夏威夷岛，人们就跑步运动员和游泳运动员到底谁更优秀的问题展开讨论，最终，这场争论演变为该运动最具标志性意义的赛事：长距离铁人三项或"铁人三项"。它将三项马拉松赛事融入一场比赛：3.8公里游泳、180公里骑行和42.1公里长跑。

自铁人三项诞生之日起，这项运动就得到了迅猛发展和迅速扩张。铁人三项的迅速崛起很快就引起了国际奥委会的兴趣，因为它满足所有成为奥运会比赛项目的条件：性别平等、视觉冲击和高水平的竞争。同时这项运动还风靡100多个国家，电视转播收视率也相当高。萨马兰奇的"第六感"再次得到了肯定。1988年，他做出决定，尽快为将该项目纳入奥运会比赛制定基本规则，很快这一决定就在斯德哥尔摩召开的会议上得到了落实。

工程师雷斯·麦当劳被任命为工作组组长，1989年4月，工作组在法国城市阿维尼翁召开了第一次全会。在这场由30个国家联合会参加的会议上诞生了国际铁人三项联盟（ITU），由麦克唐纳亲自担任主席。就在短短四个月之后，第1届世界锦标赛在阿维尼翁举行，吸引了来自40个国家的800名运动员参赛。赛程安排是1500米游泳、40公里骑行和10公里长跑。

这期间，ITU与国际奥委会之间一直保持着联系，直到萨马兰奇与麦当劳在洛桑举行了一场具有决定性意义的会议。西班牙铁人三项联合会主席何塞·伊达尔戈见证了两人之间的对话，并将之记录下来。在听了麦当劳关于铁人三项为何满足国际奥委会要求的理由后，萨马兰奇给出了一个简洁的答案："为什么不纳入比赛项目呢？"对麦克唐纳来说"这句话改写了铁人三项的历史。很快，我们的运动就成为了奥运会的一个项目。萨马兰奇100%地信守了诺言。"

在1991年于伯明翰举行的第97次全会上，国际奥委会正式承认了国际铁人三项联合会。三年后，在巴黎举行的第103次全会上，铁人三项被纳入悉尼2000年奥运会比赛项目。主办国为这项运动的奥运会首秀准备了一条完美的路线。

悉尼2000年奥运会铁人三项比赛

3

用美国国家广播公司体育电视广播集团主席邓肯·迪克·埃贝索尔的话来说："这是奥运会历史上最精彩的赛道。"由52名男运动员和48名女运动员组成的100名选手参加了奥运会首场铁人三项比赛。由于赛道的复杂性，比赛对运动员的要求极高。参赛选手到达全球闻名的悉尼歌剧院的"天际线"后，立即引起了体育媒体的密切关注。比赛结果没有让麦克唐纳主席失望，与他来自同一个国家的西蒙·维特菲尔德（加拿大）打败了斯蒂凡·伍科维奇（德国）和扬·莱胡拉（捷克）获得了男子比赛的首枚奥运金牌。在女子比赛中，布里吉特·麦克马洪（瑞士）打败了米切莉·琼斯（澳大利亚）和玛加莉·梅斯莫（瑞士）获得了金牌。

作为一项全新的运动，铁人三项处于一种不断更新的状态，在其基本理念的基础上又衍生出了一系列项目，各种各样的组合型项目得以出现。比如白色或冬季铁人三项，该项目用长距离滑雪取代了游泳；还有用山地自行车代替骑行的山地铁人三项；另外还有骑跑两项赛，即在骑行部分用山地自行车；还有水陆铁人两项，即在跑步和游泳之间循环。但是原本的赛程设置是唯一进入奥运会比赛的项目。

铁人三项与国际奥委会主席

当时我在温哥华。那是一个周六的早晨，我正打算出门跑步，电话铃忽然响了起来。电话那头的声音听起来十分熟悉。但是我不能完全确定。他说："你好，最近怎么样？我是国际奥委会主席萨马兰奇。" "我还不错，刚刚吃完早餐。你那边怎么样？" "我在巴塞罗那的家里。正准备吃晚饭。"然后我们又寒暄了一通。

但实际上当时我已经紧张得浑身大汗。我在想，自己是不是哪里做错了。铁人三项的命运将会如何？奥运会的命运和我的命运将会如何？

最终我鼓起勇气问出了那个简单但无法回避的问题："您想说什么？"他回答道："你知道，明年我们在洛桑有很多活动，比如国际奥委会全会、世界滑冰锦标赛，还有山地自行车。在奥林匹克之城，我们的安排已经满满当当了。你是否介意将铁人三项世锦赛推迟到明年？"

我终于松了一口气。"不，不介意"，我说。"我们会联系执行委员，我保证他们一定会同意。我们会找到其他的地点。"后来我们找到了澳大利亚帕斯。我给萨马兰奇主席发了通知，将这一消息告诉他。

很多个月之后，在1995年于布达佩斯举行的国际奥委会全会上，有很多需要讨论和决定的重大问题，不仅仅是2002年冬奥会举办权，还有主席的选举。如果70岁的年龄限制使萨马兰奇无法继续参选，就必须重新选举主席。此外还有很多其他重要的事项。

在那些充满动荡的日子里，斯沃琪曾作为新的赞助商做过一次展示，并举行了一场有1000人参加的晚宴。我观察、倾听、学习。活动结束后，萨马兰奇主席穿过拥挤的人群来到了出口处。他看到我靠墙站着就朝我的方向走过来。他拍拍我的肩膀对我说："感谢你将原定在洛桑举行的世锦赛推迟到明年。到时候我一定会去参加。"

这个简单的举动让我了解到了这位国际奥委会主席的所思所想。即便在最紧张的情况下，他也能关注到细节。他永远对我们这样的运动给予很大关心。透过这一举动，我看到了萨马兰奇的内心。即便工作繁忙，即便身边围绕着大人物，即便有诸多重要的事项需要处理，他也能抽出时间走到我身边对我说："感谢你调整比赛日期。"

在1998年举行的洛桑铁人三项世锦赛上，萨马兰奇主席通知我："我会抽出一个小时左右的时间亲自到比赛现场去。"后来，他在比赛现场待了一整天，并且为选手颁奖。在男子比赛中，骑行赛中处于优势的是来自塔斯马尼亚的种子选手克雷格·沃尔顿。但在最后一圈，他不慎摔倒，撞到了路障，从而被迫退赛。

后来在体育馆中，我坐在萨马兰奇主席旁边。当时运动员们已经开始冲线。在铁人三项比赛的最后一段赛程，竞争总是十分激烈。沮丧的克雷格·沃尔顿一瘸一拐地走进体育馆，推着自行车，腿上和胳膊上都是血。

"刚才处于领先地位，但是在我们面前摔倒的就是这位运动员么？"萨马兰奇主席问道。"是的，就是他。是一位从澳大利亚远道而来的选手。"我回答道。"我必须跟他说两句。"他说。"没问题。"我说。然后朝着克雷格的方向喊了一声："克雷格，到这边来，萨马兰奇主席想和你说话。"但我理解错了。萨马兰奇主席转过头，碰了碰我的胳膊对我说："不，我们不应该让运动员过来和我们说话，他比我们更重要。我们下去到他那边去。"

我们走过去安慰了这位受伤的运动员。之后萨马兰奇主席从口袋里拿出一块刻着奥运五环的手表，并将它送给了克雷格。后来克雷格对我说："你知道么，这比获得世锦赛冠军更重要。萨马兰奇是个好人。"他确实是！

莱斯·麦克唐纳
国际铁人三项联盟主席（1989—2008）

自由式滑雪和花样滑雪

这项运动于19世纪出现在挪威。基本技巧包括在滑雪板上进行旋转和跳跃。20世纪20年代，奥地利也出现了自由式滑雪运动员。现代自由式滑雪的历史可以追溯到20世纪20年代和30年代。当时挪威的滑降滑雪和越野滑雪运动员在训练间歇会练习旋转和跳跃。但是真正意义上的现代自由式滑雪诞生于美国。

在《现代滑雪的历史》中，作者约翰·弗莱将自由式滑雪定义为美式滑雪。20世纪50年代人们开始尝试使用新的跳跃技巧。经过不断创新，出现了空中自由式滑雪。其中1952年冬奥会冠军、1954年世界锦标赛三项冠军施泰因·埃里克森（挪威）致力于推广新的技巧。后来，埃里克森移民美国，在爱达荷州的太阳谷担任教练。他在那里找到了理想的环境来进一步推广自己的计划。20世纪60年代至70年代，自由式滑雪经历了迅速发展，但当时还没有制定任何规则或限制。这就使得它成为了一项单纯的冒险运动。运动员膝盖受伤的情况也时有出现。

由于"自由式滑雪"爱好者的队伍越来越大，1975年出现了两个团体，将从事这项运动的人们聚集起来举办专业比赛。分别是柯蒂斯·奥本汉斯利（美国）创建的职业自由式滑雪协会和伯尔尼·威赛尔（美国）创建的国际自由式滑雪运动员协会。同年，加拿大自由式滑雪协会的创始人约翰·约翰斯通（加拿大）首先向国际滑雪联合会（FIS）提出举办自由式滑雪赛事。FIS于1977年批准了这一提案，将自由式滑雪纳入活动安排中，同时于1979年正式接管业余比赛的管理工作，并针对安全问题制定相关的规则。自由式滑雪世界杯于1986年举行，首届自由式滑雪世锦赛在阿尔卑斯山滑雪胜地蒂涅举行。

阿尔贝维尔1992年冬奥会

一位自由式滑雪运动员在白雪皑皑的蒂涅山参加比赛

自由式滑雪又衍生出了几种变体，其中自由式、跳跃和雪上技巧最受欢迎。在1984年于萨拉热窝举行的第87次全会上，国际奥委会批准从卡尔加里1988年冬奥会开始延长比赛时间。这一决定就使得加拿大卡尔加里冬奥会能够大幅增加赛事数量。冰壶作为一项独立运动被纳入赛程，短道速滑和自由式滑雪则被确定为表演项目。

在卡尔加里冬奥会上，自由式滑雪比赛由空中技巧、雪上技巧和花样滑雪组成。观众人数达到了6.2万人（售票率高达97%）。这就使得未来将这一项目纳入奥运赛事不再有任何疑问，其通往奥运的道路也没有任何阻碍。国际奥委会执委会于1989年在库尔舍韦勒召开会议，批准在阿尔贝维尔1992年冬奥会上将雪上技巧纳入比赛项目，而跳跃和技巧依旧是表演项目。首届奥运会自由式雪上技巧比赛于1992年在蒂涅举行。7年前，正是在同一地点举行了该项目的首届世锦赛。

在利勒哈默尔1994年冬奥会上，空中技巧成为了奥运会比赛项目。从收看电视转播的观众数量来看，比赛大获成功。在澳大利亚有超过两百万名观众收看了有澳大利亚选手科斯蒂·马歇尔参加的比赛（电视观众总数的17.3%）。最终她获得了第6名。在欧洲，女子技巧决赛吸引了超过1400万名观众（总数的20%），与阿尔贝维尔1992年冬奥会期间的观众人数相比，增加了30%。

在21世纪前10年，自由式滑雪不仅巩固了自己在奥运会中的地位，并且在温哥华2010年冬奥会上增加了障碍追逐赛，从而大幅增加了赛事数量。在2014年索契冬奥会上，坡面障碍技巧和U型场地滑雪被列为小项，从而使得自由式滑雪的赛事总数增长到男女各5项比赛。

冬奥会：自由式滑雪的历史

自由式滑雪是介于芭蕾舞和雪上跳跃之间的运动。因此它适合那些有勇气且技术精湛的专业人士。学习相关的姿势和技巧需要大量的练习，但取得进步的速度是飞快的。

在卡尔加里1988年冬奥会上，自由式滑雪是一个表演项目，并在1989年1月于库尔舍韦勒举行的国际奥委会执委会会议上被部分确定为奥运会单项。当时国际奥委会决定正式将雪上技巧确定为奥运会比赛项目，而空中技巧和雪上芭蕾依旧作为表演项目存在。尽管存在这一身份上的差异，但阿尔贝维尔奥运会组委会决定在1992年阿尔贝维尔冬奥会上举办所有三个项目的比赛，并且对运动员、官员、媒体和观众的组织工作采取同样的标准，同时又尊重国际滑雪联合会的相关规定。从体育角度看，尽管奥运会的相关规定给比赛带来了一定的限制并提出了更高的要求，但比赛效果不能打折扣。

阿尔贝维尔1992年冬奥会上首先进行的是雪上技巧比赛。比赛中，选手需要在完成障碍赛的同时展示一些技巧。1992年，法国的埃德加·格罗斯皮龙和美国的冬娜·温布雷特分别成为了奥运会自由式滑雪项目男女比赛的首位金牌获得者。

1994年，空中技巧比赛也被纳入利勒哈默尔冬奥会的比赛项目。在空中技巧比赛中，运动员从一个斜坡上滑下，在空中表演一个技巧性动作，然后再落到对面的斜坡上。1994年，来自瑞士的索尼·舒恩巴驰勒和来自乌兹别克斯坦的妮娜·切尔贾佐娃分获男女空中技巧比赛的首枚奥运会金牌。当时切尔贾佐娃也是唯一一位能够完成三周翻转的女子运动员。

障碍追逐赛在温哥华2010年冬奥会上首次成为比赛项目。在比赛中，4位滑雪运动员从高坡滑下，在弯道和曲道上进行竞速。最先完成的选手进入下一轮，直到最后决出奖牌获得者。2010年，来自瑞士的迈克尔·施密德和来自加拿大的阿什雷恩·麦基弗分别获得男女障碍追逐赛的首枚奥运会金牌。

尽管直到20世纪末自由式滑雪才走上奥运舞台，但这项运动实际上早在20世纪初就产生了。首先出现在挪威、意大利和奥地利。自由式滑雪于20世纪20年代传入美国，并在20世纪60年代成为一项流行运动。这项运动也被称为"花样滑雪"，因为其中涉及很多的技巧和跳跃动作。

该运动于1979年获得国际滑雪联合会的认可，以便能够通过制定一些规则提高其安全性。首届自由式滑雪世界杯在1980年举行。在8年后的冬奥会上，自由式滑雪的奥运征程正式开启。

克里斯丁·坎森
前游泳运动员，毕业于密歇根州立大学新闻学与公共关系专业。作为美国奥委会委员在国际奥委会工作

短道速滑

冬奥会上的速度滑冰赛一开始是在每圈400米的冰面赛道上举行的竞速比赛。但是与其他运动相同，速滑也做出了一些调整，每圈赛道的长度更短，更加紧凑，并对原本的计时赛规则进行了一定的改进，让几名选手展开竞争，创造一场视觉盛宴。每场比赛最多有6位选手参加，环形赛道每圈的长度是111米。可以利用冰球场的空间进行比赛。

首先开展该项运动的是欧洲。20世纪初，美国和加拿大开始在封闭场馆中举办速度滑冰比赛。尽管作为一个运动单项且在当时并未获得国际滑冰联盟的认可，但它在美国和加拿大都积累了大批的爱好者。美国还发展出了一些新形式，比如在比赛中设置了多个起点，从而让比赛更精彩。在20世纪二三十年代，纽约的麦迪逊广场花园经常举行短道速滑比赛，并且吸引了大批观众。

普莱西德湖1932年冬奥会组委会注意到了这一现象，并在国际滑冰联盟的许可下，决定在比赛中采用美国速滑联合会的规则。这是唯一一次奥运会速滑比赛不采取计时方式，而是由每组最多6位选手彼此竞争完成比赛。比赛在一圈400米的椭圆形赛道上进行，并且使用了"短道"的概念。

短道速滑的第二个发展阶段开始于20世纪后半期。英国、比利时、法国、澳大利亚和日本都在短道速滑发展壮大的过程中扮演了重要的角色。1967年，这一单项迎来了决定其未来命运的关键时刻。在当年于维也纳举行的国际滑冰联盟大会上，它的地位得到官方的正式认可。同年，首套短道速滑比赛规则得以确立。但直到10年之后，国际滑联才再一次在大会上批准举行短道速滑国际比赛。在1976到1980年间，短道速滑出现在各大国际比赛中。1981年，短道速滑世锦赛举行，正式确立了这项运动的地位。

短道速滑成为奥运会比赛项目的过程非常快。这主要是由于两个有利条件：首先，比赛在封闭场地举行，椭圆形赛道一圈的长度为111米，完全可以利用冰球场。其次，是当时奥运会的举办周期急需改变。夏季奥运会和冬季奥运会的举办时间将错开两年。这就为扩大比赛规模打开了大门。在1987年于伊斯坦布尔举行的第92次全会上，国际奥委会决定在卡尔加里1988年冬奥会上修建短道速滑赛道。在卡尔加里冬奥会上该项目将举行10场表演赛。12月，国际奥委会执委会在维也纳召开会议，决定将短道速滑正式纳入阿尔贝维尔1992年冬奥会比赛项目，总共有4项赛事：男子1000米、500米、5000米接力和女子3000米接力。

短道速滑赛事的数量迅速增加，温哥华2010年冬奥会共举办了8项赛事，其中包括4项男子赛事（500米、1000米、1500米和5000米接力）和4项女子赛事（个人赛与男子距离相同，但接力赛为3000米）。在奥运会上，该项目由韩国、加拿大、中国和美国主导。

阿尔贝维尔1992年冬奥会

短道速滑，一项对电视观众和现场观众都极具吸引力的项目

在国际滑冰联盟意识到短道速滑所带来的巨大机遇后，它立刻敦促国际奥委会将这一新的运动单项加入奥运会比赛项目。

得知国际奥委会希望将短道速滑纳入奥运会比赛项目的消息，国际滑冰联盟感到非常高兴。对于电视机前的观众和现场观众来说，这一运动都有很大的吸引力。比赛的结果也达到了预期。因此，国际滑冰联盟希望再次对此表示感谢。

奥塔维奥·辛光达
1996年作为国际单项体育联合会代表当选国际奥委会委员，国际奥委会执委会委员（2000—2008），1994年起担任国际滑冰联盟主席

短道速滑比赛能够带来巨大的视觉冲击。运动员在111米的椭圆形赛道上展开竞争，所需场地规格与冰球场一样

马克·莱基（加拿大）和理查德·尼茨尔斯基（澳大利亚）在阿尔贝维尔冬奥会男子1000米短道速滑比赛中展开激烈竞争

冰 壶

冰壶是一项传统运动，其历史可以追溯到16世纪的苏格兰。冬季河水和湖水结冰的时候，人们滑动一块有一定重量的花岗石，让它尽可能准确地停在一个圆圈或圆垒内。在这一过程中可以通过摩擦冰面改变其滑行的速度或轨迹。很多年中，这项运动都没有固定的规则，对所使用的石块的大小也没有统一的规定。但是在19世纪中期，皇家喀里多尼亚冰壶俱乐部推出了一套统一的规则，对相关标准进行了规范。这套规则为世界范围内冰壶赛事的开展提供了参照。该俱乐部也起到了国际单项体育联合会的作用。

冰壶被当作是苏格兰的国家运动。它在17世纪通过英国军队传入北美，并逐渐传播至其他国家，尤其是加拿大。在中欧和北欧气候条件适宜的国家，这项运动受到人们的喜爱。

冰壶在奥运会上的首次亮相是在1924年于夏莫尼举行的首届奥林匹克冬季运动周上。关于此次比赛到底是表演赛还是正式比赛曾引起了长时间的争议。但是直到2006年，国际奥委会才决定正式将其纳入奥运会比赛项目。1927年于布鲁塞尔召开的国际奥委会执委会会议决定不将冰壶纳入圣莫里茨1928年冬奥会比赛项目。原因是在1925年举行的布拉格大会上，它并没有被认可为一项冬季运动。后来，在普莱西德湖1932年冬奥会上，它成为了表演项目。当年只有4支加拿大队伍和几支美国队伍参赛。在这之后，冰壶的奥运之路出现了很长时间的中断，尽管在加米施－帕滕基兴1936年冬奥会和因斯布鲁克1964年冬奥会都将"冰上溜石"——冰壶在德国的变体纳入了表演项目。

1957年，皇家喀里多尼亚冰壶俱乐部首先尝试创建一个国际单项体育联合会。这是将冰壶纳入奥运会比赛项目的一个基本条件。但是，在同年于索非亚举行的第53次全会上，该提案被驳回。1966年，7个国家联合会共同在温哥华成立了国际冰壶联合会，尽管在发展初期它还处于创始俱乐部的控制之下。1973年，国际冰壶联合会从皇家喀里多尼亚冰壶俱乐部脱离，成为一个独立的组织，并于1982年得到认可，成为世界范围内冰壶运动的管理机构。1983年末，国际奥委会执委会批准了卡尔加里1988年冬奥会的3个表演项目：冰壶、自由式滑雪和短道速滑提案。该提案在1984年2月于萨拉热窝召开的第87次全会上获得最终确认。会议还决定将冬奥会的比赛日从12天延长至16天。

长野1998年冬奥会

一些人将冰壶称为"冰上围棋"，而一般爱好者则将之称作"冰上滚木球"

3

在经过了漫长的等待后，冰壶重回奥运赛场，在加拿大卡尔加里冬奥会上成为了表演项目。在这个国家，冰壶也是一项传统运动。在阿尔贝维尔1992年冬奥会上，冰壶再次被定为表演项目。1988年，在卡尔加里冬奥会后，世界冰壶锦标赛在洛桑举行。萨马兰奇亲自到场观看比赛。在回忆瑞士与加拿大之间的比赛时，他写道："差不多有四千人，其中包括一千多名加拿大人。说实话，我并没有发现这项运动能带来多大的视觉冲击。相关的负责人对我十分友善和礼貌。他们的梦想就是让这项运动重回奥运，即便仅仅是作为表演项目。"他还受邀参加了决赛。"我掷出了第一壶。表现还不错。"他写道。

在1992年于巴塞罗那举行的第99次全会上，国际奥委会将冰球认定为正式运动，并计划最晚于盐湖城2002年冬奥会正式将其纳入奥运赛事，但也考虑在长野1998年冬奥会上提前纳入。最后，执委会在1993年6月召开的会议上确认了最终决定。长野冬奥会冰壶比赛将有8支男队和8支女队参赛。而在盐湖城2002年冬奥会上，参赛队伍增加到男女各12支。

在重回奥运会后，冰壶成为了长野1998年奥运会的一大亮点。在新技术的帮助下，比赛的电视转播取得了良好的效果，收视率表现优秀。很多观众通过观看比赛知道了这一不断与时俱进的古老项目。在这项运动中，选手需要做出精准的判断，制定可行的策略，不断提高技术技巧，同时强调和尊重公平竞争。

加拿大女子冰壶队在长野1998年冬奥会冰壶决赛中打败了丹麦队

冰壶与冬奥会

在1966年国际冰壶联合会（1991年更名为世界冰壶联合会）成立后的很多年，大家做出了很多努力使该运动重回冬奥赛场。但是，直到胡安·安东尼奥·萨马兰奇在1980年当选国际奥委会主席，这种努力才开始得到重视。在决定将冰壶作为1988年和1992年冬奥会表演项目的过程中，萨马兰奇起到了关键的作用。

在国际奥委会中，并不是每位成员都确定这项运动适合于作为对原有6项冬奥会项目的补充加入冬奥赛程。因为当时在世界一些地区，人们对冰壶几乎一无所知。

但是作为国际奥委会主席，萨马兰奇仔细研究了冰壶的潜力。他亲自出席冰壶锦标赛，并与相关人员进行交流。最终，他认定，作为一个古老的项目，冰壶已经发展为一项富有吸引力的现代运动，非常适合于电视转播。令他感到尤其印象深刻的是，现代化的过程并没有影响到该运动历史悠久的传统，即公平竞争和运动员精神，也就是我们所说的"冰壶精神"。

这些价值观包括在需要最少仲裁的情况下与团队共同解决问题，此外所有的锦标赛还要求完全的男女平等。这就使得萨马兰奇积极支持将其纳入奥运会比赛项目的提案，并在1992年于巴塞罗那举行的国际奥委会全会上正式批准了在2002年奥运会上将冰壶纳入奥运会比赛项目。1993年，国际奥委会执委会接受了长野1998年冬奥会组委会关于将冰壶球纳入比赛项目的要求。

世界冰壶联合会感谢胡安·安东尼奥·萨马兰奇为冰壶运动在世界范围内的传播和发展所做出的巨大贡献。

麦克·汤姆森
世界冰壶联合会秘书长（1992—2010）

单板滑雪

这项运动的历史并不久远。它可以看作是滑板和冲浪的结合。具有创新精神的人总是在尝试扩展新的领域，其中一些人就开始在雪地上滑冰或冲浪。滑雪板要直接在雪地上滑行，因此没必要安装滑轮。1965年，在美国密歇根州的马斯基根市，工程师谢尔曼·庞帕为自己的女儿制作了一块"冲雪板"（一个基于"雪"和"冲浪"创造的合成词）。这块板没有固定双脚的捆绑，而是在前端安装了一个绳结来帮助保持平衡。同时，热爱滑雪的冲浪运动员迪米特雷杰·米洛维克（美国）自己制作了一块滑板，并将之命名为Winterstick（冬棍）。这块板子要比普通的滑雪板更宽，让使用者能够像冲浪运动员一样在雪上滑行。20世纪70年代，汤姆·希姆斯和杰克·波顿进一步改进了滑雪板的设计。为了提升稳定性，他们缩短了板头的长度，取消了绳结，同时增加了用于固定双脚的绑带。这就为单板滑雪的发展和演化打下了基础。同时这也带来了滑雪板制造业的迅猛发展，单板、绑带和靴子的销量都出现大幅增加。

这一全新的运动很快就流行起来，尤其是在年轻人中。作为一项全新的运动，它所代表的是一种独特的生活方式。国际单板滑雪联合会在1990年成立。但是随着这项运动及其衍生出的独特文化获得持续成功，国际滑雪联合会开始寻求对项目实施统一管理。这一举动就引起了单板滑雪运动员的反感，因为他们希望能够保持这项运动的独立性和自身的特征，而不是成为国际滑雪联合会管理的一个单项。

20世纪90年代，这场冲突达到了顶峰。当时国际滑雪联合会接管了单板滑雪，这一举动遭到了国际单板滑雪联合会的反对。包括加拿大在内的一些国家的联合会并不接受这一变化，从而导致了两个组织之间的利益冲突和正面竞争。将该运动纳入奥运会比赛项目的提案就是在这种情况下出现的。

萨马兰奇决定将夏季奥运会和冬季奥运会的举办时间错开两年，并且将冬奥会的比赛日延长为16天。这就

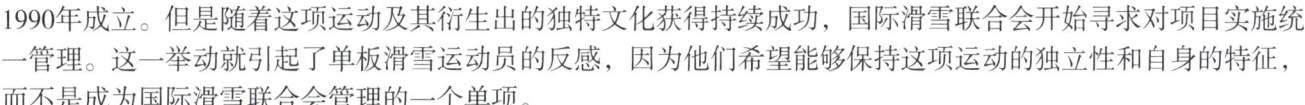

卡琳·吕比（法国）在长野1998年冬奥会平行大回转比赛中夺冠，并因此成为史上首位奥运会单板滑雪冠军

使得冬奥会可以将过去削减掉的一些项目重新纳入赛程当中，从而让奥运会的比赛项目更为完整。国际奥委会似乎对将单板滑雪作为利勒哈默尔1994年冬奥会的表演项目表现出了极大的兴趣，但是面对上述提到的分歧，在短时间内将其纳入奥运会正式比赛项目的条件还不具备。

关于1998年的长野冬奥会，萨马兰奇在接受日本媒体共同社的采访时表示："对长野冬奥会而言，单板滑雪将是一项非常有趣的运动。我尊重长野冬奥会组委会的决定，但是对于奥运会来说，拥有一个新的比赛项目具有至关重要的意义。"国际奥委会最终决定在长野冬奥会上由国际滑雪联合会负责管理单板滑雪。这一决定十分关键，它逐渐化解了冲突，使得有关各方都接受了国际奥委会对该项目身份的界定，尽管这也引发了很多单板滑雪运动员对奥林匹克传统的担忧，因为他们中的很多人从内心里更希望能保留自己的身份。

单板滑雪直接成为了正式比赛项目，而不是先作为表演项目出现。单板滑雪的奥运首秀包括4场比赛，分别在1998年2月8日至12日于志贺高原滑雪场举行。该地位于山内市的横手山，是著名的冬季度假胜地。在长野冬奥会后，该项目的首个男子大回转冠军里贝格里亚蒂（加拿大）因使用大麻而被取消资格并收回金牌。

此事引起了不小的反响，国际体育仲裁法庭进行了干涉，并最终平息了争议。使得这位加拿大选手重新获得了金牌。里贝格里亚蒂事件对单板滑雪的奥运之路来说并不是一个好的开始。但是今天我们可以说，单板滑雪与奥林匹克运动已经有了共同的前进方向。

单板滑雪与冬季奥运会

单板滑雪能够正式纳入国际滑雪联合会比赛项目还要归功于1994年大会上所做出的一个决定。

1994年至1995年，首届世锦赛在3个大洲的9个地点举行。此次大赛的目标就是让单板滑雪成为奥运会比赛项目。一年后，国际奥委会将单板滑雪纳入比赛项目，从而也使得越来越多的人参与到了这项运动中。

世锦赛的重要性稳步提升，1996年，首届国际滑雪联合会单板滑雪锦标赛在奥地利林茨市举行。长野1998年冬奥会上举行了两个单项的单板滑雪比赛：大回转和U型场地。

在接下来的4届奥运会中，单板滑雪的比赛单项继续增加。在索契冬奥会上举行了5个不同项目的比赛（平行回转、平行大回转、越野、U型场地和障碍技巧），共产生了30枚奖牌。

在长野1998年冬奥会上，一位选手正在进行单板滑雪男子U型场地比赛

吉安·佛朗哥·卡斯帕
代表瑞士担任国际奥委会委员，从2000年起作为国际单项体育联合会代表出任国际奥委会委员，1998年起担任国际滑雪联合会主席，冬季奥运项目国际单项体育联合会主席（2000—2002，2014年至今）

改变夏季奥运会和冬季奥运会的举办周期

胡安·安东尼奥·萨马兰奇一直都支持将冬季奥运会的比赛时间延长至16天,从而将更多的体育项目纳入赛程安排。萨马兰奇积极要求改革,推动奥林匹克的现代化发展。他推出了一系列措施来构建一个"良性循环",在将更多运动项目纳入奥运会赛事的同时,让比赛的竞争更加激烈,从而吸引更多的电视观众和赞助商。最终,这将带来更丰富的经济资源,帮助运动员取得更优秀的成绩。简而言之就是广泛参与办大赛。尽管冬季奥运会(2月)与夏季奥运会(7月和8月)之间有五六个月的间隔,但仍然存在市场饱和的问题,同时也需要更多的时间来改善各项赛事的商业管理。现有的安排不仅在商业角度上存在问题,从组织角度上讲也面临困境。随着奥运会的规模不断扩大,影响力不断加深,各国家/地区奥委会发现自己很难有足够的时间和资源来为参赛做好准备。两场奥运赛事在同一年举行就使得那些专业基础不够扎实的国家/地区奥委会和在体育市场已经饱和的电视台不堪重负。因为这就意味着它们不得不在短短几个月的时间里完成复杂的后勤准备工作。

在这种情况下,冬季奥运会和夏季奥运会之间的间隔过短已经导致了严重的问题。不仅阻碍了冬季奥运会的发展壮大,还限制了商业化发展和电视转播权所带来的收入增长。因为间隔过短就使得电视运营商不得不在短时间内进行双倍投入。显而易见,让冬季奥运会更加多样化、规模更大的唯一方法就是加入更多的体育项目,丰富比赛的形式。随着电视观众的重要性不断凸显,产业基础也越来越坚实,进行改革的条件已经成熟。冬季奥运会与夏季奥运会的举办时间必须错开,形成一个独立的周期,但同时保留奥林匹克的特点不变,比如每4年举行一次。

电视是决定性因素。记者大卫·米勒(英国)表示,最终说服萨马兰奇的是美国广播公司总裁丹尼斯·斯旺森(美国)。他让萨马兰奇相信,将冬奥会和夏奥运会的举办时间错开能够增加来自电视转播权和赞助商的收入。此举也将使萨马兰奇能像预期的那样将冬奥会的比赛日延长至最多16天。在《奥林匹克回忆》中,萨马兰奇表示,这项措施"是我在担任国际奥委会主席期间做出的最正确的决定之一。在同一年举办两场奥运会就意味着各国家/地区奥委会很难为自己的代表队找到合适的赞助商,主办城市也很难就电视转播权进行充分的谈判。这就导致了夏季奥运会盛况空前,而冬季奥运会规模偏小的情况。有了新的改革,冬季奥运会的重要性就有所增加,同时使冬奥会能够全心全意关注于冰上和雪上项目。"

在这样的背景下,萨马兰奇提出在不同的年份举办冬季奥运会和夏季奥运会。根据提案,两场赛事都在双数年举行。也就是说,每两年就会举行一场奥运会。这一安排能够保证全世界媒体对奥运赛事的持续关注。在1986年9月底于匈牙利首都布达佩斯举行的国际奥协全体大会上,萨马兰奇在演讲中尝试提出了这一构想。他希望能了解各国家/地区奥委会对这一重大战略性决策的意见。萨马兰奇十分清楚,在此事上自己决不能操之过急。即便是最微弱的风险也可能导致巨大的灾难。与以往相同,他首先与国际奥委会和世界联合会的"重量级人物"进行了交流和咨询,直到确定该计划能够获得一致通过。在确认了结果之后,他才示意执委会提交提案,并在当年的会议上通过了提案。

欧洲奥协受这一改革的直接影响最大,同时对这一改革的兴趣也最大。它从一开始就公开支持这一提案,并且率先开始执行。执委会成员马克·霍德勒(瑞士)与弗兰克·卡拉罗(意大利)成为了这项改革的领导者。他们积极推动与各国际单项体育联合会进行约谈和磋商。在这一过程中,他们获得了各国际单项体育联合会的明确支

美国广播公司电视台总裁丹尼斯·斯旺森(中)、萨马兰奇主席和国际奥委会电视委员会主席西塞尔·兰斯·克罗斯(荷兰)于1987年在洛桑

持，尤其是那些负责组织冬季运动的国际单项体育联合会更是表示一致支持。在反对改革的人中，最值得一提的一个人就是国际田联主席普里莫·内比奥罗（意大利）。萨马兰奇在1987年3月31日的日记中特意写道："在奥林匹克中心与内比奥罗、斯坦科维克和海尔米克的会面让我觉得自己像一只麻雀。这是我担任国际奥委会主席以来所经历的最艰难的时刻。内比奥罗主导了会议，我们从对改变冬奥会举办周期的抗议开始一直谈到电视转播权的分享，从市场营销一直讲到赞助和一系列的要求。他认为奥运会损害了六大世锦赛的利益。这让我感到极其震惊、愤怒不已。我差点就没能控制住自己。"

但是最终萨马兰奇的务实精神让他赢得了胜利。不出所料，在经历了上述讨论和问题后，他在日记中写道："删除那些不愉快的记忆通常是一个更好的选择。"

国际奥委会在这么短的时间内做出决定是极其少见的。因为从没有任何一个提案得到了如此大的支持。但奇怪的是，在磋商过程中，国际奥委会没有征求任何一名运动员的意见。他们一开始有一些小小的抱怨，但后来变成了全力支持改革。几周后，在1986年于洛桑举行的第91次全会上，执委会关于修订冬奥会规定第5条的提案在经过讨论后得以批准。提案获得广泛支持，只有2张反对票和5张弃权票。修改后的冬奥会第5条规定变为："冬季奥运会根据单独的周期举行。在冬奥会上举行冬季体育项目比赛，即在雪地或冰上进行的体育项目。比赛将安排在奥运年后的第二年。首届冬奥会于1924年举行，从这年开始算起，第27届冬奥会将于1994年举办。"

自从利勒哈默尔1994年冬奥会开始改变举办周期以来，冬奥会的比赛项目逐年增加，新的运动逐渐被纳入赛程当中，进而也让赛事安排更具吸引力。这就让大众的兴趣更高，从而也让运动员更多地参与进来。萨马兰奇不知疲倦地带着巨大的热情提高奥运会的品质，确保奥运会能够尽可能地为观众呈现精彩的赛事。萨马兰奇不断评估新的项目，与专家进行磋商，权衡是否将一项室内运动由夏季奥运会转移到冬季奥运会（手球和排球都在他的候选名单之上）。他还组织对其他各项目进行调研。在这方面，最重要的就是交际舞。他甚至在国际交际舞联合会领导人的陪同下观看了几场交际舞表演。但最终还是没有迈出这一步。

改革对电视的重要性

奥林匹克运动的平台能够给成为赞助商的企业带来真正的好处。为了真正从中获益，赞助商必须根据国际奥委会的要求，使用奥林匹克标志，在奥运会举办之前、之中和之后制定出全面的市场营销策略，同时要举办相关活动，并有效利用各类媒体工具。

仅仅是为期3周的奥运会本身并不足以帮助企业达到目标或体现赞助投资的价值。电视对于赞助商来说具有重要意义，因为它是一个非常有效的传播媒介，尤其是在奥运会期间。通过电视转播，赞助商可以接触到之前无法触及的观众群体，同时还可以实现另外一个目的，即避免人们将其竞争对手与奥运会联系在一起。

这一概念的核心是唯一性。出售奥运会赞助权的一方必须尽可能确保赞助商具有唯一性。而反过来，赞助商也必须做好投资准备，将竞争对手排除在外，从而实现自己的目标。通过实施赞助计划，国际奥委会获得了稳定的财政来源和传媒支持。但是要让奥运会赞助权一直保持价值就必须有良好的管理。赞助权对奥运会来说具有至关重要的意义，不仅是作为一个资金来源，更是作为奥林匹克原则的一个传播媒介。

在1993年举行的一次奥林匹克项目委员会会议上，弗兰克·卡拉罗（意大利）和马克·霍德勒（瑞士）分别坐在菲利普·夏蒂埃（法国）两侧。两人大力支持对冬季奥运会举办周期进行调整

威廉·瓦德尔
卡尔加里冬奥会组委会负责市场营销的副主席（OCO'88）

在1986年10月洛桑举行的第91次全会上，国际奥委会决定改变冬季奥运会举办周期，并将比赛日延长至16天，从而从电视转播权中获得更多收益

一次完美的联姻

人们常说国际奥委会和电视之间的结合是一次完美的联姻。从一开始，两者的轨迹就时常重叠。皮埃尔·德·顾拜旦重新恢复奥运传统的同时，卢米埃尔兄弟正在"发明"电影。同一时期，先进的工业国也在通过其他方式实现影像与动作的结合，从而促进了体育运动的学习与发展。

1909年诺贝尔奖获得者，德国人卡尔·布劳恩发明了电子射线管，而今天，数字传输的蓬勃发展已经使得我们能够大规模传输图片。在这一过程中，电视和奥林匹克一直并肩前行，且时有汇合。第一次是在1936年的柏林奥运会上，之后是在第二次世界大战后举行的伦敦1948年奥运会和赫尔辛基1952年奥运会。为了让这种联姻有合同可依，奥运会比赛和开闭幕式转播权的定价为120万美元。到了1984年的洛杉矶奥运会，这一数字已经达到了两亿两千五百万美元。而正处于全面扩张期的电视，也是推动奥林匹克理念发展传播的基本工具。

20世纪70年代，国际奥委会成立了"电视技术委员会"，作为媒体委员会的一部分，我也有幸参与了相关工作。1968年，在兰斯·克罗斯的倡议下，广播与电视委员会得以创立。洛杉矶1984年奥运会之后，金云龙开始担任该委员会主席，并由曼努埃尔·罗梅罗担任技术顾问，全面负责奥运会电视转播工作。

电视使得世界开始了解一种全球性的体育文化，它没有任何类型的歧视。影像能够引发我们内心深处的情感共鸣从而让我们产生新的意愿，实现《奥林匹克宪章》中的理想。

迈克尔·克莱尔
1953年起担任法国体育报纸《队报》记者。2008年去世

奥运会申办城市 从不感兴趣到争先恐后

举办奥运会所带来的政治影响（抵制）以及高昂的成本（蒙特利尔奥运会所带来的巨额债务）都影响了潜在主办城市的申奥热情。奥运会的未来存在很大的不确定性。有一个事实就很好地证明了这一点：只有当时的两个超级大国的两个城市申请承办1980年奥运会。最终，在1974年于维也纳举行的第75次全会上，莫斯科以35票对20票打败洛杉矶，获得1980年奥运会主办权。

蒙特利尔1976年奥运会造成了重大的经济损失，市民不得不以为期25年的特别税的形式填补因举办奥运会所带来的赤字。这引起了人们的极大不满。此外，其他本来考虑申奥的国家也开始纷纷失去信心和兴趣。

结果就是申请举办1984年奥运会的只有洛杉矶一个城市。在1978年于雅典举行的第80次全会上，洛杉矶被授予1984年奥运会举办权。尽管当时还没有公开表达参与国际奥委会主席竞选的意愿，但在内心深处，萨马兰奇为自己制定了一个当时看来似乎无法实现的目标：增加申请奥运会主办权的城市数量，从而避免再次出现只有一个城市申奥的情况。因为这会让国际奥委会不得不将权力移交给主办城市的权威机构，进而失去影响力。

夏季奥运会

1988年：汉城战胜了名古屋

萨马兰奇出任国际奥委会主席也标志着国际奥委会的一个转折点。1981年9月30日，两个城市为奥运会主办权展开了争夺：汉城（韩国）和名古屋（日本）。这是萨马兰奇上任后将全程跟进的第一个奥运周期：从一开始的策划到主办城市的选择，再到复杂的组织工作。整个过程持续了7年，以奥运会的成功举办为高潮，直到比赛结束一切才算尘埃落定。"选择在汉城举办奥运会令人略感不安，因为这一决定让不少人感到吃惊，并且引发了不少质疑。一些人坚信我们的决定是错误的，更稳妥的选择是日本城市名古屋，"萨马兰奇在日记中这样写道，丝毫没有掩饰对于选择大韩民国（韩国）首都作为奥运会主办城市所带来的后果的担忧。比如由于民主问题和国际孤立，韩国的情况十分复杂。"事实上，我感到十分担忧。我认为国际奥委会陷入了真正的困境，对我个人而言，真正的炼狱也即将开始。"他这样写道。

几个月之后，萨马兰奇前往朝鲜，在看到了针对韩国政府展开的舆论谴责之后，萨马兰奇认为自己必须了解朝鲜半岛"另一半"对此事的看法，同时在适当的时候站出来维护国际奥委会新的同盟的利益。萨马兰奇的回答相当坚定而直接："在持续了一个小时的演讲中，他们对韩国的态度一直十分具有攻击性，并且充分显示出了自己的立场，即必须找到解决办法。因为他们认为奥运会绝对不能在韩国举行。对此我的回答十分明确，我对汉城有信心，不论是作出选择的时候还是现在。我们知道我们会遇到各种各样的问题，而这一选择也是由国际奥委会委员基于体育方面的考量而不是基于政治方面的考虑而作出的。基于这样的考虑，我们选择了一个过去从未举办过奥运会的国家。我们要帮助他们，同时也不应该允许奥运会变成某种政治行动。"

1981年之后，奥运会的组织变得更加复杂，并出现了几个危机。汉城奥运会组委会的领导层发生了变化，电视转播权谈判出现了问题等。但是最难处理的还是一直存在的威胁：社会主义国家可能发起抵制。解决这一问题需要大量的耐心和强大的自控能力，需要在与朝鲜

汉城人民非常高兴能够举办1988年奥运会

民主主义人民共和国（朝鲜）及其共产主义同盟谈判时展现出高超的外交技巧。朝鲜要求与韩国分享奥运会主办权（见"第8章　奥运外交"）。

让情况雪上加霜的还有韩国当时复杂的政治环境。军方政府严格控制着整个国家的民主生活，同时大学生的暴力游行活动也时有发生并严重影响了日常生活。当时，距离奥运会开幕仅剩下3个月时间，萨马兰奇在回忆录中写道："我总是能创造条件。有时候并不是每个人都能理解。尽管后来事实证明，我的决定能产生积极的效果。我要求与反对党和平民党领导人金大中以及未来将成为韩国总统的统一民主党领导人金泳三举行会谈，我向他们重复了我与朝鲜方面的对话内容，并且告诉他们我们所做的已经超越了《奥林匹克宪章》的规定。他们都表达了自己对于奥运会的支持，并且还表示会继续支持与朝鲜方面的对话。在我讲话的时候，他们一次都没有打断我。我认为这次会议是我当选主席8年以来做过的最重要的事。"

在与双方领导人进行会面后，萨马兰奇决定接见反对党的一个代表团，这个代表团由反对党中思想最极端的成员组成，他们的思想与朝鲜方面最为接近。萨马兰奇尽了全力，任何人都无可指责。"在发生了多次安全事故后，我接见了6个人。他们在演讲中提到了半岛统一以及在韩国举行奥运会可能会加深朝鲜半岛的分歧。我尽可能给出了完美的答案，而且向他们表达了访问平壤的意愿。当然前提是我收到了邀请。这样做是鲁莽的。后来我在报纸上读到，学生们当时计划绑架我。"

萨马兰奇十分清楚韩国政府的这张路线图上还欠缺些什么。韩国必须抓住奥运会的契机以民主的方式对外开放，未来将会发生重要的政治变革。经过这一系列会议，所有的韩国民众都支持奥运会，而反对党也团结在了一起，支持奥运会。

作为国际奥委会领导人，萨马兰奇的身边总是站着幸运女神。在这两次尝试中他都毫发未损，并且实现了自己的目标，从而也消除了抵制奥运会的趋势。这一趋势从蒙特利尔1976年奥运会就开始了。尽管朝鲜最终决定不接受国际奥委会对承办一些项目所提出的条件，但是也没有动用社会主义国家政治联盟的力量。他成功地克服了社会主义阵营的压力，并且从此将抵制作为一种过时的政策束之高阁。

正如东京1964年奥运会一样，1988年的汉城奥运会也带来了韩国社会的现代化。它成为了推动韩国经济发展的重要因素。作为一位有远见的主席，萨马兰奇预见到，韩国的局势最终将达到平衡，会建立一个民主的、西方式的政权，永远结束过去的军事独裁统治。

1992年：巴塞罗那成为奥运会主办国

汉城奥运会大获成功使得各国重新燃起了对承办奥运会的兴趣。胡安·安东尼奥·萨马兰奇自己曾表示："当时我们十分兴奋。每天我们吃早饭的时候媒体上都会出现一个新的候选城市。各大城市纷纷表达了承办1992年奥运会的意愿，如尼斯、巴黎、布宜诺斯艾利斯、大阪、新德里、斯德哥尔摩、布达佩斯和阿姆斯特丹。我们重新赢回了自己的名声，各个城市纷纷为能够获得举办奥运会的殊荣而展开激烈竞争。事实证明，除了能给予主办城市带来声誉之外，举办奥运会还能带来可观的经济效益，同时也会在基础设施方面留下重要的遗产。"申请主办1992年奥运会的城市最后缩减为6个：阿姆斯特丹（荷兰）、巴塞罗那（西班牙）、贝尔格莱德（南斯拉夫）、伯明翰（英国）、布里斯班（澳大利亚）和巴黎（法国）。1个澳洲国家和5个欧洲国家。尽管奥运会主办权在各大洲之间的轮换并不是一条成文的规定，但在实际操作过程中却在实施。之前的两届奥运会都在美国和亚洲举行，而现在是不是该轮到欧洲了？

筹备1992年奥运会的过程对胡安·安东尼奥·萨马兰奇来说十分微妙。因为他的出生地西班牙巴塞罗那也加入了奥运会主办城市的竞争。之前，巴塞罗那曾申办过1920年、1924年、1936年和1972年奥运会，但都没能获得成功。最后一次是和马德里一起。自从巴塞罗那成功举办1955年地中海运动会以来，萨马兰奇就相信，这座城市总有一天能举办奥运会。在墨西哥城1968年奥运会的圣火传递中，当他看到人群簇拥着奥运圣火在街上欢呼的时候，这种感觉愈发强烈。看到巴塞罗那街头人们兴奋的模样，萨马兰奇知道，总有一天奥运会将来到这座城市，并向等待了它几代的运动员致敬。当时的巴塞罗那市长何塞·玛利亚·鲍西奥勒斯与萨马兰奇秘密见面，讨论了巴塞罗那申办1976年奥运会的可能性。并且此次是独自申奥，而不是和马德里一起。

最后，鲍西奥勒斯关于承办1976年奥运会的想法以失败告终。但是1992年的情况却完全不同。巴塞罗那是一个可行的方案。没有人能质疑它的体育传统、使命感和对奥运会的忠诚度。1926年11月，皮埃尔·德·顾拜旦到访巴塞罗那。在这里，他曾说过："在到达巴塞罗那之前，我想当然地以为自己知道什么是体育城市。"

在国际奥委会历史上，只有两位主席目睹了奥运会在自己的出生城市举行。皮埃尔·德·顾拜旦主席目睹

在1986年洛桑第91次全会上，巴塞罗那被确定为1992年奥运会举办城市，消息公布后，巴塞罗那市长帕斯卡尔·马拉戈尔与胡安·安东尼奥·萨马兰奇握手祝贺

了1900年和1924年的巴黎奥运会，而胡安·安东尼奥·萨马兰奇见证了1992年奥运会在巴塞罗那举行。萨马兰奇意识到，所有人都在关注着他，关注着他的一举一动。对他持批评态度的人都在热切地等待着他作出偏袒巴塞罗那的决定或行为，或者采取行动影响有投票权的国际奥委会委员的决定。这样的想法反映出，他们对萨马兰奇知之甚少。作为一个在政治行动上极其小心的人，他深知别有用心的人会对自己的每个举动进行细致地剖析，并且公正、公开、公平才是自己能给予故乡城市最好的礼物。而且他知道，这种公平公正也是参与投票的国际奥委会委员所最为看重的。他不断提醒巴塞罗那的相关领导人，在申奥的过程中一定要小心谨慎。在回忆录中他写道："在巴塞罗那，一切都有序进行，没有出现一点混乱。人们之间的团结和共识占据了主导。"

萨马兰奇拒绝公开支持巴塞罗那成为1992年奥运会主办国。为了进一步彰显自己的独立性，他宣布不会参与投票，以便能够保持作为主席的中立性。尽管一些年后他承认："如果巴塞罗那没能成为奥运会主办国，我会选择辞去国际奥委会主席一职。我会将其解读为我的同事和奥委会委员们对他们的主席缺乏信心。"法国媒体继续对他发起攻击，指责他暗中策划偏袒自己的出生地。几年后，法国记者和奥运专家们依旧没能从巴黎落选中释怀，并且傲慢地将巴塞罗那称为"一个自以为能与巴黎在同一水平上竞争的小县城"。

但确定无误的是，巴塞罗那1992年奥运会的准备工作完美无瑕。巴塞罗那通讯业商人、萨马兰奇的好友莱奥波尔多·罗德斯在世界各地周游，拜访每位参加投票的国际奥委会委员，并向他们介绍自己的故乡。同时罗德斯也十分乐意接待那些访问巴塞罗那的奥委会委员。在这里，他们受到了来自罗德斯家族的悉心款待。另一位来自西班牙的国际奥委会委员卡洛斯·费雷尔·萨拉特说服了加泰罗尼亚的商业圈动用自己的资源来为巴塞罗那的海外竞选活动提供资金支持。这两个人就为一项重要的海外公关活动打下了基础，从而拉开了打造"巴塞罗那品牌"的序幕。萨马兰奇这样回忆当时的情况："为了帮助巴塞罗那申奥，他们特意成立了一个海外公关委员会，由卡洛斯·费雷尔·萨拉特领导，成员包括商人莱奥波尔多·罗德斯、记者安德烈斯·梅尔切·瓦雷拉、外交官伊格纳西·马斯费雷尔、凯塔·博世和巴塞罗那申奥的总负责人何塞普·米克尔·阿巴德。他们在'竞选活动'中扮演了重要角色，花费了大量时间来阐述和推销自己的观点，拜访每位国际奥委会委员，悉心接待每一位到访巴塞罗那并希望发现这座城市优势所在的国际奥委会委员。罗德斯总是在自己家里款待他们，并且与其中的很多人建立起了友好关系。期间还会安排到加泰罗尼亚政府的例行访问，霍尔迪·普约尔主席会以简单生动的方式用法语、英语或德语给到访的客人讲述各自国家的体育和政治传统。马拉戈尔市长一般会在市政厅接待这些访客。凡是到访的客人都无一不对这座城市为实现奥运梦想所展现出的政治团结和普通民众的热情与支持产生深刻的印象，在下榻的酒店里、在机场、在大街上，人们的表现都增加了他们对这个城市的好感。在离开的时候，这些到访的国际奥委会委员都被这座城市所感染，纷纷给我发来赞美的评价。

"到访的国际奥委会委员还会乘坐直升机从城市上方近距离观察四个奥运区（蒙锥山、对角线大道、瓦尔·德艾伯伦和奥运村新镇），对可供奥运会随意使用的巴塞罗那足球俱乐部的体育设施的质量进行评估并参观体育馆施工现场。这些都能充分显示出这座城市举办奥运会的决心，也是支持巴塞罗那的最好的理由，更是获得投票的关键因素。"

萨马兰奇特意写道："我一直都十分感激莱奥波尔多·罗德斯，他的努力对巴塞罗那能够获得奥运会主办权起到了决定性的作用。作为朋友，我让他采取更进一步的措施，承担起一个关键的任务，向全世界'推销'我们的城市。巴塞罗那并不是一个世界知名城市，而是通常被看作是一个小县城，尤其是与我们的主要竞争对手巴黎进行对比的时候。因此，我们需要更多的关注。从这个角度讲，让广告专业人士来承担这一任务是最好的选择，能够产生最佳效果。很快，他就意识到，我的请求意味着多大的工作量和多大的困难，'胡安·安东尼奥，不要担心，为了我们的城市，你作为国际奥委会主席所不能做的事，我会替你去做'。"

1986年10月17日，于洛桑举行的第91次全会公布了投票结果。在第三轮，巴塞罗那以47票的绝对优势胜出，大幅领先于巴黎（23票）、布里斯班（10票）和贝尔格莱德（5票）。在第一轮投票中，阿姆斯特丹以5票遭到淘汰，在第二轮中，伯明翰出局，票数与第一轮相同，都为8票。巴塞罗那即将开启萨马兰奇担任主席后的第二个奥运周期。萨马兰奇这样回忆这一终身难忘的时刻："所有国际奥委会委员都站在我身后。我打开了信封。我确定巴塞罗那获得了胜利，但又不能完全肯定。我朝台下坐着的第一排看了一眼，发现了一些熟悉的面孔，帕斯奎尔·马拉格尔、纳西斯·塞拉、何塞普·米克尔·阿巴德、加底斯公爵、莱奥波尔多·罗德斯、罗曼·库亚斯、何塞普·路易斯·维拉塞卡。他们的眼神里都充满了期待。我停顿了一下，在说完大家熟悉的'请大家安静一下'后，我念出了故乡的名字——巴塞罗那。几个月前，在1986年夏天，我正和妻子在圣克里斯蒂娜的罗卡罗德纳度假，当时我就决定到时候一定要用加泰罗尼亚语念出巴塞罗那的名字'Barsalona'。从结果公布的那一刻起，对我的故乡来说，最艰巨的任务才刚刚开始：6年的不懈努力。直到1992年8月9日的闭幕式结束，一切才尘埃落定。"

从体育角度来看，巴塞罗那奥运会创造了历史。在这届奥运会上诞生了史上最强大的篮球阵容——被称为"梦之队"的美国国家队。"梦之队"成员是：查尔斯·巴克利、拉里·伯德、德雷克斯勒、帕特里克·尤因、埃尔文·约翰逊、迈克尔·乔丹、克里斯蒂安·莱特纳、卡尔·马龙、克里斯·穆林、斯科特·皮蓬、大卫·罗宾逊以及约翰·斯托克顿，教练员为查克·戴利。在决赛中，"梦之队"以117∶85打败了当代传奇南斯拉夫队，后者当时的阵容包括德拉岑·彼得洛维奇、托尼·库科奇和迪诺·拉迪加。时任国际篮球联合会（FIBA）秘书长、国际奥委会委员鲍里斯·斯坦科维奇积极协调，保证了美国明星球员的参赛。"在艾弗里·布伦戴奇担任国际奥委会主席的时候，要想在职业运动员的身份认定上修改一个标点符号都是不可能的。基拉宁爵士迈出了第一步。而所有的功劳还属于胡安·安东尼奥·萨马兰奇。他在1980年于莫斯科当选国际奥委会主席改变了一切。他思想先进，善于沟通并了解政治界和体育界所发生的新变化。

"但当时的问题是北美主要大学的立场。他们不想让自己的球员与来自NBA的职业球员同台比赛。为此我们不得不做出一个政治性决定。首支也是唯一一支'梦之队'参加美洲区的资格赛，我记得是在西雅图。当其他参加过奥运会的美国球队被称作'梦之队'的时候，大卫·斯特恩仍旧感到相当气愤。我跟他的感受相同。只有在巴塞罗那奥运会上获得胜利的那支队伍才是真正的'梦之队'。我仍记得在巴塞罗那奥林匹克体育馆所举行的比赛，NBA的明星球员们纷纷亮相。那是我任职期间所作出的一个最重要的决定。这个决定改变了篮球及其在国际体育界的地位。"

这届在加泰罗尼亚首府举行的奥运会获得了圆满成功。数千人涌上街头，庆祝这一全球年轻人的节日，与运动员和成千上万的游客分享奥林匹克精神，展现着友好和热情好客的精神面貌。巴塞罗那奥组委的组织工作相当高效，不少运动员的表现也十分优秀。各国家/地区奥委会都积极、全方位地无条件参与进来，结束了抵制，而且创造了很多值得回忆的瞬间，比如通过奥林匹克休战（见"第12章 和平朝圣者"）以及种族隔离制度结束的感人瞬间。在尼尔森·曼德拉的关心和注视下，南非运动员重返奥运舞台。萨马兰奇非常满意，在闭幕式上，他说"巴塞罗那举办了历史上最完美的奥运会"。

1992年8月9日晚，《友谊天长地久》的歌声还在耳边回响，他在日记中写道："那是伟大的一天。我成功地在自己的故乡举办了奥运会。巴塞罗那1992年奥运会组委会树立了标杆。巴塞罗那人民赢得了荣誉。如果奥林匹克运动不存在，我们现在也必须把它发明出来。"那天晚上，独自待在位于索菲娅公主大酒店套房里的办公室中，胡安·安东尼奥·萨马兰奇尝到了胜利的滋味。他感到异常高兴，自己承担起了应该承担的责任。他知道巴塞罗那将带着感恩之心回馈他所给予这座城市的一切。

奥运会将彻底改变这座城市，对于那些对自己在这一转型过程中的决定性作用给予肯定的人，萨马兰奇满怀感激："我只是尽到了自己的责任，将他们给予我的一切回馈给巴塞罗那和体育界。"他常常在独处的时候这样提醒自己。当天晚上，他接到了来自马拉戈尔市长和胡安·卡洛斯一世的电话，他们在感动之余都希望向萨马兰奇所做的一切表示感谢，感谢他为保证奥运会的成功所做出的努力，以及对巴塞罗那、加泰罗尼亚和整个西班牙所给予的帮助。

3

第84次全会：1981·9·30	候选	1988年奥运会				
巴登-巴登（西德）	汉城（韩国）	52				
	名古屋（日本）	27				
第91次全会：1986·10·17		1992年奥运会				
洛桑（瑞士）	巴塞罗那（西班牙）	29	37	47		
	巴黎（法国）	19	20	23		
	贝尔格莱德（南斯拉夫）	13	11	5		
	布里斯班（澳大利亚）	11	9	10		
	伯明翰（英国）	8	8			
	阿姆斯特丹（荷兰）	5				
第96次全会：1990·9·18		1996年奥运会				
东京（日本）	亚特兰大（美国）	19	20	26	34	51
	雅典（希腊）	23	23	26	30	35
	多伦多（加拿大）	14	17	18	22	
	墨尔本（澳大利亚）	12	21	16		
	曼彻斯特（英国）	11	5			
	贝尔格莱德（南斯拉夫）	7				
第101次全会：1993·9·23		2000年奥运会				
蒙特卡洛（摩洛哥）	悉尼（澳大利亚）	30	30	37	45	
	北京（中国）	32	37	40	43	
	曼彻斯特（英国）	11	13	11		
	柏林（德国）	9	9			
	伊斯坦布尔（土耳其）	7				
第106次全会：1997·9·5		2004年奥运会				
洛桑（瑞士）	雅典（希腊）	32	38	52	66	
	罗马（意大利）	23	28	35	41	
	开普敦（南非）	16* (62)	22	20		
	斯德哥尔摩（瑞典）	20	19			
	布宜诺斯艾利斯（阿根廷）	16* (44)				
资格审查未通过的城市：伊斯坦布尔（土耳其）、里尔（法国）、里约热内卢（巴西）、圣彼得堡（俄罗斯）、波多黎各圣胡安（秘鲁）和塞维利亚（西班牙）。*为平局						
第112次全会：2001·7·13		2008年奥运会				
莫斯科（俄罗斯）	北京（中国）	44	56			
	多伦多（加拿大）	20	22			
	巴黎（法国）	15	18			
	伊斯坦布尔（土耳其）	17	9			
	大阪（日本）	6				
资格审查未通过的城市：曼谷（泰国）、开罗（埃及）、哈瓦那（古巴）、吉隆坡（马来西亚）、塞维利亚（西班牙）						

1996年：亚特兰大获得奥运会主办权，纪念现代奥运诞辰100周年

巴塞罗那的经验及奥运会所产生的积极影响非常有效地刺激了其他城市争夺1996年奥运会主办权。这届奥运会具有重要的象征意义：现代奥运诞辰100周年。因此申请举办这届奥运会的城市数量也出现了大幅增长，包括贝尔格莱德（南斯拉夫）、墨尔本（澳大利亚）、多伦多（加拿大）、曼彻斯特（英国）、雅典（希腊）和亚特兰大（美国）。

第一个宣布申奥的是雅典。8年前，雅典就已经开始为争取这届奥运会主办权而展开了努力。希望能够在100周年之际让奥运会重回雅典。对此，萨马兰奇相当乐观。他相信，希腊有权承办这届有特殊意义的奥运会，这一点没有人能够反驳。"不论他们做什么，他们都是这届奥运会主办国的最佳选择。传奇、历史和传统都是他们的优势。能够主持这届奥运会对我很有吸引力。到1996年，我就76岁了，尽管现在考虑这件事还不是时候。因为我首先得在波多黎各圣胡安获得连任。"

1990年9月，在第96次全会举行期间，各候选城市的申奥负责人都聚集在东京，向人们展示他们的项目，纷纷以最好的理由来说服有投票权的委员们给自己投票。萨马兰奇在笔记中写道："雅典强调自己是奥林匹克的诞生地，是奥林匹克的源头。它主办了第1届现代奥运会，因此也有足够的理由主办1996年的奥运会，完成奥运百年历史的轮回。"当时，希腊展现出一种傲慢、高高在上的态度。永远面带微笑的漂亮主持人和海外希腊群体都在为游说活动进行努力。另一个态度坚定的城市是美国佐治亚州首府亚特兰大。很多世界知名企业都坐落在这里，比如可口可乐、CNN和达美航空等。此外，亚特兰大还有一个充满活力的管理团队，项目的构思从私企的管理中获得了不少灵感。对萨马兰奇来说"亚特兰大的科技水平要远优秀于雅典，仅靠这一个理由，它就能赢得最终的胜利"。

结果证明，大多数的预测都是错误的。因此，当亚特兰大获胜的消息传开的时候，所有人都大吃一惊。面对这一失败，希腊人的表现出乎意料地强烈。"亚特兰大获得了绝对的胜利，51票对35票。对于这样的结果，希腊表现得十分厌恶。文化部长，前演员梅莲娜·梅尔库丽强烈谴责这一结果，并将1996年奥运会描述为'可口可乐运动会'。一些媒体提出了一个假想出的理论，根据这一理论，我被打败了，因为他们确信，我是支持雅典的。这一想法让我感到震惊，因为我一直都采取中立策略，从未公开表示支持某一申办国，我甚至从未参加过投票，就和我在巴塞罗那奥运会上的表现一样。"萨马兰奇回忆道。亚特兰大奥运会组委会的主席是年轻的律师比利·佩恩。他表示，有一次自己在教堂做礼拜的时候忽然产生了在自己的城市举办奥运会的想法。

亚特兰大1996年奥运会与一个悲剧性事件紧紧联系在了一起。一枚放置在奥林匹克公园的自制炸弹发生爆炸，造成1人死亡。慕尼黑的阴影再次笼罩在人们心头。以下是萨马兰奇对于1996年7月27日发生的这场悲剧所做的记录。这次事件使奥林匹克运动再一次遭到重创，给这场青春的盛典蒙上了阴影。

"凌晨两点，我被弗朗索瓦·卡拉尔叫醒。他告诉我，奥林匹克公园发生了炸弹爆炸事件，造成两百人受伤。确切的死亡人数还无法确定。我起身穿衣，给比利打了个电话，并且从他口中证实了这 消息。据他掌握的消息，有1人在爆炸中丧生。我洗了个澡，穿戴整齐，然后又给比利打了个电话，当时差不多已经确认有4人死亡。州长正在主持召开一场紧急会议。他也认为各方要采取一致策略。我想起了慕尼黑惨案的情形，我让他们给我找来了布伦戴奇主席在慕尼黑惨案发生后的所作的讲话。我给比利打电话，并且告诉他国际奥委会必须出席会议。大概一个小时之内就会举行会议。我告诉他这次事件与慕尼黑惨案有很大的不同，因为当年的事件发生在奥运村，11位受害者都来自于同一个国家。

"佩恩打来电话，我们将在3点45分与安全部长举行会议。我们当时的想法是，绝对不能推迟或者延后一天。卡拉尔代替我们参加了会议。包括白宫在内的五六个组织的人参加了会议。我向卡拉尔强调了几点：1. 声明奥运会将会继续举行；2. 在比赛开始前进行一分钟默哀；3. 降半旗，关闭奥林匹克公园进行彻底调查。最后大家都同意了我的主张。联邦调查局希望宣布可能还存在其他炸弹。我告诉他们，如果这样做，此事就会演变为一场灾难。我相信我们能确保如果没人就此事提出非常具体的问题，他们就不会做出这样的声明。

"弗朗索瓦·卡拉尔、费科若·基达内和理查德·凯文·高斯帕起身前往媒体中心，参加将于4点45分举行的新闻发布会。巴斯克兹和普里莫·内比奥罗也赶了过来。后者希望与克林顿总统发表联合声明。我不确定是否有必要让更多的人参加会议。但是如果比利·佩恩不去参加新闻发布会，我也必须待在后台。我在房间里和执委会召开了一场特别会议，内比奥罗和巴斯克兹也作为国际单项体育联合会和国家/地区奥委会的负责人参加了会议。

"5点20分的时候，我在CNN新闻上观看了发布会。卡拉尔、弗雷泽、一位联邦调查局代表和其他两名来

1990年东京第96次全会上，亚特兰大被确定为1996年奥运会举办城市

自安全机构的工作人员出席了发布会。会议的焦点是卡拉尔。他当场宣布奥运会将会继续举行。所有场馆都进行了一分钟默哀，并降半旗。联邦调查局代表也进行了发言，最后由弗雷泽宣布发布会结束。到场的有数百名记者。而我独自与亚历克斯·吉拉迪在一起。

"我稍事休息，8点30分主持了协调会。大家都出席了会议。我首先讲了几句话来悼念受害者。然后我向大家解释了协议的内容，并且要求土耳其国旗降半旗，以纪念疑似死于心脏病的土耳其电视台记者。我们都站起来，为死者进行了一分钟默哀。

"后来，在我的房间里，我与克林顿总统、佐治亚州州长、市长、副总统戈尔、联邦调查局和比利·佩恩召开多方会议。期间我发言两次，告诉克林顿总统我一直通过房间里的电视墙关注奥运会。当时有5场比赛正在大批观众面前正常举行。我第二次开口是建议他给世界各地参加亚特兰大奥运会的运动员传达一条信息。根据我的日程安排，我原本计划乘坐直升机去观看赛艇和大回转比赛。但是组委会给我指派的助理泰德告诉我由于天气原因，无法成行。我待在自己的房间里，观看了克林顿总统的演讲，他有两三次提到了我。卡拉尔和弗雷泽又召开了一场新闻发布会，这场发布会持续时间很长，但没有什么新的内容。继续召开奥运会的决定受到了记者的一致好评。"

一提到亚特兰大奥运会，人们就会想到这一事件和信息通讯技术、比赛结果以及市场营销系统出现的几处错误。这似乎有些不公平。但是可以肯定的是，这一次，萨马兰奇没有像以往一样将1996年奥运会称为"历史上最精彩的奥运会"，而仅仅是"一届出色的奥运会"。

萨马兰奇与比利·佩恩一起观赏亚特兰大奥运会火炬

2000年：悉尼以两票胜出获得奥运会主办权

萨马兰奇作为国际奥委会主席所主持的最后一届奥运会就是悉尼2000年奥运会。对萨马兰奇个人而言，这是最艰难的一届，但同样也具有特殊的意义。这一次，有5个城市的代表在洛伊斯酒店见面。而第101次全会也将于1993年9月在库尔萨尔文化中心举行。

1992年11月，在墨西哥城市阿卡普尔科，用萨马兰奇自己的话说，国际奥委会执委会决定"为这场竞争设置一个标准，但具体有多高谁也不知道"。同时他还提出要签订合同，以"避免城市作出无法兑现的承诺，尤其是在经济方面"。两位重量级律师：副主席理查德·W. 庞德和秘书长弗朗索瓦·卡拉尔为合同拟定了法律样本。在这几天时间里，蒙特卡洛成为了世界体育之都。媒体报道显示，2000年悉尼奥运会的主办城市将在两个条件最好的选择中诞生：北京（中国）和悉尼（澳大利亚），尽管曼彻斯特（英国）、柏林（德国）和伊斯坦布尔（土耳其）也在候选名单之上。最终，塔什干（乌兹别克斯坦）、米兰（意大利）和里约热内卢（巴西）没有进入候选城市之列。这些城市都在寻求证明自己的价值。几个国家的元首到访蒙特卡洛，表达自己在政治上的支持。坦苏·奇莱尔代表伊斯坦布尔，约翰·梅杰代表曼彻斯特，保罗·基廷代表悉尼，李岚清代表北京。正如萨马兰奇自己在在这次全会的开幕式上提到的："条件相当的城市之间的竞争会相当激烈。它们都尽自己的最大努力去赢得胜利。"最后的结果是，在第四轮投票中，北京以两票之差输给了悉尼（45票对43票）。9月23日20点29分，萨马兰奇公布了2000年奥运会的主办城市。在此之前，萨马兰奇细致认真地为可能出现的情况以及应该采取的行动做了计划："如果有一位代表改变了自己的选择，就会出现平局。但幸运的是并没有出现这种情况，如若不然，关键的最后一票就要由主席投出。在必须投出决定性的一票之前，我已经为一切做好了计划。首先，我会要求重新进行投票，但这一次我自己必须参与。在我担任国际奥委会主席期间，我从未参加过任何一次投票。换言之，如果平局我就必须亲自参与投票，尽管我已经决定我会投空白票。如果第二轮依旧是平局，我会组织休会15分钟，利用这段时间与执委会举行一场紧急会议，看看他们更倾向于哪一方，然后尊重大多数人的意愿投出我的一票。但幸运的是，这一复杂的策略并没有用上，我自己也没有参加最终的投票。悉尼获胜了。而原本被大家看好的北京的反应是极其失望的。它们决定不再要求继续投票，而是直接瞄准下一届，也就是2004年奥运会。"

悉尼奥运会的组织过程异常复杂。协调委员会由雅克·罗格（比利时）担任主席。他的工作进展得相当顺利。萨马兰奇成为了澳大利亚媒体发起的一场负面活动的目标。他曾这样写道："澳大利亚媒体的态度十分关键。2000年，国际奥委会执委会本来计划在盐湖城举行会议，但最终我们决定将会议的举办地变成悉尼，以便能够更好地与澳大利亚媒体进行沟通。我相信我们达到了目标。我访问了澳大利亚主流媒体报纸和电视台，传达出一条信息：所有关于执委会和我个人作风浮夸的指责都来自于一位英国记者多年以来一直在编造的谎言。他试图用这些谣言来贬低国际奥委会的形象。他的攻击持续不断，尽管我们的组织日益强大。他的谎言内容越来越不堪入目，但我们抵制住了这股负面的力量，在逆境中成长。因为这些批评高度夸张，毫无根据。事实上，他并没有给我们带来任何伤害。就我所知，他曾两次因诽谤受到指控，一次是在洛桑的法院，一次是在悉尼。

"但是在悉尼，他的活动得到了一定程度的支持。因此我们决定直抵问题核心，正面进行回应。这次与澳大利亚媒体的正面接触在彼此关系的发展中起到了破冰的作用，同时也开启了我任职主席期间最完美的一届奥运会的序幕。

"我同意在我位于洛桑的酒店房间中接受采访。时间定在早晨。每天的这个时候我都会在室外运动。这篇报道很快成为了各大报纸的头条。一个像我这样年纪的老人还能如此关心自己的身体健康在澳大利亚读者中产生了巨大的反响。对他们来说，我似乎成了自律和奉献精神的典范。"

悉尼奥运会期间，一条消息使奥林匹克运动陷入了悲痛：胡安·安东尼奥·萨马兰奇的妻子玛丽娅·特蕾莎·萨利萨其斯在奥运会举办期间不幸离世。忠于自己的责任，他飞到了数千英里外的悉尼，但他的心却牵挂着远在巴塞罗那、已经奄奄一息的妻子。他在开幕式演讲中用西班牙语以非常简短的方式向自己的妻子告别："早上好，西班牙！"下面是收录在胡安·安东尼奥·萨马兰奇《奥林匹克回忆》中的个人记录，详细描述了在那个令人伤感的9月16日，在与陪伴了自己45年的妻子告别时，他的所思所想。

"我睡得很少，还不到4个小时。8点的时候，我叫来了理查德·庞德、弗朗索瓦·卡拉尔和弗朗索瓦丝·兹韦费尔，我将我妻子病危的消息告诉他们，然后将主席的权力交给副主席庞德，他将代替我行使主席权力。协调委员会的工作进展非常顺利。我告诉他们，奥运会开幕式必须做到百分之百的成功。之后我又向奈特

3

在1993年蒙特卡罗第101次全会上悉尼获得2000年奥运会主办权。悉尼代表庆祝这一好消息

和寇茨单独交待了一些事情,告诉他们我将立即飞回巴塞罗那。随后我便召开了执委会会议,我告诉大家不要对我的话有任何的评论。我对他们讲了我妻子的状况,告诉他们我要立即返回巴塞罗那,从现在开始,在我不在的时候,理查德·庞德就是国际奥委会主席。我还给每位国际奥委会委员都发了书面通知。

"拉涅亚、高斯帕和费科若·基达内把我送到机场。我们于上午11点45分动身前往印度班加罗尔,全程需要12个小时。我只让自己的助理安妮·因肖斯佩陪我回去。整个行程我几乎都在写文章和读报纸。我时不时就会给儿子胡安·安东尼奥打个电话。我感觉我妻子已经去世了。我的情绪非常低落,脑海中不停地出现她的样子,不断地想着她对我的重要意义。当我想到我妻子为我做的一切,我再也控制不住自己。我的眼睛湿润了,几乎不能说话。她是我的妻子,我感谢她为我所做的一切。她是一位优秀的女性,身上有很多值得欣赏的美德。

"踏上从印度飞往巴塞罗那的飞机几分钟后,我再次给儿子胡安·安东尼奥打电话。他告诉我,5分钟之前,我妻子去世了。她一直握着我女儿玛丽娅的手。尽管我知道这是不可避免的,但我就是不愿意相信眼前发生的一切。这对我来说是个巨大的打击。我没有办法改变什么,只能任凭眼泪不住地留下来。幸好当时只有安妮在我身边。

"我们又通了几次电话。我的孩子们和桑普希一起把一切都安排妥当。我妻子在周日下葬,而葬礼则于周二在桑塔洛的圣安东尼奥教堂举行。从理论上讲,我将在周二中午启程返回澳大利亚,周三晚上就能抵达悉尼。我相信这样的决定对我是最好的安排。这样我就能赶紧忙起来,尽快从悲痛中走出来。我感到了自己的心里出现了一个巨大的空洞,这时我才发现我妻子对我来说意味着什么以及她在我的生命里扮演着多么重要的角色。她的去世给我带来了巨大的打击。我深深地爱着她,也同样欣赏她。我想看看我能否控制好自己,不让自己有太夸张的表现。我相信,痛苦应该埋藏在心里,而不是表现出来。

"凌晨1点30分,我们到达了巴塞罗那。只有我的女儿玛丽娅、儿子胡安·安东尼奥和桑普希到机场接我。我和他们一起回家。从下午4点开始,街上就挤满了记者。我可以直接从车库回家,但是我下令停下来,摇下车窗。我从汽车上下来,回答了记者的问题。我不断重复,在深爱她的同时,我也十分欣赏她。我告诉他们,尽管我们都知道这一天的到来不可避免,在内心里我们都希望这一天永远也不会到来。但是,有开始就一定会有结束。此刻我切身体会到了这一点。我的内心十分痛苦。我告诉他们我已经坐了24个小时的飞机,我非常感谢大家一直以来对我们的关心。之后我们就上楼了。他们已经把一切都准备妥当,这样一来我就轻松多了。棺椁就在我妻子的房间,已经盖上了盖子。玛丽娅和胡安·安东尼奥还有桑普希把一切都处理地十分周到。"

土著居民的支持、奥运会志愿者的重要作用、奥运会的遗产、大家的幸福与热情还有东帝汶的游行庆典,他担任国际奥委会主席期间所举办的最后一届奥运会具有重要的意义。但是对萨马兰奇本人来说,悉尼奥运会代表着与碧蔚丝的永别。她永远是萨马兰奇重要的伴侣。

2004年：奥运会重返故乡

萨马兰奇十分重视并热切期待着2004年奥运会。他将会以何种方式经历这届奥运会呢？"20年来，这是我不再以国际奥委会主席身份经历的第一届奥运会。这一次，将由我的继任者来宣布奥运会的开幕。因此我必须留下一些有价值的遗产，"面对2004年的挑战，萨马兰奇这样写道。最近几届奥运会都大获成功（巴塞罗那1992年夏季奥运会、利勒哈默尔1994年冬奥会和亚特兰大1996年夏季奥运会），这就带来了一股奥林匹克热。进入奥运会主办城市候选名单之列的城市数量再创新高：雅典（希腊）、布宜诺斯艾利斯（阿根廷）、开普敦（南非）、伊斯坦布尔（土耳其）、斯德哥尔摩（瑞典）、里尔（法国）、里约热内卢（巴西）、罗马（意大利）、圣彼得堡（俄罗斯）、波多黎各圣胡安（秘鲁）和塞维利亚（西班牙）都进入了提名名单。来自三个大洲的11个城市展开了竞争，最终的竞争在地中海国家间展开。希腊首都雅典在第4轮以66票比41票打败了罗马。

由于候选城市过多，选择的过程尤其复杂，因此也需要合理地引导。能够担此重任的必须是一个在谈判中能够灵活应对，掌握娴熟的外交技巧同时又能在整个过程中恪守原则的人。萨马兰奇就有一个合适的人选：托马斯·巴赫。这位年轻的德国律师以高票进入了执委会。作为前奥运会击剑冠军，他在奥委会的事业发展迅速。1981年，在巴登-巴登大会上，他作为运动员代表提出了国际奥委会恢复原有结构的建议，从而给萨马兰奇留下了不错的印象。萨马兰奇想到了托马斯·巴赫，并且相信他有能力担任评估委员会主席。该委员会成员有国际奥委会委员猪谷千春（日本）、亨利·奥鲁菲米·阿德弗贝（尼日利亚）和费尔南多·利马·贝罗（波兰），运动员代表游泳运动员、奥运奖牌获得者马克·图克斯伯里（加拿大）以及各国际单项体育联合会代表、国家/地区奥委会代表和各领域专家。国际单项体育联合会代表包括代表赛艇的丹尼斯·奥斯瓦尔德（瑞士），代表自行车的海因·维尔布鲁根（荷兰）和代表曲棍球的埃尔斯·范·布雷达·维里斯曼（荷兰）；国家/地区奥委会代表包括屠铭德（中国）、胡利奥·塞萨尔·马利奥内（乌拉圭）以及卡罗·安·勒瑟兰（加拿大）。而专家代表则包括弗朗西斯科·J. 埃利扎尔德（经济领域，来自菲律宾的国际奥委会委员），查尔斯·H. 巴特勒（亚特兰大1996年奥运会组委会），皮特·哈伦宁根（利勒哈默尔1994年冬奥会组委会）和奥拉夫·迈罗特（环保）。

该委员会对各申奥城市的相关资料进行仔细研究，同时亲赴各城市进行考察，然后针对十个候选城市的情况起草一份不具约束力的报告。为了确保最后的投票万无一失，国际奥委会成立了一个特别选举委员会，由马克·霍德勒（瑞士）担任主席。根据委员会裁决，只有5座城市进入了候选名单：雅典、布宜诺斯艾利斯、开普敦、罗马和斯德哥尔摩，而伊斯坦布尔、里尔、里约热内卢、圣彼得堡、波多黎各圣胡安和塞维利亚被淘汰，尽管这几个城市都对这一结果表示失望和抗议。

媒体坚持将雅典作为第一选择。1990年，在日本东京，亚特兰大击败本来信心满满的雅典获得了在现代奥运会诞辰100周年举行的1996年奥运会的主办权，雅典因此深受打击。这一次，希腊领导人将申奥大任交给了扬娜·安耶洛普洛斯-扎斯卡拉基。她是一位漂亮、优雅的女士，嫁给了一位希腊造船业大亨。扬娜的聪明和优雅很快就让她在人群中脱颖而出。这些都使得她能够顺利地进入政坛并跻身福布斯杂志全球最有权力的五十大女性之一。扬娜所采取的策略与雅典在之前几次申奥过程中所采取的傲慢态度截然不同。这座城市所传达出的信息已经从"从历史角度讲，我们应当获得奥运会主办权"转变为一个更清醒、更谦虚的态度"七年过去了，现在我们可以保证自己比过去做得更好"。这样的转变以及扬娜具有亲和力的笑容为雅典赢得了支持和选票。同时，雅典还有举办大型赛事的经验。1997年8月，就在2004年奥运会主办城市选举举办前一个月，雅典承办了第6届世

在1997年洛桑第106次全会上，希腊被确定为2004年奥运会主办城市。雅典申奥代表团对这一结果十分满意

界田径锦标赛。65位有投票权的国际奥委会委员前来观赛。可以说，这次比赛是对该市组织能力的一次重要考验。

正式的选举于1997年9月5日举行。地点定在一个风景如画的地方：洛桑的博利厄宫。投票现场通过150家电视台进行了实况转播。各个城市都展示出了自己最好的一面，派出了全国最优秀的外交官来发表演讲以便赢得选票。开普敦申奥代表团由南非共和国总统尼尔逊·曼德拉亲自带领；布宜诺斯艾利斯代表团由总统卡洛斯·梅内姆带队；而罗马则由著名男高音歌唱家鲁切亚诺·帕瓦罗蒂带领。此外每个城市也都获得了奥运冠军的支持。昂内塔·安德森（1984—1996年间共获7枚奖牌，其中3枚划艇金牌）和斯蒂芬·埃德伯格（1枚网球金牌、2枚网球铜牌）支持斯德哥尔摩；跨种族夫妇乔西亚·萨格万（亚特兰大1996年奥运会马拉松金牌获得者）和佩妮·海因斯（3枚游泳奖牌，其中2枚为金牌。同时也是亚特兰大1996年奥运会上结束种族隔离后的首位奖牌获得者）支持开普敦；尼可·卡克拉马纳基斯（帆船金牌和银牌，并在后来的希腊奥运会上点燃圣火）支持雅典；加布里埃拉·萨巴蒂尼（网球银牌，阿根廷代表团旗手）支持布宜诺斯艾利斯；而玛努拉·迪·辛塔（1992—1998年间获得7枚越野滑雪奖牌，其中2枚为金牌，同时也是运动员委员会委员）支持罗马。最后，正面竞争在地中海国家间展开，雅典战胜了罗马。

萨马兰奇一直都希望在奥林匹克的发源地举行奥运会。终于在他担任国际奥委会荣誉主席期间，雅典承办了2004年夏季奥运会。萨马兰奇出席了所有比赛

雅典的街道上弥漫着欢乐的气息，正如马诺利斯·马夫罗马蒂斯在希腊《新闻报》上所描述的那样："这次胜利让希腊成为了世界关注的焦点，也让整个国家的人无比振奋。"但是很快就出现了问题。扬娜·安耶洛普洛斯–扎斯卡拉基要求全面领导希腊奥委会组委会。国际奥委会十分欣赏她沉着冷静的表现，并且也因她的表现所带来的良好效果而坚定支持她。但是希腊的社会主义总理科斯塔斯·西米蒂斯却不接受扬娜提出的全面领导奥运会组委会的要求，而是让她担任综合管理岗位。于是扬娜拒绝了这种安排，选择退休，以等待更合适的时机来实现自己的抱负。

雅典奥运会的组织过程复杂且问题重重。协调委员会主席雅克·罗格丝毫没有掩饰自己的担忧，尽管包括机场在内的一些基础设施项目早在奥运会开始前3年就已经动工。但是基础设施和体育场馆的建设多次出现拖延。来自苏黎世的西班牙建筑师圣地亚哥·卡拉特拉瓦受命负责设计奥林匹克主体育场、室内赛车场和奥林匹克公园，并承诺会按时完工。2001年9·11事件发生后，关于安全方面的担忧与日俱增，尽管政府不断安慰惊慌的民众，并且采取了一些技术措施来确保奥运会期间的安全。

在离任之前，萨马兰奇建议奥运会组委会给雅典"出示黄牌"，并且对建设工程的严重拖延进行公开批评。萨马兰奇希望给人们敲响警钟，帮助推动相关工作尽快推进。在与雅克·罗格讨论了这一问题后，"我决定公开声明我们已经给雅典出示了黄牌，而这张黄牌很有可能变成红牌，也就是说，雅典将被剥夺奥运会主办权。"他解释道。几年后，当被问及对于这种拖延他还能忍耐多久时，萨马兰奇说"大约3个月"。萨马兰奇一直都将局势的扭转归功于雅典奥运会组委会主席扬娜·安耶洛普洛斯–扎斯卡拉基以及希腊两大主要政党社会党派泛希社运党和保守的新民主党关于不将奥运会的组织工作政治化的决定。"100%必须是扬娜"，萨马兰奇曾这样夸赞这位女士所做出的贡献。

无条件支持希腊和希腊所秉承的价值观

萨马兰奇是一位杰出的外交官。他富有才华并且永远充满活力。他不断推动国际奥委会的改革和现代化，将之建设成一个独立的全球性组织，负责主办世界上最重要的一项活动：奥运会。他提升了奥林匹克运动的形象并将奥林匹克精神传播到体育界之外。胡安·安东尼奥·萨马兰奇就是这样的人，在21世纪即将到来的时候，他依旧相信信念是鼓励人类不断前行的重要力量。

在他的领导下，奥林匹克运动取得了显著的进步，这也是奥林匹克大家庭和国际社会有目共睹的。

从申奥开始到闭幕式结束，他为雅典奥运会的成功举行做出了巨大的贡献。他是我们的导师，雅典奥运会的成功举办有他的一份功劳。胡安·安东尼奥·萨马兰奇无条件地支持希腊，支持我们的价值观。

扬娜·安耶洛普洛斯–扎斯卡拉基
希腊商人，雅典2004年奥运会组委会主席

2008年：北京大获全胜

随着越来越多的城市希望能够承办奥运会，奥林匹克运动的健康发展有目共睹。一切已经今非昔比。莫斯科见证了萨马兰奇当选国际奥委会主席，也见证了他从主席的位置上卸任，2001年7月13日，这座城市将再次见证2008年奥运会主办城市的诞生。这次，参加申奥的依旧有来自4个大洲的10座城市。在初选中，曼谷（泰国）、开罗（埃及）、哈瓦那（古巴）、吉隆坡（马来西亚）、塞维利亚（西班牙）没能获得提名资格，而北京（中国）、多伦多（加拿大）、巴黎（法国）、伊斯坦布尔（土耳其）和大阪（日本）获得提名，即将展开最终的角逐。

萨马兰奇充分发挥自己的外交才能，努力说服中国政府相信"2008年是唯一的一次机会"。他甚至利用了中国人对"8"这个数字的讲究：以8结束的年份会带来好运。为了说服一直对在2000年奥运会主办权竞争中输给悉尼耿耿于怀的中国领导人，他从中国传统文化中找到了灵感：耐心和友善。他一步一步采取行动，不屈不挠，在行为上小心翼翼，始终带着使命感和责任感致力达成自己的目标。他持续地展现着对中国人民的深厚友谊。他们高度的自律和刻苦努力勤奋工作的精神都令他由衷地尊敬与钦佩。

作为中国首都，北京的第二次申奥之旅大获全胜。宣传和竞选活动都安排得十分周到且异常高效。在第一轮投票中，大阪出局。在第二轮，中国的得票数（56票）比其他3个候选城市的票数总和还要高（多伦多获得22票，巴黎18票，伊斯坦布尔9票）。结果显而易见，针对中国共产党领导的政府对限制自由和人权以及对西藏采取压迫政策的批评不攻自破。

萨马兰奇一直认为自己是中国的朋友，而中国人民也一直以友善的态度作为回应。"在三十年时间里，我曾29次到访中国。从20世纪80年代一直到北京2008年奥运会和残奥会（代表罗格主席）。在中国，我感到宾至如归。中国人热情好客，他们悉心款待来自远方的客人，并尽可能给他们创造最好的体验。我十分尊重中国文化的多样性，并且非常欣赏中华民族的优秀品质：毅力、努力、忠诚、好客、自律和智慧。"

关于对数字"8"的迷信，他表示："根据中国传统，8是一个幸运数字。因此，不出所料，高度注重细节的中国奥组委将奥运会开幕式安排在了2008年8月8日晚8点08分。我们不应该相信迷信和运气，事实上，从获得提名的那一刻起，北京就在中国政府的大力支持下为办好奥运而努力。"

这是萨马兰奇最后一次组织选拔奥运会举办城市。在莫斯科举行的第112次全会上，他结束了自己长达20年的国际奥委会主席生涯。这是漫长但成果颇丰的20年。在北京获得奥运会主办权后的热烈欢呼中，萨马兰奇也圆满结束了自己的奥委会主席生涯。他向所有人宣布"在世界上人口最多，经济增长最快的国家举办奥运会将大大推动奥林匹克运动自身的发展。北京能够确保奥运会的质量，因为背后一直有政府的大力支持。这一点对奥运会的成功举办是必不可少的。"萨马兰奇与中国之间的关系特殊且深厚。他赢得了中国几代人的尊敬。在他们眼中，这位老人忠于朋友，信守承诺。他是"中国人民的老朋友"（见"第20章 萨马兰奇与中国"）。

2001年在莫斯科，在萨马兰奇担任国际奥委会主席期间的最后一次全会上，北京成为2008年奥运会主办城市

1988年：卡尔加里，第四次尝试

冬季奥运会

鉴于其自身的特殊性，冬季奥运会没有和夏季奥运会一样经历申奥城市数量锐减的危机。1992年之前，每届冬奥会都至少有3座城市为举办权展开竞争。而1992年，则有6个国家申奥。在1984年到2000年间，来自21个国家的33个城市申请承办夏季奥运会，而同一时期，有来自15个国家的32座城市申请承办冬季奥运会。

作为边境省阿尔伯塔的首府，卡尔加里打败了温哥华成为了加拿大的申奥城市。这是该市首次获得提名。在因斯布鲁克1964年冬奥会、格勒诺布尔1968年冬奥会和1972年的札幌冬奥会的主办城市之争中，它都以失败告终。在1981年于巴登-巴登举行的第84次全会上，卡尔加里面对的是两个传统的冬季体育比赛举办地：科尔蒂纳丹佩佐（意大利）和法伦（瑞典）。在最后一轮投票中，卡尔加里以48票对31票打败了法伦。

国际奥委会曾提出要对那些支持美国抵制莫斯科奥运会的国家实施惩罚性措施的建议，其中就包括加拿大。萨马兰奇要求"将这一页翻过去"。仅仅在莫斯科奥运会举办一年之后，国际奥委会已经在朝前看，放下所有的仇恨，并且最后选择了一个加拿大城市和一个韩国城市作为奥运会的主办城市。而之前两者都曾拒绝参加在俄罗斯举行的奥运会。

就像经常发生的那样，卡尔加里冬奥会的组织过程也因国际奥委会、奥运会组委会和主办城市政府之间的分歧而变得困难重重。这些合作伙伴之间的关系通常都非常紧张。尽管都以成功举办奥运会为目标，但三方通常会实施不同的，甚至相反的策略。这一次，加拿大领导人无法忍受压力。萨马兰奇就曾在日记中写道："8点15分的时候，我接到了来自加拿大体育部长约瑟夫·奥利维尔的电话。在谈到与卡尔加里市政府的分歧时，我建议他'从现在开始保持微笑，因为最后你不得不强颜欢笑'。他不听我的话，最后我不得不与皮埃尔·特鲁多（加拿大总理）谈话。但是我们一直都没有见面，2月28日，这位总理因为支持率过低而下台。"

奥运会的中心场馆在马鞍体育馆，它是美国国家冰球联赛卡尔加里火焰队的主场，给人留下最深刻印象的应该就是牙买加队在长橇比赛上的精彩表现。这是第一支在滑冰赛道上比赛的加勒比国家队伍。他们从未有过参加冬季运动比赛的经验，也没有从事冬季运动的传统。牙买加选手在赛道上摔倒后，在场的观众都鼓励他们继续完成比赛。而他们不屈不挠的精神也给迪士尼提供了灵感，后者根据他们的经历制作了一部电影——《冰上轻驰》，并于1994年上映。

对冬奥会来说，天气状况十分重要。而卡尔加里的天气一直不稳定。正如萨马兰奇所回忆的那样："我从多伦多赶到卡尔加里的时候是2月3日，雪下的并不大，但天气却非常冷，气温降到了零下27摄氏度，这种状况一直持续到奥运会赛程过半的时候。后来，从北方吹来了奇努克风，使气温瞬间回升至15摄氏度。从而使得奥运会举行期间的温差达到了40摄氏度。雪基本上全部消失了，尤其是在地势较低的地方。在长橇比赛场馆中，人们看到唯一的一点白色就是赛道上的冰，而其余的地方都是一片绿色。很多在场的观众都脱掉了外套。对冬奥会来说，这种情况不免令人有些不安。"

卡尔加里冬奥会期间，每天早晨8点，国际奥委会与卡尔加里奥组委都会在官方指定酒店召开协调会。"协调会非常有用，也是我想出的最好的点子之一，"萨马兰奇写道。这届奥运会取得了全面成功，并且在很多方面有所创新。萨马兰奇在《奥林匹克回忆》中将它们一一列出："比赛日延长到了16天，与夏季奥运会一样。比赛项目有所增加，将大项和混合项结合起来。有了这些改变，我们有信心在取得良好的视觉效果的同时增加比赛的竞争性。结果也恰恰如此。为什么要延长比赛日期？因为我们要保证有三个周末的时间，体育赛事都能成为电视节目的主要内容。"

卡尔加里1988年冬奥会组委会主席弗兰克·金和秘书长比尔·普莱特与刚到卡尔加里的萨马兰奇主席合影

1992年：阿尔贝维尔，法国阿尔卑斯山区的小城

位于法国阿尔卑斯山上萨瓦省的阿尔贝维尔是另一个竞争1992年奥运会主办权的法国城市。法国希望能够在1992年同时召开夏季和冬季奥运会。因为从1994年起，冬奥会的举办年份将与夏季奥运会错开。巴黎和阿尔贝维尔是法国确保奥运会重回顾拜旦故乡的双保险。

此前，曾有3次一国在同一年举行冬季奥运会和夏季奥运会的先例（法国在1924年分别在巴黎和霞慕尼，美国在1932年分别在洛杉矶和普莱西德湖，德国在1936年分别在柏林和加尔米施-帕滕基兴举行夏季奥运会和冬季奥运会）。但这种情况不太可能发生在1992年。因为当年有很多重要的候选城市都在为申奥而努力。萨马兰奇已经预见到了即将出现的困难："要想获得提名，这座法国城市面临艰巨的任务。巴黎参加了同一年举行的夏季奥运会的主办权争夺战，并且被人们普遍认为是一个强有力的竞争对手。"阿尔贝维尔必须与一些实力强劲的对手展开竞争，包括安克雷奇（美国）、贝希特斯加登（德国）、科尔蒂纳丹佩佐（意大利）、利勒哈默尔（挪威）、法伦（瑞典）和索菲亚（保加利亚）。

专家认为，正是这种双保险的做法最终让法国的希望落空，反而让第三方巴塞罗那从中获益。1986年10月16日，在洛桑博利厄宫，国际奥委会正在召开会议。当时有人说"结果一定是阿尔贝维尔和巴塞罗那的组合"。另一件意外事件进一步加深了这种观点。国际奥委会执委会决定签署一份议定书，改变投票顺序：先决定冬奥会举办城市，再决定夏奥运会举办城市。一些法国记者认为这就清晰地显示出，萨马兰奇在操纵投票的结果，在使用自己的战略技巧。他们用自己邪恶的阴谋论贬低萨马兰奇。根据他们的理论，萨马兰奇主席特意改变了投票顺序，如果阿尔贝维尔获胜，巴黎就会输。

"委员会成员不会将票同时投给一个国家的两个城市"，他们这样宣称。另外一些富有想象力的人认为，萨马兰奇本来全力支持保加利亚，但是最后，他不得不牺牲索菲亚，转而选择阿尔贝维尔，以保证自己的出生地能够获得夏季奥运会的主办权。有趣的是，在人们当中又出现了一个与之相矛盾的理论：萨马兰奇最支持的是索菲亚，并且他已经与共产主义国家达成了协议，以自己对保加利亚首都的支持换取共产主义国家对巴塞罗那的支持。这些理论都十分荒谬。最后事实证明了一切。阿尔贝维尔一路领先，并在第5轮中以51票对25票的巨大优势打败了索菲亚。

阿尔贝维尔的申奥代表团由一对办事效率极高的双人组带领，分别是青年政治家米歇尔·巴尼耶和奥运冠军让-克劳德·基利。前者当时是上萨瓦省的一位部长，后来成为了法国部长和驻欧盟大使，而后者在格勒诺布尔1968年奥运会滑雪比赛中获得3枚金牌，也是萨马兰奇最欣赏的运动员之一。

在《奥林匹克回忆》中，萨马兰奇记述了奥运会之前那些动荡的时刻："阿尔贝维尔是柏林墙倒塌后举办的第一届奥运会。未来充满了不确定性，没人能够想象新的世界秩序将如何发展。奠定新的世界秩序的第一块基石就出现在冬奥会上。德国统一，一跃成为体育大国。南斯拉夫的分裂带来了许多有着悠久体育传统的小国家，它们现在终于获得了独立和政治主权。克罗地亚和斯洛文尼亚就是很好的例子，在这次奥运会上，他们第一次作为独立国家参加奥运会。苏联以统一的团队参赛，但是运动员却来自俄罗斯、白俄罗斯、乌克兰、哈萨克斯坦和乌兹别克斯坦。波罗的海国家爱沙尼亚、立陶宛和拉脱维亚自1936年以来首次以独立国家身份参加奥运会。我必须说，我们与当时的总统鲍里斯·叶利钦进行了多个回合的谈判才终于与苏联签订了协议。"

1986年国际奥委会洛桑会议上确定法国城市阿尔贝维尔为1992年冬奥会举办国。阿尔贝维尔申奥代表团团长米歇尔·巴尼耶和让-克劳德·基利

为了16天努力了10年

一切都开始于1981年在瓦勒迪泽尔滑雪赛季的第一场比赛上。当时大家只是把这当作玩笑话，但后来所有的上萨瓦人都认真了起来。为了这个想法，我们已经策划了5年。现在我们要开始行动了。

我们希望你们能相信两件事：首先，上萨瓦省要获得奥运会主办权的意愿非常强烈。当前的困难并不代表存在危机，而是一些发展过程中的内部问题。第二，我们应该实现自己的诺言，让这届奥运会成为法国和体育界的胜利。

奥运会将在5年后举行。我们每个人，不论肩负怎样的责任，有怎样的经历或者怀着怎样的情感，都必须为这一赛事做好准备，也必须证明这个机会是有价值的。因此，1992年奥运会将是一届高质量、高标准、团结友好的奥运会。

为了16天，我们努力了10年。就在这16天，我们要呈现最精彩的奥运赛事，建设最优秀的场馆。我们有胆量在山上，在13个场馆和1600平方公里的土地上举行奥运会比赛。我们的国家和罗纳-阿尔卑斯大区以及上萨瓦政府都在背后支持我们。我们证明了，奥运会可以在区域范围内举行，而且为其他地区举办奥运会带来了新思路。但是，即让它所留下的最重要的还是一种荣誉感2.5万人参与到了奥运会的组织过程中。看到自己的国家能够以如此专业的方式，用热情的微笑举办规模宏大的奥运会，大家都感到十分自豪、高兴、安心和惊喜。

米歇尔·巴尼耶
与让–克劳德·基利共同担任1992年阿尔贝维尔冬奥会组委会主席。COI2000执委会成员（1999）

第84次全会：1981·9·30	候选国	1988年冬奥会				
巴登-巴登（西德）	卡尔加里（加拿大）	35	48			
	法伦（瑞典）	25	31			
	科尔蒂纳丹佩佐（意大利）	18				
第91次全会：1986·10·16	候选国	1992年冬奥会				
洛桑（瑞士）	阿尔贝维尔（法国）	19	26	29	42	51
	索菲亚（保加利亚）	25	25	28	24	25
	法伦（瑞典）	10	11	11	11*(41)	9
	利勒哈默尔（挪威）	10	11	9	11*(41)	
	科尔蒂纳丹佩佐（意大利）	7	6	7		
	安克雷奇（美国）	7	5			
	贝希特斯加登（德国）	6				
第94次全会：1988·9·15	候选国	1994年冬奥会				
首尔（韩国）	利勒哈默尔（挪威）	25	30	45		
	厄斯特松（瑞典）	19	33	39		
	安克雷奇（美国）	23	22			
	索菲亚（保加利亚）	17				
第97次全会：1991·6·15	候选国	1998年冬奥会				
伯明翰（英国）	长野（日本）	21	30	36	46	
	盐湖城（美国）	15*(59)	27	29	42	
	厄斯特松（瑞典）	18	25	23		
	哈卡（西班牙）	19	5			
	奥斯塔（意大利）	15*(29)				
第104次全会：1995·6·14	候选国	2002年冬奥会				
布达佩斯（匈牙利）	盐湖城（美国）	54				
	厄斯特松（瑞典）	14				
	锡永（瑞士）	14				
	魁北克（加拿大）	7				

未能获得提名资格的城市：阿拉木图（哈萨克斯坦）、格拉茨（奥地利）、哈卡（西班牙）、波普拉德–塔特拉（斯洛伐克）、索契（俄罗斯）和塔尔维西奥（意大利）

第109次全会：1999·6·19	候选国	2006年冬奥会
首尔（韩国）	都灵（意大利）	53
	锡永（瑞士）	36

未能获得提名资格的城市：赫尔辛基（芬兰）、克拉根福（奥地利）、波普拉德–塔特拉（斯洛伐克）和扎科帕内（波兰）

* 平局

1994年：利勒哈默尔冬奥会，新奥运周期的开始

来自两个大洲的4座城市为1994年冬奥会的主办权展开了角逐。这届冬奥会将开启一个新的奥运周期。安克雷奇（美国）、利勒哈默尔（挪威）、厄斯特松（瑞典）和索菲亚（保加利亚）成为了候选城市。出人意料的是，有一个城市未能获得提名资格：奥林匹克之都洛桑（瑞士）。因为在之前举行的全民公投中，大部分人不赞成主办奥运会。当时，萨马兰奇正在利勒哈默尔出访，在听到这一消息后他说："45%的人参加了公投，反对票占了绝对的上风：62.3%比37.7%，几乎是2∶1。奥林匹克之都拒绝了我们，对国际奥委会和我个人来说，这都是个坏消息。之前，支持投反对票的人们明确表示他们并不反对体育或国际奥委会。因此这一结果让人很难理解。曾经有挪威记者问过我是否有必要在所有申请奥运会主办权的城市都举行全民公投。"

利勒哈默尔获得1994年冬奥会举办权后，挪威代表团欢呼雀跃

每个选城市都有各自的优势：安克雷奇位于美国阿拉斯加州中部，四周环山，主峰麦金利山（海拔6118米）风景秀美，景色壮观。利勒哈默尔是一个有2.2万居民的挪威小镇，距离奥斯陆100公里。它是质朴、自然的奥林匹克理念的范本，并且获得了曾参加东京1964年奥运会、莫斯科1968年奥运会和慕尼黑1972年奥运会帆船比赛的哈罗德国王的支持。索菲亚是保加利亚首都，该国是参加1896年第1届现代奥运会的14个国家之一，并且在1973年于瓦尔纳成功举办了第10届奥林匹克大会。厄斯特松所在的瑞典虽然从未举办过冬奥会，但场馆设施安排紧凑，成为一个主要"卖点"。在访问过这座瑞典城市之后，萨马兰奇整理心情，写下了这样的话："在这里举办奥运会是瑞典人民应得的回报，他们能够呈现一届完美的奥运会，同时这也是对他们崇尚公平竞争精神的敬意。"

新罗酒店是汉城奥运会期间国际奥委会的官方总部所在地，1988年9月15日，在酒店的花园里，国际奥委会宣布了1994年冬奥会的举办城市。一个新的奥运周期即将开启，同时，这届奥运会还将首次尝试使用电视卫星转播。由于出现了一些技术问题，大会延后。这就使氛围更加紧张。从理论上讲，同样作为北欧城市，利勒哈默尔排在瑞典厄斯特松后面。作为呼声最高的城市，厄斯特松已经第5次参加奥运主办权的竞争，并且理论上将与已经从上次申奥失败中恢复过来的索菲亚展开正面竞争。专家认为，从理论上讲，利勒哈默尔是最后的选择。从严格的体育角度讲，这座城市在北欧候选城市中是第二选择。首先，它并没有多次参加申奥，其次，厄斯特松已经基本上解决了所有关于比赛场馆之间距离的问题。

挪威首相格伦·哈莱姆·布伦特兰夫人以一种全新的演说形式给人们带来了惊喜，并让他们为这座城市所折服。在演讲中，她将强调点放在了环保上。同时，滑雪场距奥斯陆仅有180公里也成为了一个强有力的优势。

坐在第一排的是瑞典国王卡尔十六世古斯塔夫和王后西尔维娅。两人正是在慕尼黑1972年奥运会期间相识的。这对王室夫妇正关切地等待着胡安·安东尼奥·萨马兰奇宣读结果。当他说出挪威候选城市的名字时，国王夫妇的脸色瞬间就改变了。只有几声稀疏的掌声对这一结果表示支持。利勒哈默尔以45票对39票战胜了厄斯特松。当天早些时候，胡安·安东尼奥·萨马兰奇经过激烈的内心斗争，曾在会议开始前建议国王和王后不要出席。因为最后的结果可能会让他们失望，而事实也恰恰如此。对萨马兰奇来说，这一天可不是个好日子。

如往常一样，对赛事的组织工作仍存在很大的争议。利勒哈默尔奥运会组委会主席海尔哈德·海伯格于1994年在利勒哈默尔举行的第102次全会上曾说："我们从来都不缺持反对意见的人，不缺能预测命运的人。他们认为奥运会准备期间国家将面临困境。很多人都担心，作为一个风景优美、传统悠久的田园城市，利勒哈默尔会因为冬奥会的举办而被毁于一旦。"

这届冬奥会取得了圆满成功，整个城市充满了魅力，被友善的氛围所笼罩。正如萨马兰奇自己曾回忆的："这届冬奥会能取得成功还有赖于全体挪威人民的参与。人们在利勒哈默尔建起爱斯基摩雪屋，在里面过夜，这样第二天就可以直接到赛场上观看比赛了。这样的情景让我感到难以置信。当时的组委会主席是才能卓越的商人海尔哈德·海伯格。他的组织工作十分得力。后来在我的指示下，他成为了国际奥委会委员。但是正如我所言，这届奥运会上真正的明星是挪威人民。他们热情友好，全心全意支持运动员，鼓励他们在比赛中取得良好的成绩。我永远也不会忘记挪威王室对我一如既往的支持。他们才是推动这届奥运会圆满成功的关键力量。"

1998年：长野，亚洲的绿色奥运会

长野与1972年冬奥会的举办城市札幌一起，都为在日本和亚洲推广冬季运动做出了杰出贡献。长野在举办滑雪、滑冰和长橇比赛上有丰富的经验。这些优势毫无疑问都影响了奥委会委员的决定。

这座日本城市的申奥理念是："与自然之美共存"。在英国伯明翰举行的第97次全会上，长野以这一理念说服了国际奥委会委员，打败了其他城市，比如奥斯塔（意大利）、哈卡（西班牙）、厄斯特松（瑞典）和盐湖城（美国），结果在第四轮中胜出，长野以46票对42票战胜美国犹他州的盐湖城。

在《奥林匹克回忆》中，萨马兰奇这样总结道："长野冬奥会的成功不仅体现在体育方面，它还显示出，奥运会能给一座城市和一个省份带来巨大的经济和社会利益。这让我感到十分满足。有些时候，国际奥委会将主办权交给一些大家都不屑一顾的城市时会冒着很大的风险。因为这样的选择，我们会成为各方批评的焦点，但是奥运会的举办及相关基础设施和场馆的建设会对整个地区的经济和社会发展产生积极的促进作用。"

连接东京和大阪的第一条高速铁路就是为东京1964年奥运会专门修建的。为筹备长野冬奥会，日本再次修建了新铁路。萨马兰奇这样写道："在奥运会举办前一年的10月，新干线正式通车。这条连接长野和东京地区的高速铁路全程仅需79分钟。与此同时，赛道和运动设施也陆续建成，至今它们仍是世界上最优秀的冬季体育设施。M之波和白环滑冰场的建筑外形极其美观，使长野成为了一座向国际体育界敞开大门的现代城市。"

72个国家/地区奥委会和2300名运动员参加了长野冬奥会。日本奥组委采取的策略有三个特点：强调儿童的参与、人与自然的和谐相处以及歌颂和平与友谊。在选择和设计场馆设施的时候，保护野生动物成为了最关键的考量因素。循环型材料、产品和服务是奥运会组织过程中所坚持的一贯标准，长野冬奥会尊重自然，尊重环境。地球是人类的摇篮，为了下一代的发展而保护环境已经变得越来越重要。

在1991年伯明翰会议上，萨马兰奇在申办1988年冬奥会的日本长野代表团的休息区

2002年：盐湖城，10座城市申奥

在不远处的天空，黑云开始出现。2002年冬奥会就像一场具有象征意义的雪崩，将面前的一切统统卷走。暗潮涌动下，争议和谴责成了这届奥运会的关键词。

在长野冬奥会大获成功后，有10座城市为了2002年冬奥会的主办权展开激烈争夺，分别是阿拉木图（哈萨克斯坦）、格拉茨（奥地利）、哈卡（西班牙）、厄斯特松（瑞典）、波普拉德-塔特拉（斯洛伐克）、魁北克（加拿大）、盐湖城（美国）、锡永（瑞士）、索契（俄罗斯）和塔尔维西奥（意大利）。申奥的国家如此之多就使得投票过程变得异常复杂。

执委会就此问题进行了长时间的讨论。最终的建议是先通过预选将候选城市减少为两个。后来，在1994年于利勒哈默尔召开的第102次全会上，参会的执委会成员对这一提案进行了修订，将最终的入围城市数量增加至4个。会上做出了进行预选的决定，同时也宣布将在1995年于布达佩斯举行的第104次全会上对进入正选的4座城市进行投票。之所以做出这样的决定，主要是因为当时面临财政紧缩，国际奥委会需要控制不必要的支出，不让候选国过分讲究排场。同时国际奥委会委员前往这4个入围城市进行考察也受到了限制。

魁北克、盐湖城、锡永和厄斯特松进入了正选，阿拉木图、格拉茨、哈卡、波普拉德-塔特拉、索契和塔尔维西奥被淘汰。最终，盐湖城轻而易举就在第一轮胜出。整个投票过程后来被描述为一场丑闻，从而也导致了萨马兰奇担任国际奥委会主席21年来最严重的一场危机（见"第18章 国际奥委会民主化和2000年改革"）。

2006年：都灵与锡永的较量

在1999年6月19日于汉城举行的第109次全会上，国际奥委会对2006年冬奥会的主办城市进行了投票。在6个候选城市中，有4个没能通过预审。分别是赫尔辛基（芬兰）、克拉根福（奥地利）、波普拉德-塔特拉（斯洛伐克）和扎科帕内（波兰）。因此，最终回合的对决将在两个高山城市之间展开：锡永（瑞士）和都灵（意大利）。前者是瑞士瓦莱州一个仅有3万人口的小城市，而后者则是拥有两百万人口的意大利皮德蒙特区首府。这简直就是大卫对歌利亚。最终，意大利都灵以53票对36票的绝对优势获胜。

专家表示，一开始更有优势的是瑞士锡永。除了绝佳的地理条件之外，这座城市对奥运梦想还有着不懈的追求。此前，锡永就曾与丹佛（美国）、坦佩雷（芬兰）、温哥华（加拿大）和因斯布鲁克（奥地利）一同竞争1976年冬奥会的主办权。最终胜出的是因斯布鲁克。后来锡永再次申办2002年冬奥会，与魁北克、盐湖城和厄斯特松一同进入正选，最终摩门教盛行的犹他州首府盐湖城胜出。由来自日本的猪谷千春担任主席的评估委员会认为两座候选城市的条件同样优秀，但是媒体坚持认为在两者当中，锡永是更好的选择。

不幸的是，人们在暗地里指责委员在投票过程中偏心，同时还存在暧昧行为。为了应对这种怀疑，国际奥委会决定对流程加以修改。

在1999年汉城第109次全会上，都灵代表团庆祝都灵成为2006年冬奥会举办城市

因此，委员会成员不允许访问候选城市，而是通过一个由15名成员组成的专门委员会向大会报告。

这次投票过程也清楚地显示出，国际奥委会在组织冬季奥运会的过程中采取了一种新模式。来自比利时，后来成为第8任国际奥委会主席的国际奥委会委员雅克·罗格表达了自己的新观点："国际奥委会所选择的并不一定是当时最具优势的候选城市，而是到2006年能证明自己拥有最优秀的设计的城市。都灵的项目设计非常有创意，在一片城区和工业区的基础上进行建设。而锡永的项目则是依托山地，也就是采取了最传统的方式。"

来自德国，后来成为第9任国际奥委会主席的托马斯·巴赫也秉承着同样的思路：在城市和城镇之间做选择的时候，城市往往是更好的选择。奥运会冠军，国际奥委会法国成员，阿尔贝维尔冬奥会组委会主席让–克劳德·基利带着一丝心酸表达了自己的观点："在这次投票中，我有两个收获。首先，我发现了一座瓦莱州的小城市，它有秀美的风光和友好的人民。其次，我发现自己情愿与瓦莱人民共度一夜也不愿与国际奥委会委员在一起。"他继续说："我坚决支持瑞士锡永，同时我也看到了过去从未见过的奥林匹克世界的另一面：暗处的秘密筹划，为了提高影响力而进行的各种斡旋，以及因情况所需临时结成的联盟。"

对于皮德蒙特区首府都灵的胜出出现了各种各样的解读。在一些人看来，这是国际奥委会给意大利的一个安慰奖，因为在2004年奥运会主办城市的竞争中，罗马输给了雅典。对其他人来说，这毫无疑问显示出菲亚特乔瓦尼·阿涅利的巨大影响力。他能够有效地吸引选票。还有一些人认为，没有将选票投给瑞士锡永的国际奥委会委员是在以这种方式报复来自瑞士的国际奥委会副主席马克·霍德勒。正是他言辞激烈的声明帮助揭露了盐湖城冬奥会买选票的丑闻，进而带来了奥运会历史上最严重的一场危机以及多位国际奥委会委员的下台。还有人认为，意大利奥运游说团的工作做得非常到位，正是这一点帮助他们打败了瑞士。意大利有4名国际奥委会委员，弗兰克·卡拉罗、普里莫·内比奥罗、奥塔维奥·辛光达和马里奥·贝斯康泰；而瑞士只有3名，马克·霍德勒、雷尼·法塞尔和丹尼斯·奥斯瓦尔德。最后还有一些人从阴谋论的角度出发，认为"这是一场针对瑞士的阴谋，锡永只是一个受害者。而这场阴谋又是相关人员为接替萨马兰奇的位置而进行的斗争的一部分"。

其他赛事

友好运动会

在洛杉矶1984年奥运会遭受政治抵制后，美国商界大亨，执掌通讯业帝国的泰德·特纳在1985年宣布举行友好运动会，即每4年举办一次的由美国和苏联运动员参加的运动会。该赛事包含多个运动项目，除了美苏运动员之外，来自世界各地的精英运动员都将受邀参赛。首届友好运动会于1986年7月5日至20日在莫斯科举行，共有15个正式比赛项目。

这一赛事旨在通过友好的田径比赛缓和冷战期间各国的紧张关系。冷战结束后，友好运动会的目的变为了促进年轻人发展，并且已经为社会事业募集了数百万美元。

特纳是国际新闻网CNN的创始人以及时代华纳副总裁。他不仅因拥有大量财富而著名，也因在慈善事业上的积极表现而获得广泛认可。其中的一项成就就是在1988年捐赠10亿美元创建了联合国基金。1991年，他被《时代周刊》评为"年度人物"，从而成为了第一位获此殊荣的传媒界人士。

友好运动会共举行了6届，其中5届在夏季举行（1986年莫斯科、1990年西雅图、1994年圣彼得堡、1998年纽约和2001年布里斯班）、1届在冬季举行（2000年普莱西德湖）。本来计划于2005年在凤凰城举行的夏季友好运动会和在卡尔加里举行的冬季友好运动会最终被取消。在友好运动会的16年历

1991年，国际奥委会委员和友好运动会的组织方泰德·特纳广播集团代表在洛桑举行会议

史上，一共有来自100个国家的2万名运动员参赛，并创造了数十项世界纪录。与其他顶级国际体育赛事不同的是，参加友好运动会的运动员需要受到组委会的邀请。

从一开始，国际奥委会就不看好这项新的赛事。用泰德·特纳自己的话来说，这一赛事"比奥运会的规模更大"。萨马兰奇表示，只要有体育组织的监督和美国奥委会的积极参与，自己就不反对友好运动会的举办。在第1届友好运动会举办前几个月，美国奥委会主席罗伯特·H.海尔米特向萨马兰奇保证，自己将对友好运动会进行监督。但这是一项非常艰巨的任务，因为特纳还没有向国际奥委会提交友好运动会举办的相关计划。在此期间，出现了一些具有争议性的问题，因为并非所有美国体育联合会都受到了友好运动会的邀请，同时经济问题和利润空间成为了所有谈判中优先考量的问题，以保证友好运动会的成功。

1986年莫斯科 最成功的一届比赛就是第1届。这届比赛于1986年在莫斯科举行，共有来自79个国家的3000名运动员参加。这是经过了11年的相互抵制后，美国和苏联的运动员首次在国际大赛中展开正面竞争。尽管创办这一赛事是对当时奥运会上普遍存在的抵制活动的一种回应，但1986年友好运动会也没能逃脱争议，因为由于苏联的否决，以色列和韩国无法参加比赛，理由是苏联认为它们是美国的亲密同盟。此外，美国国防部还禁止12名美国运动员参赛，因为他们有兵役在身。

泰德·特纳（美国），以CNN电视台为首的通信帝国总裁，于1985年宣布举办友好运动会，该运动会共举办了6届

从体育角度讲，有几项世界纪录相当值得注意，其中包括谢尔盖·布勃卡（苏联）创造的撑杆跳纪录、美国的杰西·乔伊娜-柯西创造的七项全能纪录、游泳选手弗拉季米尔·萨尔尼科夫（苏联）所创造的800米自由泳纪录以及田径运动员本·约翰逊（加拿大）在100米短跑中打败卡尔·刘易斯（美国）创造的世界纪录。由于特纳的公司同时转播在巴塞罗那和马德里举行的世界业余篮球锦标赛（法语缩写为FIBA），这一赛事也成为了友好运动会男子比赛的正式项目。

在最终的奖牌榜上，苏联位列第一，共拿到241枚奖牌（118枚金牌、80枚银牌和43枚铜牌），紧随其后的是美国，奖牌总数为142枚（42枚金牌、49枚银牌和51枚铜牌）。民主德国以28枚奖牌位列第三（7枚金牌、11枚银牌和10枚铜牌）。尽管友好运动会的商业本质是显而易见的，但是首届比赛却并没能如泰德·特纳所愿创造经济上的成功。实际上，这届比赛让泰德·特纳损失了2600万美元。

1990年西雅图 在"汇聚世界最优秀的运动员"的口号下，美国城市西雅图在7月20日到8月5日期间举行了第2届友好运动会。共有来自54个国家的2312名运动员参加了21个大项的角逐。在开幕式上，所有的运动员都一同进场，以彰显世界团结。比赛在华盛顿州的一些大城市（西雅图、斯波坎、塔科马和费德勒尔韦）举行，而它们也都从赛事相关基础设施的建设中受益。第2届友好运动会更多地彰显的是文化方面的影响，同时也有更多的苏联和美国运动员参赛。苏联运动员甚至住在西雅图的普通家庭中，这就显示出柏林墙倒塌后的一种新的世界精神。

从体育角度讲，最重要的两场比赛就是边克·巴罗曼（美国）在200米蛙泳比赛中创下的世界纪录以及里亚什斯娜（苏联）在10公里竞走中创造了世界纪录。中国跳水运动员伏明霞也引起了大家的广泛关注。在参加10米跳台比赛的时候，她刚刚11岁。与第1届友好运动会时相同，苏联依旧排在奖牌榜第一位，总共获得188枚奖牌（66枚金牌、68枚银牌和54枚铜牌），美国以161枚奖牌紧随其后（60枚金牌、53枚银牌和48枚铜牌），而民主德国依旧排名第三，共获得43枚奖牌（11枚金牌、8枚银牌和24枚铜牌）。

萨马兰奇在为第1届友好运动会撑杆跳冠军谢尔盖·布勃卡颁发奖牌

第2届友好运动会在经济上也没能实现盈利。泰德·特纳损失了4400万美元。一开始预测的售票额和带来的游客量都没能达到预期，而为组委会提供赛会服务的公司又在比赛举行到一半的时候因债务问题忽然撤出。西雅图市分担了一部分债务，城里的酒店和餐厅接待的客人数量比预期少了30%。

1994年圣彼得堡 第3届友好运动会于1994年7月23日到8月7日在俄罗斯圣彼得堡举行。这是苏联在分裂为15个独立共和国之后举办的第一场国际性比赛。这场运动会原定的举办地是"列宁格勒"，也就是苏联时期的"圣彼得堡"。这场在"全新的"俄罗斯举行的运动会吸引了来自74个国家的2000名运动员。由于需要对基础设施、交通系统、旅游景点和纪念碑进行重新翻修，这届运动会的举办给圣彼得堡市带来了十分积极的影响。俄罗斯对外商投资更加开放，经济增长的速度也大幅提升，并且吸引到了大约30个国际赞助商的支持。尽管如此，友好运动会依旧没能按照预期实现盈利，这届运动会亏损3900万美元。

从体育角度看，1994年友好运动会首次将沙滩排球正式纳入比赛项目，而这项运动在奥运会上的首次亮相要等到两年之后的亚特兰大1996年奥运会。

体操运动员阿列克谢·涅莫夫（俄罗斯）获得6枚奖牌（4枚金牌、1枚银牌和1枚铜牌），成为了友好运动会史上获得奖牌最多的运动员。更值得一提的是，这届运动会产生了5个举重世界纪录。俄罗斯以171枚奖牌占据奖牌榜首位（68枚金牌、50枚银牌和53枚铜牌），排在第二位的是美国，奖牌总数为119枚（37枚金牌、39枚银牌和6枚铜牌），第三位的是中国，奖牌总数为27枚（12枚金牌、9枚银牌和6枚铜牌）。

1998年纽约 在举办了3届友好运动会且欠下1.09亿美元的债务后，纽约于1998年7月19日到8月2日期间又举办了第4届友好运动会。这是其创始人泰德·特纳最后一次组织该赛事。1996年，作为特纳广播公司的一部分，友好运动会被时代华纳收购。

在这次有来自60个国家的1300名运动员参赛的运动会上，杰西·乔伊娜-柯西（美国）实现七项全能四连冠。阿丽娜·卡巴耶娃获得4枚体操金牌。在该届比赛中，一些友好运动会的常客都获得了金牌，比如关颖珊、多米尼克·莫西阿努、迈克尔·约翰逊、丹·奥布莱恩、菲利克斯·萨文、詹妮弗·汤普森和亚历山大·波波夫。但比赛中也出现了事故。中国体操选手桑兰在一次赛前训练中脊椎严重受伤，从而导致下半身瘫痪。她在美国西奈山医院治疗了将近一年，并使此次事件成为了媒体关注的焦点。

在第4届友好运动会上，美国首次以132枚奖牌登上奖牌榜之首（41枚金牌、49枚银牌和42枚铜牌），俄罗斯以94枚奖牌位居第二（35枚金牌、29枚银牌和30枚铜牌），排在第三位的是古巴，共获得17枚奖牌（8枚金牌、5枚银牌和4枚铜牌）。

在纽约友好运动会结束后几天，友好运动会主席迈克尔·普朗特承认，该赛事连续4届亏损，但是"说到'投资'，我们一直相信，友好运动会将是经济上最成功的运动会"。他还表示，亿万富翁泰德·特纳从未从经济角度看待这一自己最喜欢的项目，因为友好运动会的亏损已经被其他项目的盈利所抵消，而作为新的友好运动会举办权拥有者，时代华纳也持有同样的观点。组织者考虑得更多的是取得良好的观众效果。这届运动会比圣彼得堡1994年友好运动会的观众数量多了25%，这就使得比赛能够继续举办下去，尽管售票额没有达到预期，且主办方不得不在最后时刻降低票价以保证上座率。

2000年普莱西德湖 唯一一届冬季友好运动会于2000年在美国普莱西德湖举行。该市早在1980年就曾主办过冬奥会。从2000年2月17日到20日，这个坐落于风景优美的阿迪朗达克山的小城迎来了来自22个国家的420名运动员。他们共参加了11个单项的比赛。主办方承诺，比赛项目全部为冬季运动，11位赞助商和宣传合作伙伴美国在线都赞同这一新的"冬季运动"理念，并且勾画了该赛事所蕴含的巨大潜力和机遇。

从体育角度讲，这届比赛并没有取得太大的成绩。唯一值得一提的就是艾芙金妮亚·拉达诺娃（保加利亚）在500米短道速滑比赛中创造了世界纪录以及弗朗索瓦-路易斯·特伦布莱（加拿大）在短道速滑（500米和1000米个人赛以及5000米接力赛）中连获三金。美国队在总奖牌榜上排名第一，共获34枚奖牌（11枚金牌、10枚银牌和13枚铜牌），加拿大以16枚奖牌位列第二（8枚金牌、4枚银牌和4枚铜牌），德国获得11枚奖牌（1枚金牌、6枚银牌和4枚铜牌），位居第三，而排在第四的是挪威，共获8枚奖牌（4枚金牌、2枚银牌和2枚铜牌）。

2001年布里斯班 澳大利亚城市布里斯班曾参与竞争1992年奥运会主办权，但不幸落败。这座城市成为了最后一届友好运动会的举办地。2001年8月29日至9月9日，1300名运动员参加了14个体育项目的角逐。这也是唯一一届在美国和俄罗斯之外的城市举行的友好运动会。

时代华纳宣布，在布里斯班的比赛结束后，将不会再举行友好运动会。尽管赛事在美国进行了电视直播，但是观众数量出现了下降，从而使得吸引更多的赞助商变得更加困难。根据计划，进行电视直播本来旨在为赛事增加盈利。2009年在丹佛召开的第七届国际体育大会上，泰德·特纳在一场会议上表示，时代华纳的组织不力最终导致了友好运动会的停办，而如果自己能够继续组织这项赛事，比赛一定会继续办下去。

特纳同时也表达了自己重新启动这一综合性赛事的愿望，并通过此举重新建立美国和俄罗斯之间的文化交流。他坚信，国际体育赛事能够阻止战争的发生，"只要奥运会能够正常举行并且不遭到抵制，就基本上没有发生世界大战的可能。因为各国都不希望因战争而失去（在体育赛事中）获胜的可能性。"

世界友好运动会

1984年5月8日，苏联和大多数社会主义阵营国家组织了针对洛杉矶奥运会的抵制活动。很快，就有传言称，社会主义阵营国家将举办自己的运动会来代替奥运会。苏联奥委会主席马拉特·格拉莫夫在不同的场合都否认了这一传言，并在几天之后的5月14日表示"莫斯科永远都不会支持任何与奥运会竞争的比赛"。

5月20日，多个国家都加入到了抵制奥运会的行列。比如保加利亚、捷克斯洛伐克、匈牙利和波兰。奥地利报纸《出版社报》再次表示，社会主义阵营正在准备举办新的赛事，甚至在报道中列出了一些可能的举办地，并且表示比赛日期将不会与奥运会的举办日期重合，以避免受到国际奥委会的制裁。就在此消息放出前不久，萨马兰奇于5月15日在捷克斯洛伐克首都布拉格与社会主义阵营国家召开会议，试图解决抵制的问题，但并没有成功。

5月24日，捷克斯洛伐克奥委会主席安东尼·西姆通过电视演讲正式宣布，在洛杉矶奥运会后，社会主义阵营国家将举办自己的体育赛事，涵盖所有的奥运会比赛项目，以便能够"给那些为奥运会准备了4年的运动员创造展现自己能力的机会"。他还表示，自己的国家将会举办女子田径、手球、体操和射箭比赛。在"比赛、友谊、和平"的口号下，苏联政府将领导组织"世界友好运动会"。作为一场世界性的综合性赛事，友谊运动会将对所有希望参赛的运动员开放。

赛事的举办日期并没有与奥运会重合。尽管包括网球在内的一些赛事已于7月初在朝鲜首都平壤举行，但正式的开幕式于8月18日在莫斯科列宁体育场举行。而4年前，正是在这里举行了莫斯科奥运会。在开幕式上，苏联政府

萨马兰奇主席与1983年至1989年间担任苏联奥委会主席的马拉特·格拉莫夫

非常强调象征性。共有8000名年轻人参与，而用来点燃圣火的火种是取自位于克里姆林宫的二战受害者纪念碑的长明火。

赛程几乎涵盖了所有的奥运会比赛项目，除了足球和花样游泳，还增加了一些新项目，比如乒乓球和桑勃摔跤。比赛在9个卫星国的不同场馆举行。大多数赛事在莫斯科举行（男子田径、游泳、篮球、曲棍球、赛艇、奥林匹克射击和赛道自行车），帆船运动在巴尔干城市塔林举行。其他项目的比赛分别在8个地点举行。保加利亚负责承办艺术体操、举重和女子排球比赛；古巴负责承办拳击、男子排球和水球比赛；捷克斯洛伐克负责承办田径、女子手球、射箭和艺术体操比赛；民主德国负责承办公路自行车赛和男子手球比赛；匈牙利负责承办击剑、蹦床和摔跤比赛；波兰负责承办马术、柔道和网球比赛；朝鲜负责承办乒乓球比赛；而蒙古则负责承办桑勃摔跤比赛。据统计，共有来自50个国家的2500名运动员参加了比赛，尽管来自中国和罗马尼亚的顶尖运动员因为参加了洛杉矶奥运会而缺席了这一赛事。一些来自西方国家的运动员也参加了比赛，联邦德国和意大利运动员还在马术比赛中获得了奖牌。

从体育角度讲，这届运动会展现出了极高的水平。有一个事实就证明了这一点。田径比赛的获胜者中，有一半人（41人中有21人）的成绩都高于洛杉矶奥运会同一项目的冠军。在29场游泳比赛中，11场比赛的冠军成绩要好于奥运会冠军成绩。运动员共打破了48项世界纪录，而在洛杉矶奥运会上，仅有11项纪录被打破。同时，在艺术体操比赛中，奥尔加·莫斯特潘诺娃（苏联）的四套动作都获得了10分的满分，这是历史上绝无仅有的。为了避免与国际奥委会产生冲突，苏联官方媒体巧妙运用了比喻来描述这项赛事。官方报社塔斯社报道，东方阵营国家举办的这场运动会是"奥运年的一项盛事"，而《苏维埃天空体育报》则将该届运动会描述为"奥运年里的一项重要赛事"。

苏联奥委会主席马拉特·格拉莫夫表示，"社会主义国家都将继续为促进奥林匹克运动的团结发展而努力"，但同时他又表示，洛杉矶1984年奥运会"充满了沙文主义和集体神经质"。国际奥委会采取了谨慎的态度，尽管媒体要求其做出回应，但国际奥委会拒绝发表评论。萨马兰奇的实用主义精神和外交才能又上了一个台阶。他的目的是在汉城1988年奥运会上实现奥林匹克运动的重新统一，没有抵制也没有缺席（见"第8章 奥运外交"）。

欧洲小国运动会

在参加巴登–巴登奥林匹克大会时，一些欧洲小国的奥委会领导人与萨马兰奇取得了联系，分析了为自己国家的运动员举办一场运动会的可能性。从一开始，他们就获得了萨马兰奇的支持。他们的提案迅速获得了支持，并开始着手组织举办欧洲小国运动会。

安道尔城Aixovall Comunal体育馆

洛杉矶奥运会期间，欧洲小国运动会的章程和技术规定得以通过。该运动会向所有人口少于100万的欧洲国家开放，比赛时间不能超过6天，以保证比赛不能超支。符合要求的有8个国家：安道尔、塞浦路斯、冰岛、列支敦士登、卢森堡、马耳他、摩纳哥和圣马力诺。比赛涉及的运动包括田径、游泳、柔道、网球、乒乓球和射击，外加两项团体运动：篮球和排球。此外，主办国还可以添加其他两个单项，总共10大项。

1985年初，国际奥委会和欧洲奥协签署协议。国际奥委会正式授权举办欧洲小国运动会。因为国际奥委会认为，该赛事是一个重要平台，能够促进参与国的体育发展。欧洲小国运动会每两年举办一次，分别位于奥运会举办前一年和后一年，由各个国家轮流主办。第1届比赛于1985年5月23日至26日在圣马力诺举行，有256名运动员参赛。萨马兰奇主席亲自参加了开幕式，以显示自己对该赛事的支持。共同出席的还有意大利奥委会主席乔吉奥·迪·史蒂芬尼、国际田联主席普里莫·内比奥罗（意大利）、奥林匹克团结基金主席安塞尔莫·洛佩兹和国际奥委会体育技术顾问亚瑟·塔卡克。第2届运动会在摩纳哥举行，并大获成功。接下来的第3届比赛于1989年在塞浦路斯首都尼科西亚举行，主办国特意为这次运动会建造了第一座奥运规模的游泳池。在这次比赛后，欧洲小国运动会真正获得了人们的认可。

2009年，在从塞尔维亚共和国独立后，黑山共和国成为了第9个参赛国。胡安·安东尼奥·萨马兰奇一直都特别青睐这一赛事。正如他在个人日记中所写的那样："体育必须触及到世界的每一个角落。这是一个有很大积极意义的项目，因为它意味着小国家也能在国际奥委会的支持下参加大型体育比赛。"

总共有1000名运动员参加过欧洲小国运动会，这就证明了这项赛事达到了自己的目标。在第1届比赛中，冰岛位列奖牌榜榜首，而塞浦路斯和卢森堡则分别于此后两届比赛中获得了奖牌榜第1名。

1985 圣马力诺（圣马力诺）
1987 蒙特卡洛（摩纳哥）
1989 尼科西亚（塞浦路斯）
1991 安道尔城（安道尔）
1993 瓦莱塔（马耳他）
1995 卢森堡（卢森堡）
1997 雷克雅未克（冰岛）
1999 瓦杜兹（列支敦士登）
2001 圣马力诺（圣马力诺）
2003 瓦莱塔（马耳他）
2005 安道尔城（安道尔）
2007 蒙特卡洛（摩纳哥）
2009 尼科西亚（塞浦路斯）
2011 瓦杜兹（列支敦士登）
2013 卢森堡（卢森堡）
2015 雷克雅未克（冰岛）

世界运动会

1980年，在时任世界跆拳道联合会主席金云龙的倡议下，世界运动会得以创立。目的在于举办一项全球性的体育赛事。该赛事所涵盖的是那些已经受到国际奥委会认可但却没有正式纳入奥运会比赛项目的运动。

参与提出倡议的12个国际单项联合会包括羽毛球、棒球、健美、保龄球、抛竿钓鱼、空手道、力量举、轮滑、垒球、跆拳道、拔河和滑水。世界运动会的主要目标是为这些运动的推动与发展创造一个平台，同时充分利用它们所创造的电视效果。

几个月之后，世界运动会的首场比赛于美国加利福尼亚州的圣克拉拉市举行。共有1200名运动员参加了18个项目的比赛。尽管从经济角度讲，这项赛事的表现并不算好，但其在体育方面的价值却得到了认可。4年后，借着洛杉矶1984年奥运会电视转播所带来的巨大反响，第2届世界运动会于1985年在伦敦（英国）举行。第3届比赛于1989年在德国城市卡尔斯鲁厄举行，该赛事的地位得到了进一步的巩固。1993年，第4届比赛在海牙（荷兰）举行，赛事举办期间，ESPN数字有线频道每天都会有25分钟的赛况播报。

随着时间的推移，世界运动会的规模不断扩大。2001年，28个国际单项体育联合会参与了39个项目的角逐。运动会不断对比赛项目进行调整，证明那些提出这一计划的联合会做出了正确的决定。从1992年起，一些体育项目逐渐进入了奥运会赛程，比如棒球、羽毛球、跆拳道和英式橄榄球。

作为世界运动会的组织方，国际世界运动会联盟（IWGA）与国际奥委会之间的联系日益密切。到了20世纪90年代，时任国际奥委会执委会委员、欧洲奥协主席雅克·罗格成为了国际世界运动会联盟执委会观察员。两个组织在反兴奋剂管理方面的合作也不断加强。

1997年，第5届世界运动会在芬兰南部城市拉赫蒂举行。本届比赛原定的举办城市是南非的伊丽莎白港。在开幕式上，胡安·安东尼奥·萨马兰奇表示："世界运动会是奥林匹克大家庭的一部分，国际奥委会已经做好准备与国际世界运动会联盟展开合作，以便帮助这项赛事在未来发挥出自己应有的重要作用。"至此，两个组织之间就合作协议进行谈判的过程基本宣告结束。2000年5月20日，国际奥委会与国际世界运动会联盟在蒙特卡洛签署了一项合作协议。国际奥委会全面认可和支持世界运动会。

在从国际奥委会主席的岗位上卸任前不久，萨马兰奇在发表于《奥林匹克通讯》2001年3月号上的文章中提到了世界运动会的重要意义："这项赛事最重要的意义就是它让各项运动的参与者都能体验到多种运动所带来的快乐。此外，他们还能与来自世界其他地区，从事其他项目的运动员成为朋友。另一个重要方面就是世界运动会给纳入比赛的运动创造了一个宣传的平台。这对它们的发展具有关键意义。我们必须看到，现在奥运会的一些比赛项目在发展的某个阶段都曾是世界运动会的比赛项目。当国际奥委会面临平衡奥运会比赛项目的挑战时，世界运动将继续给积极从事一些运动的运动员提供一个平

胡安·安东尼奥·萨马兰奇和金云龙（韩国，世界跆拳道联合会主席）

在1994年于巴黎举行的奥运百年庆祝活动上，从1981年起开始组织世界运动会的国际世界运动会联盟主席佛罗利赫讲话

第3届世界运动会于1989年在德国卡尔斯鲁厄举行

台,让他们能够参与重大的全球性赛事。最近在蒙特卡洛签署的协议既是对过去二十年双方积极合作的肯定,也是双方关系在未来进一步发展的基础。我非常高兴国际奥委会能够给国际世界运动会联盟和世界运动会的组织方提供帮助,以便能够更好地帮助运动员享受这样重要的体育赛事。"

科威特和平与友谊运动会

为期两个月的科威特和平与友谊运动会创下了赛事持续时间最长的纪录,同时也史无前例地由主办国负责承担所有参赛者的交通和住宿费用。科威特亲王艾哈迈德·法赫德·萨巴赫创立了科威特奥委会,并于1982年起担任国际奥协主席。他希望能够向世人展现,体育依旧是拉近人与人之间的距离和达成相互理解的最佳方式。1988年,他组织了和平与友谊运动会,来自波斯湾国家和非洲以及亚洲穆斯林国家的44个代表团参加了比赛。

运动会于10月30日至11月20日期间在科威特首都举行。国际奥委会主席和知名成员以及一些国际单项联合会主席参加了开幕式,比如来自国际足联的阿维兰热和国际排球联合会的鲁本·阿科斯塔。在演讲中,胡安·安东尼奥·萨马兰奇强调,体育具有重要的价值,它能拉近人与人之间、文化与文化之间的距离。"作为国际奥委会主席,能够与那些致力于秉承着公平竞争和相互尊重的奥林匹克精神勇夺第一的运动员朝着同一个方向努力,我感到很开心,也感到十分荣幸。我们将继续在这条道路上携手并进,消除分歧,强调彼此之间的团结,从而将体育变为一项服务全人类的事业。我们将使奥林匹克运动成为一支最有价值的社会力量,促进未来社会的发展。"

第 4 章　倾听运动员的心声

奥林匹克之星
运动健儿成为体育管理层的核心

"在巴登-巴登，运动健儿们在奥林匹克历史上首次发出了自己的声音。我曾请许多世界体坛名将在领奖台上代表运动员群体发表感言，其中包括托马斯·巴赫（击剑）和基普乔吉·凯诺（田径），他们后来都当选为国际奥委会委员。托马斯·巴赫和塞巴斯蒂安·科在第11届奥林匹克代表大会上发表的演讲给我留下了深刻印象。我与英国记者约翰·罗达探讨了关于成立运动员委员会的想法，并询问科是否有意加入。1982年在罗马通过决议成立了运动员委员会。我认为这只是漫长征程的第一步，这一漫漫长路到2000年才到达终点。那一年，运动员委员会成员当选为国际奥委会成员，其中一位更是进入了国际奥委会真正的领导机构——执委会。"胡安·安东尼奥·萨马兰奇在《奥林匹克回忆》一书中如是追忆国际奥委会运动员委员会的成立。萨马兰奇主席的主要目标之一就是赋予运动员奥林匹克管理机构决策者的角色。这一机构对实现这一目标起到了至关重要的作用。

国际奥委会运动员委员会1982年在罗马举行的国际奥委会全会上正式成立，成员包括：塞巴斯蒂安·科、弗拉迪斯拉夫·特雅克、托马斯·巴赫、斯韦特兰娜·奥赛托娃、皮特·塔尔伯格、基普乔吉·凯诺和埃瓦尔·福莫

> 运动员委员会在德国温泉小镇巴登-巴登初现雏形。萨马兰奇意识到运动员有做出贡献的巨大潜力，但在决策过程中的代表性严重不足，因此给予运动员机会，让他们在国际奥委会和奥林匹克运动史上首次得以积极参与奥林匹克代表大会并表达自己的心声。

1981年9月在德国巴登-巴登召开的代表大会上，萨马兰奇开始酝酿对国际奥委会乃至世界体育进行革新。"巴登-巴登大会是我未来职业生涯的奠基石。我知道，未来世人对我的评价将取决于我能否兑现在这次大会上作出的承诺……我在第一次全会和第一次代表大会中力挽狂澜。我认为在这次会议上，那些阻挠我前进的人终于意识到，需要打开窗户给国际奥委会注入新鲜空气，并对国际奥委会做出改变，而这仅仅是未来一系列漫长变革的开始。"

维利·道默，联邦德国奥委会主席，1981年第11次代表大会的主要组织者，在大会开幕式上作了题为"因体育而团结、为体育而团结——奥运会的未来、国际间协作、奥林匹克运动的未来"的发言。他说道："大会的成功与否将取决于它是否为青年人和运动员争取到了权利——他们的行动显示，他们才是奥运会的第一块奠基石。"

首届运动员委员会主席、国际奥委会委员、作为帆船运动员参加过5届奥运会的皮特·塔尔伯格（芬兰）表示："所有参赛者一致认为，由于国际奥委会新任主席、世界体育界领袖胡安·安东尼奥·萨马兰奇的杰出领导，国际奥委会举办了一届圆满成功的奥林匹克代表大会。萨马兰奇出色地展示了国际奥委会的强大能力，超过了媒体和其他外界机构之前的估计。国际奥委会成功化解了某些国家和联合会对莫斯科奥运会的抵制，得到了与会大部分人包括那些参加抵制的国家的代表的赞同。"

运动员，奥林匹克运动的核心 托马斯·巴赫是来自联邦德国的奥运会击剑冠军，并在1982年至1988年间担任运动员委员会委员。1982年，他在国际奥林匹克学院召开的第22次会议上发表讲话，并且表示，"运动员是奥运会和奥林匹克运动的核心。只有通过运动员的努力才能实现理解、友谊、和平、机会平等和忠诚等奥林匹克目标。但我们必须认识到，在这一过程中，我们不能依靠那些被剥夺了责任感、像傀儡一样被操控的运动员。另一方面，仅靠定期组织奥运会，也不可能实现这些目标。在两届奥运会举办的间歇期也必须坚持并完善这些原则。因此，在提到奥林匹克运动时，我想告诉所有的运动员：你们不是奥林匹克运动的配角，而是真正的主角。"

萨马兰奇有着与托马斯·巴赫相同的愿景，后者在几年后成为了国际奥委会第9任主席。萨马兰奇在《奥林匹克评论》1966年2月和3月的社论中写道："我们的职责主要是为运动员服务，无论运动员自己的国家有着怎样的政治和经济制度，都要使他们享有同等的机会，帮助其独立，促进其发展，并与可能阻碍他们个性发展和融入社会的任何形式的歧视做斗争。运动员是奥林匹克运动的核心，应受到我们保护，要让他们的体育生涯结束后还可以继续为奥林匹克大家庭的发展添砖加瓦。"

在2011年举办的纪念巴登-巴登大会召开30周年的庆祝活动上，来自比利时的国际奥委会第8任主席雅克·罗格追忆了道默为坚持不懈将持续变革作为奥运原则所做出的努力以及所产生的效果，同时表示巴登-巴登大会为胡安·安东尼奥·萨马兰奇提供了第一次真正展现领导才能的机会。罗格认为："那五天标志着现代奥林匹克运动的开端，1981年的奥林匹克大会吹响了革命的号角，开启了萨马兰奇式革命，"他强调，"我们在尊重传统的同时积极推动变革，从而使奥林匹克保持了强劲的生命力"。

运动员委员会的成立 1973年，在保加利亚瓦尔纳举行了第10届奥林匹克大会，当时的国际奥委会主席为基拉宁勋爵。共有11名运动员以观察员身份参加了此次大会，但没有机会参与到任何议题的讨论当中。这些运动员代表都具有很高的知名度：跳高女选手乌尔丽克·梅法尔特（联邦德国）、摔跤选手亚历山大·米德维（白俄罗斯）、击剑选手鲁道夫·卡尔帕蒂（匈牙利）、长跑选手拉塞·维伦（芬兰）、游泳选手桑德拉·林恩·尼尔森（美国）、拳击选手特奥菲卢塔·史蒂文森（古巴）、帆船选手塞尔日·莫里（法国）、射击选手约瑟夫·萨佩兹基（波兰）、撑竿跳高选手沃尔夫冈·诺德维戈（民主德国）、现代五项及铅球女选手玛丽·伊丽莎白·彼得斯（联邦德国）、马拉松女选手德米希·沃尔德（埃塞俄比亚）。一直以来，在体育界运动员只是被视为竞技者，而决策权则掌握在管理者手中。由于绝大多数的决定只会影响到个别运动员，他们中的大部分人都没有意识到参与体育组织决策过程的重要性。但在莫斯科1980年奥运会遭受抵制后，这一理念发生了彻底的变化，这在美国和西欧运动员身上体现得最为明显。

萨马兰奇看到了运动员身上的这种变化：作为奥运会的主角，他们

决定性的一步

我在1981年9月25日巴登-巴登大会上的发言中曾说过：我要自豪地说，我认为，运动员是奥林匹克运动中最具潜力的资源和最宝贵的财富。允许他们积极参与奥林匹克大会是国际奥委会做出的最重要的决定之一……截至2001年，总共有39名现役运动员成为运动员委员会委员并积极参与了19次会议……我们坚守道德，崇尚公平竞争……我们支持最近针对盐湖城腐败丑闻所采取的惩处措施……我们支持国际奥委会决策过程的民主化和透明化……我们鼓励运动员更多地参与到道德委员会的活动中来……我们支持运动员加入国际奥委会执委会……我们支持萨马兰奇的倡议。它们帮助我们恢复国际奥运会和奥林匹克运动的信誉和信任度。

皮特·塔尔伯格
1976—2015年担任国际奥委会芬兰籍委员，1982—2002年担任运动员委员会主席

运动员委员会第1届大会成员重聚，庆祝该委员会成立30周年

不能只是一个被动的元素，而应当成为体育管理的主角。但这并不意味着所有的决策都要由运动员做出，事实上，在大多数情况下，运动员是可以信任他们的管理者的。萨马兰奇努力使运动员广泛参与到奥运会中并且取得了巨大的成功。这些都体现出他在体育管理方面的卓越才能。

运动员委员会在德国温泉小镇巴登-巴登初具雏形。萨马兰奇十分清楚，运动员在决策过程中的参与度严重不足，如果给予他们更大的权利，就可以发挥他们的潜在价值。在国际奥委会和奥林匹克运动的历史上，萨马兰奇第一次给予了运动员出席奥林匹克大会的机会，并允许他们表达自己的心声。30名运动员参加了运动员委员会第1届大会，他们都是奥运奖牌得主，代表着不同的性别、国籍和体育项目，他们构成了一支不可小视的力量。他们针对对奥林匹克运动的未来至关重要的5个议题发表了自己的看法，分别是兴奋剂问题、《奥林匹克宪章》第26条规定的修改、提高运动员在奥林匹克运动中的参与度、奥运会中的政治干预及奥运会仪式。

出席巴登-巴登运动员委员会第1届大会的运动员有：田径选手塞巴斯蒂安·科（英国）、穆罕穆德·戈蒙蒂（突尼斯）、基普乔吉·凯诺（肯尼亚）、瓦迪斯瓦夫·柯萨基奇思（波兰）、萨拉·席米妮（意大利）和米卢茨·伊弗特（埃塞俄比亚）；赛艇女选手思维特兰娜·奥泽多瓦（保加利亚）；长型雪车选手伯恩哈德·杰米肖森（联邦德国）；拳击选手斯洛博丹·卡卡尔（南斯拉夫）和特奥菲卢·史蒂文森（古巴）；皮划艇选手埃米尼奥·梅内德斯（西班牙）；自行车选手亚威·卡尔德（法国）；马术女选手伊丽莎白·陶依尔（奥地利）；击剑选手托马斯·巴赫（德国）和胡安·丹尼尔·皮兰（阿根廷）；足球选手拉德克·马塞拉（捷克斯洛伐克）；体操女选手纳迪亚·科马内奇（罗马尼亚），体操男选手亚历山大·迪蒂亚宁（苏联）和佐尔坦·马扎尔（匈牙利）；手球选手杜·沃伊纳（罗马尼亚）；冰球选手弗拉迪斯拉夫·特雷雅克（苏联）；柔道选手于尔格·罗特利斯伯格（瑞士）和罗伯特·范德瓦尔（比利时）；雪车女选手维拉·佐祖利亚（保加利亚）；摔跤选手约翰·彼得森（美国）；游泳选手帕·阿维德森（瑞典）和米歇尔·福特（澳大利亚）；现代五项选手罗伯特·南丁格尔（英国）；滑雪女选手艾琳·埃普勒（法国）和男选手伊瓦·弗默（挪威）；射击选手杰尔德·拉斯姆森（丹麦）；射箭选手达雷尔·佩斯（美国）；排球女选手荒木田裕子（日本）；举重选手丹尼尔·塞内（法国）；帆船选手艾斯克·雷查特（芬兰）。

莫斯科和洛杉矶两届奥运会1500米长跑冠军塞巴斯蒂安·科作为运动员代表作最后发言，表达了自己对兴奋剂滥用问题的坚定态度。他表示："滥用兴奋剂是对奥林匹克理念最大的玷污。我们要求对违反这一规定的运动员实行终身禁赛,我们还要求将那些教练人员和那些注射这些可恶药物的所谓医生永久性地排除在奥运会之外。"

对于《宪章》第26条,塞巴斯蒂安·科表示:"指望一条规章能照顾到奥林匹克运动中所有体育运动的个性化需求,这是绝不可能的。因此我们在大会上要求赋予单项体育联合会一定的独立性,让它们自主决定其项目所需的规则……国际奥委会有道德义务确保根据第26条规章,为实现运动员的社会利益采取一切必要措施。"

塞巴斯蒂安·科感谢萨马兰奇,并且表示:"我们是首批应邀在奥林匹克大会上发言的运动员。我们深知自己有责任保证未来运动员可以继续参与这个大会,但这并不意味着运动员要带着由他们国家/地区奥委会、国际体育单项联合会或政府组织撰写的发言稿来参会。只有独立才能确保他们的参与是有价值的。这与国际奥委会的理念是一致的。在选择发言人和主题的过程中,我们团结一致抵制了政治势力的影响和压力。"

女性平等 塞巴斯蒂安·科还代表运动员,要求在参与奥林匹克运动方面赋予女性同等的机会,排斥任何类型的政治势力对体育的影响,允许运动员有自主决定权。最后他表示运动员们希望保留传统的奥运仪式,并且支持一个奥运村的理念。在演讲的最后,塞巴斯蒂安·科传达了一个明确的信息:"我觉得能够参与大会并为完成目标任务做出坚韧努力就证明了运动员不是没有头脑的机器人。"

巴登-巴登大会上另一位表现突出的人物就是托马斯·巴赫,他在发言中赞成放开资格审查规定,他表示:"我们请求重新修订第26条规定:一方面要使得运动员能够带着荣誉感和责任感继续完成他们的任务,而另一方面,也要适应当前体育运动的实际情况。社会各界必须齐心协力找到最佳方案,为那些优秀的运动员提供支持。我们并不是要求奥运会对那些以体育为生、不从事其他任何工作的职业运动员开放。我们不想成为行走的广告牌……我们期望的是在尊重人的尊严的前提下,在运动员有充分自主决定权的情况下从事体育运动。诚信和公平竞争是奥林匹克理念的支柱,请大家一起行动起来支持我们的主张……"

除了塞巴斯蒂安·科和巴赫,其他运动员代表也在巴登-巴登大会上发表了自己对一些问题的看法:弗默谈到了兴奋剂问题,奥泽多瓦谈到了女性在奥林匹克运动核心机构中的作用,凯诺主张要保持体育的政治独立性,而特雷雅克则将关注点放在了尊重奥运传统上。

不久之后,萨马兰奇与国际奥委会执委会一道,成立了运动员委员会。在1982年于罗马举行的全会上该委员会正式成立。在现役奥运会运动员和国际奥委会之间,它发挥了桥梁的作用。所有成员都是参加过冬季或夏

萨马兰奇与比利时奥委会主席拉乌尔·摩勒、国际奥委会体育部主任瓦尔特·特略格尔、助理伯纳德·施耐德和德国体育联合会主席威利·维耶尔在1986年于德国法兰克福召开的第1届群众体育大会上

季奥运会的运动员。他们每年与国际奥委会执委会举行一次会晤,并在奥委会全会上提交委员会报告。此外,运动员代表也会在其他委员会中发声,让它们在决策过程中能够采纳运动员的意见。该委员会还将成立特别工作组,负责与奥运会组委会进行联络,从而使后者能够更好地了解运动员的需求。

运动员委员会第一次会议于1982年5月24日召开,由前赛艇运动员皮特·塔尔伯格(他参加过罗马1960年奥运会、东京1964年奥运会、墨西哥城1968年奥运会、慕尼黑1972年奥运会和莫斯科1980年奥运会)担任主席,成员由一群出色的奥运冠军组成:托马斯·巴赫(击剑,蒙特利尔1976年奥运会金牌)、塞巴斯蒂安·科(田径,莫斯科1980年及洛杉矶1984年两届奥运会1500米金牌、800米银牌)、伊瓦·弗默(越野滑雪,札幌1972年和因斯布鲁克1976年冬奥会中获得1枚金牌、2枚银牌、1枚铜牌)、基普乔吉·凯诺(田径,墨西哥城1968年奥运会1500米金牌,慕尼黑1972年奥运3000米障碍赛金牌,墨西哥城1968年奥运会5000米银牌,慕尼黑1972年奥运会1500米银牌)、思维特兰娜·奥泽多瓦(皮划艇,蒙特利尔1976年奥运金牌)、弗拉迪斯拉夫·特雷雅克(冰球,札幌1972年、因斯布鲁克1976年、萨拉热窝1984年冬奥会金牌,普莱西德湖1980年冬奥会银牌)。数月后,由于即将举办的洛杉矶1984年夏奥会和萨拉热窝冬奥会,该委员会又吸收两位新成员:田径选手埃德温·摩西(美国,蒙特利尔1976年和洛杉矶1984年奥运会400米栏金牌,汉城1988年奥运会铜牌)、滑雪选手博扬·克里萨基(南斯拉夫,参加过普莱西德湖1980年及萨拉热窝1984年冬奥会)。

1982—1988年间运动员委员会委员托马斯·巴赫(德国)与金云龙在1994年巴黎执委会会议上

亚特兰大1996年奥运会和长野1998年奥运会之后,运动员委员会的大多数成员由运动员通过自主选举和普选直接选举产生。

1999年,洛桑国际奥委会第110次全会推出改革措施,此后,运动员委员会改由19名委员组成,其中12名为参加奥运会的运动员(其中有8名是夏季奥运会运动员,4名是冬季奥运会运动员),其余7名由国际奥委会主席任命,以确保委员构成在性别、地域和体育项目上能够取得平衡。必须指出的是,在萨马兰奇任国际奥委会主席期间,共有15名运动员委员会委员被任命为国际奥委会委员。

萨马兰奇任主席期间组成运动员委员会的杰出人物有:200米和400米田径选手皮尔约·哈金曼(芬兰)、跳高女选手萨拉·席米妮(意大利)、现代五项选手丹尼尔·玛沙拉(意大利)、击剑选手帕尔·施密特(匈牙利)、游泳女选手米歇尔·福特(澳大利亚)、帆船选手肯·瑞德(加拿大)、体操选手李宁(中国)、皮划艇女选手阿妮塔·德弗朗茨(美国)、体操女选手纳迪亚·科马内奇(罗马尼亚)、水球选手彼得·蒙哥马利(澳大利亚)、体育官员瓦尔特·特略格尔(联邦德国)、马术选手路易斯·阿尔瓦雷斯·塞韦拉(西班牙)、雪车选手摩纳哥王储阿尔贝、速滑选手托马斯·古斯塔夫森(瑞典)、击剑选手菲利普·吕布(法国)、越野滑雪女选手布里特·佩特森-托夫特(挪威)、竞走选手劳尔·冈萨雷斯(墨西哥)、游泳女选手长崎弘子(日本)、网球选手加布里埃拉·萨巴蒂尼(阿根廷)、乒乓球女选手邓亚萍(中国)、排球女选手米雷娅·路易斯·埃尔南德斯(古巴)、田径选手努尔丁·莫塞利(阿尔及利亚)及田径女选手玛丽亚·穆托拉(莫桑比克)。

1982—1992年间运动员委员会委员塞巴斯蒂安·科(英国)与萨马兰奇和塔尔伯格在1988年维也纳运动员委员会会议上

退役奥运会运动员协会 除运动员委员会之外,国际奥委会还需要更多渠道帮助运动员表达自己的想法。巴黎1994年奥运百年大会上,在胡安·安东尼奥·萨马兰奇的倡议下,世界奥运选手协会（WOA）诞生。这个独立的组织代表的是所有参加过奥运会的运动员（初步估计有8万多名）。其目标是推动奥林匹克理念和公平竞争，支持环境保护，开展反兴奋剂和禁毒教育，提供教育资源，打击暴力和不宽容行为，支持多元与平等，促进与体育有关的慈善事业的发展，在奥运会期间组建专门接待中心，鼓励奥运运动员参与社会体育，宣传积极向上的精神，推动以体育为重要组成部分的文化事业。

最后，由25名创始会员组成的世界奥运选手协会于1995年11月21日在洛桑奥林匹克博物馆举办的一次会议上正式启动。2011年11月，曾4次参加奥运会的现代五项选手乔尔·布祖（法国）

1988年于莫斯科，萨马兰奇向比利时奥委会主席、《运动员守则》撰写人之一拉乌尔·摩勒致意

接替帕尔·施密特当选为新一届主席。布祖是"和平与体育"组织的创始人，也是国际现代五项联盟的副主席。2012年1月，摩纳哥亲王阿尔贝二世被任命为该协会理事。亲王与夫人夏琳王后（原南非游泳运动员）都是杰出的奥运选手。

《运动员守则》　以胡安·安东尼奥·萨马兰奇为主席的国际奥林匹克运动委员会在对关于运动员资格审查的《宪章》第26条的修订做出慎重考虑后，决定推动制定著名的《运动员守则》。

这一想法开始出现在1984年，当时国际奥协在墨西哥城召开全会，通过了著名的《墨西哥宣言》。这份经过深思熟虑的文件在第7条中呼吁立即修改运动员资格审查条例。

1985年6月，在东柏林召开的国际奥委会第90次全会上，资格审查委员会主席维利·道默立场坚定地发表了一篇有关资格审查新趋向的演说，他强调奥林匹克运动必须适应现代化发展的需要，不能停滞在过于纯粹的理念上，而是要为运动员争取最大程度的平等，因为那些与奥林匹克理念矛盾的规章正让他们深受其害。道默认为，作为负责修订这项规章的国际奥委会，希望这一资格审查规章可以适合所有的体育项目是不切合实际的。这种要求反映得是一种偏执的心态，是对国际体育现状的极度无知的表现。如果国际奥委会或其他机构以其名义将其付诸行动，那将意味着奥运会的终结。总之，没有国际单项体育联合会的支持，奥运会就不可能组织起来。此外，他还要求资格审查规章必须对所有人一视同仁，具有强制性。但是，要达到这样的要求，国际奥委会和国际单项体育联合会必须达成一定的协议，一起在遵循主要原则的基础上制定审查标准，并避免对任何一种经济、政治制度产生依赖。

萨马兰奇再次遇到了对奥林匹克运动至关重要的新挑战。经过慎重考虑后，作为国际奥委会主席，他决定组建一个由奥林匹克运动内部三大代表组成的工作小组：亚历山德鲁·西贝尔科（罗马尼亚）代表国际奥委会，鲍里斯·斯坦科维奇（南斯拉夫）代表国际单项体育联合会，拉乌尔·摩勒（比利时）代表国家/地区奥委会。这一工作小组初步制定了《运动员守则》提案。萨马兰奇亲自将这一提案转交给以维利·道默为主席的资格审查委员会和以彼得·塔尔伯格为主席的运动员委员会，让他们研究这一提案并就此发表意见。

《运动员守则》撰写人亚历山德鲁·西贝尔科（罗马尼亚，左2）和鲍里斯·斯坦科维奇（南斯拉夫，左3）在圣胡安1989年国际奥委会全会上

萨马兰奇和副主席阿妮塔·德弗朗兹在亚特兰大1996年奥运会期间与运动员一起就餐

这两个委员会都一致建议以《运动员守则》替代宪章第26条及其实施细则，因此国际奥委会决定承认《运动员守则》原则，并在所有奥运大家庭成员中对此开展讨论。于1985年10月召开的执委会会议进一步就此进行了讨论，最后作为临时性提案通过。但是直到数月后的1986年国际奥委会洛桑全会上才予以正式审议并最终做出决议。

但在该次全会上，萨马兰奇一方面考虑到资格审查委员会的提议，另一方面也考虑到足球、田径、马术、冰球及网球等项目的审查标准难以达成共识，最终宣布《运动员守则》的讨论将延后到汉城奥运会结束之后再进行。至此，资格审查新规章这一议题被暂时搁置，但相关的讨论却一直没有结束。1990年的东京第96次全会通过了一条允许更多"职业"选手参加奥运会的最新标准，并且决定将在巴塞罗那1992年奥运会上开始实施。

根据《奥林匹克资讯》杂志1985年11月版文章，《运动员守则》让奥运会向所有运动员和体育项目开放，不论男女，但条件是他们必须以公平竞赛的方式参赛，不能获得任何形式的金钱奖励，即使是取胜也不能例外，并且要尊重所属国际单项体育联合会的规章制度，愿意在竞赛和训练中按照要求接受兴奋剂检测。

《运动员守则》认可奥林匹克运动的三大组织（国际奥委会、国际单项体育联合会和国家/地区奥委会）的基本作用：国际奥委会为各个国际单项体育联合会制定的基本方针"必须"被包括在其所属运动员资格审查的规章内；国际奥委会为各个国际单项体育联合会特别制定了各自的资格审查标准定义以及最能够保证其特征、发展和权威性的规章制度，此外还遵循《奥林匹克宪章》中的公平竞赛、反兴奋剂、反暴力原则，接受体育联合会管理等原则编制了一部体育行动准则；而国家/地区奥委会则有责任负责选派奥运选手，落实有针对性的、公平的标准。

国际奥委会委员、比利时奥委会主席、《运动员守则》撰写者之一的拉乌尔·摩勒在《奥林匹克资讯》杂志1986年2月版上指出：新的《运动员守则》旨在从真正意义上保护体育具有的教育以及人文价值。当前我们所面临的问题不仅仅威胁着体育界，还影响着整个社会。此外他还强调，要充分利用体育界知名权威人士的力量以重建体育管理组织的威慑力。法国《队报》记者米歇尔·克莱尔数月之前就曾撰文指出，这样做可以对抗赞助商影响力过大、与奥运传统渐行渐远的问题。

奥运村的民主选举 在运动员委员会成为运动员的代表机构后，萨马兰奇认为，该委员会必须加强自己的信誉。最好的做法就是让奥运选手通过自主选举确定大多数委员的人选。必须让他们能够依照程序选举出他们信赖的权威性代表。

1994年2月，在利勒哈默尔召开的国际奥委会第102次全会上，运动员委员会主席皮特·塔尔伯格首次提议修改委员会选举方式，并在亚特兰大1996年奥运会期间开始实施。

1994年9月巴黎第103次全会上，塔尔伯格对国际奥委会提出的避免体育司法化的提议表示赞同和支持。认为有必要设立国际体育仲裁理事会（CIAS）作为制度保障。此外他认为有必要在运动员内部进行选举，提高他们在其他委员会和国际奥委会组织内的代表性。所有的运动员代表必须通过选举产生，这是国际体育仲裁理事会作为一个独立的机构能够拥有仲裁权利的根本保障。关于选举流程的制定和实施，塔尔伯格提出，运动员委员会将会研究执委会的提案，共选举产生9名运动员代表担任委员，其中6名从夏季奥运会参赛选手中产生，3名来自冬季奥运会参赛选手。同时奥委会也将对具体的实施日程进行研究，以便能够在亚特兰大1996年奥运会时就正式组织选举。

这项工作在匈牙利布达佩斯召开的国际奥委会第104次全会上正式启动。塔尔伯格在代表运动员委员会做的报告中提出，运动员对该项提案反应积极，运动员委员会会对委员候选人名单进行研究，将人数限制在35人之内，并且要符合以下条件：

——曾经参加上一届或前几届奥运会比赛。
——每个国家/地区奥委会可提名一位候选人。
——可提名候选人的国家/地区奥委会内部必须有运动员委员会或同等地位的组织。
——从未在兴奋剂检测中呈阳性结果。
——会说英语或法语。
——承诺积极参加各种会议。
——在自己国家/地区中已有相关的经验。
——在体育项目、性别的代表上达到最大的平衡。

最后通过选举产生的运动员委员数量限制在11名：夏奥会运动员中产生7名，冬奥会运动员中产生4名。由此，在这次全会上通过了《奥林匹克宪章》第24条的修订方案，目的是将运动员代表选举纳入国际奥委会章程。修订后的文本如下：新的运动员委员会大部分委员将由奥运选手自己选举产生。选举在夏奥会和冬奥会期间举行，遵照执委会预先咨询过运动员委员会后制定的规章，并在该届奥运会举办的前一年将候选人名单提交给国际单项体育联合会和国家/地区奥委会。

国际奥委会将1996年亚特兰大选举的协调工作交给选举团负责，它由5位退役奥运运动员组成：负责人是国际奥委会副主席阿妮塔·德弗朗茨，其他4位分别是代表国际奥委会的丹尼斯·奥斯瓦尔德（瑞士），代表单项体联的国际田联委员纳瓦尔·埃尔·穆塔瓦基尔（摩洛哥），代表运动员委员会的彼得·蒙哥马利和肯·瑞德。

在亚特兰大奥运会期间，奥运村成了一个特别的选区。超过1万名奥运选手在这里通过投票选举出自己的代表。整个投票过程非常简单。运动员会收到一张名单，上面列出了候选人的名字及照片、投票

萨马兰奇接见苏联体操女选手艾琳娜·穆欣娜，她在距莫斯科1900年奥运会举办前两周受伤后至2006年去世都以轮椅代步

办法、投票注意事项以及地点。选区从1996年7月20日到31日的12天内持续开放。这一新闻引发了运动员的广泛关注。候选人数量也由一开始的53名压缩至35名。根据统计，总共10639名参赛运动员中的5734名参与了投票，投票率为53.79%，其中5688票为有效票，另外46张选票因所选人数超过7人而被宣布无效。撑竿跳高选手谢尔盖·布勃卡（乌克兰）得票最高，斩获42%的选票。

10名运动员代表中剩下的3名将在接下来的长野1998年冬奥会上通过选举产生。萨马兰奇主席亲自致信运动员，鼓励他们积极参与投票。选举规则与亚特兰大相似，候选人提名截至时间为1997年7月31日。此后由运动员委员会确定候选人名单。长野1998年冬奥会投票率达到58.35%，共收到1366张选票。最后越野滑雪选手弗拉基米尔·斯米尔诺夫（哈萨克斯坦）、速度滑冰选手约翰·奥拉夫·科斯（挪威）和越野滑雪女选手曼努埃拉·迪·辛塔（意大利）当选。

国际奥委会第110次全会于1999年在洛桑召开。为了在性别、体育项目、各大洲之间的比例上取得最大程度的平衡，会议决定调整运动员委员会组成人数，增加至19名委员，其中12名由运动员（夏奥会8名、冬奥会4名）在奥运会期间选出，另外7名由国际奥委会主席任命。

悉尼2000年奥运会运动员委员会委员候选人为45名，其中大部分都参加过亚特兰大1996年奥运会。候选人构成比例均衡，共有13个体育项目代表，其中28名为男性、7名为女性。至于大洲间的比例，几乎50%的候选人（22名）来自欧洲，8名来自亚洲，7名来自美洲，6名来自非洲，2名来自大洋洲。投票在2000年9月16日至27日举行，次日公布选举结果。总共有5270名运动员参与投票，投票率达到47.26%。在8位现任代表中有6位获得连任（布勃卡、波波夫、西特里克、泽莱兹尼、克鲁克斯和巴尔），另外2名新当选运动员为游泳女选手苏珊·奥尼尔（澳大利亚）和水球选手曼努埃尔·艾斯蒂阿尔特（西班牙），后者仅以1票的微弱优势险胜赛艇选手马修·平森特。其中得票数最高的4名运动员任期为8年，其余当选者任期则为4年。

埃塞俄比亚运动员、罗马1960年及东京1964年马拉松冠军阿贝贝·比基拉被追授奥林匹克勋章，他在1973年因脑溢血去世，年仅41岁

亚特兰大1996年奥运会	体育项目	得票数
谢尔盖·布勃卡（乌克兰）	田径	2412
亚历山大·波波夫（俄罗斯）	游泳	1693
扬·泽莱兹尼（捷克）	田径	1108
夏曼·克鲁克斯（加拿大）	田径	927
罗伯特·西特里克（美国）	排球	921
哈西芭·博尔摩卡（阿尔及利亚）	田径	908
罗兰·巴尔（德国）	赛艇	797

长野1998年冬奥会	体育项目	得票数
弗拉基米尔·斯米尔诺夫（哈萨克斯坦）	越野滑雪	418
约翰·奥拉夫·科斯（挪威）	速度滑冰	378
曼努埃拉·迪·辛塔（意大利）	越野滑雪	300

悉尼2000年奥运会	体育项目	得票数
谢尔盖·布勃卡（乌克兰）	田径	1506
亚历山大·波波夫（俄罗斯）	游泳	1471
苏珊·奥尼尔（澳大利亚）	游泳	1208
罗伯特·西特里克（美国）	排球	798
扬·泽莱兹尼（捷克）	田径	786
夏曼·克鲁克斯（加拿大）	田径	733
罗兰·巴尔（德国）	赛艇	638
曼努埃尔·艾斯蒂阿尔特（西班牙）	水球	621

在巴塞罗那1992年奥运会开幕式上,运动员高举同一面旗帜现身会场。萨马兰奇认为"这象征着奥林匹克主义在保护运动员"

萨马兰奇使奥林匹克运动听到了运动员的心声

我是在1981年德国巴登-巴登大会上认识萨马兰奇主席的。当时我以运动员代表的身份应邀参加大会。这是国际奥委会全会上首次有运动员参与。会上我代表非洲运动员发表了关于体育政治与歧视的演讲。

1982年,我当选运动员委员会委员后,与萨马兰奇主席开始了紧密的合作。

感谢主席的睿智,我作为运动员代表被选为奥林匹克团结基金委员会委员。这不仅是该委员会,也是所有委员会中第一次出现运动员的身影。是萨马兰奇主席让奥林匹克运动听到了运动员的声音。

萨马兰奇主席是我的挚友,他那些饱含智慧的话语给予我诸多鼓励并支持我们的行动。我觉得萨马兰奇是一个诚实、有创造力、和蔼可亲、有远见而宽容的人。

我认识的萨马兰奇主席是一个充满活力的人,他把奥林匹克运动变成了年轻一代和全人类的体育盛会。我们中的大多数人都为他的离职感到悲伤,现在正是一个需要智慧与领袖的关键时期。运动员作为体育的主体永远不会忘记萨马兰奇主席对奥林匹克运动,尤其是为第三世界做出的巨大贡献。

虽然主席先生将要离开我们,但我们会铭记他所有的善行和英明的领导。最重要的是,他在奥林匹克运动中留下了难以磨灭的印记。愿上帝保佑他,赐予他更大的力量,愿他健康长寿。

基普乔吉·凯诺

基普乔吉·凯诺在2000年至2012年间作为国家/地区奥委会代表担任国际奥委会委员,1982年至2000年间担任运动员委员会委员,自1999年以来担任肯尼亚奥委会主席。墨西哥城1968年奥运会田径1500米冠军,慕尼黑1972年奥运会3000米障碍赛冠军,以及墨西哥城1968年奥运会5000米、慕尼黑1972年奥运会1500米亚军。他也参加了东京1964年奥运会

拳击手卡修斯·克莱，即后来的穆罕默德·阿里将他在罗马1960年奥运会中量级拳击比赛中获得的金牌丢失了，萨马兰奇在亚特兰大1996年奥运会上授予他一枚复制的金牌

向运动员致敬 萨马兰奇在21年的主席任期内始终表现出了他杰出的"经纪人"才能，并在无数场合显示了他灵活的谈判能力、对棘手问题的决策能力以及引领奥林匹克运动这样复杂的机构进行现代化革新的能力。同时他也多次展现出自己人性化的一面：关心他人、善于贴近群众并听取意见，理解、尊重运动员，对奥运大家庭成员所付出的努力与牺牲心怀感激，对于他进入国际奥委会之前的一些有争议的决定，他都仔细斟酌并慎重修正。此外，萨马兰奇也坚决捍卫退役运动员对体育的承诺以及他们作为社会、人文领袖所起到的主导作用。以下我们列举其中的一些例子。

英厄马尔·约翰松 1982年5月第85次国际奥委会全会举办之际，萨马兰奇主席访问了瑞典和丹麦的国家/地区奥委会。在瑞典哥德堡市停留期间，萨马兰奇为拳击选手英厄马尔·约翰松颁发了一枚银牌。这是他在赫尔辛基1952年奥运会上没有得到的那枚银牌。当时他在超重量级别的决赛中被指认为比赛态度不够积极而被取消比赛资格。萨马兰奇那时作为西班牙《新闻报》的特派记者亲眼目睹了这场在芬兰首都举办的决赛。他对自己能够为这位运动员恢复声誉并授予他奥运奖牌感到非常欣慰。

艾琳娜·穆欣娜 1982年12月，萨马兰奇在莫斯科为苏联体操运动员艾琳娜·穆欣娜授予奥林匹克勋章，她曾获3次世界冠军，并在斯特拉斯堡1978年世界体操锦标赛中斩获两枚银牌。在莫斯科1980年奥运会举办前两周，20岁的穆欣娜在进行自由体操托马斯飞跃练习时发生意外，从此只能以轮椅代步。奥林匹克勋章不但是对她体操生涯的认可，也是对她在意外发生后为像正常人一样生活而做出的巨大努力和顽强斗争的莫大鼓励。

詹姆斯·吉姆·索普 1983年1月18日，在美国洛杉矶举行的国际奥委会执委会会议期间，萨马兰奇向詹姆斯·吉姆·索普的子女们授予了他们父亲在斯德哥尔摩1912年奥运会上应该获得的现代五项及十项全能两枚金牌。那时国际奥委会因为顾拜旦主席的反对，于1913年5月26日撤销了这两枚金牌，理由是这位运动员在1909年至1910年期间曾经参加过北卡罗来纳州的棒球次级联赛，并且每周得到15~25美元的薪水，从而违反了当时关于奥运业余化的规定。萨马兰奇在记者招待会上表示："之前国际奥委会从未对这一问题进行过探讨。在对相关记录进行分析后，我们花了不到两小时就决定纠正立场，为吉姆·索普正名。"

吉姆·索普曾在一封信中表示："我不知道参加棒球比赛会有被取消资格的风险，我对关于业余化的规定并不了解。"当时索普的获奖纪录、名次和奖牌被取消后，费迪南德·比耶（挪威）和乌戈·维斯兰德（瑞典）这两位理应获得这两项运动冠军的选手也拒绝接受金牌。

慕尼黑惨案 在1983年8月于芬兰首都赫尔辛基召开的执委会会议上，萨马兰奇建议向艾丝特·罗斯·沙哈莫罗维（以色列）授予奥林匹克勋章。在参加慕尼黑1972年奥运会时，她的个人教练阿米祖尔·夏皮拉在奥运村事件中不幸身亡，她当时已经进入女子100米跨栏半决赛，但在事件发生后不得不随以色列代表团放弃比赛返回国内。尽管受到了慕尼黑惨案的影响，罗斯·沙哈莫罗维还是持之以恒继续为蒙特利尔1976年奥运会进行训练，并在女子100米栏决赛中获得第6名。这位以色列女选手还曾准备参加莫斯科1980年奥运会，但未能成行。在萨拉热窝1984年冬奥会之后的一次对以色列的访问中，萨马兰奇主席向她颁发了奥林匹克勋章，以表彰她在慕尼黑1972年奥运会中所展现出的勇气和体育精神。

阿贝贝·比基拉 遵循要访问遍全世界所有的奥运成员国家/地区的承诺，萨马兰奇在1983年12月中旬对一系列非洲国家进行了访问。在访问第115个成员国埃塞俄比亚期间，萨马兰奇向阿贝贝·比基拉追授奥林匹克勋章。比基拉是罗马1960年奥运会和东京1964年奥运会两届马拉松金牌得主，1973年他因脑溢血逝世时年仅41岁。在去世之前的4年，由于在首都亚的斯亚贝巴郊区不幸遭遇车祸，他一直以轮椅代步。

比基拉在罗马奥运会上不但创造了世界纪录，也是第一位夺得奥运金牌的非洲田径选手。因为没有赞助商的鞋合他的脚，他一直都赤脚参加训练和比赛。回到埃塞俄比亚后，这位运动员受到了英雄凯旋的待遇。4年后，在东京奥运会开幕前1个月，他突发阑尾炎。但在这种情况下比基拉依旧登上冠军领奖台，只不过在这一次的比赛中，他不再赤脚。比基拉是第一位两次获得奥运马拉松冠军并且两次打破世界纪录的运动员。遗憾的是，他在墨西哥城1968年奥运会上因为右膝受伤而不得不在17公里处退赛。

萨马兰奇在比基拉墓前将奥林匹克勋章授予他的夫人和5个子女，并宣布他的长子达维特和次子齐杰将获得国际奥委会的奖学金，继续他们在英国大学的深造。

玛丽卡·基利厄斯和汉斯—于尔根·巴尔默 1987年4月，萨马兰奇再次表示，希望能够更正国际奥委会的一些有争议的决策。洛桑执委会会议决定恢复两位传奇性的德国花样滑冰运动员玛丽卡·基利厄斯和汉斯—于尔根·巴尔默的奥运荣誉，重新为他们颁发奥运奖牌。

这对被称为"梦幻情侣"的著名德国滑冰运动员曾获得美国斯阔谷1960年以及奥地利因斯布鲁克1964年冬奥会双人花样滑冰银牌。但是，1966年，国际奥委会决定撤销他们的第二块银牌，理由也是当时有争议的业余化问题。这对选手在1964年冬奥会举办之前曾经签署了一份参加一场职业滑冰表演赛的合约。

基利厄斯和巴尔默在他们的体育生涯中创造了非比寻常的成绩。他们曾在1959年到1964年间连续6次获得欧洲冠军，两次获得世界冠军（1963年、1964年）以及1960年与1964年冬奥会银牌。

卡修斯·克莱——后来的穆罕默德·阿里 罗马1960年奥运会上，年轻的拳击手卡修斯·克莱（美国）击败兹比格涅夫·皮尔茨可夫斯基（波兰），获得次重量级（81公斤以下级）金牌。颁奖仪式上，卡修斯·克莱将金牌挂在了脖子上。"我到现在还记得他脖子上挂着金牌在奥运村里手舞足蹈的样子。睡觉的时候他也挂着那块金牌，去咖啡店时也挂着那块金牌，从来没有取下来过。没人像他那么珍惜那块金牌。"罗马奥运会三枚金牌得主、短跑名将威尔玛·鲁道夫（美国）回忆起这段往事时如是说。据说，几个月之后，在家乡路易斯维尔，他被一家不招待黑人的咖啡馆拒之门外。在遭遇了侮辱后，克莱一气之下将金牌扔到了俄亥俄河里。

记者和研究员塞萨尔·冈萨雷斯在其文章《穆罕默德·阿里——从未扔进河里的金牌》中写道："时至今日，人们仍在乐此不疲地谈论这段往事。事实上，它只是一个谎言，但却被人们当作了'真相'。它只是克莱编造的一个谎言而已。但在1975年出版的理查德·达勒姆所著的克莱传记《伟人》（The Greatest）一书中，这

国际奥委会主席向肯尼亚冠军基普乔吉·凯诺致意，后者是1982—2000年间运动员委员会委员，"基普·凯诺儿童院"创始人，为成百名无家可归的儿童提供归宿

个谎言被当作真相广泛传播了开来。克莱实际并没有将金牌扔进河里，他只是将金牌弄丢了，所以找了个故事来为自己辩解而已。""奥运奖牌是我一生获得过的最重要的东西。我深深尊敬它。对我来说，它是集体、国家、世界的象征。"克莱在1964年开始信仰伊斯兰教，并将自己的名字改为穆罕默德·阿里，意思是"神所爱的人"。

对阿里来说，丢失金牌就像丢失了一部分的青春。青春年少的他躁动而叛逆。1966年他曾被要求入伍参加越南战争，但被他拒绝了，因为"在越南，没人像在美国一样因为我是黑人而歧视我"。

亚特兰大1996年奥运会上，阿里让许多人肃然起敬。在开幕式上，受帕金森病折磨多年的阿里颤抖地取过奥运火炬并点燃了圣火。几天后，萨马兰奇向他颁发了一枚金牌，代替那枚丢失的1960年奥运会金牌。将金牌拿在手里的那一刻，虽然身体因为病痛的影响不住地颤抖，但他的眼中闪现着光芒。曾经无比珍惜的那枚金牌如今失而复得。他抚摸着它，亲吻着它，脸上露出了笑容。

基普·凯诺：富有人道主义精神的冠军 凯诺不仅仅是肯尼亚田径之父，也是体育界的人道主义楷模，他是墨西哥城1968年1500米奥运冠军、慕尼黑1972年3000米障碍赛冠军、墨西哥城1968年5000米亚军和慕尼黑1972年1500米亚军。凯诺于1973年退役。1982年，他和妻子菲利斯带着7个子女共同创办了一所名为"基普·凯诺儿童院"的孤儿院，为数百名儿童创造了一个庇护所。

2000年至2010年间担任国际奥委会委员、肯尼亚奥委会主席的凯诺肯定地说："儿童是非洲的希望。让他们接受教育和获取知识才能为他们打开未来之门。"孤儿院建在大裂谷内的埃尔多雷特市，一开始仅有25名被遗弃的孤儿，但凯诺尽己所能不断扩大孤儿院的规模。1999年，他又在孤儿院旁新建了一所幼儿园和一所小学，为将近300名孤儿和本地儿童提供教育。凯诺在当地还推动建设了一所体育训练中心。这座位于海拔2300米处的训练中心能够同时为40名希望接受凯诺指导的田径运动员提供训练设施和场地。来自肯尼亚、毛里塔尼亚、赞比亚、厄立特里亚、苏丹和坦桑尼亚的运动员都曾在这里接受训练。国际奥委会团结基金对该中心进行了赞助，国际田联也向该中心派驻了技术人员。作为中长跑训练基地，中心项目涵盖从800米到马拉松的各个单项。从该中心走出去的杰出运动员包括：雅典2004年奥运会和伦敦2012年奥运会3000米障碍赛冠军艾塞基尔·肯波伊（肯尼亚），北京2008年奥运会1500米冠军阿斯贝尔·基普罗普（肯尼亚），北京2008年奥运会800米亚军伊斯梅尔·艾哈迈德·伊斯梅尔（苏丹）和女子800米亚军哈内斯·杰普科斯杰（肯尼亚）。

凯诺在一次接受巴塞罗那《先锋报》采访时曾说："我本来可以成为一位国王，但是我决定成为孤儿们的父亲。"他的人道主义行为为他带来了无数赞誉，包括2006年布拉法基金会的公平竞赛社会责任奖。在巴塞罗那举办的颁奖仪式上，萨马兰奇亲自为他授奖。另外还有2003年的维利·道默国际公平竞赛奖，由时任国际奥委会主席雅克·罗格在巴黎联合国教科文组织总部亲自为他颁奖。

运动员的角色

退役奥运选手在年轻人中推广奥运理念具有非常重要的意义。许多年轻的运动员将他们当作偶像，并在他们的积极影响下不断成长。所以这种影响力应该服务于传播奥林匹克理念……作为田径选手，我在20年间参加过5届奥运会：东京、墨西哥城、慕尼黑、蒙特利尔和莫斯科，共获得3枚金牌、2枚银牌和2枚铜牌，并且10次获得欧洲冠军，10次打破世界纪录。我曾是波兰田协主席、波兰女子运动员协会主席、波兰奥委会副主席，并于1998年当选为国际奥委会委员，可以说，在我的职业生涯中，我一直身担要职。我的例子就证明，退役奥运选手依然可以在奥林匹克事业中扮演重要角色。

伊莲娜·舍温斯卡
3届奥运会田径冠军，自1998年起任国际奥委会波兰籍委员

希查姆·艾尔·奎罗伊——年度最佳运动员、联合国儿童基金会大使 希查姆·艾尔·奎罗伊（摩洛哥）是连续3年（2001年、2002年和2003年）获得"年度最佳运动员"称号的第一人。他在从事体育运动的同时也参与了多项人道主义活动。

1995年至2003年间，他在露天及室内赛场举办的各届世界锦标赛上6次获得1500米冠军。但在亚特兰大1996年奥运会上却因为跌倒不得不中途退赛，在悉尼2000年奥运会上，又爆冷在最后的直道上被诺亚·阿热尼（肯尼亚）超越。在2004年雅典奥运会上，奎罗伊终于得以一雪前耻，在希腊首都迎来其运动生涯的最高峰，获得1500米和5000米双料冠军，从而成为了继帕沃·鲁米（芬兰）之后，实现在一届奥运会上同时在这两个项目上折桂的第二位运动员。在1924年巴黎奥运会上，帕沃·鲁米曾奇迹般地获得9枚奥运金牌。

4

希查姆·艾尔·奎罗伊（摩洛哥），国际奥委会委员，两届奥运会冠军，曾参加过 2009年在哥本哈根举办的第13届奥林匹克大会

这一里程碑式的胜利使得奎罗伊成为2004年雅典奥运会的明星。很多人都认为他是史上最优秀的中长跑运动员。回到祖国后，他受到了英雄般的待遇并在同年被授予西班牙阿斯图里亚王储体育奖。

因为长期秉承人道主义精神积极参与慈善活动，他被任命为联合国儿童基金会亲善大使。除此之外，他还参与摩洛哥儿童就学、健康、营养和发展方面的合作计划。

约翰·奥拉夫·科斯，"奥林匹克援助—运动权利"组织的创始人 速滑选手约翰·奥拉夫·科斯（挪威）是20世纪90年代杰出的运动员，他在利勒哈默尔1994年冬奥会上获得3枚金牌，在阿尔贝维尔1992冬奥会上获得1枚银牌。在长野1998年冬奥会上他经过运动员选举成为国际奥委会运动员委员会委员（1998—2002）。

在滑冰场外，这位挪威运动员积极参与社会活动和人道主义活动。自1994年起，他一直担任联合国儿童基金会体育大使，并在1993年创建了"奥林匹克援助"这一国际人道主义组织，旨在帮助那些受战争、贫困与疾病困扰的国家通过推广体育锻炼改善儿童和青年体质、创造就业机会和弘扬和平精神。"奥林匹克援助"总部设在多伦多，于2000年末更名为"运动权利"，在非洲、亚洲、中东和南美20多个国家推行各种人道主义和社会发展项目，在对儿童权利的研究和援助政策的实施上起到了积极的推动作用。

以孩子的眼光看待他留下的遗产

在利勒哈默尔，我看到了奥运会是如何帮助儿童实现梦想的，我看到了人们因为举办奥运会而获得了自信心和自我认同。体育将挪威人团结在一起，挪威人团结在体育周围。在公园、学校和家庭中，年轻一代通过体育和奥林匹克文化所体现的多元性、多样性、公平竞争和一起参加运动增加相互了解，进而改变了自己的生活。我知道在一些受战火威胁的国家，孩子们曾将那些拿着枪、不受法律约束的人视为英雄。但是，经历过奥运会后，他们会转而将遵守体育规则的运动员当作自己的偶像和榜样。

萨马兰奇主席曾多次强调，奥林匹克的精神是"更快、更高、更强"。在他的领导下，运动员在各自所属的委员会积极参与各项决策……今天，运动员与崇拜他们、以他们为榜样的孩子之间的联系更为紧密。在世人的眼中，萨马兰奇是杰出的政治家和外交官，是奥林匹克主义坚定的捍卫者。但在我的眼里，他永远是那个让体育精神在少年们心目中闪闪发光的人。

约翰·奥拉夫·科斯
国际奥委会挪威籍委员（1999—2002），运动员委员会委员（1998—2002），人道主义组织"奥林匹克援助—运动权利"的创始人，阿尔贝维尔1992年及利勒哈默尔1994年冬奥会4枚金牌及1枚银牌得主

萨马兰奇与4项奥运冠军得主埃米尔·扎托佩克和捷克斯洛伐克奥委会主席安东尼·希尔姆在80年代的一次访问中

4枚奥运会金牌得主邓亚萍将自己的球拍捐赠给了位于洛桑的奥林匹克博物馆

在瑞士电视记者鲍里斯·阿克德罗的密切注视下，胡安·安东尼奥·萨马兰奇向蒙特利尔1976年奥运会冠军、来自罗马尼亚的体操运动员纳迪娅·科马内奇颁奖

萨马兰奇与悉尼2000年奥运会冠军、澳大利亚土著田径运动员凯西·弗里曼

1999年，萨马兰奇主席与来自德国的、汉城1988年奥运会和巴塞罗那1992年奥运会双人网球奖牌得主施特菲·格拉芙，以及来自德国的委员托马斯·巴赫一道出席在洛桑奥林匹克博物馆举行的奥林匹克勋章颁奖活动

世界奥林匹克选手协会于1995年在洛桑成立，该协会1994年在巴黎召开的百年纪念大会之后由萨马兰奇组织成立。图为该组织的标识

在洛杉矶1984年奥运会上，萨马兰奇向美国的卡尔·刘易斯颁发200米短跑金牌，同时向他表示祝贺

1999年，在首尔举行的第109次全会上，萨马兰奇与来自意大利的在卡尔加里1988年冬奥会和阿尔贝维尔1992年冬奥会上获得高山滑雪冠军的阿尔贝托·托姆巴

萨马兰奇向来自意大利的在格勒诺布尔1968年冬奥会上夺得三项冠军及阿尔贝维尔1992年冬奥会共同组织者兼法国国际奥委会委员的让-克洛德·基利颁发奖杯

萨马兰奇与双料滑冰冠军卡特琳娜·维特在一起

萨马兰奇在奥林匹克博物馆接见奥运会
4枚金牌得主迈克尔·约翰逊

萨马兰奇与约翰·奥拉夫·科斯和安德鲁·杨大使

萨马兰奇将布拉法基金会社会责任公平竞争奖
颁给来自非洲的奥运冠军凯诺

2008年8月，在北京举行的运动员委员会晚宴上，国际奥委会奥运会执行理事吉尔伯特·费利
在与总干事克里斯托弗·德·凯帕及谢尔盖·布勃卡和亚历山大·波波夫交谈

第 5 章 开发新的经济来源

萨马兰奇为巩固奥运而寻求收入
电视转播权、奥运营销、技术革命以及这些努力的积极意义

"只有经济独立才能使我们获得自由；拥有自己的收入将使我们获得独立；不受政府补贴和政治家意志的束缚，我们做决策时才能不受影响。"为此，胡安·安东尼奥·萨马兰奇设定了一个重要的战略目标：壮大经济实力，实现独立，从而在不受制于压力的情况下推行发展奥林匹克运动所需进行的改革项目。

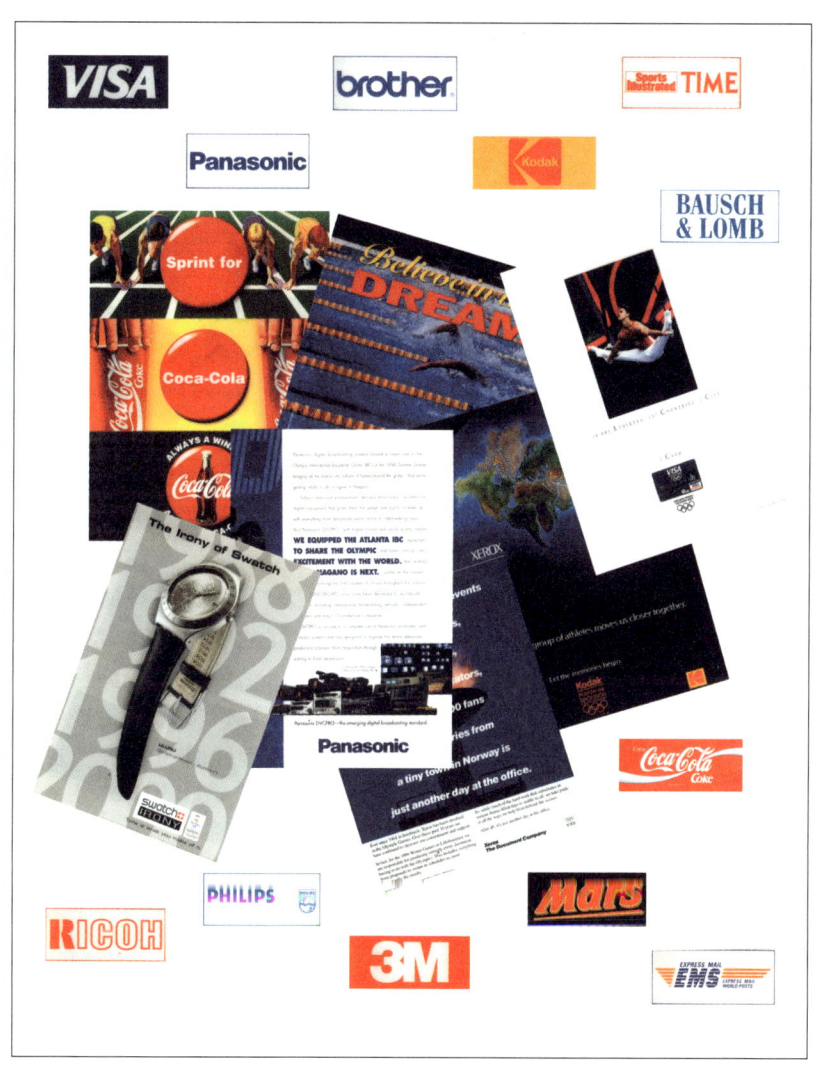

令国际奥委会和萨马兰奇一直都很骄傲的一点就是，世界上只有奥运会和温布尔登网球公开赛这两大体育赛事是不允许在体育场馆内设置广告牌的。这无疑是对指责国际奥委会过度商业化最有力的驳斥。奥运场馆内不允许放置广告不仅仅是出于一种道德立场。在场馆内设立广告会自动地减少电视转播和主要赞助商的收入，因为后者可能会对其唯一赞助权的丧失而产生抱怨。

在《奥林匹克回忆》中，胡安·安东尼奥·萨马兰奇讲述了自己的立场："我永远都不会忘记，布伦戴奇主席在自己的任期内拒绝相信电视的力量，不相信电视可能对奥林匹克运动带来积极影响。1936年在柏林进行了第一次试验性的电视广播，电视的出现导致了一场真正的革命：观众之多，令人难以置信，为奥林匹克运动带来了巨大的经济收益。我的看法与我的前任们完全不同。我相信电视将为我们开启美好的未来。我始终认为奥林匹克运动和电视可以携手并进，助力传播奥林匹克讯息。电视上出现的一切内容都被自动传播到无限的世界，人们很自然地把电视变为生活的一部分。从过去到未来，摄像机始终都具有令人难以置信的、即时的力量……对我们来说，摄像机已经成为非常有用的工具，使得奥林匹克运动走向世界上的每一个地方、每一个人。"

巴塞罗那奥运会上开始出现了高清电视转播

自上任第一天起，萨马兰奇就将国际奥委会棘手的财务状况作为急需解决的首要问题。当时国际奥委会仅在巴黎的一个银行中拥有一笔小小的存款。萨马兰奇很清楚出路在哪里：挽救经济危机，增强财力。只有获得经济独立，才能进行必要的奥林匹克运动革新计划。这位西班牙领导人也很清楚，要实现这一目标就必须同时向全世界传递另一条讯息，那就是具有利他主义性质的奥林匹克精神推崇的友谊至上和追求卓越。

新财源 萨马兰奇很快就将理论付诸实践。1982年，胡安·安东尼奥·萨马兰奇在以让-德·博蒙特（法国）为主席的财务委员会框架下设立了一个名为"新财源开发"的工作小组专门负责体育市场开发。该工作组由1980—1984年间担任国际奥委会副主席的路易斯·吉朗杜-恩迪亚耶（科特迪瓦）担任总负责人，成员包括：雷金纳德·亚历山大（肯尼亚）、1984—1988年间国际担任奥委会副主席的贝特霍尔德·贝茨（德国）、徐亨（中国台北）、莫里斯·埃尔佐格（法国）和金泽洙（韩国）。1984年，该小组因其越来越重要的地位而被改组为独立的委员会。

尽管国际奥委会设有电视委员会，但在1984年之前，奥运转播权的谈判始终是由奥组委负责与各大电视台进行的。自从组建了新财源开发委员会之后，国际奥委会开始自行谈判奥运会电视转播权合同。因此汉城1988年奥运会的电视转播权谈判是由奥组委和国际奥委会共同负责的。1978年，国际奥委会委员理查德·庞德（加拿大）律师开始担任新财源开发委员会副主席，并在1988年取代路易斯·吉朗杜-恩迪亚耶成为主席，而后者转而担任国际奥委会副主席。在庞德的大力推动下，1988年该委员会被更名为市场开发委员会，由庞德继续担任主席一职直到萨马兰奇任期结束为止。

市场开发委员会很快获得了巨大成功。国际奥委会收入大幅增加，奥运会对全世界的吸引力也越来越大。数字说明了一切。在16年时间里，国际奥委会的收入成倍增长：洛杉矶1984年奥运会的电视转播权收入为2.9亿美元，而悉尼2000年奥运会的电视转播权收入则达到了13.3亿美元。16年间翻了5倍。这些收入在奥运会利益攸关方之间公平分配：运动员获得了更多的资金支持；国家/地区奥委会得以改善运动员训练条件、提高设施水平；国际单项体育联合会能够为运动员提供更好的服务；奥组委向举办城市提供更多资金进行基础设施现代化改造从而提高了奥运会的质量；国际奥委会为奥运团结基金注入资金，推动奥林匹克运动价值观的传播并促进如奥林匹克博物馆等文化项目的建设。总而言之，用萨马兰奇的话来说就是"奥运会对所有人来说都是一笔划算的生意"。

在1982年罗马第85次全会期间，国际奥委会新财源委员会第一任主席路易斯·吉朗杜－恩迪亚耶（左）与1988年起任该委员会主席的理查德·庞德（右）会谈

奥运五环的商业价值 自1913年顾拜旦创造了五环标志后，奥运会的商标价值就与日俱增。象征着各国在体育事业中团结一致的五环标志具有很高的辨识度。顾拜旦确立的奥运理念包括了机会均等、竞争、决心及国际间的互相理解。将奥运商标与奥运理念结合能给企业带来巨大的利益，是它们面向大众宣传自身产品的最佳渠道。

企业与奥林匹克运动之间日益紧密的关系反映了奥运会商业化过程的不断发展。1896年至1927年间，奥运会广告仅仅限于在体育场馆内销售比赛日程和海报，以及为观众提供服务，奥组委并不参与。奥运五环徽章出现后，阿姆斯特丹在1928年奥运会上推出了首个奥运商品。

许多企业开始在它们的广告中使用"奥林匹克"一词。布伦戴奇在成为国际奥委会主席前曾担任过美国奥委会主席，他认为这是一种对奥运形象的威胁，并采取措施避免广告中出现奥运五环标志。有趣的是，1932年正式注册奥运五环、口号及"奥林匹克"一词的并不是国际奥委会，而是保罗·赫尔姆斯（美国）。他的"赫尔姆斯烘焙"公司为那年洛杉矶奥运会供应面包和糕点。之后他们为美国代表团供应食品。这一商业关系一直维持到1952年。公司的货车和面包包装袋上都印有奥林匹克标志。赫尔姆斯由此与国际奥委会产生了纠纷，但是1950年，他慷慨地将所有奥运标志的许可转让给了国际奥委会。赫尔姆斯当初之所以购买奥运商标权

在1982年罗马第85次全会期间的新财源委员会会议

是为了在做广告时使用一种大家都懂的语言，但布伦戴奇认为赫尔姆斯利用奥运会做广告完全违背了奥林匹克精神。

洛杉矶奥运会 20世纪80年代，企业赞助给奥委会带来了巨额收入。在新任主席的领导下，国际奥委会执委会设立新财源开发工作小组，大大利用了这一收入来源，并在1983年新德里全会上通过了商业化的提案。1984年，该工作小组改组为新财源开发委员会。彼得·维克多·尤伯罗斯（美国）首先提出了独家赞助的想法。当时他正为洛杉矶1984年奥运会寻找赞助。

奥运会最大的一个特点就是不在举办城市中进行广告宣传。萨马兰奇无视那些颇具诱惑力的提案，而是坚持自己的原则：对在体育场馆内做广告说"不"。这甚至导致他与萨拉热窝1984年奥运会组委会发生了争执。后者希望在体育场四周围栏上张贴广告。萨马兰奇依旧咬定自己的原则。这其实再次反映了他善于利用重要场合的直觉和能力："从萨拉热窝奥运会开始，我就发现我们可以利用这些空间来宣传奥林匹克标志，所有的体育场馆都以五环来装饰。如果以金钱来衡量的话，我们要做一个相同规模的活动来宣传自己的商标可能要花上几百万美元。另外，过几年之后，回看当时有奥运标志的照片或录像，人们就可以很容易地辨认出那是第几届

奥运会。"萨马兰奇的直觉告诉他，最好的生意是销售所谓的"奥运会景观"这个奥运品牌。

最令国际奥委会和萨马兰奇骄傲的一点就是，世界上只有奥运会和温布尔登网球公开赛这两大体育赛事是不允许在体育场馆内设置广告牌的。这无疑是对国际奥委会表面上过度商业化的指责的最有力的驳斥。值得特别指出的是，奥运场馆内没有广告不仅仅是出于一种道德立场，在场馆内设立广告会自动地减少电视转播和主要赞助商的收入，因为后者可能会对其独家赞助权的丧失而产生抱怨。

负责开发奥运市场的专家表示，这是一个全新的理念，但也不是第一次出现。大卫·米勒在他的《奥运革命》一书中就曾写道，1896年首届雅典奥运会的官方节目中就出现过包括柯达在内的广告，100年之后，柯达依旧是TOP计划最主要的赞助商之一。电影《烈火战车》中曾出现过立顿茶的广告牌，因此我们也可以猜测巴黎1924年奥运会时场馆内就有广告牌。那年的圣莫里茨冬奥会曾宣布阿华田为其"官方供应商"。洛杉矶1932年奥运会中的露天比赛中可以看到德士古和其他公司的广告宣传。

赫尔辛基1952年奥运会初次制定了一个由来自10个国家的18个公司组成的国际营销计划，其中最为突出的是可口可乐、雀巢和欧米茄。东京1964年奥运会的合作公司数量达到250家，蒙特利尔1976年奥运会的合作商数量更是创下历史新高，共有来自40个国家的600家公司参与。但是奥运赞助计划真正取得成功是在1984年的洛杉矶奥运会。理由很简单，国际奥委会没有与洛杉矶市政府而是与一家私人公司签订市场开发协议，所以当然"必须"达到收支平衡。那次尝试取得了振奋人心的结果，成为国际奥委会未来政策的一个分水岭。

萨马兰奇采取了自己一直以来的做法：从旁观察、保持沉默、放手让他人行事。只有在出现意见不一致的时候他才会介入。他信任彼得·尤伯罗斯。洛杉矶奥组委在历史上创新性地设计了3个级别的营销方案：34家企业为官方赞助商，64家企业为供应商，65家企业为特许经销商。每个等级的商家享有不同的权利。洛杉矶奥组委成员、营销专家乔尔·鲁宾斯坦实施了质量重于数量的标准。这位专家认为应该限制赞助商的数量以避免大众化和重复化，并且从每个级别的主要广告商中挑选赞助商，以此为赞助商创造更大价值，从而使得营销更为有效。尽管大部分赞助商是大型跨国企业，但仍只局限于总部在当年奥运主办国和美国的企业。

彼得·尤伯罗斯奇迹 在世人眼中，洛杉矶1984年奥运会是莫斯科奥运会展现"美国梦"的最佳舞台。人们无疑会将它与带着浓厚"国营"风格的莫斯科1980年奥运会做对比。洛杉矶奥运会完美地体现了美国精神。作为一桩赚钱的买卖，这届奥运会最终盈利高达2.23亿美元，而之前的半个世纪中，从来没有哪届奥运会曾有过盈利。洛杉矶是全世界唯一一个靠举办奥运会赚过钱的城市。1932年这座城市第一次举办奥运会的时候，盈利是120万美元，在当时已经算是不错的成绩。但后来主办方之间发生法律纠纷，经过法庭裁决，所有的盈利被返回地方组织。为避免这种情况再次出现，1984年奥运会在举办之前就已经确定好了利益分配的方式：40%给美国奥委会，20%给各个奥运单项体育联合会，余下的40%则归南加州的运动员。

洛杉矶奥运会之所以能够在经济上获得巨大成功，主要原因是在体育和配套基础设施上的投入几乎为零。这在奥运举办城市中实属罕见。除了根据国际单项体育联合会和国际奥委会的要求新建了一个自行车馆、一个临时泳池及一个临时射击场外，几乎没有添置任何体育设施。而1984年奥运会成功的决定性人物则是彼得·尤伯罗斯。他在竞争洛杉

金钱的价值

国际奥委会不为私人电视台诱人的价格所动，而是情愿保留免费和开放的转播方式。这样就可以保证所有的人都能看得起奥运比赛。奥运场馆、运动员的服装和后背没有任何形式的广告。禁止烟草和酒精饮料企业的赞助。

捍卫奥林匹克理念所秉承的价值观和道德原则、不为金钱所左右是奥运会所必须坚持的底线。在这种情况下找到在保留奥林匹克精神的同时又可以令奥林匹克运动壮大和繁荣的方法是一项艰巨的任务……萨马兰奇当选后的第4年，一场出人意料的电视转播权招标让人们看到了奥林匹克运动财政方面的新转机。但是这场本可以对奥林匹克运动产生积极意义的事件却险些使其陷入困境。这场蛇蝎之战让人们对国际奥委会产生了怀疑。

迈克尔·佩恩
国际奥委会市场开发部主任（1988—2004）

矶奥组委主席时以9票对8票险胜埃德温·施泰德。作为洛杉矶一家大型连锁商场的老板,施泰德的优势十分明显,如果不是因为他的公司后来财务状况出了问题,尤伯罗斯基本没有机会获胜。

似乎冥冥之中自有天意,尤伯罗斯注定要在这届奥运会上一战成名。1937年9月2日,在他出生的这一天,现代奥运之父顾拜旦与世长辞。记者皮埃尔·布奇在《奥林匹克资讯》杂志上这样形容他:41岁,金发碧眼,麦芽肤色,外表出众。他是个典型的美国人,无论在说话的语气、穿着和行事风格上都透露出十足的美国范儿,周身散发着一股商人特有的自信。看得出来他阅历颇丰,而且还有明确的目标……而这一切还要感谢他在之前的四年中所获得的经验。作为洛杉矶奥组委的一员,他有很多的机会与来自世界各地的人们接触和交流。

萨马兰奇的直觉告诉他,洛杉矶奥运会的成功可能标志着一个新时代的开始。它从战略高度为未来奥组委的工作指明了方向。来自私企的赞助带来了2.2亿美元的收益。尤伯罗斯用事实向世人证明奥运会是一个巨大的商机,并且在这一过程中为洛杉矶市留下了丰富的遗产。如此巨大的成就使他成为《时代》杂志的封面人物,并入选"1984年年度人物"。尤伯罗斯出生于芝加哥,童年时代吃过不少苦,后来加入了共和党。当选美国奥委会主席后,由于在国际贸易方面有丰富的工作经验,性格上又喜欢挑战权威,他敢于同国际奥委会、媒体、国际单项体育联合会以及政客们分庭抗礼、巧妙周旋。此外,因为在洛杉矶奥组委工作期间所展现出的领导才能,他在1984年至1989年间被选为美国职业棒球大联盟专员。

可以说尤伯罗斯是一名优秀的销售员:越是感兴趣就越会显得毫不在意。但与对外展现出的良好形象相比,他对内的形象就要差得多。某些媒体批评他故意营造的一种"紧张的氛围",设置难以达到的目标,使工作人员时刻处于高压之下,日日胆战心惊,借此来激励他们发挥潜力。他十分节俭,甚至可以算得上是吝啬。为了成功举办奥运会,许多义工甚至连周末都要免费工作,但他连提供一份三明治简餐都不愿意。尤伯罗斯的领导理念是:只有让人感到畏惧并心生崇敬才能让他们保持忠诚。所以他总是要求所有员工对自己言听计从。从一开始他就明确

共同利益

奥林匹克运动可以为企业带来很多东西。这就是为什么企业选择投入相当数量的资金来配合奥林匹克运动。如果企业投入了资金,那是因为他们相信优异的收益能够使他们收回投资。这是因为奥运会塑造的是全球化的积极形象,体现出的奥林匹克价值观,此外,奥运标志在全球范围内拥有的巨大价值,是世界上最著名、认可度最高的标志。这些都是奥林匹克运动的重要功能。

对于希望成为奥林匹克运动合作伙伴的企业,我们没有任何先决条件。如果公司不能从协议提供的条件中受益,或者公司认为价格过高,公司完全可以拒绝这些方案。他们可以独立地评估经济及其相关的后果。

保罗·赫尔姆斯是第一个注册奥运五环、口号和"奥林匹克"一词的人,他是洛杉矶1932年奥运会面包及烘焙糕饼供应商

理查德·庞德
电视转播权谈判委员会主席(1983—2001),市场开发委员会主席(1988—2005)

表示，奥运会不是一门一般的生意，普通的标准行不通。1984年奥组委就像一个以尤伯罗斯为首的"专制政权"，但是以洛杉矶市长民主党人汤姆·布拉德利为首的大部分人都一致认为，如果由公共政府机构来筹办这一盛事的话，是不可能获得像尤伯罗斯那样的成果的。政治纷争、妒忌、勾心斗角和拖沓的官僚作风都是阻碍成功的负面因素。

洛杉矶奥运会的总收入为7.19亿美元，比尤伯罗斯在奥运开幕前所做的预测多出了2.05亿。支付了所有的开支以及给国际奥委会的5000万美元电视转播权费用后，总盈利为2.23亿美元。尤伯罗斯甚至还准备了7000万美元的备用金，打算在苏联进行抵制的情况下用来支付给ABC电视台的赔偿金。因为有人预测，苏联如果不参加奥运会，可能会造成某些比赛项目水平下降，从而导致收视率和广告收入减少。但事实上，美国运动员获得的每次胜利都会引起民族主义热情的爆发，收视率甚至不降反升。洛杉矶市府官员帕特·罗素宣称：不论如何，认为洛杉矶奥运会是一场奇迹是十分荒谬的。因为它根本不是奇迹，也并非有神相助。完美的组织工作、周详的计划、压缩到最低的预算、杜绝任何形式的浪费以及全体人民积极地参与才是洛杉矶奥运会取得巨大成功的真正原因。

尤伯罗斯于1988年出版了回忆录——《美国制造》。在书中他提到："我们精心设计的赞助商计划体现了真正的企业家精神。共有30家公司愿意加入这项条件苛刻、风险极高的赞助计划，并且没有一家在中途退出。它们始终没有失去对奥运会的信心。它们认同奥运会这一重要的体育赛事，认可奥运会这一积极的形象所潜藏的内在价值。一旦齿轮开始转动，就不可能再向后倒退。"萨马兰奇与尤伯罗斯之间的关系十分融洽。萨马兰奇对尤伯罗斯推行的努力工作、作风简朴、纪律严明的企业文化颇为赞赏。国际奥委会副主席理查德·凯文·高斯帕（澳大利亚）曾经说过："国际奥委会主席的强项之一是他卓越的挖角才能和实用主义精神。"洛杉矶奥运会的巨大成功使得世面上出现了大量关于这届奥运会的回忆性书籍。萨马兰奇也曾带着好奇读过其中的一些，并表达了自己的感想："我曾读过一本瑞德写的关于1984年奥运会的书。按照他的说法，国际奥委会就是一块绊脚石，没有起到任何作用。如果我不亲自站出来向世人澄清这段历史，国际奥委会多年来所做的努力就会被彻底湮灭。这让我心寒。"

霍斯特·达斯勒，一位关键人物 霍斯特·达斯勒于1936年出生于德国赫佐格奥拉赫。在20世纪七八十年代，他是全球体育界举足轻重的人物。他的父亲阿道夫·阿

萨马兰奇和洛杉矶1984年奥组委主席彼得·尤伯罗斯（左一）。尤伯罗斯在为奥运会组织寻求私人赞助时，首创了独家赞助的模式

1984年洛杉矶第90次大会，乔尔·鲁宾斯坦（中），彼得·尤伯罗斯（右），卡洛斯·费勒，萨拉特

迪·达斯勒于1949年创立著名的体育服装与运动鞋公司阿迪达斯。霍斯特创立的阿迪达斯法国公司与父亲的阿迪达斯德国公司以及叔父鲁道夫·鲁迪·达斯勒于1948年创办的彪马公司展开竞争。霍斯特使得阿迪达斯成为世界最大的体育用品生产商之一，并在1973年推出阿瑞娜品牌，经营游泳运动产品。1980年他将公司交给母亲凯特打理，1985年母亲去世后霍斯特再度出山，直到1987年因癌症去世。

霍斯特·达斯勒和帕特里克·纳利是"俱乐部"基金会的负责人。这是一个致力于通过投资体育营销来掌控世界体育的高级私人集团。达斯勒非常敬业，甚至可以说是个工作狂、权力狂。但是他具有的高超的沟通才能让他结交了多位世界体育界高层。此外，他也以"体育赞助之父"著称。他在1982年创建了以开发体育营销业务为目的的"国际体育、文化和娱乐公司"（ISL）。除了达斯勒之外，参与该集团发展的还有日本电通广告股份公司。ISL公司代表着国际主要财团的利益，成为了世界最重要的体育赞助和商业化公司。ISL成立于西班牙1982年世界杯足球赛之后，获得的第一份大合同是墨西哥1986年世界杯的营销权。同时它也与国际田联签署协议，并于1985年的巴黎室内田径锦标赛上第一次展开合作。在此期间，公司还与国际排球联合会签署了排球锦标赛的营销协议。

1984年12月，达斯勒从萨马兰奇手中接过了奥林匹克勋章。用萨马兰奇的话来说，当时还是阿迪达斯副主席的达斯勒之所以能够获得国际奥委会的嘉奖是因为：他用品质卓越的体育器材装备了数以千计的运动员。其公司的发展方向充分促进了世界范围内，尤其是发展中国家体育的发展。达斯勒在51岁时猝然离世，这使体育界和奥林匹克运动都陷入了悲痛之中。这位前曲棍球运动员、标枪冠军、不知疲倦的工

阿姆斯特丹1928年奥运会可口可乐售卖亭

萨马兰奇主持1992年巴塞罗那奥组委（约瑟夫·米克尔·阿瓦德）、1992年阿尔贝维尔奥组委（让-克劳德·基利）、美国可口可乐公司三方间的协议签署

作狂人、奥林匹克主义革新理念的推动者给他的朋友萨马兰奇留下了深刻的印象。达斯勒英年早逝的消息让萨马兰奇感到无限惋惜。萨马兰奇曾不止一次表达过对达斯勒的敬佩之情:"霍斯特·达斯勒是世界体育界的典范。他为世界体育,特别是体育在发展中国家的发展做出了贡献。他曾是奥林匹克主义的好朋友。从现在开始一切都将不一样了。我甚至为阿迪达斯感到担忧……葬礼非常隆重,但气氛很悲痛。他死于一场来势汹汹的癌症……我预感将会有一场权力的生死之争。我对它的后果、为国际奥委会甚至为自己感到担忧。局势可能将会难以控制。我要向这位一向待我不薄的人致以最后的敬礼,一直以来,他给我提供了很大的帮助。我会想念他的。"

ISL与TOP计划 发展新财源的脚步并未停歇。很快,萨马兰奇就又找到了发展的新途径:"除了出售奥运会电视转播权之外,我又开始为另一项扩展新财源的计划而努力。奥林匹克运动在壮大,奥林匹克理念的传播让我们的成员数量与日俱增,这也就意味着国家/地区奥委会的数量也在增长。我们需要更多的收入来保持独立性,以免在决策过程中受制于政府或国家。"

通过奥运赞助,奥运五环商标带来的收入有所增加。自1985年起,一个全新的模式——"The-OlympicPartners"(TOP),即奥运合作伙伴计划开始实施。这是一个由国际奥委会发起的奥运市场开发项目,由专业公司ISL负责项目的落地工作。该公司为德国阿迪达斯和日本电通广告参股创办。该项计划邀请各国家/地区奥委会以及奥组委加入。萨马兰奇在《奥林匹克回忆》中记载:"我不得不无骄傲地说,这是国际奥委会最重要的革新之一,它使得国际奥委会进一步巩固了在国际上的地位。我对此感到非常满意。"萨马兰奇表示,最初的构想来自于当时的可口可乐公司体育公关部主任加里·海特。"可口可乐公司希望签订一个适用于所有国家的合同,这样就可以避免与每个国家都单独进行复杂繁琐、耗资耗时的双边谈判。我觉得他的想法很有启发性,但落实起来却有些难度,需要先与全体国家/地区奥委会召开会议进行讨论并获得它们的一致认可。"

在1983年于新德里召开的国际奥委会第86次全会上,ISL公司介绍了TOP理念,并被委任负责制定具体的计划。1985年柏林第90次全会通过了关于ISL负责项目管理的决定。国际奥委会总干事莫妮卡·贝利乌对国际奥委会和ISL签订这一协议非常生气,记者大卫·米勒写道:首先,这一决定没有预先得到她的同意。其次,

1990年,奥委会合作伙伴计划成员在洛桑的瑞薇琪酒店召开会议

1984年,萨马兰奇为阿迪达斯帝国领军人物、德国商人霍斯特·达斯勒颁发奥林匹克勋章,感谢他对运动事业的贡献

萨马兰奇请求希腊奥委会委员尼古劳斯·尼斯奥提斯和尼科斯·费拉里托斯从中调停,以期解决洛杉矶1984年奥运会的火炬接力危机

她认为国际奥委会不应该采取任何营销方面的手段。因为那也许会是压垮骆驼的最后一根稻草。合同签署10天后,贝利乌即被解职(见"第13章 在奥林匹克之都洛桑的日常生活")。霍斯特·达斯勒向萨马兰奇提供了一条解决国际奥委会复杂的财务问题的出路:由阿迪达斯负责与全球所有的国家/地区奥委会谈判,为TOP计划寻找赞助商。此外,副主席庞德和在1989年被聘用为国际奥委会市场开发部第一任主任的ISL高管迈克尔·佩恩负责协调国际奥委会与赞助商之间的关系。这是一项十分艰巨的任务。关于这份协议,庞德做了如下解释:《奥林匹克宪章》要求,奥组委组织的任何商业化活动都需要得到相关国家/地区奥委会的同意。所以在过去,建立一个高效的国际性的商业化体系几乎是不可能的。因为赞助商们必须与每个国家的奥委会进行单独谈判来获得授权,使用奥运标志。TOP计划是由与国际奥委会有直接关系的、各行业的领军企业提供经济资源为奥运会提供赞助。他们既为奥运会的全球推广做出贡献,又捍卫了奥林匹克价值观。这些企业的经营范围涵盖40大类产品,包括汽车、信息、计时器、体育用品、照明、鞋类等。与之前不同的是,现在的商业化计划具有全球性特征。萨马兰奇很重视经济援助:"TOP计划提供真正的经济来源,并可以很好地帮我达成一开始定下的两个目标。首先,它帮助我们提高了经济收入,这一点对实现财政独立具有至关重要的作用。不过经济收入并不代表一切,这一计划的全球性特征也很重要。其次,在理念上,这一枚关键性的棋子帮助我们在全世界范围内推广顾拜旦的理念。"加入TOP计划的跨国公司有可口可乐、柯达、3M、理光、松下、时代公司、美国邮政、玛氏、飞利浦、兄弟工业、VISA、博士伦、恒康、麦当劳、三星、联邦快递、施乐和SEMA。其中一些为永久性合作伙伴,另外一些则在某些年份有所参与。这一赞助计划以4年为周期签署一次合同,其最大受益者是各国家/地区奥委会和奥组委,而国际奥委会的收益仅占7%。余下的在奥组委、国家/地区奥委会和国际单项体育联合会之间分配,达到将由运动员创造的财富以资助和奖金的形式返还给运动员的目的。萨马兰奇认为:"国际奥委会所分得的7%收入有时甚至不足以支付所有的开支,但是我们有义务支持奥林匹克运动,特别是那些需要帮助的国家/地区奥委会。"

TOP计划的目标建立在1984年洛杉矶产品模式和独家赞助等级体系的基础之上。它为奥运会奠定了

1988年在洛桑,萨马兰奇和1988年至2005年国际奥委会财政新来源及市场委员会主席、加拿大人理查德·庞德会面

收入单位：百万美元

奥运合作伙伴计划	收入	国际奥委会分成%	奥组委分成%	国家奥委会分成%（各国国家奥委会+美国奥委会）
第1期（1985—1988）（卡尔加里1988年奥运会/汉城1988年奥运会）	96	2	64（20+44）	34（22+12）
第2期（1989—1992）（阿尔贝维尔1992年奥运会/巴塞罗那1992年奥运会）	172	7.5	54（18+36）	38.5（20+18.5）
第3期（1993—1996）（利勒哈默尔1994年奥运会/亚特兰大1996年奥运会）	279	7.5	62.2（17.3+44.9）	30.3（16.5+13.8）
第4期（1997—2000）（长野1998年奥运会/悉尼2000年奥运会）	579	8.3	61（22.8+38.2）	30.7（16+14.7）

奥运合作伙伴计划	国家奥委会参与数量	参与企业	收入	总收入占比%
第1期（1985—1988）（卡尔加里1988年奥运会/汉城1988年奥运会）	150（93%）	9（可口可乐、柯达、时代公司、VISA、兄弟工业、飞利浦、3M、联邦快递、松下）	96	0.35
第2期（1989—1992）（阿尔贝维尔1992年奥运会/巴塞罗那1992年奥运会）	169（98%）	12（可口可乐、柯达、时代公司、VISA、兄弟工业、飞利浦、3M、美国邮政、松下、博士伦、理光、玛氏）	172	9.20
第3期（1993—1996）（利勒哈默尔1994年奥运会/亚特兰大1996年奥运会）	197（100%）	10（可口可乐、柯达、时代公司、VISA、施乐、美国邮政、IBM、恒康、松下、博士伦）	279	10.61
第4期（1997—2000）（长野1998年奥运会/悉尼2000年奥运会）	199（100%）	11（可口可乐、柯达、时代公司、VISA、施乐、美国邮政、IBM、恒康、松下、麦当劳、三星）	579	15.36

开发多样化收入的基础，使之能与有意合作的企业建立长期联盟关系，共同为奥林匹克运动做出贡献。TOP计划为每个全球奥运合作伙伴提供国际性独家商业权以及具体某一产品或服务级别内的商业机会。合作协议对国际奥委会、相应的国家/地区奥委会及其奥运代表队、冬季奥组委和夏季奥组委以及奥运会有效。合作品牌可以在全球运行，并可与所有参与TOP计划的奥林匹克运动成员一起进行营销活动。合作产生的收入以如下方式进行分配：50%归奥组委所有，40%归国家/地区奥委会所有，剩下10%由国际奥委会所有。

TOP计划盈利的50%分配给奥组委后，可以给奥运会带来更有力的资金支持，为奥林匹克运动提供独立稳定的财政来源，为每两年举办一次奥运会提供保障（冬奥会与夏奥会交替进行）。40%的盈利分配给相关国家/地区奥委会后，可以让国际奥委会在全世界奥林匹克运动中均衡地分配收入，可以改善运动员的训练条件、组建更优秀的奥运团队，并保证体育能够更好地融入社会生活的方方面面。

由于效果显著，国际奥委会推出的这一全新模式很快就被其他体育组织所效仿。1984年到1988年的4年中，仅仅来自电视转播权盈利的8%和TOP计划的3%的收入就为国际奥委会积累了500万美元的资金。

理查德·庞德曾担任国际奥委会副主席，并从1988年起担任新财源委员会主席。他曾表示："TOP计划已经成为全世界最重要的体育市场开发计划，它为企业和体育事业搭建起了一座桥梁。对于奥林匹克运动来说，这种结合在经济、技术和品牌推广方面都硕果累累。国际奥委会的收入翻了3倍，也不再像过去那样依赖

1995年在瑞士洛桑，萨马兰奇与NBC体育频道总裁迪克·艾伯索尔签署悉尼2000年奥运会与盐湖城2002年冬奥会电视转播权协议

向美国电视台出售赛事转播权所带来的收益。"在这一过程中，有一个变化十分有趣。赞助商的数量比20世纪80年代初更少，但它们为取得独家赞助权所支付的费用却越来越高，并且与奥林匹克运动的联系也更为密切。庞德这样解释这一变化："虽然来自美国电视转播权的收入有所减少，但是TOP计划依旧获得了巨大的成功。可以在全球范围内使用奥运五环和徽章，这一点对赞助商的吸引力越来越大，让他们愿意付出更多的资金……所有这些变化都有助于国际奥委会实现增加收入来源这一目标。"他认为这一制度对相关国家/地区的奥委会十分有利，特别是那些发展中国家。签署协议的国家/地区奥委会都能得到固定比例的收益，而该国每位参加奥运会的运动员也可以得到一份可观的收入。值得一提的是，其实一开始这位加拿大律师是反对这一提议的。他认为不可能把超过160个国家/地区奥委会和奥组委组织起来朝同一个方向努力。但萨马兰奇在这一问题上的态度却十分坚决："很好，那就由你完成这项不可能完成的任务。"对于奥组委来说，TOP计划最有用的一点是那些技术型的赞助商为奥运会提供了许多技术支持。1993年，根据庞德和佩恩的建议，萨马兰奇及国际奥委会决定，不再与ISL续约，转而成立了一家新公司——Meridian Management。其中奥林匹克运动占25%的股份。根据萨马兰奇的要求，国际奥委会拥有公司50%的行政表决权。

美国的合作伙伴公司

可口可乐公司　从阿姆斯特丹1928年奥运会开始，从未缺席过任何一届奥运会，是与奥运会合作时间最长的赞助商。该软饮料品牌于1886年创立，1986年加入奥运合作伙伴计划至今。

伊士曼柯达公司　照相器材公司，成立于1882年。该公司参与了第1至6期奥运合作伙伴计划。

时代公司　报业集团公司，旗下拥有《时代》《体育画报》等知名报纸杂志，参与了第1至5期奥运合作伙伴计划。

VISA公司　金融服务公司，成立于1958年。该公司于1986年加入奥运合作伙伴计划至今。

3M公司　跨国公司，成立于1902年。该公司参与了前两期奥运合作伙伴计划。

联邦快递　快递公司，成立于1971年。该公司仅参与了第1期奥运合作伙伴计划。

EMS美国邮政服务　属于公共邮政部门，成立于1775年。该机构参与了第2至4期奥运合作伙伴计划。

博士伦　保健产品公司，成立于1853年。该公司参与了第2和3期奥运合作伙伴计划。

玛氏　糖果公司，成立于1911年。该公司仅参与了第2期奥运合作伙伴计划。

施乐　文档管理公司，成立于1906年。该公司参与了第3和4期奥运合作伙伴计划。

IBM　跨国技术公司，成立于1911年。该公司参与了第3和4期奥运合作伙伴计划。

恒康　保险和金融服务公司，1862年在波士顿成立。该公司参与了第3至5期奥运合作伙伴计划。

麦当劳　跨国快餐公司，成立于1940年。该公司于1997年参与了第4期奥运合作伙伴计划。麦当劳与奥林匹克运动的第一次接触可追溯到蒙特利尔1976年奥运会，当时麦当劳是赞助企业之一。

亚洲的合作伙伴公司

兄弟工业公司　日本办公用品公司，成立于1908年。该公司参与了前两期奥运合作伙伴计划。

松下　日本电子公司，成立于1918年。该公司于1987年加入奥运合作伙伴计划至今。

理光　日本大型电子企业，成立于1936年，该公司仅参与了第2期奥运合作伙伴计划。

三星　韩国电子巨头，创立于1938年。该公司于1987年加入奥运合作伙伴计划至今。

欧洲的合作伙伴公司

飞利浦 荷兰电子公司，于1891年成立于艾恩德霍芬。该公司参与了前两期奥运合作伙伴计划。

欧米茄 瑞士手表品牌，创立于1848年。该公司是亚特兰大1996年奥运会和悉尼2000年奥运会的计时器官方供应商。但是，欧米茄直到2003年才参与了奥运合作伙伴计划。

奥林匹克火炬传递危机 尤伯罗斯希望筹集更多的资金，于是提出希望通过在全美进行奥运火炬接力来增加收入。虽然此举出于好意，但却与奥运传统和火炬仪式相悖。他想以每公里3000美元的价格拍卖奥运火炬接力仪式。这一想法在当时饱受争议，而且被奥林匹克运动所拒绝。这就给国际奥委会和萨马兰奇带来了一个需要解决的大难题。

1989年在瑞士洛桑，国际奥委会主席萨马兰奇与柯达总裁凯·R.维特莫尔签署第2期奥林匹克合作伙伴协议

尤伯罗斯的计划是，1984年5月7日奥运火炬在雅典点燃并空运到达纽约，第二天开始火炬接力。终点为奥运会举办城市洛杉矶。这将是奥运史上距离最长的火炬接力。由美国国家通讯公司AT&T赞助，历时82天，经过美国1500个大小城镇，总长1.5万公里。尤伯罗斯希望将其中的1万公里以拍卖形式出售，以此为美国青年留下一笔遗产，将所得到的收益用于发展针对12~17岁青少年的体育计划，人们可以根据自己的意愿和能力出资，这对很多人来说应该是一生中难得的为奥运会做贡献的机会。

在洛杉矶奥组委主席的支持下，第一个"青少年遗产公里"（youth legacy kilometer）的接力选手是著名黑人短跑运动员、柏林1936年奥运会4枚金牌得主杰西·欧文斯的孙女吉娜·亨普希尔和斯德哥尔摩1912年奥运会十项全能和五项全能冠军得主吉姆·索普的孙子小比尔·索普。彼得·尤伯罗斯表示："我们希望1984年奥运会的遗产有一部分永久地留给美国青年……通过这次的火炬接力活动，我们也想改善奥林匹克运动在整个美国的形象，并推广奥林匹克精神，为举办奥运会做准备。"

国际奥委会市场开发部主任迈克尔·佩恩是庞德最信任的人之一。他在书中记叙了希腊和希腊奥委会对此事的反应：他们认为这是对奥运理念的一种亵渎，是"奥运火炬的商业化"，并表示不会同意尤伯罗斯和洛杉矶奥组委在传统的奥林匹亚赫拉神庙点燃火炬。尤伯罗斯对此保持沉默，因为他清楚地知道希腊奥林匹亚的经济收入大部分来自于在镇上杂货店出售塑料奥运火炬等"商业化"行为。另外，众所周知，尽管火炬传统可以追溯到古希腊奥运会，但是直到柏林1936年奥运会，在科隆体育高等学校创始人卡

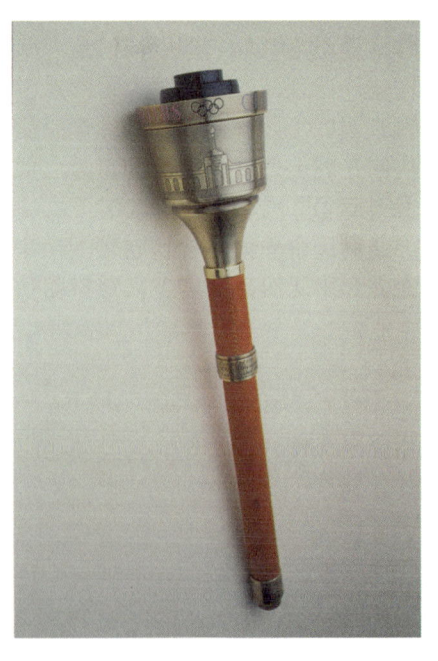

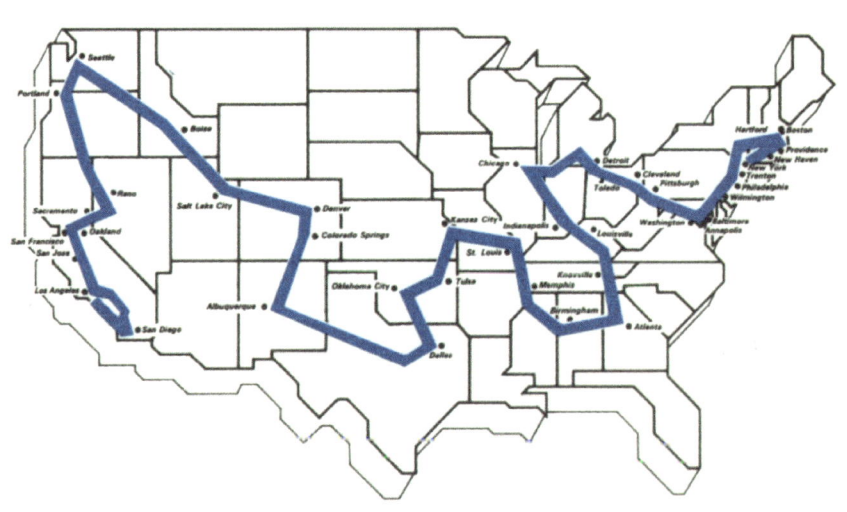

传奇运动员吉姆·索普的孙子小比尔·索普和在柏林1936年奥运会上违抗希特勒的传奇黑人运动员杰西·欧文斯的外孙女吉娜·亨普希尔领跑了奥运火炬在美国领土上的第一公里接力

尔·迪耶教授的坚持下，火炬接力活动才开始进行。当时3000人参加接力，历时12天将火炬从奥林匹亚送达柏林。

佩恩对此事的反应是，这一做法标新立异，而且还没有周详的计划。他认为尤伯罗斯明白火炬具有唤醒国家荣誉和自豪感的强大力量，可以将人们汇聚在奥运会周围。但是洛杉矶奥组委其余成员的看法不同。他的提案以1比7的票数被否决。但是尤伯罗斯依旧坚持相信自己的直觉，不顾其他人的反对要释放火炬传递真正的潜力。他要让接力成为团结的焦点，让每位参与火炬接力的人都能为传播奥运精神贡献自己的力量。

奥运会举办之前的政治气氛很紧张（见"第8章　奥运外交"）。萨马兰奇正为一系列复杂的三边谈判忙得焦头烂额。他希望说服以苏联为首的社会主义国家阵营放弃抵制，并出席奥运会。星星之火可以燎原。在萨马兰奇眼中，没有哪个问题是微不足道的。尤伯罗斯要靠奥运火炬来赚钱的想法让他颇为担忧。奥林匹亚市市长持反对意见，并表示有可能拒绝在奥林匹亚废墟上举行传统仪式，以太阳光点燃奥运火炬。萨马兰奇始终不看好尤伯罗斯的这一想法。他既不赞成"美国式"的赚钱野心，也对希腊人的极端态度感到不满。很多人都在不断地给他制造问题。他尝试向国际奥委会两位希腊委员尼古拉斯·尼索迪斯及尼克斯·费拉雷多斯寻求支持，但收效甚微。不过，对外萨马兰奇依然保持着沉着冷静的态度。在日内瓦举行的与欧洲广播联盟（UER）体育部的会议上他说道，关于美国奥运火炬接力这件事，出售公里数的做法体现出浓浓的美式思维，欧洲人很难理解。他们认为不能为了少数人的利益而如此大费周章。数周的谈判之后，还是拿不出具体的解决方案。萨马兰奇开始采取行动。他拿出了一套备选方案，希望在奥运会开始前几周解决这个问题，以便缓和紧张的气氛。他的第一个想法是请米库利奇和萨拉热窝奥运会的组织者帮忙，让他们把之前保存的奥运火种寄到美国。可是好几周过去了，萨拉热窝方面一直没有动静。萨马兰奇猜得没错，南斯拉夫不想与希腊为敌。米库利奇决定将他们保存的火种熄灭。对于米库利奇的选择，萨马兰奇这样说道："他不应该这样对待我。我给他提供了很多帮助，而面对我的求助，他却置若罔闻。人生就是如此现实！"距离点火仪式只剩一周的时间，萨马兰奇决定铤而走险。在他的日记中有这样一段话："这是最后的机会，我们启动了一套拯救计划。我们将派遣两名国际奥委会工作人员去希腊，带回在奥林匹亚点燃的火种。然后将它保存在洛桑，以备不时之需。"要落实这一方案绝非易事，全程都需要谨慎操作。为了证实整个过程的真实性，两名被秘密派往希腊的工作人员将整个仪式拍摄下来，证明是真正的奥林匹亚太阳之火点燃了奥运圣火。最后圣火总算到手，装在一个矿灯中运回洛桑。萨马兰奇写道："我觉得即便点火仪式还是一样在奥林匹亚举行，把火种永久性地存放在一个地方也有很大的必要。至少这样我们可以确保类似的问题以后不再出现。"正式的点火仪式延期到5月7日举行。问题似乎已经解决，萨马兰奇给希腊奥委会提供两个选择：按照传统在奥林匹亚点燃圣火并交给洛杉矶；或者在洛桑国际奥委会总部点火然后送往洛杉矶。最后希腊方面让步，同意按照传统在希腊点火。萨马兰奇马上通知尤伯罗斯，他的"小问题"解决了。

但是还有另一个问题悬而未决：火炬接力的商业化。最后，洛杉矶奥组委迫于来自奥林匹克运动的压力向希腊奥委会宣布："希腊人民是我们在奥林匹克运动中多年的朋友和伙伴，我们十分重视他们的反应。我们理解希腊奥委会的担忧。因此决定不在美国境内举行慈善筹款活动，而是尽可能遵循传统进行圣火交接和传递。"

尽管如此，纽约与洛杉矶之间的火炬接力还是产生了巨大的影响，引发了普遍的爱国热情。数月之后，里根总统在共和党内竞选连任的大会上也强调了这一活动对国家的影响。数年之后的卡尔加里1988年和亚特兰大1996年奥运会都举行了城市间的火炬接力，为加强美国各州与市民之间的联系做出了贡献。

电视和体育　通过电视机向全世界人民呈现奥运会给国际奥委会带来了巨大的收益，比如提高公众知名度、为奥林匹克运动提供经济来源、推广体育和健康的生活方式、通过奥运理念的推广凸显与其他体育赛事的差异、为广告和赞助提供机会等。在奥运会的历史中，电视的作用是潜移默化的。柏林1936年奥运会期间，德国纳粹分子使用电视作为政治宣传手段，播出了一些仅在某些电影院内可以观看的奥运会场景。科蒂纳丹佩佐1956年冬季奥运会期间，意大利首次转播了15个小时的奥运会比赛。但直到1957年，第5任国际奥委会主席布伦戴奇才承认电视转播在推动奥林匹克运动发展中的重要作用。电视转播权这一越来越重要的收入来源是壮大奥运会的强劲动力。布伦戴奇在寄给执委会的一封信中曾表示："我们没有保留奥运会的转播权，这是件憾事。"1957年，国际奥委会决定修订《奥林匹克宪章》以增加关于电视转播权的条款，并决定在奥运会召开期间，奥组委如要出售电视转播权必须经过国际奥委会的同意，并根据后者要求进行收益分配。从一开始，国际奥委会和奥组委之间在利益分配上就存在矛盾。形象地说，国际奥委会做的是长跑，而奥组委则是在短跑。国际奥委会致力于保护和发展奥林匹克理念，但奥组委寻求的是奥运期间的利益最大化。一直到1966年，国际奥委会得到的电视转播权收益始终是固定的。墨西哥城1968年奥运会组委会与美国ABC的电视转播权交易所产生的收益创下历史新高，于是国际奥委会决定组织一个电视委员会。1971年，国际奥委会再次修订《奥林匹克宪章》，规定国际奥委会在电视转播权收入上拥有独家权利，并且可以自主决定分配方案。从此之后，国际奥委会的该项收入增加了30%。

萨马兰奇上任伊始，国际奥委会濒临破产，世界奥林匹克运动在莫斯科1980年奥运会后也面临四分五裂的境地。面对挑战，他引入了奥运会商业化综合模式，将美国电视转播与欧洲公共广播服务相结合。在他任职期间，奥运会变成了世界上最重要的全球性体育盛会，这在很大程度上得益于电视所起到的巨大宣传作用，而电视最终也成为了推动奥林匹克运动发展的一股重要力量。

新模式所产生的良好效果并没有让萨马兰奇骄傲自满，相反，他丝毫不敢大意。他乘胜追击，提出了与电视台签署长期合作协议的计划。他认为应当在确定主办城市之前就与电视台签署协议，以保证举办城市能获得稳定的财政收入，同时为奥林匹克运动增加财源。与此同时，美国大型电视台也在纷纷开发新的渠道增加观众量和收入，电视转播权的价值也日益提高。同期，电视频道也进一步细分。各家电视台开始为购买到优质的内容而展开激烈竞争，因此在节目内容日渐丰富，市场竞争日益激烈的环境下保持较高收视率。同时，中介商和咨询公司也从谈判中撤出，国际奥委会开始直接并完全自主地进行电视转播权的谈判。

萨马兰奇始终坚持认为，体育爱好者必须有权免费观看奥运会。20世纪80年代中期的欧洲电视市场已经实现私有化，而且私人电视台的出价也更高，但出售给欧洲广播电视联盟依旧是最好的选择，因为欧洲广播电视联盟中包括了公共电视台，因此可以保证奥运会转播能够面向大众，特别是收入不高的年轻人。他们可以通过电视转播感受到体育所传达的积极乐观精神。

20世纪80年代中期，对奥运会电视转播权的竞争开始逐渐冷却。当时国际奥委会90%的电视转播权收入来自于美国电视台。但当电视转播权收入开始降低，而当TOP计划所带来的收入越来越多时，美国电视台的重要性和国际奥委会对它们的依赖性程度也开始降低。以欧洲为代表的其他地区开始大规模开发奥运电视转播市场，奥运会资金来源也因此可以更加平衡。尽管欧洲电视网络规模无法与美国相比，但私人电视台的参与不可避免地意味着电视转播权价格的增长。

萨马兰奇的好友马里奥·巴斯克兹·拉涅亚（墨西哥）自1991年起担任国际奥委会委员，自1979年起担任国际奥协主席。对过度依赖美国电视转播权的危害，他深有感触。1986年2月，他就曾表示为电视对奥林匹克运动可能造成的过度影响感到担忧："我们希望不要过度依赖电视台。我是个商人，我赞成商业化，但必须是在可控的范围内。电视是一个重要的财源，但也必须有节制。它不能领导我们的奥林匹克运动。诚然金钱很重要，但却不是最为重要的。我们希望呈现最精彩的奥运会。这一点无论何时都应牢记。"奥运会商业化以及电视转播权价格的倍增、奥运会的影响力和与电视之间错综复杂的关系都导致之后几届奥运会电视转播权的谈判更为艰难。国际奥委会在谈判中坚持自己的立场，在电视转播权问题上与奥组委处在平等的地位。但是，汉城1988年奥组委对电视台采取了非常激进的态度并坚决反对国际奥委会的决定，由此也使得后者相信，未来必须限制奥组委在电视转播权谈判中的权利。奥组委与国际奥委会之间的收入分配也有所变化。国际奥委会认为，奥组委作为奥运会的主要基础设施投资方，获得的电视转播权收入份额必须有所降低，理由很简单：国际奥委会的使命不是城市改造，而是支持体育。

汉城1988年奥运会电视转播权的谈判尤其艰难。萨马兰奇和国际奥委会的想法是遵循《奥林匹克宪章》，保证奥运会赛事的转播能够覆盖尽可能多的地区。国际奥委会希望能在不损害汉城奥组委利益的情况下实现这一目标。虽然最终的结果还算令人满意，但萨马兰奇认为，今后不能再在同样的条件下进行谈判。

针对1992年巴塞罗那奥运会，萨马兰奇提出了一些与家乡完美结合的新想法："那时我知道，如果只把电视作为财政收入的唯一渠道，我们将面临很大的风险。但在扩展新渠道的同时，我们必须认识到，电视转播收入还是最主要的财源。这种情况可能会使人们仅仅将奥运会看作是一场简单的、通过电视在全世界转播的运动

1987年在瑞士洛桑，萨马兰奇主席与NBC、OTI、IMG、CBS和ABC电视台代表以及广播电视委员会主席塞西尔·兰斯·克罗斯合影

会，而忽略了其背后的奥林匹克理念。因此我们在协议中规定，电视台不能介入奥运会的发展，也不能介入国际奥委会的决定。另外，如果奥林匹克运动要完全独立，就必须合理分配电视转播权获得的收入。市场开发委员会就负责在国际奥委会、奥组委、国际单项体育联合会和各国家/地区奥委会之间分配电视转播权所得。"从一开始，因为电视转播权收入的分配问题，国际奥委会和美国奥委会之间的关系就很紧张。因为奥运会大部分的电视转播权收入都来自美国电视台。之前，在电视转播权和赞助计划收入分配比例上，美国奥委会分得的比重总是大于国际奥委会。两者之间的冲突时有发生，并在1989年达到顶峰。《布鲁金斯评论》发表的一篇文章说，尽管欧洲的人口总数大于美国，但是欧洲电视台费用支出仅仅是美国电视台费用支出的5%。这就使得美国观众在观看节目的时候需要支付更高的费用。

美国奥委会一开始得到的是电视转播权收入的10%。1989年新协议签订后，美国奥委会获得电视转播权增长部分50%的收入以及到1996年为止的赞助收入的20%。到2004年为止的周期，美国奥委会获得赞助收入的20%以及电视转播权收入的12.5%。

技术变革 科技变革也带来了

电视转播权总收入以及获得电视转播权的国家

奥运会	电视转播权总收入	获得电视转播权的国家数
斯阔谷1960年奥运会	50,000 $	27
罗马1960年奥运会	1,200,000 $	21
因斯布鲁克1964年奥运会	937,000 $	30
东京1964年奥运会	1,600,000 $	40
格勒诺布尔1968年奥运会	2,600,000 $	32
墨西哥城1968年奥运会	9,800,000 $	—
札幌1972年奥运会	8,500,000 $	41
慕尼黑1972年奥运会	17,800,000 $	98
因斯布鲁克1976年奥运会	11,600,000 $	38
蒙特利尔1976年奥运会	34,900,000 $	124
普莱西德湖1980年奥运会	20,700,000 $	40
莫斯科1980年奥运会	88,000,000 $	111
萨拉热窝1984年奥运会	102,700,000 $	100
洛杉矶1984年奥运会	286,900,000 $	156
卡尔加里1988年奥运会	324,900,000 $	64
汉城1988年奥运会	402,600,000 $	160
阿尔贝维尔1992年奥运会	291,900,000 $	86
巴塞罗那1992年奥运会	636,100,000 $	193
利勒哈默尔1994年奥运会	352,900,000 $	120
亚特兰大1996年奥运会	898,300,000 $	214
长野1998年奥运会	513,500,000 $	160
悉尼2000年奥运会	1,331,600,000 $	220
盐湖城2002年奥运会	738,000,000 $	160
雅典2004年奥运会	1,494,000,000 $	220
都灵2006年奥运会	831,000,000 $	200
北京2008年奥运会	1,739,000,000 $	220
温哥华2010年奥运会	1,279,500,000 $	220
伦敦2012年奥运会	2,569,000,000 $	220

电视转播权收入再分配

	总收入 （以百万美元为单位）	国际奥委会	奥组委	各国国家奥委会+ 美国奥委会	国际体育 联合会	奥运会+ 世界反兴奋剂组织
利勒哈默尔1994年奥运会	352.900 $	28.7 （8.1%）	239.8 （67.9%）	6.8+29.5 （1.9%+8.4%）	27.8 （7.9%）	20.3 （5.8%）
亚特兰大1996年奥运会	898.300 $	94.1 （10.5%）	564.7 （62.9%）	23.3+45.6 （2.6%+5%）	114.2 （12.7%）	56.4 （6.3%）
长野1998年奥运会	513.500 $	58.8 （11.4%）	308.2 （60%）	13.6+37.5 （2.6%+7.3%）	65.4 （12.7%）	30 （5.9%）
悉尼2000年奥运会	1,331.600 $	130.9 （9.8%）	800 （60%）	26.7+70.5 （2.1%+5.3%）	189.7 （14.2%）	88.7+25 （6.7%+1.9%）

第一个电视转播权谈判委员会

1980年8月初萨马兰奇主席刚上任时，国际奥委会既没有电视转播权政策也没有相关的理念。而且全世界的电视台都认为，奥运会远远不如世界杯或欧洲锦标赛来得重要。

国际奥委会总干事莫妮卡·贝利乌以保守出名，她负责了几个与美国电视台的电视转播合同。但她的处理方式令有关各方都感到不满。例如，对萨拉热窝1984年冬奥会的电视转播权，只有两家电视台竞争。一家是只要有奥运比赛就必定转播的ABC，另一家则是CBS。由于对莫斯科1980年奥运会的抵制风波心有余悸，NBC并没有参与竞标。

有传言说，这两份报价单都在谈判前夜被保存在保险箱里。但是，第二天早上打开保险箱后，人们发现报价单上的数字与前一天晚上的不一样。最终ABC以9100万美元对9000万美元的报价淘汰了CBS。

当我以NBC代表的身份与萨马兰奇接触时，我们两人都对莫斯科抵制风波心有余悸，但是萨马兰奇认为我们应该参与竞标。他问我："你们要怎样才能信任国际奥委会？"而我也总是给他相同的答案："一张干净整洁的桌子，一个公平的环境。"

在这样的背景下，首个电视转播权谈判委员会得以成立，成员包括理查德·庞德、塞西尔·兰斯洛特·克罗斯爵士和卡尔加里1988年奥组委代表。1983年1月24日的夜晚显得格外漫长，在洛桑皇宫酒店，NBC以3.04亿美元败于ABC的3.09亿美元的报价。这一报价比萨拉热窝奥运会高出2.18亿美元，甚至比汉城1988年奥运会的报价金额还要高。面对这种情况，我们无话可说。

亚历克斯·吉拉迪
自1994年便担任以色列的成员代表。国际田径联合会电视委员会主席，国际篮球联合会电视委员会主席，NBC体育副总裁，凯斯特广播公司创始人兼总裁

以大洲划分的电视转播权总收入

电视转播权	总收入（单位：百万美元）	美国（+加拿大）	欧洲（欧洲广播联盟）	欧洲社会主义国家（国际广播电视组织）	日本（+自1994年起包括亚洲）	澳大利亚（+自1994年起包括新西兰）	南美洲（拉美电信组织）	非洲	其他（加勒比，阿拉伯……）
普莱西德湖,1980	20,70	74,88	12,78	5,85	5,07	0,29	—	—	1,13
莫斯科,1980	88	83,39（82,20+1,19）	6,42	1,71	5,11	1,55	1,23	—	0,59
萨拉热窝,1984	102,7	90,84（89,09+1,75）	3,99	1,46	2,43	0,73	—	—	0,55
洛杉矶,1984	286,9	79,48（78,43+1,05）	6,78	0,87	6,62	3,70	0,79	—	1,76
卡尔加里,1988	324,9	96,30（94,92+1,38）	1,75	0,37	1,08	0,49	—	—	0,01
汉城,1988	402,6	76,14（75,24+0,90）	7,02	0,75	13,04	1,70	0,73	—	0,62
阿尔贝维尔,1992	291,9	86,05（82,65+3,40）	6,29	0,68	3,06	2,89	—	—	1,03
巴塞罗那,1992	636,1	65,63（63,04+2,59）	10,38	0,71	9,83	5,31	0,56	—	7,58
利勒哈默尔,1994	352,9	86,72（83,33+3,39）	7,91	—	3,74	1,38	0,14	0,11	—
亚特兰大,1996	898,3	53,15（50,84+2,31）	27,87	—	12,96	3,90	0,61	0,74	0,77
长野,1998	513,5	—	—	—	—	—	—	—	—
悉尼,2000	1,331,6	—	—	—	—	—	—	—	—

积极的影响。在1992年奥运会上,各国主要电视台首次可以授权给国内其他有线或无线电视台进行次要级别比赛的转播,由此增加了电视转播的比赛场次和涵盖的体育项目数量。在英国和西班牙等国,有90%的人通过电视观看了巴塞罗那1992年奥运会,70%的人观看了阿尔贝维尔1992年冬奥会,而到了利勒哈默尔1994年冬奥会,取得电视转播权的国家/地区增加到120个,而在两年前的阿尔贝维尔奥运会,这一数字仅为86个。与此同时,能够观看奥运会的地区也越来越多,比如冬奥会实现了通过M-Net和ART卫星在非洲大陆进行转播。

亚特兰大1996年奥运会的资金来源完全依靠私人筹措、电视转播权收入、赞助合同收入和门票销售。作为数字化时代的开始,奥组委负责推出了史上首个奥运会官网,而国际奥委会则承担了该届奥运会在非洲进行电视转播的费用。

国际奥委会的赞助计划和电视转播权出售成绩显著。长野1998年冬奥会在多达160个国家/地区进行电视转播。技术型赞助商的加入为未来电视转播的进一步发展奠定了基础:他们推出了点播式电视及3D高清电视。此外,值得一提的是澳大利亚也加入了该届冬奥会直播。大众可以在日本的奥运官网上实时查询赛况和比赛结果。网站在奥运会期间的总访问量达到了6.46亿次。

萨马兰奇主持的最后一届奥运会是悉尼2000年奥运会。这届奥运会整合了所有的营销区域,充分彰显了奥运会团结一致的精神。电视转播的规模进一步扩大,创下220个国家/地区3500小时赛事直播、37亿观众收看的良好成绩。官网访问量达到113亿人次,门票售出率高达92%,远高于亚特兰大1996年奥运会的82.3%。营销计划和电视转播所取得的成绩令人振奋,有史以来参赛运动员和裁判员首次可以免费入住奥运村。用理查德·庞德的话来说,"2000年悉尼奥运会是奥运营销大获成功的典范"。

奥林匹克广播服务公司的诞生,未来的开始 离萨马兰奇离任仅三个月之时,"奥林匹克广播服务公司"正式启动。这是奥运会电视转播权策略的倒数第二步(对萨马兰奇来说永远没有最后一步,因为他会万事留一手)。到那时为止,电视信号的制作一直都是由各个举办城市负责的,组委会携手主播电视台与当地或国家电视台联手,负责向已经购买了转播权的电视台发送电视信号。

确保电视转播的质量一直是一个让萨马兰奇头疼的问题。每隔两年,一个相同的问题就会出现:有的时候奥运会举办国的电视技术不够强大,无法完美地完成奥运规模的电视转播。萨马兰奇在回忆录中曾写道:"我们必须结束这种紧张的局面,它可能会危及我们最主要的收入来源。必须要向购买了转播权的电视台保证服务可以达到它们的要求。在现实生活中,没人喜欢风险。"萨马兰奇不想伤害任何国家或电视台的感情,但同时他也在寻求建立一个有效的系统,让国际奥委会免于遭受指责。

他必须找到一种有效而安全的系统。他得到了两位极为精通该领域的专业人士的支持。塞维利亚工程师曼努埃尔·罗梅罗·卡内拉成功负责了自洛杉矶1984年奥运会以来所有奥运会的电视转播工作，特别是在巴塞罗那1992年奥运会期间，他担任奥运电视广播公司和国际广播中心的经理，负责视频和音频内容的发送。作为电视委员会的顾问，他扮演了十分重要的角色。另一位在其中起到重要作用的是以色列籍专业人士亚历克斯·吉拉迪。他在1981—1996年间担任美国NBC体育台副总裁，在他的努力下，NBC战胜了另外两位竞争对手ABC和CBS，得到了奥运会电视转播权。萨马兰奇一直很重视他的意见，并于1994年让其成为国际奥委会委员。

萨马兰奇的远见卓识

感谢电视，奥运会成为了世界上最大的体育盛事。电视是奥林匹克运动壮大的动力，是主要的经济来源，也是奥林匹克运动独立性的保障。国际奥委会在电视方面最基本的政策就是遵循《奥林匹克宪章》要求，以免费的形式确保最大的覆盖率，寻求奥运会收视率的最大化以及传播奥林匹克运动的精神和普世价值。

对于电视与奥林匹克运动之间的关系，胡安·安东尼奥·萨马兰奇的观点可以概括为三点：更多的体育项目、更多的经济来源和更好地体现奥林匹克价值观。萨马兰奇担任主席期间，电视在策略、财政和技术方面经历了巨大的发展。电视的发展对国际奥委会也意味着巨大的变化，不仅仅是在技术方面，更是在20世纪末的发展策略上。萨马兰奇知道如何领导这一变革。

国际奥委会未来发展策略建立在三个决策的基础上：取代奥组委，直接与电视台进行转播权的谈判；调整夏奥会和冬奥会举办周期，改为每两年举办；设计一个包括几届奥运会在内的长期协议，有利于大型电视台和赞助商制定中期策略和投资计划。

数据显示萨马兰奇领导的这一革新获得了成功：电视转播权收入增长了15倍，在悉尼2000年奥运会期间达到13.31亿美元。萨马兰奇始终坚持要保持奥运会的开放性，将电视作为一种重要的传播手段。他不喜欢投标的方式，对某些电视台在困难时期依旧看好奥运会，帮助其发展壮大的举动，萨马兰奇大加赞赏并表达自己的感激之情。

2001年5月，萨马兰奇的远见再次得到证明。距离他离任不到3个月时，他提出了另一个革新的理念。为了确保稳定性，他提出成立奥林匹克广播服务公司（OBS）。该公司由业内人士领导，负责制作电视信号，取代"主转播服务公司"。这样就能确保电视转播的可靠性和规范性。奥林匹克广播服务公司为世界最大体育盛会提供与其规模相匹配的专业化、高品质的转播服务。

曼努埃尔·罗梅罗·卡内拉
洛杉矶2008年至伦敦2012年奥运会奥运视听服务协调人，OBS创始人兼总裁（2001—2012）

第 6 章　奥林匹克团结基金

帮助贫困国家
用电视转播权的收入资助奥林匹克运动，使运动员获得更平等的机会

将资源配置给那些较为贫困的国家；使体育成为所有人的权利；巩固世界奥林匹克运动的团结。这三大目标是萨马兰奇在任命他的忠实合作者和密友安塞尔莫·洛佩斯负责奥林匹克团结基金时提出的要求。萨马兰奇知道，安塞尔莫绝不会令他失望，作为奥林匹克运动得以发展的一个重要基础，团结基金将会得到巩固。在萨马兰奇任期内，奥林匹克团结基金对运动员和国家/地区奥委会的资助增长了30倍：从1983年的450万美元增至2000年的120亿美元。通过此举，可以实现将来之于体育的钱用到体育中去。

1986年，安塞尔莫·洛佩斯向国际奥委会主席、奥林匹克团结基金委员会主席萨马兰奇提交委员会报告

"授人以鱼不如授人以渔"，萨马兰奇经常引用的中国谚语是新成立的奥林匹克团结基金的指导方针，也是国际奥委会的行动准则。团结基金为奥林匹克运动的普及做出了不可磨灭的贡献，使萨马兰奇始终大力提倡的团结精神深入人心。这是一个雄心勃勃的目标，不仅要为那些最困难的或发展中国家/地区奥委会提供援助，而且要帮助它们完善造血功能。

奥林匹克运动是通过国际合作促进发展的先驱。根据《奥林匹克宪章》第8条关于奥林匹克团结基金宗旨的原则，奥林匹克团结基金的职责是向国际奥委会承认的国家/地区奥委会，特别是向那些最有需要的国家/地区的奥委会提供资助。国际奥委会和各国家/地区奥委会将联合进行项目开发，必要时由国际单项体育联合会提供技术支持。这些项目由奥林匹克团结基金委员会监管，国际奥委会主席担任委员会主席。

艰难的开局　在1961年国际奥委会罗马第58次全会上，在委员让·德·博蒙特（法国）和康斯坦丁·安德里亚诺夫（苏联）的提议下，国际奥林匹克援助委员会成立了。这一想法虽然值得称道但实施起来却困难重重。因为总体来说当时的世界政治环境极不稳定，且国际奥委会的财务状况也不理想。20世纪60年代，许多国家摆脱了殖民统治，50多个新的国家/地区获得奥委会的承认，其中大多数属于非洲和亚洲的发展中国家。它们迫切需要援助。1961年，让·德·博蒙特伯爵出席了达喀尔友谊运动会，见证了那些新独立国家所面临的困难。尽管国际奥委会自身也面临着财政困境，很难向非洲和亚洲的国家/地区奥委会提供援助，这位法国领导人还是提出建立国际奥林匹克援助委员会的提案。但是，现实是残酷的。在经过讨论后，国际奥委会认为"没有资金可以用来分配"。国际奥委会本身艰难的财务状况也使得大家认为这只是一个乌托邦式的不可能实现的梦想。但这也令国际奥委会开始考虑如何找到方法来帮助新成立的国家/地区奥委会，特别是在经济方面最需要帮助的奥委会。鉴于此，奥林匹克运动的3位重要人物：朱利奥·奥内斯蒂（意大利）、拉乌尔·摩勒（比利时）和雷蒙德·贾夫纳（瑞士）在国际奥委会设立援助委员会的建议被提上了日程。这一项目在国际奥协会

的参与下逐渐取得进展，设立团结基金的条件日益成熟，国际奥委会与国际奥协会这两个组织终于走到了一起。1971年，国际奥委会批准创建奥林匹克团结基金理事会，总部设在罗马，由亨利·班克斯（英国）负责，该组织在意大利奥委会的支持下展开工作。1972年2月札幌冬季奥运会开幕前夕举行的第72次全会首次认可了这一组织，将之作为这提供援助的一种可行手段。但是仍有一些委员持反对意见，认为应该首先与各国家/地区奥委会讨论后再做出决定。

1973年10月召开的瓦尔纳第10次奥林匹克大会确定了该理事会的工作目标。奥林匹克团结基金的成立对国家/地区奥委会非常有利，委员会请求国际奥委会与国际单项体育联合会协调以便统一行动。在之后的全会上，奥林匹克团结基金委员会正式成立，共有20名成员，资金为1000万瑞士法郎。赫尔曼·冯·A.坎宁比克（荷兰）担任主席，朱利奥·奥内斯蒂（意大利）担任协调人，爱德华·维乔雷克（波兰）担任协调人办公室秘书。

经过各方的努力，团结基金委员会制定了教育、合作和发展规划。但办公室没有家具，也没有必要的设施。国际奥委会的经济状况困难重重，资金紧缺，财务状况很不稳定，团结基金的工作无法取得实质性的进展。1979年，国际奥委会决定将电视转播权收入的20%分配给国家/地区奥委会。此举具有重要意义，可以为相关活动和工作提供一部分资金。然而，最大的难题还是没有解决，资金短缺、预算吃紧依旧存在。如果没有足够的资源，这个项目只能停滞不前，名存实亡。

团结基金：不可忽视的推动力　　萨马兰奇当选国际奥委会主席无疑重新给团结基金注入了新的活力。事实已经多次证明，巴登–巴登第11次奥林匹克大会是奥林匹克运动的一个转折点。萨马兰奇明白团结对于发展奥林匹克运动的重要性，并且始终坚信这是保证国际奥委会中长期发展的必要条件。因此，对于这方面的事务他始终不遗余力。

奥林匹克团结基金这一想法虽然很好，但在萨马兰奇看来，它的理念、重点和目标都需要完善。大会的最终声明指出，未来国际合作的道路和方向已经确定，所有与会者都必须说服各自的组织，帮助发展中国家创

奥林匹克团结基金部主任安塞尔莫·洛佩斯与委员会副主席马里奥·巴斯克兹·拉涅亚在1987年洛桑会议上

1989年，奥林匹克团结基金委员会会议

造条件提高体育水平。奥林匹克团结基金必须成为消除体育中不平等现象的一个重要驱动力。一切都在走上正轨，但是财务状况仍旧令人不安。萨马兰奇在《奥林匹克回忆》中写道："国际奥委会的财务处在一个极端拮据的状态，我已经不止一次碰到过资金短缺的状况。"在这种情况下，萨马兰奇选择谨慎地逐步加大对奥林匹克团结基金的资金投入。为帮助各国/地区奥委会参加萨拉热窝和洛杉矶奥运会，计划投入的预算为：1983年442.6万美元，1984年476.98万美元。尽管两年总和超过了900万美元，但对资金极度匮乏的国家/地区奥委会来说仍不过是杯水车薪。虽然国际奥委会与国家/地区奥委会签署了团结基金发展协议，但直到洛杉矶1984年奥运会的收益创历史新高，协议才得以较好地落实（见"第5章　开发新的经济来源"）。

国际奥委会首次为参加奥运会的成员提供资助，从而有力地提高了奥运会的参与度。各奥委会有2名运动员和1名官员受资助参加萨拉热窝1984年冬奥会，而到洛杉矶奥运会时则增加到了4名运动员和2名官员，除此之外，还有5750美元的补贴，用以支付团队开支。在萨马兰奇主持的最后一届奥运会——悉尼2000年奥运会上，奥林匹克团结基金向各国家/地区奥委会提供6名运动员和2名官员的参赛费用、代表团的后期补贴以及部分奥委会主席和秘书长的旅费。

1981年底，在经过修订和完善后，奥林匹克团结基金在提供资助方面的政策得到了进一步的发展。参照国际奥委会的做法，国际单项体育联合会也采取了有效措施。最后，由于在奥林匹克运动中占据着日益重要的地位，团结基金委员会由一个监督机构变成了执行机构，并成为了推动奥林匹克运动向前发展的一股新动力。

安塞尔莫担任主任　这个新的执行机构需要一位负责人。墨西哥籍的马里奥·巴斯克兹·拉涅亚提议由西班牙籍的国际奥协财务主管安塞尔莫·洛佩斯（西班牙）来担任。萨马兰奇没有片刻犹豫，相信洛佩斯能够胜任（用萨马兰奇的话说，洛佩斯是个"了不起的人"），洛佩斯是萨马兰奇的密友，拥有萨马兰奇的绝对信任。萨马兰奇担任西班牙奥委会主席时，洛佩斯担任他的秘书长，并且洛佩斯也是萨马兰奇竞选国际奥委会主席当天陪同他前往莫斯科的亲友团成员之一。正如萨马兰奇在其回忆录中所写，安塞尔莫·洛佩斯是"一个为奥林匹克团结基金带来新鲜空气的西班牙商人，"并且在担任奥林匹克团结基金主任的15年间，在该组织的转型中发挥了关键作用，"展开了非常出色的工作。对此我最为感激，我相信，在我担任国际奥委会主席期间所取得的成就中，奥林匹克团结基金是我最为自豪的一项。"

安塞尔莫作为一个商人，习惯于做决定，因此在奥林匹克团结基金位于洛桑的总部，组织机制很快得以确立，并且他还在总部发起了一个雄心勃勃的项目，为运动员和教练员提供奖学金。用萨马兰奇的话说："奥林匹克运动又一次展示出它通过坚定的行动而非空话进行自我组织的能力。我们的发展援助政策不仅仅是一个关于承诺的政策，而是关于现实的政策，这与《奥林匹克宪章》的基本原则相得益彰。"

电视转播权和市场营销收入的持续逐渐增长帮助改善了偿付能力，扩充了奥林匹克团结基金的资源，使得萨马兰奇"来源于奥林匹克的资金应该反过来用到奥运会中去"的理念成为现实。改善了财政状况，就更容易制定中长期计划，奥林匹克团结基金启动了为期四年的计划，并且为后续的调整和优化留有余地，充分照顾到各领域的不同需求。

萨马兰奇在回忆录中写道："国际奥委会财政状况的改善允许我们更积极地预测未来。由于资源得到改善，国际奥委会的年度预算包含了向奥林匹克团结基金投入的资金，并且这些资金在我的任期内逐年增加。"

1985年，法国奥委会委员、法国运动与文化联合会主席罗伯特·普林嘉博访问了一些中非国家之后，在《奥林匹克评论》上发表了一篇文章，强调奥林匹克团结基金的成就。

普林嘉博在文章一开始就写道："奥林匹克团结基金现在已经是一个事实性存在。这是国际奥委会示范行动的一个方面，因此人人都应当感到自豪。国际体育界应当为此而骄傲。团结意味着想要与他人分享自己的财富、经历和成就，想要帮助弱者、弱势群体和贫困的人群，让他们都参与其中。团结意味着不要评判，而是想要理解谈话者，设身处地，发起谈话。团结还包括向那些先天有缺陷的群体展示出理解和宽容，向那些目前因为种种复杂原因无法受益于技术进步的群体展示出尊重。而这些先进的技术，发达国家不仅能使用，甚至还可能会滥用。但是，团结并不是解决一切问题的万能灵药。团结是众人共同努力的结果，既包括付出方，也包括受惠方。希望这些努力最终开花结果。在这方面，我们已经有无数成功的先例。"

斯威士兰体操运动员伊芙·尼西奥提斯，在1990年成为第一位获奥林匹克团结基金奖学金的选手，她顺利进入英国著名体校学习

国际奥委会主席与第二任奥林匹克团结基金主任佩雷·米洛

事实上，奥林匹克团结基金会主席安塞莫·洛佩斯在基金会1985年年报中称该年是经验之年，因为正是在这一年确定了基金会的四年计划。洛佩斯坚定地认为，奥林匹克团结基金有必要"成为所有国家/地区奥委会的议事会"，同时也指出与基金会的中坚力量国际奥协和大洲奥协建立积极且持久的合作关系至关重要。要实现这一点，需要突破的挑战是让奥林匹克团结基金会不再只是一个通过管理基金来提供援助的金融组织，而应将其定位为奥林匹克事业发展的"伙伴"，"以便改变其不再恰当的形象定位，进而获得作为有力的技术支持方而应得的信誉"。

在《百年主席》一书中，洛佩斯将奥林匹克团结基金列为奥林匹克运动的重点之一。"奥林匹克主义的基本原则将奥林匹克团结基金描述为一块基石：奥林匹克运动旨在通过无歧视的体育运动教育青少年，进而创造一个更美好、更和平的世界；同时奥林匹克精神也有相互理解、团结友谊和公平竞争的要求，这一要求从道德角度提出了团结的概念，即团结是全人类共同的义务，这种义务将所有人凝聚起来，摒弃了国家层面和个人层面的一切歧视。"

巩固的十年 1983年至1993年的10年间，共1.1亿美元的投资让奥林匹克团结基金有能力扩展其活动范围，组织更多的课程。除管理培训外，还通过奖学金和补助等提升运动员和技术人员的知识水平和技术能力，同时不断改善体育设施。因此，在国际奥委会的支持下，能够促进国际体育发展的资源越来越多，这就意味着获得奥林匹克奖学金的运动员可以使用先进的训练设备、聘请更专业的教练员和助理、定期进行体检、购买意外和疾病保险、有更多资金用于住宿等日常花销以及固定的差旅费，从而有能力参加奥林匹克级别的国际赛事，并获得相关的技术信息。

第一位获得奥林匹克团结基金奖学金的运动员是瑞士籍的伊芙·尼西奥提斯。1990年尼西奥提斯年仅8岁即被培育年轻体操运动精英的英国波特瑞吉斯预备学校录取。尼西奥提斯在沙夫茨伯里附近的这所学校接受了每天6小时的训练。虽然尼西奥提斯在塞浦路斯出生，但却是在瑞士被英国业余体操协会（BAGA）的技术指导约翰·阿特金森发现。她的教练员则是中国夫妇鲍乃健和门晓敏。

在萨马兰奇5个四年任期内，奥林匹克团结基金增加了对培训课程和研讨会的资金支持，并为其项目觅得了更多的经济资源。在这二十年间共举办了4755个培训课程和研讨会。奥林匹克团结基金同时也为其他活动提供资金支持，如支持各国家/地区奥委会的代表出席和参加在奥林匹亚举办的、由国际奥林匹克学会组织的课程；宣传"全民运动"项目；鼓励参加每年6月23日举办的奥林匹克长跑日，为体育区部会议的组织提供支持；为针对女性管理人员的培训研讨会提供支持；为体育和环保的项目及研讨会提供支持。

为年轻运动员提供奖学金的计划也得以实施。从1989年到1996年间，有568名运动员从中受益。1990年为580名教练员设立奖学金。这类奖学金还用于悉尼2000年奥林匹克运动会工作人员以及运动管理人员的培训。

连锁效应 "授人以鱼不如授人以渔"是一句萨马兰奇经常提起的中国谚语，是奥林匹克团结基金新工作重点的基础，也非常明确地表明了基金会基本原则，并与主席本人所极力提倡的团结一致一起，展现了其对奥林匹克运动普及所做的巨大贡献。

萨马兰奇的目标非常宏大，已不再是仅仅为弱势和发展中国家的国家/地区奥委会提供被动的援助，而是主动提供帮助，如萨马兰奇经常提及的两种金字塔理论的发展。发达国家的金字塔基层非常庞大坚实，高

智慧与坚韧

我认识萨马兰奇超过40年。我跟他一起从事体育方面工作，先是在西班牙奥委会，后来在国际奥委会。我被任命为奥林匹克团结基金委员会主任，也是他向执委会提议的。

我很了解萨马兰奇，他的智慧、坚韧和善于用人的能力是他成功地完成国际奥委会的转型和改革的原因。从一开始，他就承担了直接管理的责任，并将他的家安在洛桑。最初几年的工作困难而复杂，他必须与之前的做法做斗争，同时又要实施他的改革思想。他唯一的目标就是要提高国际奥委会和奥林匹克运动的实力。

他获得了巨大的成功,很难列举出他的所有的改革措施：新的国际奥委会总部；奥林匹克博物馆；援助国家/地区奥委会，为他们提供体育课程和管理资源，使所有的、或大或小的奥委会都可以获得最小程度上的独立；免费参加奥运会；用市场开发获得的资金支付国际奥委会和奥林匹克运动的费用。他的贡献是无法估量的。萨马兰奇成功地提升了国际奥委会在国际上的威望。他是世界上最重要的体育领导人，他用自己的职业生涯证明了这一点。

安塞尔莫·洛佩斯
奥林匹克团结基金第一任主任（1982—1997），国际奥协第一任秘书长（1980—1981），西班牙奥委会副主席（1967—1971）

撑竿跳高是奥林匹克团结基金在第三世界支持发展的项目之一

质、精英、优秀的运动员会从许多运动员当中脱颖而出。但在其他国家，这种金字塔模式可以是反向的，也就是说"如果发现或创造了一个冠军，哪怕冠军产生的方式是人为操纵的，但结果仍然会是有数以十万计的年轻人会被自己同胞所取得的胜利吸引到竞技体育中去，他们会想模仿已成为国家偶像的运动员。"在这种情况下，最主要的是要适当地引导这种能量，在中长期内培养出新的高水平运动员。萨马兰奇经常说："为运动员提供帮助是非常重要的，但是同样甚至更重要的是为专业技术人员和管理人员的培训提供援助，进而为培养未来运动员建立必要的架构。"

在这一方面，萨马兰奇经常会回想起20世纪60年代西班牙网球运动员曼努埃尔·桑塔纳在西班牙掀起的一股浪潮。萨马兰奇作为当时西班牙体育界的领军人物，亲身见证了这一过程。桑塔纳从一名球童成长为温网冠军，他的励志故事掀起了网球热潮，吸引了数以百万计的人参与到这项运动中。如今，在桑塔纳获得温网冠军的50年后，西班牙的网球运动员在全球已是首屈一指。"当一个贫困国家的奥林匹克团结基金奖学金受益人赢得某项运动的奖牌时，我们会发现这项运动也将得以普及并能创造更好的体育成绩。我的金字塔理论得到了验证，"萨马兰奇在日记中这样写道。

佩雷·米洛，安塞尔莫·洛佩斯的继任者　萨马兰奇也提倡通过更换重要岗位的人员来保持组织的活力。奥林匹克团结基金在经过安塞尔莫·洛佩斯长达15年（1982—1997）的成功领导后，由西班牙的佩雷·米洛在亚特兰大1996年奥林匹克运动会后接手。米洛是一位大学讲师，曾在巴塞罗那1992年奥运会的组织活动中担任重要职位。萨马兰奇任命他的目的是加强国际奥委会和各国/地区奥委会的联系。米洛的任务之一是为那些缺乏最基本收入的奥委会提供必要的启动资源，帮助他们在资金有限的情况下得以正常地运行。

米洛在2009年对加泰罗尼亚的国家体育教育研究院进行的一次采访中提到了这一点。米洛于1977年到1988年间在该校任教，并在1981年到1988年间担任院长。最终刊发在《欧洲体育与社会期刊》的文章中提到："过去许多国家都是各走各路，但结果证明这一做法起不到任何作用。各国/地区奥委会必须至少在自身周围建立起一个网络，这样才能以各种方式对社会产生影响。虽然我们总是谈到奥林匹克运动的独立性，的确，这也是我们一直以来都在坚持和捍卫的，但是我们也清楚地看到，如果不与政府和谐共处的话，体育和它所维护的原则和价值观就很难得到发展。我们要关注这种关系怎样才能达到最大化、如何在每个国家各个领域发展，因为在各个国家媒体和赞助商等情况是不尽相同的。"

在总结奥林匹克团结基金的价值观时，米洛描述了什么是"立方体"。"价值观就是一切。价值观指导我们的行为。从奥林匹克团结基金到与国家/地区奥委会的关系管理，我们负责直接与这205个国家/地区奥委

现代的顾拜旦

萨马兰奇是现代的顾拜旦。他改变了一切。1984年时，抵制奥运会成风，没有人愿意组织比赛。再看看现在：各大城市为举办奥运会争先恐后，体育成为世界上最重要的活动……绝不会有另一位像他一样的领导人。我相信没有人会超过他的成就。他的热情总是让我印象深刻，尽管他沉默寡言，但总能够震撼到你。他对体育和奥林匹克运动的热爱会感染到你。他是个积极乐观的领导人，总是将这种精神传递给大家。我们经常争论，但通常他总是能够说服对方，他是个非常谨慎、非常有说服力和很顽强的人。他总是不达目的不罢休。他的一生中充满了这些美德。他是利用毅力和外交手段克服逆境的高手。

马里奥·巴斯克兹·拉涅亚
1991—2012年任国际奥委会墨西哥籍委员，2000—2012年任执委会委员，2002—2012年任奥林匹克团结基金委员会主席，1979—2012年任国际奥协第一任主席

会一起工作。作为一个团队，我们必须肩负起自己的责任，履行自己的使命。我们决定，在国际奥委会遵循的《奥林匹克宪章》全部的价值观中，我们要选择至关重要的、可以指导我们与205个奥委会开展日常工作的关键部分。幸运的是，我们拥有一位多次与我们合作、非常了解这方面事务的专家。整个团队聚在一起开了两天的闭门会议。我们首先选出那些最为认同的价值观，然后有人提出，得把这些价值观跟某个让人容易记起来的东西结合起来，于是立方体应运而生。所有的人都立即喜欢上了这个词。"立方体以其不同的侧面体现以下这些价值：关注与尊重、品质、诚信、灵活。现在一共有6个这样的立方体，其中5个放在奥林匹克团结基金委员会的各大洲办事处〔罗马、墨西哥城、科威特、阿布贾（尼日利亚）、苏瓦（斐济）〕，另一个在国际奥委会主席办公室。

马里奥·巴斯克兹·拉涅亚的关键角色　如果说安塞尔莫·洛佩兹和佩雷·米洛在奥林匹克团结基金中扮演了重要的角色，那么马里奥·巴斯克兹·拉涅亚则对该机构的未来起到了决定性的作用。这位墨西哥领导人是国际奥协主席。在萨马兰奇担任团结委员会主席时，他担任副主席。2002年萨马兰奇卸任后，他升任主席。2012年，拉涅亚从国际奥委会辞职。这位出生于西班牙的企业家在1991年成为国际奥委会墨西哥籍委员，他是萨马兰奇改革计划的坚定支持者之一。"即使顾拜旦男爵复活，他也不可能永生。我们必须调整自己的思维来适应当今的世界，毕竟顾拜旦生活的时代是在100年之前。"

为了相熟起来，两位领导人频繁会面，每次会面时间长达数小时。"我和他争辩了好几个小时。他一旦提出了观点，就会通过论证最终把你说服。他着眼实际，智慧过人，不会把想法强加给你。"巴斯克兹·拉涅亚说。他与萨马兰奇结下了深厚的友谊，两人乘坐拉涅亚的私人飞机先后80多次在全球各地旅行。"萨马兰奇不很擅长玩多米诺骨牌，我们经常在旅途中玩牌消磨时间。有一次我们两个联手，对手是曼努埃尔·冈萨雷斯·格拉（国际奥委会古巴委员）和赫尔曼·利克霍夫（国际奥委会波多黎各委员）。当萨马兰奇手里有两张双数牌时，他想在两排上都加倍。他还试图说服我们这样玩是允许的，后来我们把这种玩法称为'萨马兰奇规则'。"

没有资源，何来教育　国际奥委会和国家/地区奥委会于1971年签订的协议为奥运团结基金奠定了坚实的基础。在随后的二十年中，奥运团结基金并没有足够的资金来应付所有的挑战和需求，但是它仍然取得了非凡的成果。凭借将奥运商业化和出售电视转播权，奥林匹克团结基金可用的款项每四年都有大幅增长。"作为国际奥协和奥林匹克团结基金的创始人，我亲历了这个转型和创收的过程。以前，我们很团结，但没有资源。今天，我们可以在世界各地开展洲级和国家级项目。奥林匹克团结基金为这些方案提供资金，可以使每个国家/地区奥委会在工作时获得最基本的资源保证。今天，奥林匹克团结基金使世界上所有的国家/地区奥委会都拥有它们运行所需的基本资金，从而得以大量开展各项活动，支持本国运动员的发展。在许多情况下，奥林匹克团结基金是国家/地区奥委会唯一的财政来源。奥林匹克团结基金是维护国家/地区奥委会独立性的重要支柱。我相信奥林匹克运动是一个典范，它向世界展示了如何将真正的人道主义概念以普及的方式付诸实践。"巴斯克兹·拉涅亚如是说。2001年是萨马兰奇担任主席的最后一年。马里奥·巴斯克兹·拉涅亚提出了权力下放计划，给予各洲奥协更大的自主权，以便它们根据自身需求管理资金。

授之以渔——他们已经掌握了成功之道　任期即将结束时，萨马兰奇看到，许多国家都实现了奥运奖牌零的突破。在这一过程中，奥林匹克团结基金功不可没。亚特兰大1996年奥运会上，158名得过奖学金的运动员参赛，并获得18枚奖牌（7金、4银、7铜）。他主持的最后一届奥运会——悉尼2000年奥运会上，在632名获得奖学金的运动员中，共有472名（323名男性，149名女性）获得参加奥运会的资格。他们分别来自111个得到奥林匹克团结基金援助的奥委会。四分之三获得奖学金的运动员获得了奥运会参赛资格，而且取得了惊人的成绩：70枚奖牌（28金、21银、21铜）和92张奥运获奖证书（14个第4名、32个第5名）。

在对团结基金计划的成果进行分析时，安塞尔莫·洛佩斯说："这些数字清楚地表明，奥林匹克团结基金要协调一对不易调和的概念。一方面，它的根本目的和基本理念要求是给那些最弱势的奥委会提供财政上的稳定支持，帮助他们提高运动员水平、建立信心、促进体育在本国的发展，进而达到区域间的平衡；另一方面，国际奥委会的目的是鼓励积极参与，奖励参加人数最多的代表团，提高奥运会的参与度。"

人们认为，奥林匹克团结基金"工作认真高效，财务管理的透明度最高"。对萨马兰奇来说，这就是最大的认可。奥林匹克团结基金的目标在经历了概念性的变化后取得了脱胎换骨的转变，用中国的一句俗语说就是：奥林匹克人道援助已经从"授人以鱼"变为了"授人以渔"。萨马兰奇在《奥林匹克回忆》中说："奥林匹克团结基金对目前的国家/地区奥委会之间的团结起到了决定性的作用。国家/地区奥委会在国际奥委会内的参与度达到最高水平，而这也会反过来进一步巩固奥林匹克运动的团结。"

玛利亚·穆托拉，奥林匹克团结基金资助的第一位奥运女冠军

游泳选手安东尼·内斯蒂（苏里南）在奥运会100米蝶泳决赛中出人意料地击败马特·比昂迪（美国）而夺得金牌，这是汉城1988年奥运会的最大冷门。内斯蒂成为第一位夺得金牌的黑人游泳运动员，这与他曾赴美接受全球顶尖的专业

苏里南籍的安东尼·内斯蒂成为汉城1988年奥运会的黑马，他在100米蝶泳中击败马特·比昂迪，成为历史上获得游泳金牌的第一位黑人选手

莫桑比克选手玛丽亚·穆托拉，在悉尼2000年奥运会上成为奥林匹克团结基金奖学金受益者中第一位奥运女冠军

训练是分不开的。这使得奥林匹克团结基金委员会在1989年增设了体育与学习奖学金，受益者可以在进行高水平训练的同时接受学校教育。其中一个奖学金名额的受益者为玛丽亚·穆托拉（莫桑比克），后来她在获得奖学金的学生中成为了第一位奥运女冠军。

16岁的她已经参加了汉城1988年奥运会的资格赛，虽然打破个人最好成绩，但依旧没能获得参赛资格。1990年在开罗，她成为了800米和1500米的非洲冠军。由于她的训练条件很差，莫桑比克当局考虑申请奥林匹克团结基金奖学金，以鼓励她继续发展。玛丽亚可以移居国外，当时她有两个选择，去葡萄牙或美国。她的父母同意她出国，但条件是她的国籍不能更改。这样，1991年，19岁的玛丽亚去了美国俄勒冈州，一边在斯普林菲尔德高中读书，一边在马戈·詹宁斯的指导下进行训练。

在巴塞罗那1992年奥运会上，玛丽亚·穆托拉实现了首次重大突破，获得800米第5名、1500米第9名的成绩。亚特兰大1996年奥运会期间，她被视为金牌的最有力争夺者，因为在此前的四年里，但凡有她参赛，冠军

无一旁落。但现实却是残酷的，斯维特兰娜·马斯特克瓦（俄罗斯）和安娜·菲得丽亚·基罗特（古巴）分获金银牌，穆托拉不得不屈居铜牌。

在第4次奥运之旅中，玛丽亚·穆托拉终于如愿以偿登上了冠军领奖台。在悉尼2000年奥运会上，她夺得800米冠军，成为了获得奥林匹克团结基金奖学金资助的运动员中第一位获得奥运金牌的女选手。雅典2004年奥运会是她参加的第5届奥运会，由于带伤参赛，在最后几米的时候她败下阵来，只获得第4名。

这位来自莫桑比克的运动员十分珍惜来之不易的机会，并积极回报社会。她始终积极地参与人道主义活动，推动疫苗接种和疾病预防。2001年，她成立了一个以自己名字命名的体育和教育基金会。该基金会覆盖莫桑比克多个省份，帮助了近8000名青年人。自2003年以来，她成为联合国儿童大使。

1987年，萨马兰奇在洛桑与国际体育产品工业联合会代表在一起

博阿内中心属于奥非基金会项目，自1988年起建成一系列体育设施帮助贫困国家青年

奥非国际基金会 奥林匹克团结基金的活动不仅局限于援助计划，国际奥委会还与一些在推广体育方面做出巨大贡献的机构和公司签订赞助协议，这就使团结基金获得了额外的资金来源。萨马兰奇与他的朋友——国际体育用品行业联合会主席霍斯特·达斯勒（德国）就签订过这样的协议。1985年2月，国际奥委会和16家大型体育用品公司（阿迪达斯、布鲁克斯、匡威、迪亚多纳、Etonic、海德、JASPO、法国鳄鱼、乐卡克、新百伦、耐克、小马、彪马、Romika、苏佩加、ISMA）签署一项协议，向一些资源匮乏的国家捐赠超过4万件体育用品，并为奥林匹克团结基金和国际单项体育联合会的培训课程提供援助。

1988年，萨马兰奇倡议发起的奥非基金会成立了。该项目得到联合国教科文组织的大力支持，其主要目的是建设简易但功能性强的体育试点中心，宣传奥林匹克精神，帮助资源匮乏的国家，让农村及高密度人口城市贫困社区的青少年可以开展体育、社会、文化和教育活动。

第一个试点中心始建于塞内加尔的索莫内。这座城市位于首都达喀尔以南80公里。中心包括一个多功能运动场、一个田径场以及更衣室，建筑材料坚固耐用，遵循低成本高功能的原则，可以满足密集举办大量体育活动的需求。1990年2月，国际奥委会主席出席了剪彩仪式，并将该中心命名为"萨马兰奇中心"。在《奥林匹克回忆》中，萨马兰奇记录了这次重要的剪彩仪式："陪同我的是当时的联合国教科文组织总干事费德里科·马约尔·萨拉戈萨。剪彩仪式上大家都兴奋不已。对于这次剪彩仪式，我印象最深的就是费德里科·马约尔·萨拉戈萨（西班牙）的发言，他说这种体育运动中心的推广对提高广大人民的体育水平和促进青年人的身心成长都具有至关重要的作用。"1991年9月，第4届非洲奥协大会在埃及首都开罗召开。大会期间，萨马兰奇强调，要通过基金会将奥非试点计划推广到更多的非洲国家。1993年6月23日，国际奥非基金会在洛桑成立，并在一系列的巡回会议后，将达喀尔确定为总部所在地。建筑师易卜拉欣·姆巴依（塞内加尔）作为第一个项目的设计人、团结基金的积极参与者,被任命为执行秘书,负责协调19个国家推进20个试点项目。

非洲先生 1985年10月,毛里塔尼亚体育记者协会主席库里巴利·苏莱曼(毛里塔尼亚)在该国报纸上发表了一篇文章,并被1986年1月的《奥林匹克资讯》杂志转载。他把胡安·安东尼奥·萨马兰奇称为"非洲先生"。当时萨马兰奇正对6年前承认的毛里塔尼亚奥委会进行正式访问。

萨马兰奇于10月24日至11月4日之间对非洲进行了访问,在此期间他一共访问了12个国家/地区奥委会,切身感受到了非洲体育领导人和政府高级官员对奥运理念的支持。

苏莱曼写道:"很久之前非洲就已经把萨马兰奇当成了'非洲之子',因为自1980年当选为国际奥委会主席后,萨马兰奇一直高度关注非洲贫困国家的发展并且给他们提供积极的帮助。奥林匹克运动在不久之前还是个封闭的圈子,但现在已经向被遗忘已久的非洲大陆敞开了大门。"

这位毛里塔尼亚记者写道:"因为他的存在,非洲不再是一个没有发言权的、被人遗忘的角落,相反,它开始积极地参与世界体育运动的发展。国际奥委会主席支持非洲的发展和开放,所以非洲大陆向他致敬。他所推动的成果让整个非洲大陆受益。他曾多次来访,了解我们这些国家的发展现状。在到访毛里塔尼亚期间,他发现我们缺少基本的体育基础设施,但却拥有一种宝贵的品格——强大的意志力。"苏莱曼补充说:"今天,我们可以毫不夸张地说,非洲人民很久以前就已经把萨马兰奇当做'非洲之子'。自1980年上任以来他就得到了非洲大陆的一致认可,毛里塔尼亚愿意积极迎接这些改革措施,并热切地期待能够早日看到成果。"

萨马兰奇与易卜拉欣·姆巴依和费德里科·马约尔·萨拉戈萨在塞内加尔索莫内试点中心,这是奥林匹克团结基金计划中该类项目中的第一个

1986年在洛桑，国际奥委会法律评估员弗朗索瓦·卡拉德、体育主管沃尔特·特雷格和奥林匹克团结基金主管安塞洛·洛佩斯在第91次全会上

瑞士洛桑，奥委会联合会颁奖仪式上，萨马兰奇与安塞洛·洛佩斯在一起

奥林匹克团结基金在智利开设的曲棍球培训课

1986年，奥林匹克团结委员会会议在汉城召开

在肯尼亚内罗毕开设教练员课程

1985年秋，萨马兰奇在赤道几内亚

国际奥委会主席10天内访问非洲12国的国家/地区奥委会，此行使萨马兰奇获得了"非洲先生"的美誉

1985年秋天，萨马兰奇访问赤道几内亚

1985年，萨马兰奇访问贝宁克托努体育场

1984年，国际奥委会执委会与非洲奥协在墨西哥城召开会议

1987年在瑞士洛桑，萨马兰奇与瑞士成员雷蒙德·贾夫纳和塞内加尔建筑师伊布拉西马·姆巴耶

1985年，萨马兰奇访问非洲各国时，与中非共和国奥委会主席达摩萨·姆班巴合影

喀麦隆雅温得的青年运动员培训项目涵盖了奥运会所有比赛项目

1985年，萨马兰奇访问马里，会见该国公共健康部部长（左2），同行的还有国际奥委会非洲成员吉兰多·纳迪亚和阿纳尼·马蒂亚

1985年11月，萨马兰奇受到吉布提国际奥委会主席穆罕默德·狄亚马·厄拉贝的迎接

1985年，萨马兰奇正式访问毛里塔尼亚并召开工作会议

萨马兰奇在访问澳大利亚期间体验当地土著文化

1985年秋，萨马兰奇访问塞内加尔期间乘坐直升机

在萨马兰奇本人的支持下建起的奥林匹克非洲国际基金中心，该中心位于莫桑比克博阿内

第 7 章　女性与奥林匹克运动

女性进入奥林匹克运动
萨马兰奇时代国际奥委会首批女性委员弗洛·伊萨瓦·丰塞卡和皮尔约·哈格曼

雅典1896年奥运会是现代奥运会的伊始，那时根本没有考虑到女性出席或参与比赛。对女性的排斥直到萨马兰奇成为国际奥委会主席后才有所转变。

第1届现代奥运会上发生的一件事具有明显的性别歧视意味。雅典1896年奥运会上，女运动员斯塔玛塔·瑞维提（希腊）的遭遇导致了一场冲突：她没有获得参加马拉松比赛的资格，但是她依旧在比赛的第二天坚持自己跑完了全程，尽管不能进入帕纳辛纳科斯体育场内跑完最后一圈。然而她的5小时30分钟的个人纪录并没有为奥运会所收录。现代奥运创始人顾拜旦是国际奥委会排斥女性的始作俑者，他完全同意那个时代的人们的想法，认为应该像古希腊那样将女性排除在奥运会之外。在古希腊，奥运会是男性的天下，女性无权参加甚至观看比赛，在体育馆内出现的女性甚至可能被判处死刑。

> 1995年设立名为"妇女与体育"的工作小组是另一个重要决策之一，该小组根据1994年的百年大会倡议而成立，它的使命是向执委会提交各项相关提案。

这种排斥无疑是女性参与奥运会的最大障碍。顾拜旦曾这样说过："女子体育既不实际也没有趣味性，没有任何观赏性可言，更何况还有伤风化。"在顾拜旦的影响下，国际奥委会在女子体育运动上的态度始终显得非常暧昧。巴黎1900年奥运会上有22名女性参加比赛，但是她们的参与完全是象征性质的，而且仅仅局限于像网球和高尔夫球这类贵族体育项目。后来，女性开始参与越来越多的比赛项目，人数也渐渐增长。圣路易斯1904年奥运会增加了射箭项目，斯德哥尔摩1912年奥运会增加了游泳项目，巴黎1924年奥运会增加了击剑项目，阿姆斯特丹1928年奥运会增加了体操和田径项目。20世纪20年代初，国际奥委会还是维持强势态度，拒绝

萨马兰奇与两位最早进入国际奥委会的女性委员：弗洛·伊萨瓦·丰塞卡（左）和皮尔约·哈格曼（右）

女性参加安特卫普1920年奥运会的田径比赛。

当时整个社会都在强烈地呼吁妇女参政，为女性争取平等的社会地位。在爱丽丝·米亚特（法国）的推动下，数个妇女体育机构合并成"国际妇女体育联合会"。面对国际奥委会的顽固态度，这名为妇女权益而战的法国女性反应敏锐，勇敢回击。她另外组织了一次"女子奥运会"（后来更名为"女子世界运动会"），并分别在巴黎（1922年）和哥德堡（1926年）举办了第1届和第2届比赛。女子运动员获得的成功令国际奥委会既惊讶又尴尬，将其看作一种明显的威胁。在这种情况下，他们试图缓和与女子运动会之间的关系，在阿姆斯特丹1928年奥运会上允许女性运动员参加一部分田径项目。但这仍然无法让米亚特感到满意，于是，她又相继在布拉格（1930年）和伦敦（1934年）举办了两届女子世界运动会。最后，国际奥委会抵挡不住米亚特的强硬态度，开始逐渐恢复女运动员的地位。柏林1936年奥运会上，女性在田径、游泳、击剑和体操项目中的参与度大大提高。鉴于目的已经达到，"国际妇女体育联合会"于1938年宣布解散。

奥运会因为"二战"而停办了很长一段时间后，于1948年再次在伦敦举行。从那时起，女子项目开始缓慢持续增加，从开始的8项到1980年的21项。尽管如此，男女平等还远远没有实现。直到萨马兰奇成为主席后，这一状况才有了积极的转变。

洛杉矶1984年奥运会在女性参与和第三世界体育的发展方面创下历史纪录。历史见证了一个具有重大意义的时刻：田径女选手纳瓦尔·埃尔·穆塔瓦考（摩洛哥）获得400米栏金牌。这是来自阿拉伯国家和非洲的女性首次获得奥运金牌。这一胜利是女性解放的象征，体现出女性在奥运会中的参与度越来越高，并逐渐实现常态化。1998年萨马兰奇提名她为国际奥委会委员，使得女性的地位进一步提高。

国际奥委会首批女性委员　女性参与奥运比赛在历经了逐步的发展后，终于达到了完全的男女平等。但女性参与奥林匹克运动管理层的过程则更为复杂而艰难。建立之初，国际奥委会是一个由精英人士组成的特权俱乐部。

改革路上障碍重重。首先是顾拜旦，他在1928年时就说过，女性参与奥运与他的意志相悖。布伦戴奇主席依旧遵循旧传统，而基拉宁勋爵则开始逐渐提倡让女性进入奥林匹克运动，尽管一直收效甚微。直到萨马兰奇成为主席之后，改革的步伐才开始加快。

那时国际奥委会全会的讨论只涉及参加奥运会的女性人数，而从未提及她们在奥林匹克运动中的领导作用。20世纪70年代女权运动盛行，而且形成了一定的规模，出现了一系列维护女性权利的新法令和倡议。但女性在奥林匹克运动中的地位依旧没有改善。罗马1960年奥运会上，来自美国、奥地利和苏联的一些女性要求奥林匹克运动重新考虑女性在国际奥委会的参与权，但没有得到任何回应。

在1967年召开的执委会与国家/地区奥委会之间的联席会议上，曾在1962年至1974年间任国际奥委会副主席的康斯坦丁·A.安德里亚诺夫（苏联）提交的报告对女性纳入奥林匹克运动这一主题进行了分析，并提出一系列建议。对于女性在奥运会上的作用，他说："国际奥委会必须宣布男女在体育上是平等的。限制女性参与奥运会是赤裸裸的不顾后果。国际和洲际女子运动会取得了巨大的成功，但是奥运会却固步自封，这令人难以理解。此外，到现在为止国际奥委会甚至没有一位女性委员。所有这一切都跟女性在国际体育运动中应该占据的地位不相符合。"他建议国际奥委会同意将女子篮球、自行车、赛艇项目列为奥运项目。这一问题在同一年于德黑兰召开的第65次全会上也提出过。但令人奇怪的是，在该次全会的纪要中没有任何相关的解释，仅仅提到有提案要求女性加入国际奥委会。可以说，安德里亚诺夫是在国际奥委会全会上就奥林匹克运动高层缺乏女性参与而做出自我批评的第一人。

走向完全的平等

工作进展迅速，亚特兰大1996年百年奥运会前的全会终于决定，允许女性成为决策层成员，也确定了男女平等的原则。体育反映的就是社会现状。最近100年以来，女性在当今社会的角色经历了彻底的变化。体育也经历了这一变革，但没有跟上社会变化的速度。女性完全具备在各行业有突出表现的能力，但是一直以来没有得到过足够的机会。国际奥委会设定的目标是，到2000年12月31日为止，女性必须占据整个奥林匹克运动大家庭成员决策层10%的职位，并在2005年达到20%。体育的未来很明显地要依靠新人力资源的开发。为了保证体育的普及性，所有层次都需要更多的教练员、领导人、观众和体育爱好者。有句谚语这样说：妇女撑起半边天。为了体育的发展，女性必须承担起支撑体育半边天的责任。

阿妮塔·德弗朗茨
自1986年起任国际奥委会美国籍委员，蒙特利尔1976年奥运会赛艇铜牌得主，洛杉矶1984年奥组委副主席

阿姆斯特丹1928年奥运会，爱丽丝·米亚特与国际田联主席、后来的第4任国际奥委会主席西格弗里德·埃德斯特隆（右2）在一起

1968年10月，保加利亚奥委会秘书长纳迪亚·勒卡斯卡向国际奥协墨西哥城代表大会呈交了一份有关女性参与奥运会的提案，阐述了奥运会中女性的状况。她还呼吁重新审视奥运会项目设置，使其与当今世界女性体育发展现状相符，并且强调要强化女性在奥林匹克运动中的地位，采取具体的措施让女性加入国际奥委会的管理层。

这一问题直到1968年墨西哥城第67次全会才得到了一定程度的重视。让·德·博蒙特伯爵（法国，在该次全会上他在主席竞选中败于布伦戴奇）提交了一份提案，包括9点建议。其中包括以投票方式增补女性委员。但是布伦戴奇以程序问题为由，提醒他注意全会内部规章，并将该提案一带而过。布伦戴奇的理由是，根据《奥林匹克宪章》第18条规定，任何提案必须在全会召开前60天交由国际奥委会委员研究。

20世纪70年代，只有3名女性在全球体育管理机构担任高层职位：国际奥委会总干事莫妮卡·贝利乌（法国）、国际射箭联合会主席英格·K.弗里思（英国）、危地马拉奥委会及中美洲体育组织秘书长英格丽·凯勒（危地马拉）。但这也不过是一种象征性的参与而已。要知道那个时候国际奥委会下设10个工作委员会，而整个的奥林匹克运动包括130个国家/地区奥委会和26个国际单项体育联合会。此外，《奥林匹克宪章》第29条还规定了哪些是女性可以参加的奥运比赛项目。1972年，当时的奥运项目委员会主席阿帕德·兹阿那提（匈牙利）不止一次提出要修改宪章。一年后的瓦尔纳第10届奥林匹克代表大会上出现了一丝改变的迹象，维利·道默（联邦德国）再次提出了这一问题。最后，该次会议的12条结论的第5点中包括了关于女性在奥林匹克运动中的角色这一问题：国际奥委会、国际单项体育联合会和国家/地区奥委会这三大机构必须考虑让女性加入各自的工作委员会。但是，一切还只是停留在口头上，不过是做做表面文章而已，并没有出现任何有重大意义的改变。国际奥委会对向女性打开大门的僵硬态度备受批评。

面对这一形势，国际奥委会因为担心代表大会后可能产生的负面影响，于1974年组织了一次民意调查。参与该次调查的是奥林匹克运动认可的26个国际单项体育联合会和130个国家/地区奥委会，目的是为了了解这些组织中女性的角色以及负责的工作，而其中某些是提出批评意见的。最后，26个国际单项体育联合会中仅有19个参与了调查，其中14个提供了完整的资料。

这些数字令人感到沮丧。

女性主席：25人中1人。

女性副主席：无。

女性秘书长：无。

女性司库：无。

女性委员：136人中10人。

女性委员会主席：77人中3人。

女性委员会委员：676人中56人。

由此看来，女性备受歧视，现状十分不乐观。来自各界的压力不断增加。莫里斯·埃尔佐格（法国）重新提出这一问题，获得了包括萨马兰奇在内的执委会委员的支持。1976年7月，在加拿大蒙特利尔举办的第78次全会上，执委会提出了以下议案：由主席宣布执委会希望在国际奥委会内部选举女性委员，然后国际奥委会委员所在国家/地区提出具备有竞争力的女性候选人；建议全会修改规章，允许已有国际奥委会委员的国家/地区可以推选一位女性委员。但是，该提议并未获得通过。此外，罗马尼亚奥委会副主席利亚·马诺里为增选女性委员及创建女子体育委员会所做的努力也没有取得预想的效果。萨马兰奇担任主席后推行了重要的改革。由于他的努力，在他的任期中，女性在世界体育组织中的参与度达到了最高水平。萨马兰奇在莫斯科的就职宣言中就指出他的目标之一就是要恢复女性在奥林匹克运动中的地位。"为了向社会传播更积极的形象，适应时代的变化，我们应该完全向女性开放。"他曾在《奥林匹克回忆》中这样写道。与其他许多事务相似的是，关于

胡安·安东尼奥·萨马兰奇任职期间加入国际奥委会的18名女性名单

			就任	离任		奥运会	体育项目	备注
1	皮尔约·哈格曼	芬兰	1981	1999	竞选	3	田径	辞职
2	弗洛·伊萨瓦·丰塞卡	委内瑞拉	1981	2001	竞选	1	马术	执委会第一位女性委员
3	玛丽·艾莉森·格伦海格	英国	1982	1993	竞选	4	击剑	名誉委员
4	诺拉公主殿下	列支敦士登	1984	1999	竞选	—	—	现任
5	阿妮塔·德弗朗茨	美国	1986	—	竞选	1	赛艇	第一位女性主席候选人
6	安妮公主殿下	英国	1988	—	竞选	1	马术	现任
7	卡罗尔·安妮·华丝仑	加拿大	1990	2001	竞选	3	体操裁判	因去世而退职
8	维拉·恰斯拉夫斯卡	捷克	1995	2001	竞选	3	体操	个人原因离职
9	古尼拉·林德伯格	瑞典	1996		国际奥协代表	—		现任
10	比拉尔·波旁公主殿下	西班牙	1996	2006	国际单项体育联合会代表	—	马术	体育联合会任职期满
11	吕圣荣	中国	1996	2001	国际单项体育联合会代表	—	羽毛球	体育联合会任职期满
12	纳瓦尔·埃尔·穆塔瓦考	摩洛哥	1998	—	竞补选	1	田径	现任
13	伊莲娜·舍温斯卡	波兰	1998	—	竞补选	5	田径	现任
14	夏曼·克鲁克斯	加拿大	1999	2004	运动员委员会代表	4	田径	任期结束
15	曼努埃拉·迪·辛塔	意大利	1999	2010	运动员委员会代表	5	越野滑雪	荣誉委员
16	哈西芭·博尔摩卡	阿尔及利亚	1999	2000	运动员委员会代表	3	田径	任期结束
17	苏珊·奥尼尔	澳大利亚	2000	2005	运动员委员会代表	3	游泳	个人原因离职
18	埃尔斯·范·布列达·弗里斯曼	荷兰	2001	2009	国际单项体育联合会代表	—	曲棍球	体育联合会任职期满

纳瓦尔·埃尔·穆塔瓦考在洛杉矶1984年奥运会女子400米比赛中第一个到达终点

这一问题的讨论在标志着萨马兰奇改革时代到来的1981年巴登-巴登大会上向前迈出了第一步，并得出以下结论：体育管理组织必须给予女性更重要的地位。代表大会之后的全会意义非凡，在会上通过了好几个历史性决定，其中一个就是史无前例地同意接纳女性为国际奥委会委员。两位来自不同大洲、但之前都参加过奥运会的女运动员皮尔约·哈格曼（芬兰）和弗洛·伊萨瓦·丰塞卡（委内瑞拉）入选，后者还在1990年成为第一位进入执委会的女性委员。

萨马兰奇上任初期的目标之一是国际奥委会女性委员比例达到10%。2001年任期结束时该目标成功实现：18位女性进入了国际奥委会，占委员总数的15%。这又是萨马兰奇务实精神的体现——"事实胜于雄辩"。

参加奥运会的女性队伍进一步扩大　1985年，《奥林匹克资讯》杂志就女性与体育为题发表了一篇专稿。在这篇介绍性质的文章中，萨马兰奇指出，国际奥委会多年来鼓励女子体育的发展，并积极将女子比赛项目纳入奥运会项目中。但是，女子参与体育的道路仍旧十分漫长：一场革命正在发生。女性没有取得自己应得的地位，与男性还存在一定的差距。她们要掌握权力，展现个人能力，不能任凭男性做主。自从女性们明白她们是为了自己而生存，而不是服从男性或一种既定的社会模式后，她们就一直希望能够得到应有的认可和尊重。萨马兰奇口中的女性指的不只是女性运动员，还包括女性领导人："我希望所有的奥运大家庭成员不单要让女性参加比赛或获得奖牌，更要为女性进入体育管理层而做出贡献。"

夏奥会和冬奥会女性运动员的参与情况

	从莫斯科到悉尼				从普莱西德湖到长野		
夏奥会	1980	2000	差异	冬奥会	1980	1998	差异
女运动员数量	1,115	4,069	+2,954(+264%)	女运动员数量	232	787	+555(+239%)
占总人数比例	21.5%	38.2%	+16.7%(+43.7%)	占总人数比例	21.7%	36.6%	+14.9%(+40.7%)
大项	12	25	+13(+108%)	大项	3	6	+3(+100%)
小项	50	120	+70(+140%)	小项	15	32	+17(+113%)

这个表格显示出，从莫斯科1980年奥运会到悉尼2000年奥运会之间，女性的参与度出现了显著提高。在萨马兰奇任职期间，女性运动员的参与人数分别增长了264%（夏奥会）和239%（冬奥会），在总体参与度上分别增长了43.7%和40.7%。

在女性大项数目上，增长率分别是108%和100%；在女性小项上，分别增长了140%和113%。

这些数字显示出，20世纪80年代初奥林匹克运动中女性的地位开始攀升。在巴登-巴登大会上，有来自149个奥委会的近300名代表到会，其中仅有6名女性，而68个国际单项体育联合会中仅有2名女性代表。1985年，161个奥委会中，只有1位女主席、3位女秘书长，而在国际单项体育联合会中，女性主席数目为零，仅有一位女秘书长。在《奥林匹克资讯》杂志的专题文章中，第3位进入国际奥委会的女性玛丽·艾莉森·格伦海格（英国）这样描述当时的情况："从理论上来说，今天的女性已经拥有更多自由，可以选择她们愿意从事的任何一种职业。但是，到达一定的级别后经常出现的情况是，女性无法担任重要的管理职位。我觉得许多体育组织都存在这种偏见。"

值得一提的是，尽管直到1981年女性才进入国际奥委会并当选委员，但是之前已有3位女性出任国际奥委会的重要行政管理岗位。利迪亚·赞基（瑞士）在1924—1967年间是第一位女行政文员；莫妮卡·贝利乌（法国）是1966—1969年任国际奥委会的新闻和通讯负责人，1969—1985年担任总干事；而弗朗索瓦丝·兹韦费尔（瑞士）于1982年进入国际奥委会，由于她的出色能力，在1985—2002年担任总干事，同时在1998—2002年也担任过奥林匹克博物馆馆长。

《布莱顿宣言》　1994年5月5日至8日，由国际奥委会主办、并得到英国体育局赞助的第1届女性与体育国际大会在英国布莱顿举行。共有82个国家/地区的280名代表参会，会上确定了未来工作的基本方针，倡议设立国际化新策略，在各大洲发展女子体育。会议的成果文件即《布莱顿宣言》，倡导建立一种全新的体育文化，让女性完全参与到所有的体育领域当中。

几个月后，国际奥委会百年大会在巴黎举行。会议就女性在奥林匹克运动中的角色进行了讨论，所有委员一致赞同女性在奥林匹克运动中起着至关重要的作用。大会的成果文件提出了一个重要倡议，即提高女性在体育界所有层次中的参与度，要求在男女平等的基础上让女性在奥运大家庭中扮演更重要的角色。第四条倡议提出国家/地区奥委会和国际单项体育联合会必须在2000年12月31日前保证10%的决策层岗位由女性担任。萨马兰奇在闭幕词中总结道："我们需要全方位地提高女性在体育组织中的参与度。"

当时亚特兰大1996年奥运会的筹备工作正在进行中，一个名叫"亚特兰大+"的组织策划了一场秘密行动，要求国际奥委会禁止那些不允许女子运动员参赛的国家/地区奥委会参加该届奥运会。他们指出，巴塞罗那1992年奥运会时，全世界都在为种族隔离宣告终结、南非重回奥林匹克大家庭而欢欣鼓舞，但是很少有人知道，好几个国家的代表团全部是由清一色的男性组成的。这一团体的维权行动引发了人们的广泛讨论。国际奥委会执委会为此做出了一个重要的决定：国际奥委会百年大会上提出的有关女性参与度的倡议在亚特兰大1996年全会上再次被提上议程。"国际奥委会认为，必须立即加快步伐，提高女性在体育比赛、体育技术和管理层的参与度。我们将严格要求国际体育联合会和其他奥运体育组织，到2000年12月31日之前，在这些组织的决策层中，女性的比重要达到10%以上。这一比率到2005年12月31日之前要达到20%。"此外《奥林匹克宪章》也做出了相应的修改，特别添加了有利于女性在体育界发展的章节："国际奥委会保证，将采取一切可行的手段来全面提高女性在体育中，特别是在国家和国际体育组织管理层中的地位，我们的目标是严格地实施男女平等的原则。"1998年5月，在纳米比亚温得和克市举办了另一场峰会，作为布莱顿会议的延续。74个国家/地区的400名代表参加了会议讨论，并通过了有关男女平等及女性尊严的一些重要决策。

"妇女与体育"工作小组的设立　　1995年设立名为"妇女与体育"的工作小组是另一个重要决策。该小组根据1994年的百年大会倡议而成立。它的使命是向执委会提交相关提案。萨马兰奇任命阿妮塔·德弗朗茨（美国）为该工作小组的负责人，后者是1986年加入国际奥委会的女性委员，并于1997年成为国际奥委会第一位女副主席。这一工作小组后来更名为"妇女与体育委员会"，德弗朗茨一直担任主席。2001年萨马兰奇卸任时，她曾参加过国际奥委会主席竞选。

1999年3月8日国际妇女节之际，萨马兰奇向全世界传递出一条重要信息：国际奥委会将会为提高女运动员、教练员、管理者、医生或记者在体育中的参与度而继续努力。在即将进入的21世纪，也是纪念女性参加奥运会百年之际，不分性别，大家都可以凭借自己的经验和知识为世界体育发展做出贡献。

女性体育地位国际研讨大会　　女性体育地位国际研讨大会每4年组织一次，对提高女性在奥林匹克运动管理层的参与度起到了推动作用。该会议的目标是评估全世界体育发展情况、交流经验、巩固和捍卫女性参与体育的理念，并为提高女性参与度制定优先行动方案。第1届大会于1996年3月6日至8日在洛桑召开，通过多项倡议实现在2001年之前和2005年之前女性加入体育管理高层的比率分别要达到10%和20%的目标。第2届大会于2000年3月在巴黎召开，会上就男女平等和女性参与度问题再次制定了新的工作目标。2000年创立了"女性与

1996年在洛桑，妇女与体育工作小组会议

体育奖",颁奖典礼每年举行一次,获奖者来自各大洲,可以是个人也可以是组织,条件是必须对促进和激励女性参与奥运会比赛、训练或管理做出杰出贡献。

第1届获奖单位及个人如下:

全球奖 国际篮球联合会。获奖理由是它为女子体育发展做出了杰出贡献。

非洲 莱索托"女性与体育"委员会。获奖理由是它们在学校、社区和农村开展了一系列宣传活动,在女童和妇女间推动开展体育运动。

美洲 女子体育基金会。该组织创建于1974年,是美国最早的推动女性参与所有体育项目的组织。

亚洲 中国国家女子足球队。自1980年起获得了超过20个奖项,并在亚特兰大1996年奥运会上获得银牌。

大洋洲 新西兰"希拉里运动、健身及休闲"委员会。这是"成功女性宪章"项目的发起机构,目标是确立新西兰女性在体育中的权利。

欧洲 努奇·诺维·塞佩里尼(意大利)。她是第一位成为国际帆船联合会(ISAF)副主席的女性,也是奥运帆船项目的推动人。

伊斯兰女子运动会 这一体育盛会的发起人是法泽·哈什米·拉夫桑贾尼。她是记者、伊朗议会前议员、伊朗前总统(1989—1997)阿里·阿克巴尔·哈什米·拉夫桑贾尼的女儿。

为了让伊斯兰妇女可以参加国际体育比赛,但同时又符合伊斯兰着装要求,法泽·哈什米不顾大部分人的反对成立了伊斯兰国家女性团结和体育理事会,并在1991年于伊朗首都德黑兰召开的第一次大会上通过了举办伊斯兰女子运动会的提案。在萨马兰奇1990年对德黑兰的官方访问中,这位伊斯兰革命领袖曾向萨马兰奇表示:我们相信,这场运动会可以从文化和道德的角度促进全人类的和平与友谊。

第1届伊斯兰女子运动会于1993年5月在德黑兰和拉什特市举办,共有11个国家的407名女性运动员参加了8个大项的比赛(田径、羽毛球、篮球、手球、游泳、乒乓球、射击和排球)。1997年的第2届运动会上,共有21个国家的792名女性运动员参加了12个大项的角逐(增加了象棋、体操、空手道和网球),国际奥委会副主席安妮塔·德弗朗茨和英国委员玛丽·艾莉森·格伦海格代表萨马兰奇以观察员身份观看比赛。她们与法泽和伊朗奥委会主席赛义德·穆斯塔法·哈什米·塔巴进行会晤,就伊斯兰女子体育的发展交换了意见。

第3届运动会于2001年11月在德黑兰和拉什特举办,该届运动会还向西方国家的穆斯林妇女开放。而英国是第一个响应的国家。虽然受到美国"9·11"事件的影响,但还是有23个国家的795名运动员参赛,项目增加到15项,增加了击剑、室内足球和跆拳道3个项目。

在2005年9月的第4届运动会上,德国和美国的选手也参与到了奖牌的角逐。共有1316名来自44个国家的运动员汇聚在德黑兰和拉什特,参加18个体育项目的比赛,高尔夫球、柔道和壁球是最后添加的3个新项目。

体育场禁止男性进入,由此女运动员们在比赛的时候可以不戴头巾。按照规定,所有的裁判员和教练员也必须全部为女性。场内禁止摄影,高尔夫或射击项目除外,因为若被允许,可以拍照。国际奥委会对这个只允许女性参加的运动会表示大力支持,因此受到某些团体的批评,认为其中含有性别歧视成分。但从另一个角度来看,这是伊斯兰女性参与体育运动的一项重大进步。另外,法泽·哈什米作为伊朗奥委会副主席积极开展宣传工作,甚至说服国际奥委会允许穆斯林妇女在参加奥运会的时候按照伊斯兰教规定着装。这一巨大的胜利意味着无数的女性不用再因为某些原因而放弃自己的体育梦想了。

2000年在巴黎,国际奥委会第2届世界妇女与体育大会

纳瓦尔·埃尔·穆塔瓦考在洛杉矶1984年奥运会上成为首位获得奥运金牌的非洲女选手

希腊女运动员斯塔玛塔·瑞维提，在雅典1896年奥运会马拉松比赛结束后的第二天跑完全程，以此显示女性也有参加奥运比赛的权利

成为奥林匹克运动中的一位女性

弗朗索瓦丝·兹韦费尔在国际奥委会先后担任过秘书长和奥林匹克博物馆馆长，她漫长的职业生涯让她能够在让妇女参加奥林匹克运动的过程中发挥领导作用。萨马兰奇用了这样的话来回忆她的高效工作："非常难以忘记弗朗索瓦丝的奉献，堪称楷模。"她在《成为奥林匹克运动中的一位女性》一书中阐述了她的经历。一些从书中摘取的工作回顾如下：

"事实上，20世纪80年代时，奥林匹克运动中没有很多女性。比如说，在汉城，在筹备第24届奥运会期间，在奥运会组委会中，我是唯一的女性。

"决策权加上习惯和耐心，有助于建立尊重的氛围，让人际关系变得更加融洽。甚至出现了某一瞬间，我们与男性之间的谈判变得更容易，虽然似乎很奇怪。

"虽然面临千难万险，但是如果认为世界充满敌意，那就错了。就我个人而言，我总是得到国际奥委会主席的支持和理解。他总是会考虑女性在奥林匹克运动中的角色，自1980年他任职以来，他打开了女性通向奥林匹克运动的大门。

"正如公共生活中其他活动一样，妇女进入体育管理岗位看来显然需要一些支持。妇女须走过的路途总是比男性的漫长。但我们不要错误地以为体育界和奥林匹克运动例外。

"显而易见的是，若妇女能够胜任和她们相配的岗位，则表明她们实际上在所有体育项目中都有高水准的表现。这和妇女在体育组织中妇女在管理岗位中的角色无关。

"在这一方面，妇女通常缺少对这种职位的兴趣。事实上，妇女感到不安全，她们感觉到被注视，因此对批评更开放。

"奖励主动性的衡量系统是解决性别平等问题的最佳方案。国际奥委会理解这一点，并制定了10%的规则。当然，这种激励机制并不解决所有问题，但它也许是必要的最后方法，虽然不甚完美。地方层面上管理俱乐部或其他体育协会的女性越来越多，但在国家和国际层面上被选举出来的女性极少。

"总而言之，参照我自身经验，我想说得是，以个人价值尊重为目的的个人成就永远是最重要的。女性必须尝试保留自身的女性气质和直觉感知，即我们的性别特质和对他人的关注之心，这些都是女性一直以来得到赞赏的品质。最后，真正的回报并不总是成功，而是和其他人共赴使命的满足感，这些将构成最好的回忆。"

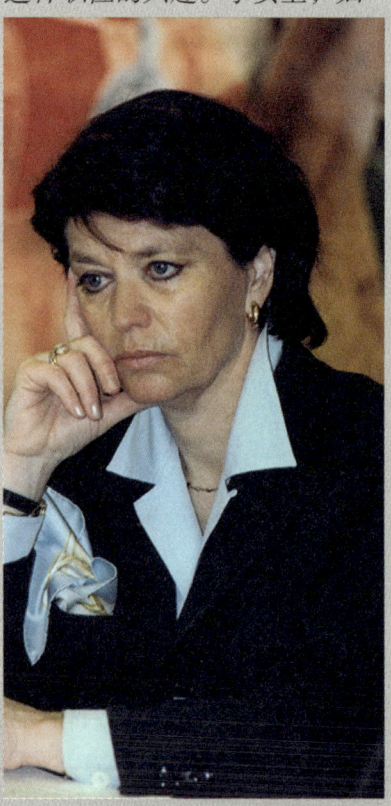

弗朗索瓦丝·兹韦费尔
国际奥委会秘书长（1985—2001）和洛桑市奥林匹克博物馆馆长（1998—2002）

苏联体操运动员拉里莎·拉特尼娜18岁时成为了获得最多奥运奖牌数的女性,在墨尔本1956年奥运会和东京1964年奥运会上共获得9枚金牌和14枚个人赛奖牌

前田径运动员哈西巴·布梅尔卡(阿尔及利亚)和前越野滑雪运动员玛努拉·迪·辛塔(意大利),她们是悉尼2000年奥运会国际奥委会委员

皮拉·德·伯尔宾(西班牙)是1996—2006年间国际奥委会委员,担任国际马术联合会主席

萨马兰奇和波兰的伊琳娜·谢文斯卡和埃丽卡·特普斯特拉,伊琳娜是1998年以来的国际奥委会委员,埃丽卡是于2009年在洛桑任职的荷兰奥委会主席

萨马兰奇和弗洛尔·伊萨瓦在1999年汉城的109次全会上

在亚特兰大1996年奥运会上，田径运动员推选哈西芭·布梅尔卡为田径运动员委员会委员，她于1999年成为国际奥委会委员

国际奥委会主席和他忠实的协作者国际奥委会秘书长兼洛桑市奥林匹克博物馆馆长弗朗索瓦兹·兹韦费尔

荷兰人埃尔斯·范·布雷达·维里斯曼，自2001年以来任国际奥委会委员兼国际曲棍球联合会主席。奥委会主席雅克·罗格2010年在温哥华第122次全会上授予她奥林匹克勋章

萨马兰奇与捷克斯洛伐克的维拉·恰斯拉夫斯卡，她在1996年亚特兰大105次全会后成为新国际奥委会委员，她在体操项目上取得了11枚奖牌的骄人纪录，其中7枚奖牌是金牌

萨马兰奇在1997年洛桑的106次全会上将奥林匹克勋章授予保加利亚的纳蒂娅·莱卡斯卡

萨马兰奇主席、高斯帕、德弗朗茨2001年在洛桑与第2届"妇女与体育奖"获奖者

玛努拉·迪·辛塔于1999年在洛桑的110次全会上迎接萨马兰奇，当时被选举为国际奥委会委员，之前在其职业生涯中获得了7枚奖牌

国际奥委会荣誉主席、瑞典的古尼拉·林德伯格和乌尔斯·拉哥特古尼拉·林德伯格自1996年以来任国际奥委会委员，2004—2008年间任副主席。乌尔斯·拉哥特在2008年北京第120次全会上成为总干事

萨马兰奇和德弗朗茨于2001年在莫斯科，当时她参加国际奥委会主席竞选

列支敦士登诺拉公主，自1984年以来任国际奥委会委员。在1991年伯明翰第97次全会上

萨马兰奇和玛丽·艾莉森·格伦海格，她是进入国际奥委会的第三名女性，摄于她赶赴1985年巴利亚多利德世界韵律体操锦标赛的航班上

1946—1952年期间国际奥委会主席西格弗里德·埃德斯特隆和瑞士的莉迪亚·赞奇,她是首位于1924—1967年以管理者身份在国际奥委会工作的女性

伊朗的菲伊洁·哈什米,1993—2005年伊斯兰妇女运动会推动者,摄于1994年巴黎奥林匹克代表大会

英国安妮公主自1988年以来任国际奥委会委员,在1976年蒙特利尔奥运会上参加了马术比赛

萨马兰奇和中国的吕圣荣,她是1996—2001年国际奥委会委员,从2001年莫斯科第112届国际奥委会全会开始担任国际羽毛球联合会主席

国际奥委会头两名女性委员弗洛·伊萨瓦·丰塞尔和皮尔约·哈格曼,摄于1990年东京第96次全会上,当时弗洛成为首位国际奥委会执委会的女性工作人员

萨马兰奇和前加拿大田径运动员查梅尼·克鲁克斯，后者为1999—2004年期间第一个伦理委员会的成员兼国际奥委会委员

加拿大的卡罗尔·安妮·莱泽伦在1990年第96次东京全会上宣誓成为国际奥委会委员

澳大利亚游泳运动员苏西·奥尼，6枚奥运会奖牌得主，2000—2005年国际奥委会委员

第 8 章　奥运外交

萨马兰奇平息奥林匹克抵制风波
得益于对外交的了解，萨马兰奇同联合国及联合国教科文组织建立了密切的关系

"只要有谈判桌，就总有可能达成协议"。这是萨马兰奇的座右铭，摘自他的个人笔记。看得出来，他对谈判和对话持积极态度。不幸的是，1976年到1988年间，奥运未能摆脱"抵制"这两个丑陋的字眼。从蒙特利尔1976年奥运会到汉城1988年奥运会，都被与体育毫无关联的事件影响，当时，比起运动员的努力和希望，政治利益占据了更重要的位置，运动员们成为了最大的受害者。

1880年，查尔斯·坎宁安·博伊科特上尉负责看管英格兰厄恩伯爵在爱尔兰的土地。博伊科特可能永远想象不到，因为他与社会不可调和的矛盾，自己的姓氏竟然会闻名于世。在人们眼中，他剥削爱尔兰农民和雇农，而受剥削者拒绝支付租金，抗议他的盘剥，同时也对在外居住的英格兰地主施压。博伊科特最终被迫离开。《泰晤士报》用"博伊科特"描述以不参与的方式拒绝被剥削虐待，这个词就是今天英语中的"抵制"。

在担任国际奥委会主席之初，萨马兰奇工作重心之一就是打赢"抵制之战"。为此，他利用外交知识不断努力。他知道，若能达成目标，奥运盛会将恢复和平与稳定，奥运就能得救。因此，萨马兰奇倾注所有心血，以期将"抵制"二字从奥林匹克的词典中彻底清除。

蒙特利尔1976年奥运会　一些人认为，运动和政治不应挂钩，这与萨马兰奇的观点截然相反。他一直认为，政治在奥运的发展过程中无处不在，在社会生活的方方面面随处可见，即便在体育运动中也是如此。因此，萨马兰奇相信"政治和运动必须相互依存，建立互相尊重的框架。奥运遭受的抵制已经证明奥委会必须与政府谈判，这在蒙特利尔、莫斯科和洛杉矶奥运会体现得尤为明显。工作中，我们无一例外地秉承勤奋审慎的原则，掌握技巧，永远努力达成对奥运最有利的协议。我们必须时刻谨记，奥林匹克运动的精神是社会不可分割的一部分，因此，也必须与政治权利和睦共处。"

> 运动是世界的语言，或者用现在的话说，是全球通用的语言。如今，运动将人与人拉得更近，而非使人渐行渐远。包特罗斯·盖里曾说："运动教会我们和平和民主，是促进教育和理解的手段。"正如科菲·安南所说的，"这正是我们要向世界展示的。在不忘记、不轻视其他战略影响的情况下，用外交手段寻求以非武力的方式加深友谊，促进对话，表达种种利益诉求。在这方面，外交与运动不谋而合。"

在蒙特利尔1976年奥运会期间，作为国际奥委会委员的萨马兰奇见证了24个非洲国家对第21届夏季奥运会的抵制。奥林匹克精神再一次受到了政治的阻碍。那次，非洲的体育代表团因为新西兰国家橄榄球队曾与南非队比赛而要求将新西兰排除在奥运会之外。当时南非由于其种族隔离的社会政治体制而被国际奥委会禁赛。国际奥委会拒绝屈服于这种压力，决定忽视非洲国家的要求，从而导致这些国家的

1972—1980年间任国际奥委会主席的基拉宁勋爵，也未能避免1976年非洲大部分国家发起的政治抵制

刚果的让-克劳德·冈加带领24个非洲国家，在加拿大蒙特利尔1976年奥运会上抵制新西兰参会，因为新西兰组织了与南非的橄榄球比赛，而南非由于种族隔离政策被禁赛

奥委会拒绝了参加奥运会的邀请，或在奥运会开幕后撤队回国。喀麦隆、埃及、摩洛哥和突尼斯代表团参加了奥运会最初几天的比赛，后来加入非洲奥委会的抵制运动而中途退出比赛。

原国际奥委会委员、后被开除的让-克洛德·冈加（刚果）数年后回忆这段往事时曾说过："如果加拿大政府能够预见到发生的事情的话，本来是可以避免这次非洲国家对蒙特利尔1976年奥运会的抵制的。"由于英式橄榄球不是奥运项目，国际奥委会觉得自己没有义务参与或寻求谈判解决非洲国家之间矛盾。萨马兰奇认为，国际奥委会总干事莫妮卡·贝利乌没有向基拉宁通报问题的严重性。他回忆说："1976年，国际奥委会主席应当认识到，相比皮埃尔·特鲁多（加拿大总理）拒绝承认台湾队，非洲问题才是成功举办本届奥运会的最大威胁。"

尽管1900年、1908年、1936年、1956年、1964年和1972年奥运会都曾面对政治利益冲突，但这是奥运史上第一次官方的抵制运动。非洲国家抵制的同时，中国大陆与中国台湾也存在争议。1976年5月28日，加拿大告知国际奥委会，称其拒绝接受奥委会允许台湾代表团以中华民国的名义参赛。基拉宁在与双方会谈无果后，提出台湾代表团可举奥运会旗帜入场，采用台湾为代表队名称而非中华民国，获奖时演奏国际奥委会会歌。加拿大接受了以上条款，但台湾当局因无法使用其"合法名称"或"国家象征"，拒绝参会。鉴于国际奥委会同时认可了中国大陆和台湾，中国大陆也退出了奥运会。后来，在1979年的《名古屋决议》后，国际奥委会允许中国大陆在参加奥运会时使用其倾向使用的名称，同时允许台湾以中国台北的名称参赛。

在蒙特利尔奥运会结束两个月后，国际奥委会执委会与国际单项体育联合会举行了会谈，就此次抵制进行了讨论，然而并未采取制裁措施。尽管有国家要求对挑起抵制的国家停赛，但国际奥委会受到政治机会主义的影响，对这些国家越来越倾向于采取不作为的政策。

莫斯科1980年奥运会 莫斯科被选为1980年奥运会举办城市是一个希望的象征。某些观察员认为，缓和局势的时候到了：1975年10月25日，莫斯科击败洛杉矶获得奥运会举办权。而其胜出的理由是一项秘密协议。后来《每日镜报》公布了这一理查德·尼克松和勃列日涅夫之间达成的支持缓和政策的协议。

但很快，形势出现了出人意料的大逆转。某些奥委会决定再次进行抵制，但这次针对的是莫斯科1980年奥运会。1980年参与抵制的国家更多，形势更严峻。以苏联入侵阿富汗为理由，美国拒绝派运动员参加比赛，如有违者可能被撤销护照，同时呼吁其盟国采取同样的措施，此举得到了其他58个国家的支持。此事体现出了冷战在20世纪80年代的影响。

1982年在莫斯科，萨马兰奇与苏联奥委会主席谢尔盖·巴普洛夫以及记者亚历山大·拉特纳

1979年底,苏联入侵阿富汗。1980年1月20日,美国总统吉米·卡特要求苏联在一个月内停止对阿富汗的入侵。白宫声称"苏联撤兵或美国撤回运动员,非此即彼"。苏联拒绝美国的要求,而美国以拒绝参加莫斯科1980年奥运会的方式抗议以示不满,并鼓动其他国家共同抵制奥运。响应最积极的是联邦德国、日本、阿根廷和加拿大的奥委会。英国、法国、意大利、澳大利亚和西班牙等其他国家参加了奥运,尽管使用的是通用的奥林匹克会旗。

在给苏联下达的最后通牒无效后,尽管当时奥运会倒计时不到一年,卡特仍提议抵制莫斯科奥运会或改变举办地点。大卫·米勒说道:"卡特或玛格丽特·撒切尔这样的政治领袖认为,改变奥运的举办地点像给管弦乐队改个演奏厅一样容易,这恰恰证明他们对国际奥委会这个能够组织160个国家和上万名运动员参赛的组织知之甚少。"在1980年国际奥委会全会期间,也就是普莱西德湖冬奥会前夕,紧张局势不断升级。时任奥委会主席的基拉宁表示,体育运动与任何政治问题都无关,面对政治问题,唯一的解决方案就是坚定立场,等待政治领导人解决分歧。

奥委会领导层消极被动的态度遭到了时任美国国务卿塞勒斯·万斯严厉的抨击。在他的开幕讲话中,万斯严厉批判了奥委会的消极态度,指责国际奥委会不干预对苏联在阿富汗的行动,未叫停莫斯科奥运会。对此,与会者颇感惊讶,一时陷入茫然不知所措的状况。一些人甚至已经开始为下一届1984年在洛杉矶举行的奥运会担心。

时任国际奥委会委员维塔利·斯米尔诺夫(苏联)解释说,在受到万斯的直接攻击后,苏联代表团决定放弃参加普莱西德湖冬奥会,虽然奥林匹克运动中的一些同事曾表示他们并不同意美国人的看法,并且他们将以不出席官方酒会的方式表示抗议。斯米尔诺夫后来说:"正是这一事件让萨马兰奇发现,在会议开幕时主席应该是最后一个而不是第一个发言的人。"在这次会议上,萨马兰奇还只是国际奥委会礼宾官,但他已经开始察觉到未来主席之路上不得不面对的一些问题。

2月至7月间,尽管基拉宁主席和莫妮卡·贝利乌频繁访问华盛顿和莫斯科,但还是无法使两个权力集团统一意见,修补裂痕。决定抵制的国家/地区奥委会的数量不降反升,而国际奥委会又没有能力积极地调解冲突。自1987年起担任国际奥委会委员的理查德·凯文·高斯帕(澳大利亚)曾说过:"我认为基拉宁惰性极强又过于软弱。在他担任主席期间奥委会能够存活下来实属万幸。我一开始站在错误的一边,赞同推迟莫斯科奥运会,但很快我就意识到,这一立场绝对不可取。如果是一位有能力、有决心的人,从一开始就应该能够看清楚形势。但基拉宁不像卡特和勃列日涅夫一样知道应当迅速采取行动先声夺人。1979年底危机发生

1984年5月,美国总统罗纳德·里根与胡安·安东尼奥·萨马兰奇和彼得·尤伯罗斯在华盛顿特区的白宫会见

后，过了3个月他才与两国首脑取得联系，但到了这时，唯一可以做的就只剩下尽量减少损失。"斯米尔诺夫更进一步地分析了基拉宁和他继任者的性格："萨马兰奇觉得自己对莫斯科奥运会有责任。他积极参与，他没有把自己当作暂居这个城市的外地人，而是开始了解苏联人的心态。我相信如果步入政坛，他也一定能有优秀的表现。"

萨马兰奇在莫斯科奥运会开幕前两天的全会上被选为国际奥委会主席，这是他主持的首届奥运会。尽管受到抵制的影响和裁判偏向的指控，比赛依旧展现出了较高的水平。根据苏联公布的官方数据：60个苏联部委和政府部门参与了奥运会的组织工作，动用1.13万名公务人员，建成了22个体育设施，从而提高了莫斯科的现代化水平。来自72个国家/地区的34万名游客来到莫斯科，售出550万张门票，67个电视台转播了比赛，5000名记者齐聚苏联首都。

洛杉矶1984年奥运会 复仇。萨马兰奇成为国际奥委会主席后，不得不面对基拉宁时代的历史遗留问题，由此，他还发现了一个令人不安的事实：国际奥委会对世界上最强大的几个国家的影响力日益减弱，这是他上任的前四年里必须处理的事情。

自蒙特利尔1976年奥运会开始，奥林匹克团结就一直处于四分五裂的状况，1984年的第23届美国洛杉矶奥运会没能彻底扭转这一情况。一些国家针对卡特对莫斯科1980年奥运会的抵制进行了报复。

共有14个来自社会主义阵营国家的奥委会决定响应由苏联提出的政治抵制，不参加洛杉矶奥运会。这一决定得到了一些体育强国的支持，比如民主德国、波兰、保加利亚和古巴。罗马尼亚是唯一一个参赛的共产主义国家，而且在这届奥运会上创下了奥运奖牌数量的新纪录。在8年前的蒙特利尔奥运会上，这些参与抵制的国家包揽了总奖牌数的58%。此外，缺席的国家还决定组织一个以"友好运动会"为名的反奥运运动会，并得到了包括苏联在内的共49个国家的支持。除此之外，伊朗、利比亚（这两个国家由于政治原因，没有加入以苏联为首的抵制运动）、阿尔巴尼亚也未参加洛杉矶奥运会。但是因为与苏联有分歧而没有参加莫斯科1980年奥运会的中国这次却派出了代表团。尽管有很多国家缺席，洛杉矶奥运会还是汇聚了来自142个国家/地区的运动员，创下历史新高。

萨马兰奇从进入维迪堡办公室的那一刻起，就已经猜到了自己将不得不面对苏联及其盟友对于莫斯科1980年奥运会抵制而进行的报复。

地缘政治没有提供任何的帮助。美国新总统罗纳德·里根的军事扩张政策使得本就紧张的政治态势雪上加霜。根据"星球大战"计划，里根下令在欧洲发射中、远程导弹。世界局势就如同象棋棋盘，处处剑拔弩张：有关核裁军的"限制战略武器谈判"以失败告终；韩国航空公司飞机被苏联以入侵领空为由击落；波兰社会动荡民不聊生；黎巴嫩入侵使中东局势吃紧；尼加拉瓜桑地诺起义和中美洲的游击队活动频繁；地区冲突屡见不鲜。

政治形势一片暗淡。在这个混乱的世界里，两个大国觊觎权势。而命运之手选择了1984年奥运会将在洛杉矶举行。奥运会举办之前的几个月中，"抵制"一词不断出现在所有的报纸上。对于胡安·安东尼奥·萨马兰奇来说，军事升级对任何人都没好处，而且这与重建奥林匹克团结的策略背道而驰。一些政客和国际奥委会委员不时发表一些言论，表示可能进行抵制，执委会试图平息事态，果断决定授权萨马兰奇主席为唯一的发言人。

苏联奥委会主席马拉特·格拉莫夫、萨马兰奇和洛杉矶1984年奥组委主席彼得·尤伯罗斯于1984年4月在洛桑

希望破灭 抵制成为了一种现实的威胁，但是1982年苏联领导人勃列日涅夫去世、安德罗波夫接掌克里姆林宫后，形势出现了变化。冷战的紧张局势似乎有可能结束。这就让人们看到了一线光明。1983年12月，距离奥运会开幕仅剩8个月，形势越来越乐观。以马拉特·格拉默夫为首的苏联代表团与彼得·尤伯罗斯在以运动员身份进行的谈话中达成协议，为几乎所有的问题都找到了解决办法：苏联运动员将被安置在加州大学的奥运村内，启用25架包机方便往返；苏联记者和技术人员将

被安置在一艘停泊在长滩的苏联船只内,并为所有的记者和运动员提供安全保障。马拉特·格拉默夫坚持认为,"最重要的是所有各方都必须尊重《奥林匹克宪章》"。苏联方面的最终决定必须在5月底前公布。虽然以基督教传教士大卫·W.巴尔桑格、越战老兵埃德蒙·安德森以及洛杉矶韩国人社团领袖金玄庆为首的美国极右翼纽织"禁止苏联联盟"到处布下陷阱和雷区,煽动俄罗斯运动员逃离自己的国家,但是他们为反对共产主义国家运动员参赛而收集万人签名的企图最终没有成功。总体形势依旧乐观。萨马兰奇亲口向大卫·米勒承认:"我已得到官方消息,苏联确认参加洛杉矶奥运会。"因为安德罗波夫意识到,在奖牌总数上战胜美国对提高威信大有裨益,因

玛丽娅·特蕾莎·萨利萨其斯与洛杉矶市长汤姆·布拉德利在1984年奥委会第88次全会上

此不能放过这次机会。但是安德罗波夫与苏联外交强人、真正掌握政治实权的安德烈·葛罗米柯(1957—1985年担任苏联外长)发生了正面冲突。萨马兰奇在他的《奥林匹克回忆》中写道:"提出、鼓励并决定抵制的正是葛罗米柯。"国际奥委会宣布萨马兰奇主席是其唯一的官方发言人,这一决定使得许多苏联领导人松了口气。苏联奥委会主席马拉特·格拉默夫在1983年7月表示,"抵制"一词在苏联并非受到所有人的认可,他们不想将政治和体育混为一谈。安德罗波夫在1984年2月的萨拉热窝冬奥会期间去世,这对奥林匹克运动是一个沉重的打击。而更大的打击是,他在克里姆林宫的继任者不是改良主义者米哈伊尔·戈尔巴乔夫,而是年事已长、患有绝症并受葛罗米柯操纵的康斯坦丁·契尔年科。葛罗米柯以铁腕政策控制国内的信息传播,并设计了反奥运会的策略,而这一切都源自他在外交生涯开始时对美国产生的敌意。葛罗米柯在1943年至1946年期间担任苏联驻美国大使,1946年至1948年期间担任苏联驻联合国代表。

萨马兰奇写道:"如果安德罗波夫依旧在世的话,我相信1984年的奥运会会进展顺利。但是,他的离开并没有令人感到意外,事实上,在去世前他因病卧床已经有将近一年了。契尔年科上任后,我们首先察觉到的就是两位苏联国际奥委会委员安德里亚诺夫和斯米尔诺夫态度发生了转变。人们发现,他们忽然之间变得十分反常。这是因为所有参与苏联出席洛杉矶奥运会谈判的相关负责人都需要向葛罗米柯直接汇报。这可不是个好消息。"外交上的周旋是当时的主题。4月初,萨马兰奇在他的笔记中写道:"坏消息来自俄罗斯塔斯社。苏联奥委会发布了一条官方通告,要求国际奥委会执委会召开紧急特别会议,处理洛杉矶奥运会违反《奥林匹克宪章》的行为。整个通告言辞苛刻、态度十分不友好。我跟梅罗德、西贝尔科和庞德谈话,希望获得更多的支持。世界各地的记者都打来电话。我的回答是,国际奥委会要收到苏联官方信函或电传时才会正式对此作出答复。一场硬仗即将打响。我要证明自己有能力让奥运会这个重要的比赛顺利进行。我打电话给尤伯罗斯,他当时非常担心,让我在收到苏联的正式要求时不管多晚都要立即打电话通知他。说实话,我认为美国国务院不应该要求苏联提交一份参加洛杉矶奥运会的正式人员名单。"萨马兰奇在字里行间透露出了自己的悲观情绪,虽然他试图通过意大利外交部长朱利奥·安德莱奥蒂做出最后的努力,但还是失败了。"庞德曾打来电话,他很担心。我也是。苏联人真毒辣。我相信他们已经做了决定,但究竟是什么样的决定呢?苏联采取抵制措施的可能性逐渐上升。虽然还没有收到任何官方通知,但我们已经听说其他社会主义国家将支持他们。矛盾不断激化,但我的立场和莫斯科1980年奥运会时是一样的。我们将捍卫洛杉矶1984年奥运会……日子一天天过去,我觉得与苏联的矛盾将进一步激化。这样下去我担心自己根本坚持不到奥运会结束!"

抵制拉开序幕 5月8日,奥运火炬抵达纽约当天,报道证实:苏联及其卫星国不会参加洛杉矶奥运会。莫斯科的决定既毫无根据,又不具有说服力,他们不接受"抵制"这一说法,而只是委婉地使用"不参与"一词。法国记者罗伯特·帕里安特在《队报》的报道中认为,这是一项蓄谋已久的行动。苏联从1981年就开始

罗马尼亚等国参加了洛杉矶1984年奥运会

不断谴责洛杉矶和美国。一开始的理由是反对商业化、反对污染和缺乏安全感。但这些都是借口。奥林匹克理想再一次被国家政治宣传和利益斗争所害。理查德·庞德（加拿大）认为，萨马兰奇和基拉宁在面对危机时的处理方式是截然不同的。当苏联宣布不参加奥运会时，萨马兰奇访问世界各地寻求支持，以保证奥运会顺利举行。他不只会晤了契尔年科和里根，还和许多其他领导人见了面。消息公布后的当天下午，萨马兰奇仍然没有放弃，即刻前往华盛顿与美国总统罗纳德·里根会晤。"我说到做到。与往常一样，里根在白宫椭圆形办公室接见了我。会议大约持续了20分钟。总统显得有些担心。他比我上一次见他时显得老了一些。他提到了一点，我觉得是个不错的主意。'为什么不邀请契尔年科参加奥运会开幕式？'。但是白宫办公厅主任迈克尔·迪弗立即介入，说如果没有美国国务院的允许是不能这么做的。他不喜欢这个主意。里根答应让我带一封信给苏联方面。"在离开的时候，萨马兰奇坚持由他亲自前往莫斯科，转交里根的信函。国务卿认为这个想法不合适，并提出另一个可行方案保护那些前往洛杉矶参加奥运会的运动员的安全。然而，萨马兰奇不愿认输。5月25日，离奥运会开幕只剩下不到60天时间，他还前往布拉格和莫斯科，希望苏联重新考虑其立场。他努力到最后一刻。"我和斯米尔诺夫在我的房间用早餐。他告诉了我一些关于苏联决定不参加奥运会的细节信息。看来，压垮骆驼的最后一根稻草来自美国对一名苏联化学系学生的压力。他们坚持要他申请政治庇护。他们没有正式会见俄罗斯大使，而是把他从一个办公室换到另外一个。这才是使得矛盾最终被激化的导火索。"这位苏联国际奥委会委员回忆道："我们国家的局势非常紧张。人们忧心忡忡，希望自己的儿女可以平安地回到家中。我母亲当时还在世，她也反复叮嘱我一定要小心。"这一陈述很出人意料，因为在奥运会比赛期间，几十名苏联领导人、记者和游客都常出现在洛杉矶。国际奥委会发表了一篇很长的声明，表示谈判的大门永远敞开，并再次重申了自己的目标："无论何时，奥林匹克运动的团结是我们应对所有企图利用奥运会达到政治目的的行为的武器。体育所展现出的友好精神将全人类凝聚在一起，奥林匹克运动因而日益壮大。"萨马兰奇在日记中写道："要实现这一目标实在太难。从现在开始，洛杉矶奥运会面临的局势急转直下。我告诉尤伯罗斯，美国国务院应该设立高级委员会对这一问题进行讨论，就像苏联人在1980年的做法一样。"阿富汗、民主德国、保加利亚、古巴、埃塞俄比亚、匈牙利、朝鲜、老挝、蒙古、波兰、捷克斯洛伐克、越南、苏联和也门等国家忠实地遵循着抵制洛杉矶奥运会的政策。然而，在国际奥委会及萨马兰奇主席的积极协调下，具有较高体育水准的南斯拉夫、中华人民共和国和罗马尼亚决定参加奥运会。对于萨马兰奇来说，1984年的抵制没有1980年那么严重，因为最后参赛的国家/地区有140个。此外，从这届奥运会中，国际奥委会也汲取了对未来大有裨益的经验。"洛杉矶的经验给我们提供了很大的帮助。因为从那时起，政客们开始相信，抵制没有任何意义，受害的只会是自己国家的运动员。而运动员们也开始首先要求政治领导人为自己无法参加奥运会而负责。我们可以从运动员的声明中发现，一旦铁幕倒下，他们认为自己才是政治冲突中的大输家，独裁专制令体育和运动员付出了巨大的代价。"洛杉矶奥组委主席彼得·尤伯罗斯曾回顾过1980年普莱西德湖冬奥会期间与莫斯科奥组委主席依格纳缇·诺维科夫的谈话，谈话中曾提到人们将苏联比作一只熊。这段谈话由大卫·米勒记录下来："诺维科夫告诉我，苏联不是熊，是一头大象。他说，因为我们的记忆力非常好。很明显，他的意思是如果美国抵制了莫斯科奥运会，那么可以肯定的是，苏联在洛杉矶1984年奥运会上一定会做出同样的举动。就个人而言，我是一个乐观主义者，所以我认为仍然有可能找到长期的解决方案。"

意见不一的阵营 尽管身处逆境，萨马兰奇在洛杉矶奥运会之前的外交行动还是取得了不少成果。其中之一就是中国在32年后重返奥运盛会。中国多年以来一直不能参加奥运会，而它与苏联的分歧使情况发生了转变。另外，作为苏联忠诚的盟友，罗马尼亚也派出了代表团。国际奥委会委员亚历山德鲁·西贝尔科（罗马尼亚）在这一过程中发挥了巨大作用。他的责任感和对奥林匹克运动未来的关切令他说服了罗马尼亚领导人尼古拉·齐奥塞斯库不参加抵制。另外值得一提的是，国际奥委会主席还付出了巨大努力，保持非洲国家的忠诚。

理查德·凯文·高斯帕描述了萨马兰奇为减少1984年抵制事件的影响而做出的努力："主席知道如何迅速地采取行动将东欧围入围栏。1980年，抵制已经扩展到全球，基拉宁勋爵本可以采取更多措施，尽量减少抵制的影响。那些年萨马兰奇身上最突出的就是他预见未来的能力，他在这方面有很高的天赋，能够预见别人的反应。"

洛杉矶奥运会结束后需要进行的工作是降低政治抵制对奥运会的影响。萨马兰奇再次显示了他的果断作风。他没有理会奥运会前提出的对那些可能参加抵制的奥委会采取惩罚措施的要求，而是在1984年12月召开了一次特别会议，要求国际奥委会委员提交各自的意见。

第89次全会特别会议于1984年12月1日在洛桑召开，会上萨马兰奇阐述了自己放弃采取惩罚措施的理由：防止今后出现抵制的最好方法不是严厉的制裁和威胁，而是建立更好的关系。他认为洛杉矶奥运会也有积极的一面：它的成功体现出了奥林匹克主义的团结精神，同时为未来奥运会的成功举办提供了有益经验。

来自美国、加拿大、法国、墨西哥、委内瑞拉、巴西、奥地利和希腊的国际奥委会委员纷纷给萨马兰奇致电，坚决支持执委会采取制裁措施。他们中的一些人要求禁止曾参加抵制的国家的裁判员和官员参与奥运会的相关工作。然而，包括英国、爱尔兰、芬兰、肯尼亚和泰国在内的许多国家的奥委会委员提醒主席，制裁可能最终会造成奥林匹克运动的分裂。

大会最后的决议指出：国家/地区奥委会必须保证运动员的参赛机会；运动员不能成为抵制活动的牺牲者，或因为相关的惩罚措施再次受害。决议还明确指出：解决问题的根本方法不应该是对作为奥运会主角的运动员采取更多的惩罚措施，而是要找出抵制背后的真正动机和原因，并保证相关奥委会的代表不会与奥运会渐行渐远。

这一次，萨马兰奇再次亮出了绝招，令所有人大吃一惊。在特别会议上，他已经知道，抵制洛杉矶奥运会的国家会承认自己的决定过于仓促，因为他们自身才是这些决定真正的受害者。国际奥委会委员西贝尔科、庞德和对亚洲事务非常熟悉的阿什维尼·库玛尔（印度）赞同加强合作，并就各国对参加1988年奥运会的意愿进行了深入了解。此举令主席可以通过外交手段和国际奥委会的介入避免因朝鲜问题引发冲突。

汉城1988年奥运会——和解的奥运会 汉城成为1988年奥运会举办城市被外界普遍认为是奥林匹克运动进一步发展的良机。这是奥运会第二次在亚洲举办。韩国是一个拥有巨大经济潜力的发展中国家，一条雄心勃勃的龙。当时的韩国正积极在整个东南亚地区扩大自己的影响力。然而这一选择也面临一定的风险。朝鲜半岛并不是一个统一的整体，而是因战争分为南北两部分。北边的朝鲜和南边的韩国分属冷战两大阵营。这就使得局势空前紧张。因此，汉城申奥成功无疑引发了诸多争议。

汉城的军事政权孤立于世界，而举办奥运会立即为这个国家的未来带来了极大的不确定性和巨大的挑战。政治局面显得异常复杂。萨马兰奇面临复杂的地缘政治以及来自国际高层的反对。冷战的阴影笼罩着世界各个角落，大国之间剑拔弩张。面对这种情况，任何人都容易陷入深深的沮丧之中。然而萨马兰奇是个例外。他是一位熟练的领导人，经验丰富，习惯了在惊涛骇浪中航行，在敌对形势中脱颖而出。他是一个嗅觉敏锐的人，有远见、有天赋，总是有能力找到解决问题的办法。维塔利·斯米尔诺夫写道："他有敏锐的嗅觉，总是能迅速、准确地找到问题所在和解决的办法。我从来没有见过他心灰意冷或束手无策的样子。他善于灵活应变，知道如何避免冲突。"理查德·凯文·高斯帕则对他有另一番描述："在萨马兰奇所有的特质中，他能够准确地对形势作出判断、对别人的反应作出预测。"这种紧张的氛围对一位具有丰富外交经验的人来说无疑是一个完美的舞台。然而，情况在1983年9月1日那天变得更为复杂。载有269名乘客的大韩航空007航班大型喷气式客机在飞越属于苏联的莫涅龙岛时被苏联战斗机发射的导弹击落。苏联称这架飞机进入苏联领空是从事间谍活动，而实际情况是韩国飞行员在飞行时偏离了航向。紧张局势进一步升级，美国总统罗纳德·里根威胁要进行军事干预，而其他国家则在一旁冷眼观看。针对此事，萨马兰奇指出：一切似乎都表明这是朝鲜在暗中操纵的结果。这并不奇怪。而且这可能仅仅是个开始。汉城奥运会的结局可能比想象得更为糟糕。

萨马兰奇主席于1983年访问朝鲜首都平壤,与平壤市长祝酒。朝鲜奥委会主席金玉孙在场

他认为危机就在眼前。然而值得庆幸的是,体育设施的投资和筹备工作没有外交战线上那么紧张。在庆祝汉城当选倒计时3周年之际,韩国当局就举办了奥林匹克体育场揭幕仪式,田径和足球两个重要项目的比赛将在这里进行。距离奥运会还有4年时间时主要设施已经基本落成。这些成绩让萨马兰奇心中有了底。1984年11月,在墨西哥城召开的国际奥委会与国际奥协和夏季奥运项目国际单项体育联合会协会联席会议上,有超过152个奥委会参加。其中一些人对苏联抵制造成的后果表示担忧。但是主席却显得十分乐观、信心十足:"奥林匹克运动从来没有像现在这样强大,汉城奥运会将是重新统一的奥运会。"

错综复杂的关系网 但是这些预言却并不能掩盖他们需要面对的第一个难题:说服汉城及韩国将"他们"的运动会"割让"一部分给朝鲜。两国之间不存在任何外交关系,自1950年朝鲜战争起政治气氛就一直高度紧张。萨马兰奇又一次显示了他的才能,很快就建立起了一个高效的工作团队。他向一位关键人物金云龙博士求助。金云龙是跆拳道运动的领军人物,曾担任韩国奥委会主席,并在韩国政局担任要职,拥有丰富的外交谈判经验。他是一位谨慎而神秘的人物,在萨马兰奇与韩国当局之间起到了桥梁作用。金云龙在1986年当选为国际奥委会委员,之后担任副主席,更是2001年接替萨马兰奇的5名国际奥委会主席候选人之一。另一位关键人物是卢泰愚,这位外表粗犷的将军曾担任汉城奥组委主席,后来成为韩国总统。卢泰愚在韩国政府作出同意开始与朝鲜进行一系列对话和谈判的决定上起到了至关重要的作用。萨马兰奇在这个问题上态度鲜明,唯一的选择就是信任国际奥委会和他自己,与朝鲜展开谈判,用诱人的条件来吸引他们的注意力,从而避免一切可能的抵制行为。这一战略最后的结果是成功的,但过程充满荆棘。

1985年夏,萨马兰奇无论是在国际奥委会总部洛桑,还是在布拉瓦海岸的圆石避暑居所,或是在官方访问中,都以全部精力来准备将于秋季在洛桑举行的朝鲜半岛南北双方与国际奥委会的会晤与谈判。他充分认识到其中的利害关系。奥林匹克运动不能连续4次发生抵制行为。奥运会必须恢复"正常"。蒙特利尔1976年、莫斯科1980年和洛杉矶1984年奥运会是奥运历史上黑暗的章节,现在是翻过这一页,开启新篇章的时刻了。他的主要工作目标是保护汉城1988年奥运会,让它成为奥林匹克运动的和解之地。萨马兰奇经过长时间的筹划才推出了新的战略,他编织广泛的关系网络,秘密地与相关专家保持联络,接受咨询,在任何时候都始终坚持一个原则:国际奥委会必须找到一种恰当的合作方式,不能让朝鲜感到自己受到了侮辱。萨马兰奇对此深信不疑,并将此作为谈判的指南。

国际奥委会第90次全会于1985年6月在西柏林召开。这是一个展示紧张局势已经缓解的绝佳机会。萨马兰奇抓住这一机遇,与民主德国政府结成了坚实的联盟,并将这一联盟扩展到那些曾经抵制洛杉矶奥运会的国家。在体育方面,民主德国在社会主义国家中的主导作用不容忽视。萨马兰奇充分利用手中的棋子。8月初,他利用为罗马尼亚总统尼古拉·齐奥塞斯库颁发奥林匹克勋章的机会请他与朝鲜领导人金日成会面,并向他转达国际奥委会的提议:朝鲜负责组织一部分奥运赛事。在莫斯科的青年会议上,萨马兰奇再次与社会主义国家体育领导人接触。他与朝鲜的代表、东欧集团国家的大使和社会主义体育运动领导人进行了一系列会晤。他唯一的目的就是确保在未来与朝鲜的对话中能实现自己的目标:使奥运会免受政治动荡的影响。要做到这一点,还必须访问汉城,与另一位主角搞好关系。萨马兰奇于8月抵达汉城。在此之前他参加了在日本神户举行的第13届大学生运动会,担任国际大学生体育联合

民主德国总统埃里克·昂纳克在1985年柏林国际奥委会第90次全会上

1985年10月，萨马兰奇与朝鲜奥委会主席金玉孙、韩国奥委会主席金重夏进行的第一次洛桑会谈

会主席的是影响力极大的意大利人、国际田联主席普里莫·内比奥罗。在汉城，他与韩国最高政治领导人直接对话。不出所料，韩国政府持一定的抗拒态度。他们首先对萨马兰奇在没有与他们商量的前提下向朝鲜做出提议表示不满，在会谈中也表现得极不情愿。萨马兰奇不盲目地相信任何一方，这反映在他8月25日的个人笔记中："我坚持认为，应该给朝鲜一些东西，让他们愿意参与进来。我建议由他们承办一些不那么重要的比赛项目，即便最终依旧需要韩国在最后时刻临时接手也不至过于困难。不然，如果朝鲜在最后时刻反悔，我们将会措手不及。"这种预防性的策略并非仅仅是他出于直觉做出的。

萨马兰奇以不冒风险作为他的基本外交策略。7月，他决定派国际奥委会副主席及安全专家（也是印度警察局长及巴基斯坦—印度边境主任）阿什维尼·库玛尔前往平壤，亲自确认朝鲜愿意参加在洛桑的会晤。库玛尔返回之后所做的报告令人失望。朝鲜同意参加会议，但对初始条件不予接受，他们要求平分比赛项目，而且南北两国以同一支队伍参赛。"他们的要求太过分了！"萨马兰奇在日记中写道。

1985年10月8日至9日在洛桑 事态发展的轨迹日渐清晰。应萨马兰奇之邀，第一次会议在洛桑召开。会谈中，萨马兰奇、方有国际奥委会副主席亚力山德鲁·西贝尔科和贝特霍尔德·贝茨（联邦德国）、亚奥理事会（OCA）主席法赫德·艾哈迈德·萨巴赫亲王（科威特）以及国际奥委会行政人员雷蒙德·贾夫纳（瑞士）。及照常理，朝鲜同意听取建议和要求，会谈就此开始，草案包含8条基本条件：

当届奥运会举办国名称和奥运名称仅有一个：朝鲜半岛奥林匹克运动会。
朝鲜、韩国共同举办奥运会。
组建统一的组织机构。
两国参赛队伍合并。
两国举办的体育运动项目数量应相当。
汉城和平壤同时举办开幕式和闭幕式。
重新分配出让电视转播权所获的收益。
对国际单项体育联合会的保障条件共同负有责任。

韩国的立场灵活但谨慎，愿意开启对话。韩国接受一些基本的运动在朝鲜举办，包括排球、手球、足球及自行车赛，不反对联合组队入场，接受朝鲜参与文化活动的可能。但是，韩国立场坚定地否决以"朝鲜半岛奥林匹克运动会"或"平壤—汉城奥林匹克运动会"命名。此次官方会面之前,萨马兰奇巧妙地设计了一个"陷阱",派西贝尔科及其秘书长阿兰·朱佩特试探两国谈判的立场。萨马兰奇深知这是一场耐力和智慧的持久战,这是一场需要耐心和智慧的斗争。现在只是第一步,善意的姿态、和平的会议、微笑与沉默,却充满深意,都是力量和权威的体现,是谈判艺术中的必要成分。只有始终保持沉着冷静的一方才能成为最终的赢家。一个漫长而复杂的棋局开始了,三方都将竭尽所能挪动手上的棋子。萨马兰奇主动要求两位国际奥委会代表秘密飞往平壤。在这里,洛桑方面设置了一个小小的"陷阱":与朝鲜会谈后,西贝尔科和朱佩将穿越板门店,通过著名的三八线前往汉城试探韩国的立场。板门店是1958年签署停战协议的一个小村庄,一个4公里的非军事区将朝鲜半岛变成意识形态对立的两个国家。

而朝鲜对此安排的答复暴露了其真正的想法。结果不出所料:平壤拒绝让国际奥委会代表穿越这一区域,因为在这里,每一平米土地的武器数量达到了世界之最,冷战的影响仍然十分明显。朝鲜方面的拒绝不只是说说而已,这时候萨马兰奇已经知道,谈判永远不会成功。他在日记中写道:"这意味着我们注定无法达成一致,朝鲜也没有任何向记者和奥运大家庭开放边界的意愿。"

1986年1月8日至9日 漫长的接触和对话迎来了第二轮,3个代表团在洛桑的正式会晤成为对话的高潮。朝韩奥委会在各自领导人——韩国全斗焕和朝鲜金正日的带领下参加了正式会议。奥委会参会的则是主席萨马兰奇和阿什维尼·库玛尔、贝特霍尔德·贝茨、法赫德·艾哈迈德·萨巴赫亲王,行政人员雷蒙德·贾夫纳,法律事务总监霍华德·斯图普和法律顾问塞缪尔·毕萨。

朝鲜的态度始终是按照计划制造紧张局势,以一切借口威胁取消会议,并在事先未通知的情况下不断更换谈判代表。他们采取的是危机战术,不是对洛桑皇宫酒店外面的旗帜顺序有意见,就是提出一系列无休止的不可能有答案的问题。然而,萨马兰奇始终面带微笑,有礼貌地拖延对他们的回复。他在笔记中写道:"朴永灿大使(朝鲜驻民主德国大使)提出的要求和之前一样:一个队伍、奥运会名称、分别承办哪些项目的比赛等。我告诉他们稍后再回答这些问题,因为我得思考一下。我相信这是最好的策略,实际上这也正是他们教我的。"但有时萨马兰奇的反应也有风格突变的时候。回答单刀直入,一击中的。比如他明确告诉朝鲜,不可能允许其组织23个体育项目中的11项。在日记中他写道:"我给了他们一个直截了当的答复,让他们

1986年1月,萨马兰奇与韩国及朝鲜奥委会代表的第二次会面

明白，照他们这种态度，开会是没用的。这是唯一的一种他们能懂的对话方式。"强有力的话语起到了作用。在下午的会议上，朝鲜将组织11个项目比赛的要求降至8项。"还是没法达成一致，"他回忆道，"但至少他们的语气温和了些。"谈话的实际进展与公布的乐观消息正相反，新闻发布会上只有和解的照片、敬酒的场面和友好的交流。然而，萨马兰奇的真实心情只有在私下才表现出来："他们降低了自己的要求，但还是继续坚持以统一队伍参赛。我已经不知道该做些什么了。不过这并不令我感到意外。我真觉得要是他们不参加也许麻烦还少些。怎么可能相信朝鲜会派代表团到韩国参加比赛？而且韩国队在射箭等项目中可能有赢得奖牌的机会。"最终的结果在意料之中：必须寻求来自最高层的政治方案。

萨马兰奇似乎有千里眼，他的策略无可挑剔。通过保持对话，他向与朝鲜站在同一阵营的社会主义国家传达了一条信息：国际奥委会的谈判精神是诚实可靠的。此举赢得了这些国家的共鸣与尊重。出于这一考虑，他多次参加了由苏联及其卫星国（波兰、民主德国、匈牙利、捷克斯洛伐克、保加利亚、罗马尼亚、阿尔巴尼亚和南斯拉夫）共同参与的多项体育赛事，他还不断走访社会主义国家的技术培训中心，并与社会主义国家领导人进行频繁的书信往来。看起来一切都充满希望，对他有利。

除了充分展现个人魅力，萨马兰奇也曾动用他担任西班牙驻苏联大使的4年中在莫斯科编织的外交网络。他与那些卫星国的外交官定期举行秘密会谈，这些外交官中很多曾被派往古巴，因此掌握流利的西班牙语，这就使得萨马兰奇可以直接用西班牙语与他们进行交流，无需翻译的介入。他还定期与苏联官方媒体进行交流。这确保了他总是可以得到第一手信息。这对他了解实际情况，避免在谈判中直接面对难点问题大有裨益。最困难的时刻之一是1985年10月，朝鲜寸步不让，因此萨马兰奇觉得平壤方面的真正意图并不在于奥运会本身，一切只是一场骗局。他决定以牙还牙。1985年11月，他应邀参加社会主义国家体育部长峰会。大会官方声明指出：如果不允许朝韩合办奥运会，所有的社会主义国家将宣布抵制汉城奥运会。对于此事，萨马兰奇在日记中只写了简单的几个字："这是个好的开始。"

1986年6月10日至11日　第三轮对话的协商有了巨大进展。但好景不长，萨马兰奇像头上被泼了一盆冷水，从乐观陷入最极度的痛苦和悲观。协议似乎是可以达成的。朝鲜将负责独立组织两个体育项目的所有赛事（乒乓球和射箭）、足球的部分赛事和100公里自行车计时赛。萨马兰奇用铁腕主导了会议。他写道："我很强硬，皮萨尔（萨马兰奇的法律顾问）甚至用粗暴一词来形容我。"萨马兰奇不会优柔寡断，他表示国际奥委会是根据朝鲜的实际能力分配奥运项目，不会再给朝鲜新增项目，随后再次提及整个奥林匹克家族约2.5万人的跨境问题。他用这些话表达了自己的情绪："像做梦一样……我们的情绪大起大落，从乐观转向悲观，"虽然在新闻发布会上说"协议可以达成"时的确看起来乐观，但200位记者所说的话未能表达他的真情实感。朝鲜的回应则是另召开一次会议。

1987年7月13日　"战争的硝烟"仍在持续。美国《先锋报》7月4日预测结果圆满，并表示如果国际奥委会成功了，应为其颁发诺贝尔和平奖。然而萨马兰奇并不确定："我仍然很乐观……但是人必须向前看。我们别无选择，只能继续奋战至最后一刻。"第四轮对话开始于1987年7月13日。一切似乎已成定局，朝鲜已获得乒乓球、射箭、部分足球赛事和自行车赛事的举办权，但最后一刻还提出组织举重、柔道、摔跤和全部足球赛事的要求。对比之下，对于奥运注册人员越过处于冲突状态的三八线的问题，朝鲜方面的态度似乎显得宽容了不少。

在联合代表团问题上，萨马兰奇在副主席贝特霍尔德·贝茨、亚历山大·梅罗德和理查德·庞德副主席的陪同下，要求各方冷静一段时间，过些时日再宣布结果。韩国大选迫在眉睫，不能让此等重要的问题影响大选进程。他以现实主义的口吻写道："这是一场聋子间的对话，我习惯了。我不知道自己对不对，但我愿意接受一切结果，尽管我觉得真正的出路仍遥不可及。"在这场巨大棋局中外交仍是重要一步。利用古巴举办拉美田径锦标赛的间隙，萨马兰奇会见了古巴领导人菲德尔·卡斯特罗。他在个人日记中写道："会议持续了两

1986年洛桑第三次会议

个半小时,毫无成果。卡斯特罗毫无原则地支持朝鲜,誓死帮朝鲜说话。他把朝鲜说得像天堂一样。他要求体面地解决朝鲜问题,增加朝鲜举办奥运项目的数量。菲德尔相信平壤,他向我保证平壤会认真协商。"

这些对话未达成一致,对话结束前一年,两位英国记者密切追踪了萨马拉奇的工作,并对这些谈判做出了评论。大卫·米勒在《时代》杂志中详细描述了谈判进程:"即使谈判没有结果,萨马兰奇也会因用外交手段处理朝韩危机而得以彪炳史册……他的策略是将朝鲜代表视为朋友,而非敌人,这也是他的特点。他用礼貌和理解接受朝鲜的提议,这一点很重要,这样其他社会主义国家就不会被吸引到朝鲜一边,从而发起第4次联合抵制……为达成这一目标,他决定把球踢给朝鲜。"

另一位英国记者是《卫报》体育专栏的主编约翰·罗达,他长年报道萨马兰奇就任主席期间的工作,他写道:"萨马兰奇代表汉城对第24届奥运会提出的建议是奥运历史上最辉煌的外交手段之一,不仅仅有助于与朝鲜就参加奥运会的问题展开谈判,也让自己能够加强与社会主义国家的关系。虽然连续3届奥运会遭受抵制,但汉城奥运会最终得以顺利举行。"罗伯特·帕里安特是法国《队报》的编辑,他说:"朝韩洛桑对话尽管未取得成功,却向苏联和东欧集团表明,国际奥委会已尽全力尝试打破这个看似无解的僵局。这一亲善之举作为体育务实主义的标志,受到了社会主义国家的欢迎。这将使他们给予汉城奥运会一个肯定答复的理由。"

只有5个国家拒绝参加奥运会

令人不悦的意外接踵而至。韩国提出3个条件,没有商量余地:朝鲜参加奥运会、开放三八线边境、在汉城举行奥运会开闭幕式。萨马兰奇承认"朝鲜对此的反应非常消极。更不用说国际奥委会人员是否可以通过板门店了。最后,我们通过电传向他们表达了不满之意和失望之情。没什么可做的了,宣布最终结果的日子越来越近。"萨马兰奇对谈判过程所带来的政治影响进行了思考。他写道:"我花了很大的工夫,但从朝鲜得到的反馈却少得可怜。而且我还发现,国际奥委会委员对国际政治一无所知。美国媒体以浓墨重彩大肆渲染这场体育界的'冲突'所带来的国际影响,将批评的矛头对准韩国。以美国和日本为首的一些国家都很希望看到韩国人出问题,因为韩国在工业方面已经日益成为一个令他们头疼的竞争对手。"

1988年1月12日,离奥运会开幕只剩不到8个月,注册截止日只剩5天,苏联确认参加的次日,不确定告一段落,悬念得以揭晓。朝鲜宣布:"当前情况下,不可能对参加第24届夏季奥运会的邀请给出肯定答案。"

1988年1月17日,注册期已过,坦桑尼亚和叙利亚是最后一批确认

1986年6月,在朝韩代表团第3次会议上,萨马兰奇与国际奥委会法律顾问塞缪尔·皮萨尔交谈

1987年7月在洛桑,朝韩代表第四次会议过后,萨马兰奇在国际奥委会委员陪同下参加新闻发布会

参加奥运会的国家。无人提及抵制问题。只有5个国家的奥委会拒绝参加：阿尔巴尼亚、古巴、埃塞俄比亚、尼加拉瓜和塞舌尔。萨马兰奇松了口气，但古巴的拒绝使他尤其痛心，因为他努力想让固执己见的卡斯特罗改变主意，但都徒劳无功。他一直努力到最后一刻。国际奥委会总是欢迎各国参加奥运会，坚持主动接触政策，而非实施制裁。萨马兰奇对100多位记者的回应彰显了他的理念："国家不参与是对本国运动员的惩罚。"汉城奥运会最终有来自159个国家的8465名运动员参赛，可以算得上是一场成功的奥运会。萨马兰奇克服了他的第一个重要障碍。从蒙特利尔开始，延续到莫斯科和洛杉矶的抵制趋势得以结束。奥运会力挽狂澜，奥林匹克运动东山再起。汉城奥运会是黄金时代的开端。在韩国首都的闭幕式上，萨马兰奇的声音响彻全场："在这儿，在这块被割裂的领土上，全世界的青年再次证明，诚实、友谊、和平的力量可以克服一切障碍，这就是奥林匹克精神的真谛！"

萨马兰奇1986年在哈瓦那拜会古巴总统卡斯特罗

柏林墙的倒塌及其影响 光明前景近在咫尺。整个奥林匹克运动重新凝聚的梦想即将完成。巴塞罗那1992年第25届奥运会最终使来自世界所有国家的运动员再次聚首，包括在政治和社会层面废除种族隔离制度的南非（见"第10章 种族隔离制度的终结"）。在汉城1988年和巴塞罗那1992年奥运会的4年间，外交和政治局势发生了重大变化，若不根据实际情况谨慎应对，这些问题将可能引发新的冲突。基于服务国际社会的初衷，国际奥委会提出了几个政治行动和倡议，鼓励国家/地区奥委会与本国家/地区政府、体育、教育、青年、卫生、环境相关部门保持良好关系，避免历史重演。

统一的德国队 1989年11月柏林墙倒塌后，民主德国解体，因此德国在1992年的冬、夏奥运会上首次派出联合代表团。但实际上，早在1956年、1960年和1964年奥运会上，两支代表团就已开始联合组团参赛。

对于组织统一的代表团参加1992年奥运会，两个奥委会的管理者都认为现有"条件"充分，技术上也是可能的。民主德国奥委会主

为帮助德国派出联合代表团参加1992年奥运会，国际奥委会主席与德国奥委会主席维利·道默1991年在柏林会见

席维利·道默在1990年时曾表示：这主要有赖于两德最优秀运动员的愿望。对于获得国际认可使德国运动员能在二战结束后首次联合参赛，维利·道默直截了当地说，"这很简单，只要给国际奥委会打个电话就行了"。但随后他也承认因为需要协调两德不同体育领导机构间的关系，因此整个过程要漫长和复杂得多。

在法国阿尔贝维尔，重新统一的德国成为世界瞩目的体育强国，共派出了111名运动员，参加了11个项目的角逐，赢得26枚奖牌（10枚金牌、10枚银牌、6枚铜牌），荣登奖牌榜之首。在巴塞罗那，德国派出463名运动员，共参加了26个项目的比赛，赢得了82枚奖牌（33枚金牌、21枚银牌、28枚铜牌），奖牌总数排名第三。

波罗的海三国重返奥运　1989年8月23日，150多万人走上街头，手牵手，组成了一条长达600公里的人墙，横跨三个波罗的海国家——爱沙尼亚、拉脱维亚和立陶宛，穿过了此三国首都（塔林、里加和维尔纽斯）。这场公民自发的和平游行被誉为"波罗的海人墙"，吸引了全世界对三国在苏联统治下共同命运的关注。

游行正值《苏德互不侵犯条约》签署50周年之际。该条约是苏联和纳粹德国签署的秘密协定，规定苏联占领上述三个波罗的海国家。人墙成为"歌唱革命"的一部分，将1987年至1990年发生在爱沙尼亚、拉脱维亚和立陶宛的独立运动推向高潮，帮助三国重获独立，并于1991年9月6日获苏联官方承认。

在此背景下，国际奥委会执委会于9月17日至20日召开会议。考虑到三国独立已得到国际社会和联合国的承认，会议决定提交三国奥委会官方认证，立即恢复三国参赛资格。由于提议是关于恢复资格，而非授予资格，因此该提议得到全数通过，苏联代表也公开支持。在1940年被苏联占领之前，三国奥委会已使用本国国旗参加了奥运会，爱沙尼亚参加了1920年至1936年间的奥运会，拉脱维亚参加了1924年至1936年间的奥运会，立陶宛只参加了1924年和1928年的奥运会。

尽管还未批准参赛，但国际奥委会呼吁三国奥委会尽快按照《奥林匹克宪章》调整组织架构，主要调整国际单项体育联合会下属体育联合会的规定数量，以助其顺利参加1992年奥运会。

年底，国际奥委会经过通讯表决，通过了爱沙尼亚、拉脱维亚和立陶宛重返奥林匹克大家庭，在1992年2月于法国高雪维尔举行的第98次全会上，国际奥委会正式批准了波罗的海三国重新融入奥林匹克运动。

独联体的解决方案　1991年底，苏联正式解体。萨马兰奇感到极度的迷惘和悲伤。曾作为西班牙驻苏联大使，他与莫斯科建立了深厚的情感，而最近发生的解体事件令他难以承受。所有的熟人和朋友都在做最坏的打算。戈尔巴乔夫发起的经济重组和政治开放改革受到来自正统共产主义部门和非俄罗斯共和国民族主义的阻挠，似乎注定将会失败。面对充满未知数的社会和政治格局，萨马兰奇和整个国际奥委会都忧心忡忡。苏联共产党强硬派在1991年夏天发动的政变并没有带来国内形势的稳定。最终《联盟条约》使得苏联成为一个独联体

波罗的海三国之一拉脱维亚1991年摆脱苏联获得独立，图为代表团在阿尔贝维尔1992年奥运会开幕式上入场

国家,具有共同的外交政策、武装力量和总统。

1991年圣诞节,距离国际奥委会发送参加巴塞罗那奥运会的正式邀请函仅数天之际,独立国家联合体创建了。戈尔巴乔夫宣布辞职,叶利钦成为新的强势人物。镰刀和锤子的红旗从克里姆林宫降下。

萨马兰奇一直觉得巴塞罗那奥运会是属于他自己的奥运会,绝不能允许出现原苏联运动员不参加的风险。如果没有他们,巴塞罗那奥运会将被视为二流赛事。萨马兰奇愿意前往任何地方,会见所有必要的人士进行谈判,说服原苏联运动员参加比赛。原苏联克格勃成员出面采取谨慎行动,为他打开通路,促成了一次高层次的外交行动。西方国家外交部与高层官员都参与了这次谈判。他们在克里姆林宫与叶利钦进行会晤,确保除已经重新融入奥林匹克运动的波罗的海三国之外,其他独联体成员的运动员也都将会参加奥运会。原苏联运动员将以统一队的名义参加巴塞罗那奥运会。这一队伍也被称为独联体队。不过格鲁吉亚直到1993年才接受这一名称。

统一队是萨马兰奇主席的个人成就,他亲自与俄罗斯总统叶利钦会谈并达成协议。后来他曾说过:国际奥委会将继续保持灵活的政策,以适应地缘政治的发展。由于俄罗斯籍国际奥委会副主席和委员维塔利·斯米尔诺夫的大力协调,萨马兰奇于1992年1月25日前往莫斯科与叶利钦见面并签署了秘密协议。该协议在2月3日高雪维尔执委会会议上被正式通过。会议还全权授予主席和4位副主席采取一切措施确保已获承认的原苏联奥委会和运动员能够参加1992年奥运会。1992年3月9日,萨马兰奇在洛桑与一些要求国际奥委会承认的原苏联加盟共和国奥委会代表会晤。会上,主席表示,他们的要求是很有可能实现的。经过数小时的协商后,国际奥委会获得了体育外交方面的又一次胜利,奥运会的连续性得到了保障,最重要的是,努力训练的运动员们获得了参加奥运会的机会。

阿尔贝维尔冬奥会期间,129名运动员组成的统一队参加了12个项目的比赛,并根据奥运协议参加入场式:在开幕式和颁奖仪式上使用五环旗,每当运动员赢得金牌时播放奥林匹克会歌。同样的形式也在夏季奥运会上采用,但不同的是,运动员尽管身着统一的队服,但如果赢得奖牌,将升起自己国家的国旗,如果赢得金牌则会播放该国国歌。

参加阿尔贝维尔冬奥会的统一队运动员来自亚美尼亚、白俄罗斯、哈萨克斯坦、俄罗斯、乌克兰和乌兹别克斯坦,总共赢得23枚奖牌(9金、6银、8铜),位列奖牌榜第2位,次于统一后的德国队。巴塞罗那奥运会上的统一队由475名运动员组成,他们分别来自除了3个波罗的海国家之外的12个原苏联加盟共和国,共参

俄罗斯总统鲍里斯·叶利钦、俄罗斯委员沙米尔·塔皮斯乔夫和萨马兰奇1992年在莫斯科商谈并讨论俄罗斯运动员参加1992年奥运会有关事宜

加了27个大项比赛，赢得112枚奖牌（45金、38银、29铜），在夏季奥运会奖牌榜上位列第一。独联体代表团旗手是著名的摔跤运动员亚历山大·卡列林，他是3届奥运冠军，被誉为"西伯利亚熊"。2001年他被萨马兰奇主席授予奥林匹克勋章。

巴塞罗那奥运会前，一些原苏联盟国的奥委会已经向国际奥委会提交了单独参加比赛申请。如1992年1月的亚美尼亚和摩尔多瓦，1991年9月28日的俄罗斯，以及1992年1月的阿塞拜疆、白俄罗斯、格鲁吉亚、哈萨克斯坦、土库曼斯坦和乌克兰。然而，由于资格赛在苏联解体前举办，他们最终还是决定穿着统一队服以独联体队身份参赛。

阿尔贝维尔1992年冬奥会和巴塞罗那1992年奥运会开幕式上的联合代表团

从1993年1月1日开始，国际奥委会宣布各个共和国能够单独参加各项赛事，独联体队将不复存在，原苏联奥委会被12个独立国家的奥委会取代。

克服南斯拉夫分裂的巨大困难 民族主义政策的爆发重塑了欧洲政治版图，南斯拉夫也受到波及。该国有着深厚体育传统和巨大潜力，因此其内部局势对1992年奥运会未来走向具有重大影响。

1946年，约瑟夫·布罗兹·铁托成为南斯拉夫的传奇领导人，1980年，铁托去世，南斯拉夫遭遇经济危机，国内不同民族间的紧张局势愈演愈烈。塞尔维亚和克罗地亚民族党派掌权后，南斯拉夫内部两个独立共和国1991年宣布独立：斯洛文尼亚6月25日独立，克罗地亚10月8日独立。尽管遭遇塞尔维亚的抵抗，但马其顿、波斯尼亚和黑塞哥维那也于1992年独立。1991年后，上述国家间关系紧张，导致南斯拉夫社会主义联邦共和国解体，南斯拉夫分裂后发生了流血冲突。

考虑到南斯拉夫复杂的地缘政治环境，1992年2月，在库尔舍韦勒召开了国际奥委会第98次全会，同意暂时承认克罗地亚和斯洛文尼亚奥委会的地位。实际上该决议早在1991年12月便得到执行委员通过，允许两国运动员参加阿尔贝维尔冬奥会，但须当两国奥委会能完全履行《奥林匹克宪章》时方能最终认可。

在阿尔贝维尔，来自塞尔维亚、黑山和波黑的25名运动员参加了6个项目的比赛，未有奖牌收获。克罗地亚和斯洛文尼亚经临时确认参赛，但也未获得奖牌。虽然马其顿也离开了南斯拉夫，但并未参赛。

1992年5月30日，根据第757号决议，联合国安理会同意限制与南斯拉夫建立一切关系，包括其参加的体育赛事。该决议影响了奥林匹克运动和1992年奥运会。考虑到波黑局势和南斯拉夫其他地区局势严重威胁国际和平与安全，联合国决定对南斯拉夫实施广泛的经济制裁，谴责塞尔维亚和黑山当局未采取有效措施履行此前决议中的条款。

萨马兰奇非常喜欢南斯拉夫这个国家。他对1984年精彩纷呈的萨拉热窝奥运会记忆犹新，他从那场奥运会上收获了友谊和感谢。在1984年奥运会结束之后，他写道"我会把萨拉热窝珍藏于心"，因此他对巴尔干国家的内部骚乱十分关注。萨马兰奇和国际奥委会很快就开始部署相关的外交工作。同样提上日程的还有对运动员的援助，以免政治上的决策对运动员造成影响。在巴塞罗那奥运会之前，国际奥委会临时认可波黑奥委会，让波黑运动员全权参赛。联合国通过决议希望国际奥委会允许所有巴尔干运动员参赛，但一些委员直接拒绝了该提议："战争仍未结束，南斯拉夫还未得到承认，塞尔维亚继续屠杀平民，南斯拉夫运动员无权参加奥运会。"而不能参赛的运动员则抱怨："该决定使人们怀疑体育的纯洁性、独立性和自治性，违背了基本普世的价值观，使体育沦为国际政治达成政治目标的工具。"他们在贝尔格莱德的塞尔维亚奥委会（1912年成立）总部门前游行，进行无声抗议，还举着巨大标语，上面写着"即使希特勒也未禁止任何国家参加1936年奥运会"。

时光流逝，但问题悬而未决。萨马兰奇在其任期内首次召开了执委会特别会议，"我们不能违反国际社会的决议，但我们不能让运动员成为政治的牺牲品，我们的职责是帮助他们。"国际奥委会规定7月11日为截止日期，11日是波布雷诺奥运村正式开放之日，距离奥运会开幕还有14天。萨马兰奇说："我们可以不发出邀请，但不能收回已发出的邀请，我们从来没这样做过，而且今后也不会。"

他苦心孤诣，最终找到了挽救局势的方法，提出了一个各方都接受的方案。他立即前往马德里，同与他关系良好的费利佩·冈萨雷斯首相洽谈，同意改变立场，授权南斯拉夫运动员入场。西班牙外交部长哈维尔·索拉纳在中间的斡旋至关重要。西班牙政府通过外交途径与联合国制裁委员会达成协议，开辟了运动员作为"独立奥林匹克参赛运动员"的通道。萨马兰奇再次克服了巨大的困难，在一些友好国家的直接调解下，国际奥委会令联合国缓和了最初的立场，同意塞尔维亚、黑山和马其顿运动员以个人身份参赛，使用奥运会旗和会歌，身着白色队服，不带任何显示他们国籍或身份的标识。最后，共有58名来自塞尔维亚、黑山和马其顿的独立参赛运动员参加了巴塞罗那奥运会。他们参与了13个大项的比赛，并赢得了3枚奖牌（1枚银牌和2枚铜牌），在夏季奥运会的奖牌榜上排名第44位。波黑第一次作为独立国家参赛，他们共派出10名运动员，参加6个项目的比赛，但没有赢得奖牌；克罗地亚队的39名运动员参加了11项比赛，共获得3枚奖牌（1枚银牌和2枚铜牌）；而斯洛文尼亚共有35名运动员参加了12个项目的比赛，获得2枚铜牌。

悉尼2000年奥运会朝韩两国联合入场　2000年奥运会召开几天前，萨马兰奇在悉尼召开的第111次全会开幕致辞时，宣布朝韩将在一面国旗下出现在9月15日的开幕式上。两国仍处于战争状态，但领导人之间达成了协议。这是萨马兰奇在最后不到一年的任期里工作的重中之重。朝韩将首次联合组队参加奥运会。

协议规定，两国共180人参加开幕式，各派出90人。之前韩国派出400人，朝鲜只派出60人，朝鲜代表团表示担心被韩国派出的巨大阵势淹没。萨马兰奇说："这个举动意义重大，向世界展示了朝韩两国尽早统一的愿望。"两支队伍在同一面旗帜的引领下列队前进，各派一名代表举旗，这面旗帜在白底上以蓝色描绘出整个朝鲜半岛的轮廓，在日本1990年乒乓球世界锦标赛和葡萄牙1991年青年足球世界锦标赛上，两国已经使用过该旗。联合代表团在"朝鲜半岛"的名称下统一着装，但在比赛中，两国身着不同服装，奏不同国歌，升不同国旗。

萨马兰奇致函两国领导人后，两国针对该问题在峰会前夕展开协商，峰会六月在朝鲜首都平壤召开，促成了韩国总统金大中和朝鲜领导人金正日的历史性会晤。

朝鲜、韩国在悉尼2000年奥运会开幕式上组成联合代表团

国际奥委会主席提议设立联合入场代表团,并举两国国旗。韩国代表立即接受了这一建议。朝鲜代表表示,既然目标是统一,就没有必要持两面国旗。"一起入场当然可以。我们将尽一切可能促进和平、对话与合作。我们将努力到最后一分钟。"韩国奥委会主席金云龙肯定了这一方案,"我们流着相同的血液。"1996年以来的国际奥委会委员、朝鲜奥委会主席张雄说道。萨马兰奇的想法是:这对体育、对奥林匹克大家庭和悉尼奥运会都是一个好消息。这一方案的成功是对萨马兰奇管理能力的肯定。对他来说,那几个月正处于困难时期,国际奥委会的威信由于大量的腐败丑闻而大大下降。朝韩联合入场也因此具有了特殊的意义:来自朝韩两国的旗手共同举起同一面旗帜,从某种角度讲,这也是对汉城1988年奥运会的致礼。这是体现"和平文化"的一个范例。

悉尼2000年奥运会东帝汶独立奥林匹克运动员　1992年,国际奥委会允许前南斯拉夫运动员以个人名义参加巴塞罗那奥运会,悉尼2000年奥运会上,这一政策再一次被用在了东帝汶民主共和国的运动员身上。正在向独立转型的东帝汶民主共和国派出三男一女组成的代表团,以独立奥林匹克运动员(IOAs)身份参加了悉尼2000年奥运会。东帝汶于16世纪成为葡萄牙殖民地,1975年宣布独立,但一年之后就遭到印尼军队的入侵。在占领东帝汶后,印尼将东帝汶岛东部变成其第27个省。1999年,经过由联合国倡导的自决进程,印尼离开这块前葡萄牙殖民地,以天主教人口为主的东帝汶于2002年5月20日成为21世纪新成立的第一个主权国家。

1999年3月5日,葡萄牙和印度尼西亚政府举行全民公投,由根据安理会1246号决议创建的联合国东帝汶特派团进行监督。尽管受到印尼军队激进派的威胁,东帝汶98%的民众在1999年8月30日参加了公投,结果是78.5%的选民赞成独立。

与联合国的协定　萨马兰奇任内取得的政治外交成就和他对外交的理解,也得到了国际组织的关注。萨马兰奇将体育视为人文交流的重要途径。他在《奥林匹克回忆》中写道:"如今体育已经超越国界,现在大家说体育是一种通用语言或全球语言。前联合国秘书长布特罗斯·加利说,体育能够促进团结,而非造成分裂,体育促进和平与民主;科菲·安南说,体育是一种教育手段和理解渠道,必须向世界展现它积极的一面。虽然

悉尼2000年奥运会开幕前,澳大利亚国际奥委会委员理查德·凯文·高斯帕在悉尼机场欢迎东帝汶独立运动员

外交还有其他战略意义，但它主要能加强人民友谊、促进对话、表达不同利益诉求，而不诉诸武力，在这一点上，外交和体育完美契合。"

在作为国际奥委会主席的21年中，萨马兰奇与联合国保持着密切的合作，最好的例子就是他与哈维尔·佩雷斯·德奎利亚尔（秘鲁，1982—1991）、布特罗斯·布特罗斯-加利（埃及，1992—1996）及科菲·安南（加纳，1997—2006）等历届联合国秘书长之间良好的关系。在他的《奥林匹克回忆》中，萨马兰奇记录了布特罗斯-加利对联合国如何看待奥林匹克运动的表述："奥林匹克理想是对人与人、文化与文化之间宽容和理解的赞歌。奥林匹克理想邀请人们在相互尊重的前提下展开竞争。奥林匹克精神以它自己的方式促进民主理念的发展。也就是说，奥运会的伦理与联合国的基本原则之间有着天然的联系。"

这种相互间的欣赏使得联合国决定在国际奥委会百年庆典之际向奥林匹克运动致敬。在1993年10月25日召开的联合国第48届大会上，1994年被宣布为"国际体育运动和奥林匹克理想年"，以此对体育和奥林匹克主义在当今世界的作用表示尊重和钦佩。在这次会议上，联合国通过一项由121个国家签署的支持奥运休战的决议。这是对奥林匹克运动和萨马兰奇主席为世界和平做出的贡献的赞扬。"国际体育运动和奥林匹克理想年"的庆祝活动于1993年12月9日在洛桑正式启动，通过一系列国内和国际性活动，再次展示了体育的教育意义及益处。同时，为促进体育和奥林匹克理想，国际奥委会还在世界各地组织了大量的体育文化节目和活动，得到196个国家/地区奥委会和32个国际单项体育联合会的积极响应，奥林匹克运动的团结得以加强。

此外，1995年2月20日至21日，由欧洲奥协与联合国药物管制规划署联合主办、意大利奥委会和国际奥委会协办的题为"体育反毒品"的国际大会在罗马召开（见"第11章　反兴奋剂斗争"）。

本次会议的主题是探讨如何在体育运动中减少毒品使用，并对相关经验进行交流和总结。这为国际奥委会和联合国药物管制规划署之间的合作计划奠定了基础。以国际奥委会主席胡安·安东尼奥·萨马兰奇和联合国药物管制规划署首席执行官乔治·贾科梅利（意大利）为代表，这两个组织在本次会议上签署了以"禁毒行动的成功需要大家的承诺和奉献"为主题的禁毒合作协议。药物管制规划署的使命是减少毒品需求、消灭毒品贸易、帮助农民减少对毒品种植的依赖、重新将生产转向其他安全收入来源。

会议期间，世界卫生组织代杰里·赫西曾与药物管制规划署合作编纂了一本以体育为主题的宣传手册，他表示，奥林匹克运动的贡献有益而有利。萨马兰奇说，奥林匹克运动在奥林匹克道德教育框架内将尽一切所能做出微薄贡献。1995年11月6日，在国际奥委会百年历史上是一个标志性的日子。国际奥委会和联合国的合作关系达到历史性高点：萨马兰奇以国际奥委会主席的身份，在汇聚了189个成员的世界上最大的政治集会——纽约联合国代表大会上发言。这是奥林匹克运动和联合国历史上第一次专门组织有关奥林匹克理想的会议。在萨马兰奇领导下的国际奥委会，虽然只是一个非政府组织，在联合国中也没有任何身份和地位，却受到联合国大会的特别礼遇，这是史无前例的，也是奥林匹克百年史册中"独一无二"的篇章。

这是奥林匹克运动和萨马兰奇的荣誉和荣幸。后者在回忆这一历史性时刻时说："我们通过体育和奥林匹克理想，以革新措施服务于

1998年在日本长野，联合国和国际奥委会的旗帜一同升起

体育为难民恢复正常生活创造机遇

全球青年和社会的承诺终于结出了果实。"萨马兰奇的讲话强调，在消除南非种族隔离的过程中，两个组织通力合作，同时，自成立以来，国际奥委会及其成员始终与国际单项体育联合会和国家/地区奥委会一起，"宣传贯彻奥林匹克理想：快乐、努力、民族之间的相互尊重和理解。奥林匹克运动使用自己的资源，确保生活在同一个地球上的人们能和谐平等地共处。奥林匹克教育的目的是通过开展体育活动促进全人类的和谐发展，建立一个关心、维护人类尊严的和平社会"。萨马兰奇在任内建立和加强了国际奥委会与联合国几乎所有机构的合作，比如由费德里科·马约尔·萨拉戈萨（西班牙）领导的联合国教科文组织、世界卫生组织、联合国高级专员、联合国环境计划署、联合国开发计划署、联合国粮食和农业组织、国际电信联盟及世界气象组织。

由国际奥委会倡导的新奥林匹克精神的社会意义超越了奥运会管理和组织的范围，受到了来自世界各地的人们的欢迎。在《奥林匹克回忆》中，萨马兰奇回顾了联合国秘书长科菲·安南的一些话。安南认为，体育是加强相互理解、增加社会凝聚力的有力工具。

萨马兰奇本人认为：外交和体育的使命都是加强各国人民之间的友谊、促进对话、在不诉诸武力的情况下表达利益。"在担任主席的21年间，我一直秉承着这样的想法：体育必须为人类及其福祉服务。它与外交一样，能够帮助我们建设一个更美好的世界，让人类更幸福。"他承认，他的同事费科若·基达内（埃塞俄比亚）在这个领域对他有莫大的帮助。基达内负责打开了通往联合国的大门，使得奥林匹克运动与联合国建立合作关系，共同推进人道主义计划。对萨马兰奇来说，"体育必须成为一个国家教育体系的一部分。加强对青年人的教育可以使一个国家将最好的传统保留下来，同时也是一笔可以带来丰厚回报的投资。"基达内自己承认："体育与外交可以相互服务，但关键在于我们如何使用这两种工具。"值得一提的是，2001年萨马兰奇任期结束时，联合国设立了一个体育事务部门，名为联合国体育发展与和平办公室，其目的是协调联合国各相关部门更好地将体育作为促进和平与发展的工具。这一行动再次表明了萨马兰奇在职期间国际奥委会与联合国之间的密切合作。

与联合国教科文组织的合作 在合作与对话的框架内，国际奥委会决定改善与联合国教科文组织的关系。双方于1984年签署了一项合作协议。

1988年，费德里科·马约尔·萨拉戈萨担任联合国教科文组织总干事，这两个机构决定再一次加强体育和文化间的合作。在巴黎和洛桑两次会议后，国际奥委会和联合国教科文组织决定集中各自的资源，让体育成为具有积极意义的教育手段。在发展全民健身、残疾人体育运动和发展中国家体育活动等方面，这两个机构有共同的基本原则。马约尔·萨拉戈萨还宣布联合国科教文组织将以声明的形式肯定奥运会对促进和平与合作的重要性。

新协议试图以国际活动来宣传奥林匹克精神,通过一系列措施减少工业化国家与发展中国家之间体育水平的差异,并对一切有利于提高全民运动的活动表示支持。

回溯历史,我们可以看到,顾拜旦和他的同仁们对奥林匹克运动的宗旨早就有了定义,就是用奥林匹克精神推动大众体育的发展。然

1985年,时任联合国秘书长的哈维尔·佩雷斯·德奎利亚尔欢迎国际奥委会主席萨马兰奇和亚历山大·赛博尔克访问纽约

而,根据墨尔本1956年奥运会链球运动员唐·安东尼(英国)在1995年10月版的《奥林匹克资讯》杂志上所说,1937年,顾拜旦去世,后来,第二次世界大战爆发,他希望通过国际奥委会进行体育教育的想法遭到了挫折。新的政府间组织接过了这项任务,其中之一就是联合国教科文组织。后者在20世纪50年代主动采取了许多措施。1953年,联合国教科文组织

萨马兰奇与时任联合国秘书长布特罗斯·布特罗斯·加利在1999年于洛桑举办的国际奥委会2000年委员会会议上

萨马兰奇与1997—2006年联合国秘书长科菲·安南（加纳）探讨盐湖城2002年奥运会相关事宜

教科文组织总干事马约尔和国际奥委会主席萨马兰奇，同样来自西班牙的两位卓越领导人，因同一个神圣目标而团结一心：促进文化与体育发展

总干事路德·哈里斯·埃文斯（美国）向所有会员国发出通告，提出开展比较研究，探讨体育在教育中的作用，针对该主题举办世界性会议或分析国际体育赛事对民族间相互理解的作用以及这些赛事与奥运会之间的关系等。

当时，国际奥委会希望能够重新开展体育教育，因此，对于联合国教科文组织在这方面不断扩大的影响力有些担忧。直到1973年尼日利亚拉各斯市第2届非洲运动会举办期间，国际奥委会主席基拉宁勋爵（爱尔兰）和联合国教科文组织总干事勒内·马耶（法国）进行会晤，对相关议题进行探讨，人们才完全打消了这种担忧。

从此，两家机构共同组织开展开了多项教育和体育相结合的活动，并签署了众多合作协议，设立了一个由两方工作人员组成的永久工作小组。美国、英国和新加坡的撤出让联合国教科文组织备受挫折，而国际奥委会在全球体育教育方面的影响力却日益增加，设立奥林匹克团结基金，支持奥林匹克学院和国际体育科学与体育教育理事会（CIEPSS）等机构的发展并成立了洛桑奥林匹克博物馆和奥林匹克研究中心。

1984年9月18日，国际奥委会和联合国教科文组织以书面形式确立了合作关系。萨马兰奇主席在国际奥委会第一副主席亚历山德鲁·西贝尔科、副主席让·德·博蒙特伯爵（法国）以及国际奥委会总干事莫妮卡·贝利乌的陪同下，前往联合国教科文组织巴黎总部，与总干事阿马杜－马赫塔尔·姆博（塞内加尔）签署了两个机构之间的合作文件。一个月后的10月15日，萨马兰奇在维迪堡与国际体育科学与体育教育理事会主席奥古斯特·基尔希签署协议，在所有共同关心的领域建立密切合作，涵盖几乎全部体育学领域的研究项目以及国际奥委会参与的国际体育科学与体育教育理事会的研究项目。

为了重新改善国际奥委会和联合国教科文组织之间的关系，萨马兰奇和马约尔·萨拉戈萨（1987以来联合国教科文组织总干事）在1998年签署了一项新协议，规定双方将在三大领域展开合作。

第一是在文化与和平领域。这也一直是联合国教科文组织开展工作的重点领域，是数次联合国大会的主题，而且2000年还被命名为"国际文化与和平年"。奥林匹克运动秉承同样的理念，自1992年以来就一直积极推动奥林匹克休战协议。该协议基于相同的目标，致力推动人道主义、相互理解和宽容。

第二是艺术与文化领域。它们与体育和教育一起，构成了奥林匹克运动的基石。联合国教科文组织在2000年发起组织了"艺术与体育"比赛，该赛事由国际奥委会承办，专门针对全球运动员和艺术院校学生。

第三个领域是促进奥林匹克教育与道德观在学校的推广，反对体育课在学校和大学课程中日益减少的趋势。体育和锻炼有助于培养个人素质并改善身体和精神状态，在教育中占据着重要的地位。

搭建桥梁

公平竞争、和平竞赛、尊重人类尊严这些原则和观念构成了奥林匹克运动的根基，公众和社会也普遍认为这些原则十分积极和具有建设性。因此奥林匹克运动和联合国工作息息相关，联合国是旨在和平解决争端，促进人类、国家和谐的国际组织……体育可为冲突地区搭建桥梁，鼓励不同年龄的人们发挥个人潜力，奉献集体。运动的精髓是行动，如果我们想让和平文化成为现实，就必须行动起来。

布特罗斯·布特罗斯—加利
联合国秘书长（1992—1996）

运动与和平

运动、运动员精神、和平文化，不可或缺、不断积累，根深蒂固于人类的思想和心灵，是共存、合作与和解的基础。

文化的最高级表现形式是人们的日常行为。行动基于个人内心想法，而非别人命令。日常行为是"个人主权"的体现，是真正意义上的教育，能促进互动交流和终生学习。

概念混乱和道德缺失令这个高度信息化的时代成为了强者的王国，由此阻碍了友谊与和谐的道路。而体育在全球为和平做出的贡献可以以奥运五环来总结：尊重游戏规则（这并不意味着规则是不可更改或完善的）；学会失败，更难的是也要学会取胜；胜利并不只取决于强壮的身体，也需要智慧（平静、集中精力等）；知道如何区分对手、竞争者和敌人；跨文化意识和人文多样性意识：不论肤色，不论文化背景、意识形态、宗教等的差异。

胡安·安东尼奥·萨马兰奇以十分"明智"的方式将自己过人的前瞻能力与执行能力相结合，在他的出色领导下，奥运会已经将体育提升到了至关重要的地位，成为了推动时代前进的最强有力因素，可以主导媒体以及流行趋势。要推动从丛林法则、弱肉强食的文化向和平、共存、和解的文化的转变，就需要一个完美的联盟，让教育和体育相得益彰，影响到世界的每一个角落。通过体育道德和美学，奥林匹克理念与和平非暴力理念逐渐深入人心，将有悖常理的那句"如果你要和平，那就准备开战吧"转变成了"如果你要和平，那就每天付出一点努力吧"。我要对胡安·安东尼奥·萨马兰奇对体育、对和平的杰出贡献表达由衷的敬意。

费德里科·马约尔
联合国教科文组织总干事（1987—1999），西班牙政府教育和科学部部长（1981—1982）

体育与相互理解

联合国是一个世界的论坛，是民族与国家捍卫共同事业的地方，制止不宽容与残忍行为，建设一个更加和平的世界。毫无疑问，除了传统的正式外交手段，还有其他促进和平的方法。体育是其中之一。不论是个人或团队竞赛，体育多年前已经证明了它能够克服民族、政治、种族和文化的差异。总而言之，体育鼓励人与人之间增进理解，是面向全世界的教育工具，是教育儿童和青少年懂得尊重与宽容的普世价值，也是一个与歧视和暴力作斗争的强大的武器。联合国对能够参与奥林匹克运动、推动这一崇高的目标而感到荣幸。

科菲·安南
联合国秘书长（1997—2006）

中国大陆和台湾奥委会的地位

我与萨马兰奇先生相识可追溯至莫斯科1980年奥运会。三十多年过去了，我很荣幸地见证，这位才智过人的伟大领导人使奥林匹克运动跨越了政治、种族和宗教，推动了全球和平与团结。

决定中国大陆和台湾的奥委会地位，是萨马兰奇上任后面临的首个棘手问题。1978年，他首次造访中国，认识到中国可以在世界体育界发挥重要作用。另外，他也想保留台湾在奥林匹克家庭的地位，希望海峡两岸运动员可以跨越意识形态差异，共同参与国际体育赛事。作为资深外交官，他了解问题的复杂性，在他经验丰富的团队的努力下，萨马兰奇先生提出了一些创新性举措，如修改《奥林匹克宪章》确保台湾以国家/地区奥委会的身份参加奥运会，帮助台湾恢复在国际单项体育联合会的会员资格。他的努力最终有了回报，台湾接受以中国台北作为国家/地区奥委会名称。自此，两个奥委会的旗帜可同时在国际赛事上飘扬。

吴经国
自1998年起任中国台北奥委会委员，自2012年起任执委会委员，自2006年起任国际拳击联合会主席

在他的奥林匹克生涯中，他完全投身于世界和平与团结的奥林匹克理想，他是奥林匹克运动的掌舵者，中国台北和大陆奥委会地位这一事件就是一个很好的范例。他取得的成就将难以超越，代代传承；他留下的遗产也将被人们永世铭记。萨马兰奇先生是我的导师和一辈子追随的典范，能与他共同书写奥林匹克历史上的辉煌篇章是我莫大的荣幸。

萨马兰奇与吴经国在1988年卡尔加里第93次全会上

南斯拉夫运动员：萨马兰奇未失去希望

国际奥委会主席胡安·安东尼奥·萨马兰奇是南斯拉夫的运动员和官员代表得以参加巴塞罗那1992年第25届奥运会的功臣。

当时的情况很复杂。一方面，国际奥委会于1991年7月25日向南斯拉夫奥委会发出参加巴塞罗那1992年奥运会的邀请函。而另一方面，1992年5月30日，联合国安理会通过了制裁南斯拉夫联邦共和国的第757号决议。这一决议除了其他一些措施外，也包括了对体育领域的制裁，它呼吁世界所有的国家"采取适当手段来阻止代表南斯拉夫联邦共和国（塞尔维亚和黑山）的人员和团体参加在任何所属地域举办的体育赛事"。

胡安·安东尼奥·萨马兰奇并没有对南斯拉夫运动员参加巴塞罗那第25届奥运会丧失希望。1992年6月7日，美联社在巴黎对萨马兰奇主席进行了采访，在采访中，他确认了自己的立场。他强调，自己希望南斯拉夫运动员可以参加巴塞罗那奥运会，他个人随时准备对此表示支持。

萨马兰奇主席还解释说，国际奥委会必须尊重全世界政府的决定，但是运动员拥有参加奥运会的神圣权利，国际奥委会有责任尽全力帮助南斯拉夫运动员参加巴塞罗那奥运会。采访结束时，萨马兰奇主席强调说，国际奥委会不会仓促决定南斯拉夫运动员是否可以参加巴塞罗那奥运会。

作为一位智慧过人的外交官，萨马兰奇强调说，国际奥委会没有必要在奥运会举办前一个半月做出任何决定。他明白，政治局势甚至有可能在24小时内改变。在做出最后决定前，出于萨马兰奇的建议，1992年7月7日至8日，国际奥委会与南斯拉夫奥委会在洛桑国际奥委会总部举行了两次会议。在经过了长时间的讨论后，在第二次会议上达成协议，南斯拉夫运动员可以在协议约束的条件下参加巴塞罗那奥运会。之前，萨马兰奇主席已经于1992年6月15日召开了一次国际奥委会执委会特别会议。会上通过的一些重要决议为国际奥委会和主席的新倡议与行动提供了时间和空间，目的正是为了维护南斯拉夫运动员参加奥运会的权利。

萨马兰奇主席和他最亲近的合作者们一起，与联合国、西班牙政府以及国际单项体育联合会代表始终保持联络。最终，南斯拉夫运动员和官员可以作为"独立奥运代表团"参加巴塞罗那奥运会。萨马兰奇的目标实现了。该代表团由单项个人运动员以及团体项目（水球、篮球和手球）运动员组成。

1992年7月9日，在洛桑总部举行的国际奥委会与南斯拉夫奥委会会议上达成协议，并确定了南斯拉夫运动员和官员参加奥运会的

汉城1988年奥运会是南斯拉夫代表团的最后一次出场

条件。几天后的1992年7月21日，联合国安理会决定同意南斯拉夫运动员和官员参加巴塞罗那奥运会。

南斯拉夫奥委会提交至国际奥委会的参赛运动员名单必须调整，团体赛运动员被移除了名单。在巴塞罗那奥运会上，南斯拉夫"独立"代表团派出52名运动员，参加了13个大项，赢得了3枚奖牌：1枚银牌和2枚铜牌。一些运动员在田径、射击、乒乓球和摔跤比赛中获得了4~8名的好成绩。

南斯拉夫奥委会接受联合国提出的参赛条件，批准其运动员和体育官员参加巴塞罗那奥运会。在官方文件中，南斯拉夫奥委会向国际奥委会和萨马兰奇主席表示感谢，感谢他们在1992年5月30日—7月22日为保护运动员参赛权付出的努力和采取的行动。

赞赏响应洛杉矶1984年奥运会号召的国家

许多人都称颂1984年奥运会取得了成功，但是很大一部分要归功于那些接受了我们邀请的国家，它们相信我们具有办好奥运会的能力。有了他们，所有的比赛才得以顺利进行。有卡尔·刘易斯参加的男子100米短跑预赛造成万人空巷的罕见景象。玛莉·卢·雷顿获得的金牌意义非凡，而这在很大程度上也要归功于其竞争对手罗马尼亚运动员埃卡特琳娜·萨博的高雅、尊严和高水平的衬托。同样的情况也发生在银牌得主彼得·维德马身上，金牌获得者是杰出的日本选手具志坚幸司，铜牌获得者中国运动员李宁也表现出强大的竞争力。但令人印象最为深刻的则是开幕式上体育场内座无虚席的场面和来自140个国家/地区的年轻运动员们。

彼得·尤伯罗斯
1984年洛杉矶奥组委主席，1984—1989年美国职业棒球大联盟专员

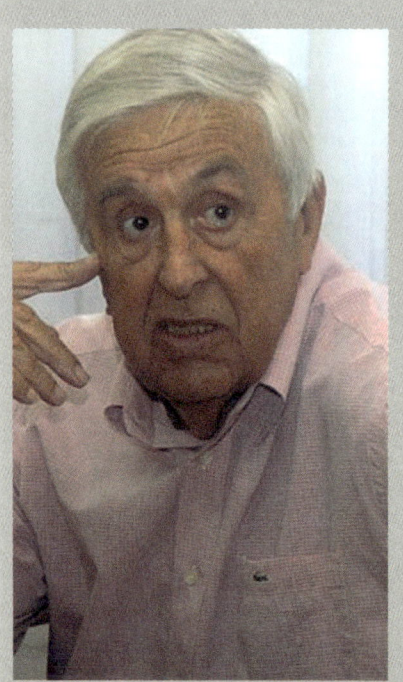

乔尔杰·佩里希奇
南斯拉夫奥委会秘书长（1993—2000），南斯拉夫政府体育部部长（1992—1993），墨西哥1968年奥运会水球团体冠军，并参加了罗马1960年奥运会游泳比赛

勇气和力量

"1980年，政治局势巨变，许多国家政府要求本国的体育组织不参加莫斯科奥运会。某些国家/地区奥委会听从了政府的抵制命令。我那时是意大利奥委会委员，有幸近距离见证了这一事件。

国际奥委会新任主席萨马兰奇从上任伊始就知道如何采用新的思路确保奥运会成功。莫斯科奥运会最后没有失败，对运动员、对奥林匹克运动和萨马兰奇主席来说，这无疑是一个巨大的胜利。我完全相信，凭着他的管理能力、他的热情、他坚定的意志，奥林匹克运动才克服了重重危机，奥运会才得以继续留存。萨马兰奇总是显示出他高超的外交才能，知道如何倾听、如何在谈判中始终保持心思敏锐。他是一个谈判高手，说话慢条斯理，但坚定维护奥林匹克运动并善于采纳一切积极的建议和高效的谈判手段为奥林匹克运动保驾护航。萨马兰奇担任主席期间出现过许多奥林匹克历史上的伟大时刻。但让我记忆深刻的永远是他在奥林匹克运动最艰难的时候，也就是莫斯科1980年奥运会期间所显示出的勇气和力量。"

马里奥·贝斯康泰
1994年起国际奥委会意大利委员，国际奥委会副主席（2006—2009），2007年起国际关系委员会主席，欧洲奥委会主席（2001—2006）

萨马兰奇和教皇约翰·保罗二世、意大利奥委会主席弗兰克·卡拉罗1984年在罗马

巴塞罗那1992年奥运会开幕式上，国际奥委会主席和西班牙金·胡安·卡洛斯一世在犹太山奥林匹克场馆看台

国际奥委会主席和俄罗斯总统弗拉基米尔·普京2001年在莫斯科参加第112次全会正式活动，这是他任期内最后一次大会

萨马兰奇和苏联最后一任总统米歇尔·戈尔巴乔夫

萨马兰奇1990年在挪威利勒哈默尔会见国王哈罗德五世

1993年第101次全会，萨马兰奇和摩纳哥王子莱恩尼尔二世以及国际奥委会委员阿尔伯特皇储

萨马兰奇会见时任希腊外交部长乔治·帕潘德里欧（2009年任希腊首相）

萨马兰奇和前美国国务卿亨利·基辛格

胡安·安东尼奥·萨马兰奇和妻子玛丽娅·特蕾莎·萨利萨其斯问候美国总统比尔·克林顿

萨马兰奇和古巴总统菲德尔·卡斯特罗

萨马兰奇和美国总统罗纳德·里根及其家人在洛杉矶1984年奥运会上

萨马兰奇为卢森堡大公授予奥林匹克勋章

萨马兰奇和菲亚特董事长乔瓦尼·阿涅利

萨马兰奇1989年访日时会见日本首相海部俊树（右），左为国际奥委会日本委员猪谷千春

萨马兰奇和法国总统雅克·希拉克

萨马兰奇为德国总理赫尔穆特·科尔授予奥林匹克勋章

第 9 章　国际体育仲裁法庭

运动员自己的司法机构
萨马兰奇让他的"非洲兄弟"凯巴·姆巴伊领导体育仲裁法庭

1981年秋季，奥林匹克代表大会在巴登-巴登举行，这个想法在会上首次被提出。作为大会代表的一员，胡安·安东尼奥·萨马兰奇确立了他任期内各项建议的创新基调，提出了一个方案：设立具体司法管辖机构，即体育仲裁法庭（英文缩写为CAS，法文缩写为TAS），建立专门的体育司法体系，以便体育组织、运动员及各位同事无需诉诸普通民事法庭，就能够以简单、快速和经济的方式解决分歧。

体育运动越来越多地出现在媒体上，重要性日益提升，相应地在社会中产生直接或间接影响，同时体育与企业营销计划之间的关系还不甚明了。这一切构成了体育运动当时面临的新情境，新的风险也逐渐显现。很明显，体育运动的数量不断增加，并纷纷开始职业化，只是发展强度不同。换言之，业余运动员的水平不断接近专业水平，这不可避免地导致体育组织因合同或经济问题常常发生冲突。一旦出现争端，如果提出的解决方案不符合这些体育组织的利益，他们就会诉诸普通诉讼，让问题更加严重。

> 设立体育仲裁法庭是为了处理奥运大家庭成员在体育运动中的私人性质争端，特别是《奥林匹克宪章》范围中未涉及的争议。

因此，体育问题最后要通过法院解决也就成了常见情况，而且法院的法官和律师还并不了解体育领域的具体情况。法院程序突出的问题是裁决慢、程序冗长、价格昂贵，而且判决结果通常不能让双方满意。以恢复中华人民共和国在国际奥委会席位和台湾地位所产生的争议为例。中国台北（台湾）国际奥委会委员徐亨在洛桑民事诉讼法庭提出恢复台湾在国际奥委会地位，这一要求产生了重大影响。这个争议给国际奥委会带来很多问题，其中的核心问题即"两个中国"的运动员采用不同的名义和旗帜在奥运会上竞技。

因为发生了这些事件，萨马兰奇再次运用自己令人羡慕的实用主义精神。他意识到，要解决这个问题，最好的办法就是建立一个专门司法机构，即体育仲裁法庭，为体育运动建立起法律体系。英国记者大卫·米勒这样描述这位国际奥委会主席在解决这类问题时所展现出的务实性：他的与众不同之处在于能听善察，并且极其敏感，能够揣摩同事的心思。他不急于解决问题，而是首先接受问题，然后用数月或数周的时间进行讨论，直到解决方案出现。而且表面上看，这些解决方案并不是由他提出的，而是由别人提出的。他总是说："我帮助别人实现愿望。"但是当别人反驳他或他的计划被驳回时，他会长时间沉默不语，一动不动。他不能忍受低效率现象，常常或明或暗地带着愤怒的情绪，即使在新闻发布会上也是如此。但是在更微妙的谈判中，他又有让人消除敌意的手段……他知道奥委会委员宽容的底线，他从来没有尝试挑战那些底线，但在面对对手时，虽然行动无迹可寻，但是从未出错。

1993年，体育仲裁法庭召开"权利和体育运动会议"，图为参会人员

体育仲裁法庭位于洛桑的总部

萨马兰奇严格遵循自己一贯的做法：倾听、观察、思考、决定。评估微妙的局势、征求律师和专家的意见，找到可以托付这项任务的合适人选，最终完成任务。

创建体育仲裁法庭 萨马兰奇在《奥林匹克回忆》中解释了这个想法的由来："我记得我在莫斯科当选主席之后，国际奥委会委员、来自塞内加尔的凯巴·姆巴伊法官向我表示祝贺。他告诉我他十分沮丧，因为他担任国际奥委会委员已经7年了，但是没有达到他在上任第一天给自己订立的任何一个目标。他坦率地告诉我，他觉得自己在浪费时间，提出的意见从未被考虑，觉得自己对国际奥委会毫无贡献。他认为现在该离开国际奥委会了，因为似乎什么也改变不了，他不想和奥委会这个组织一起停滞不前。我看得出来他有很多想法，但在按照国际奥委会当时的情况，这些想法提都没法提。他已经写好了辞职信，他最好的朋友哈蒙达上校将把这封信交给新的国际奥委会主席，也就是我。"

凯巴·姆巴伊这番出人意料的坦白让萨马兰奇惊讶不已，不过也证实了他此前的想法，即众多国际奥委会委员明显都缺少热情。萨马兰奇面临一项挑战——集中力量消除这种普遍存在的悲观情绪。他发挥实用主义精神，让姆巴伊不要着急离开。萨马兰奇在笔记中这样写道："我对姆巴伊法官的发展很有信心，也有信心能够让他重燃热情，因为我很重视他对于未来的建议和经验。我请他不要递交辞职信。请他给我一些时间，约好几个月之后再交谈。他的经验和他的法律知识未来将大有作用。"

姆巴伊法官当时在海牙国际法院担任法官和副院长，萨马兰奇清楚姆巴伊法官的价值，这位法官具有丰富的法律知识和经验、专注人权问题，而且了解非洲大陆。萨马兰奇自问应该做些什么才能让他留在奥林匹克运动中。"我相信是时候让他施展他的知识和经验了。1981年，奥林匹克代表大会在巴登-巴登举行，我利用这个机会向他阐述我的计划。我思考了这个问题，请他建立一个类似海牙国际体育仲裁法庭的机构。我和他说到海牙国际法院，因为我知道这个高级别的国际法律机构所有决定都是不可撤销的，我也想尝试建立一个类似机构处理体育问题，笼统地讲，就是成立一个仲裁法庭，无论出现任何情况，其所有决定和判决都无法撤销。我希望法官能结合他们在司法和运动方面的专业能力帮我落实这项计划。"巴登-巴登大会后两个月不到，建立体育仲裁法庭的工作已经全面展开。3个月后，萨马兰奇收到了初步计划书。"姆巴伊法官清楚地告诉我，国际奥委会不是一个国家政府，也不是一个拥有设置

必要性

有人说没有法律的社会也能存在。我并不这样认为。所有社会都受法律管辖。然而，原始社会的法律通常是非常基础的。有道德规律、行为准则、游戏规则……以前在非洲，出现争议时是通过调解来规范社会。现在人们通过法庭解决争议，因为法律已经取代了习俗。至于体育运动，由于出现了商业化、电视和所有这些新的活动，与体育运动相关的争议必然会产生法律后果，所以一定要得到规范。

体育仲裁法庭的主要优点是程序简化，让我们能够采用快速、经济的解决方案。还有一点很重要，如果双方选择体育仲裁法庭的仲裁程序，可以免受普通民事管辖权的影响，避免民事诉讼程序的缺点。实践表明，萨马兰奇主席鼓励成立专门的体育管辖机构，这项倡议已经达成预期目标，而且这个机构也符合世界体育及相关事业发展的实际需要。我将永远感谢萨马兰奇主席对我个人和我法律专业能力的信任。

凯巴·姆巴伊
来自塞内加尔的国际奥委会委员（1973—2002）和名誉委员（2002—2007）。海牙国际法庭副院长（1987—1991）。TAD/TAS/CAS第一任主席（1983—2007）。

裁决具有约束力机构的国际组织。因此未来要设置的法庭可能仅拥有仲裁权。"

迈出第一步 在打下这些基础后，萨马兰奇在1982年罗马全会上致开幕致词，并提出了一个想法——建立一个仲裁结构，快速、有效和经济地解决体育界的争端。他在发言中提到了巴登-巴登代表大会达成的共识，即成立不同的工作组，其中一个工作组由姆巴伊法官领导，其他成员包括法学家和国际奥委会委员阿古斯丁·卡洛斯·阿罗约（厄瓜多尔）和马克·霍德勒（瑞士）。工作小组的使命就是为未来的仲裁法庭制定章程。

很快这项任务就顺利完成。1983年3月，在印度新德里召开的第86次全会上，姆巴伊提交了有关章程请求大会审核批准。章程将体育仲裁法庭定义为完全独立于国际奥委会的管辖机构，由40名成员组成，所有成员都具有法律知识，由国际奥委会、国家/地区奥委会、国际单项体育联合会任命。此外仲裁法庭还包括10名非国际奥委会委员，由国际奥委会主席直接任命。

成立仲裁法庭是为了处理奥运家庭成员和与体育活动有关成员的私人争议，特别是《奥林匹克宪章》中未涉及的事项，即非技术性问题。这意味着，仲裁法庭不会干涉国际单项体育联合会内部现有机构裁决过程，这些机构仍可以运用各自的规定解决技术问题。体育仲裁法庭的主要特点是其管辖权不是强制性的，争议各方自愿提请仲裁。初步计划得以通过后，体育仲裁法庭的成立工作正式开始。1984年2月，在萨拉热窝举行的第87次全会明确批准了体育仲裁法庭的章程，而且提出了任用提案。大会任命了国际奥委会委员和萨马兰奇推荐的人选，并敦促国家/地区奥委会和国际单项联合会任命其在仲裁法庭中的代表。该仲裁法院将总部设在奥林匹克之都洛桑。

执委会代表国际奥委会，提名以下委员为体育仲裁法庭首届成员：

阿德托昆博·阿德莫拉（尼日利亚），尼日利亚最高法院法官、前任院长。

阿古斯丁·卡洛斯·阿罗约（厄瓜多尔），律师，1968年至1999年国际奥委会委员。

马克·霍德勒（瑞士）。律师，1963年至2006年国际奥委会委员。

凯巴·姆巴伊（塞内加尔），1977年至1985年国际法学家委员会主席，1973年至2002年海牙国际法院院长，国际奥委会委员。

米诺·尔莱塔（意大利），律师。

勒内·邦杜（法国），巴黎上诉法院大律师。

弗朗索瓦·卡拉尔（瑞士），国际奥委会律师，1989年至2003年国际奥委会总干事。

让-弗拉文·拉里维（瑞士），律师。

希沃科·斯特利夫（保加利亚），法律讲师。

保罗·齐夫伦（美国），律师。

萨马兰奇主席在考虑地域平衡后提名的成员：

穆罕默德·贝德贾伊（阿尔及利亚），海牙国际法院法官。

皮埃尔·巴雷（法国），法国最高法院法官、第一荣誉院长。

锡克·卡马拉（几内亚），几内亚共和国律师、司法部长。

特奥菲洛·德·阿泽雷·桑托斯（巴西），法律讲师，巴西国际贸易商会委员会主席。

贝托尔德·戈德曼（法国），法律讲师。

国际奥委会秘书长让-菲利普·罗彻特和体育仲裁法庭院长姆巴伊法官（2007年去世前一直担任此职）

曼弗雷德·H.拉赫斯（波兰），1973年至1976年海牙国际法院院长，1967年至1993年海牙国际法院法官。

敦穆罕默德·苏非·哈希姆（马来西亚），1974年至1982年马来西亚最高法院法官、院长。

马哈拉·西里·纳根德拉·辛格（印度），1985年至1988年海牙国际法院院长，1973年至1988年海牙国际法院法官。

卡雷尔·瓦萨克（捷克），1969年至1980年斯特拉斯堡国际人权研究所秘书长。

胡安·维韦斯·罗德里格斯·德·伊诺霍萨（西班牙），律师，经济学家，FECSA秘书长、董事会秘书，国际法协会会员。

吉尔伯特·施瓦尔（瑞士），律师，体育仲裁法庭首位秘书长。

体育仲裁法庭既是调解机构，也是仲裁机构，这是创立该机构的基础。萨马兰奇十分重视调解作为一种预防性机制在法院中所发挥的作用，因此有了这样的设置。

体育仲裁法庭的起点 1984年6月30日，仲裁法庭开始工作。同年11月，位于洛桑的总部正式开放。在完成创建程序并对其章程进行一系列修改后，体育仲裁法庭正式成立，凯巴·姆巴伊法官担任执行院长，吉尔伯特·施瓦尔担任秘书长。

1987年1月30日，体育仲裁法庭做出第一份裁决，批准了对一名教练员的纪律处分。1985年1月，瑞士联盟冰球比赛期间，该教练员用球棍打伤一名裁判员。事件发生后，俱乐部先是诉诸联合会程序，然后诉诸普通司法法院，争议前后长达一年。该俱乐部对结果不满意，于是诉诸仲裁程序，并于1986年11月10日将相关资料提交至体育仲裁法庭。体育仲裁法庭的首例案件非常重要，因为它标志着体育界在解决冲突方面进入全新阶段。

必须指出的是，法院成立之初要克服许多障碍，所以发展较缓慢。萨马兰奇自己在回忆录中承认了这点："最初几年是非常困难的。体育组织并不愿意转向体育仲裁法庭寻求帮助，通过姆巴伊法官和施瓦尔法官不厌其烦地解释，各国家/地区奥委会和国际单项体育联合会才慢慢开始接受这一想法，通过这一新成立的机构解决纠纷。"人们对体育仲裁法庭的信任与日俱增，法庭本身也积累了大量判例，不过因为许多判决都需保密，所以无法评估体育仲裁法庭的法律决议对体育法的真正影响。

体育仲裁法庭的重要性逐渐提升，1992年，在巴塞罗那举行的第99次大会对法庭头几年的工作进行了讨论，姆巴伊法官如此评价法庭的成就："这是一种快速解决体育争端的高效手段"。

《巴黎公约》：国际体育仲裁委员会（法文缩写为CIAS） 艾马尔·甘德尔案件后，当事人就体育仲裁法庭的裁决向瑞士联邦法院提出上诉。1993年3月15日，瑞士联邦法院虽然在判决中支持体育仲裁法庭的决定，但认为该体育仲裁法庭除了在法律上应独立于国际奥委会，还应具备独立的组织和经济地位。

1994年6月22日，在充满仪式感的典礼上，在法国司法部长皮

> **速度惊人**
>
> 体育运动取得了长足的发展，有人错把一些体育项目看得微不足道，但是体育运动现在已经发展成体系，汇合了巨大的经济利益，可能会产生超出国家体育司法管辖范围的控诉。围绕体育赛事的电视版权所产生的问题就可见一斑。体育仲裁法庭每年审理250起案件，几乎每个工作日都要审理一起，涉及所有最重要的运动赛事。在奥运会、世界杯或欧洲杯期间，一批高度专业的法官仲裁员会组成专门团队，他们迅速高效，在不到24小时内做出裁决，夜以继日高强度地工作。
>
> 早在1981年，胡安·安东尼奥·萨马兰奇就有一个梦想：创建一个像海牙国际法院那样的国际体育法庭。我们今天所说的体育仲裁法庭是1984年成立的，但是直到1994年才获得如今所认可的地位。为了做出公正的判决，不应该考虑到政治、经济和体育的背景。但是，我们必须意识到我们的决定所代表的意义。
>
> 胡安·安东尼奥·萨马兰奇是全球人民的榜样，是我们体育运动中的伟大人物之一。他的伟大之处无以衡量，我会永远把他看作体育教皇。他为奥林匹克运动做出巨大贡献。他仿佛戴着一副放大镜，事无巨细都尽收眼底，甚至能够预见未来会发生什么。萨马兰奇是独一无二的人物。

1989年，体育仲裁法庭在洛桑的一场会议

米诺·奥莱塔
意大利律师。在选举中战胜加拿大律师、国际奥委会委员理查德·W.庞德，成为TAD/TAS/CAS主席（2007—2010）

埃尔·梅黑戈纳里的见证下,成立国际体育仲裁委员会(法文缩写为CIAS)的公约得以签署,即《巴黎公约》。奥林匹克运动的大多数组织,即国际奥委会、夏季奥运项目国际单项体育联合会协会、冬季奥运项目国际单项体育联合会协会和国际奥协共同签署这份公约并提供资金支持。

国际体育仲裁委员会随后确定20位高级法律官员成员的工作:4人由国际奥委会任命:理查德·S.阿诺德(美国),巡回法官;让-雅克·列伊,瑞士联邦法庭法官;凯巴·姆巴伊(塞内加尔),体育仲裁法庭院长;小田滋(日本),海牙国际法院法官。

4人由国际单项体育联合会任命:米诺·奥莱塔(意大利),律师,夏季奥运项目国际单项体育联合会协会推荐;乌利齐·斯特罗蒙巴奇(德国),国际冰球联合会成员;冈纳·沃纳(瑞典),国际游泳联合会名誉秘书;杰拉尔德·福特(美国),美国前任总统,冬季奥运项目国际单项体育联合会协会推荐。

4人来自国家/地区奥委会:萨拉赫丁·巴利(突尼斯),突尼斯奥委会主席、前司法部长;约翰·科茨(澳大利亚),律师、澳大利亚奥委会主席;弗兰斯·慕利门(比利时),律师、比利时奥委会委员;蒙尔赫·帕迪亚·伊里戈耶(墨西哥),律师、墨西哥奥委会副主席。

4人由运动员代表指定:托马斯·巴赫(德国),律师、国际奥委会委员、运动员委员会委员;莎娅·安德里·普罗申科(斯洛文尼亚),律师、斯洛文尼亚滑冰联合会主席;彼得·蒙哥马利(澳大利亚),律师、国际奥委会运动员委员会委员;迈克尔·伦纳德(美国),律师、美国奥委会副主席。

其余4人为独立委员,由国际体育仲裁委员会自行推选:加布里埃尔·考夫曼(瑞士),律师、国际著名裁判;阿卜杜拉·艾尔·汉尼(叙利亚),前任部长、著名裁判;阿兰·普朗特(法国),国际商会国际仲裁院院长、研究所成员;P.R.帕塔克(印度),前司法部长、海牙国际法院院长。

国际体育仲裁委员会包括两个机构:一个是普通仲裁机构,对体育活动中产生的私人争议具有管辖权;另一个是仲裁机构,对包括与兴奋剂有关的申诉和对体育机构决定的申诉在内的上诉案件具有管辖权。正如公约的介绍性声明指出,这一刻具有历史意义,"为了方便解决体育运动争端,已经建立了一个仲裁机构,即体育仲裁法庭。为了维护有关方面的权利并确保该机构完全独立,有关方面已经同意在体育运动领域成立国际仲裁组织,即国际体育仲裁委员会,支持体育仲裁法庭。"

法律和体育运动继续共同进步。1994年9月,国际法律与体育大会在洛桑奥林匹克博物馆举行,来自世界各地的196名法律专家参加了会议。会议的要点之一是"建立国际体育仲裁委员会,保证体育仲裁法庭的管理、资金和监督,从而替代国际奥委会在这方面的角色。这将加强司法行政机构的独立性,同时制定关于体育事务的仲裁法"。会议认可该建议,同时,成立一个独立于国际奥委会、与国际奥委会没有财务或行政联系的机构。

萨马兰奇对自己的选择感到满意,因为已经迈出了重要的一步,即实施改革提高该机构的可信度和信誉。提交给该机构进行仲裁和审判的案件数量显著增加,由此可见一斑,同时也"证明主动提出改革的决定是正确的"。

"特设"特别法庭 为了提高效率,1996年体育仲裁法庭成立了两个地方办事处,一个设在悉尼,另一个设在美国的丹佛市,后来搬到纽约。体育仲裁法庭授权两个办事处解决当地纠纷,从而方便美洲和大洋洲的运动员获得更多体育仲裁法庭的服务。

1994年,在洛桑奥林匹克博物馆举行国际体育仲裁委员会的首次会议,塞尔吉奥·奥西、罗彻特、姆巴伊、萨马兰奇和马克·霍德勒

裁决速度常常是个问题。体育竞赛计划要求裁判员迅速解决问题，以免降低或破坏比赛的节奏。为了解决这个困难，国际奥委会决定设立一个"特设"特别法庭，奥运期间在24小时内解决冲突或争端。此外还制定了《解决奥运会期间争议的规定》。亚特兰大1996年奥运会开始这方面的实践，当时成立了一个特别法庭，由12名法官和一个由5名法律和体育领域知名人物组成的名誉委员会组成。

特设法庭在奥运会开始前几天在奥运村成立，整个比赛期间持续工作，这样运动员、教练员、单项体育联合会和代表团可以提出快速、简单和自由的仲裁要求，保证比赛的进行。亚特兰大法庭是第一个特设法庭，审理了6起案件，取得了令人满意的结果。从那时起，每届夏季或冬季奥运会都组建"特设"法庭，确立了"特设"法庭作为仲裁法庭的地位。现在不止在奥运会，其他体育比赛也设立"特设"法庭。

萨马兰奇完全信任凯巴·姆巴伊法官，称他为"我的非洲兄弟"，让他处理一些需要谨慎处理的事务。处理这些纠纷要求对相关国际法有深入而广泛的了解，例如关于种族隔离和奥林匹克委员会的谈判，这场谈判是协商南非重获参加奥林匹克运动的机会（见"第10章 种族隔离制度的终结"）；再如道德诚信的谈判，在这场谈判中萨马兰奇让姆巴伊法官主持法律委员会、法律和体育委员会和国际奥委会2000年委员会会议（见"第18章 国际奥委会民主化和2000年改革"）。

在任职结束时，萨马兰奇对体育仲裁法庭的运作非常满意，并将之当作自己在职期间最重要的成就之一，相信这项举措将有助于解决体育界的法律冲突。他在《奥林匹克回忆》中写道："我对于任职期间建立的这一机构感到十分满意。而且，我要特别指出，让这个项目圆满成功的人是凯巴·姆巴伊法官，我对此表示感谢。"2007年，凯巴·姆巴伊法官去世，时任国际奥委会主席萨马兰奇悲痛不已。姆巴伊法官曾引用圣经来评价这一项目："将属于凯撒的归于凯撒：孕育它的意愿和创建它的知识来自于胡安·安东尼奥·萨马兰奇。"

关于体育仲裁法庭的11个问题

体育仲裁法庭是什么？
体育仲裁法庭是向国际体育组织提供服务的独立机构，能够在短时间内以低成本解决体育运动领域的法律纠纷。体育仲裁法庭成立于1984年，接受国际体育仲裁委员会的行政管理和资金支持。目前，300多名来自全球80多个国家的仲裁法官每年分析300多起案件，这些仲裁法官被选入法庭，因为他们在仲裁和体育法方面有扎实的专业知识。

处理何种类型的争议？
所有体育领域因为体育训练或从事体育活动而产生的争议。这些争议可能具有商业性质（例如赞助合同）或属于违纪范畴（例如兴奋剂案）。仲裁法庭也提供相关咨询服务，但咨询与判决无关，不具有约束力。

谁具备向该法庭提请仲裁的资格？
所有在法律上能够要求其服务的自然人和法人机构，例如运动员、俱乐部、单项体育联合会、体育赛事的组织者、赞助者等。单项体育联合会在使用内部资源解决问题无果的情况下才能向法庭提请仲裁。

使用什么语言？
诉讼以法语或英语进行，在双方达成一致意见的情况下也可使用其他语言。

总部设在哪里？
体育仲裁法庭总部设在瑞士洛桑，另有两个地方办事处，一个在澳大利亚悉尼，另一个在美国纽约。

仲裁庭成员如何选择？
仲裁庭一般由3名成员（仲裁员）组成，各方从国际仲裁法庭的名单中选择一名。如果双方同意，可以由一名仲裁员进行判决。仲裁员必须是独立的，不能与案件有联系。

仲裁费用多少？
选择进行仲裁，则要支付此服务事先确定好的费用。所有程序的花费和支出都相对适中，按照固定汇率计算。在上诉案件中，除了在提出上诉时需要缴纳固定的上诉费（目前为1000瑞士法郎），诉讼本身是免费的。

处理一个案件需要多长时间？
经验表明，"正常"案件需要12至18个月。如果是上诉案件，不超过3个月之后即会宣布判决。在紧急情况下可采取临时规定和特别措施。

保密性如何？
普通仲裁是保密的。仲裁员和工作人员不能透露信息。通常不会对外公布判决结果。上诉程序没有对保密性作具体规定。然而，仲裁员和体育仲裁法庭工作人员有义务在诉讼期间对案件保密。

体育仲裁法庭的判决范围是什么？
根据140个国家签署的《关于承认和执行外国仲裁裁决的纽约公约》，判决在通知发出后视为最终判决，对缔约方具有约束力。

可以就判决提出上诉吗？
可以向瑞士联邦法庭提出上诉，但上诉理由仅限于：没有管辖权、违反程序基本规则（例如违反听证规定）或违反公共政策规定。

加拿大运动员罗斯·雷巴利亚蒂（长野1998年奥运会首位单板滑雪大回转冠军）因使用大麻失去金牌。后经体育仲裁法庭裁决，金牌失而复得

让-雅克·列伊、米诺·尔莱塔、乌利齐·斯特罗蒙巴奇和瑞典的冈纳·沃纳（国际单项体育联合会驻国际体育仲裁委员会代表），以国际泳联荣誉秘书身份出席1995年在蒙特卡罗举行的会议

1994年，在洛桑举行的国际体育仲裁委员会成立仪式上，萨马兰奇主席发言

2009年，在哥本哈根举行的第121次全会上，体育仲裁法庭2007年至2010年院长米诺·奥莱塔发言

1993年在洛桑，由执委会推选成为国际体育仲裁委员会委员的瑞士律师加布里埃尔·考夫曼在"体育和权利大会"上发言

1989年在洛桑，体育仲裁法庭秘书吉尔伯特·施瓦尔

1984年在萨拉热窝，体育仲裁法庭章程在第87次全会上最终通过

国际奥委会中国台北委员徐亨（左）因为"两个中国"争议，在洛桑民事法院起诉国际奥委会

1994年萨马兰奇在巴黎，同行还有法国奥委会前任主席纳尔逊·皮埃卢和法国司法部长皮埃尔·梅埃涅里

1984年11月17日，体育仲裁法庭总部正式对外开放，但是法庭几个月前就已经开始工作

1986年在洛桑，胡安·安东尼奥·萨马兰奇在他的"非洲兄弟"凯巴·姆巴伊陪同下，出席弗朗西斯·梅塞里向国际奥委会捐赠的艺术品的展览

1992年在洛桑，体育仲裁法庭首任秘书吉尔伯特·施瓦尔和萨马兰奇、国际奥委会秘书长弗朗索瓦丝·兹韦费尔出席委员会活动

突尼斯奥委会主席萨拉赫丁·巴利是国家/地区奥委会在国际体育仲裁委员会首批四位代表之一

国际冰球联合会成员德国人乌利齐·斯特罗蒙巴奇由国际单项体育联合会推选成为国际体育仲裁委员会委员

瑞士联邦法院院长让–雅克·列伊由国际奥委会任命，在职业生涯伊始成为国际体育仲裁委员会委员

凯巴·姆巴伊法官出席1992年巴塞罗那第99次全会的开幕式，当时体育仲裁法庭最初几年的工作取得十分积极的效果

第10章　种族隔离制度的终结

南非重返奥林匹克运动
反种族隔离斗争促成萨马兰奇和纳尔逊·曼德拉的亲密友谊

国际奥委会肩负着解决一个严重问题的责任，而这个问题也是萨马兰奇迫切希望解决的问题，南非的种族隔离。上任伊始，萨马兰奇就意识到消除体育运动中的种族隔离是他将要面对的最困难、最复杂的问题之一。萨马兰奇运用自己的政治能力和外交技巧，在1991年用"萨马兰奇主义"（这个方法的基础是小步走，坚持南非问题源自非洲，也必须通过非洲的力量解决），成功地愈合了奥林匹克运动最深的伤口。萨马兰奇为了实现这个目标，比各国政府和国际组织更先展现出审慎的态度和尊重的精神。他在日记中这样写道："1970年，奥林匹克运动首先将南非排除在奥林匹克大家庭之外，对其关上了大门，但是当南非国内政治环境发生变化，也最早展开双臂欢迎南非兄弟回归。"

记者大卫·米勒写道，1988年春天，萨马兰奇阐述了处理南非问题的妙计。当时非洲各个国家/地区奥委会都充斥着愤怒，纷纷威胁要抵制奥运会。当英国可能让白人运动员左拉·巴德（南非共和国）参加汉城1988年奥运会时，危机最终爆发。萨马兰奇决定采取行动。1984年的洛杉矶奥运会，巴德就曾代表英国参赛。在3000米决赛中，她与玛丽·德克尔（美国）发生冲撞。这次肢体冲撞引发了争议，产生了巨大影响，但就其本身而言是毫无意义的。此前，巴德巧妙地违反法律程序在最后关头取得了英国护照，利用个人和商业关系躲过了最后期限。

在英国旅居3年后，这位运动员回到了她的出生国家生活，甚至违反规定，在南非参加推广比赛的活动。此前，尽管她因为离开英国而失去了英国公民身份，但英国业余田径委员会仍可能让她参加1988年奥运会。

> 国际奥委会成立种族隔离和奥林匹克委员会，帮助萨马兰奇建立联系并向他提供最新资料，支持他分析南非的政治局势及其对体育运动的影响。这些数据能够帮助他做出决定、解决问题。萨马兰奇和委员会对南非和种族隔离问题的处理获得了全球各国和各地区的赞赏。

1988年在洛桑举行的"反对种族隔离的奥林匹克运动会议"

萨马兰奇实现了自己的目标，但他从一开始就意识到他不能独自面对这个挑战。在整个过程中，他很明智地把自己能够完全信任的同事召集在身边。此外还有其他人也参与到了消除体育运动中的种族隔离制度和让南非重返奥林匹克运动的相关工作中，比如凯巴·姆巴伊（塞内加尔）、费科若·基达内（埃塞俄比亚）、萨姆·兰萨米（南非）、让-克洛德·冈加（刚果〔布〕）、亨利·奥鲁菲米·阿德弗贝（尼日利亚）。当然也绝对不能少了纳尔逊·曼德拉（南非）。

1988年6月，国际奥委会成立种族隔离和奥林匹克委员会，帮助萨马兰奇建立联系，向他提供最新资料，协助他分析南非的政治局势及其对体育运动的影响。这些数据能够帮助他做出决定、解决问题。萨马兰奇和委员会对南非和种族隔离问题的处理获得了全球各国和各地区的赞赏。

这个机构由8人组成，其成立是国际奥委会反对种族隔离工作的转折点。萨马兰奇任命凯巴·姆巴伊法官为委员会主席，这位深受萨马兰奇信任的法律专家是海牙国际法院法官，法律经验丰富，还曾经在几个联合国政府委员会工作，支持人权发展、反对种族歧视。委员会其他成员包括马克·霍德勒（瑞士）、理查德·凯文·高斯帕（澳大利亚）、何振梁（中国）、亨利·奥鲁菲米·阿德弗贝、让-克洛德·冈加、伊万·斯拉夫科夫（保加利亚）、国际奥委会总干事弗朗索瓦·卡拉尔（瑞士）担任协调员。运动员委员会代表埃德温·摩西（美国）、费科若·基达内、拉明·巴（塞内加尔）和南非非种族歧视奥委会主席萨姆·兰萨米作为顾问加入。后来加入的有普里莫·内比奥罗（意大利）、穆斯塔法·拉法维（阿尔及利亚）、马里奥·巴斯克兹·拉涅亚（墨西哥）、大使安德鲁·杨（美国）和外交官玛丽安·仁科（波兰）。

委员会的主要任务是统一南非体育运动。当时，南非体育运动的代表分为5个派系，各个派系的特征截然不同且不可调和，这些派系分别是：由南非白人成立、1970年后被停赛并被排除在国际奥委会之外的南非奥委会；1963年成立、由不实行种族隔离的各种体育联合会组成的南非体育运动委员会；由在伦敦流亡的萨姆·兰萨米领导的南非非种族奥林匹克委员会；代表南非黑人利益、与接受具有人格魅力的纳尔逊·曼德拉领导的非洲人国民大会有着密切联系的奥林匹克运动国家委员会；汇集了几个体育联合会力量、与南非白人保守集团关系密切的南非体育联合会。南非经历了漫长的历史冲突，但是多年以来这一冲突没有引起世界政坛的关注。与此同时，南非体育团体数目众多，涵盖了前文所述组织。

来自尼日利亚的国际奥委会委员亨利·奥鲁菲米·阿德弗贝少将称"1988年洛桑会议是萨马兰奇的倡议"，并说"我们现在看到的南非体育运动是萨马兰奇努力的直接结果"。此外，阿德弗贝和国际奥委会主席萨马兰奇理念相同，他认为"南非人必须解决问题，而奥林匹克运动并没有冷眼旁观，也没有说如果南非不履行《奥林匹克宪章》，将会继续排除南非。相反奥林匹克运动更倾向于帮助他们实现自己的宏大梦想"。最后，阿德弗贝对

1992年在洛桑，萨马兰奇与纳尔逊·曼德拉

萨马兰奇作为国际奥委会主席所作的工作表示诚挚的赞扬，他肯定地说："除了汉城（现称首尔）奥运会，结束种族隔离是萨马兰奇的一大卓越成就，成果毫无瑕疵。如果没有他，这两件事情没有一件能够办成。此外，萨马兰奇也确保了奥林匹克运动具有稳定的经济来源。结束一个社会的种族隔离现象绝非易事。"

1948年南非选举结束后，南非国民党执政，开始正式实施种族隔离政策。这种政策以种族隔离制度为基础，在南非一直执行到1990年。1917年，南非总理扬·克里斯蒂安·史末资在演讲中首次使用"种族隔离"一词。然而，这种政策早在殖民主义时期就已经开始执行。随着主要的荷裔白人党派南非阿菲利坎国家政党（由自17世纪中叶以来一直居住在南非的日耳曼人后代成立）在选举中获胜，这个制度通过法律确立下来。种族隔离政策由两个基本要素组成，即南非语（起源于荷兰语）和加尔文主义宗教。

1950年以后，南非通过新法，将南非人分为不同种族群体，强制人们搬迁，对住宅区实行隔离。黑人居民被剥夺公民身份，迁往南非10个独立的部落地区，即"班图斯坦"。政府对教育、卫生和法院、邮局、海滩、交通运输和公园等其他公共服务实行隔离管理，向白人提供质量更高的服务。禁止种族间通婚，加剧了对非白人妇女的压迫。南非国内非常反对这个制度。但是面对国内抗议和示威，政府只是打压反对派，采取严厉的压迫措施，同时监禁反对人士最重要的领导人，如纳尔逊·曼德拉。曼德拉在1962年被捕，直到1990年才被释放。

1960年，国际社会开始孤立南非。当年，南非组织全民公投，让白人决定赞成还是反对与英国的政治联盟。由于52%的人反对这项议案，南非脱离联合王国，但是仍然留在英国前殖民地组成的政治组织——英联邦。该联邦内的非洲和亚洲国家要求将南非驱逐出组织。1961年5月，南非被迫宣布离开英联邦，成为一个独立的共和国。

体育运动谴责种族隔离　在体育运动中，种族隔离制度成了一个复杂问题。首先针对这一问题采取行动的是国际单项体育联合会。1948年，国际乒乓球联合会第一个拒绝承认南非乒乓球联合会，并且接纳南非非白人乒乓球委员会。后来，南非非白人举重和健美组织请求参加墨尔本1956年奥运会，而国际奥委会把两个组织的请求转交给了只接受白人参加奥运会的南非国际奥委会处理。这一举动使得情况进一步恶化。

1955年，国际奥委会发起了消除体育运动中种族隔离制度的政策，成为第一个对南非采取种族主义体育政策所带来的后果表示担忧的国际体育运动组织。由于该项政策，南非被禁止参加东京1964年夏季奥运会和墨西哥城1968年夏季奥运会，而且南非奥委会在1970年被驱逐出奥林匹克运动。1991年，南非终于重返国际奥委会，还参加了巴塞罗那1992年夏季奥运会。国际体育界迄今为止面临的最艰难的问题终于得以解决。

1955年，国际奥委会收到德兰士瓦印度青年大会的"运动决议"，着手解决南非问题。"运动决议"这份文件要求禁止南非白人参加奥运会。时任国际奥委会总干事奥托·迈耶（瑞士）引用奥林匹克宪章第一款给出回应，但并没有再说其他。迈耶这一行动表明，在20世纪50年代和60年代，种族隔离制度对欧洲乃至非洲的舆论几乎没有任何影响。此外，鉴于奥运比赛没有受到影响，国际单项体育联合会对种族隔离问题也是漠不关心。

但是1957年，埃及、埃塞俄比亚和苏丹的国家足球联合会成立非洲足球联合会，体育界的这个运动项目决定针对种族隔离采取行动。当时世界政治一直忽略种族隔离制度问题，直到1963年，联合国大会才成立反对种族隔离特委会。同年，非洲统一组织成立。3年后，该组织成立非洲体育最高理事会，将种族隔离问题作为其非洲政治议程的一个主要议题。

其实，在体育运动种族隔离事件出现之前，就已经有许多非白人运动员在众多项目中展现出自己的能力和竞争力。但是，南非并不知道种族歧视政策只会损害其体育利益。1958年，南非的运动部门对国际奥委会做出了回应，表示南非队仅由白人组成，非白人是带薪运动员，并且由于人数太少而无法与世界上最优秀的业余爱好者竞争。同时补充说，非白人体育组织的要求都出于政治目的。

后来，非洲人国民大会被禁，大会领导人纳尔逊·曼德拉遭监禁。于是反对种族隔离的抗议迅速兴起，发展了此前所未有。1962年，南非非种族体育协会（1958年创立）成立了南非非种族奥林匹克委员会。与南非奥委会不同，南非非种族奥林匹克委员会遵循《奥林匹克宪章》的原则。在南非白人学者罗宾·法奎森（南非）的帮助下，南非非种族奥林匹克委员会在1963年巴登-巴登国际奥委会代表大会上向国际奥委会提交了备忘录。这次会议原本计划在内罗毕举行，由于肯尼亚政府拒绝允许南非代表进入该国，会议改在德国城市巴登-巴登举行。会上，国际奥委会正式要求南非奥委会宣

南非的左拉·巴德和美国的玛丽·德克尔参加了洛杉矶1984年奥运会女子3000米比赛决赛，两人在跑道上发生了碰撞

布接受《奥林匹克宪章》的原则，并要求该国政府修改种族歧视的体育政策。最后，南非被禁止参加东京1964年奥运会，而法奎森也失去南非国籍，流亡海外，旅居英国。

在随后召开的墨西哥城1968年奥运会上，南非问题也是人们关注的焦点。1966年，非洲最高体育理事会要求非洲各国确定，只有在南非不参加奥运会的前提下他们才会参加奥运会。面对这一抗议呼吁，南非政府授权组建了几支黑人白人的混合队伍，但是仅限于国外。国际奥委会将这一行动视为让步，并于1968年在格勒诺布尔举行的第66次全会上再次承认南非奥委会。国际奥委会这一举动立刻在世界范围内引发了激烈反响。在刚果人民共和国首都布拉柴维尔，大约四十个非洲国家的国家/地区奥委会愤怒地宣布，如果南非最终参加奥运会，他们就不会派代表队前往墨西哥城。由于哗然一片，国际奥委会组织委员投票，最终改变立场，决定不允许南非参加1968年奥运会。1970年，在阿姆斯特丹举行的第69次全会上，国际奥委会再次拒绝承认南非奥委会。

萨马兰奇和南非

因为胡安·安东尼奥·萨马兰奇对种族隔离制度毫不妥协，南非将永远铭记他。面对各种各样的压力，其中有些压力还是来自同事，萨马兰奇没有妥协，坚持对所谓的南非体育运动的进展进行研究。他确实密切关注南非的局势；在纳尔逊·曼德拉从监狱释放出来后，种族隔离的残余势力开始分崩离析，萨马兰奇征求了纳尔逊·曼德拉领导的非洲人国民大会解放运动的看法。

随后，一场具有重大历史意义的会议在洛桑举行，会议同意南非参加巴塞罗那1992年奥运会，而这时距离1994年南非民主选举还有很长一段时间。由于种族隔离特权，参加巴塞罗那奥运会的南非队员几乎都是白人运动员。但胡安·安东尼奥·萨马兰奇表示，参加奥运会开幕式运动员入场仪式的南非代表团应反映国家人口组成。于是，南非发展队随后也参加了巴塞罗那奥运会开幕式。这在奥运历史上是空前绝后的。

萨姆·兰萨米
1995年起担任国际奥委会委员，种族隔离和奥林匹克委员会委员（1989—1991），南非非种族奥林匹克委员会主席（1976—1990）和南非奥委会主席（1991—2005），巴塞罗那1992年奥运会上第一个"非种族主义"南非代表团团长

1989年，在波多黎各圣胡安举行的第95次国际奥委会全会上，种族隔离和奥林匹克委员会召开会议

虽然马术、自行车和游泳的国际单项体育联合会将南非驱逐出组织，但是关于奥运会项目的争论仍在继续。种族隔离问题依然存在，蒙特利尔1976年奥运会召开前夕再次引发危机。当时，新西兰国家队和南非国家队在非洲进行了一场橄榄球比赛。于是，除了塞内加尔和科特迪瓦，所有非洲国家的奥委会都要求新西兰退出加拿大奥运会。国际奥委会没有向压力妥协，拒绝了这一要求。结果，非洲代表退出了奥运会比赛，这是奥运历史上第一次发生抵制事件。在非洲抵制加拿大奥运会事件中，1999年之前一直担任国际奥委会委员的让-克劳德·冈加发挥了重要作用。有人听到甘加曾经这样说："如果加拿大政府消息更加灵通，非洲国家抵制蒙特利尔1976年奥运会的事件就能避免。"这被理解为是在批评颇受争议的国际奥委会总干事莫尼卡·贝利乌。

真理到来的时刻　1977年，《反对体育领域种族隔离的国际宣言》出版，标志着体育界反对"种族隔离"的斗争又向前迈进了一步。当萨马兰奇接任国际奥委会主席时，他知道如果要巩固奥林匹克运动，自己首先要解决的就是南非问题，而且必须尽快解决。人们认为萨马兰奇是一位很有能力的外交官，而他也确实名副其实。尽管当时几个国际单项体育联合会和一些国际奥委会委员向他施压，他还是制定了一个简单而严格的政策：必须结束种族隔离制度，而解决办法只能来自非洲大陆。

在萨马兰奇的时代，即20世纪80年代，体育界支持反对种族隔离的斗争。当时举行的众多国际会议涉及各种反种族隔离的体育和政治运动。首届这类国际会议于1983年在伦敦举行，此后于1985年和1987年分别在巴黎和津巴布韦首都哈拉雷举行了第2届和第3届。

然而，南非也并非毫无动作，开始利用自身地位在奥林匹克运动内部制造不和。1982年，南非奥委会的一位委员阿斯·伯格从欧洲回国后，在南非的国家媒体上诽谤胡安·安东尼奥·萨马兰奇主席，他说："萨马兰奇担任国际奥委会主席期间，南非没有机会进入奥林匹克运动的核心。"此外，每届奥运会开始前，南非的"外交"部门常常先是生气不安和"暴雨"一样，然后使用同一个策略，即在奥运会开始前几个月邀请一个国家的橄榄球队前往南非参赛。这些行动不过是为了打击奥林匹克运动，尤其是打击非洲国家。1986年，国际奥委会表示反对南非运动会。南非运动会涉及多项运动，届时酒店、餐馆、酒吧和旅游住宿的种族限制都会被有组织地废除。

1976年，非洲缺席蒙特利尔奥运会。1978年，尼日利亚抵制在加拿大埃德蒙顿市举行的英联邦运动会。此后，抵制南非参加国际体育赛事的事件时有发生。1986年，由于撒切尔夫人领导下的英国拒绝对南非采取经济制裁，32个国家拒绝参加在苏格兰爱丁堡市举行的英联邦运动会。1989年，国际网球联合会禁止南非参加戴维斯杯和联邦杯，而板球联合会则下令对南非球员处以3~5年的禁赛。

种族隔离和体育运动峰会　1988年4月，执委会在斯德哥尔摩召开会议，通过了举行一场由所有相关方出席的峰会的议案。萨马兰奇在他的日记里写道："这项倡议获得一致通过。每个人都意识到我们必须采取行动，避免再次发生非洲抵制的事件。"在这个背景下，1988年6月21日，一场名为"种族隔离与体育运动"的国际峰会在维迪举行，非洲体育运动的主要人物和其他地区的体育领袖均出席了这次峰会。这次会议对南非局势进行了详细分析，研究了如何帮助非洲体育保持和加强其尊严和独立，从而解决体育运动中种族隔离问题。

会议由胡安·安东尼奥·萨马兰奇主持。国际奥委会参与的有副主席亚历山大·梅罗德（比利时）和理查德·W.庞德（加拿大）。受邀委员凯巴·姆巴依、理查德·凯文·高斯帕（澳大利亚）、大卫·西克胡卢米·西邦泽（斯威士兰）、亨利·奥鲁菲米·阿德弗贝、让-克洛德·冈加和亚历山德鲁·西贝尔科（罗马尼亚）；管理员雷蒙德·贾夫纳（瑞士）、秘书长弗朗索瓦丝·兹韦费尔（瑞士）、奥林匹克团结基金主任安塞尔莫·洛佩兹（西班牙）；法国总统办公厅主任阿兰·朱佩；国际奥委会顾问塞缪尔·毕萨（美国）和弗朗索瓦·卡拉尔（瑞士），法律部主任霍华德·斯图普（加拿大）以及与国家/地区奥委会关系部主任安妮·贝都（英国）。

代表国际单项体育联合会出席的有：夏季奥运项目国际单项体育联合会协会主席和国际田径联合会主席普里莫·内比奥罗，冬季奥运项目国际单项体育联合会协会主席、国际滑雪联合会主席马克·霍德勒，国际排球联合会主席鲁本·阿科斯塔（墨西哥），非洲国际田径联合会副主席、非洲田径联盟主席拉明·迪亚克（塞内加尔）。

代表国家/地区奥委会出席的有：国际奥协主席、泛美体育组织主席和墨西哥奥委会主席马里奥·巴斯克兹·拉涅亚（墨西哥），国际奥协秘书长玛丽安·仁科，大洋洲奥协主席、澳大利亚奥委会委员库尔特·海勒（澳大利亚），非洲奥协主席、汤加奥委会委员阿拿尼·马蒂亚（汤加）和亚洲奥林匹克理事会主席法哈德·艾哈迈德·贾巴尔·萨

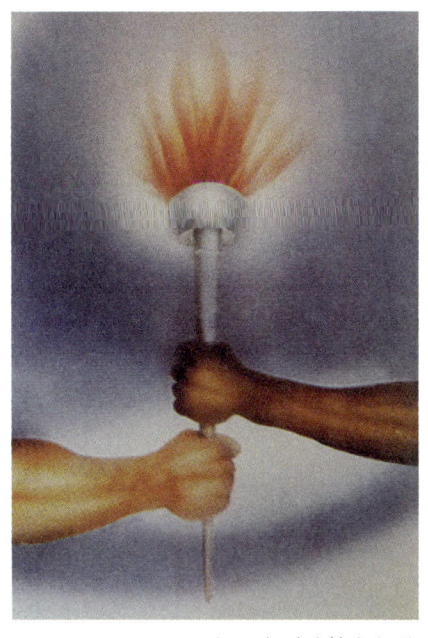

1990年，在科威特举行的委员会会议的海报

国际奥委会代表团访问南非,凯巴·姆巴伊与纳尔逊·曼德拉见面

巴赫亲王(科威特)。

最后,代表非洲最高体育理事会参加的是执行主席巴约·哈米德·拉瓦尔(尼日利亚)、该机构以及非洲奥委会协会秘书长阿马杜·拉明·巴(塞内加尔)、顾问亚伯拉罕·奥蒂亚(尼日利亚)和Ft.Lt.班森。另外参与的有非洲体育联合会副主席、国际游泳联合会主席穆斯塔法·拉法维(阿尔及利亚)、南非非种族歧视奥委会主席萨姆·兰萨米及其顾问杰里米·波普(新西兰)、国际反体育种族隔离运动(ICAAS)主席费科若·基达内。

通过这次会议,黑肤色的非洲国家相信国际奥委会的态度是积极的,各国家/地区奥委会的积极参与也是在道义上对他们给予支持,而且非洲国家知道,在处理这个具体问题时国际奥委会与他们站在一起。会议上,萨马兰奇共发表了十几场演讲,对库帕特和基丹出色的工作表示感谢。大会也达成一致意见,决定起草一份国际奥委会机构宣言,重申国际奥委会对体育领域种族隔离制度的立场,即种族隔离违反了管理所有奥林匹克运动的《奥林匹克宪章》的基本原则。这份宣言还谴责了通过与南非建立体育联系破坏奥林匹克统一的行动,并强调必须由非洲拿出方案解决这一非洲问题,并且这一方案必须得到非洲体育界的认可。在宣言的指导下,一系列具体的行动得以展开并取得了良好效果。最后,宣言也得以广泛传播,成为联合国教育、科学及文化组织(联合国教科文组织)、欧洲体育部长会议和联合国反对种族隔离委员会等国际组织在处理同一问题时的重要参考。

非洲最高体育理事会代理主席、尼日利亚体育部长巴约·哈米德·拉瓦尔公开感谢萨马兰奇和国际奥委会的支持,特别感谢萨马兰奇主席决定把1988年设为"反对体育领域种族隔离制度之年"。他说:"非洲发出同一个声音,宣布决心要使世界摆脱种族隔离制度所带来的制度化种族主义的阴影。为实现这一目标,我们迫切希望能够继续与奥林匹克运动合作。国际奥委会为我们提供了无条件的支持,这对我们来说是一种鼓励。我们相信,重申所达成的协议将让奥运会的未来更加美好和辉煌。"

种族隔离和奥林匹克委员会 国际奥委会宣布成立种族隔离和奥林匹克委员会,该委员会负责向国际奥委会报告反对种族隔离的相关行动的进展情况。胡安·安东尼奥·萨马兰奇任命凯巴·姆巴伊为委员会主席。凯巴·姆巴伊作为来自塞内加尔的国际奥委会委员,在处理此类问题上经验丰富,同时对相关法律知识也十分了解。萨马兰奇还做出另一项重要决定,让费科若·基达内担任委员会顾问。来自埃塞俄比亚的基达内非常了解非洲局势,拥有稳固可靠的信息网络。在谈到1988年6月21日的时候,萨马兰奇曾这样总结:"这一天具有重要的历史意义。它标志着一个不合理的制度的终结,而这个制度是全人类的耻辱。"

基达内表示:"萨马兰奇是第一位真正关心这个问题的国际奥委会

种族隔离和奥林匹克委员会

萨马兰奇主席相信,没有非洲人的参与就无法解决南非问题。因此他在1989年成立了种族隔离和奥林匹克委员会。委员会由时任国际奥委会副主席凯巴·姆巴伊法官主持,姆巴伊法官是前国际法院副院长、1963年达喀尔友谊赛的秘书长。为了与南非政党和体育组织协商,委员会两次访问南非,提出成立多种族的国家奥委会。1991年,曾领导南非非种族主义奥委会的国际奥委会委员萨姆兰萨米结束流亡,主持成立了多种族的南非奥委会,并成功加入奥林匹克运动的大家庭。但是,种族主义尚未从世界体育界中消失。种族主义依旧活跃,其所带来的负面情绪仍旧存在。因此,我们应该时刻保持警惕,为所有人的权利和尊严而战。

费科若·基达内
埃塞俄比亚记者,国际奥委会执委会的执行主任,国际奥委会国际合作部主任,埃塞俄比亚奥委会秘书(1967—1976),反对体育种族隔离制度国际运动主席(1986—1990),前《奥林匹克通讯》编辑

主席，他希望与非洲人讨论这个问题。他第一个访问了所有非洲国家，并评估非洲及许多欠发达国家的问题。他是一个非常坦率的人，很容易相处。当他看到问题时，他就想采取行动。对于任何第三世界国家/地区奥委会的要求，他从没拒绝过。"

亨利·奥鲁菲米·阿德弗贝也说："委员会的工作，一方面让作为非洲统一组织重要帮手的非洲最高体育理事会意识到奥林匹克运动反对种族隔离制度；另一方面间接表明抵制本身并不能解决任何问题。"

1988年12月，种族隔离和奥林匹克委员会在奥地利首都维也纳举行首次会议。委员会在姆巴伊法官的领导下，决定要求仍然与南非保持联系的国际网球联合会和国际体操联合会采取措施，禁止其运动员参加在南非举行的竞赛或比赛，并警告两个联合会如果不严格执行这一禁令将无法参加奥运会。

1990年2月19日，委员会在科威特市举行第3次会议，国际奥委会主席萨马兰奇首次参加委员会工作。1990年1月发生的一系列事件都与解决种族隔离问题紧密相关，如纳尔逊·曼德拉被释、对南非非洲人国民大会的禁令被解除。即使如此，姆巴伊法官表示这些决定和委员会之间不存在对应联系，因为委员会仅仅负责收集有关影响奥林匹克运动和种族隔离制度问题的事实，然后如实向国际奥委会报告，从而帮助国际奥委会做出正确的决定。萨马兰奇本人也说种族隔离制度在南非依然合法，为了避免做出任何错误判断，必须保持审慎的态度。但是他也肯定，最近发生的事件表明一切在朝着正确的方向发展。国际奥委会在未来数月还将继续密切观察南非政府的态度。萨马兰奇希望南非参加巴塞罗那奥运会，兰萨米、南非人民和很多其他人士也抱有同样的愿望。尽管如此，最终的结果还取决于非洲。

委员会在科威特的工作可以总结为两项建议，国际奥委会执委会在之后于4月份召开的会议上正式提交这两项建议。这两项建议聚焦于1981年创建、由时任国际奥委会委员的刚果人让-克洛德·冈加领导的非洲奥协。首先，委员会提议允许非洲体育界与南非体育组织建立联系；其次，非洲奥协必须能够与南非相关组织取得联系，并向国际奥委会汇报相关情况。当时，南非各体育组织正在寻求在一个单一机构如南非临时奥委会的框架下，建立一个涵盖多个体育项目的国家级组织。而委员会的主要任务是与这些体育组织进行一系列的会面。委员会也希望非洲奥协为最需要帮助的南非运动员提供技术援助。因此，正如姆巴伊所说，一旦种族隔离完全从体育世界中消失，南非运动员融入国际体育界将会更容易。

基丹以种族隔离和奥林匹克委员会在科威特举行的会议为契机，协调组织了委员会与联合国反对种族隔离特别委员会的会面。作为联合国反对种族隔离特别委员会的代表，詹姆斯·维克多·格贝霍大使（加纳）对国际奥委会在种族隔离方面的工作表示肯定，对萨马兰奇在国际体育界取消种族隔离所取得的成果表示祝贺。

姆巴伊和种族隔离和奥林匹克委员会的工作既体现了外交技巧，也表现了对外交途径的敬意。由于他们的不懈努力，1990年11月的第一周，国际奥委会在津巴布韦的哈拉雷市又取得另一项历史性成功。作为国际奥委会推动和资助的特别会议的一部分，包括非洲奥协在内的非洲奥林匹克运动与5个南非体育组织（南非非种族奥林匹克委员会、南非奥委会、奥林匹克运动国家委员会、南非体育联合会、南非体育运动委员会）的代表会面。

组织者坚持继续抵制南非的立场，但是也认为和南非的关系正进入一个新时期。非洲奥协主席让-克洛德·冈加认为："非洲体育界今天已经向南非伸出友谊之手"，但是最终决定继续保持抵制态度，"直到我们看到更广泛、更深刻的变化"。然尽艰辛，非洲首次向南非政府敞开大门，邀请他们重返国际体育大家庭。

为了实现这个目标，国际奥委会成立了两个委员会。每个委员会由8名委员组成，负责协调反对种族隔离的行动直至最终根除种族隔离，为促进各项体育运动的内部团结推动建立单一的、不区分种族的联合会，同时寻求合适的方法使各单项联合会团结一致来建立统一的国家/地区奥委会。在南非奥委会

1968年，时任国际奥委会委员的萨马兰奇和亚历山德鲁·西贝尔科出席在格勒诺布尔举行的第66次全会，当时南非刚刚重返奥林匹克家庭

主席约翰·杜·普雷西斯看来，组建这个组织"表明我们的体育事业向前迈了一大步"。另一个委员会主要负责监督和监管，其成员由非洲奥协主席任命。该委员会首先做出的决定就是不允许培养教练员、给予财政援助或提供外国技术人员。冈加认为"与消除种族隔离和实现体育统一有关的问题是南非必须面对的问题，也是尚未解决的问题"，并指出"南非人必须团结一致友好相处"。

正式访问约翰内斯堡 在1990年12月5日于洛桑举行的会议上，种族隔离和奥林匹克委员会建议国际奥委会执委会派遣官方代表团出访南非，并邀请非洲奥协与南非多个体育组织保持联系。1990年12月，在挪威的利勒哈默尔市举行的国际奥委会执委会会议通过了这两项建议。

弗雷德里克·威廉·德克勒克新任南非共和国总统后，实行自由化政策，这让人们对于南非回归国际赛事普遍持乐观态度。在这种情绪的影响下，南非体育的组织结构也发生了变化，尤其是那些由黑人控制的组织。1991年3月9日和10日，在博茨瓦纳首都哈博罗内，非洲奥协促成了其下两个委员会之间的会议，帮助5个南非体育组织实现转型并组成南非临时奥委会。这个统一的组织成立后，南非将能够参加全球奥林匹克运动，并享有所有相关权利。

此后南非体育机构合并的速度不断加快。该国管理足球的3个协会同意合并为一个单一的、不分种族的机构，并要求重新加入国际足联。同时白人拳击联合会与黑人拳击联合会也实现了统一，并要求加入该项目最高级别的体育组织。

南非高级别体育赛事中的陈旧的种族障碍终于消除。虽然南非所有体育组织理论上都接受整合，但实际上种族隔离仍然存在。非白人运动员通常居住在偏远落后的社区，就读的学校里也缺少训练设施和优质的教练人员，因此还是面临重重阻碍。对非白人运动员来说，虽然法律已经给予了他们与白人运动员同样的权利，但他们并没有立刻和白人运动员享有平等的地位。实现所有种族群体之间的平等还有很长的路要走。

胡安·安东尼奥·萨马兰奇主席请求全世界在南非问题上给予理解，帮助深受种族隔离伤害的非白人运动员。此前，东欧社会主义阵营解体，各国纷纷陷入经济困境，当时他对这些国家的运动员也表达了类似观点。在这些国家原本的政治制度下，体育组织被置于政治的操控之下，运动员的成功被当作国家进行政治宣传的工具。

1991年6月13日至16日，国际奥委会在英国伯明翰市举行第97次全会，重点讨论南非重返奥林匹克运动，并确定1998年冬奥会的主办城市。

凯巴·姆巴伊提交了种族隔离和奥林匹克委员会的报告。这份报告介绍了废除种族隔离和取消存在种族

1991年，国际奥委会代表团访问南非

歧视的体育组织的工作的进程，同时确认将彻底消除种族隔离。姆巴伊补充说，在3月23日至27日访问南非期间，他作为国际奥委会代表团（被称为"凯巴·姆巴伊特派团"）团长，会见了南非主要政治家如德克勒克，以及议会机构负责人和各政党（南非非国大、泛非大会、因卡塔自由党和阿扎尼亚人民组织）代表，从政府当局获取信息，观察该国的实际情况。陪同姆巴伊出访的还有高斯帕、阿德弗贝、冈加、卡拉尔、摩西和基达内。

国际奥委会与南非体育联合会、奥林匹克运动国家委员会、南非体育运动委员会和南非奥委会分别举行双边会议，同时又组织了由以上机构参与的联合会议。最终，国际奥委会启动相关程序，有条件地承认南非临时奥委会。不过，国际奥委会承认南非临时奥委会是基于一定前提条件，即如德克勒克总统承诺，南非要废除种族隔离，尊重《奥林匹克宪章》，建立南非国家联合会与国际单项体育联合会之间的联系，在不分种族的基础上寻求统一体育运动，实现与非洲体育组织，特别是与非洲奥协的关系正常化。此外，国际奥委会还需暂停进程6个月，根据南非局势的发展重新考虑有条件承认南非临时奥委会。

最后，国际奥委会执委会于4月15日在巴塞罗那举行会议，批准了以下内容：通过奥林匹克团结基金计划制定南非体育援助计划，促进南非体育联合会的统一，为共同分析所取得的进展允许南非临时奥委会访问洛桑，以及根据国际奥委会规定条件履行情况，分析是否邀请南非临时奥委会参加1992年夏季奥运会。

会议上，国际奥委会委员赛义德·瓦吉德·阿里（巴基斯坦）、巴希尔·穆罕默德·阿塔拉布尔西（利比亚）、摩纳哥阿尔贝王子、穆罕默德·泽尔吉吉尼（阿尔及利亚）、爱德华·泰·威尔逊（新西兰）、拉明·凯塔（马里）、弗朗西斯科·埃利扎尔德（菲律宾）、勒内·埃松巴（喀麦隆）、凯文·帕特里克·奥弗拉纳根（爱尔兰）、大卫·希克胡卢米·西邦泽·西乌里·保罗·沃维克（西萨摩亚）、哈吉·穆罕默德·本杰隆（摩洛哥）、泽因·埃尔·阿卜丁·阿卜杜勒·卡迪尔（苏丹）和让–克洛德·冈加先后发言，讨论了南非重返奥林匹克运动各方面问题。国际奥委会委员决定全权委托执委会，根据《奥林匹克宪章》第22.5条，在满足重返奥运家庭所需的条件时，邀请南非参加1992年奥运会。与会代表都清楚，采取有关行动时应该非常谨慎。会议认为，同年7月9日将在洛桑举行的种族隔离和奥林匹克委员会和南非临时奥委会之间的重要会议将是最后的转折点。因此，与会代表一致认为，南非人必须在统一国家体育联合会、兑现体育承诺方面取得重大进展。而南非临时奥委会主席萨姆·兰萨米也在伯明翰保证实施上述措施。

虽然国际奥委会已经邀请各国参加在法国阿尔贝维尔市举行的1992年冬季奥运会，但姆巴伊表示，如果

南非代表团参加巴塞罗那1992年奥运会开幕式

南非获得批准重返奥运赛场，而且南非运动员做好参赛准备，鉴于这件事情的特殊情况，可能逾期邀请南非参加奥运会。他还申明，国际奥委会的行动是独立的，与OUA对南非问题采取的任何立场无关。姆巴伊强调这一点，是因为奥林匹克运动的管理委员会不是一个政治机构，也只关心废除体育运动中的种族隔离制度。他最后表示，国际奥委会计划把向南非电视台出售1992年夏季奥运会电视转播权所得利润用于培养南非顶级运动员。

具有历史意义的日子　1991年7月9日，国际奥委会在洛桑的官方总部成为重新接纳南非进入奥林匹克运动的理想之地。在被国际社会隔绝30年、被排除在国际奥委会之外21年后，南非终于废除了违背《奥林匹克宪章》的种族隔离法律。

在这次具有历史意义的活动中，胡安·安东尼奥·萨马兰奇向南非奥委会主席萨姆·兰萨米递交承认函，他说："今天的确是重要的一天，对于奥林匹克运动而言如此，对于世界体育而言更是如此。这意味着新时代的开始……我期待南非运动员在不久的将来参加重大国际比赛。"萨马兰奇说这些话之前，凯巴·姆巴伊领导的种族隔离以及奥林匹克委员会和兰萨米领导的南非临时奥委会代表团举行了会议。所有观察人士都把南非重返奥林匹克运动看作胡安·安东尼奥·萨马兰奇的个人胜利。1988年，萨马兰奇负责启动与南非体育组织的谈判，甚至成立了一个专门的国际奥委会委员会，研究南非发生的政治变革的规模和可行性。

1991年3月，国际奥委会有条件地承认南非临时奥委会。之后，由姆巴伊率领的国际奥委会代表团对南非进行了历史性的访问，会见了南非五大主要体育组织和主要政治团体的代表，随后南非临时奥委会基于非歧视原则有效地制订统一南非体育管理机构的政策，合并了10个体育联合会。因此，委员会认为在种族隔离制度的最后法律被废除后，南非奥委会应根据《奥林匹克宪章》采取行动，所以向国际奥委会执委会提出完全承认该机构。

萨姆·兰萨米说："这对我们来说非常重要。我们想要被认可。这样，我们就会不再只关注皮肤颜色，而更加关注我们都是南非人这一事实……我们现在能够更加强有力地管理南非的奥林匹克运动，这将影响到非奥林匹克运动。"在兰萨米看来，他的祖国被禁止参加国际赛事长达20年，现在终于能够全面参赛，这肯定有助于体育运动实现非歧视发展。

其他人也对奥林匹克运动这个历史性的一天做了重要评论。例如抵制蒙特利尔1976年奥运会的重要幕后人士让-克劳德·冈加，他说："这是正义的胜利，因为现在可以说在南非运动中人人平等，不管肤色如何。我们已经为此争取了20年。"冈加在委员会的同事、国际奥委会副主席理查德·凯文·高斯帕补充说："今天是了不起的一天，因为它为南非青年打开了重返国际舞台的大门。"

随着国际奥委会对南非地位的认可，当时奥运家庭中国家/地区奥委会的数量达到167个，所有这些国家/地区奥委会都得到了国际奥委会的承认。曾经有一个国家遭到大多数国际单项体育联合会的排斥，但是这样的时代现在结束了，这个国家现在得到了大家的尊重。南非奥委会被允许再次参加国际比赛。后来，南非临时奥委会收到参加巴塞罗那1992年夏季奥运会的邀请。这次成功也是萨马兰奇担任国际奥委会主席21年中最重要的成就之一。他说："南非奥委会得到完全而直接的承认，这意味着奥运家庭更强大、更受尊重，其他机构也将仿效我们的做法。"

曼德拉访问洛桑　尽管萨马兰奇主席取得了成功，但是他认为还有一些事情需要解决和确定，如纳尔逊·曼德拉访问洛桑一事。1992年5月，萨马兰奇在国际奥委会总部的官邸维迪城堡接待了曼德拉，两人讨论了未来国际奥委会与南非之间的体育关系。这两位有魅力的领导人一见如故，相处愉快。萨马兰奇主席在《奥林匹克回忆》中写道："我永远记得我第一次见到他时的情景。曼德拉非常高大，像个运动员，脸上挂着大大的真诚的笑容。凯巴·姆巴伊对他评价很高，

1993年，纳尔逊·曼德拉和弗雷德里克·威廉·德克勒克同获诺贝尔和平奖

他第一次访问南非时见到了曼德拉，当时就对他印象深刻。我在见到曼德拉之后就明白了为什么。他绝对是大人物，不仅是体格，更是人格。"

萨马兰奇和曼德拉相处融洽。他们像老朋友一样聊天，在见证二人会面的媒体前放声大笑。两人进行了长时间的谈话，这位南非领导人对于国际奥委会主席萨马兰奇提出和坚持的解决办法、南非返回奥林匹克运动并受邀参加1992年夏季奥运表示盛情感谢。曼德拉十分清楚谈判的细节，他反复说："谢谢主席先生，谢谢您！"他说话时脸上带着令人难忘的笑容。萨马兰奇非常高兴，认为自己的一个梦想成真了。然而，当曼德拉告诉萨马兰奇自己在组建参加巴塞罗那奥运会的南非队时遇到了一个问题，萨马兰奇感到惊讶。曼德拉遇到的问题就是，当时南非所有的选手都是白人。经过长时间的谈话，萨马兰奇找到了一个解决方案，他支持曼德拉组建一个多种族的队伍，以便加强种族隔离结束的印象。这个队伍应该包括同样数量的年轻黑人和白人运动员，大家一起出席开幕式游行，相聚在一面奥运旗下，在奥运村里一起生活。萨马兰奇补充说，国际奥委会将承担一切费用。萨马兰奇在《奥林匹克回忆》中写道："这样我们就能向全世界展示种族平等已经成真，种族隔离的耻辱已经被抛在脑后。"他补充道："曼德拉很感动，我们见面时像兄弟一样拥抱。我从工作中收获了很大的回报，当时这位传奇人物感谢我用人性的方法结束了那个羞辱他的国家的祸患。我永远不会忘记那个拥抱的力道，那时我意识到纳尔逊·曼德拉，46664号囚犯，一直都能让世界为之着迷。"

两位领导人对彼此的了解不断加深，这甚至给萨马兰奇带来了外交礼节方面的问题。纬迪会议结束两个月后，在1992年7月25日巴塞罗那奥运会的开幕式上，曼德拉虽然没有任何国家重要人物的身份，却是萨马兰奇在贵宾席中的私人宾客。萨马兰奇也在他的书中描述了这件事，"我决定让纳尔逊·曼德拉坐在我旁边，一起乘车从酒店前往蒙特惠奇体育场。20世纪最伟大的人物之一来到了我的家乡，而且就坐在我的旁边，我发现我们几年前的梦想已经成为一个实实在在、显而易见的现实。"

国际奥委会主席动情地回忆南非多种族代表团从贵宾席前走过的那个时刻，代表团当时向反对种族隔离斗争的传奇象征纳尔逊·曼德拉致敬。"国际奥委会当时所发起的斗争，我作为主席长期以来承受的压力，为了表明我们不愿意屈服于对我们而言十分不堪的政策，我必须保持坚强和坚定……所有这一切都涌现在我的脑海里。"萨马兰奇在回忆录中提到这件事时，似乎化身为一个现场体育记者来铭记自己的时代，而他的这个事件现在已经被写入历史。"第一位参加巴塞罗那奥运会的南非黑人运动员，是一名来自索韦托的次轻量级的祖鲁拳击手。他的名字是亚伯兰·凯拉·凡纳·瑟瓦拉。我们应该记住他，因为他终于结束了世界多年以来的耻辱。平等取得胜利。"

曼德拉领导反对种族隔离斗争，并因此成为现代最受欢迎、最受瞩目和最受尊重的政治人物之一，是很多人的偶像。他曾担任南非非洲人国民大会领导，被囚禁长达27年，后来成为南非第一任黑人总统，并被授予诺贝尔和平奖。1990年，曼德拉被释放，开始和改革派白人总统弗雷德里克·威廉·德克勒克并肩工作，促成了从白色隔离主义专政政体到多民族民主政体的过渡。这一个进程虽然复杂，但最终取得成功，并在南非实现了自由选举。非国大取得选举胜利，随后成立了统一的政府，制订了一部新的南非宪法。纳尔逊·曼德拉在1994年至1999年担任总统期间，发挥自己非凡的魅力，反对激

萨马兰奇和妻子萨利萨其斯在洛桑奥林匹克博物馆欢迎纳尔逊·曼德拉

巴塞罗那1992年奥运会女子1万米比赛，埃塞俄比亚的德拉图·图鲁获得冠军，南非的艾拉娜·梅耶获得亚军，两人赛后相互拥抱

进措施，用他的责任感为新南非建立了政治和经济基础，调解了整个非洲大陆的冲突。或许正是因为他的这些政治知识和个性，萨马兰奇主席才和他如此亲近。

1993年，曼德拉与南非种族隔离时期的总统德克勒克，由于支持废除种族隔离制度、建立不分种族的民主政体而共同获得了诺贝尔和平奖。1990年2月11日，曼德拉被释放，此后他坚持与德克勒克政府进行和解与谈判。在奥斯陆接受诺贝尔和平奖时，曼德拉的获奖原因是"用和平的方式结束种族隔离政权、为南非新民主奠定基础"。曼德拉向德克勒克表示敬意，认为他"敢于承认实行种族隔离制度是对我们的国家和人民犯下的一个可怕错误"。

奥运会常常充满符号式的画面，巴塞罗那奥运会的符号是女子1万米决赛，那是一个人们会动情回忆的场景。埃塞俄比亚选手德拉图·图鲁在和南非选手艾拉娜·梅耶进行激烈的比赛后获胜，两人随后相拥，并手牵手绕场一周。这一刻最能象征种族隔离制度在体育运动中的结束，当时巴塞罗那蒙特惠奇奥林匹克体育场充满了热情欢呼声。萨马兰奇在回忆录中写道："这是在电视屏幕上所播放的最美画面。所有人都铭记这一天，特别是我们这些竭尽所能消除体育运动中的种族隔离制度的人。"

1995年，社会民主党人士、1986年至1991年间担任瑞典总理的因瓦夫·卡尔松（瑞典）在匈牙利布达佩斯召开的第104次全会上指出："奥林匹克运动在反对种族隔离斗争中所采取的坚定态度，对在南非实现民主起到了至关重要的作用。"他还说："当国际奥委会发言时，人们会认真听，因为国际奥委会知道自己不能被指责有党派成见。"他后来说："人们会想到，在利勒哈默尔冬奥会期间，萨马兰奇主席对萨拉热窝局势的立场非常明确。"在卡尔松看来，奥林匹克运动的国际根基和在全球充满活力的行动表明，世界需要建立"一种不聚焦种族、民族或宗教利益的新型领导，一种能够捍卫和宣传如何和谐共处想法的新型领导"。

萨马兰奇最后说："反对种族隔离制度给我们带来了巨大的成就感，我们实现了《奥林匹克宪章》的基本原则。我们坚决反对为南非带来苦难的种族隔离政策，并最终为废除该政策做出了自己的贡献。我们解决了南非的一个巨大问题——也是非洲体育事业发展的一颗毒瘤，最终让南非派出一支由来自不同种族的运动员组成的队伍参加巴塞罗那1992年奥运会。而纳尔逊·曼德拉总统，这位站在反种族歧视斗争最前线的杰出人物，也和我们共同见证了这一伟大的历史时刻。"

澳大利亚的理查德·凯文·高斯帕与南非非种族奥林匹克委员会主席萨姆·兰萨米出席1988年在洛桑举行的种族隔离和奥林匹克委员会会议

国际奥委会委员亨利·埃德蒙·奥鲁菲米·阿德弗贝与非洲最高体育理事会主席巴约·哈马德·法拉尔以及亚伯拉罕·奥尔迪亚出席1988年在洛桑举行的种族隔离和奥林匹克委员会会议

1988年12月，在维也纳举行的种族隔离和奥林匹克委员会第一次会议

在1991年国际奥委会代表团访问南非期间，凯巴·姆巴伊法官和刚果委员让-克劳德·冈加

1991年，种族隔离和奥林匹克委员会主席凯巴·姆巴伊与南非奥委会主席约翰·图·普雷西斯

瑞典首相英瓦尔·卡尔松出席1995年在布达佩斯举行的国际奥委会第104次全会

1994年，萨马兰奇与南非运动员、巴塞罗那1992年奥运会1万米比赛亚军艾拉娜·梅耶

马里奥·巴斯克兹·拉纳、萨马兰奇主席和纳尔逊·曼德拉，曼德拉1994年在南非被授予奥林匹克勋章

1991年，尼日利亚的亨利·埃德蒙·奥鲁菲米·阿德弗贝作为国际奥委会代表团的一员访问南非

1995年在洛桑，萨马兰奇和萨姆·兰萨米在2004年奥运会申办城市投票结束后拥抱

第11章 反兴奋剂斗争

将作弊的人逐出奥林匹克运动
萨马兰奇维护梅罗德在医务委员会的工作，推动反兴奋剂的斗争

"兴奋剂是体育界的痼疾。服用兴奋剂不仅危害运动员的健康，也会让年轻人陷入困境，我们不能也无法容忍。在过去的21年中，我没有一天放松对这一棘手问题的警惕。"萨马兰奇在《奥林匹克回忆》中直截了当地表明了他对反对兴奋剂斗争的态度。

　　萨马兰奇对兴奋剂问题进行了全面分析，"不惜一切代价的求胜欲诱使运动员的领导使用非法手段，让运动员在与对手的比赛中获得优势。很多人可能认为，只有服用兴奋剂才能在体育比赛中有惊人的表现。"萨马兰奇明确表示反对使用兴奋剂，他同时评论了这样做的原因："运动竞争日益加剧，要求运动员一直保持高水平状态，给运动员带来越来越大的压力，间接导致他们服用兴奋剂。运动员一旦取得成功，金钱和荣誉会蜂拥而来，他们会被视作真正的明星。但是，人们对体育辉煌成绩的迷恋不应该破坏道德、社会和职业美德等基本原则。为了挽救这一局面，我们要制定长期的教育计划。"

　　萨马兰奇提出反对兴奋剂这一想法时，冒了很大风险。"这个问题很复杂，解决方案可能会更加复杂……我们在反兴奋剂的斗争中取得了胜利，但尚未赢得最终的胜利。在我担任主席期间，国际奥委会在这一问题上采取务实的态度。由于消除兴奋剂是一个艰难的过程，国际奥委会宣布了反兴奋剂斗争的原则，并制定了反兴奋剂斗争的策略。我们的目标一贯非常明确，我们关注和捍卫的是保护运动员的健康、维护医学和体育伦理，并确保体育比赛中人人平等。"

　　他同时表彰并感谢国际奥委会医务委员会主席亚历山大·梅罗德亲王（比利时）所做的杰出工作："尽管梅罗德不是一名医生，但他凭借无可挑剔的行为和奉献精神，为提高委员会的声誉做出了贡献。作为第一个鼓励国际奥委会打击兴奋剂的人，他应受到嘉奖，没人对此持有异议。尽管很多政府声称有兴趣打击兴奋剂，但

1992年于巴塞罗那召开的国际奥委会第99次全会，胡安·安东尼奥·萨马兰奇与亚历山大·梅罗德亲王在医学委员会25周年庆典上

直到最近才开始采用法律或行政手段。"

兴奋剂的历史 自奥运会诞生之日起，就一直有人服用兴奋剂。希腊人曾服用药物以提高在运动场上的表现，现代奥林匹克运动诞生后，兴奋剂备受欢迎。古希腊人通常服用蜂蜜、蜂王浆，或者烈酒、白酒、致幻蘑菇或芝麻等刺激物来提高运动成绩。公元393年，罗马皇帝狄奥多西宣布禁止举办古代奥运会，其中一个原因是古代奥运会"充斥着恶作剧，冒犯人类尊严，使用兴奋剂"。当时，如果发现获胜者作弊，当局可以收回桂冠。公元前3世纪，菲洛斯特拉托斯和伽林在著作中写道，医生在运动员的赛前准备和比赛表现中发挥决定作用。

但直到第一次世界大战后，人们才意识到兴奋剂对体育界的危害。19世纪下半叶，越来越多的人频繁使用药物，此时，英文中引入"doping"（兴奋剂）这个词。现代兴奋剂的首次记录出现在1865年于荷兰首都阿姆斯特丹举行的一场游泳比赛上。但是直到1896年，兴奋剂问题才进入公众视线（1896年在雅典举办了首届现代奥运会）。那一年，自行车运动员亚瑟·林登（英国）由于服用过量麻黄素丧命，而就在悲剧发生的几天前，林登在法国波尔多到巴黎间的比赛中获胜。在这一时期，兴奋剂的种类增加，人们使用咖啡因、士的宁和其他药物来提高运动员表现。只要能赢，任何手段都是正当的。

在这一时期，服用兴奋剂却免受处罚的最典型的例子发生在圣路易斯1904年奥运会上，马拉松运动员托马斯·希克斯（美国）赢得了那届奥运会马拉松比赛冠军。在这项极限耐力赛中，他的医生发现他很虚弱，于是为他注射了两针士的宁，并提供了一个水煮鸡蛋和一杯

对于本·约翰逊一案，萨马兰奇承认："这对奥运会和整个奥林匹克运动而言是个艰难的时刻。但是我们决定以诚实和活力作为行事准则，让奥林匹克运动更干净。我支持医务委员会的想法，一定要进行兴奋剂检测，以完善奥运会。"在《奥林匹克回忆》中，萨马兰奇主席说："国际奥委会医务委员会从未犹豫过。我们知道，如果不按规则处理问题，如果我们在面对丑闻时退缩，梅罗德亲王和他的同事自1967年以来所做的全部工作将毁于一旦。我们只有一个选择：处罚这位加拿大运动员并将金牌颁发给真正的冠军。"

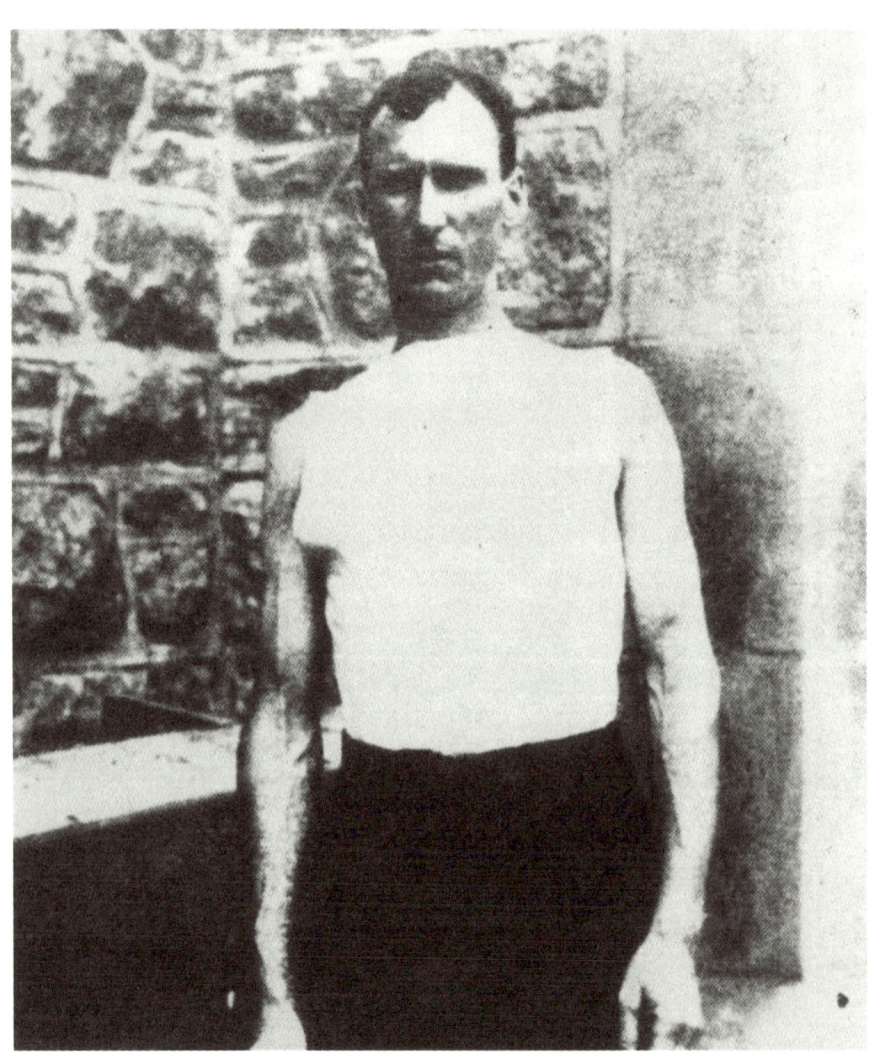

美国的托马斯·希克斯，圣路易斯1904年奥运会马拉松比赛冠军，在穿过终点线后陷入昏迷。比赛过程中，他的医生为他注射了两针士的宁

白兰地。希克斯在穿过终点线后陷入昏迷。如果注射第三针士的宁，他可能会丧命。他决定不再参加比赛。

1928年，国际业余田径联合会成为第一个禁止使用刺激物的国际单项体育联合会。其他联合会纷纷效仿。但事实证明这一禁令无效，因为没有进行兴奋剂检测。20世纪30年代，人们发明了合成激素。20世纪50年代后，合称激素越来越多地用于提高运动成绩，兴奋剂问题恶化。

1966年，国际自行车联盟（法文缩写UCI）以及国际足球联合会（法文缩写FIFA）成为首批在世界冠军比赛中引入兴奋剂检测的国际单项体育联合会。在1967年环法自行车赛中，自行车运动员汤姆·辛普森（英国）在冯杜山死亡，此前他摄取了安非他命和酒精的混合物，他的死亡表明亟需开展反兴奋剂斗争。

1967年环法自行车赛,英国自行车运动员汤姆·辛普森在冯杜山死亡,去世前他服用了安非他命和酒精的混合物

20世纪70年代,很多运动项目引入药物检测,但依然无法检测出运动员广泛使用的类固醇。1974年,人们使用第一套可靠的筛选方法。1976年,类固醇被列入到禁用物质清单上。

随着打击刺激物和类固醇的行动开始取得成果,官方机构将注意力转向血液兴奋剂,人们从20世纪70年代开始使用血液兴奋剂,直到1985年被禁用。20世纪90年代,发现了另一种增加血红蛋白含量的方法,即使用促红细胞生长素(EPO),EPO被列入禁用物质清单。直到发现一种可行的检测方法,这种兴奋剂才被彻底消灭。2000年的悉尼奥运会首次使用了这种检测方法。

萨马兰奇思考过这一问题,他直言道:"兴奋剂对运动员产生的短期和长期伤害众所周知。但是兴奋剂也引发了伦理问题,因为它违背了真正的运动精神,并破坏了运动在社会上的教育价值。兴奋剂伤害运动员的尊严和自由,将他们变为被黑暗利益操纵的木偶。"这一说法符合欧洲理事会1985年在斯特拉斯堡达成的《反对在体育界使用兴奋剂欧洲宪章》。

使用兴奋剂会威胁奥运会精神。根据奥林匹克哲学思想,奥运会精神旨在通过运动实现人类和谐全面发展。使用违禁物质会彻底破坏这种和谐。同时,兴奋剂还会摧毁参赛者和观众对这些价值的信任。

萨马兰奇还批评了制定运动和公共健康政策的政府当局:"这一危险行为大规模增加,政治和政治家应承担相应的责任。这与他们许可或保护的内容无关。但是有时候,政治家直接或间接地忽略了这个问题。从政治意识形态角度分析,兴奋剂的扩散可能更为严重,因为纪录和奖牌代表一个政治或意识体系的成功。在所有政治成就中,政治家和体育领域的领导人最注重的就是国家荣誉,而这些荣誉的载体就是奖牌以及优秀的运动员。"

很多人需要直接为兴奋剂负责,主要包括政治家、管理人员、教练员、经纪人、医生和运动员。但萨马兰奇也将批评的矛头指向了其他方面:"还有很多体育机构和个人需要对兴奋剂问题负责:对这种行为进行谴责却没采取实际行动的人;由于不作为以及奉行无所作为战略而变相鼓励使用兴奋剂的个人以及媒体,它们捧红了获胜者,却并未揭露为获胜而付出的代价,也没有提及未曾获胜的人;另外还有接受不公平竞争的人;最后,社会其他成员也有责任,他们盲目地追求成功,却在这一过程中误入歧途。"

国际奥委会医务委员会的成立 国际奥委会分别在1937年于华沙召开的全会以及1938年于开罗召开的全会上谴责兴奋剂,但是并未出台或计划出台任何系统性的兴奋剂检测措施。1960年,国际奥委会在旧金山召开全会,会上艾弗里·布伦戴奇主席(美国)强调了兴奋剂问题的严重性。尽管他的发言颇具前瞻性,但会议并未采纳他的观点。几个月后,在1960年的罗马奥运会上,自行车运动员库尔特·艾那玛·詹森(丹麦)在参加男子团体100公里自行车比赛时死亡。这位斯堪的纳维亚的冠军是丹麦队的核心人物,他在比赛中感觉身体不适，摔倒后昏迷，颅骨骨折，并在被送往医院的路上去世。官方给出的死因是中暑。但尸检表明，死因是服用了安非他命，他之前摄取了过量的三硝酸甘油酯，这是一种强效的刺激物。另外，他还摄入了罗尼可，一种舒张血管的药剂。两种药物都是他的教练员提供的。詹森的两位同伴在一家意大利医院接受治疗，尽管到达医院时他们的身体状况不容乐观，但还是保住了性命。

1961年，在希腊首都雅典召开的全会上，国际奥委会决定成立医务委员会，由亚瑟·波利特爵士（新西兰）担任主席，他曾在巴黎1924年奥运会上获得铜牌，著名电影《烈火战车》改编自这场比赛。最初，人们认为有必要成立医务委员会，在某些具有争议的场合进行女性性别检查。

1961年成立的委员会是今天医务委员会的前身，1967年，在德黑兰召开的国际奥委会全会决定扩大医务委员会的规模。波里特爵士退休后，亚历山大·德·梅罗德担任医务委员会的主席。梅罗德亲王接受未来国王阿尔贝的命令，代表比利时担任国际奥委会委员。梅罗德亲王在1965年于马德里召开的国际奥委会全会上提交了一份名为《奥运会的兴奋剂问题》的报告。这份报告的作者是阿尔伯特·迪利克斯博士（比利时），他于1967

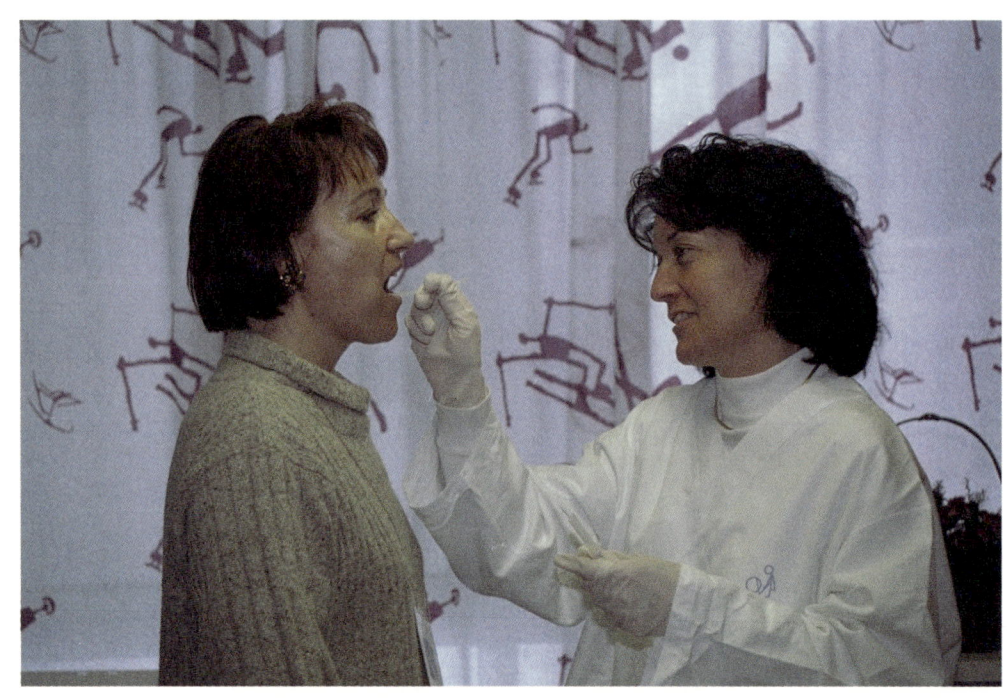

在利勒哈默尔1994年奥运会上，运动员做性别测试

比利时的阿尔伯特·迪利克斯（1967年至1992年担任医务委员会秘书）与同事雅克·罗格和泽维尔·斯图波斯

1990年，医务委员会在洛桑的会议

年加入医务委员会并担任秘书，直到1992年卸任。

在1967年国际奥委会的新闻通讯的社论中，国际奥委会干事莫尼卡·贝利乌（法国）介绍了对女性运动员展开性别检测的相关事宜。"我们公开处理这一问题，不带任何虚伪。一直以来，我们发现有些不专业的医生毫不犹豫地让一些女性冠军男性化，这些女性的体能因此而大幅提升，在国际比赛中获胜的可能性就高于正常水平……由于国际奥委会任命了专家，我们将根据国际运动医学联合会的要求，首次组织性别检测。毫无疑问，该计划能够大幅减少关于女运动员的负面言论，否则这些错误的言论可能会阻碍女性参与体育运动。"

格勒诺布尔1968年冬奥会和墨西哥城1968年夏奥会后，国际奥委会决定全面开展兴奋剂检测和性别检查。性别检查能在不侵犯运动员尊严的前提下保护女性运动员免受不公平竞争。这一新方法在国际奥委会高层中引发了争论，争论的焦点是药检在实际操作过程中存在的问题以及用哪些产品和方法进行药检和性别检查。波里特在1967年5月召开的德黑兰会议上曾就存在的问题制定了大纲，当时梅罗德尚未当选医务委员会主席。1968年9月，布伦戴奇发表文章，表示国际奥委会将推出一项全新的计划彻底解决兴奋剂问题。这一决定标志着国际奥委会正式打响了反兴奋剂之战。

法国报纸《队报》的编辑米歇尔·克莱尔在《奥林匹克通讯》上撰文向人们展现了亚历山大·德·梅罗德（1967年至2002年担任国际奥委会医务委员会主席）的职业生涯。"刚加入国际奥委会，梅罗德亲王就遇到了一个刚刚引起体育界关注的问题——兴奋剂。罗马1960年奥运会期间，一位自行车运动员去世，这次意外给我们带来的震撼延续至今。还有很多其他可疑的事件。国际奥委会的领导层对此感到担忧，在东京1964年奥运会期间，他们要求在自行车比赛结束后进行非官方检测，但结果并不向外公布，由阿尔伯特·迪利克斯博士负责相关事宜。迪利克斯博士是梅罗德亲王的朋友，当时担任医务委员会顾问，同时也是反兴奋剂斗争的先驱。在拿到了检测结果后，梅罗德亲王马上提醒国际奥委会主席艾弗里·布伦戴奇该问题的严重性。当时主席还未充分意识到兴奋剂对奥林匹克主义造成的巨大破坏。梅罗德亲王说服主席让国际奥委会参与反兴奋剂斗争。"

在这位比利时亲王的带领下，医务委员会在宽容、道德、尊重和教育的基础上展开行动，在所有领域推广反兴奋剂行动，"确保所有竞争者拥有同等机会"是行动的核心原则，医务委员会与奥运会组委会合作，共同组织、监督和管理奥运会中与医疗相关的一切事宜。

萨马兰奇：全力支持梅罗德和医务委员会 萨马兰奇上任后，全力支持医务委员会工作。在这一问题上他的立场非常坚定：给予绝对支持并提供更多资金。1981年，萨马兰奇决定重组医务委员会，他采取的第一项举措是向梅罗德明确表示，同意对反兴奋剂体制进行彻底改革。之后，但凡是梅罗德亲王提交的提案，萨马兰奇都会批准。1983年5月，梅罗德在《奥林匹克通讯》杂志上发表声明称："尽管医务委员会（在1968年）已经成立，委员们也有坚定的决心，一些有影响力的大人物也信心满满，但是除了在道德上起到一定的约束作用外，委员会无法采取任何实际行动。尽管战斗已经打响，但委员会没有得到任何援助或资金支持，只能在未知的道路上摸黑前行。这种情况一直持续到1980年。从这一年开始，我们的工作进入了一个全新的阶段，我们终于可以开展与自身宗旨和目标相符合的活动……与其他各种各样的工作一样，我们的工作从本质上讲也可以概括为一个词：服务。服务运动员、服务科学发展、服务体育界、服务全社会……（医务委员会）的工作要始终保持积极，目标是开展教育。这与奥林匹克的宗旨是相符的，因为奥林匹克主义首先是一种态度，一种在社会中为人处世的方式，一种被所有人认可的、将我们团结在一起的力量。"

在1994年百年会议上，巴登−巴登会议兴奋剂问题运动员发言人挪威越野滑雪运动员伊瓦·福尔摩（左二）

国际奥委会授予官方实验室检测资质，研究缩小了这些官方实验室中使用的检测技术的差距，为具体操作制定严格的科学标准。同时也要鼓励国际单项体育联合会进行兴奋剂检测，对违反兴奋剂规定的相关人员采用统一处罚，采用事先无通知检查的做法等。梅罗德称："我们的责任是维护运动员，制裁真正的罪魁祸首并采取必要的手段区分兴奋剂和必要的医疗护理。"

当选为国际奥委会第7任主席后，胡安·安东尼奥·萨马兰奇全力支持医务委员会的工作，强调国际奥委会在反兴奋剂斗争中坚定不移的立场。医务委员会的宗旨是帮助运动员借助科学、合法、且不损害健康的手段提升在运动赛场上的表现。1981年，体育兴奋剂和生物化学分委员会、生物力学和生理学分委员会以及运动医学分委员会成立。同时，各奥委会纷纷加入医务委员会，进一步深化该委员会的主旨。1984年成立了负责调查特定事务的工作组，支持上述分委员会。1991年，考虑到国际奥委会的工作重点，成立了非竞赛反兴奋剂检测分委员会。医务委员会成立后，除成立一个法律支持小组外，还任命了一名医学主管和一名文件管理委员。委员会规模扩大，表明其影响力不断提升，1967年委员会成立时有9名委员，1980年增至12名委员，1994年增至45名。

20世纪80年代，在医务委员会发展过程中，曼弗雷德·多尼克医生（联邦德国）备受尊重，他是梅罗德的得力助手。多尼克是整个反兴奋剂系统的智囊，他发明了检测兴奋剂的筛选试验，制定了获得国际奥委会许可的实验室体系。他曾担任科隆大学生物化学研究所以及兴奋剂检测实验室的负责人，在1982年到1995年间在医务委员会中担任体育兴奋剂和生物化学分委员会的秘书。1995年，多尼克前往南非参加布隆方丹一家新实验室的开幕式，在途中因心脏病去世。

此外，1985年后，萨马兰奇批准医务委员会和奥林匹克团结基金开设运动医学相关的课程，阻止人们使用兴奋剂并提供相关教育。该项目每年提供20门课程，每大洲4门。

运动员的立场 国际奥委会现任主席托马斯·巴赫（德国）在反兴奋剂斗争中表达了鲜明的立场。他记得"在第11届巴登−巴登奥林匹克代表大会上，运动员强烈谴责任何形式的兴奋剂或作弊行为……在所有需要采取的措施中，最重要的是说服运动员和教练员，让他们了解兴奋剂带来的恶果和风险。奥林匹克运动逐渐认识到，奥林匹克运动员非常成熟，他们能根据客观的标准做出自己的判断。这样，运动员至少可以在一定程度上不受职业骗子的影响，这些骗子偶尔会盯上运动员。国际奥委会运动员委员会希望就运动员的训练与医务委员会展开沟通。"

另外，巴赫警告称，不仅要在奥运会比赛中采取措施，还要坚持不懈地与兴奋剂作斗争。"在举办奥运会的间隙期，利益相关方也要坚持工作……由国际和国家联合会、国家/地区奥委会以及所有代表运动员的国际和国家组织负责。"他警告称，很难战胜兴奋剂。"总会有人，甚至是奥林匹克运动的核心人物，不顾人类尊严，不惜付出任何代价以追求成功。这些人可能是运动员，但我坚信，最大的威胁来自幕后之人，他们虐待运动员，认为运动员只是用来获胜的机器或实现其他目的的载体。这些人必须了解奥林匹克宽容的界限，一旦越界，他们会受到严厉处罚。任何有意违反奥林匹克原则的人，无论违规程度如何，都将失去奥林匹克大家庭的保护。但是，缺少确凿的证据时，无法施加处罚。为此，运动医学一定要开展并加强特别检查。"

在巴登-巴登会议上，越野滑雪运动员伊瓦·福尔摩（挪威）代表运动员就兴奋剂问题发表演讲。他在演讲中说："运动员精神和平等的机会是奥林匹克运动的两项基本原则，根植于国际奥委会规定中。因此，参加这些讨论的运动员认为，应禁止借助兴奋剂提升运动员表现。"这位因斯布鲁克1976年奥运会冠军以及4次奖牌获得者告诉国际奥委会："我们要在重要的比赛上、全年比赛中以及培训期间加强兴奋剂检测，确保运动员执行与兴奋剂相关的规定……在已证实的使用兴奋剂的案例中，所有涉案人员，包括运动员、教练员、团队管理者、医生和主管人员都应受到处罚。要对相关人员施加足够

反兴奋剂斗争：从未间断的变革

奥林匹克运动，尤其是国际奥委会，对兴奋剂造成的问题表示担忧，因为它违背了奥林匹克思想的基本原则。反兴奋剂斗争的目的是保护运动员的健康、捍卫医学和体育伦理，确保运动比赛中人人平等。实际上，很难把顶级运动员和大众体育分开。明星运动员的形象极具吸引力，世界各地的年轻人竞相模仿他们的生活方式和行为。体育界的这一现象是独一无二的。艺术、音乐、文学，甚至娱乐界都没有这样强大的影响力。兴奋剂破坏运动的和谐，并可能造成严重危害。因此，奥林匹克运动对兴奋剂宣战并采取三项对策：处罚、教育、探究原因……

最后，我要强调，兴奋剂不是一个孤立的现象，它与现代社会的很多方面密切相关。要在恰当的背景中理解"更高、更快、更强"这一古代格言。正如社会离不开道德基础，体育也需要规则。

亚历山大·德·梅罗德亲王
国际奥委会委员（1964—2002），副主席（1986—1990、1994—1998），执委会委员（1980—1986），医务委员会主席（1967—2002），国际奥委会2000年委员会委员（1999）

埃杜阿尔多·海、阿诺德·贝克特、阿尔伯特·迪利克斯、路德维希·普罗科普和梅罗德亲王在1992年庆祝医务委员会成立25周年活动上

严厉的处罚，禁赛期要足够长，才能达到预期效果。到目前为止，处罚力度似乎不够，因为人们不断违反相关规定。因此，国际奥委会、国际单独体育联合会以及国家/地区奥委会应该探讨，如果证据表明确实违反了兴奋剂相关规定，除永久取消参赛资格外，是否能对违规人员罚款。国际奥委会应该有权利运用法律手段对这种违规行为进行处罚。运动员应适当了解兴奋剂的相关知识。任何情况下，运动员都不得服用看似是维他命但实际是某种合成代谢类固醇或其他禁止使用药物的药品。我们都知道，解决兴奋剂问题需要大量时间和金钱。萨马兰奇主席在开幕式演讲中明确提及这一问题，我们对此心怀感激。"

渥太华会议 医务委员会首倡的反兴奋剂斗争演变为全世界的榜样，因为它促使人们定期召开世界反兴奋剂会议，其他机构也参会。1998年，首届世界反兴奋剂会议在加拿大首都渥太华召开。这次会议非常重要，因为全球政府首脑和体育界领导人会面，首次就兴奋剂问题召开讨论并达成一项关于世界反兴奋剂战略的协议。该协议委托国际奥委会充分发挥其影响力，为全世界统一的反兴奋剂活动制定恰当的原则和程序，敦促国际单项体育联合会采纳反兴奋剂规定，并在检测中持续使用。

根据各方达成的这一协议，大会起草了《反对在体育运动中使用兴奋剂的国际奥林匹克宪章》，该文件采纳了国际奥委会对兴奋剂的定义，即"提供或使用禁用物质和方法"。它认为，在体育中，这一举措构成了"在社会上违规药物使用的部分问题"。1989年的会议在莫斯科召开，1991年的会议在挪威卑尔根市召开，1993年的会议在伦敦召开，1999年的会议在洛桑召开。

除了保护运动员健康、开展反兴奋剂运动、定期更新禁用药物和方法清单外，国际奥委会还提供大量的培训和教育。例如，1982年12月8日成立了国际奥林匹克体育医学研究联合会，帮助医务委员会实现目标；组织召开世界体育科学大会（1989年在科罗拉多州的斯普林斯召开，1991年在巴塞罗那召开，1995年在亚特兰大召开，1997年在摩纳哥召开，1999年在悉尼召开）；1996年成立了国际奥委会奥林匹克奖，奖励科学探索；在发展中国家组织体育医学课程，并与世界卫生组织和国际运动医学联合会密切合作。

1980年的医务委员会

医务委员会委员如下：

亚历山大·德·梅罗德亲王（比利时） 1964年至2002年担任国际奥委会委员。1967年至2002年担任医务委员会主席。

阿尔帕德·兹阿那提（匈牙利） 1964年至1983年担任国际奥委会委员。1975年至1979年、1982年至1983年担任国际奥委会执委会委员。1968年至1980年担任医务委员会副主席。

爱德华多·海伊博士（墨西哥） 1974年至1991年担任国际奥委会委员。1967年至1993年担任医务委员会委员。1980年至1993年担任医务委员会副主席。女性性别检测领域专家，医务委员会中唯一一位负责该领域的委员。

阿尔伯特·迪利克斯（比利时） 1967年至1992年担任医务委员会秘书。

阿诺德·海渥兹·贝克特（英国）

伊巴·玛尔·迪奥普（塞内加尔）

黑田昌郎（日本）

维克托·罗格斯金（苏联）

丹尼尔·F.汉利（美国）

1987年在洛桑，萨马兰奇和加拿大短跑运动员本·约翰逊

汉城1988年奥运会，本·约翰逊在100米短跑决赛中冲向终点

朱塞佩·拉卡瓦（意大利）
路德维希·普罗科普（奥地利）
米罗斯拉夫·斯拉维克（捷克斯洛伐克）

2011年医务委员会

亚历山大·德·梅罗德亲王（比利时） 1964年至2002年担任国际奥委会委员。1967年至2002年担任医务委员会主席。

雅克·罗格博士（比利时） 1991年起担任国际奥委会委员。1998年至2001年担任执委会委员。2001年至2013年担任国际奥委会主席。2013年起担任名誉主席。1994年至2001年担任医务委员会主席。

亨利·埃德蒙·奥鲁菲米·阿德弗贝博士（尼日利亚） 1985年至2006年担任国际奥委会委员。

雷内·法塞尔博士（瑞士） 国际奥委会委员，2008年起担任执委会委员。1994年起担任国际冰球联合会主席。

爱德华多·海伊博士（墨西哥） 1974年至1991年担任国际奥委会委员。1967年至1993年担任医务委员会委员。1980年至1993年担任医务委员会副主席。女性性别检测领域专家，医务委员会中唯一一位负责该领域的委员。

阿内·仑奎斯特博士（瑞典） 1994年至2012年担任国际奥委会委员。2012年起担任名誉主席（1987年后成为委员）。1999年起担任世界反兴奋剂组织委员，自2008年起担任主席。1980年至2004年担任国际业余田径联合会医务委员会主席。

菲德尔·门多萨·卡拉斯基利亚（哥伦比亚） 1988年至2006年担任国际奥委会委员。

罗宾·米切尔（斐济） 1994年起担任国际奥委会委员。

丹尼斯·奥斯瓦尔德（瑞士） 1991年起担任国际奥委会委员。2000年至2012年担任执委会委员。1989年至2014年担任国际划艇联合会主席。医务委员会委员兼法律专家。

耶诺·卡姆提（匈牙利） 国际击剑联合会秘书长。作为夏季奥运项目国际单项体育联合会代表担任医务委员会委员。

沃尔夫·迪特尔·蒙塔克（德国） 作为夏季奥运项目国际单项体育联合会代表担任医务委员会委员。

约翰·奥拉夫·科斯（挪威） 1998年至2002年担任国际奥委会委员。1998年在长野县经运动员选举成为运动员委员会委员，任期为1999年至2002年。代表运动员担任医务委员会成员。

迈克·瑞丁（加拿大）　代表国际残奥委会担任医务委员会委员。
丹尼·斯蒂尔博士（澳大利亚）　代表悉尼2000年奥运会组委会担任医务委员会委员。
查尔斯·瑞驰（美国）　代表盐湖城2002年冬奥会组委会担任医务委员会委员。
科斯塔斯·帕利西斯（希腊）　代表雅典2004年奥组委担任医务委员会委员。

斗争中的进展与团结　1987年，在伊斯坦布尔召开国际奥委会全会，梅罗德亲王在会上表示，国际奥委会希望国际单项体育联合会根据违规的严重程度，使用统一的处罚措施，以增强威慑力。萨马兰奇在1988年冬奥会的开幕式演讲中支持这一观点，他建议所有的国际单项体育联合会使用一致的的反兴奋剂检查和惩罚措施，梅罗德在洛桑和斯德哥尔摩重申这一意见，他说："所有的国际单项体育联合会有必要使用同种类型的处罚措施以及国际奥委会制定的处罚措施。由于规定中区分了误用药物和故意使用药物这两种情况，制裁的首要目的是保护运动员。但是，一旦确定违规，要对参与使用兴奋剂的人施加更严格的处罚措施，包括教练员、经理和医生。另外，医务委员会希望在赛外开展反兴奋剂检测，尤其是在训练中。此外，医务委员会正在研究禁止在奥林匹克竞赛中使用过兴奋剂的运动员再次参加奥运会的可能性。目前，如果确定运动员在奥运会中使用兴奋剂，就会被驱逐出该届运动会，但是在其所属单项体育联合会的允许下，该运动员可以参加下一届奥林匹克赛事。"

1988年冬奥会开幕前召开了国际奥委会全会，胡安·安东尼奥·萨马兰奇主席在会上称："不惜一切代价的求胜欲会刺激一些人采取非法手段向他们负责的运动员提供一些虚假的优势。随着检测体系的完善，他们试图通过人为诱发自然的心理反应或隐藏操纵行为的证据，借助科学手段欺骗我们……这种态度和行为严重违反了已经颁布的体育法律，包括由国际奥委会颁布的法律、国际单项体育联合会指定的法律，以及国家/地区奥委会制定的法律。"尽管违反奥林匹克价值观以及兴奋剂导致的道德谎言让萨马兰奇十分恼怒，"最重要的是，（使用兴奋剂）违背体育运动的精髓以及人类一直以来视为无形理想的精神：内心想要超越人类极限的渴望（"更高，更快，更强"），自己与他人进行较量的社会要求，寻找在社会上的身份以及全面提升自我……请允许我代表整个奥林匹克运动，以数百万自觉遵守奥林匹克原则并与我们拥有共同理想的人，庄严地告诉各位，我们坚决拒绝这些欺骗行为，因为这些行为会危害生命。兴奋剂违背了我们的理念，我们对兴奋剂零容忍。"

本·约翰逊案　萨马兰奇说出这些庄严话语后几个月，汉城1988年奥运会期间发生了奥林匹克历史上最大的丑闻之一——"本·约翰逊案"。

运动员本·约翰逊（加拿大）曾被誉为"地球上奔跑速度最快的人"，他在9月27日被取消资格，因为被发现服用了禁用物品（名为司坦唑酮的合成代谢类固醇）以提高肌肉力量。3天前，这位牙买加裔的运动员战胜了卡尔·刘易斯（美国）和林福德·克里斯蒂（英国），赢得100米短跑决赛冠军并创造了世界纪录。媒体

在1994年利勒哈默尔第102次全会上，国际奥委会医务委员会成员意大利的肯尼斯·惠誉、美国的唐·H.美卡特林以及德国的曼弗雷德·多尼克

世界反体育兴奋剂大会上，梅罗德、萨马兰奇、弗朗索瓦·卡拉尔和澳大利亚国际教科文组织代表的科林·纳尔逊·帕尔

称他为"汉城奥运会之王"。

国际奥委会第94次全会在韩国首都汉城召开，会议开始前几日，萨马兰奇坚持"使用兴奋剂就是走向毁灭"这一观点，并对媒体说："这是对奥运会和整个奥林匹克运动的无耻攻击。但是，我们坚决以诚实和活力作为行事准则，让奥林匹克更加干净……我支持医务委员会的想法，一定要进行兴奋剂检测，以完善奥林匹克。"在《奥林匹克回忆》中，萨马兰奇称："国际奥委会医务委员会从未犹豫过。我们知道，如果不按规则处理问题，如果我们在面对丑闻时退缩，梅罗德亲王和他的同事自1967年以来所做的全部工作将毁于一旦。我们只有一个选择：处罚这位加拿大运动员并将金牌颁发给真正的冠军。"

1989年，在获得连任的前夕，萨马兰奇接受了《队报》记者米歇尔·克莱尔采访，他在采访中总结了自己的第一个任期（1980—1989）。萨马兰奇说，兴奋剂问题总会发生，尽管同时也有解决方案。这位国际奥委会主席补充道："国际奥委会在汉城表明，它尊重需要面对的事实。国际奥委会暂时禁止一位久负盛名的运动员参加比赛，采用公平的措施，重申所有参赛者平等这一观点。但是现在，一定要平等对待约翰逊和其他人，如果约翰逊愿意，他可以两年禁赛期结束后再次参赛。这一条适用于所有人，自然也包括约翰逊。但是我们要继续与兴奋剂做斗争，并追究罪魁祸首——运动员周围的人以及强迫运动员服用兴奋剂的人的责任。我们也试图给出兴奋剂的真正定义，但尚未做到。目前我们有一个禁用物品清单以及使用兴奋剂的人员的名单。我认为，我们需要清晰地区分使用违禁药物和单纯出于医学目的的服用药物这两种情况。要在未来几年进行医学研究，弄清楚兴奋剂及其严重后果。"

几天后，在波多黎各圣胡安港召开了国际奥委会第95次全会。会上，人们以鼓掌方式通过再次提名萨马兰

1999年在洛桑召开的世界反体育兴奋剂大会一览

奇担任主席，萨马兰奇在开幕致辞中称国际体育组织是反兴奋剂斗争中的先驱，因为"在第一任副主席梅罗德亲王的带领下，我们已经坚持不懈地奋斗了二十多年，为全球有效打击兴奋剂奠定了基础。我们已经在卡尔加里和汉城强调过，兴奋剂会造成死亡。由于人们反兴奋剂意识增强，不断了解我们明确传达的意愿以及采取的切实行动，我们，国际奥委会、国际单项体育联合会以及国家/地区奥委会在确定适用于所有组织的机构、方法和原则后，即将携手赢得这一阶段的成功，同时我们还尊重每个人的权利。为此，我们迫切需要一个普遍承认的兴奋剂的定义。运动员周围的所有人以及罪魁祸首也要了解这一定义。我们将发挥《国际奥林匹克反体育兴奋剂宪章》的作用，和政府携手抵制兴奋剂。最后，我们需要应对运动员所承受的社会压力，社会认为获胜高于一切，导致人们忽略且没有兴趣探究为了获胜所采用的方法。"

1990年9月，在东京召开了国际奥委会第96次全会，国际奥委会在会上通过了《反对在体育运动中使用兴奋剂的国际奥林匹克宪章》的最终版本。这份文件是第1届世界反体育兴奋剂常设会议开展的部分工作的成果。1988年，第1届世界反体育兴奋剂常设大会在加拿大首都渥太华召开，来自27个国家的85位代表参会，其中包括国际奥委会、欧洲体育大会、欧洲理事会和世界体育联合会总会、非洲体育最高理事会以及很多国际单项体育联合会的代表。这份文件非常重要，包括国际奥委会对官方实验室公信力的要求、兴奋剂分类清单、国家级反兴奋剂斗争项目的模式、赛内和赛外兴奋剂检测程序的示例、运动员相关权利和义务的说明，以及处罚和纪律的指导方针。正如该宪章序言中所说，这是"一份基础文件，为反兴奋剂活动的理念提供了基础"。

在斗争中联合 1993年6月21日，反兴奋剂斗争采取了一项全新的措施，国际奥委会执委会和夏季奥运项目国际单项体育联合会协会签订协议，统一反兴奋剂的规定和处罚措施。此后，如果国际单项体育联合会的项目出现在奥运会上，该委员会必须采用同样的反兴奋剂条例。这一决定涉及检查程序、禁用物质清单、接受赛外事先无通知检查的义务，以及统一处罚措施，至少禁赛两年的规定。这些国际单项体育联合会组织的比赛中将适用这一独特的程序。

尽管国际足联和国际自行车联盟称需要更多时间而没有签署这份文件，但萨马兰奇认为，这份文件引起了人们对高级别体育活动中使用药物带来的危害的关注。"我认为，这种态度表明人们越来越多地注意到兴奋剂，这是一个标志。国际单项体育联合会希望在国际奥委会的监督下制定统一的反兴奋剂政策。现在没有退路了。"游泳、划艇、乒乓球、手球、帆船和射击国际单项体育联合会参加了会议并通过了这些措施。1981年至1999年担任夏季奥运项目国际单项体育联合会协会主席兼国际业余田径联合会主席普里莫·内比奥罗（意大利）称："只有我们团结一致，才能赢得这场战役，如果（未表态的其他国际单项体育联合会）不加入这份统一协议，很难想象它们能继续参加奥运会。"

在这一共识的框架下，国际奥委会和夏季奥运项目国际单项体育联合会协会同意成立国际体育仲裁委员会，旨在评估体育机构就已解决的纷争的提起的上诉，体育机构和运动员有义务承认该委员会的权威性，根据处罚规定，运动员可能会被驱逐出相应的体育项目（见"第9章 国际体育仲裁法庭"）。

最后，医务委员会主席亚历山大·德·梅罗德批准了这项关于兴奋剂的协议，称"没有这项变革，我们将无法继续与兴奋剂的斗争"。梅罗德补充道，说服尚未加入的国际单项体育联合会的努力"将从1994年初开始，不走任何捷径"。

1994年《反兴奋剂条例》 反兴奋剂的长期斗争迈出新的一步。1994年1月13日，国际奥委会、国际单项体育联合会、国家/地区奥委会、各大洲奥协以及运动员代表在洛桑达成了一项历史性的协议，决定集合所有力量以打击非法医疗实践，消灭兴奋剂，进入反兴奋剂斗争的下一阶段。各方签订了一份关于《国际奥委会反兴奋剂条例》的最终协议。文件规定，如果运动员服用兴奋剂，尤其是合成代谢类固醇、刺激物、激素、麻醉剂，或发生药理学操纵和注射等情况，将会处以最低两年的处罚。文本

1999年世界反体育兴奋剂大会海报

在悉尼2000年奥运会新闻发布会上,萨马兰奇和国际奥委会副主席兼世界反兴奋剂机构首任主席理查德·W. 庞德

由梅罗德提供,21个国际单项体育联合会签署。文件规定,国际单项体育联合会将采纳医务委员会每年列出的兴奋剂清单,并接受赛内检查和赛外事先无通知检查。另外,国际单项体育联合会同意接受适用的惩罚,以阻止运动员在禁赛期间参加另一个体育项目。最后,奥林匹克运动会的所有体育项目要遵守《反兴奋剂条例》的规定,否则可能被奥运会驱逐。

萨马兰奇主席认为:"奥林匹克大家庭成员通过的这一历史性文件毫无疑问是目前取得的最重要成果。梅罗德亲王领导医务委员会颁布的法规、禁用物质清单、实验室进行兴奋剂检测的程序、处罚内容以及平等对待不同体育项目都是重要而积极的结果。"

利勒哈默尔1994年奥运会上引入血检,这是另一项进步。萨马兰奇当时写道:"对奥运会的大量报道主要集中在公众对反兴奋剂斗争的关注,这场斗争在每届奥运会期间都会取得进展,加强国际奥委会与国际单项体育联合会的联合行动。因此,在国际奥委会倡议下,各方已经签署了协议的草案,国际奥委会将继续领导反兴奋剂斗争,并率先担负起反兴奋剂的责任。这一草案将在宪章中有一席之地。不仅如此,在反兴奋剂斗争中,国际奥委会医务委员会优先阻止人们使用兴奋剂并开展相关教育,之后,委员会决定分析各个科学领域,尤其是现代体育医学,并在道德层面上得出相对应的结论。这与我们的担忧相呼应:无论运动员所属国家或地区的奥委会了解多少反兴奋剂的知识,都要确保运动员身心健全,人人拥有平等的机会。在其他方面,奥林匹克团结委员会大力支持相关活动,做了大量细致的工作,我们应该感谢所有相关人员,国际奥委会对此感到非常满意。"

国际奥委会医务委员会主席阿尔内·伦奎斯特(瑞典)在1994年的《奥林匹克通讯》中说,联合行动一定需要"协调反兴奋剂检测的程序,采纳禁用方法和物质的最低限度基准清单,加快法规统一进程,特别是违反反兴奋剂条例适用的最低惩罚,与所有利益相关方建立合作,以在比赛内外组织并开展反兴奋剂检测,即事先无通知检查。这一行动的另一目的是阻止兴奋剂的非法交易。为支持这些活动,各方同意奥林匹克运动中包含的体育项目一定要接受尊重上述原则的国际单项体育联合会的管理。最后,成立一个工作组,监督各方遵守上述原则。"

萨马兰奇继续他个人的反兴奋剂斗争。萨马兰奇在1998年10月—11月的杂志上刊登了一篇题为《反对兴奋剂斗争》的文章,文中提到:"国际奥委会一直努力,通过恰当的方式适应反兴奋剂斗争中不断变化的情况。不幸的是,操纵体育结果的人不停地寻找新方法,得到不顾道德的专业人士的支持,他们本应是最应该尊重道德的人……违法的程序和方法破坏了体育的本质,违背人类一直以来视为神圣理想的精神,即内心超越自我极限的渴望、和他人进行较量的社会需要、寻找社会身份以及实现充分发展。成百上千的运动员自愿接受我们的原则并尊重我们的理想。这鼓励我们坚决拒绝欺骗行为,因为这些行为会危害使用兴奋剂的人的健康和生命。"

1999年《洛桑宣言》 在1988年环法自行车赛中发现了大量违禁药物,引发丑闻,由此促使人们反思公共机构在反兴奋剂政策中扮演的角色,提出需要成立一个独立的国际机构,制定统一的反兴奋剂规定并协调不同组织的工作。

考虑到兴奋剂问题的严重性以及兴奋剂对运动员和年轻人健康和福祉的危害,国际奥委会再次组织召开一届世界体育界反兴奋剂会议,会议于1999年2月初在洛桑召开。会上,与会者围绕4个主题进行小组讨论,每个工作组由一位国际奥委会副主席主持。阿妮塔·德弗朗茨(美国)负责运动员保护这一话题,凯巴·姆巴伊(塞内加尔)负责法律和政治相关内容,帕尔·施密特(匈牙利)负责道德和预防教育,理查德·W. 庞德(加拿大)负责财政相关事宜。

萨马兰奇通过大量政治和外交工作，确保多个政府和国际组织的代表能够参加会议。他知道，要想取得反兴奋剂斗争的胜利，掌握资源的公共组织必须参与其中并发挥领导作用；警察、检察官和法官可以直接与兴奋剂斗争并取得胜利。会议通过了《反对在体育界使用兴奋剂的洛桑宣言》。该文件规定，使用兴奋剂违反体育道德、医学道德以及奥林匹克运动的规章。另外，文件承认，反对在体育界使用兴奋剂需要各方参与，同时也是各方的责任，包括奥林匹克运动、其他体育组织、政府间和非政府组织、全世界运动员以及运动员周围的人：医生、经纪人以及媒体。

参加洛桑会议的政府、政府间组织和非政府组织、国际奥委会、国际单项体育联合会以及国家/地区奥委会以及运动员代表在路线图中确定了要实现的6个方面的内容。

第一，教育、预防和运动员权利。条件是所有相关的人都肩负责任，并应为实现目标提供帮助。

第二，国际奥委会《反兴奋剂条例》通过，这是反兴奋剂斗争的基石。兴奋剂的定义是"使用了对运动员健康具有潜在危险，和/或能提高运动成绩的物质或方法"或"在运动员体内查出来《奥林匹克运动反兴奋剂条例》所列清单中的禁用物质，或运动员被查明使用了《奥林匹克运动反兴奋剂条例》所列名单中的禁用方法"。

第三，根据赛内和赛外兴奋剂检测结果对使用兴奋剂者进行处罚，对初次被查出使用一类违禁物质或方法的，应最少给予两年的禁赛处罚，也可实施额外的制裁或处理措施。对违反《奥林匹克运动反兴奋剂条例》的教练员和官员，应给予更加严厉的制裁。

第四，同意成立一个独立的国际反兴奋剂机构，与国际单项体育联合会、国家/地区奥委会、运动员，以及国际组织和政府一道协调不同的项目，这些项目需要各方履行共同确定的目标：如扩大赛外检测，开展合作研究，加强反兴奋剂的预防和教育工作，统一检测分析和使用仪器设备的科学技术标准与程序。该机构计划在悉尼2000年奥运会前投入使用。

第五，国际奥委会、国际单项体育联合会、国家/地区奥委会和国际体育仲裁法庭的责任。宣布第一次裁决结果的专有权属于国际单项体育联合会、国家/地区奥委会或国际奥委会（在举行奥运会期间）。国际奥委会、国际单项体育联合会、国家/地区奥委会在执行完各自的程序后，承认体育仲裁法庭处理终审上诉的权威。

最后，奥林匹克运动与各国政府部门之间的合作应根据规定进行，强调加强各方的责任并促进合作。政府负责立法并确定对贩卖兴奋剂或出于非治疗目的使用禁用物质的人处以刑事处罚。另外，政府有责任在联合

萨马兰奇先生和反兴奋剂斗争

1961年成立的国际奥委会医务委员会是反对在体育界使用兴奋剂运动的起点。国际奥委会在1967年召开的全会上通过一项反兴奋剂策略，其中包含一个禁用物品清单，人们将在奥运会上对清单上的物品进行检测。国际奥委会委员——比利时的梅罗德亲王担任医务委员会主席并带着极大的热情开始工作。但是国际奥委会实施该策略的机会较少，因为每4年只举办两次奥运会。全年开展的体育活动一直由国际单项体育联合会负责。国际业余田径联合会自1972年起领导反兴奋剂斗争。

1980年，胡安·安东尼奥·萨马兰奇就任国际奥委会主席，反兴奋剂斗争已经开始。萨马兰奇先生大力支持梅罗德亲王。国际奥委会和国际业余田径联合会引入实验室认证，增加赛内赛外兴奋剂检测，执行更严格的规定并加大执行力度，成立解决兴奋剂相关冲突的仲裁程序（国际体育仲裁法院，CAS），推动反兴奋剂斗争向前发展。

但是，一个主要问题是，在国家和国际层面上有大量不同的兴奋剂处罚规定。要统一这些规定，仅靠体育界的力量无法实现，还需要政府支持。为此，萨马兰奇先生邀请全球政府与奥林匹克运动一起努力，制定统一规则，打击兴奋剂。1999年，世界反兴奋剂机构成立。该组织目前是国际反兴奋剂斗争中的最高权威机构，其颁布的法律和开展的活动得到联合国教科文组织大会的支持。世界反兴奋剂机构的成立是一项重要成就，是萨马兰奇主席为反兴奋剂斗争留下的重要遗产。

阿尔内·伦奎斯特
来自瑞典的国际奥委会委员（1994—2012），2002年起担任荣誉委员，2003年起担任国际奥委会医务委员会主席，2008年起担任世界反兴奋剂机构主席

国、政府间组织和大洲组织的框架下，统一国家和国际上关于兴奋剂的法律。

胡安·安东尼奥·萨马兰奇表示："我们将成立一个反兴奋剂机构，国际单项体育联合会、国家/地区奥委会和运动员参与机构的运行。我们希望政府能与奥林匹克运动联合开展反兴奋剂斗争。"

在国际奥委会推动的这场伟大变革中，盐湖城选举丑闻发生后，国际奥委会2000委员会提出5项关于兴奋剂的建议，这5项建议之后都得到了批准，其中两项建议促使人们修订《奥林匹克宪章》。这两项建议规定："运动员应在奥运会开幕式上宣誓不服用兴奋剂。宣誓文本将由运动员委员会起草"，"未采纳奥林匹克运动反兴奋剂条例的运动项目，尤其是在赛外未根据世界反兴奋剂机构规定接受检测的运动项目，将不纳入奥运会。国际奥委会承认的其他体育项目将失去官方许可。"另外3项建议被提交给世界反兴奋剂机构进行适用性调查研究。这些建议认为："为获得参加奥运会的资格，每位运动员要有一张通行证，涵盖接受反兴奋剂检测所需的全部信息并且能证明运动员的健康情况"，"作为在奥运会期间负责反兴奋剂检测的机构，国际奥委会将在得到运动员同意后，进行赛外检测"，"如果对一项处罚提出上诉，将会由另一家实验室对B瓶样本进行检测分析。"

成立世界反兴奋剂机构　1999年《洛桑宣言》中的一项重要决定很快落地。1999年11月10日，世界反兴奋剂机构成立，旨在加强《奥林匹克宪章》中规定的奥林匹克运动的基础，即道德原则。萨马兰奇支持自1978年担任国际奥委会副主席的加拿大人理查德·W.庞德担任首届主席。萨马兰奇对他充满了信心。庞德是一名曾获得奥运奖牌的游泳运动员，是一名接受过扎实法律训练的律师，也是一位出色的谈判者，他已经在营销委员会证明了自己的能力。在世界反兴奋剂机构中，奥林匹克运动与公共政府机构的代表各占一半。世界反兴奋剂机构接管了国际奥委会医务委员会曾负责的工作，包括曼弗雷德·多尼克博士制定的实验室程序。世界反兴奋剂机构沿用了这位声誉卓著的德国医生于1983年制定的规定。

世界反兴奋剂机构存在的关键是确保其自主权，免于外部干扰。世界反兴奋剂机构最重要的活动包括科学研究、教育、提高反兴奋剂能力并监管《反兴奋剂条例》的执行情况，这部条例综合全球所有体育项目和各个国家的反兴奋剂规定，于2004年1月1日生效。尽管直到2004年8月13日（奥林匹克运动会当天在希腊首都雅典开幕），奥运会主要体育项目所属的国际单项体育联合会才采纳这份文件。

世界反兴奋剂机构每年更新运动员无权使用的禁用物质和方法清单。萨马兰奇写道："我意识到，只靠体育无法战胜（兴奋剂），因此我们成立了世界反兴奋剂机构，国际奥委会与政府在该机构中开展平等合作。政府可以采取措施打击兴奋剂，例如，最近经常开展的警方行动对兴奋剂造成了严重打击。"

萨马兰奇在《奥林匹克会议》中写道："我相信，在这个世界上，人们很容易忘记，成立世界反兴奋剂机构不是我个人的提议，我在让−克劳德·基利的车里提出了这个想法，他曾是国际奥委会委员，也是组织环法自行车比赛公司的常务董事。1999年，在洛桑召开的国际奥委会全会通过了这项建议。我认为，如果体育界、政府和政治组织密切合作，就能取得反兴奋剂斗争的胜利。"

关于《世界反兴奋剂条例》，政府要采取三个步骤：接受、实施和实现。如果一个体育组织赞同该条例的原则，意味着该组织接受、实施并要实现这些规定。也就是说，这个组织将其法规和政策纳入《世界反兴奋剂条例》的强制条款中，应根据该条例适用这些规定。世界反兴奋剂机构的任务是监测这三个步骤的实施并采取必要措施，确保过程的完整性。公共和体育部门一定要遵守这三个步骤，以便和规定保持一致。

条例中特别提到的内容包括：兴奋剂的定义、违反反兴奋剂条例的情况、兴奋剂检测、禁用物质清单、取样、结果管理、申请听证会的权利、取消个人结果、对个人的处罚、团队应承担的结果、上诉、保密以及报告、澄清反兴奋剂责任以及诉讼时效。

启动这个项目需要相关方的经济支持。在萨马兰奇的指示下，奥林匹克运动采取了下一步行动。国际奥委会同意提供2500万美元的资金支持，反兴奋剂机构自悉尼2000年奥运会开始运行。这是胡安·安东尼奥·萨马兰奇担任主席期间最后一届奥运会。很多政府需要为该机构提

索契2014年奥运会，来自英国的国际奥委会委员克雷格·瑞迪，世界反兴奋剂机构主席

供资金。世界反兴奋剂机构在2001年将总部迁到加拿大的蒙特利尔市，而没有选择洛桑、马德里、里斯本、卢森堡、维也纳、波恩和斯德哥尔摩等备选城市。

萨马兰奇对这一决定感到惊讶，他在《奥林匹克回忆》中写道：世界反兴奋剂机构的"总部应设在奥林匹克之都洛桑，洛桑当时是国际奥委会和12个国际单项体育联合会所在地。我提过意见，时间似乎证明了我的观点：反兴奋剂机构必须（于2002年）在洛桑开设办事处。人们更多地遵循地域因素，却忽略了这样一个事实：夏季奥运会中50%的运动员来自欧洲，在冬奥会中，这一比例更达到80%。"

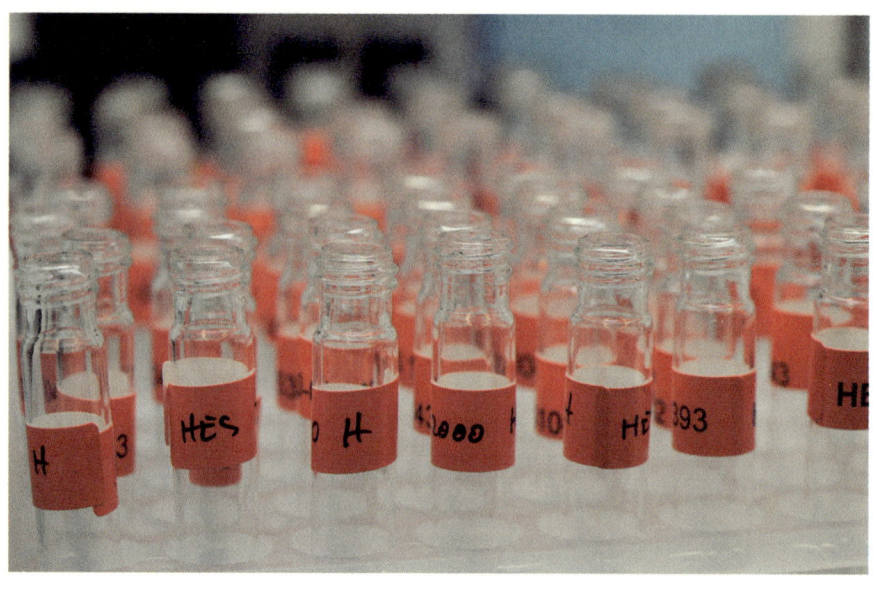

然而，这项政策最终反映的是对体育的负面影响。胡安·安东尼奥·萨马兰奇退休后担任国际奥委会的荣誉主席，鉴于不同政府采取的行为，他对世界反兴奋剂机构的前景持怀疑态度，因为这些政府直到1999年才开始处理兴奋剂问题。"实际上，未来的希望很渺茫，因为国际奥委会（拥有50%的股份）承诺在2002年1月1日前支付所有的费用。国际奥委会做到了，尽管我尚未了解政府是否提供了资金……可以肯定的是，世界反兴奋剂机构，这个在我的提议下成立的国际奥委会机构，在缺乏资金支持的情况下很难维持下去。"

斗争还在继续，基因兴奋剂和生物信息伪造等新的技术继续阻挠国际奥委会在反兴奋剂领域采取的努力。国际奥委会未来的主席将会面临新的挑战。

曼弗雷德·多尼克为国际奥委会奥运会测试方案相关的反兴奋剂斗争所做的科学贡献

曼弗雷德·多尼克教授曾是一位知名的德国室内自行车运动员，参加过60年代的"六日比赛"等。他非常了解当时自行车比赛中大量使用兴奋剂这一情况。多尼克教授上世纪在科隆大学求学时开始科研生涯。1966年，他发表了第一项研究成果，即根据气相色谱分析检测兴奋剂的分析方法。

在慕尼黑1972年夏季奥运会期间，多尼克教授担任实验室负责人，该实验室负责国际奥委会大量的兴奋剂检测任务，包括2079项尿检以及63项血检。在这届奥运会中，多尼克教授引入了分析技术，包括气相色谱分析和质谱分析法，判定是否存在兴奋剂。至少7名运动员的禁用物质检测结果呈阳性。

在莫斯科1980年夏季奥运会后，多尼克教授开始为国际奥委会提供咨询服务，用气相色谱分析和质谱分析法重新分析奥运会中大量兴奋剂检测样本。他发明了一种分析方法，包括一种针对尿液提取物的化学衍生法，能够进一步检测出合成代谢类固醇并检测出滥用的睾丸素。

由于人体内产生睾丸素，这种检测方法将必须确定睾丸素来自体外，以证明运动员使用了兴奋剂。根据尿液中排出的睾丸素与一种被称作表睾酮的同分异构物的比例，可以确定大量可疑样本的结果。如果上述两种物质的比例大于6，即认为该运动员可能使用了睾丸素以提高运动成绩。当时只禁止使用合成类固醇，不禁止使用睾丸素。根据检测结果，国际奥委会在洛杉矶的夏季奥运会上禁止使用睾丸素。

1980年至1995年，多尼克教授为负责奥运会测试的实验室提供培训，进一步支持国际奥委会的工作。此后，实验室可以使用更先进的分析方法来检测禁用的兴奋剂。例如，汉城1988年夏季奥运会开始前，多尼克教授训练了首尔负责检验兴奋剂的人员，使用一种全新的测试方法检测合成类固醇。正是在此届奥运会上用这种测试方法，使之前在100米短跑决赛中获胜、并创造了9.79秒世界纪录的加拿大选手本·约翰逊的测试结果呈阳性。

威廉·申泽
生物化学家，德国科隆体育大学
兴奋剂分析认可实验室负责人

国际奥委会反兴奋剂斗争：胡安·安东尼奥·萨马兰奇、梅德罗亲王和曼弗雷德·多尼克博士

一切始于1981年在巴登–巴登召开的第11届奥林匹克代表大会。与会者、国际奥委会主席胡安·安东尼奥·萨马兰奇以及国际奥委会全会要求梅德罗亲王、来自比利时的国际奥委会委员兼国际奥委会医务委员会主席，重新确定委员会目标并修改委员会结构。人们意识到，多年来，参加专业比赛的业余人士和职业体育选手使用合成类固醇和兴奋剂这一现象已经成为常态。20世纪80年代早期，体育被政治、金钱和药物污染的黑暗面在观众面前曝光。时光飞逝，参与体育界管理的各方首次讨论在赛外开展事先无通知测试。与会者坚持国际奥委会的领导地位以及在消除体育兴奋剂领域的责任。

第11届国际奥委会代表大会的口号是"通过体育而团结，为体育而团结"，所有参会人员一致同意在最终声明中宣称：奥林匹克或世界竞赛不应限制兴奋剂检测，应该与国际单项体育联合会以及国家/地区奥委会合作，全年进行检测。

应支持在全球成立可靠且中立的实验室。

应更严格地处罚违反滥用兴奋剂规定的人，同时采取经济处罚措施。

此后，国际奥委会不仅在奥运会期间采取控制兴奋剂的行动。20世纪80年代早期这一时期是世界反对在运动届使用兴奋剂斗争的起点。

这次大会的成果包括两项决定：国际奥委会医务委员会重组为4个分委员会，其中一个是"运动兴奋剂和生物化学"。成立这一分委员会的目的是与同时成立的"国际奥委会运动员委员会"密切合作。该委员会的委员可以参加运动兴奋剂和生物化学分委员会的会议，这两个委员会将在反运动兴奋剂的斗争中合作。此后，优秀运动员将会帮助教育其他运动员拒绝兴奋剂。

奥林匹克运动哲学的新纪元诞生了：保护运动员健康被放在首位。新的令人担忧的因素出现，促使医务委员会扩展活动范围。科隆兴奋剂控制实验室负责人多尼克教授（联邦德国）制定了新的标准并运用新的技术，这些新的标准和技术将会永久地改变反兴奋剂斗争的形式。

由于胡安·安东尼奥·萨马兰奇和梅德罗亲王的远见卓识，多尼克教授受邀加入国际奥委会医务委员会。多尼克教授邀请在国际上备受尊重的生物化学家加入，协助成立了运动兴奋剂和生物化学分委员会。这个分委员会根据以下三条原则开展行动：

捍卫道德

保护运动员健康

保证人人享有平等的机会

1981年至1995年，该分委员会的工作取得了下列成绩：

1）建立了一套程序和处罚措施的指导原则。如果体育管理机构采纳这些指导原则，这些程序和制裁措施将会充分发挥作用。

2）创建了一套实验室认证体系，以确保进行可接受的最低标准的分析，避免由于实验室能力差异而造成任何不公平现象。

3）建立了一套每年重新认证实验室的体系，旨在确保实验室中的人员资质和使用设备符合标准。

4）确保认证实验室在科学研究领域开展合作。

5）同维也纳国际麻醉品管制局合作，为实验室进行的研究提供了重要参考。

6）和其他分委员会一起研究教育措施，为反兴奋剂斗争提供不可或缺的支持。

7）制定了第一份《国际奥委会医学条例》，用于禁止使用兴奋剂。文件规定了禁用物质和方法分类列表，要求参赛人员主动接受医学检查，并规定了违反规定时适用的处罚措施。这部《医学条例》适用于奥运会的所有参赛人员以及赛外事先无通知检查。

8）颁布了第一部《反运动兴奋剂国际奥林匹克宪章》（1990），奥林匹克大家庭在1990年于东京召开的第96次全会上通过该文件。宪章包括一份基础文件，规定了反兴奋剂运动的理念。该宪章共有7章：

实验室认证和良好操作的要求。

兴奋剂分类和方法清单。

国家级反兴奋剂项目模式的扩大指导原则。

样本收集和实验室分析标准操作程序。

竞赛外测试原则和指导方针。

体育组织、运动员和周围人员的权利和义务。

制裁和处罚指南。

9）世界反运动兴奋剂常设会议。1988年至1993年期间共组织了4次会议。会议的主要目的是监督奥林匹克大家庭的成员在反兴奋剂斗争中取得的进展，并详细解释《反运动兴奋剂国际奥林匹克宪章》的附录。

10）国际协议——起草并签署不同的双边和多边协议。

11）设立了一个协调制度，促使所有相关方遵守新的规定和政策。通过这一新进程，国际奥委会自一开始就动员国际社会各方面加入反兴奋剂斗争。这些行动追溯至20世纪80年代，一直在反兴奋剂斗争中产生深远影响。新一代人对萨马兰奇主席和梅德罗亲王以及曼弗雷德·多尼克博士留下的遗产了解较少，但这些遗产的基础依然是今天比赛内外反兴奋剂斗争中适用协议的基础。

埃尔维拉·拉米尼
国际奥委会医务委员会经理（1988—1999），德国科隆体育大学奥林匹克研究专业硕士

第12章 和平朝圣者

奥林匹克休战提议
萨马兰奇对和平的支持以及在联合国大会上的发言

南斯拉夫发生武装冲突，联合国安理会随后进行制裁。1992年，国际奥委会提出恢复奥林匹克休战这一古老的传统。1992年7月21日，在第99次全会上，国际奥委会在《巴塞罗那宣言》中敦促全球所有国家在当年举行的夏季奥运会期间休战。萨马兰奇深知，奥林匹克休战是一个非常困难但并非无法实现的提议，他引用了自己常用的座右铭："只有不尝试的人才不会犯错误"。他决心努力实现这一崇高目标。

在《奥林匹克回忆》中，萨马兰奇公开发表感想，并明确表示对奥林匹克休战的郑重承诺。"我希望在任职期间恢复这个支持和平与和谐的活动。我们在1994年的利勒哈默尔奥运会上第一次采取了这一做法，决议要求，效仿古希腊，让有爱和理解的精神重返人间，停止一切武力对抗。"

萨马兰奇是一位非常务实的领导者。他深知只有说服联合国并取得联合国的支持，才能落实这一和平提议。为实现休战，联合国是必要的"工具"，或者说盟友。为此，萨马兰奇在1993年联系时任联合国秘书长的布特罗斯·布特罗斯—加利（埃及），与其就奥林匹克休战展开对话，对话持续到联合国一致通过首个支持奥林匹克休战的决议。

1993年首次发出休战呼吁，随后举行了利勒哈默尔1994年奥运会。联合国宣布1994年为"体育运动和奥林匹克理想国际年"，以纪念国际奥委会成立一百周年。呼吁各国遵守奥林匹克休战，让前南斯拉夫的运动员参与奥运比赛，当时前南斯拉夫人民正处于水深火热的战争中，面临剧烈的领土和社会冲突。

数年后又迈出了历史性的一步。2000年9月，160位国家元首和政府首脑签署《联合国千年宣言》，宣言敦促联合国的会员国在未来的奥林匹克运动会期间遵守奥林匹克休战协议。全世界支持"和平的朝圣者"这一计划，法国记者罗伯特·帕里安特称萨马兰奇是"和平的朝圣者"。

> 奥林匹克休战原则运用体育和公平竞争促进个人和民族间尊重、理解、宽容和共存等价值。尽管存在很多困难，但萨马兰奇非常有耐心，在任期内重启奥林匹克休战计划。

1994年在洛桑，《奥林匹克休战协议》发布会

2000年7月24日，奥林匹克运动承诺促进和平。国际奥委会和希腊政府决定成立国际奥林匹克休战基金和国际奥林匹克休战中心。基金的中心位于奥林匹亚，中央办公室位于雅典的扎皮翁宫，并在洛桑设立一个分支机构，旨在通过行动鼓励人们尊重休战。成立这两个机构的目的是传播奥林匹克理想，促进和平、友谊和国际间了解，维护奥林匹克休战原则，推广和平文化，结合地方和全球计划，鼓励全球领导人、运动员和年轻人捍卫体育与和平。

国际奥林匹克休战中心董事会主席是胡安·安东尼奥·萨马兰奇，时任国际奥委会主席。副

主席是希腊外交部长乔治斯·安德烈亚斯·帕潘德里欧。其他成员包括：明石康（日本），日本外交中心主席；扬娜·安杰洛普洛斯·达斯卡拉奇（希腊），雅典2004年奥组委主席；帕特里克·博德里（法国），宇航员，联合国教科文组织慈善大使；勒内·布兰切特（法国），巴黎索邦大学校长；布特罗斯·布特罗斯－加利，法语国家国际组织秘书长，前联合国秘书长；英瓦尔·卡尔松（瑞典），前瑞典总理；瓦伦蒂诺·卡斯特拉尼（意大利），都灵2006年冬奥会组委会主席；詹尼·戈拉（意大利），国际军校主席；西奥本·古里拉布（纳米比亚），联合国代表大会主席；阿维兰热（巴西），国际奥委会元老，国际足联名誉主席；迈克尔·奈特（澳大利亚），悉尼2000年奥组委主席；凯巴·姆巴侬（塞内加尔），国际奥委会副主席，海牙国际法庭前副主席；帕普利亚斯（希腊），希腊议会成员；哈维尔·佩雷斯·德奎利亚尔，前联合国秘书长；米特·罗姆尼（美国），盐湖城2002年冬奥组委主席；罗伯特·D.斯特德沃德（加拿大），国际残奥会主席；托瓦尔·斯托尔滕贝格（挪威），挪威前外交部长；埃里卡·特普斯特拉（荷兰），东京1964年奥运会游泳双料冠军，前荷兰体育部长；马里奥·巴斯克兹·拉涅亚（墨西哥），国际奥协（ACNO）主席；维尔布鲁根（荷兰），国际自行车联盟（UCI）主席。秘书长为费科若·基达内（埃塞俄比亚），国际奥委会国际合作部主任。司库为蒂埃里·斯普 林格（瑞士），国际奥委会管控和协调部主任。总干事为希腊大使斯塔沃洛斯·朗布里尼蒂斯。

  回顾历史能更好地理解古希腊"握手言和"（即"奥林匹克休战"）这一概念的演变。今天，"握手言和"和奥林匹克休战相关。研究表明，这一概念是在公元前9世纪提出的，准确地说是公元前884年。

  国际奥林匹克休战中心副主管朵拉·帕丽斯解释道，在古希腊的困难时期，城邦国通过战争解决纷争，伊利斯城邦国国王伊菲图斯拜访德尔菲的神谕宣示所，寻找实现和平的方法。他得到神谕，每四年中，在一段时间里停止冲突，以友好的运动竞争代替战争。为此，他要求与古奥林匹亚遗址附近城邦国的国王——斯巴达的国王莱克尔加斯和比萨国工克利斯提尼合作。这3位国王同意休战，他们称之为"奥林匹克休战"，并在奥林匹亚恢复了奥林匹克运动。之后，所有的希腊城邦国都接受该协议，认可古奥林匹亚遗址的永久豁免权。

科菲·安南、萨马兰奇、帕潘德鲁和基辛格参加在联合国纽约总部前举办的纪念奥林匹克休战开幕式

奥林匹克运动开始前7天起至奥林匹克运动结束后7天，暂停军事活动，运动员和观众可以赶到奥林匹亚参加体育比赛并和平返回故乡。开幕式后，"和平使者"头戴橄榄枝编成的环，宣布并传播休战的消息。这些使者到所有的城邦国，传递信息并宣布神圣休战。

奥林匹克休战的古老传统随之创立。在1200年里，古希腊民众始终遵守这份"停火"协议。休战提出了一系列的规定，信仰宙斯的城邦国遵守这些规定，为城邦国营造一种认同感。违反规定的人会受到惩罚。体育项目向宙斯致敬，宙斯神庙的专家说，曾经有一座巨大的休战雕像，纪念重启奥林匹克运动的伊菲图斯。违反规定的人会在神庙受到审判，要在宙斯神庙充当仆从或缴纳大额罚金。

国际奥委会总干事弗朗索瓦·卡拉尔和费克鲁·基丹在1993年于蒙特卡罗召开的第101次全会上解释休战报告。

利勒哈默尔1994年奥运会开幕式，和平鸽从地球蛋中飞出

萨马兰奇明白，奥林匹克休战的意义已经发生了变化。现在，需要各国自愿提供支持，国际奥委会无权将意志强加给这些国家，也不能惩罚不遵守协定的国家。今天，休战无法永久地终止纷争并确保人人遵守休战协定，而是与体育和奥林匹克主义有关。奥林匹克休战原则运用体育和公平竞争促进个人和民族间尊重、谅解和共存等价值。尽管存在很多困难，但萨马兰奇非常有耐心，在任期内重启奥林匹克休战计划，"这是我最满意的遗产之一。我认为，这个计划是我任期内最引以为豪的成果。"他这样写道。此时，萨马兰奇并未料到联合国会在2009年邀请国际奥委会担任联合国的观察员。

《巴塞罗那宣言》（1992年） 考虑到体育和奥运会所处的新的政治环境，萨马兰奇决定恢复奥林匹克休战这一传统，尽最大可能保护运动员和体育的利益，希望通过和平外交解决世界冲突。在国际形势日益紧张的背景下，国际奥委会履行促进和平这一使命；同时，在第25届夏季奥运会召开前夕，国际奥委会在巴塞罗那召开第99次全会，决定起草一份针对国际政府组织和非政府组织的文件，希望所有纷争地区停火，特别关注中欧地区、巴尔干半岛问题以及当地饱受纷争困扰的民众。此次全会通过了这项决定，萨马兰奇对巴塞罗那有特殊的感情，因为这座城市是是他的出生地，且曾举办过奥运会。

在《巴塞罗那宣言》中，国际奥委会号召所有的国家、国家领导、政府、议会和所有的政府间组织，尤其是联合国及其特设机构，如联合国教科文组织、欧洲联盟、非洲国家组织、美洲国家组织、东南亚国家联盟，所有的公共机构、解放运动、非政府组织、公立和私立机构、所有国家和国际单项体育联合会、各族人民以及所有自然人和法人遵守奥林匹克休战协议。宣言规定，在奥运会期间，应采取行动，不遗余力地寻求通过和平结束纷争，无论冲突产生原因、动机或手段如何，暂停任何武装纠纷或类似性质的冲突。

国际奥委会总干事弗朗索瓦·卡拉尔和费克鲁·基丹在1993年蒙特卡洛第101次全会上阐述休战报告

国际奥委会采取上述措施，用态度和实际行动证明对团结的支持。在巴尔干战争中，萨拉热窝这座曾举办过第14届冬奥会的城市遭围困，人民陷入苦难，国际奥委会决定向萨拉热窝人民提供援助。1992年7月底，国际奥委会与红十字会和联合国难民署合作，组织捐献3卡车重达64吨的食物和基本必需品。

国际单项体育联合会支持这个计划，响应《巴塞罗那宣言》中的奥林匹克休战呼吁，国家/地区奥委会和国际奥委会委员纷纷响应，要求政府向联合国大会提交文件。

1993年，萨马兰奇和国际奥委会呼吁各方遵守奥林匹克休战原则，得到184个国家/地区奥委会的支持，奥委会向联合国秘书长布特罗斯·布特罗斯·加利请愿。1993年6月，非洲统一组织部长理事会第58次全会在开罗召开，会议决定采纳第1472号决议，支持奥林匹克休战。这一决定得到了非洲统一组织国家和政府首脑会议的支持。

1993年10月25日召开了第48届联合国大会。会议通过第48/11号决议"遵守奥林匹克休战"，决议承认国际奥委会、国际单项体育联合会以及国家/地区奥委会在和平进程中所做的努力，并敦促会员国"按照国际奥委会发出的呼吁，在每届奥林匹克运动会开幕前7天起至闭幕后7天止遵守奥林匹克休战"，要求会员国"同国际奥委会合作，努力促进奥林匹克休战"。在该决议的说明部分，联大会议承认，奥林匹克运动的目的是摒弃歧视，宣扬奥林匹克精神，传播友谊、团结和公平比赛等价值观，通过体育运动，教育全世界青年，建立一个和平且更美好的世界。联合国承认，国际奥委会的提议促进国际了解，并维持和平，有助于弘扬《联合国宪章》的宗旨和原则。

瑞士记者埃里克·沃尔特在《瑞士报》上称："联合国首次认识到社会中的运动现象。人们要感谢国际奥委会和主席吸引了（联合国）这一国际知名组织的关注……联合国的这项决议不仅会让持怀疑态度的人满意，也会引发人们的热烈评论……如果奥林匹克休战能够挽救人类的生命，就是对人类的巨大贡献，这主要归功于国际奥委会等体育活动。"

为实现奥林匹克休战这一宏伟目标，胡安·安东尼奥·萨马兰奇频繁地对国家首脑进行正式访问并举行面谈。萨马兰奇前往纽约与联合国高级成员进行会谈，他祝贺联合国所做的决定，称这一举动表明奥林匹

奥林匹克休战决议

联大会议采纳了支持休战的决议，在这份决议上签字的国家数量超过联合国其他任何决议。千年峰会上，众多国家元首和政府首脑批准了《千年宣言》中的奥林匹克休战提议，他们之前亲自提交了这份对21世纪非常重要的文件。

我希望，对奥林匹克休战原则的支持不仅停留在文字上，也要落到实处。众所周知，为确保和平，人们要提供解决纷争的方案。尽管休战的时间较短，奥林匹克休战原则可以成为一个突破点、一个对话的契机，通过暂时休战缓解人民的苦难。

我衷心希望人们在理论和行动上支持休战原则。我希望国际奥林匹克休战基金会的董事会成员以及联合国的会员国继续向世界领导人施压，促使他们达成休战协议。

联合国希望和（奥林匹克休战）基金会以及中心合作，继续推广和平、友谊和国际间了解等奥林匹克精神，以防止纷争并重建和平。

科菲·安南
联合国秘书长（1997—2006）

克理想在全球占据重要地位，他同时表达了下列愿望："我们希望奥林匹克休战能在利勒哈默尔奥运会期间生效，波斯尼亚和黑塞哥维那能在明年2月份停火……我们已经开始同利益相关方展开对话，并得到战争将停火30天的保证。"尽管萨马兰奇对此事持乐观态度，他承认，"我们知道（此次停火）具有高度的象征意义，我们希望，如果可以休战，战争就可以永远停止。"

在挪威利勒哈默尔举办的第17届冬奥会上，奥林匹克运动首次举行官方活动，促进和平并宣扬奥林匹克休战的价值。在苏联入侵匈牙利后举办的墨尔本1956年奥运会上，国际奥委会已经说明了休战的价值。萨马兰奇主席给所有国家元首和政府首脑写信，希望各国和各地区在奥运会期间尊重奥林匹克休战原则。萨马兰奇率领代表团，在休战期间访问波斯尼亚城市萨拉热窝。当时，萨拉热窝这座曾于10年前（1984年）举办过奥运会的城市正遭受全面攻击。

利勒哈默尔1994年奥运会开幕式，萨马兰奇主席致辞

在联合国大会上的演讲（1995年） 在会员国的支持下，联合国大会继续要求会员国根据过去几年通过的决议，个别地和集体地遵守奥林匹克休战。1995年后，联合国决定在每届冬奥会或夏奥会召开的前一年审查遵守休战的情况。

1994年12月7日，第49届联合国大会一致通过第49/29号决议"通过体育和奥林匹克理想建立一个和平的、更美好的世界"。这项决议由141个会员国起草。该决议邀请各国和各地区政府在第50届联合国大会期间参加（于1995年11月6日进行的）关于奥林匹克理想的辩论。国际奥委会主席胡安·安东尼奥·萨马兰奇向联合国所有会员国致辞。这是一个对联合国没有特殊意义的组织的主席首次享受这个特权，萨马兰奇充分利用了这次机会。他亲自倡导了这一跨越式发展，代表国际奥委会这一国际组织。来自科特迪瓦的国际奥委会委员路易斯·吉朗杜-恩迪亚耶用以下文字形容他："他是一个言行一致的人，拥有坚定的信念。他明白，正如法国人所说，没有军队的支持，单打独斗的将军无法取得胜利……萨马兰奇让奥林匹克主义变得更加人性化。"

演讲时，萨马兰奇首先指出联合国和国际奥委会的共同目标："成立联合国的主要目的是通过和平、国际安全、经济和社会合作发展以及尊重基本人权等措施，改善各国关系并提高人民福祉。这3个目标与法国人道主义学者兼教育家皮埃尔·德·顾拜旦1894年在巴黎索邦大学提出的理念是一致的，顾拜旦的理念启发了国际奥委会创始人……在一个具体领域中，联合国和国际奥委会的工作重叠并互相促进。同样，人们很满意地看到，在过去数年中，人们一直根据《奥林匹克宪章》的基本原则进行斗争，反对南非的种族隔离政策并促使废除种族隔离。与联合国相同，尽管国际奥委会面临大量严厉的指责，但在种族隔离废除之前，国际奥委会一直坚定立场。南非各种族的运动员都是奥运大家庭中的一员。纳尔逊·曼德拉总统是反对所有形式的种族歧视的代表。在缺席30年后，曼德拉出现在了1992年的巴塞罗那奥运会上。"

萨马兰奇随后在演讲中称赞了国际奥委会："自100多年前创立后，国际奥委会始终与奥林匹克运动的其他机构、国际单项体育联合会以及国家/地区奥委会并肩作战，宣传并践行奥林匹克精神，即各国人民奋斗的乐趣、互相尊重和相互了解。我们谨记，政治、社会、科学和技术秩序进入新阶段，应据此开展行动，当然，我们从未放弃核心精神。"

萨马兰奇分析了当时的政治和社会背景以及国际奥委会在建设更美好世界中所做的贡献："不幸的是，当今世界中，人类依然面临重重苦难，这是我们不能接受的。武装斗争、自然灾害、地方病和苦难影响全人类，破坏社会和平。奥林匹克运动希望通过努力实现全人类共同发展，协调差异并实现平等……我们开展了极具象征意义的行动，将促使成员国看到民众在奥林匹克运动中团结一致，为实现和平和全人类的福祉努力……在面临社会经济挑战的国家中，人们并不重视体育教育和体育。对此，国际奥委会已经采取措施，制定一项面向所有国家/地区奥委会的技术和经济援助政策，尤其是最弱势国家，帮助他们发展奥林匹克教育和文化。同样，奥林匹克团结基金提供资金，在全球所有国家中开展至少两项培训活动。另外，基金还向欧洲和美洲的发展中国家的运动员提供奖学金。为确保人人有机会参与奥运会，奥林匹克团结基金负担各国家的部分奥运会参赛费用。我们是唯一一个不需要成员缴纳费用的国际组织，同时向成员提供活动补助。举办奥运会获得的资金全部用于体育事业的发展。"

萨马兰奇同时强调，国际奥委会明确且坚定地支持机会平等。"国际奥委会最近采取措施，在2000年，我们将增加在各国和全球担任技术和管理岗位的女性的数量。我们组织区域和传统项目比赛，同时鼓励并帮助发展中小学和大学体育以及残疾人体育。国家/地区奥委会必须同各自的政府保持良好关系，尤其是负责年轻人和体育、国民教育、健康和环境的部门。各个国家承担教育并监测人民健康的任务，在座的各位代表自己的国家。我们的贡献一定要带来成果并实现互补。"

关于体育在教育和文化中的重要性，萨马兰奇说："必须强调我们对家庭的重视，因为家庭是人们接触教育和文化的第一所学校。我们知道，文明间的对话会带来巨大的财富。人人都能培养出宽容、公平竞争、团结和友爱的价值观。奥林匹克教育以此为基础，希望建立一个维护人类尊严的和平社会，让体育服务人类。奥林匹克主义融合体育、文化和教育，希望营造一种生活方式，倡导奋斗的喜悦，实现身体和精神的平衡。体育在当今世界中占据主导地位，因为体育永不放弃，并鼓励人们学习理解自己和他人。为了改变世界，人类需要被改变，尤其是在体育界。运动哲学旨在实现个人的全面发展，只能在奥林匹克主义中找到类似的理想。"

在利勒哈默尔1994年奥运会期间，萨马兰奇闪电式地访问被围攻的萨拉热窝，了解战争的残酷

在演讲的最后，萨马兰奇讲述了国际奥委会与抵触公平竞争这一态度的斗争："我们开展斗争，反对在体育界使用兴奋剂和暴力，并提供关于艾滋病和毒品的预防教育。这是我们对青年人和国际社会的义务。奥林匹克精神承载着对年轻人的期望，但前提是人们能正确解读、理解并接收信息。体育是学习社会生活的最佳场所。国际奥委会的目标是让人们感受到这一点。"

根据1995年联合国大会的决议，1997年11月5日，第52届联合国大会在长野1998年第18届冬季奥运会开幕前检查了关于奥林匹克休战的文本。178个联合国会员国共同起草了第52/21号决议，由小谷富可子（日本）做介绍。小谷富可子曾在奥运会花样游泳比赛中获得2枚奖牌，并担任国际奥委会运动员委员会委员。大会一致通过该决议。

1999年11月24日，联合国在第54/34号决议"通过体育和奥林匹克理想建立一个和平的、更美好的世界"中再次重申遵守奥林匹克休战的承诺，这项决议得到180个联合国会员国的支持，这一数字是史无前例的。世界游泳冠军丹尼尔·科瓦尔斯基（澳大利亚）进行介绍，他说："运动员的最大优势是各国运动员拥有共同的语言——体育。奥运会和体育让我们能跨越国界并摆脱成见。"

在第54届联合国大会上，国际奥委会和国际教科文组织决定共同组织，并在1999年7月5日到7日召开教育和体育大会，以促进和平文化。

会议期间，国际奥委会国际合作部主任费克鲁·基丹发表演讲，通过外交途径在体育和政治领域推动奥林匹克休战。这位非洲记者兼国际关系专家说："目前，炮火、政变、轰炸和地雷让我们很难实现真正的和平……人类的愚蠢造成破坏和重建的循环。由于缺少彻底解决问题的政治方案，国际奥委会只能提议休战，尽管它只是个具有象征意义的临时方案。尽管结果并不尽如人意，但我们不能放弃。我们要继续努力，实现社会和平，为后代创造更美好、更和平的第3个千年。体育依然是一个拥有特权的外交工具，无数带来希望的项目证明了这一点……奥林匹克运动是世界上规模最大的活动，吸引了不同政治和宗教背景的志愿者。正如体育赛

1990年在汉城，萨马兰奇接受和平奖，奖金用于在洛桑建立新的奥林匹克博物馆

事在全年举行，休战是志愿者的日常工作。也就是说，在努力实现社会福祉与和平的人眼中，奥林匹克休战永远存在。"

在1980年当选国际奥委会主席后，萨马兰奇主席告诫人们要与政府和国际组织体系建立工作联络，萨马兰奇的办公室主任阿兰·朱佩曾陪伴他参加过很多活动，他说"萨马兰奇寻求妥协，勇于开拓，不断积极探索各种可能。"萨马兰奇本人承认："我最重要的人生体会是：只有通过与人接触才能找到问题的解决方案。现代社会非常需要与人接触。"

由于国际奥委会与他人密切交往，并重视对话与合作，它在寻求和平文化过程中扮演了重要角色。萨马兰奇相信："作为奥林匹克运动的一部分，我们为这一和平进程感到骄傲，这个计划已经在萨拉哈热尔、亚特兰大、长野和悉尼奥运会期间开展，通过外交渠道解决冲突。"

千年峰会（2000年） 在千年峰会上，政治界高度赞扬了奥林匹克运动为推动奥林匹克休战所做的努力。2000年9月，在纽约联合国总部召开千年峰会，吸引了来自160多个国家和政府的首脑。峰会达成的《千年宣言》规定："我们促请会员国从今以后个别及集体遵守奥林匹克休战，并支持国际奥委会努力通过体育和奥林匹克理想促进和平及人与人之间的相互谅解"。基丹认为，这份文件"含蓄地认可了国际奥委会、国际单项体育联合会以及国家/地区奥委会所做的努力"。萨马兰奇主席为国际奥委会在全球取得的成就感到骄傲。

诺贝尔和平奖 由于采取明智的谈判策略、展开对话并遵循公开原则，胡安·安东尼奥·萨马兰奇取得了外交成果，因此他很有希望获得诺贝尔和平奖。但他并未获得。

第一条线索出现在1981年。当时萨马兰奇向第11届巴登-巴登代表大会的所有参会人员介绍约翰·菲利普·诺埃尔-贝克。人们一致向这位92岁的老绅士报以最热烈的欢呼。诺埃尔-贝克师从皮埃尔·德·顾拜旦，参加过1912年、1920年和1924年的奥运会，并在1920年安特卫普1500米比赛中获得银牌，在伦敦1948年奥运会上担任组织负责人，在成立联合国和联合国教科文组织时担任英国代表。他在1959年获得诺贝尔和平奖，奖励他为维护和平和捍卫奥林匹克价值所做出的承诺。

诺埃尔-贝克断言，"奥林匹克是我参与过的最高贵的国际事业"。他果断反对美国提出的抵制莫斯科1980年奥运会的建议。他在《卫报》上发表文章，称英国需要参加奥运会并捍卫参加奥运会的权利，用当时流行的话来说，"在英国，我们遵守《大宪章》，而不服从吉米·卡特"。他在声明中重申了奥林匹克信仰："我们希望将体育和政治分开，但体育和政治是生活不可分割的一部分，二者有时会发生碰撞，发生碰撞时，我们只能依据文明和人权原则进行解决。"

在巴登-巴登，菲利普·诺埃尔-贝克向数百名大会代表发表了一个关于促进和平的演讲，概述了他作为政治家漫长生涯的主要内容，他在演讲中说，如果国际奥委会发起"人人运动"的活动，特别是在发展中国家发起此项活动，他将在诺贝尔和平奖评选中提名国际奥委会。演讲结束后，萨马兰奇饱含深情地与他握手，传递了一位为和平奋斗的运动员的活力。《奥林匹克通讯》报道称："数名诺贝尔和平奖获奖者已经与奥林匹克运动建立联系，并在1894年国际奥委会的成立大会上担任荣誉委员。顾拜旦本人是诺贝尔和平奖候选人，尽管他并未获奖。"数年后，萨马兰奇在个人记录中回忆道："如果菲利普·诺埃尔-贝克仍然在世，他会亲自呼吁将诺贝尔和平奖颁给国际奥委会。"

随着结束抵制谈判的进行，建议授予国际奥委会诺贝尔和平奖的提议成型。萨马兰奇在个人记录中记下了几个时刻。在谈判最激烈的时刻，萨马兰奇对以色列进行正式访问，确保洛杉矶运动会如期召开，他在日记中写道："我和哈伊姆·赫尔佐格总统同行，他对运动非常感兴趣，他说最应该获得诺贝尔和平奖的是国际奥委会。"瑞士给出了同样的提议。1986年7月4日，萨马兰奇写道："与洛桑市长就国际奥委会获得诺贝尔和平奖一事会面。舍瓦利耶非常积极且赞同这一提议。他说应该由瑞士提出，且应该由联邦议员提议。"

1988年1月1日，联合国秘书长哈维尔·佩雷斯·德奎利亚尔、欧洲理事会秘书长马塞利诺·奥雷哈（西班牙）和国际奥协主席马里奥·巴斯克兹·拉涅亚考虑到奥林匹克主义取得的成功，提名国际奥委会为诺贝尔和平奖的候选人，胡安·安东尼奥·萨马兰奇担任国际奥委会代表。萨马兰奇对这一提议感到惊讶，说他认为这个提议不可行。但是他补充道，最需要得到认可的是他担任主席职位的国际奥委会。这个机构通过体育维护各民族友谊并在全球倡导和平。

当时恰逢国际奥委会成立100周年，庆祝活动于1994年6月举行。但是部分人反对诺贝尔奖提名，称国际奥委会获得诺贝尔和平奖会让主席得到过多关注。有人精心策划了一项活动。1993年2月，挪威报纸《工人报》上刊登了一篇文章，引发争议。文章称，国际奥委会通过新闻主管米歇尔·维尔迭尔与一家美国重要的公关公司格雷广告公司联系。格雷广告公司公司在1994年，即国际奥委会成立100周年之际，举办一项活动，推广国际奥委会的诺贝尔和平奖的候选资格。文章称，公司负责人罗伯特·H.海尔维克（美国）已经确认曾在1991年签署这项协议，为国际奥委会争取诺贝尔奖。

这篇文章在国际社会引起轩然大波。位于奥斯陆的诺贝尔研究所的负责人盖尔·伦德斯塔德表示惊讶，他说，如果这条消息属实，很可能会适得其反。瑞士和平与仲裁协会主席拉斯·安格斯特姆说："在奥林匹克哲学中，有关于和平的内容"，但是他认为，为获得诺贝尔奖而开展宣传活动的做法"近乎于可悲"。

国际奥委会中来自瑞典的委员贡纳·埃里克松为国际奥委会辩护说："国际奥委会为和平做了大量工作，但是我从未听说它试图开展宣传活动获得诺贝尔奖。"国际奥委会总干事弗朗索瓦·卡拉尔否认了这

受之无愧的和平奖

萨马兰奇当选后，实现了奥运会精神复兴，吸引160个国家和地区奥委会加入国际奥委会，他不遗余力地捍卫奥林匹克原则和精神。韩国总统卢泰愚说："我了解萨马兰奇主席以及国际奥委会为确保汉城奥运会成功举行所做的不懈努力，他希望重现奥运会的辉煌，克服差异，并在汉城奥运会上展现奥林匹克精神。萨马兰奇主席付出巨大的努力，不断地造访汉城和其他城市。在他的领导和努力下，韩国人民在花7年时间辛苦准备奥运会后，才能得到满足感和荣耀，国际奥林匹克运动也因此呈现出更大的活力和魅力。"

金溶植
和平奖委员会主席

卢泰愚
韩国总统（1988—1993）

1999年5月,国际奥委会主席萨马兰奇将重建的泽塔奥运馆的钥匙交给萨拉热窝市长罗西姆·加卡诺维克

篇文章中的信息并援引官方通知,通知称"没有文件可以证明挪威报纸上刊登的相关信息",尽管他承认国际奥委会确实与格雷广告公司有商业关系。他补充道:"无论通过公关活动赢得诺贝尔奖的可能性有多大,(国际奥委会)没有在任何正式会议上讨论过。原因不是我们认为国际奥委会不配获得诺奖,而是在这种层次进行公关活动是非常不明智的,而且对每个人都是非常不利的。"

这次媒体泄密提前结束了国际奥委会的诺奖之路。很明显,国际奥委会中某些对胡安·安东尼奥·萨马兰奇和国际奥委会心怀恶意的人故意泄露信息。1995年,捷克奥委会再次正式提名胡安·安东尼奥·萨马兰奇为诺贝尔和平奖候选人。

和平奖 1990年9月25日,在汉城世宗文化中心举办的活动上,韩国给萨马兰奇颁发了和平奖,萨马兰奇一个月前已经获得该奖。这个奖项是一个私人非营利委员会在1990年2月设立的,获奖者包括在体育界为国际和平与和谐做出突出贡献的个人和机构。

萨马兰奇主席是这个奖项的首位获得者。该奖每两年颁发一次。

该奖项的设立原因是纪念于1988年举办的汉城奥运会。在颁奖晚会上,萨马兰奇深受感动且非常骄傲,他感谢韩国民众和评奖委员会(评奖委员会成员来自韩国社会的不同领域)。"我相信,国际奥委会主席获得该奖项的原因是奥林匹克运动取得了巨大的成功。我们将继续开展奥林匹克运动,为人类的和平与和谐而战。"

500多人和大量机构申请这个奖项,奖金为30万美元。奖金由韩国奥林匹克体育发展基金提供,该基金会负责管理为汉城奥运会建设的体育设施。获奖后,萨马兰奇宣布,奖金将会用于在洛桑建立新的奥林匹克博物馆。

萨拉热窝围城战役以及重建 波斯尼亚—黑塞哥维亚首都萨拉热窝是多民族多文化的交叉口,曾于1984年举办冬季奥运会,向世界展示不同的传统。萨拉热窝对萨马兰奇意义重大,因为萨马兰奇担任国际奥委会主席后参加的首个奥运会就是萨拉热窝冬奥会,萨拉热窝在他心中始终占有一席之地。

1994年,萨拉热窝举办奥运会10年后,这座城市陷入冲突。萨马兰奇对巴尔干战争深表担忧。波斯尼亚—黑塞哥维那冲突涉及三方:波斯尼亚、克罗地亚和塞尔维亚。萨马兰奇与三方代表在洛桑和日内瓦进行私人会面,他希望各位代表回想起奥林匹克运动对和平的承诺,再次强调奥林匹克运动和萨拉热窝的密切关系。1994年是"体育运动和奥林匹克理想国际年",在对媒体介绍策划的相关活动时,萨马兰奇表示,尽管战争情况非常激烈,他仍希望在萨拉热窝举办奥运会10周年时再次访问这座城市。

1994年,在挪威城市利勒哈默尔举办了冬季奥运会。冬奥会开幕前几天,2月5日,电视上播出了震惊世界的画面:萨拉热窝一个集市发生大屠杀,一枚炸弹爆炸,造成66人死亡,200多人受伤。当天,克罗地亚、塞尔维亚和波斯尼亚三方领导人即将举行和平会谈,并就达成协议进行磋商。面对这座城市遭受的苦难,国际奥委会也只能再次呼吁各方遵守奥林匹克休战原则。萨马兰奇主席公开表达了对和平的热切渴望。"萨拉热窝,我一直想着萨拉热窝。"他这样写道。尽管没有告诉任何人,但萨马兰奇依然希望能达成一份最低限度的协议,结束狙击手残忍的暗杀,并停止迫击炮攻击和其他军事行动,至少在利勒哈默尔奥运会期间休战。休战是人道主义行为,能让饱受围攻的人喘息并恢复力量。"1984年,我首次作为国际奥委会主席参加奥运会,萨拉热窝人民热情欢迎我们,我希望向他们证明我的决心。"萨马兰奇知道,仅希望休战是不够的,因为希望并不一定会成真。但是萨马兰奇并未放弃努力,"如果让我判断各方是否会遵守奥林匹克休战原则,我会说很难预测,但我们一定要尝试,要不断尝试。"

2月12日,利勒哈默尔奥运会开幕式在举办跳台滑雪比赛的里斯加兹巴肯体育馆举行。开幕式上,萨马兰奇主席发表演讲。他应该说一些礼节性的话,但他知道世界媒体将会关注他的演讲,他不能浪费这次机会,他大声呼吁让和平重回萨拉热窝,提出了现在著名的口号"放下枪"。他的声音传出了冰雪覆盖的利勒哈默尔:"十年前,我们在萨拉热窝参加奥运会。萨拉热窝热爱体育、谅解、友谊与和平,这是我对萨拉热窝的记忆。萨拉热窝民众在过去两年内饱受折磨。现在我请各位在场的人以及全世界的人站起来,我们一起默哀一分钟。"当时,人们的情绪非常激动。人们默哀了一分钟,之后萨马兰奇的声音再次在全世界人民耳边响起:"谢谢!我们今天传递的信息比以往更明确。请停止战斗,请停止杀戮,请放下手中的武器!"他坚定的话语将闭幕式推向高潮,他再次提起萨拉热窝:"发生过很多惨剧后,情况似乎有所好转。我们希望休战——我们用有限的能力推行休战的理念——能带来持久的和平。为了我们自己,也为了我们的孩子。亲爱的萨拉热窝,我们不会忘记你。我们将一如既往支持你。"

萨马兰奇信守诺言,再次访问了萨拉热窝。2月16日,奥运会举行期间,他悄悄地离开利勒哈默尔,出人意料地去访问这座饱受苦难的城市。国际奥协主席兼来自墨西哥的国际奥委会委员马里奥·巴斯克兹·拉涅亚、欧洲奥协主席雅克·罗格(比利时)、国际奥委会总干事弗朗索瓦·卡拉尔以及国际奥委会国际合作顾问费克鲁·基丹一同前往。他们乘坐的小型飞机冲出军事包围,在几个小时内开辟了一条空中走廊。在《奥林匹克回忆》中,萨马兰奇认为这趟旅程是"我担任主席21年间最危险的行动之一,""我无视死亡……(给萨拉热窝)带来了在利勒哈默尔参加奥运会的运动员的鼓励、健康和友谊。"萨马兰奇带着一丝迷信描述了一件轶事,他写道"当时我穿的迪桑特外套正是我十年前到萨拉热窝时穿的那件,"这件外套目前正在位于波斯尼亚首都萨拉热窝的奥林匹克博物馆中展出。

国际奥委会提供了1500公斤雀巢捐赠的食物,属于波斯尼亚—黑塞哥维那难民事务高级专员公署的合作以及人道主义援助项目。萨马兰奇会见了国家总统伊泽特·贝戈维奇,代表整个奥林匹克大家庭向该国人民传递团结的信号。西班牙在莫斯塔的维和部队于同一天到访萨拉热窝。在这支部队的帮助下,委员会到达前线,全副武装,身着防爆护甲,头戴蓝色头盔,坐在装甲车中前行。主席可以亲眼目睹爆炸对这个城市造成的暴力影响,他还去看了之前的奥运设施,设施被破坏或者被损毁。泽塔(Zetra)体育场是个体育中心,之前曾在此举办过典礼,萨马兰奇曾在这里以

2000年6月,泽塔综合体育馆的纪念牌匾揭幕。萨马兰奇去世后,这座城市以这位国际奥委会主席名字命名这座体育馆

"再见,亲爱的萨拉热窝"向奥运会告别。这座体育场已经被战火摧毁,当时是联合国维和部队中法国派军的营地。滑冰场附近的地区是爆炸受害者的墓地。斯肯德里加体育场在炮弹的袭击下变成废墟,特勒贝夫奇山上的雪橇赛道已经完全被毁坏。奥运大家庭之前居住过的假日酒店有明显的大火和爆炸留下的痕迹。奥林匹克休战日具有历史意义,尽管做出各种努力,但目前各国并不尊重奥林匹克休战原则。然而值得一提的是,人们只在这天没开枪。

访问前几天,尽管萨拉热窝陷入战争,这座城市依然举办了几场活动,纪念奥运会举办10周年。其中一场活动在国家剧院举行,1984年,国际奥委会曾在这里召开第87次全会,活动组织者演奏了奥林匹克会歌。典礼上,萨拉热窝市长穆罕穆德·克雷西弗亚克维克指责道,10年后,这座城市"已经不再是一个非常美丽的奥运城市,而是变成了一个巨大的集中营"。

重建萨拉热窝 1996年1月17日,简单访问过克罗地亚的萨格勒布市后,萨马兰奇主席宣布,在荷兰、挪威、巴塞罗那市、西班牙政府和国际滑冰联盟的支持下,国际奥委会决定与波黑奥委会携手,和萨拉热窝、欧盟以及体育人道主义组织合作,支持泽塔体育馆的重建工作。这是前所未有的举措,也是另一种表现团结的方式。巴塞罗那,一座曾举办过奥运会的城市,向它的奥林匹克姐妹城市萨拉热窝伸出援助之手。

全部投资大约为1100万美元,参与重建工程的有包括加泰罗尼亚工程公司,如TUBSA,这家专业的公司曾负责莫米罗奥运村的修复工作。工程在萨拉热窝设立一个常驻办公室,在巴塞罗那市议会官员兼巴塞罗那人道主义援助协调员曼努埃尔·维拉的领导下开展工作。萨马兰奇向巴塞罗那市议会递交了国际奥委会的支票,作

萨马兰奇、洛桑市长伊薇特·雅吉和联合国日内瓦办事处总干事弗拉基米尔·彼得罗夫斯基参加国际体育和奥林匹克精神年开幕式

为重建战争中受损建筑的费用。国际奥委会关系部也参与其中协助，负责人是加泰罗尼亚人佩雷·米洛，米歇尔·费维协助。萨马兰奇称，随着1984年奥运会最具标志性的体育设施的重建，"我们兑现了诺言，体育重返赛场，帮助我们忘记多年来电视上不间断播出的死亡和恐怖的图片"。

重建工作持续了4年。正值萨马兰奇第二个任期的最后阶段。1999年5月28日，萨马兰奇主席将泽塔奥运馆的钥匙交给萨拉热窝市长雷西姆·加卡诺维奇，之后他与波黑三党总统的3个代表日夫科·拉迪西科、安特·耶拉维奇和伊泽特·贝戈维奇进行会晤。在演讲中，萨马兰奇回忆道："我首次作为国际奥委会主席参加的奥运会是在萨拉热窝举办的冬奥会。这场冬奥会象征不同文化的融合，体现了友谊和公平竞争的精神，真正体现了奥林匹克精神。在这一届奥运会上开始职业生涯的运动员将永远激励后来的运动员。10年后，奥林匹克运动在利勒哈默尔举办第17届奥运会。萨拉热窝处于战争中。从此，在国际社会的帮助和支持下，奥林匹克运动提供双倍的支持，在体育和奥林匹克精神的指导下，重建在冲突中受损的体育设施，恢复和平关系。在重建场馆的开幕式上，我们庆祝共同努力取得的成功，希望有助于各民族的和解，希望泽塔奥运馆成为体育和团结的象征。"

胡安·安东尼奥·萨马兰奇去世后不久，萨拉热窝和波黑赞扬了这位伟人对萨拉热窝的真挚友谊，同时宣布以萨马兰奇的名字命名泽塔奥林匹克馆。2010年6月16日，区域理事会主席丹尼斯·希斯维克在场馆入口处揭开一个牌匾，上面刻着这位前国际奥委会主席的名字，他说："我们不会忘记他在萨拉热窝被围攻时到访所表现出的友谊，也不会忘记他为重建泽塔奥运馆所做的贡献。"

萨拉热窝的承诺

1984年，萨拉热窝有"萨马兰奇一代"。这位国际奥委会主席打破常规。奥林匹克让世界有机会了解萨拉热窝。

8年后，有人试图摧毁这一切。这座城市被围困了1367天，造成11451人死亡，这座城市总人口不到40万。一群相关人士打破了封锁，其中有萨马兰奇、苏珊·桑塔格、伯纳德-亨利·雷维、胡安·戈伊蒂索洛和帕斯卡尔·马拉加尔。

30年过去了，在这个曾举办过奥运会的城市中，有关奥运会的记忆已经不多了。

奥林匹克援助 1992年10月，12辆大型拖车在居民和巴塞罗那奥运村运动员的帮助下离开巴塞罗那。到达战区后，奥林匹克旗帜和神奇的文字"奥运车队，1992年巴塞罗那市政府向萨拉热窝市民提供的援助"打通了检查点的重重障碍。最后，在联合国难民署仓库中卸下货物。很明显，奥运车队很难打破围攻。我们曾尝试过2次、4次、8次。城市充满活力，这里有抵抗、爱和笑声。我们向他们学习，包括他们的骄傲、顽强抵抗的能力，以及如何借助于幽默度过迫击炮攻击的漫长日子。我们从未缺少娱乐、报纸、啤酒或香烟，以及定义生存艺术的诗歌。

一些场景被保留在历史中，它们被后人铭记、诠释并成为永恒。对萨拉热窝人而言，他们永远记住萨马兰奇在城市中闲逛并访问泽塔的场景，当时他附近是联合国法国部队的装甲车，巡视了斯肯德里加并尝试花式溜冰，人们同时记住了他的大衣和帽子，以及他从利勒哈默尔1994年冬奥会赶到这座城市。

在奥运会开幕式上，巴塞罗那努力建立与萨拉热窝的联系。在开幕致辞中，帕斯卡尔·马拉加尔呼吁停止冲突。之后，西班牙拉夫拉前卫剧团在体育场中表演，呈现了充满战争与和平的地中海世界。第二天，在巴塞罗那提供的正式早餐中，萨拉热窝市长穆罕穆德·克雷西弗亚克微克向所有曾举办过奥运会城市的市长说，萨拉热窝的会议大厦遭到轰炸，围攻一如既往的血腥。巴塞罗那市长马拉加尔，巴黎市长雅克·希拉克以及阿姆斯特丹市长埃德·范蒂因同意率先向萨拉热窝提供援助。这3座城市曾争夺过1992年夏季奥运会主办权。

重建 在市政项目"萨拉热窝需要你"的带动下,巴塞罗那帮助打破萨拉热窝的围攻状态。在事态紧急时、战后重建过程中、反抗时,我们会提供人道主义救援。巴塞罗那民众无法理解欧洲的战争,更别提离家乡2000英里外的战争。巴塞罗那推动事情发展,共同传递一个信号,即萨拉热窝要依靠民众。这个承诺并不是来自市政府,而是整个城市、体育俱乐部、学校、文化协会、公司和组织以及数千万没有武器的民众一起努力打破围攻。在对萨拉热窝的"千日围攻"中,马拉格尔市长承诺重建1984年的奥运村——莫米罗的10栋建筑。

达成代顿和平协议后,巴塞罗那在萨拉热窝设立了一个办公室,之后被称为巴塞罗那大使馆。地方政府大使馆是欧洲议会提出的一个计划,在敌对区域重建睦邻关系。为促进行政工作开展,成立了巴塞罗那11区,这个地区没有边界。卡尔斯·博世和埃里克·豪客担任现场负责人,马奈尔·维拉在巴塞罗那办公。马拉格尔全程参与。我们在萨拉热窝有建筑师,在巴塞罗那有工程师。参与重建工作的人接到佩尔·米罗的电话,"萨马兰奇主席希望了解市政府的承诺,并从洛桑发来问候。我们提议延长泽塔项目,国际奥委会将承担相应的费用。"战后3年的时间中,重建项目为200名波斯尼亚人提供了工作。打破传统并让期待翻倍。

"没问题" 胡安·安东尼奥·萨马兰奇和市长帕斯卡尔·马拉加尔在巴塞罗那见面,当时的气氛轻松自在。"没问题",他们用塞尔维亚–克罗地亚语交谈并充满信心。他们花了几十个小时一起讨论,两人知道一切皆有可能。用"没问题"3个字打破常规模式和规定。政府当局回应提出的要求,并根据要求修改规定,感谢巴塞罗那市秘书乔迪·卡萨斯的出色工作。萨拉热窝报纸上用尔维亚–克罗地亚语刊登广告,举行比赛并评选出色的作品。萨马兰奇的想法很完美。泽塔代表城市的骄傲。重建泽塔意味着重塑萨拉热窝的尊严。萨马兰奇以个人身份参与重建工作。他的目的非常明确,"我们将筹集资金,巴塞罗那负责组织,并监督日常工作。"泽塔登上报纸头条,重建工作是新波斯尼亚恢复的必要内容,也是世界需要的新闻,表明波斯尼亚可以恢复。

科索沃奥林匹克场馆的首场音乐会是U2举办的。这个场馆就在泽塔旁边。萨马兰奇参加了这座场馆的开幕式,正如1984年的奥运会。今天,以胡安·安东尼奥·萨马兰奇命名泽塔体育馆。场馆内的奥林匹克博物馆陈列着萨马兰奇在战争期间访问萨拉热窝时所穿的衣服和帽子。巴塞罗那的奥林匹克博物馆毗邻蒙特惠奇山,同样以胡安·安东尼奥·萨马兰奇命名。巴塞罗那和萨拉热窝继续一同前行。奥林匹克精神永存。

马奈尔·维拉
巴塞罗那市议会中萨拉热窝重建项目的负责人

第13章　在奥林匹克之都洛桑的日常生活

萨马兰奇与洛桑市的爱情故事
1981年，萨马兰奇为国际奥委会从瑞士当局争取到特殊地位

"我回到了洛桑，压力没有在巴塞罗那时那么大了。那个喧闹之地，简直令人无法忍受。一切都紧张得很，少去才好。比起巴塞罗那，我在洛桑感受到更多的宁静。两地毕竟差得太多。"萨马兰奇这段描述巴塞罗那的心里话包含着苦涩，也流露出他终于感受到的与故乡间的矛盾情感——爱恋却排斥，疏远却又怀念。这种情感既真切又私密。

萨马兰奇与洛桑市长伊薇特·贾吉、顾拜旦侄孙若弗鲁瓦·德·纳瓦斯尔，以及阿道夫·奥吉在国际奥委会迁址洛桑75周年庆典上

从受命工作的第一天起，萨马兰奇就坚定地支持将洛桑市设为国际奥委会的永久性总部。他在日记里曾暗自写道："瑞士联邦不给予官方认可，让我们的工作屡屡受挫。"即便如此，他仍深知，皮埃尔·德·顾拜旦选择瑞士与洛桑的决定是一项历史性的胜利，随之而来的益处也是毋庸置疑的。

萨马兰奇与巴塞罗那的关系正如行星与太阳的关系。近了会灼伤，远了又会冻结。内心深处，萨马兰奇是归属西班牙，归属加泰罗尼亚，归属巴塞罗那的。他需要巴塞罗那的地中海氛围，需要孙儿女的音容笑貌，需要当地街道的斑斓色彩，还有老朋友们自带的温暖，尽管他在笔下对巴塞罗那总是那么严厉，"说实话，巴塞罗那让我难过，无论怎么看，它都不像从前了。我得认真想想，等我从奥委会主席位子退下来后，去哪儿颐养天年。"

可是到头来，巴塞罗那总是胜出。萨马兰奇退休后还是徘徊在位于迪比达波山山脚下巴塞罗那储蓄银行黑塔23号公寓的办公室，位于对角线大街的办公室和位于图罗公园前面的家。除了巴塞罗那，还有洛桑。这两座城市在萨马兰奇的生命中扮演了主要角色，也承载着相同的情感。萨马兰奇几乎每周都往返于巴塞罗那与日内瓦，乘坐西班牙国家航空或瑞士航空的飞机，不过到最后选择的经常是易捷航空的低价服务。他总是坐1A座（空姐称之为"萨马兰奇座"）。萨马兰奇是一位旅行家，满世界跑，走过万里路。细细翻看那盖满签证和印章的外交护照，他会自豪地说："这些年来，我都是唯一一位访问过世界上所有国家的西班牙人。"有一天，萨马兰奇决定离群索居把家安在了宾馆，没有家人环绕，像诗人一样，只有小小的行囊在身，他把所有的时间都献给了他最大的所爱——体育。

国际奥委会在洛桑　1915年4月10日，国际奥委会最终迁入洛桑，落脚在俯瞰帕吕广场的市政大楼。自1907年以来，顾拜旦男爵通过其好友戈德弗鲁瓦·德·布洛奈（瑞士）、保罗·马丁博士（瑞士）和弗兰西斯·梅瑟利（瑞士）的干涉，意欲将一直位于巴黎的国际奥委会总部搬迁到瑞士洛桑。连顾拜旦自己在从巴黎迁到瑞士沃州首府后都赞不绝口：这个城市的热情众所周知，更不用说它在世界上的名声了……这里呼吸的是独立的空气，奥林匹克主义将在所需的自由精神下发扬光大。皮埃尔·德·顾拜旦与保罗·麦勒费尔

整修后的维迪城堡及奥林匹克之家

（瑞士）市长签署了协议。瑞士，作为见证1894年6月23日在巴黎索邦大学举行的国际奥委会成立大会的12个国家代表之一，将成为国际奥委会的存档地和办公室所在地。洛桑将取代法国首都，成为国际奥委会的新总部。纵观国际奥委会历史，它曾先后为当地政府提供多处场所办公，从蒙伯农娱乐城（1915—1922）到休息山别墅（1922—1968），再到维迪城堡（1968年以后）。

萨马兰奇第一次接触沃州首府还是在1946年，当然也是因为体育。一切还始于国际旱冰球委员会秘书长奥托·迈耶（瑞士）。他随后也成了萨马兰奇的朋友。当时，来自巴塞罗那的RCD俱乐部由萨马兰奇率领参加了在瑞士蒙特勒举办的国家联赛。"梅耶在圣弗朗索瓦广场开有一家珠宝店，1946年，他被国际奥委会主席西格弗里德·埃德斯特隆任命为大臣（相当于秘书长）"，萨马兰奇回忆道。当时是体育事业的困难时期。迈耶在行政官莉迪亚·赞基（瑞士）的协助下，在自己的珠宝店里设置了办公室。与此同时，保留休息山别墅这座更体面的建筑物，用于官方的接待活动。但由于他与主席艾弗里·布伦戴奇（美国）有着显著的意见分歧，他的地位开始被削弱。最终在1964年2月，他从秘书长的位子上退了下来。由埃里克·乔纳斯暂时代职一段时间后，他的职位被约翰·韦斯特霍夫将军（荷兰）接替。1966年，约翰在罗马举行的国际奥委会第64次全会上接受授命，萨马兰奇也是在这次大会上被增选为奥委会委员。这个时期，秘书办公室和奥林匹克博物馆仍设在休息山别墅，图书馆则被安置在二楼和三楼（这两层于1970年关闭）。显然需要更多的空间，于是，1968年奥委会行政机构搬到了维迪城堡，就在日内瓦湖畔旁边。当时，但在最初筛选时还曾排除了维拉蒙特宅邸这座毗邻休息山别墅的17世纪建筑。

1970年，萨马兰奇当选执委会委员，他将更频繁地出现在洛桑。国际奥委会管理层的会议也意味着他必须更频繁地来回奔波，因为当时他还是西班牙驻苏联的大使。这段日子里，费尔南多·利巴扮演了重要的角色。利巴在财务方面是专家，他很重要，萨马兰奇本人也很看重他，他是萨马兰奇眼中在洛桑唯一可以信赖的人。为迎接萨马兰奇的到来，费尔南多·利巴扮演了战略性的角色："当时我还在体育部，但对当时城市里发生的大小事情一清二楚，这多亏了我的同事，也是我的好朋友提供给我的信息。费尔南多·利巴曾是一名运动员，还担任过巴塞罗那足球俱乐部秘书长。"利巴是关键人物，是洛桑城里值得信赖之人，他的任务就是在洛桑做好准备，等待萨马兰奇1980年后的到来。

历史学家皮埃尔·莫拉斯（瑞士）曾在一本讲述国际奥委会洛桑史的书中猜测萨马兰奇是出于何种动机才与洛桑这座瑞士城市建立起密切联系的，他说："选择洛桑，主席先生或许是想起了他在巴塞罗那瑞士学校的学生时代，那座华丽的瑞士风格建筑对一个西班牙人来说含义丰富。另外，宁静是另一好处。在巴塞罗那，受到埃塔组织恐怖分子的威胁,没有警察的保护,主席先生就不能行动,更不能独自安静地散个步。在洛桑,他总是沿着柏格大街散步。"除这些论调外,还有更多的人强调,萨马兰奇尊重1915年所立传统并受其影响,他的决定与他务实的视野不无相关,"瑞士是一个包容、高效的国家,不偏不倚,沟通顺畅,能运作起来"。

洛桑团体 随着萨马兰奇的到来,费尔南多·利巴组织起了思想实验室,或者用现在的话说应该叫"智囊团"。最早的成员是沃州首府的3位知名市民:让·普雷斯特(洛桑多项运动俱乐部主席)、雷蒙德·皮特(洛桑《晨报》体育版负责人)以及吉尔伯特·施瓦尔(律师)。此外,还有利巴这个西班牙银行家负责推进这一倡议。"洛桑团体"一直在为新主席的到来做准备。"这'四位朋友'各种会面的目的是"——他们在备忘录中写道——"为主席先生描述一种具体的展望,配合着他个人的经验与技巧,助他实现其设想中的一个主要目标,让洛桑再度成为奥林匹克之都。"

萨马兰奇搬入维迪办公后,这个小团体仍旧每月举行一次例会。会议通常都在洛桑皇宫酒店进行,在一种"谨慎、热情、友好和高

效"的氛围中结束。他们几个人基本上在扮演着智库的角色,想出的各种点子和倡议都输送到国际奥委会和奥委会主席处,帮助他们巩固奥委会与这座城市的关系,同时也消除前任主席基拉宁勋爵(爱尔兰)任职期间惯常存在的误解。他们首先确立了四大目标:制定国际奥委会法规,修复奥林匹克博物馆,建设国际奥委会新办公地点,将洛桑宣传打造成为奥林匹克之城。

萨马兰奇的私人笔记中流露出了他对这个团体会议的满意:"我们一直都保持着创意的热情,很幸运的是,想出来的许多点子都成为了现实。"洛桑团体成立之初确立的四大目标没过多久就实现了(本章稍后今叙述)。1985年后,团体力量进一步壮大,有更多的人加盟,其中包括:国际奥委会瑞士籍委员、管理员雷蒙德·贾夫纳,国际奥委会秘书长弗朗索瓦丝·兹韦费尔(瑞士),洛桑《晨报》及《24小时报》总裁马塞尔·帕沙(瑞士),国际奥委会总干事弗朗索瓦·卡拉尔(瑞士),房产商伯纳德·倪克德(瑞士)。

在为国际奥委会取得特别法令后,大家的重心开始放在发展体育活动上,为的是将洛桑人民与国际奥委会这一奥林匹克机构关联起来,也为各个机构搭建起固定的联系通道。用一位委员的话说:"在当时,取得民众支持很重要"。所以,当时特别设计了一种体育活动策略,让洛桑市民都参与进来,让他们觉得国际奥委会是"自家的机构"。此后,洛桑团体的会面逐渐少了起来,直到1995年9月彻底停止。当时奥林匹克博物馆已经大获成功。之所以决定解散这一智囊团,不再让它为密切洛桑与国际奥委会的关系努力,无疑受到了当时洛桑申办1994年冬奥会失败的影响。

在瑞士的特殊地位 从任期开始的第一天起,萨马兰奇就坚定地支持将洛桑设为国际奥委会的永久性总部。然而,基拉宁勋爵给其继任者的担保书中直接明确地表示了对这座城市的否定:"洛桑有一个令人不快的问题。我一直以来都呆在那儿,但我始终认为,如果瑞士当局不愿配合的话,必须严肃考虑更换地点的可能

性，有历史传统的因素在里面也不行。"面对这一警告，新任主席决定重启1974年由马克·霍德勒（瑞士）最初发起的系列程序，希望能够改变国际奥委会在瑞士联邦，更确切地说在洛桑的形势。他在日记里曾暗自写道："瑞士联邦不给予官方认可，让我们的工作屡屡受挫。"即便如此，他仍深知，皮埃尔·德·顾拜旦选择瑞士与洛桑的决定是一项历史性的胜利，随之而来的益处也是毋庸置疑的。

瑞士籍的国际奥委会总干事弗朗索瓦·卡拉尔，任职时曾清楚地描述过当时的情形："萨马兰奇更像是一个行动派的人，正因为如此，他很快就决定要达成之前他自己定下的目标。"担任主席的

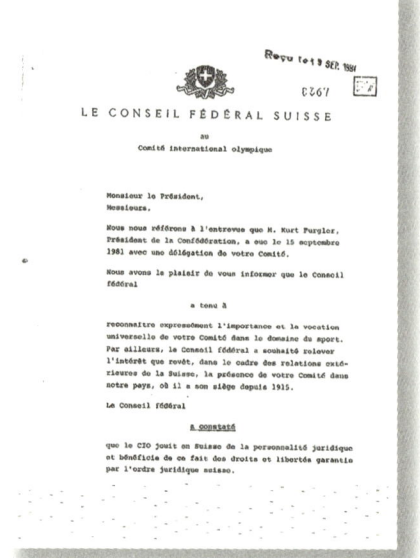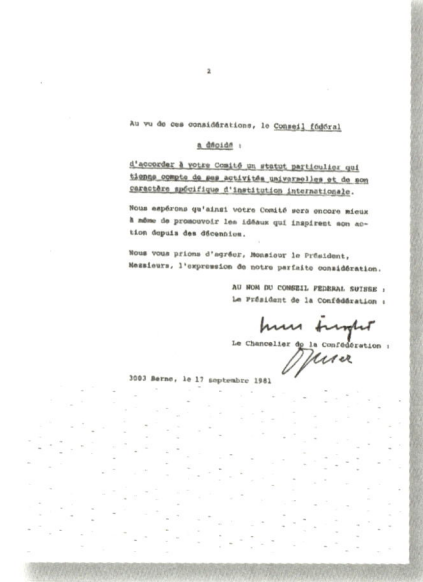

瑞士联邦决议：授予国际奥委会在瑞士的特殊法律地位

第一年，萨马兰奇就已经在巴登-巴登国际奥委会第84次全会上庄严宣告，要继续留在洛桑。为了达成这一目标，他坚持与洛桑市长吉恩·帕斯卡尔·德拉米拉定期会面，争取市政支持。谈话中，他向瑞士联邦主席库尔

感谢您，主席先生！

主席先生和瑞士有着非常紧密的联系，这种关系经过历年的酝酿已经深厚到了不同寻常的程度。他示予我们国家、我们政府的友谊是真挚的，深厚的，持久的。胡安·安东尼奥·萨马兰奇是一位情感极其细腻的人，对一般机构的工作一直都展示出十分的尊重，对我们的工作更是如此。在无数的场合都证明了他爱我们这个国家。而且我想说，还不仅如此。是的，我们对主席先生感恩不浅！而且，我相信，我们应该继续告诉他我们的心意，哪怕6月份主席先生就要结束他富有创意和成效的工作离开办公室了。胡安·安东尼奥·萨马兰奇应该得到我们的认可，他卓越的职业生涯和非凡的个人奉献无疑也会得到历史的奖励。

就我个人而言，我可以诚实地说，我十分敬重主席先生，他是极好的朋友，也是志趣相投的伙伴。他倾听的能力、他待人的方式、他对话的心意和他给出的意见，都是真金白银般的宝贵。自从他来到瑞士，我们每年都会见面，以个人名义或以体育部立场。我担任瑞士联邦主席的时候，我们也见过。我记得每次见面后感受到的是缕缕阳光。更不用说我们无数次的文字交流，这也是友谊的一部分。

主席来到瑞士之后，在许多领域都有所行动。首先，他拜访了瑞士各州州政府。他觉得这是他不可推卸的职责！之后，他送给这个城市一座奥林匹克博物馆，就在乌希码头，一个真正的奇迹！这是本区首府（及奥林匹克之都）的博物馆，也是所有瑞士人民的博物馆。放到明信片上，是那么美丽的风景。此外，感谢胡安·安东尼奥·萨马兰奇的努力，很多显贵名要光顾我们的国家，如西班牙国王，比利时国王等，许多国家的政府首脑及体育大臣等。奥林匹克运动总部位于瑞士的事实吸引了许多国际运动联盟来此设立。这是再棒不过的礼物了！正是因为如此，瑞士成为了世界运动管理之都。对于像瑞士这样一直力图在世界舞台上博得立足之地的小国而言，这意味着巨大的机遇。

为此，我们应该向萨马兰奇阁下表示我们的敬意。感谢您，胡安·安东尼奥！感谢您，主席阁下！感谢你，我的朋友！感谢你，瑞士的朋友！

阿道夫·奥吉
瑞士总统（1993年、2000年两届任期），瑞士联邦委员会委员（1987—2000）

特·福格勒援引国际奥委会的全民精神,坚持主张国际奥委会是一个国际组织。其实,基拉宁勋爵早先也一直在争取瑞士当局的认可,只是一直未能成功。奥林匹克运动人士觉得,未能受到瑞士当局的公正待遇,所以,当国际奥委会非政府国际组织的地位得到国际航空运输协会和各国议会联盟认可时,不适感开始上涨。奥林匹克机构内部开始出现骚动。有些人,包括有安纳普尔纳英雄之称的法国委员莫毛里斯·赫尔佐格,公开要求将总部迁回法国,设到巴黎。不过,最终让国际奥委会失去耐心的是"宝马事件"。当时,德国汽车生产商借出的几辆汽车因为没交税,被停在了瑞士边境上。

接下来,与联邦政府打起了一场攻坚战和持久战。最后,终于达成了协议。这期间,打破了部分中层公务员的沉默,他们不愿对国际奥委会给予承认,萨马兰奇曾在日记中间接地谴责道:"掌管这个国家的是联邦委议会还是公务员?"所有相关各方(国际奥委会的瑞士委员雷蒙德·贾夫纳和马克·霍德勒以及联邦委员会、沃州与洛桑市)都表示同意,并做了官方宣言,说明了坚持认可国际奥委会的必要性。瑞士联邦终于有了反应。1981年7月8日,国际奥委会被正式认可为非政府国际组织。当时其实发生了一件人事,洛桑市换了市长(德拉米拉由保罗-勒内·马丁取代),改变了一开始的决定。就在巴登-巴登第11次全会大讨论开始前一周,瑞士联邦改变了政策,做了退让,同意授予国际奥委会"特殊地位,认可其举办的全民活动以及作为国际机构的特殊性质"。

在这一法令下,国际奥委会将享受多种便利:免交瑞士国防税,且可自由雇佣外籍员工。这一法令在瑞士是十分独特的,关乎非政府组织,而这一组织所开展的活动又不涉及主权国家间的协议。瑞士联邦的宣言确认国际奥委会获得机构认可,奥委会主席将享受特别待遇,各国领导人将按大型国际组织最高级代表对其进行接待,且机构被赋予所有的国家(类似无领土国)级荣誉。目标已经达成,国际奥委会的机构层次得以提升,人们将更尊重其工作,实现更多目标也将提上日程。

一段爱情故事 解决了最初的问题后,胡安·安东尼奥·萨马兰奇与洛桑市开始萌生"爱情",在这个故事里,双方都将自己最出色的一面展现给了对方。《24小时》报体育版组长丹尼斯·皮蒂特是这样讲述这个故事的:"国际奥委会与洛桑间真的有爱情故事吗?奥委会爱这座城市。主席萨马兰奇做了代理人,他竭尽所能给了洛桑现在的身份。政界了解这段关系的好处,经济界、旅游界也是。那么,剩下的就是当地的居民了。在他们眼里,国际奥委会及其员工是一支精英团队,他们参加宫殿里的鸡尾酒会,却和自己没有半点儿的关系。有很多巴黎人从来都没登上过埃菲尔铁塔,但他们知道,铁塔就在那儿。很多洛桑市民也知道,国际奥委会总部在市内,但却不知道奥委会在建一座具有国际名气的博物馆。在与洛桑的爱情故事里,国际奥委会扮演着重要的角色,必须把握住机会巩固与当地居民建立起的联系,并向人们展示,像国际奥委会这样一个机构落脚在这个城市意味着一千零一个甜头。"

作为对获得认可的感谢,萨马兰奇在1981年、1982年向瑞士联邦颁发了奥林匹克杯,并亲自向让-帕斯卡尔·德拉米拉和保罗-勒内·马丁授予奥林匹克勋章,1997年,对当时的女市长伊薇特·贾吉授予奥林匹克勋章。洛桑市也做出了回应——1984年12月,萨马兰奇接受了城市颁发的金质奖牌。他是这样描述那天的情景的:"今天是个特别的日子。在洛桑生活了4年多后,他们给我颁发了城市金奖。真得回看过去,想想当时贝利乌与洛桑政府进行了怎样的斗争。很长一段时间,双方僵持在蔑视、嘲弄与威胁离开的态度上。后来都发生了变化。当他们意识到国际奥委会的立场很诚恳,我们也是希望达成互惠互利的协议时,气氛完全不一样了。"

洛桑虽然从未办过奥运会,但却被冠以"奥林匹克之城"的称呼,对此洛桑当之无愧。1982年9月25日,萨马兰奇正式将奥林匹克五环旗献给洛桑,并郑重宣言:"今天,献上这面五环旗,奥委会希望以这种有形的方式,为自1915年以来总部落脚于此,向这个城市表达它的敬意与感激。"市长保罗-勒内·马丁回应道:"收下这面旗,这一过去协力工作的象征和未来有效合作的宣言,洛桑市承诺,未来将一如既往支持并服务于奥林匹克运动及其理念"。1990年4月10日,洛桑市与国际奥委会共

1981年,授予瑞士联邦奥林匹克杯的庄严现场。图中人物从左到右依次为:保尔-勒内·马丁、乔治-安德烈斯·舍瓦拉斯、萨马兰奇主席、库尔特·福格勒和皮埃尔·奥贝特

同庆祝了奥林匹克入驻沃州的75周年纪念日。为保证双方关系持久顺利发展，特此成立了由双方代表组成的国际奥委会—洛桑协调委员会。

不过有一件事让萨马兰奇很是苦恼，洛桑曾申请举办1994年冬奥会，最终结果将于1988年在汉城（现在的首尔）揭晓。但当地的公投结果却让萨马兰奇失望了。1988年6月26日，他在笔记中写道："'否决票'轻松胜出：15000张反对票，8700张赞成票，62.3%：37.7%，几乎是2：1，参与率45%。这对国际奥委会，对我，都是坏消息。我会见了洛桑的体育领袖们，告诉他们公投结果后，他们很沮丧。我立即表明了国际奥委会在这件事上的立场。我说，我们必须尊重这一结果，但我们总部在瑞士的事实不会改变，我们接受这个国家体系的好和它的不好，在我看来，国际奥委会与洛桑是要有长长久久的关系的，申奥失败只是其中

游客进入洛桑就能感受到奥林匹克的气氛。高速路，火车站、体育场馆内，沃州之都和奥林匹克主义的完美融合无处不在

的一个章节而已。我们必须着眼未来，继续为这座我们热爱的城市的体育事业奋斗。"（见"第3章　恢复奥运会品牌"）

最近这些年，"洛桑团体"智囊团原来设计的很多项目都慢慢落地了。下面是几个例子：自1981年起，庆祝"奥林匹克周"已经成为这个城市的一种传统，每年都会举行。人们举办各种文化、体育、教育活动（多为儿童活动），同时组织各种体育竞赛，如1982年起举行两项体育比赛，即"洛桑20公里"长跑及洛桑—依云游泳赛；1983年在蟠龙宫酒店举办专题展"瑞士之角"；国际奥委会作为名誉股东参与的"瑞士全国展"；以国际奥委会为主角的数项体育活动和盛事有1976年创建、第二年首次举办的洛桑国际田径赛；1993年6月26日首次举办的新奥林匹克博物馆开幕活动之一的洛桑马拉松赛（1994年起该比赛每年10月举行）。

洛桑成为了重要的地点，它是国际机构（如联合国教科文组织）的签约地，重要协商（朝韩，种族隔离制度的结束等）的开展地，国际奥委会工作例会（全会及执委会会议）的召开地，知名组织（如体育仲裁法庭，自1984年）总部的永久性驻地，或临时机构（如世界反兴奋剂机构，从1999年到2002年）的总部驻地，国际体育大会（如国际体育运动研讨会，媒体与奥林匹克，1984年）的召开地，环境大会（世界体育与环境大会，1993年）的召开地，医学大会（世界体育兴奋剂会议，1999年）的召开地，新奥林匹克博物馆1993年的开幕地，1993年世界奥林匹克收藏家博览会的举办地等。所有这些都为这座城市带来了数以万计的观光者和世界性声誉。

世界体育落户洛桑　1985年，由墨西哥人鲁本·阿科斯塔带领的国际排球联合会决定在洛桑设立排联总部。此后，又有众多国际单项体育联合会相继在此设立总部。最终在2001年，萨马兰奇的梦想成真了——洛桑政府决定修建"国际体育大厦"，这栋5000平米的建筑物紧邻国际奥委会总部，里面的办公室由决定迁来奥林匹克之都的体育机构随意使用。这意味着，18个已获认可的国际单项体育联合会、12个国际体育机构和18家与体育相关的公司最终在洛桑设立了总部/办事处。此外，洛桑还举办过多届大型国际、洲际比赛总决赛。从此，这座城市的名字在世人眼里便与体育、与国际奥委会挂钩了。洛桑市政当局委托进行的一项研究显示，该城市从体育活动中获得的回报估值达数百万瑞士法郎。

1998年3月，受联邦委员会鼓励，伯尔尼州议会提出，免除国际奥委会所有增值税，包括已缴税款。该决定引起了激烈争议，由于争议太

大,以至国际奥委会在关键的议会程序开始之前便自主撤回了请求。

洛桑团体提议的项目中只有一个未能成形,即在洛桑大学设立奥林匹克教授职位。不过,虽然这一项目落空了,但有其他大学,比如巴塞罗那自治大学把这一倡议执行了起来。

莫尼卡·贝利乌事件 萨马兰奇的第一个决定就是要发挥一名执行主席的作用,每天早晨去办公室,做执行主席该做的事情。所以他决定,把家从巴塞罗那搬到洛桑来。办公在维迪城堡,住在洛桑皇宫酒店。国际奥委会主席的远程办公成为了过去。他这样解释这一举动:"我们的机构其重要性决定了要与城市保持持续性、永久性联系,要对每天出现的问题有直接的了解。"这就结束了另一个时代。以往,萨马兰奇的前任们很少来洛桑,日常事务都是由国际奥委会总干事莫尼卡·贝利乌处理的。记者大卫·米勒称她是"一个野性不驯的法国女人"。贝利乌1923年出生于梅茨,原为一名游泳选手,曾参加伦敦1948年夏季奥运会。据说,她曾在第二次世界大战时期同法国抵抗运动合作,冒险游过来茵河从纳粹占领区带信而回。1967年,贝利乌进入国际奥委会,协助主席艾弗里·布伦戴奇处理新闻与公关相关的事务。慕尼黑1972年奥运会之后,她被主席基拉宁任命为国际奥委会干事。从一开始,她就展现出了强烈的个性:精力充沛,又带有某种独裁主义特质。她非常活跃,工作卖命,完全按自己的想法领导国际奥委会,基拉宁主席则坐镇都柏林官邸处,委派她行使其职能。"她管束国际奥委会委员的情形,简直叫人又怕又恨。"一位曾与她一起工作的公务员这样说。

萨马兰奇接下来却出其不意地强推起了一种新的管理风格,用他自己的善于换位思考的能力,强调关系的发展,倾听并关心他人的问题,尤其是国际奥委会员工的问题,这让各个方面的工作都发生了彻底的变化。

他会亲自跟踪了解所有的卷宗记录,会直接给下属下达命令,会出席所有的会议,会在维迪城堡的办公室接待访客。他自己曾说:"我这个人话很少。对于我而言,说出的话就得把事情办成,而我又非常地锲而不舍。"加泰罗尼亚人因其职业道德名声在外,萨马兰奇就是一个很典型的例子。自律、勤勉、严密与谨慎都是他努力经营的优秀品质。他一天24小时全部献给了奥林匹克运动。像一位船长,永远都候在甲板上。

国际奥委会主席和干事,也就是萨马兰奇和贝利乌间的关系很快就进入一种胶着状态。虽然平时两人彼此都毕恭毕敬,但总是生硬,且不真诚。这位前法国游泳队员曾仔细研究过5位有机会接任基拉宁勋爵职位的候选人。在1980年主席选举中,她选择了支持最坚定、最具潜力的一位,也就是萨马兰奇。然而,这位新主席却选择留在洛桑,对此,贝利乌必然不爽,她已经习惯了给出决定意见、在各种文件上签字、按自己的心意招雇员工、管理国际奥委会财务、协商电视权利、发表否决声明、处理日常生活中的大小问题,只是偶尔发个急件给主席,享受在巴黎过个长长的周末,对当地政府总是居高临下。这些,把国际奥委会与洛桑这座城市彻底孤立开来。

一开始,萨马兰奇的日子并不好过。囿于一层的一间办公室,受着贝利乌的侄子、行政主管阿兰·朱佩(法国)的"控制"。他们监控着他的行动,连他接待的访客都要一一记录。最过分的是,萨马兰奇处理工作事宜或参观城市时要不要叫车都要他们批准。萨马兰奇心里明白,这绝非对待一个选举上任的最重要的组织代表人的应有方式。他写道:"气氛还是很糟糕。有人告诉我,我的电话被窃听了,桌子上还藏着麦克风……我们究竟还能忍多久。"

萨马兰奇享受着执行主席角色的同时也在思考,要怎样做,要多久才能结束当下这种屈辱局面。他感到不适但也清楚,他的孤独意味着他要加倍小心。因为他没有自己的人,也没参与任何员工的招录,他发现自己处于很不利的境地。当他提议任命员工,比如他想任命安塞尔莫·佩皮斯来管理奥林匹克团结基金时,发现这个"野性不驯的法国女人"又跳出来了,"和安塞尔莫、贝利乌开会。她一点权力都不想放。我跟她解释,安塞尔莫也应该有自己的权力,其中一项就是可以公开、严谨地签署文件。"

萨马兰奇不得不等待改变的时机,不能仓促行事。亚历山德鲁·西佩尔科(罗马尼亚)、亚历山大·德·梅罗德(比利时)及其他执行委员给与他坚定地支持。他写道:"我还要因为没做决定后悔多少次!"最后,他决定壮大自己的圈子力量,任命了新的顾问,这些人后来逐渐接管了贝利乌的职责。第一个是当匈牙利委员、体育干事阿帕德·兹阿那提身患重病后被任命为名誉干事时,萨马兰奇决定该职位由民主德国奥委会秘书长沃尔特·特略格尔接替,并很快赋予了他新的职责:我让他负责一些现在至关重要的事务,如1984年后奥运项目的重审,以及如

何加强与国家/地区奥委会的关系。另一个任命是阿德里安·范登·艾德（比利时），营销专家，比利时跨联盟奥委会秘书长："我和他开会讨论他的职责。但是，他的国际奥委会商业化思路不是很能说服我。他该做的是打破现存的与国际奥委会与国家/地区奥委会之间的高墙。我不明白他怎么会忘了这一点。"

他与贝利乌女士的关系日益恶化。这在萨拉热窝1984年冬奥会及洛杉矶1984年奥运会上显现出来。尤其从萨马兰奇明显表现出要结束当时盛行的错误的业余主义那刻起，事情变得更加明显。当时，两人对奥林匹克持有相反的想法，这种差异越发明显并显现出来，终于导致潜在的冲突爆发了。两人的差异日渐增长，对抗持续不断。萨马兰奇决定以一种决绝的方式处理当时的情形："让我们看看，我到底有没有这个勇气终结这个问题。这取决于有无有利条件，以及我有无勇气去做，而不是简单说说。"但究竟何时行动，他还是犹豫不决。几天后，他再次在日记中吐露心声："我们大吵了一架。我一再告诉她，我不习惯也不愿意在当前的条件下工作。她反应很过分，不过我相信，她也意识到了一个国际奥委会中运转着两个机构的情况不可能再继续下去了。从另一方面说，我也不能一直监管一切事物。要一直保持我当前的工作节奏是不可能的。"萨马兰奇把他的私人日记藏在宾馆的房间里不让人窥探，他把日记当作心理医生的躺椅来用。他又在日记中写道："我们又在办公室吵了起来。一开始她告诉我，她收到一封从卡尔加里发来的电传，他们在电传里请求她和我给予指示。我对她说，人应该学会适可而止，如果她这么做了，我也就这么算了。最后，我们两人就谁负责聘用特劳格助理的问题争了起来。我告诉她，这百分之百是我的职责，并谴责她竟敢私自聘用律师，都不对我说一声。所以，唯一的解决方案也是我一直不敢采取的方案，那就是支付赔偿金，炒了她。"

上述内容是1985年2月份发生的事。到了4月份，两人随着关系的进一步紧张变得更加疏远，"贝利乌给我出了两个很大的难题。她摸清了我的脾性。她只需要走进我的办公室，现在她了解我，更是用上了萨波塔的格言，'若为铁砧，则不动；若为铁锤，则击之'。发觉我要爆发的时候，她就像海绵一样直接溜走。在这种情况下，我们之间不可能出现重大的正面对抗。这是我在国际奥委会犯下的最大的错误，或至少是会产生严重后果的最严重的情况。"

萨马兰奇听取了为数不多的几个可信任同事的意见，他必须直面当前的问题，并设法一劳永逸地解决问题，主动出击，甩掉贝利乌。1985年6月，这个时刻终于到来，当时国际奥委会正在柏林召开第90次全会。6月1日，执委会举行会议，在众多待议事项中，对萨马兰奇来说最重要的是结束已持续5年的局面。他在笔记中是这样记录执委会会议决定的："早上的时候，我请特劳格解释，贝利乌对他做过什么，让他处在什么难以置信的工作环境中。他把事实都说得一清二楚。"有些人对特劳格表示鄙视，简直幼稚。他解释道"比如，贝利乌告诉尤伯罗斯在把洛杉矶奥运火炬交给特劳格时不要与其他人同步。还有很多其他类似性质的事情。"当时的气氛非常紧张，贝利乌试图为自己辩解，"她说这全是谎言，说的都是老生常谈的托辞。此时，庞德请求只留下执委会委员讨论此事。"所有干事都离开了房间，这样一来国际奥委会执委可以自由发言。萨马兰奇是这样回忆当时情景的："历史性的会议开始了。大家都同意，这个问题必须一次性解决，唯一的方案就是终止与她的合同。贝茨和西佩尔科补充了几点。轮到我时，我明说了无法在当前状态下继续工作下去的想法。庞德则希望尽快解决这个问题。"

女市长布里斯班招待我们吃过午饭后，会议继续。"最终，全体达成一致。我提名了一个委员会专门负责解决她的问题。贝茨、姆巴依和梅罗德3人将具体协商协议条款。这个时刻终于来临了。我明白，一场战争要开始了，而且这场战争很可能会直接波及到我，但我别无选择。负责同贝利乌谈话的3人似乎很满意。因为似乎就是钱的问题。贝茨听从了我的吩咐，让她风风光光地离开。"

第二天，也就是6月2日，这一消息就登上了《奥林匹克世界报》，美国通讯社协会出版社发表了这样的文字："莫尼卡·贝利乌生于梅茨，1967年进入国际奥委会，之前在法国青年与体育部任职。在成为干事前有4年的时间在行政与信息部担任主管。她在多届

萨马兰奇主席与国际奥委会秘书长弗朗索瓦丝·兹韦费尔和总干事弗朗索瓦·卡拉尔

奥运会的组织工作中发挥过显著作用，包括慕尼黑、蒙特利尔和洛杉矶奥运会，札幌、因斯布鲁克、普莱西德湖及萨拉热窝冬奥会，至此，她还在为1988年奥运会做准备工作。"

贝利乌未参加那天的执委会会议。她在自己合同终止相关条款确定的当天就拿到了补偿金。随后，她参加了新闻发布会，读了一篇10行的新闻发言稿，并不接受提问。萨马兰奇对自己的改革计划有清楚的打算，贝利乌险些就成了拦路虎。听着贝多芬第九交响曲的旋律回荡在德意志大话剧院的上空，萨马兰奇知道，新的篇章正在翻开，他已经有了忠实伙伴的支持。

国际奥委会主席与他的秘书玛尔塔·萨尔萨斯及个人助理安妮·因肖斯佩

改善国际奥委会管理 从萨马兰奇还未成为主席时起，国际奥委会的内部管理，它的行政部门，就一直按照一家小机构的标准运作。机构员工，可用的预算及人力资源则都从属一个半业余实体。1980年，国际奥委会共有27名员工，大部分为英法籍。贝利乌当时招人都是挑选而来，几乎没招瑞士及其他国家的员工。她自己在1983年承认过，机构预算总计5000万瑞士法郎。

萨马兰奇担任执行主席后，第一步行动便是为国际奥委会打造一个更可靠、更专业的结构。他知道，若想创立一个领导世界运动的机构、达成最终目标，他需要找到一种顺畅、高效、专业的组织结构。因此，他决定在1984年奥运会前打好基础。他听取了国际奥委会德国委员贝霍尔德·贝茨的意见，寻求两家咨询公司——麦肯锡咨询公司和普华永道的帮助。"我说得很清楚，我们希望能独创性地重组管理结构，但不动机构底盘。"

两家咨询公司在详细调研国际奥委会后出具了一份报告，并明确梳理了各项职能以及将要制定的组织策略。5天后，提案正式提出，此时已经辞退贝利乌，不会有人再横加阻拦。萨马兰奇写下了下面的文字："一堆一堆的工作。我已经几乎是住在办公室了，但心里很平静，如果就这么过下去，我将拥抱人生中最美好的一段时光。"虽然看似有些意外，但是一直以来国际奥委会从未制定过自己的组织策略，没有确立职责、描述职能，也没有明确管理线。

新策略终于要实施了。主席下面设立了总干事的职位，由国际奥委会瑞士委员雷蒙德·贾夫纳担任。弗朗索瓦丝·兹韦费尔被任命为秘书长，在位于路易斯·鲁乔内奥林匹克临时博物馆办公。当时，他们正寻求建立一个整体团队，来开展早已设计好的改革。萨马兰奇向来重视人际关系和公共关系，在这方面他也十分擅长，他想与洛桑人民保持永久的友好关系，更想与国际奥委会委员们保持坦诚、友好的关系，以便弥补过去几年做出的那些不庄重的行为。

他把这些职责都布置给秘书长兹韦费尔，此外，秘书长还承担了人员、礼节、会议及全会组织、奥组委与紧急内阁（在主席需要时给与协助）的协调等工作。行政长官贾夫纳是这样评价兹韦费尔工作的："她谨言慎行，面部兜出，做事出效。她在，事情就成功了大半。她是整个奥林匹克大家庭的教母，和蔼又勤勉。弗朗索瓦丝·兹韦费尔能毫不费力地做到谨慎却高效率，坚定却好性情，远见却保持忠诚。她与人相处得好，我们奥林匹克运动的每个成员，无论职位高低，都欣赏她这点。"

有了这些任命，国际奥委会第一次有了自己的组织结构及计划。萨马兰奇写道："授权中，该做的都做了，或决定了，或计划了。共治超越了国界和个人利益。我们委员会委员所做的工作至关重要，保证了其他工作可以有效开展。实际中，我几乎不用同执委会协调相关事项。我们的行政团队终于可以全身心投入开展行政职能了。现在的国际奥委会像一个交响乐团，里面的每位音乐家都是一位独奏师。"

新的工作团队按照以下不同部门分工。主席办公室：阿兰·朱佩，法律与营销：霍华德·斯图普（加拿大），行政与财务：雅克·贝尔格兰（法国），体育：沃尔特·特略格尔，奥林匹克团结基金：安塞尔莫·洛佩斯（西班牙），博物馆—奥运研究中心：让-弗朗索瓦·帕伍德（瑞士）。同时还设立了主席顾问，外聘著名的专业人士为国际奥委会提供一些特殊事务的咨询服务。为了面对这一新的任务，扩大了人事招聘，1986年工作人员数量达到76人。

1987年，为了应对1988年和1992年的两届奥运会，新设立了与国家/地区奥委会关系部（安妮·贝都，英国）、内务管理部（罗兰·查本，瑞士）和信息部（米歇尔·维迪尔，法国）。1988年设立市场开发主任一职，由来自ISL公司的一位英国专家迈克尔·佩恩担任。1989年，由雷蒙德·贾夫纳担任的管理员一职被扩大，增添了总干事一职，由洛桑律师弗朗索瓦·卡拉尔担任。1989年，在体育干事沃尔特·特略格尔被选举为国际奥委会德国委员后，

洛桑市政厅体育官员吉尔伯特·费利于1990年接替特略格尔的职务。1992年，增设了电脑（亚历山大·菲拉斯，瑞士）和新闻服务（何塞·索特洛，西班牙）两个部门。1993年，增设公共关系部（安德鲁·纳皮尔，英国）、体育主任助理一职（佩雷·米洛，西班牙）以及与国家/地区奥委会关系部助理一职（让·米歇尔·冈兹，瑞士）。

之后国际奥委会的组织结构更是逐步扩大：增设了医疗主任（帕特里克·沙马什，法国）和1994年国际体育年及奥林匹克休战协调部（费科若·基达内，埃塞俄比亚），新奥林匹克博物馆管理团队包括管理委员会（费尔南多·利巴、弗朗索瓦丝·兹韦费尔及路易斯·蒙雷阿尔）、主任（库尔特·斯帕蒂，瑞士）和管理员（让-弗朗索瓦·帕伍德），人员总数达到139名，超过了萨马兰奇始终坚持的最多100人的心理界线。1995年，基达内的工作职责被扩充，他负责主席办公室和国际合作部的工作，还设立了控制与协调主任（蒂埃里·斯普林格，瑞士）一职。此外，本笃·沙塞（法国）被任命为奥林匹克博物馆馆长。1997年，又有数项变动：佩雷·米洛担任与国家/地区奥委会关系部主任，并接替安塞尔莫·洛佩斯担任奥林匹克团结基金主任，后者被任命为名誉主任；吉尔伯特·费利被任命为新的体育主任以及与国际体育单项联合会关系主任，而帕斯卡尔·沃迪（瑞士）则被任命为电脑部主任。最后那几年中，富兰克林·塞尔·施雷伯（瑞士）领导通讯部，菲利普·弗维尔（法国）负责技术部。工作人员数量达到184名。最后，基达内成为通讯部负责人。不过，200名员工（包括奥林匹克博物馆员工在内）的心理界限从未被突破。

追随着父亲弗朗西斯科·萨马兰奇的榜样和建议，萨马兰奇在与国际奥委会员工相处中，为人极为恭敬、坦诚、慷慨。他经常讲一个他父亲的故事。这个发生在西班牙内战时期的故事说明了他父亲的为人。"内战时，一支革命巡逻队拦下我父亲，问他：'你是谁？' '我是一名生产商，从莫林斯德雷伊来'，他回答道（萨马兰奇家在巴塞罗那，家里拥有一个被毯厂）。后来，父亲差点儿因为他的回答被判（死刑）。但这支小队要向莫林斯德雷的巡逻队征求报告。这群人在加泰罗尼亚是臭名的嗜血之徒。接电话的是巡逻队头，名叫马林。当他知道他们问的是我父亲时，说道：'放了他吧，他是一个好人。'你们知道为什么吗？当初我父亲建厂的时候，开车从巴塞罗那去莫林斯德雷伊看厂址。他总是看到一个瓦匠沿路而走。一天，父亲就停下车子问：'你去哪儿？'那人答道：'去桑菲留。'于是，他就停下车说：'上车吧，我载你一路。'后来，父亲每见他一回，就载他一回。那个瓦匠就是莫林斯德雷地区的巡逻队长。因为我父亲是好人，所以捡回了一命。"

作为一个"老派"的经理人，萨马兰奇非常关切员工个人和家庭问题，他总是对他们很坦率又亲和。在没有机构应酬的时候，他喜欢在维迪餐厅用餐，和其他员工享用一样的食物。他喜欢随和，用他的话说叫，"希望打造一种好的工作氛围"。萨马兰奇竟把6月23奥林匹克日，即国际奥委会设立的日子，变成了员工家属会面日。他在日记中回忆此事时说："我见了大家，觉得事情进展不错。我也相信，我这是在开拓新思路，打造领导下属合作的新氛围。我答应大家，每人可以任命自己的代表，一起来组织个体育俱乐部。我邀请大家，在奥林匹克日的时候，都带着自己的伙伴一起来。他们没想到我会来这样一出，我觉得大家的反应很积极。"

在这个新时代，一个很重要的方面便是组织的财务透明度与收支控制。1985年2月，普华永道给出的报告中制定了预算规章，用于会计工作及内部控制。报告中还提出了一系列用于组织改善的建议，并分析了提高收入的可能性。在萨马兰奇任期将结束时，又请人制作了一系列管理报告，呈现了经济核算的内容，着重突出了组织的主要收入来源及支出情况。

萨马兰奇最亲近的同事说，他是一个知道如何倾听的领导人。每个被问到的人都强调了他这方面的品格：

他知道如何处理各种各样的提案，包括最让人出其不意的或最令人震惊的提案。他的反应总是遵循这样一个顺序：仔细倾听，交换意见，寻求建议，需要时评估后果，最终做出决定。在人们眼中，他从来不做仓促决定，也不做剧烈反应。

一开始担任萨马兰奇秘书的是贝阿特丽斯·吉尼亚尔（墨西哥），后来又增加了玛尔塔·萨尔萨斯（西班牙），而安妮·因肖斯佩是他的个人助理。之后，吉尼亚尔被调到了雷蒙德·贾夫纳办公室担任秘书。萨马兰奇办公室内则增加了苏西·雷维、维多利亚·米拉耶斯、萨拉·奥尔多尼奥、劳拉·维达尔和卡门·埃贝仁兹。在巴塞罗那担任萨马兰奇秘书的是玛尔塔·卡尔塔妮娅和露西亚·劳琳（属于巴塞罗那储蓄银行编制）以及玛尔塔·拉马斯。

总部扩张 国际奥委会总部位于维迪堡，一座两层的建筑物，面积大约400平米。此公寓建于前维迪教堂的废墟上，1774年，经让-路易斯·洛伊斯（瑞士）整修后就是今天人们看到的样子。1960年，洛桑买下了这栋后来作为1964年世博会管理办公室的建筑物。市政府决定将其用作国际奥委会总部，1968年3月1日正式搬入。

洛桑曾竭尽全力为国际奥委会争取合适的办公场所，并由此想到，要为行政部门新建一栋建筑，毕竟行政团队必须壮大才能应对国际奥委会新阶段的发展。机构考察了好几处地方，但到最后，延伸维迪城堡侧楼用作新建筑物的提案胜出。

经过长久、复杂的协商，瑞士委员会同意，国际奥委会可使用维迪城堡旁边的地块，有效期99年。城堡还继续作为主席府邸的机构代表处，国际奥委会行政区则置于新建筑物内，两栋建筑将以玻璃走廊连接。新总部的设计委托国际奥委会墨西哥委员佩德罗·拉米雷斯·巴斯克斯完成，这位建筑师的代表作包括人类学博物馆、墨西哥城阿兹台克体育场等。在新建筑落成典礼那天，萨马兰奇写道："执委会会议一开始，我就提到，这是国际奥委会历史上一个不平凡的时刻。是我们第一次在自己的房子里开会。我揭开了纪念牌上的幕布。新建筑让大家赞叹不已。会议刚开始，我就提到了建筑物名字的问题。帕蒂亚坚持要求放上我的名字。我彻底拒绝了，并提议叫'顾拜旦中心'。也许建议个中性的名字，等到我退休时就可以以我的名字命名了。最后，我们决定叫'奥林匹克之家'。"

主席日常生活中的24小时 任主席期间，萨马兰奇在洛桑皇宫酒店住了逾21年。一开始是在301房间，后来换到了510房间。"国际奥委会为房间交了一笔特别的款项，只在有人住的时候才产生花费。所以，事实上住这儿比租房便宜，因为租房的话还得另为电话、传真、清洁、洗衣及递信服务等付费。"每次有人指责他住着豪华套房，他就这么还击回去。卧室和与浴室前面是一间小会议室，放着他的家庭照和一些个人纪念品。

主席日程很紧张，而且总是有各种变化。活动要取决于萨马兰奇是在洛桑、巴塞罗那或是外出访问。但无论如何，他总是7:30起床，边听BBC新闻边完成日常的锻炼项目。他的房间里装了基本的健身装备，让他可以每天锻炼30分钟。他的健身安排包括了各种基本项目：固定单车；装在门后可以提起小沙袋的滑轮系统；用于手臂练习的横斜固定的小梯子，他可以悬挂在上面拉伸背部，锻炼手臂；此外还进行跳绳、俯卧撑等运动。这些都是他在玩儿业余拳击的那段日子里做过的，现在成了他的日常健身内容。早餐他总是在自己的房间吃，一杯橙汁，泡些燕麦，一个羊角面包，一杯卡布奇诺。一天的工作结束后，他会在房间里稍事休息，花时间看看TSR台的新闻，这是西班牙的一个国际电视新闻频道。此外，也读读文件，看看巴塞罗那足球俱乐部或皇马比赛的录像，他忠实的同事何塞普·博雷利总会为他录好。漫长的一天结束前，他总要写会儿日记，这一习惯他保持了一辈子。

向您对洛桑的这份依恋致敬！

您是一位世界公民，一位奥林匹克主义大世界的公民。用您常喜欢说的话来说，奥林匹克主义就是在对体育与文化、努力与质量，以及个人发展的共同追求中将体育与文化团结在一起。

在这个世界上，每个人都需要一个参照点，一个植根的地方，原本出生的地方也好，真正成长的地方也好。哪怕您这样一位全球瞩目的大人物也是如此。然而，毫不犹豫，您选择了洛桑。您深爱着这座城市。提到它，您总是嘴角上扬，就连当地居民都没像您这样对它赞不绝口。

您深深依恋这座城市，也真挚奉献了这座城市。您在乌希设立了国际奥委会总部和建起了奥林匹克博物馆，为了您这份依恋，我想向您表达作为前市长的最衷心的感激，也表达我个人深深的敬意。

愿您幸福地生活在这个世界，生活在这座定义了我们伟大友谊的奥林匹克之都。

伊薇特·贾吉
洛桑市长（1990—1997）

"在洛桑,他像个普通人,而不是名人,"他的秘书兼个人助理安妮·因肖斯佩说。安妮每天早上会开着自己的车,接上萨马兰奇去维迪。"同他的为人一样,他穿衣也很谨慎。总是穿着他的蓝色或灰色套装。这是他们为他在巴塞罗那格拉西亚大道浮船坞那家店里定制的。他的衣柜里放着差不多10套,全是一样的。一件白色或淡蓝色的衬衫,一条灰点领带,还有几双黑色鞋子。"

萨马兰奇同洛桑的出租司机关系很不错。他们会在办公楼接上他,再把他送回家。路上短短15分钟,他们也会小聊一阵。他喜欢从酒店附近杜布尔格街上的店铺前走过,走到里彭广场。他过去常常去曼纽尔的小店,买些水果,或去逛逛星期六市场,流连在水果摊、蔬菜摊间。人们总是能认出他来,拉着他拍照或请他签名。这让他很高兴。"我感到很荣幸,虽然他们与我并不熟识,但这是他们表达尊敬与喜爱国际奥委会的方式。"他过去常说。他会去圣心教堂参加主日弥撒,不过总是故意晚到会儿,好避开长长的布道。

1985年,国际奥委会总部扩展工作

显然,萨马兰奇很喜欢洛桑安静的生活。他陪妻子碧蔚丝去看电影,或在奥林匹克博物馆闲逛,或直接去那儿搞监督。"他特别认真。有一次,从博物馆出来,他告诉我,他看见有四盏灯坏了。"博物馆管理干事费尔南多·瑞芭回忆道。

洛桑奥林匹克之家外观图

安全措施 他在瑞士待着的时候,没用警力保护。这让国际奥委会委员阿什维尼·库马尔(印度),也是一名安保专家很是恼火。"库马尔在我的安全问题上是无计可施了。他认为我是国际恐怖主义的迫害目标。但他提出的方案在我看来又麻烦又昂贵,而且还很不方便。"早就该想到,这种事情会被英文花边小报拿来添油加醋。就在巴塞罗那选举前几天,萨马兰奇在日记中写道:"有则让人很不安的消息,伦敦的《每日快报》发表了一篇文章,上面不仅攻击巴塞罗那,称其很糟糕,还谈到了我,说我似乎很担心,因为我貌似在巴塞罗那埃塔组织的6人必死名单上,而且名单上6人中已有4人被害。"他访问巴塞罗那的时候,西班牙政府决定部署谨慎的保镖服务,还加强了对他家的保护措施。

萨马兰奇很重视奥运会期间的安全问题。因为慕尼黑1972年奥运会上发生过惨案,所以他特别担心这个问题。几年后,1984年在特拉维夫停留的时候,他在自己未发表的笔记中写道:"同将军的面谈很有意思,他曾在1972年被派往慕尼黑帮助解决以色列运动员及绑架行动头目的问题。他们告诉我,当时对德国人而言简直是场灾难,主要是因为联邦警察和巴伐利亚警方有不同的职责。他们唯一关心的是,如何把'案子'带出奥运村,等到了军用机场,他们却几乎没做任何准备。他们虽不想回答,但其沉默正好证实了我想的,他们同阿拉伯人达成一致,把3名活着的恐怖分子放了。对此,我非常确信!"

萨马兰奇深知保证奥运会期间安全性的重要性,也知道这会影响人们对奥运赛事的认知。"直到最后,人们记得的是，亚特兰大奥运会上发生了一起小规模的爆炸。这成了那场百年赛事的印记。同样，积极的印象也容易留下。巴塞罗那奥运会上的安保工作就让人印象深刻，当时协调有序，设有唯一的指挥中心，都是成功的关键。"为保证汉城1988年奥运会万无一失而启动的长期协商期间，他借在德国逗留的机会，去了离慕尼黑不远的帕鲁克，专门向掌管联邦情报局（德文缩略语BND）的汉斯·乔治·威克请教。"他专门帮我就恐怖主义、朝韩关系、朝鲜内部局势进行了调查，我与他共进早餐，所有的一切都是最高水准的。我有幸了解到自己从不敢想但很有趣的领域。"

在路上，在路上 他总想着支持他的"族人"。日程许可的时候，他赴邀参加各种体育赛事开幕式。几乎没有停下的时候。"要让联合会知道，国际奥委会及其主席与他们同在，我们重视他们组织的比赛，我们支持他们的运动员。这很重要。"他在回忆录中写道。所以，他大部分周末都用来参加联合会举办的世界或洲际锦标赛。为此要常常不辞辛苦地进行各种长途旅行和飞行。

萨马兰奇在任职期间，拜访过世界上所有获国际奥委会认可的国家/地区奥委会，总共199个。每次访问都包含安妮·因肖斯佩精心安排的十分多样化的活动项目，而且都是特别强调礼节性的活动。有许多细节可以说明，如国家/地区奥委会准备的徽章或挂坠、赞助公司提供的领带、项目活动人员身着的特定服装、为来访当局准备的机构纪

市长伊薇特·贾吉接受荣誉称号"洛桑，奥林匹克之都"

念品等。活动总是很紧张，有的时候会让人精疲力尽：拜会国家首脑，接见体育部长，发表演讲，出席颁奖典礼，官方午宴、晚宴，参观体育设施，会见运动员及地方体育领袖，出席新闻发布会，接受电视访谈等。况且，旅行本身就很艰难，如跨洲长飞、时差、倒时差、适应当地饮食习惯、访问一些发展中国家时很多旅馆不适又缺少必要服务、冗长的礼节性会议等，都是家常便饭。然而他却总是坦然淡定地说："这是我作为主席的工作内容的一部分。"他说此话的时候，正"强忍着"拜访地的一位领导人的华丽辞藻，后者似乎是要利用好与萨马兰奇光荣会面的每一分钟。或许是因为这件小事，他喜欢上了简短发言、问候一下、几句礼节性话语、感谢、道别，就结束了。

瑞士旅业旅行社是国际奥委会委托负责旅行管理及飞机票预定的公司。曾计算过，萨马兰奇任主席期间飞过400万公里，可绕地球好几圈。跨洲长飞早已是他日常生活中的一部分了。他习惯穿着舒服的衣服（灯芯绒裤子、T恤衫，再加一件针织套衫），带好水瓶（在一次去北京的旅行中，他和安妮两人喝了22瓶水），晚上吃的总是很清淡，因为他习惯在飞机上吃，这样会睡得更安稳一些。"最重要的一点是，适应目的地时间，这样才能更好地适应新的安排，"他常常说。除了乘坐常规飞机的旅行外，他还常搭国际奥协主席（后来也是国际奥委会委员）马里奥·巴斯克兹·拉涅亚（墨西哥）的私人飞机。在飞机上，两人玩过令人难忘的多米诺游戏，也一起经历过不同寻常的时刻。"我绝不会轻易忘记1981年6月28日那一天。我坐飞机飞过几百万公里，但洛美到马德里那次飞行可能是我此生中最离奇的一次。那天，我们升到空中后，飞行员意识到飞机起落架还没完全升起来，所以我们不得不比往常飞得要低一些，这意味着烧更多的油。第一次降落加燃料是在马里首都巴马科，可是我们却惊奇地发现，他们竟然不收美元，于是我们不得不乘出租车赶到城里的一家旅馆将美元兑换成当地货币，而那里离机场有15公里远。最后，两个多小时白白浪费了。"

焕然一新的奥林匹克之家

参观者在维迪国际奥委会总部奥林匹克之家主入口

萨马兰奇，一个有条理、有纪律的人，身体力行，每天早上都进行锻炼活动。他在皇宫酒店的房间里装了一些基本装备用于身体锻炼，记者们称之为"萨马装备"

13

萨马兰奇担任国际奥委会主席期间，住在洛桑皇宫酒店

萨马兰奇在洛桑皇宫酒店的房间里穿衣

第14章 国际奥委会

萨马兰奇的同事们
重大决定：女性参与奥运会，退役运动员参选

在萨马兰奇担任主席的21年中，国际奥委会新选出了133位委员，其中女性委员有18位。在1980年他刚上任时，国际奥委会共有98位委员（89位委员和9位名誉委员）。到2001年他离任时，共有151位委员（124位委员、22位名誉委员、5位荣誉委员）。

名誉委员

2001年，国际奥委会共有22位名誉委员：卢森堡让大公（卢森堡），让·德·博蒙特伯爵（法国），赛义德·瓦基德·阿里（巴基斯坦），沃齐米日·雷克则克（波兰），希腊国王康斯坦丁二世（希腊），西尔维奥·德·马格亚埃斯·帕蒂亚（巴西），贡纳·埃里克松（瑞典），扬·斯塔伯（挪威），詹姆斯·沃勒尔（加拿大），阿卜杜勒·哈利姆·穆罕默德（苏丹），雷蒙德·贾夫纳（瑞士），莫里斯·埃尔佐格（法国），徐亨（中国台北），贝特霍尔德·贝茨（德国），佩德罗·拉米雷斯·巴斯克斯（墨西哥），阿什维尼·库玛尔（印度），爱德华多·海伊（墨西哥），凯文·帕特里克·奥弗拉纳根（爱尔兰），何塞·达尔米罗·瓦尔李诺·维拉希尔多（乌拉圭），菲利普·冯·舒勒（奥地利），金特·海因兹（德国）和玛丽·艾莉森·格伦海格（英国）。

1981年至2001年，萨马兰奇领导的执委会

萨马兰奇任期的第一阶段，执委会委员从9人增加到11人。萨马兰奇在个人回忆录中写道："我们第一次坐下来，冷静地谈论国际奥委会未来的问题和计划。其中，最重要的是，我谈了谈新执委会的组成和规定，将其扩大，增加2名委员，让总数达到11名。我们还研究

萨马兰奇主席与儿子小胡安·安东尼奥·萨马兰奇

西班牙艺术家所画的执委会的肖像。后排从左到右（站立）依次为：猪谷千春、雷蒙德·贾夫纳、凯巴·姆巴伊、马克·霍德勒、胡安·安东尼奥·萨马兰奇、何振梁、西尔维奥·德·马格亚埃斯、理查德·凯文·高斯帕和安塞尔莫·洛佩斯。后排（就坐）依次为：维塔利·斯米尔诺夫、弗朗索瓦丝·兹韦费尔、贝特霍尔德·贝茨、亚历山大·梅罗德亲王、理查德·W. 庞德和沃尔特·特略格尔

了未来的奥运会项目，大家一致认为它需要重新打造。但这一点复杂得多，还在初步阶段。"2000年，执委会再次扩大，委员人数由11个增加到15个。

荣誉委员

乔瓦尼·詹尼·阿涅利（意大利），阿兰·达内（法国），库尔特·福格勒（瑞士），亨利·基辛格（美国），堤义明（日本）。

1999年底，奥委会改革获批通过。之后，115名委员按照下列分配方式构成：15人为运动员，15人为国际单项体育联合会主席，15人为国家/地区奥委会主席，70人为个人委员。

国际奥委会执委会全体委员

	1980	1981	1982	1983	1984	1985	1986	1987	1988	1989	1990	1991	1992	1993	1994	1995	1996	1997	1998	1999	2000	2001
胡安·安东尼奥·萨马兰奇																						
穆罕默德·姆扎利																						
维塔利·斯米尔诺夫																						
清川正二																						
路易·吉朗杜-恩迪亚耶																						
亚历山德鲁·西贝尔科																						
让·德·博蒙特伯爵																						
塞西尔·兰斯洛特·克罗斯																						
阿什维尼·库玛尔																						
亚历山大·梅罗德																						
维尔吉利奥·莱昂																						
朱利安·基恩·罗斯福																						
阿帕德·兹阿那提																						
理查德·W.庞德																						
贝特霍尔德·贝茨																						
凯巴·姆巴伊																						
西尔维奥·德·马格亚埃斯																						
何振梁																						
马克·霍德勒																						
理查德·凯文·高斯帕																						
猪谷千春																						
冈纳·埃里克松																						
金云龙																						
罗伯特·H.赫尔米克																						
弗洛·伊萨瓦·丰塞卡																						
帕尔·施密特																						
阿妮塔·L.德弗朗茨																						
托马斯·巴赫																						
雅克·罗格																						
古妮拉·林德伯格																						
弗朗哥·卡拉罗																						

萨马兰奇当选国际奥委会主席时的委员

大卫·塞西尔"伯利",第六代艾克赛特侯爵
(英国,1905—1981)
委员(1933—1981),副主席(1955—1966),执委会委员(1951—1955、1966—1970),法律委员会主席。英国奥委会主席(1936—1966),阿姆斯特丹1928年奥运会400米跑金牌、洛杉矶1932年奥运会400米接力银牌,曾参加巴黎1924年奥运会。

亚瑟·波利特
(新西兰,1900—1994)
委员(1934—1967),名誉委员(1967—1994),执委会委员(1951—1961),医务委员会第一任主席(1961—1967)。新西兰奥委会主席(1934—1967),巴黎1924年奥运会100米短跑铜牌,并参加了200米短跑比赛。

列支敦士登弗朗西斯科·何塞二世王子
(列支敦士登,1906—1989)
委员(1936—1980),名誉委员(1980—1989)。

豪尔·B.巴尔加斯
(菲律宾,1890—1980)
委员(1936—1980)。

约翰·威廉·兰奇
(芬兰,1894—1982)
委员(1938—1967),名誉委员(1967—1982)。芬兰奥委会主席(1961—1963)。

雷金纳德·哈尼
(南非,1886—1982)
委员(1946—1982)。南非奥委会主席(1930—1970)。

卢森堡让大公
(卢森堡,1921)
委员(1946—1998),名誉委员(1998),规则审查委员会主席(1973—1976)。

曼弗雷德·马特纳·冯·马克霍夫
(奥地利,1903—1981)
委员(1947—1969),名誉委员(1969—1981)。

拉贾·巴林德拉·辛格
（印度，1919—1992）
委员（1947—1992）。印度奥委会主席（1960—1975）。

博·丹尼尔·爱科隆尔
（瑞典，1894—1983）
委员（1948—1966），名誉委员（1966—1983），执委会委员（1957—1962）。瑞典奥委会主席（1929—1966），安特卫普1920年奥运会跳高铜牌。

东龙太郎
（日本，1893—1983）
委员（1950—1969），名誉委员（1969—1983），执委会委员（1960—1964）。东京1964年奥运会组委会副主席，札幌1972年奥组委成员，日本奥委会主席（1947—1959）。

康斯坦丁·A·安德里亚诺夫
（苏联，1910—1988）
委员（1951—1988），副主席（1966—1970），执委会委员（1962—1966，1970—1974），国际奥委会—国家/地区奥委会协调及审查委员会副主席。苏联奥委会主席（1952—1975）。

康德·让·德·博蒙特
（法国，1904—2002）
委员（1951—1990），名誉委员（1990—2002），副主席（1970—1974），执委会委员（1968—1970、1976—1980），财政委员会主席（1972—1988），奥林匹克援助委员会主席（1962—1966）。法国奥委会主席（1967—1972），巴黎1924年奥运会射击参赛选手。

伊恩·圣约翰·劳森·约翰斯顿卢克·德·达格南勋爵
（英国，1905—1996）
委员（1951—1988），名誉委员（1988—1996），财政委员会首任主席（1967），奥林匹克标志保护委员会主席。

哈罗德·刘易斯·勒克斯顿
（澳大利亚，1910—1985）
委员（1951—1974），名誉委员（1974—1985）。墨尔本1956年奥运会组委会联合主席，洛杉矶1932年奥运会帆船手。

乔治·德·斯蒂芬尼
（意大利，1904—1992）
委员（1951—1992），执委会委员（1964—1968）。国际网球联合会主席（1955—1956、1962—1963、1967—1969）。

谢赫·加布里埃尔·杰马耶
（黎巴嫩，1907—1987）
委员（1952—1987），执委会委员（1965—1970）。黎巴嫩奥委会创立人（1947）和黎巴嫩奥委会主席（1947—1949、1952—1987）。

迈克·莫里斯·基拉宁勋爵
（爱尔兰，1914—1996）
委员（1952—1980），名誉委员（1980—1996），主席（1972—1980），副主席（1968—1972），执委会委员（1967—1968）。爱尔兰奥委会主席（1950—1973）。

弗拉基米尔·斯托特切夫
（保加利亚，1892—1990）
委员（1952—1987），名誉委员（1987—1990），执委会委员（1956—1960）。保加利亚奥委会创立人之一（1923），保加利亚奥委会主席（1951—1982），巴黎1924年奥运会和阿姆斯特丹1928年奥运会马术运动员。

胡里奥·杰里恩·科梅林
（哥伦比亚，1902—1986）
委员（1952—1986）。哥伦比亚奥委会主席（1936—1945）。

古斯塔夫·戴森
（瑞典，1891—1975）
委员（1952—1970），名誉委员（1970—1975）。国际现代五项和冬季两项联盟主席（1949—1960），安特卫普1920年奥运会现代五项金牌得主、巴黎1924年奥运会现代五项银牌得主和柏林1936年奥运会击剑银牌得主。

佩德罗·伊巴拉·德·麦克—马洪第二代桂尔男爵
（西班牙，1913—1993）
委员（1952—1985），名誉委员（1985—1993）。

道格拉斯·弗格森·罗比
（美国，1898—1992）
委员（1952—1985），名誉委员（1985—1992）。美国奥委会主席（1965—1969）。

古拉姆·礼萨·巴列维王子
（伊朗，1923）
委员（1955—1980）。伊朗奥委会主席。

亚历山德鲁·西贝尔科
（罗马尼亚，1920—1998）
详见萨马兰奇的团队成员简历。

斯瓦特·埃勒
（土耳其，1910—1984）
委员（1955—1984）。土耳其奥委会秘书长（1955—1973）。

亚历山德鲁·里维拉·巴斯库尔
（智利，1901—1985）
委员（1955—1984），名誉委员（1984—1985）。智利奥委会主席（1947—1961）。

维利·道默
（德国，1913—1996）
委员（1956—1991），名誉委员（1991—1996），副主席（1972—1975），1981年巴登-巴登第14届奥林匹克代表大会组织主席，奥林匹克管理委员会和资质委员会主席。慕尼黑1972年奥运会奥组委主席，德国奥委会主席（1961—1992）。

爱德华多·迪波斯
（秘鲁，1897—1987）
委员（1958—1982），名誉委员（1982—1987）。秘鲁奥委会主席（1933—1941），利马市长（1938—1940、1950—1952）。

赛义德·瓦希德·阿里
（巴基斯坦，1911—2008）
委员（1959—1996），名誉委员（1996—2008），执委会委员（1966—1970），国际奥委会与国家/地区奥委会关系协调监管委员会副主席。巴基斯坦奥委会主席（1978—2004）。

雷金纳德·斯坦利·亚历山大
（肯尼亚，1914—1990）
委员（1960—1990），奥林匹克援助委员会委员（1966—1967），财政委员会副主席。肯尼亚奥委会创始人之一兼主席（1954—1968），内罗毕市长（1954—1955）。

鲍里斯·巴克拉克
（南斯拉夫，1912—1989）
委员（1960—1987），名誉委员（1987—1989）。南斯拉夫奥委会主席（1952—1961）。

艾哈迈德·托尼
（埃及，1907—1997）
委员（1960—1992），名誉委员（1992—1997）。埃及奥委会秘书长（1953—1960）。

沃齐米日·雷克则克
（波兰，1911—2004）
委员（1961—1996），名誉委员（1996—2004），文化委员会首任主席（1969）。波兰奥委会主席（1952—1973）。

哈吉·穆罕默德·本杰隆
（摩洛哥，1912—1997）
委员（1961—1997）。摩洛哥奥委会主席（1959—1973）。

阿德托昆博·阿德莫拉
（尼日利亚，1906—1993）
委员（1963—1985），名誉委员（1985—1993），执委会委员（1969—1973）。尼日利亚奥委会主席（1958—1966）。

劳尔·佩雷拉·德·卡斯特罗
（葡萄牙，1905—1991）
委员（1963—1989），名誉委员（1989—1991）。

乔·阿维兰热
（巴西，1916）
委员（1963—2011）。国际足球联合会主席（1974—1998），柏林1936年奥运会400米和1500米自由泳选手、赫尔辛基1952年奥运会水球选手。

马克·霍德勒
（瑞士，1918—2006）
详见萨马兰奇的团队成员简历。

希腊国王康斯坦丁二世
（希腊，1940）
委员（1963—1974），名誉委员（1974），国际奥林匹克学院委员会委员（1967—1973）、名誉主席。希腊奥委会主席（1955—1964），罗马1960年奥运会龙级（帆船赛）团体冠军。

阿帕德·兹阿那提
（匈牙利，1923—1983）
　　详见萨马兰奇的团队成员简历。

亚历山大·德·梅罗德亲王
（比利时，1934—2002）
　　请详见萨马兰奇的团队成员简历。

西尔维奥·德·马格亚埃斯·帕蒂亚
（巴西，1909—2002）
　　详见萨马兰奇的团队成员简历。

朱利奥·奥内斯蒂
（意大利，1912—1981）
　　委员（1964—1981），文化委员会主席（1980—1981），国际奥委会委员委员会主席，国际奥委会与国家/地区奥委会关系协调监管委员会主席，全会和奥林匹克代表大会主席。意大利奥委会主席（1946—1978），欧洲奥协和奥林匹克团结基金计划的推动者，科尔蒂纳丹佩佐1956年奥运会、罗马1960年奥运会奥组委主席。

赫尔曼·A. 范·卡纳贝克
（荷兰，1903—1989）
　　委员（1964—1977），名誉委员（1977—1989），副主席（1970—1975），执委会委员（1968—1970），奥林匹克团结基金委员会主席（1973—1977）。荷兰奥委会主席（1961—1970）。

贡纳·埃里克松
（瑞典，1919—2013）
　　请详见萨马兰奇的团队成员简介。

弗兰齐歇克·科罗迪
（捷克，1907—1987）
　　委员（1965—1981）。捷克斯洛伐克奥委会秘书长（1957—1974）。

帕罗斯·拉珀斯
（希腊，1900—1981）
　　委员（1965—1980）。希腊奥委会秘书长（1955—1961）。

穆罕默德·姆扎利
（突尼斯，1925—2010）
委员（1965—2010），副主席（1976—1980），执委会委员（1973—1976），国际奥林匹克学院委员会主席（1977—1988）。突尼斯奥委会主席（1963—1986），突尼斯总理（1980—1986）。

扬·斯塔伯
（挪威，1920—2003）
委员（1966—2000），名誉委员（2000—2003）。

帕沃·洪卡尤利
（芬兰，1914—2001）
委员（1967—1981）。

竹田恒德
（日本，1909—1992）
委员（1967—1981），名誉委员（1981—1992），执委会委员（1971—1975）。札幌1972年奥运会奥组委主席，东京1964年奥运会奥组委副主席，日本奥委会主席（1962—1969）。

詹姆斯·沃勒尔
（加拿大，1914—2011）
委员（1967—1989），名誉委员（1989—2011），执委会委员（1974—1979），奥林匹克宪章修订委员会主席（1982—1990）。加拿大奥委会主席（1961—1968），柏林1936年奥运会110米和400米跨栏选手。

阿古斯丁·卡洛斯·阿罗约
（厄瓜多尔，1923）
委员（1968—1999）。厄瓜多尔奥委会主席（1964—1968）。

荷凸·贝拉卡萨
（委内瑞拉，1908—1986）
委员（1968—1981）。委内瑞拉奥委会主席（1942—1950、1954—1974、1978—1980）。

阿卜杜勒·穆罕默德·哈利姆
（苏丹，1910—2009）
委员（1968—1982），名誉委员（1982—2009）。苏丹奥委会主席（1956—1962、1967—1969、1976—1978），非洲足球联合会的创始人之一（1956）及主席（1987—1988）。

塞西尔·兰斯洛特·斯图尔特·克罗斯

（新西兰，1912—1989）

请详见萨马兰奇的团队成员简历。

雷蒙德·贾夫纳

（瑞士，1915—2002）

委员（1969—1990），名誉委员（1990—2002），国际奥委会行政官（1984—1989），奥林匹克博物馆代表（1984—1992），奥林匹克标志保护委员会主席。瑞士奥委会主席（1965—1985）。

路易·吉朗杜–恩迪亚耶

（科特迪瓦，1923—1999）

请详见萨马兰奇的团队成员简介。

清川正二

（日本，1913—1999）

请详见萨马兰奇的团队成员简历。

维尔吉利奥·德莱昂

（巴拿马，1919—1998）

请详见萨马兰奇的团队成员简历。

莫里斯·埃尔佐格

（法国，1919—2012）

委员（1970—1995），名誉委员（1995—2012），礼宾主任（1975—1978）。青年与体育部长（1958—1963），夏蒙尼市长（1968—1977）。

徐亨

（中国台北，1912—2009）

委员（1970—1988），名誉委员（1988—2009）。中国台北奥委会主席（1973—1974）。

维塔利·斯米尔诺夫

（苏联/俄罗斯，1935）

详见萨马兰奇的团队成员简历。

德奈卡丘·特塞玛

（埃塞俄比亚，1921—1987）

委员（1971—1987）。埃塞俄比亚奥委会主席（1967—1987），非洲足球联合会主席（1972—1987）。

贝特霍尔德·贝茨

（联邦德国/德国，1914—2013）

详见萨马兰奇的团队成员简历。

佩德罗·拉米雷斯·巴斯克斯

（墨西哥，1919—2013）

委员（1972—1995），名誉委员（1995—2013），文化委员会主席（1980—1994）。墨西哥奥委会主席（1972—1974），奥林匹克之家和洛桑奥林匹克博物馆建筑设计者。

罗伊·安东尼·布里奇

（牙买加，1921—2000）

委员（1973—2000）。牙买加奥委会主席（1957—1977）。

曼努埃尔·冈萨雷斯·格拉

（古巴，1917—1997）

委员（1973—1992），名誉委员（1992—1997）。古巴奥委会主席（1963—1997），墨西哥城1968年奥运会击剑运动员。

阿什维尼·库马尔

（印度，1920）

详见萨马兰奇的团队成员简历。

凯巴·姆巴伊

（塞内加尔，1924—2007）

详见萨马兰奇的团队成员简历。

德威·查拉萨反业

（泰国，1914—1996）

委员（1974—1989），名誉委员（1989—1996）。泰国奥委会主席（1974—1996）。

爱德华多·海伊
（墨西哥，1915—2005）
　　委员（1974—1991），名誉委员（1991—2005），医学委员会副主席（1980—1993）。

大卫·亨利·麦肯齐
（澳大利亚，1936—1981）
　　委员（1974—1981）。

朱利安·基恩·罗斯福
（美国，1924—1986）
　　详见萨马兰奇的团队成员简历。

穆罕默德·泽尔吉尼
（阿尔及利亚，1922—2001）
　　委员（1974—2001）。阿尔及利亚奥委会主席（1968—1984）。

马茨·卡尔格伦
（瑞典，1917—1999）
　　委员（1976—1992），名誉委员（1992—1999）。

凯文·帕特里克·奥弗拉纳
（爱尔兰，1919—2006）
　　委员（1976—1995），名誉委员（1995—2006），医学委员会委员（1980—1994）。爱尔兰奥运队医师（1960—1976）。

彼得·塔尔伯格
（芬兰，1937—2015）
　　委员（1976—2015），运动员委员会主席（1982—2002）。国际快艇比赛联合会（即今日的国际帆船联合会）主席（1986—1994），国际单项体育联合会总会秘书长（1988—1998），罗马1960年奥运会、东京1964年奥运会、慕尼黑1972年奥运会及莫斯科1980年奥运会的帆船运动员。

荷西·达尔米罗·瓦尔利诺·维拉希尔多
（乌拉圭，1920—2001）
　　委员（1976—1996），名誉委员（1996—2001）。乌拉圭奥委会主席（1976—1987）。

巴希尔·穆罕默德·阿塔拉布尔西
（利比亚，1937）
委员（1977—1999）。利比亚奥委会主席（1971—1986）。

理查德·凯文·高斯帕
（澳大利亚，1933）
详见萨马兰奇的团队成员简介。

尼尔斯·霍尔斯特-索伦森
（丹麦，1922）
委员（1977—2002），名誉委员（2002）。丹麦奥委会主席（1981—1984），参加伦敦1948年奥运会800米赛跑。

拉明·凯塔
（马里，1933）
委员（1977—1999）。马里奥委会主席（1970—1999）。

科尼利斯·凯斯·科尔德尔
（荷兰，1915—1986）
委员（1977—1986），礼宾官（1981—1985）。荷兰奥委会主席（1970—1977）。

金泽洙
（韩国，1926—1983）
委员（1977—1983）。韩国奥委会主席（1971—1979）。

夏格达尔苏伦·马格万
（蒙古国，1927）
委员（1977—2007），名誉委员（2007）。蒙古奥委会主席（1969—1979）。

罗伯托·吉列尔莫·佩佩尔
（阿根廷，1913—1999）
委员（1977—1988），名誉委员（1988—1999）。参加1931年奥运会游泳比赛。

赫尔曼·利克霍夫
（波多黎各，1915—1997）
委员（1977—1990），名誉委员（1990—1997）。波多黎各奥委会主席（1977—1990）。

菲利普·冯·舒勒
（澳大利亚，1922—2008）
委员（1977—2000），名誉委员（2000—2008）。

大东·帕拉约吉
（印尼，1914—1998）
委员（1977—1989），名誉委员（1989—1998）。印度尼西亚奥委会主席（1977—1981）。

勒内·埃松巴
（喀麦隆，1932—1998）
委员（1978—1998）。喀麦隆奥委会主席（1972—1998）。

谭·斯里·哈姆扎哈吉·本·阿布·萨马赫
（马来西亚，1924—2012）
委员（1978—2004），名誉委员（2004—2012）。马来西亚奥委会主席（1976—1998），国际足球联合会副主席（1982—1990）。

金俞顺
（朝鲜，1932—1994）
委员（1978—1994）。

尼古劳斯·尼肖迪克
（希腊，1925—1986）
委员（1978—1986），国际奥林匹克学院委员会主席（1977—1986）。希腊奥委会副主席（1977—1981）。

理查德·W. 庞德
（加拿大，1942）
详见萨马兰奇的团队成员简历。

亨氏·朔贝尔
（民主德国，1913—1980）
委员（1966—1980）。民主德国奥委会主席（1955—1973）。

萨马兰奇团队成员

西尔维奥·德·马格亚埃斯·帕蒂亚
（巴西，1909—2002）
委员（1964—1995），名誉委员（1995—2002），副主席（1975—1978），执委会委员（1970—1974、1983—1988）。巴西奥委会主席（1963—1990），洛杉矶1932年、柏林1936年奥运会110和400米跨栏选手和首位参加奥运决赛的南美运动员。

维塔利·斯米尔诺夫
（苏联/俄罗斯，1935）
委员（1971），副主席（1978—1982、1990—1994、2001—2005），执委会委员（1974—1978、1986—1990），奥林匹克项目委员会主席（1983—1991），资质审查委员会主席（1992—1998）。苏联奥委会主席（1990—1992），俄罗斯奥委会主席（1992—2001），莫斯科1980年奥运会组委会执行副主席（1975—1981）。

阿帕德·兹阿那提
（匈牙利，1923—1983）
委员（1964—1983），执委会委员（1975—1983），荣誉体育秘书长（1981—1983），奥运项目联合委员会主席（1968—1983），医学委员会副主席（1968—1980）。匈牙利奥委会秘书长（1964—1983）、匈牙利篮球队成员。

清川正二
（日本，1931—1000）
委员（1969—1989），名誉委员（1989—1999），副主席（1979—1983），执委会委员（1975—1979），媒体委员会主席（1983—1988）。国际游泳联合会秘书（1964—1968），洛杉矶1932年奥运会100米仰泳冠军和柏林1936年奥运会100米仰泳铜牌得主。

塞西尔·兰斯洛特·斯图尔特·克洛斯爵士
（新西兰，1912—1989）

委员（1969—1988），名誉委员（1988—1989），执委会委员（1978—1982），电视委员会主席（1981—1988）。新西兰奥委会主席（1967—1989），大洋洲奥协主席（1984—1989），墨尔本1956年奥运会和慕尼黑1972年奥运会记者、广播评论员。

路易·吉朗杜-恩迪亚耶
（科特迪瓦，1923—1999）

委员（1969—1999），副主席（1980—1984），执委会委员（1978—1980），礼宾官（1985—1999），新财源委员会主席（1983—1988）。国际公平竞争委员会主席（1997—1999），国际柔道联合会副主席（1969—1975）。

亚历山德鲁·西贝尔科
（罗马尼亚，1920—1998）

委员（1955—1998），副主席（1982—1986），执委会委员（1979—1982），业余联合委员会主席（1968—1971），资质审查委员会副主席（1980—1990）。罗马尼亚奥委会主席（1952—1959），国际排球联合会副主席（1951）。

亚历山大·德·梅罗德亲王
（比利时，1934—2002）

委员（1964—2002），副主席（1986—1990、1994—1998），执委会委员（1980—1986），医学委员会主席（1967—2002），国际奥委会2000年委员会委员（1999）。比利时赛艇联合会主席（1975）。

维尔吉利奥·德·莱昂
（巴拿马，1919—1998）

委员（1969—1995），名誉委员（1995—1998），执委会委员（1980—1984）。巴拿马奥委会主席（1966—1970），巴拿马击剑联合会主席，巴拿马剑术冠军（1936—1954）和刀术冠军（1946—1954）。

阿什维尼·库马尔
（印度，1920）

委员（1973—2000），名誉委员（2000），副主席（1983—1987），执委会委员（1980—1982、1992—1996），无线电委员会主席（1984—1987），国际奥委会安全顾问。印度奥委会秘书长（1956—1960、1970—1974），国际曲棍球联合会副主席（1958—1978）。

朱利安·基恩·罗斯福
（美国，1924—1986）

委员（1974—1986），执委会委员（1982—1986）。美国奥委会财务主管（1964—1976），赫尔辛基1952年奥运会6米级帆船冠军、伦敦1948年奥运会龙型帆船手，墨尔本1956年奥运会帆船赛事评委组成员，墨尔本1956年奥运会和罗马1960年奥运会以及东京1964年奥运会美国技术团队秘书长。

理查德·W. 庞德
（加拿大，1942）

委员（1978），副主席（1987—1991、1996—2000），执委会委员（1983—1987、1992—1996），奥运会保护委员会主席（1981—1983），电视转播权谈判委员会委员（1983—2001），新财源市场委员会委员（1988—2005），1996年亚特兰大奥运会协调委员会委员（1996—1997），国际奥委会2000年委员会委员（1999）。加拿大奥委会主席（1977—1982），世界反兴奋剂组织主席（1999—2007），1960年奥运会参加100米自由泳、接力泳运动员。

贝特霍尔德·贝茨
（联邦德国/德国，1914—2013）

委员（1972—1988），名誉委员（1988—2013），副主席（1984—1988），奥林匹克博物馆基金会名誉会员（1989—2013）。联邦德国奥委会委员（1972—1988），慕尼黑1972年奥运会组委会董事会成员和基尔1966—1972年帆船赛事联邦德国奥委会董事会主席。

凯巴·姆巴伊
（塞内加尔，1924—2007）

委员（1973—2002），名誉委员（2002—2007），副主席（1988—1992、1998—2002），执委会委员（1984—1987、1992—1998），种族隔离与奥林匹克主义委员会主席（1989—1992），体育和法律委员会主席（1995—2002），法律委员会主席（1993—2002），伦理委员会主席（1999—2006），任命委员会主席（2000—2002），体育仲裁法院主席（1983—2007）。海牙国际刑事法院副院长（1987—1991）。

马克·霍德勒
（瑞士，1918—2006）
委员（1963—2006），副主席（1993—1997），执委会委员（1985—1993、1997—2002），财政委员会委员（1988—2002），阿尔伯特1992年（1986—1992）、利勒哈默尔1994年（1988—1994）、长野1998年（1992—1998）和盐湖城2002年冬奥会协调委员会委员（1996—2002），国际奥委会2000年执委会委员。国际滑雪联合会主席（1951—1998）。

何振梁
（中国，1929—2015）
委员（1981—2010），名誉委员（2010—2015），副主席（1989—1993），执委会委员（1985—1989、1994—2003），文化委员会主席（1995—1999），文化和奥林匹克教育委员会主席（2000—2009）。北京2008年奥组委副主席，中国奥委会主席（1989—1994）。

理查德·凯文·高斯帕
（澳大利亚，1933）
委员（1977—2013），名誉委员（2013），副主席（1990—1994、1999—2003），执委会委员（1986—1990、1994—1999），媒体委员会主席（1989—2013）。悉尼2000年奥运会组委会副主席（1993—2000），澳大利亚奥委会主席（1985—1990），墨尔本1956年奥运会400米田径赛事银牌得主和罗马1960年奥运会400米田径运动员。

猪谷千春
（日本，1931）
委员（1982—2012），名誉委员（2012），副主席（2005—2009），执委会委员（1987—1991、1996—2000），1994年、2006年奥运会评估委员会主席，国际奥委会2000年委员会委员（1999）。奥斯陆1952年奥运会、科尔蒂纳丹佩佐1956年奥运会、斯阔谷1960年奥运会滑雪选手，并在科尔蒂纳丹佩佐1956年奥运会获障碍滑雪赛银牌。

贡纳·埃里克松
（瑞典，1919—2013）
委员（1965—1996），名誉委员（1996—2013），执委会委员（1988—1992），研究与评估委员会主席（1985—1986），巴塞罗那1992年奥运会协调委员会委员（1986—1992），2000年奥运会评估委员会委员（1993）。瑞典奥委会主席（1966—1996）。

金云龙
（韩国，1931）
委员（1986—2005），副主席（1992—1996、2003—2005），执委会委员（1988—1992、1996—2001），广播电视委员会主席（1989—2005）。汉城1988年奥运会组委会副主席，韩国奥委会荣誉主席，世界跆拳道联盟主席（1973—2004），世界体育联合会总会主席（1986—2004）。

罗伯特·H.赫尔米克
（美国，1937—2003）

委员（1985—1991），执委会委员（1989—1991）。国际奥协副主席（1986—1991），美国奥委会主席（1985—1991）、副主席（1980—1985），国际游泳联合会主席（1984—1988）、秘书长（1978—1984），慕尼黑1972年奥运会美国男子水球队队长、铜牌得主。

弗洛·伊萨瓦·丰塞卡
（委内瑞拉，1921）

委员（1981—2001），名誉委员（2001），与哈格曼同为国际奥委会的第一批女性委员，执委会的第一位女性委员（1990—1994）。墨尔本1956年奥运会马术选手。

帕尔·施密特
（匈牙利，1942）

委员（1983），副主席（1995—1999），执委会委员（1991—1995），体育与环境委员会主席（1995—2013），运动员委员会副主席（1984—1988），礼宾主任（1999—2010），国际奥委会2000年委员会委员（1999）。匈牙利奥委会主席（1989—2010），世界奥林匹克选手协会主席（1999—2007）和两次奥运击剑冠军。

安妮塔·L.德弗朗兹
（美国，1952）

委员（1986），副主席（1997—2001），执委会委员（1992—1997、2013），妇女与体育委员会主席（1995—2013），运动员委员会选举委员会主席（1996），国际奥委会2000委员会委员（1999）。洛杉矶1984年奥运会组委会副主席，蒙特利尔1976年奥运会8人单桨比赛铜牌得主。

托马斯·巴赫
（德国，1953）

委员（1991），主席（2013），副主席（2000—2004、2006—2013），执委会委员（1996—2000、2004—2006），盐湖城2002年冬奥会、雅典2004年奥运会评估委员会主席（1994—1995、1995—1997），法律委员会主席（2002—2013），体育与法律委员会主席（2002—2013），电视新媒体委员会主席（2014），国际奥委会2000年委员会"国际奥委会作用"工作组协调员（1999），1981年巴登-巴登奥运会运动员发言人和德国奥委会主席（2006—2012），蒙特利尔1976年奥运会击剑团队冠军。

雅克·罗格
（比利时，1942）

委员（1991—2013），主席（2001—2013），国际奥委会名誉主席（2013），执委会委员（1998—2001）。欧洲奥协主席（1989—2001），比利时奥委会主席（1989—1992），墨西哥城1968年奥运会、慕尼黑1972年奥运会、蒙特利尔1976年奥运会芬兰人级重量级艇选手。

弗朗哥·卡拉罗
（意大利，1939）

委员（1982），执委会委员（2000—2004），奥林匹克项目委员会主席（2002），国际奥委会2000年委员会"组成、结构和组织"工作组协调员（1999）。意大利奥委会主席（1978—1987），欧洲奥协主席（1980—1987），罗马市长（1989—1993）。

古妮拉·林德伯格
（瑞典，1947）

委员（1996），副主席（2004—2008），执委会委员（2000—2004、2011），平昌2018年冬奥会评估委员会主席、协调委员会主席，2000年国际奥委会委员（1999）。国际奥协秘书长（2003），瑞典奥委会秘书长（1989）。

1981—2001年的新成员
1981年 联邦德国巴登-巴登第84次全会

弗拉迪米尔·切努沙克
（捷克斯洛伐克/斯洛伐克，1921）

委员（1981—2001），名誉委员（2001），大众体育委员会主席（1992—1995）。捷克斯洛伐克奥委会副主席。

尼克斯·费拉雷多斯
（希腊，1925—2007）

委员（1981—2006），名誉委员（2006—2007），国际奥林匹克学院主席，奥林匹克教育委员会主席（1988—1999），国际奥林匹克学院主席（1986—1992、1997—2005）。2004年雅典奥运会组委会执行委员。

皮尔约·哈格曼
（芬兰，1951）

委员（1981—1999），运动员委员会副主席（1983—1984）。赫尔辛基1994年欧洲田径锦标赛组委会成员，慕尼黑1972年奥运会、蒙特利尔1976年奥运会、莫斯科1980年奥运会400米田径赛事专家。

何振梁
（中国，1929—2015）

详见萨马兰奇的团队成员简历。

海因策·金特
（民主德国/德国，1923）

委员（1981—1991），名誉委员（1991）。民主德国奥委会秘书长（1973—1982）、副主席（1955—1972、1982—1989），国际篮球联合会主席（1956—1960、1964—1972）。

弗洛·伊萨瓦·丰塞卡
（委内瑞拉，1921）

详见萨马兰奇的团队成员简历。

法赫德·艾哈迈德·贾巴尔·萨巴赫
（科威特，1945—1990）

委员（1981—1990），执委会委员（1985—1989）。国际奥协副主席（1979—1990），亚洲奥林匹克理事会主席（1982—1990），科威特奥委会创始人，国际手球联盟副主席（1980—1990），科威特足球协会主席。

1982年　意大利罗马第85次全会

弗朗哥·卡拉罗
（意大利，1939）

详见萨马兰奇的团队成员简历。

菲利普·沃尔特·科尔斯
（澳大利亚，1931）

委员（1982—2012），名誉委员（2012），执委会委员（1981—2013）。大洋洲奥协创始人，悉尼2000年奥运会组委会副主席兼秘书长（1993—1999），罗马1960年奥运会、东京1964年奥运会、墨西哥城1968年奥运会划艇选手。

伊万·迪波斯
（秘鲁，1939）

委员（1982）。秘鲁奥委会委员及财政负责人（1982），奥林匹克团结基金计划运动领袖游学课程主任，世界跆拳道联合会副主席（2009），利马市长（1993—1995）。

玛丽·艾莉森·格伦-海格
（英国，1918—2014）

委员（1982—1993），名誉委员（1993—2014），国际奥委会第三位女性委员。英国奥委会执委会委员（1972），体育援助基金会创始人兼副主席，伦敦1948年奥运会、赫尔辛基1952年奥运会、墨尔本1956年奥运会击剑选手。

猪谷千春
（日本，1931）

详见萨马兰奇的团队成员简历。

1983年 印度新德里第86次全会

泽因·埃尔·阿卜丁·艾哈迈德·阿卜杜勒·卡迪尔
（苏丹，1940）
委员（1983—1987，1990—1999），因盐湖城2002年冬奥会贿赂丑闻被国际奥委会除名。苏丹奥委会主席（1978—1987）。

阿纳尼·马蒂亚
（多哥，1927—2008）
委员（1983—2007），名誉委员（2007—2008）。非洲奥协创始人兼主席（1981—1989），多哥奥委会主席（1976—1995）、秘书长（1963—1976），多哥足球联合会主席（1972—1974）。

罗克·拿破仑·穆尼奥斯·贝尼亚
（多米尼加，1928—2011）
委员（1983—2008），名誉委员（2008—2011）。多米尼加奥委会主席（1974—1982），中美洲与加勒比体育组织执委会委员（1981—1982）。

帕尔·施密特
（匈牙利，1942）
详见萨马兰奇的团队成员简历。

费萨尔·法赫德·阿卜杜勒阿齐兹王子殿下
（沙特阿拉伯，1946—1999）
委员（1983—1999）。沙特阿拉伯奥委会主席（1975—1999）、秘书长（1973—1975），阿拉伯体育联合会主席（1976—1999）。

1984年　美国洛杉矶第88次全会

图尔古特·阿塔科尔
（土耳其，1915—1988）
　　委员（1984—1988）。土耳其奥委会主席（1982—1988），副主席（1962—1972），秘书长（1972—1982），国际篮球裁判（1946），国际篮球联合会技术委员会委员（1956—1976），伊兹密尔1971年第6届地中海运动会秘书长。

列支敦士登公主诺拉殿下
（列支敦士登，1950）
　　委员（1984），第四名女性委员。列支敦士登奥委会主席（1982—1992），列支敦士登特奥会主席（2002），妇女与体育委员会委员（2003）。

朴钟圭
（韩国，1930—1985）
　　委员（1984—1985）。韩国奥委会主席（1979—1980），国际体育射击联盟副主席（1980—1985），汉城1988年奥运会组委会成员。

希库鲁米·西邦泽
（瑞士，1932）
　　委员（1984—1999），因盐湖城2002年冬奥会贿赂丑闻而辞职。瑞士奥委会主席（1972—1999），国际奥协执委会委员（1981—1985），非洲奥协执委会委员（1981—1985），非洲体育最高理事会副主席。

1985　民主德国东柏林第90次全会

亨利·奥普菲米·阿德弗贝
（尼日利亚，1926—2012）
　　委员（1985—2006），名誉委员（2006—2012）。尼日利亚奥委会主席（1967—1976），拉各斯1973年第2届非洲运动会组委会主席，英联邦运动会联合会副主席（1974—1982）。

弗朗西斯科·J. 埃利扎尔德
（菲律宾，1932）
　　委员（1985—2013），名誉委员（2013），提名委员会主席（2003—2013），国际奥委会2000年委员会委员（1999）。菲律宾奥委会执委会委员成员（1982），马尼拉2005年第23届东南亚运动会执委会委员。

305

卡洛斯·费雷尔·萨拉特
（西班牙，1931—1998）

委员（1985—1998），财务委员会副主席（1989—1998）。西班牙奥委会主席（1987—1998），巴塞罗那1992年奥运会申办副主席。

罗伯特·H.赫尔米克
（美国，1937—2003）

详见萨马兰奇的团队成员简历。

摩纳哥阿尔贝二世王子殿下
（摩纳哥，1958）

委员（1985），体育与环境委员会主席（2014），运动员委员会副主席（1989—2008）。摩纳哥奥委会主席（1994），国际残奥委员会荣誉委员，卡尔加里1988年、阿尔伯特1992年、利勒哈默尔1994年、长野1998年和盐湖城2002年冬奥会摩纳哥雪橇队队员。

1986年　瑞士洛桑第91次全会

金云龙
（韩国，1931）

详见萨马兰奇的团队成员简历。

兰比斯·V.尼克拉乌
（希腊，1935）

委员（1986），副主席（2005—2009），执委会委员（2001—2005），国际奥委会2000年委员会委员（1999）。希腊奥委会主席（1985—1992、1997—2004），雅典2004年奥运会组委会副主席，欧洲奥委会执委会委员（1989—1993，1997—2009）。

阿妮塔·L.德弗朗茨
（美国，1952）

详见萨马兰奇的团队成员简历。

让-克劳德·冈加
[刚果（布），1934]

委员（1986—1999），因盐湖城2002年冬奥会贿赂丑闻被国际奥委会除名。非洲奥协主席（1991—1999），刚果共和国奥委会创始人（1964）、主席（1989—1999），蒙特利尔1976年奥运会政治抵制运动领导人，在南非从事外交职务时是一名积极的反种族隔离活动家。

1987年　土耳其伊斯坦布尔第92次全会

伊万·博里索夫·斯拉夫科夫
（保加利亚，1940—2011）

委员（1987—2005），因伦敦2012年奥运会贿选事件被开除国际奥委会。欧洲奥协副主席（1988—1996），保加利亚奥委会主席（1982—2005），保加利亚足球联盟主席（1995—2005）。

安东尼斯·约翰斯·基辛克
（荷兰，1934—2010）

委员（1987—2010）。东京1964年奥运会柔道冠军，巴黎1961年运动会和里约热内卢1965年运动会世界冠军，国际柔道联合会名人堂成员（2003）。

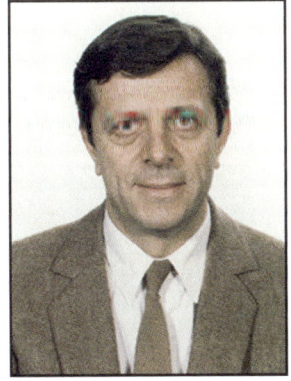

斯洛博丹·菲利波维奇
（南斯拉夫，1939—1995）

委员（1987—1995）。南斯拉夫奥委会主席（1981—1983），地中海运动会国际委员会委员（1987—1992），南斯拉夫手球联合会主席（1977—1981）。

塞利·保罗·沃尔沃克
（萨摩亚，1942）

委员（1987—1999），因盐湖城2002年奥运会选举贿赂丑闻被开除国际奥委会。西萨摩亚奥委会主席（1981—1999），阿皮亚1983年第7届太平洋运动会（7th Pacific Games）执行主任，太平洋举重联合会执委。

1988年　加拿大卡尔加里第93次全会

英国安妮公主殿下
（英国，1950）

委员（1988），女性与体育委员会主席（2014）。英国奥委会名誉主席，国际马术协会主席（1986—1994），残疾人马术协会主席，蒙特利尔1976年奥运会个人和团组马术比赛选手。

菲德尔·门多萨·卡拉斯基利亚
（哥伦比亚，1926—2015）

委员（1988—2006），医务委员会委员（1990—2006）。哥伦比亚奥委会主席（1979—1989），泛美体育协会财务主管（1983—1992），哥伦比亚体育代表团医疗主任（1969）。

爱德华·泰·威尔逊
（新西兰，1925—2014）

委员（1988—2006），名誉委员（1925—2014），国际奥委会联合会执委（1989—1993、1996—2000）。大洋洲奥协秘书长（1989—1993），新西兰奥委会秘书长，英联邦运动会协会秘书长（1985—1990）。

吴经国
（中国台北，1946）

委员（1988），执委会委员（2012）。中国台北奥委会副主席（1982—1998），国际拳击协会主席（2006），国际保龄球联合会名誉副主席（2001），高雄2009年第7届世界运动会代表。

拉姆·鲁希
（毛里求斯，1927—2008）

委员（1988—2007），名誉委员（2007—2008），国际奥协执委会委员（1989—1993）。非洲奥协委员（1984—1993），毛里求斯奥委会创始人和秘书长（1972—2008），国际足球联合会执委会委员（1992—1998），非洲足球联合会委员（1966—1998）。

1988年　韩国首尔第94次全会

马拉特·格拉默夫
（苏联/俄罗斯，1927—1998）
委员（1988—1992）。莫斯科1980年奥运会组委会主席，苏联奥委会主席（1983—1989）。

西纳姆·厄德姆
（土耳其，1927—2003）
委员（1988—2003），国际奥委会2000年委员会委员（1999）。土耳其奥委会主席（1990—2003）、秘书长（1982—1990），地中海运动会国际委员会委员（1988），国际排球联合会理事会理事，蒙特利尔1976年奥运会、莫斯科1980年奥运会及洛杉矶1984年奥运会技术顾问。

维利·卡尔施密特·卢汉
（危地马拉，1939）
委员（1988），执委会委员（2012），礼宾主任（2011）。危地马拉奥委会主席（1980—1992），世界反兴奋剂机构理事会创始理事（2003—2013），泛美体育组织副主席（1993—2012），中美洲与加勒比地区体育组织主席（1982—1990），担任过几届奥运会拳击比赛的裁判。

弗朗西斯·年圭索
（乌干达，1939—2011）
委员（1988—2011）。国际奥协副主席（1999—2001），非洲奥协主席（1999—2001），乌干达奥委会主席（1981—2009），国际拳击协会副主席（1986—2006），罗马1960年奥运会71公斤以下级拳击手。

鲍里斯·斯坦科维奇
（前南斯拉夫，1925）
委员（1988—2006），名誉委员（2006）。作为国际单项体育联合会代表参加过奥委会工作，夏季奥运会项目国际单项体育联合会秘书长（1983—1993），国际篮球联合会秘书长（1976—2002）。

1989年　波多黎各圣胡安第95次全会

费尔南多·F. 利马·贝罗
（葡萄牙，1931）
　　委员（1989—2010），名誉委员（2010）。葡萄牙奥委会主席（1981—1989），帆船联合会国际委员，芬兰世界帆船锦标赛评委团主席，墨西哥城1968年奥运会、慕尼黑1972年奥运会运动员。

瓦尔特·特略格尔
（联邦德国/德国，1929）
　　委员（1989—2010），名誉委员（2010），大众体育委员会主任（1984—1989）、主席（1990—2010）、名誉委员（2011），国际奥委会2000年委员会委员（1999）。慕尼黑1972年奥运会奥运村负责人，德国奥委会主席（1992—2002）、秘书长（1961—1992）。

1990年　日本东京第96次全会

菲利普·夏蒂埃
（法国，1926—2000）
　　委员（1990—1996），名誉委员（1996—2000）。汉城1988年奥运会后，在网球重回奥运赛事过程中发挥关键作用。法国奥委会副主席（1982—1993），国际网球联合会主席（1977—1991），法国网球联合会主席（1973—1993），法国戴维斯杯球队队员、队长（1969—1972）。

卡罗尔·安妮·华丝仑
（加拿大，1942—2001）
　　委员（1990—2001）。汉城1988年奥运会加拿大代表团团长，加拿大奥委会副主席（1982—1990）、主席（1990—1994）、秘书长（1994—2001），国际体操联合会技术委员会委员，蒙特利尔1976年奥运会、莫斯科1980年奥运会和洛杉矶1984年奥运会裁判员。

冈野俊一郎
（日本，1931）

委员（1990—2012），名誉委员（2012），奥委会联合委员会执委会委员。日本奥委会秘书长（1977—1991）、执委（1991），日本足球协会主席，墨西哥城1968年奥运会足球铜牌得主日本队教练员。

理查德·L.卡里翁
（波多黎各，1952）

委员（1990），执委会委员（2004—2012），财政委员会主席（2006—2013），审计委员会主席（2006—2013），国际奥委会2000年委员会委员（1990），波多黎各2004年奥运会投标主席，波多黎各奥委会执委（1990）。

纳特·英达版纳
（泰国，1939）

委员（1990）。曼谷1978年第8届亚运会组委会技术委员会主席，1998年第13届亚运会组委会委员，亚运会联合会委员，亚洲奥林匹克理事会理事（1978），世界跆拳道联合会副主席（1999—2009）。

查尔斯·蒂力图·姆考拉
（肯尼亚，1935）

委员（1990—1999），盐湖城2002年奥运会贿赂丑闻后辞职。肯尼亚奥委会主席（1989—1999），墨西哥城1968年奥运会、慕尼黑1972年奥运会肯尼亚田径队队长，英联邦运动会联合会副主席。

安东尼奥·罗德里格斯
（阿根廷，1926—2007）

委员（1990—2006），名誉委员（2006—2007）。阿根廷奥委会主席（1977—2005），拉斯勒纳斯1990年冬季泛美运动会组委会主席，伦敦1948年奥运会现代五项参赛选手。

1991年　大不列颠伯明翰第97次全会

丹尼斯·奥斯瓦尔德
（瑞士，1947）

委员（1991），执委会委员（2000—2012），雅典2004年奥运会协调委员会主席（2001—2004），伦敦2012年奥运会协调委员会主席（2005—2012），国际奥委会2000委员会执委会委员（1999）。国际赛艇联合会主席（1989—2014），墨西哥城1968年奥运会4人单桨有舵手比赛铜牌获得者，参加过慕尼黑1972年奥运会和蒙特利尔1976年奥运会赛艇比赛。

雅克·罗格
（比利时，1942）

参考萨马兰奇团队成员简历。

马里奥·巴斯克兹·拉涅亚
（墨西哥，1932—2015）

委员（1991—2012），执委会委员（2000—2012），奥林匹克团结基金委员会副主席（1979—1996）、联合主席（1997—2001）、主席（2002—2012），国际奥委会2000年委员会执委会委员（1999）。国际奥协执委会创始人和首任主席（1979—2012），泛美体育组织主席（1975），墨西哥奥委会主席（1974—2001）。

托马斯·巴赫
（德国，1953）

参考萨马兰奇团队成员简历。

1992年　西班牙巴塞罗那第99次全会

普里莫·内比奥罗
（意大利，1923—1999）

委员（1992—1999），国际奥委会2000年委员会执委会委员（1999）。夏季奥运会项目国际单项体育联合会创始人及主席（1983—1999），国际田径联合会理事（1974—1981）、主席（1981—1999），国际大学生体育联合会主席，都灵1959年第1届世界大学生运动会发起人。

奥拉夫·波尔森
（挪威，1920—2008）

委员（1992—1994）。国际滑冰联盟副主席（1977—1980）、主席（1980—1994），因斯布鲁克1976年冬奥会和普莱西德湖1980年奥运会技术顾问，挪威滑冰联合会主席（1969—1973）。

塞尔吉奥-桑坦德·凡蒂尼
（智利，1926—2006）

委员（1992—1999），因盐湖城2002年冬奥会受贿丑闻而被国际奥委会除名。智利奥委会主席（1988—1999），南美洲体育组织主席（1988），圣地亚哥1986年第3届南美洲运动会组委会副主席（1985），皮奎市长（1985）。

艾哈迈德·法赫德·萨巴赫亲王
（科威特，1963）

委员（1992），奥林匹克团结基金委员会主席（2013），国际奥委会2000年委员会执委会委员（1999）。国际奥协执委会主席（2012），亚奥理事会主席（1991），科威特奥委会主席（1991—2001）。

1994年　法国巴黎第103次全会

詹姆斯·L.伊斯顿
（美国，1935）

委员（1994），奥委会副主席（2002—2006）。洛杉矶1984年奥运会奥运村负责人，国际箭术联合会主席（1989—2005），洛杉矶1984年奥运会箭术比赛专员，美国奥委会和洛杉矶1984年奥运会发起人之一。

克雷格·瑞迪
（英国，1941）

委员（1994），执委会委员（2009—2012），国际奥委会2000年委员会副主席（1999），2020年奥运会评估委员会主席。伦敦2012年奥运会组委会委员（2005—2012），大不列颠奥委会主席（1992—2005），世界反兴奋剂机构主席（2014），国际羽毛球联合会主席（1981—1984）。

穆罕默德·哈桑
（印度尼西亚，1931）

委员（1994—2004）。1999年在印尼被捕，随后接受审判，2001年因重大贪污腐败被判刑，2001年国际奥委会道德委员会暂停其职务，2004年将其除名。印度尼西亚奥委会副主席，印度尼西亚贸工部部长（1998）。

马里奥·贝斯康泰
（意大利，1938）

委员（1994），副主席（2009—2012），执委会委员（2006—2009），国际关系委员会委员（2007），国际奥委会2000年委员会委员（1999）。欧洲奥协主席（2001—2006），意大利奥委会主席（1993—1998），1976—1988年意大利奥运会代表团团长。

格哈德·海博格
（挪威，1939）

委员（1994），执委会委员（2003—2011），奥委会市场开发委员会主席（2001—2013），2010年奥运会评估委员会委员（2002—2003），奥林匹克集邮、钱币和纪念品委员会副主席（2005—2013），国际奥委会2000年委员会委员（1999）。利勒哈默尔1994年冬奥会组委会主席（1989—1994）。

阿尔内·伦奎斯特
（瑞典，1931）

委员（1994—2012），名誉委员（2012），国际奥委会医务委员会主席（2003）。国际田径联合会副主席（1981—1999），世界反兴奋剂机构副主席（2008），赫尔辛基1952年奥运会跳高运动员。

奥斯丁·希利
（巴巴多斯，1939）

委员（1994）。国际奥协执委会委员（1994—2002），巴巴多斯奥委会主席（1982—1996），中美洲与加勒比地区体育组织理事（1987—1995），新德里2010年第19届英联邦运动会理事，英联邦运动会财政委员会委员（1982—1986）。

罗宾·E. 米切尔
（斐济，1946）

委员（1994），国际奥委会2000年委员会委员（1999）。国际奥协执委会委员、副主席（1989），大洋洲奥协主席（2009），斐济奥委会主席（1997—2005），洛杉矶1984年奥运会、卡尔加里1988年奥运会、汉城1988年奥运会和巴塞罗那1992年奥运会斐济奥运会代表队队医。

阿尔法·易卜拉欣·迪亚罗
（几内亚，1932—2014）

委员（1994—2012），名誉委员（2012—2014），执委会委员（2003—2006），国际奥委会2000年委员会委员（1999）。非洲奥协主席（2001—2005），几内亚奥委会主席（1986—2001），非洲电台和电视联盟主席（1960—1962）。

亚历克斯·吉拉迪
（以色列，1942）

委员（1994），2020年东京奥运会协调委员会副主席（2014）。美国全国广播公司体育频道副总裁（1981—1996），以色列私人电视频道Keshet Broadcasting的创立者和总裁。

沙米尔·塔比切夫
（俄罗斯，1948）

委员（1994）。俄罗斯奥委会执委会主席，俄罗斯国家体育基金会主席（1993—1995），俄罗斯总统体育委员会委员（2002），俄罗斯网球联合会主席（1999），1974年至1992年及1996年戴维斯杯苏联和俄罗斯网球队队长、1978年至1980年及2000年联合会杯俄罗斯代表队队长。

瓦列里·波佐夫
（乌克兰，1949）

委员（1994）。乌克兰奥委会主席（1991—1998），欧洲运动协会委员（1991—1999），乌克兰青与体育部长，乌克兰议会副议长（1998—2006），慕尼黑1972年奥运会100米和200米短跑金牌及4×100米接力银牌、蒙特利尔1976年奥运会100米短跑和4×100米接力铜牌获得者。

1995年　匈牙利布达佩斯第104次全会

雷内·法塞尔
（瑞士，1950）

由国际单项体育联合会推荐参选的委员（1995），执委会委员（2008），温哥华2010年冬奥会协调委员会主席（2003—2010），国际奥委会2000年委员会委员（1999）。冬季奥运会项目国际单项体育联合会主席（2002—2014），瑞士奥委会委员（1992），国际冰球联合会主席（1994）。

让-克劳德·基利
（法国，1943）

委员（1995—2014），名誉委员（2014），都灵2006年冬奥会和索契2014年冬奥会协调委员会主席（2007—2014），盐湖城2002年冬奥会协调委员会副主席（1996—2002），阿尔贝维尔1992年冬奥会组委会联合主席，格勒诺布尔1968年奥运会滑雪运动员。

萨姆·兰萨米
（南非，1938）

委员（1995），执委会委员（2006—2013），大众体育委员会主席（1938），种族隔离与奥林匹克精神委员会委员（1989—1991），国际奥委会2000年委员会委员（1999）。南非地区非种族主义委员会主席（1976—1990），南非奥委会委员主席（1991—2005），巴塞罗那1992年奥运会首个非种族主义南非代表团团长。

雷纳尔多·冈萨雷斯·洛佩斯
（古巴，1948—2015）

委员（1995）。古巴奥委会秘书长（1984—2000），泛美体育组织执行秘书长（2010），国际棒球联合会副主席（1988—1999），哈瓦那1991年第11届泛美运动会组委会主席。

奥莱加里奥·巴斯克兹·拉涅亚
（墨西哥，1935）

委员（1995）。墨西哥奥委会终身委员（1969），国际射击联合会主席（1980），美洲射击联合会主席（1979—2010），墨西哥运动联盟副主席（1983—1992），东京1964年奥运会、墨西哥城1968年奥运会、慕尼黑1972年奥运会和蒙特利尔1976年奥运会射击参赛选手。

安东·沃多里亚克
（克罗地亚，1931）

委员（1995—2012），名誉委员（2012）。克罗地亚奥委会主席（1991—2000），斯普利特1990年第15届欧洲田径锦标赛组委会主席，克罗地亚副总统（1990），克罗地亚广播和电视台总经理（1991—1995）。

帕特里克·约瑟夫·希凯
（爱尔兰，1945）

委员（1995），执委会委员（2012），副主席（2006）。国际奥协执委（1994），欧洲奥委会主席（2006）、副主席（1997—2001）、秘书长（2001—2006），爱尔兰奥委会主席（1989），汉城1988年奥运会、巴塞罗那1992年奥运会爱尔兰代表团团长。

托尼·库里
（黎巴嫩，1935）

委员（1995），执委会委员（2001—2006）。国际奥协执委（1996—2010），亚洲奥林匹克理事会秘书长（1983—1994），黎巴嫩奥委会主席（1988—1996）、副主席（1987—1988、1996—2008），泛阿拉伯篮球联盟创始人和主席（1974—1978）。

维拉·恰斯拉夫斯卡
（捷克，1942）

委员（1995—2001），因私人原因辞职。捷克斯洛伐克奥委会主席（1992—1996），在罗马1960年奥运会、东京1964年奥运会和墨西哥城1968年奥运会艺术体操比赛中共获7枚金牌和4枚铜牌。

尤里·蒂托夫
（俄罗斯，1935）

委员（1995—1996）。国际体操联合会主席（1976—1996），在墨尔本1956年奥运会、罗马1960年奥运会和东京1964年奥运会体操比赛中共获5枚银牌和3枚铜牌。

穆斯塔法·拉法维
（阿尔及利亚，1932）

委员（1995—2009），名誉委员（2009），国际奥委会2000年委员会委员（1999）。阿尔及利亚奥委会主席（1998—2001），国际游泳联合会主席（1988—2009），世界反兴奋剂机构创始委员会和执委会委员（1999—2009）。

1996年　美国亚特兰大第105次全会

赛义德·沙希德·阿里
（巴基斯坦，1946）

委员（1996）。巴基斯坦奥委会执委会，南亚摔跤联合会副主席（1989—1993）、代言人（1993），牛津大学马球队队长。

张雄
（朝鲜，1938）

委员（1996）。亚洲奥林匹克理事会副主席（1991—1992）、评委（1992），朝鲜奥委会主席（1998）、秘书长（1985—1998），国际跆拳道联合会主席（2002），国际拳击协会评委（2010），国际武术委员会主席（2002—2006）。

古妮拉·林德伯格
（瑞典，1947）

详见萨马兰奇的团队成员简历。

胡里奥·塞萨尔·马格里奥内
（乌拉圭，1935）

委员（1996），国际奥委会2000年委员会委员（1999）。国际奥协副主席（2002），乌拉圭奥委会主席（1987），国际游泳联合会主席（2009）、副主席（1988—1992），乌拉圭奥林匹克学院院长（1989），南美游泳联盟主席（1976—1978），乌拉圭运动联盟主席（1985—1990）。

李健熙
（韩国，1942）

委员（1996），因逃税和金融问题相关指控于2008年辞职，后获得特赦，于2010年恢复委员资格，但是直到2015年才成为委员会委员。韩国奥委会副主席（1993—1996），三星集团董事长（1987—2008、2010）。

托马斯·埃莫斯·甘达·西托莱
（津巴布韦，1948）

委员（1996—2003），国际奥委会国际合作与发展委员会主任（2003—2013），国际奥委会2000年委员会委员（1999）。非洲奥协秘书长（2013），津巴布韦奥委会主席（1983—2003）。

乔治·E.基里安
（美国，1924）

代表国际单项体育联合会当选的委员（1996—1998）。美国奥委会执委（1967—2004），国际大学生体育联合会主席（1999—2011），国际篮球联合会主席（1990—1998）。

海因·维尔布鲁根
（荷兰，1941）

代表国际单项体育联合会当选的委员（1996—2005、2006—2008），名誉委员（2008），2008年奥运会评估委员会主席（2001），北京2008年奥运会协调委员会主席（2001—2008），国际奥委会2000年委员会委员（1999）。国际自行车联盟主席（1991—2005），国际单项体育联合协会—国际体育大会主席（2004—2013）。

奥塔维奥·辛光达
（意大利，1938）

代表国际单项体育联合会当选的委员（1996），执委会委员（2000—2008）。国际滑联主席（1994）、副主席（1992—1994），意大利冰上运动联合会副主席（1984—1988）。

比拉尔·波旁公主殿下
（西班牙，1936）

代表国际单项体育联合会当选的委员（1996—2006），名誉委员（2006）。西班牙奥委会执行董事会，国际马术联合会主席（1994—2006）。

居伊·德鲁
（法国，1950）

委员（1996），国际关系委员会主席（2002—2005）。蒙特利尔1976年奥运会冠军、慕尼黑1972年奥运会100米栏亚军，法国青年与运动部部长（1995—1997），法国国民议会委员（1986—2007）。

吕圣荣
（中国，1940）

代表国际单项体育联合会当选的委员（1996—2001）。国际羽毛球联合会主席（1993—2001）、副主席（1984—1993），亚洲羽毛球联合会秘书长（1982—1988），中国羽毛球联合会倡导者、主席（1978—1988）。

1998年　日本长野第107次全会

伊莲娜·舍温斯卡
（波兰，1946—2018）

委员（1998）。世界奥林匹克选手协会副主席（1995—1999），波兰奥委会副主席（1988），东京1964年奥运会径赛项目4×100米、墨西哥城1968年奥运会200米和蒙特利尔1976年奥运会400米冠军，同时还在东京1964年奥运会、墨西哥城1968年奥运会和慕尼黑1972年奥运会获得2枚银牌和2枚铜牌，并参加了1980年莫斯科奥运会。

卢森堡大公亨利殿下
（卢森堡，1955）

委员（1998）。卢森堡各组织和运动联合会赞助人，包括游泳和救生、冬季运动、残疾人运动和自行车。

穆尼尔·萨贝
（埃及，1936）

委员（1998）。埃及奥委会主席（1990—1995、1996—2009）、副主席（1988—1990），国际射击运动联合会执委会委员（1991—2013），开罗1991年第5届非洲运动会组织委员会副主席，地中海运动会国际委员会副主席（1997—2013）。

纳瓦尔·埃尔·穆塔瓦考
（摩洛哥，1962）

委员（1998），副主席（2012），执委会委员（2008—2012），2012年（2004—2005）、2016年（2008—2009）奥运会评估委员会主席，里约热内卢2016年奥运会协调委员会主席（2010），国际奥委会2000年委员会委员（1999）。摩洛哥青年与运动部部长（2007—2009），洛杉矶1984年奥运会400米冠军。

梅立顿·桑切斯·里瓦斯
（巴拿马，1934）

委员（1998—2014），名誉委员（2015）。巴拿马奥委会主席（1982—2007），泛美洲体育组织财务主管（1988—1998），中美洲体育组织主席（2001—2010）。

里奥·沃尔纳
（奥地利，1935）

委员（1998—2014），名誉委员（2014）。奥地利奥委会主席（1990—2009），奥地利残奥会与特奥会委员会执委会委员，奥地利帮助运动基金会副主席（1981—2009）。

荷兰威廉·亚历山大国王陛下
（荷兰，1967）

委员（1998—2013），名誉委员（2013），因接受王位成为荷兰国王而辞职。荷兰奥委会赞助人，奥林匹克团结基金委员（1999—2003），体育开发委员（2010—2013），温哥华2010年冬奥会协调委员会委员（2003—2010），索契2014年冬奥会委员会委员（2007—2010）。

黄思绵
（新加坡，1949）

委员（1998），副主席（2009—2013），执委会（2005—2009），金融委员会主席（2014）。新加坡奥委会副主席（1990），新加坡2010年青奥运会组织委员会主席（2007—2010），国际帆船联合会副主席（1994—1998）。

萨米赫·穆达拉尔
（叙利亚，1939）

委员（1998），副主席（1986—2007）。亚洲奥林匹克理事会总协调员（2003—2006），叙利亚奥委会主席（1981—2000），西亚运动联合会主席（1996—2006），地中海运动会国际委员会副主席（1983—2005）。

1999年　韩国首尔第109次全会

约瑟夫·布拉特
（瑞士，1936）

代表国际单项体育联合会当选的委员（1999），国际奥委会2000年委员会委员（1999）。国际足联主席（1998）、秘书长（1981—1998）、技术部主管（1975—1981），瑞士冰球协会秘书长（1964—1966），瑞士计时公司代表（1968—1975）。

拉明·迪亚克
（塞内加尔，1933）

代表国际单项体育联合会当选的委员（1999—2013），名誉委员（2013）。塞内加尔奥委会主席（1985—2002），国际田联主席（1999）、副主席（1979—1999），非洲田联主席（1973—2003），非洲体育最高理事会执委会（1973—1987），塞内加尔国民议会副主席（1988—1993）。

1999年　瑞士洛桑第110次全会

罗兰·巴尔
（德国，1965）

运动员选举委员（1999—2004），运动员委员会（1996—2004），国际奥委会2000年委员会委员（1999），在亚特兰大1996年奥运会和悉尼2000年奥运会上由运动员选举为运动员委员会委员。巴塞罗那1992年奥运会和亚特兰大1996年奥运会8人单桨赛艇比赛分获铜牌和银牌，还参加了汉城1988年奥运会的相同项目。

谢尔盖·布勃卡
（乌克兰，1963）

运动员选举委员（1999）、执委会（2000—2008、2012）、运动员委员会主席（2002—2008），新加坡2010年青奥运会评估和协调委员会主席（2007—2010），随行人员委员会主席（2010），国际奥委会2000年委员会委员（1999），在亚特兰大1996年奥运会和悉尼2000年奥运会上由运动员选举为运动员委员会委员。乌克兰奥委会主席（2005），乌克兰议会委员（2002—2006），汉城1988年奥运会撑竿跳冠军，还参加了巴塞罗那1992年奥运会和悉尼2000年奥运会。

夏曼·克鲁克斯
（加拿大，1962）

运动员选举委员（1999—2004），运动员委员会委员（1996—2011），道德委员会委员（1999），国际奥委会2000年委员会委员（1999），在亚特兰大1996年奥运会和悉尼2000年奥运会上由运动员选举为运动员委员会委员。温哥华2010年冬奥会组织委员会联合主管，加拿大奥委会执委，洛杉矶1984年奥运会400米接力跑银牌，还参加了汉城1988年、巴塞罗那1992年和亚特兰大1996年奥运会。

罗伯特·扬·西特里克
（美国，1963）

运动员选举委员（1999—2008），运动员委员会委员（1996—2008）、国际奥委会2000年委员会委员（1999），在亚特兰大1996年奥运会和悉尼2000年奥运会上由运动员选举为运动员委员会委员。美国奥委会副主席（2006—2010），汉城1988年奥运会、巴塞罗那1992年奥运会上所在排球队分别获得冠军和亚军，还参加了亚特兰大1996年奥运会。

曼努埃尔·迪辛塔
（意大利，1963）

运动员选举委员（1999—2010），名誉委员（2010），运动员委员会委员（1998—2010），国际奥委会2000年委员会委员（1999），在长野1998年奥运会和盐湖城2002年奥运会上由运动员选举为运动员委员会委员。意大利奥委会副主席（2005—2006），意大利议会委员（2006—2013），利勒哈默尔1994年奥运会冠军，还参加了萨拉热窝1984年奥运会和卡尔加里1988年奥运会。

约翰·奥拉夫·科斯
（挪威，1968）

运动员选举委员（1999—2002），运动员委员会委员（1998—2002），国际奥委会2000年委员会委员（1999），在长野1998年奥运会由运动员选举为运动员委员会委员。联合国儿童基金会体育大使（1994），阿尔贝维尔1992年奥运会1500米速滑冠军，利勒哈默尔1994年奥运会1500米、5000米和10000米速滑冠军，阿尔贝维尔1992年奥运会10000米速滑亚军。

弗拉基米尔·斯米尔诺夫
（哈萨克斯坦，1964）

运动员选举委员（1999—2002），运动员委员会委员（1998—2002），国际奥委会2000年委员会委员（1999），在长野1998年奥运会由运动员选举为运动员委员会委员。阿拉木图申办2014年奥运会团队主席，利勒哈默尔1994年奥运会50公里越野滑雪冠军，在卡尔加里1988年、利勒哈默尔1994年和长野1998年冬奥会上共获得4枚银牌和2枚铜牌，还参加了阿尔贝维尔1992年奥运会。

哈西芭·博尔摩卡
（阿尔及利亚，1968）

运动员选举委员（1999—2000），运动员委员会委员（1996—2000），国际奥委会2000年委员会委员（1999），在1996年亚特兰大奥运会由运动员选举为运动员委员会委员。首位在奥运会上赢得金牌的穆斯林女性，在其职业生涯中以捍卫女性权利、反歧视的观点而闻名于世，1992年巴塞罗那奥运会1500米跑冠军。

亚历山大·波波夫
（俄罗斯，1971）

运动员选举委员（1999），南京2014年青奥运会协调委员会主席（1996），在亚特兰大1996年奥运会和悉尼2000年奥运会由运动员选举为运动员委员会委员。巴塞罗那1992年奥运会、亚特兰大1996年奥运会50米、100米自由泳冠军，在巴塞罗那1992年奥运会100米自由泳接力、100米自由泳，亚特兰大1996年奥运会100米自由泳接力、100米自由泳和悉尼2000年奥运会100米自由泳比赛中共获得5枚银牌。

扬·泽莱兹尼
（捷克，1966）

运动员选举委员（1999—2001、2004—2012），运动员委员会委员（1996—2001、2004—2012），国际奥委会2000年委员会委员（1999），在亚特兰大1996年奥运会、悉尼2000年奥运会和雅典2004年奥运会由运动员选举为运动员委员会委员。巴塞罗那1992年、亚特兰大1996年和悉尼2000年奥运会标枪三连冠，汉城1988年奥运会摘得铜牌。

2000年　澳大利亚悉尼第111次全会

鲁本·阿科斯塔
（墨西哥，1934）

代表国际单项体育联合会当选的委员（2000—2004），国际奥委会2000年委员会委员（1999），因被控在国际排球联合会有财务违规行为而辞职。国际排球联合会主席（1984—2008），墨西哥城1968年奥运会技术和体育组织总干事。

塔马斯·阿让
（匈牙利，1939）

代表国际单项体育联合会当选的委员（2000—2010），名誉委员（2010）。匈牙利奥委会秘书长（1989—2005），国际举重联合会主席（2000），世界体育联合会总会副主席（1988—2011）。

阿尔弗雷多·戈耶内切
（西班牙，1937—2002）

代表国家/地区奥委会当选的委员（2000—2002），国际奥委会2000年委员会委员（1999）。西班牙奥委会主席（1998—2002）、副主席（1987—1998），西班牙马术运动联合会主席（1981—1987），罗马1960年奥运会西班牙马术运动队参赛运动员。

布鲁诺·格兰迪
（意大利，1934）

代表国际单项体育联合会当选的委员（2000—2004）。意大利奥委会临时主席（1998—1999），国际体操联合会主席（1996）、副主席（1988—1992），欧洲体操联盟副主席（1982—1989）。

赛义德·穆斯塔法·哈什米·塔巴
（伊朗，1946）

代表国家/地区奥委会当选的委员（2000—2004）。伊朗奥委会主席（1988—1991、1997—2004）。

保罗·亨德森
（加拿大，1934）

代表国际单项体育联合会当选的委员（2000—2004）。多伦多申请1996年奥运会竞选团主席，国际帆船联合会主席（1994—2004），代表伦诺克斯队参加东京1964年奥运会帆船赛飞行荷兰人级，参加墨西哥城1968年奥运会帆船赛芬兰人级。

威廉·J.希布尔
（美国，1942）

代表国家/地区奥委会当选的委员（2000—2002），国际奥委会2000年委员会成员（1999）。国际奥协副主席（1997—2001），美国奥委会主席（1991—1992、1996—2000）。

吉安-弗朗哥·卡斯帕
（瑞士，1944）

代表国际单项体育联合会当选的委员，因斯布鲁克2012年第1届冬季青奥运会协调委员会主席（2009—2012）。冬季奥运国际单项体育联合会主席（2000—2002、2014），国际滑雪联合会主席（1998），世界体育联合会总会副主席（2014）。

基普乔吉·凯诺
（肯尼亚，1940）

代表国家/地区奥委会当选的委员（2000—2012），名誉委员（2012），运动员委员会委员（1982—2000）。肯尼亚奥委会主席（1999），墨西哥城1968年奥运会1500米田径跑和5000米跑亚军、慕尼黑1972年奥运会3000米跨栏冠军、1500米跑亚军，参加了东京1964年奥运会。

卡洛斯·亚瑟·努兹曼
（巴西，1942）

代表国家/地区奥委会当选的委员（2000—2013），名誉委员（2013），国际奥委会2000年委员会委员（1999），主席候选人（2007—2009）。里约热内卢2016年奥组委主席候选人（2009），泛美体育组织副主席（2008），巴西奥委会主席（1995），国际体育仲裁法院副院长（2000），奥林匹克休战基金会副主席（2000），东京1964年奥运会排球选手。

拉萨纳·巴朗福
（科特迪瓦，1941）

代表国家/地区奥委会当选的委员（2000—2012），名誉委员（2012）。国际奥协副主席，非洲奥协主席（2005），科特迪瓦奥委会主席（1999）、副主席（1990—1999），国际柔道联合会副主席（1990），非洲柔道联盟主席（1990）、副主席（1974—1978），财政部长（1982—1990）。

亨利·塞朗拉度
（法国，1937—2009）

代表国家/地区奥委会当选的委员（2000—2007）。法国奥委会主席（1993—2009），国际游泳联合会执委（1992—1996），欧洲游泳联盟副主席（1984—1992），法国游泳联合会主席（1981—1993）、副主席（1976—1981），水球运动员。

罗伯特·H.斯特德沃德
（加拿大，1946）

国际残奥委员会选举委员（2000—2001），国际残奥委员会首任主席（1989—2001），将残疾运动员纳入奥林匹克运动的关键人物。加拿大残奥委员会主席（1986—1991），加拿大残疾人体育组织联合会的推动人和主席（1979—1989）。

于再清
（中国，1951）

代表国家/地区奥委会当选的委员（2000），副主席（2008、2012、2014），执委会委员（2004—2008）。北京2008年奥组委执行副主席（2002—2008），亚奥理事会副主席（2003），中国奥委会副主席（1999），国际武术联合会主席（2003），上海一级方程式大奖赛主席（2004）。

苏珊·奥尼尔
（澳大利亚，1973）

运动员选举委员（2000—2005），出于个人原因辞职，运动员委员会委员（2000—2005），悉尼2000年奥运会上当选运动员委员会委员。亚特兰大1996年奥运会200米蝶泳冠军，悉尼2000年奥运会200米自由泳冠军，巴塞罗那1992年奥运会、亚特兰大1996年奥运会和悉尼2000年奥运会共赢得6枚奖牌（4银2铜）。

曼努埃尔·埃斯蒂亚特
（西班牙，1961）

运动员选举委员（2000—2004），运动员委员会委员（2000—2004），2000年悉尼奥运会上当选运动员委员会委员。亚特兰大1996年奥运会上代表西班牙水球队赢得冠军，巴塞罗那1992年、莫斯科1980年、洛杉矶1974年、汉城1988年和悉尼2000年奥运会，1986年至1992年间世界最佳水球运动员。

乔瓦尼·阿涅利
（意大利，1921—2003）

国际奥委会荣誉委员（2000—2003）。意大利商人，菲亚特创始人之孙，从1966年到逝世前担任菲亚特总裁，终身参议员（1991—2003）。

阿兰·达内
（法国，1931—2006）

国际奥委会荣誉委员（2000—2006）。律师、记者，参与创建欧洲奥协，法国奥委会副主席，奥运会法国队领队（1964—1980），欧洲曲棍球联合会主席（1974—2003），法国体育学院院长（1991—2006）。

库尔特·福格勒
（瑞士，1924—2008）

国际奥委会荣誉委员（2000—2008）。瑞士政治人物，瑞士奥委会联合会主席（1977、1981、1985），瑞士联邦委员会委员（1972—1986）。

亨利·A.基辛格
（美国，1923）

国际奥委会荣誉委员（2000）。美国政治家、外交家，共和党人，国家安全理事会成员（1969—1975），美国国务卿（1973—1977），因为越战停火做出的贡献而获得1973年诺贝尔和平奖。

堤义明
（日本，1934）

国际奥委会荣誉委员（2000）。日本商人，日本西武集团的多数股东，发展家族铁路事业西武铁路，曾6次被福布斯列为世界首富，支持长野作为1998年奥运会举办地。

2001年　俄罗斯莫斯科第112次全会

霍震霆
（中国香港，1946）

委员（2001）。亚奥理事会副主席（1999），香港奥委会主席（1999），香港2009第5届东亚运动会组委会副主席，香港足球协会主席，香港议员（1998—2012）。

拉贾·兰迪尔·辛格
（印度，1946）

委员（2001—2014），名誉委员（2014）。国际奥协副主席（2012），亚奥理事会秘书长（1991），印度奥委会秘书长（1987—2012），2010年第19届英联邦运动会组委会副主席，参加东京1964年、墨西哥城1968年、慕尼黑1972年、蒙特利尔1976年、莫斯科1980年和洛杉矶1984年奥运会射击多向飞碟比赛。

约翰·科茨
（澳大利亚，1950）

代表国家/地区奥委会当选的委员（2001），副主席（2013），执委会委员（2009—2013），法律委员会主席（2014），体育与法律委员会主席（2014），东京2020年奥运会协调委员会主席（2014）。澳大利亚奥委会主席（1990），悉尼2000年奥运会组委会副主席候选人（1993—2000），国际赛艇联合会理事（1992），国际体育仲裁法院院长（2011）、副院长（1995—2010）。

依萨·哈亚图
（喀麦隆，1946）

代表国际单项体育联合会当选的委员（2001）。喀麦隆奥委会执委会委员，奥运会足球比赛组委会主席（1992—2006），国际足球联合会副主席（1992），南非2010年世界足球锦标赛组委会主席，非洲足球联合会主席（1988）。

胡安·安东尼奥·萨马兰奇·萨利萨其斯
（西班牙，1959）

委员（2001），执委会委员（2012）。西班牙奥委会委员（1989）、副主席（1996）、执委会委员（1984—1996），国际现代五项联盟、西班牙现代五项全能联盟执委会委员（1980—1990），加泰罗尼亚皇家汽车俱乐部副总裁。

埃尔斯·范·布列达·弗里斯曼
（荷兰，1941）

代表国际单项体育联合会当选的委员（2001—2009），荷兰奥委会执委会委员（1989—1992）、副主席（1992—1996）、主席（2001—2009），国际曲棍球联合会总秘书（1994—2001），欧洲曲棍球联合会副主席（1989—1993）。

萨马兰奇的连任

萨马兰奇再次在表决中光荣当选

胡安·安东尼奥·萨马兰奇是国际奥委会第七任主席。奥运会创始人皮埃尔·顾拜旦担任国际奥委会主席29年,萨马兰奇的主席任期时间紧随其后为21年。在萨马兰奇担任主席之前,在国际奥委会100年的历史里,总共有6位主席,每一位主席都是由奥委会委员无记名投票选举出来。但是,萨马兰奇3次连任都是在表决中通过。在委员的提议下,萨马兰奇的当选不需要投票或者全票通过,再次当选根本没有投票的必要性。

1982年,在他当选主席的两年后,在罗马第85次全会上,萨马兰奇提议改变主席选举的程序。他写道:"我提议主席选举在奥运会举办的下一年。这就意味着我的主席之职可以延续到汉城1988年奥运会之后的1989年。我有7年的时间,这不错。最好的事情是能在奥运会之后的1993年退休,奥运会有可能会在巴塞罗那!这就像华格纳歌剧的结尾。"

波多黎各圣胡安,1989年

以共识和加强内部团结为基础的战略,经过多年的发展结出了果实。萨马兰奇的3次连任都是通过委员表决的结果。第一次是1989年8月30日,在波多黎各圣胡安第95次全会上,介绍主席候选人时,只有萨马兰奇一人,因此,有人提议表决通过。在听到这个提议之后,委员们一致同意。接着,梅罗德走向讲台,代表同事发表感言。首先,他说:"我非常想告诉萨马兰奇,感激他的9年主席工作。他的领导力、他的工作方式、他的外交才能、他的化难为易解决问题的能力,让国际奥委会这艘船找到了正确的航道。"随后,他还说道,国际奥委会现在处于转型期,需要采取大的决定,他说:"主席先生提供了真正的和不可或缺的动力,他的建议帮助人们找到了最让人满意的道路。"梅罗德最后总结道,这次荣誉当选证明了"在1980年之后,现在他又被赋予了信任,希望在的新任期里,他能够像以前一样指导我们,直到国际奥委会转型完成,完成从奥委会一直以来的面貌到未来它该有的面貌。"

谢过梅罗德之后,萨马兰奇表示未来4年将不容易,但是"有了每个人的支持和国际奥委会的团结,我相信国际奥委会会一直处于尊重和接受奥林匹克原则的体育世界的领导地位。我想说奥林匹克运动非常强大,并且深受尊重,这种力量来自它的团结。首先是我们自己的团结,同时是和奥林匹克运动其他同事的团结。希望我渴望的团结可以继续存在于国际奥委会、国际单项体育联合会和国家/地区奥委会之间。这种团结就是它的力量。"

蒙特卡洛,1993年

1993年9月21日,摩洛哥首都蒙特卡洛和第101次全会的场馆见证了萨马拉奇的第二次连任。当时宪章的第21条提到了主席选举。于是,萨马兰奇把他的职责交给第一副主席何振梁(中国),从而可以参加主席选举。何振梁宣布唯一的候选人是萨马兰奇,因此,这次又成为了萨马兰奇的选举表决。委员长卢森堡让大公走上讲台发言:"作为国际奥委会委员长,我代表同事们,祝贺您用您的掌控能力和才能指导了本次全会的辩论。同样重要的是,我要真诚感谢维迪庄园所有的工作人员,感谢他们的不懈工作和奉献。"还是在这次全会上,根据萨马兰奇的愿望,1997年在他任期结束前,国际奥委会全会将在洛桑举行。

洛桑,1997年

在1997年9月3日至6日于奥林匹克首都举办的第106次会议上,萨马兰奇第三次成为唯一的候选人,他的资格将在大会进行讨论。会议结果是由瑞士人马克·霍德勒宣布的,萨马兰奇再一次荣誉当选。霍德勒是萨马兰奇之前的竞争对手,他代表同事,感谢萨马兰奇在接下来的4年时间里继续服务于国际奥委会。"我对奥林匹克运动领导者能在下一个千禧来临之际掌舵国际奥委会感到骄傲,并且充满感激之情。在17年的开明领导过

1997年,在洛桑106次全会上,萨马兰奇最后一次当选国际奥委会主席

程中，萨马兰奇主席不断增强国际奥林匹克运动和促进其现代化，致力团结奥林匹克大家庭，与谎言做斗争，摒弃过时的业余主义原则。在萨马兰奇主席的领导下，国际奥委会将完成抵制兴奋剂的斗争。在强化与体育相关的文化和艺术联系之外，主席的外交能力增强了国际奥委会同各国政府、国际组织和私营部门的联系。"作为对萨马兰奇工作的认可，霍德勒向萨马兰奇赠送了两件珍贵的礼物：一件是瑞士画家汉斯·埃尔尼的画作；另一件是顾拜旦奖章。萨马兰奇心情激动，他对同事们说："新的4年任期对我来说没有任何牺牲，因为我享受我的工作，我的工作是一种荣誉。国际奥委会这一重要机构的责任为我带来巨大的快乐。在未来的4年里，目标不会改变，我要为每一位成员承担最大的责任，我不会因成为国际奥委会主席感到沾沾自喜，我将扮演真正的协调者角色，在世界范围内为成员活动进行协调。很多事情都至关重要：教育、奥林匹克团结、兴奋剂、文化、体育的艺术性和环境保护。但是，最根本的还是要维护奥林匹克运动的团结，因为团结是强有力的奥林匹克精神的保障。维护团结，但尊重个人的自主性。如果赢得了团结的战役，体育运动将会有一段长时间的黄金时期。"

最后，萨马兰奇再次说到他可以胜任国际奥委会主席之职，但是如果他觉察到自己的精力在下降，他将毫不犹豫地辞去主席之职。他也宣布这将是他最后一次任职，他希望选举继任者的2001年国际奥委会全会可以在莫斯科举行，因为21年前，他在那里开启了漫长的、充实的国际奥委会主席之旅。萨马兰奇负责任地履行国际奥委会主席职责，为此做出奉献。在萨马兰奇的主席生涯中，他只让别人代理过3天。即在悉尼奥运会期间，萨马兰奇的妻子碧蔚丝去世，萨马兰奇不得不紧急回到巴塞罗那。这期间，加拿大人理查德·W.庞德代理主席一职3天。

继任者：受到青睐的人

有关萨马兰奇继任者的传闻很快传播开来。传言已有一个"起始领先位置"，理查德·W.庞德、理查德·凯文·高斯帕、金云龙都名列榜单，这些都是专家建议的未来继任者人选。后来，雅克·罗格、帕尔·施密特、阿妮塔·德弗朗茨也被列入榜单。萨马兰奇经常在个人笔记中记录他对这些人的印象："我同高斯帕和庞德一起吃了饭。没什么重要的事，但是我意识到他们中的一人将成为下一届主席。"萨马兰奇与庞德处理和讨论过无数战略话题："我见到了庞德，我和他严肃地讨论了我对国际奥委会未来的关切。我们必须做一些事情，通过官方渠道，使国际单项体育联合会和各国奥组委加入到国际奥委会中。执委会也要负责选择奥林匹克城市。我告诉他我可以履行完我的任期，但是我们必须考虑到国际奥委会下个世纪的发展。"

萨马兰奇在意象征性姿态，因此，他希望能在职业开始的地方结束他的任期，这个地方就是莫斯科。过去的一段时间对萨马兰奇来说并不容易：盐湖城危机以及妻子的离世。但是，萨马兰奇像一位老船长一样站在国际奥委会的巨轮上，直到任期结束。他在任期做的最后一件事情是尽全力举办第112次国际奥委会全会。第112次国际奥委会全会于2001年7月13日至16日在莫斯科举行。在选出萨马兰奇的继任者之前，会议决定北京将是2008年奥运会的举办地。萨马兰奇连续3届荣任国际奥委会主席之职，他的无可动摇的领导地位为继任者开辟了道路。有5名候选人竞选主席之职，庞德明显的优势因为存在分歧而有所削弱。

萨马兰奇知道他的时间到了，他必须把奥运火炬传递出去。"坟墓场里埋满了自以为无可替代的人"，萨马兰奇如此写道。弗朗索瓦·卡拉德、弗朗索瓦丝·兹韦费尔、荷西·玛利亚·桑普西汇编了全世界范围内认可萨马兰奇领导贡献的证明书，总数超过1000份。体育界的领导人以及世界各国的政治领导、商人都与萨马兰奇有很好的个人关系，并称萨马兰奇是真正的领导者。萨马兰奇获赠4份证明书的合订本。这是历史的证言。

莫斯科选举取得成功。萨马兰奇向人群告别，把接力棒交给了他的继任者——雅克·罗格博士。雅克·罗格是萨马兰奇最新的同事之一。在第一轮投票中，比利时人雅克·罗格获得46票，金云龙获得23票，理查德·W.庞德获得20票，帕尔·施密特获得14票，而第一位女性候选人阿妮塔·德弗朗茨获得9票，未能进入下一轮投票。第二轮共有110名投票人，罗格力克对手，共获得了59票，金云龙获得23票，庞德21票，施密特只获得了6票。

在萨马兰奇于莫斯科当选主席的21年后，即2001年7月17日，发生了一件充满象征意义的事情。萨马兰奇把火炬传递给罗格，为奥林匹克运动留下了巨大的和宝贵的遗产。国际奥委会全会决定任命萨马兰奇为国际奥委会名誉主席，并以他的名字命名位于洛桑的奥林匹克博物馆。

从那天起，萨马兰奇开始了退休生活。离任后的几个小时后，萨马兰奇身体出现了状况。为此，他在医院进行了几天的治疗。此后，他便经常在巴塞罗那和洛桑两地间往返，关注奥林匹克博物馆进展情况（见"第19章 奥林匹克文化、价值观和教育"），参加不计其数的公共活动，致力于发扬奥林匹克运动的价值精神。他从未缺席执委会任何一次全会，每次都受到罗格的邀请。在2009年的哥本哈根奥林匹克大会上，萨马兰奇也扮演了重要的角色，他在一场在线辩论上发表了演讲。因为他对国际奥委会的尊重和忠诚，他最后的阶段也令人敬重。萨马兰奇自己回忆说："我不会刻意装作谦虚，我认为我是国际奥委会的好主席。现在，我也要向人们展示我也是一名好的终身名誉主席。方法很简单，我会让我的继任者安心工作。如果没有人问我的意见，我不会插手国际奥委会的工作。"

萨马兰奇在国际奥委会第112次全会上奥林匹克金质勋章。这是萨马兰奇最后一届任期

北京成功申请2008年奥运会

胡安·安东尼奥·萨马兰奇是中国的一位伟大朋友，他拥有一种特殊的能力，他在全世界人口最多的国家传播了奥林匹克运动，与中国人民建立了牢固的友谊。如果没有他的贡献和支持，北京2008年奥运的成功申请是不可能的，他帮助我们圆了一个梦，让中国在数以百万计的体育迷的支持下举办了一场奥运会。

萨马兰奇是我的奥运导师。多亏了他的支持，我在2000年当选为国际奥委会委员。多年来他一直帮助我、支持我。他的逝世意味着，奥林匹克运动失去了一位卓越的领导者，而我则失去了一位导师和好友。

于再清
国际奥委会委员（2000），国际奥委会副主席（2008—2012、2014年至今）。中国奥委会副主席（1999）。

运动员的朋友

几年前，我在新加坡接待过他。当时由于天气问题，他乘坐的原定前往不丹的航班迫降在新加坡。当我问他在这停留的3小时中想做什么时，他告诉我想见见运动员。当我带他去看乒乓球比赛时，他很高兴。他喜欢和运动员相处。

有一天，我们沿着兰布拉斯大道散步，在通往他口的路上，他告诉我他的梦想是将奥林匹克运动及其价值观传播到尽可能多的国家去。那天他还让我品尝了他侄子酿制的美味的"托雷洛"卡瓦酒。他是一位领袖、朋友和导师。

黄思绵
委员（1998），国际奥委会副主席（2009—2013）。新加坡奥委会副主席（1990）。

他懂得倾听

我第一次见到胡安·安东尼奥·萨马兰奇是在1989年底。那时，我刚被任命为利勒哈默尔1994年奥组委主席。这个机构位于挪威，当时混乱不堪，急需国际奥委会的帮助。

萨马兰奇帮了我很多。从他任命我们开始，他的大门永远向我们敞开着。每次我们有需求，他都会来挪威。他很谦卑，懂得倾听，总是能找到解决我们问题的办法。当事情复杂棘手时，他也从不丢掉微笑，这能帮我们冷静下来。

格哈德·海博格
委员（1994），执委会委员（2003—2011），市场开发委员会主席（2001—2013），利勒哈默尔1994年奥运会组委会主席（1989—1994）。

未来的愿景

他对未来的展望总是引起我的注意。他似乎有第六感，能够比别人提前感知到一些事情，能够在事情发生之前预测到这些事情。这些品格使他成为一个真正的领导者。萨马兰奇采取主动行动，开展改革，虽然没人能够理解这些改革的目标，但最终这些改革都是最合适的。除了对未来的展望，萨马兰奇还有其他的品质，如创造力、高效和实用主义，让他能够向前推进奥林匹克运动。他对所有朋友、国际奥委会委员及其合作伙伴的忠诚和诚信，更无需赘言了。

丹尼斯·奥斯瓦尔德
委员（1991），执委会委员（2000—2012），国际赛艇联合会主席（1989—2014）。

奥运会冰球运动

萨马兰奇打开了奥运会之门,为专业运动员提供了机会,让他们有所成就。二十世纪八九十年代,他负责奥运会的宣传活动,将奥运会打造成全球盛事。奥运会历史上最难忘的一幕是"梦之队"参加了1992年的篮球赛。

6年之后,冰球运动已取得了飞跃式的巨大发展,全美冰球联盟历史上第一次暂停比赛,以让其球员参加长野1998年奥运会。这一时刻被写入了冰球史。

雷内·法塞尔
国际单项体育联合会代表委员(1995),执委会委员(2008),国际冰球联合会主席(1994)。

精神之父

萨马兰奇的思想具有革命性。这个魅力十足的人一生都致力体育运动,我与他的关系很特别,他就像一位精神之父。他见证了我在1984年奥运会上的拼搏,是他帮助我在奥林匹克运动中迈出了第一步。

我相信他的精神将继续激励我们,他的价值观和对未来的展望将引导我们,照亮我们前进的道路。主席先生,你的卓越非凡将永远不会被遗忘。别了,大师。

纳瓦尔·埃尔·穆塔瓦考
委员(1998),国际奥委会副主席(2012),洛杉矶1984年奥运会400米跨栏冠军。

伟大的遗产

胡安·安东尼奥·萨马兰奇留下的遗产令人印象深刻。在他具有历史性的任职期间,奥林匹克运动从连续两届遭到抵制发展成为庆祝人文价值观的重大活动。在他的国际奥委会主席的最后一届任期内,2001年,他在莫斯科主持了继任者雅克·罗格的选举,还宣布北京为2008年奥运会的主办城市。这两项决定都象征着他对奥林匹克运动做出的巨大贡献,也说明他留给我们的伟大精神仍在持续着。我非常感谢他,他是让我入选国际奥委会的那个人。

理查德·卡里翁
委员(1990),执委会委员(2004—2012),财政委员会主席(2006—2013),审计委员会主席(2006—2013)。

环保推动者

我能够进入国际奥委会要感谢萨马兰奇。我一定要感谢他能让我在第一次全会上发言,虽然传统上新委员一般没有发言权。那个时刻对我来说非常重要。2002年,当我在墨西哥城就阻止把现代五项全能运动和其他运动排除在奥运项目之外发言时,萨马兰奇是第一个祝贺我的。

萨马兰奇主席总是听取委员会成员的意见。1993年,我与一个小型代表团一起,设法说服他,让他相信国际奥委会可以在保护环境方面发挥作用。1995年,他创立了体育与环境委员会。

摩纳哥亲王阿尔贝二世
委员(1985),体育与环境委员会主席(2014),运动员委员会副主席(1989—2008)。摩纳哥奥委会主席(1994)。

运动员的伟大支持者

萨马兰奇彻底改变了现代奥林匹克运动。他孜孜不倦，创造了一个团结的奥林匹克运动。他运用自己的聪明才智和外交手腕，成功地将奥运会转变成了一个世界性的体育盛事。除了他对奥林匹克事业的奉献和他所传递的价值观之外，我也永远不会忘记他对体育运动员的极度尊重和关注。萨马兰奇总是饶有兴趣地关注论坛报上的田径选拔赛。他是一个完全致力体育精神的人。

拉明·迪亚克

国际单项体育联合会代表委员（1999—2013），名誉委员（2013）。塞内加尔奥委会主席（1985—2002），国际田径联合会主席（1999）。

谨慎和开放

萨马兰奇是他所在时代的一位伟人。他相信，体育运动是20世纪末主要的社会力量之一。没有哪一位主席像他一样有那么丰富的外交经验。他预见了亚洲在经济增长方面的日益重要性，中国也即将崛起。他主动采取了一些重要举措，促进非洲大陆和阿拉伯世界各国积极参与奥运会。

对我来说，他的两个决定非常重要。第一个是他将奥运会开放给专业运动员和专业运动项目，第二个是他打破传统，在夏季奥运会两年之后举办冬季奥运会。我认为他是一个谨慎、谦虚和开放的人。

理查德·凯文·高斯帕

委员（1977—2013），名誉委员（2013），国际奥委会副主席（1990—1994、1999—2003）。澳大利亚奥委会主席（1985—1990）。

他就像一位普通的运动员

萨马兰奇一直都想着运动员的利益。当他和运动员在一起时，也像其中的一位，给人的感觉就是一位运动员。他的眼睛炯炯有神，从来都不像一位政客。正是他成立了运动员委员会，修改了奥运宪章，使运动员可以成为国际奥委会委员。可以说他是我的导师，是他帮助我了解奥林匹克运动的结构和功能。多亏了他的建议，我才能够改善乌克兰的体育管理。我觉得自己很幸运能拥有他那么一位领导和朋友。我相信他想要激励我自强不息。

谢尔盖·布勃卡

运动员选举产生的委员（1999），执委会委员（2000—2008、2012年至今），运动员委员会主席（2002—2008），汉城1988年奥运会撑竿跳冠军。

他对我的人生产生了巨大的影响

胡安·安东尼奥·萨马兰奇是一个与众不同的人，他非常喜欢体育运动，对未来有很多远见，他在国际奥委会孜孜不倦的工作成果是显而易见的。他对我的人生产生了巨大的影响。我有幸成为他的朋友，我对他的怀念之情用言语难以表达。

我们相遇在辉煌的阿尔伯特维尔奥运会。1995年，他说服我成为一名委员，并加入了协调委员会，尽管刚开始我顾虑重重。他让我分享知识，体验了许多难忘的经历。他以体育的名义把全世界团结在一起并蓬勃发展。他是我的榜样，我感谢他的慷慨。

让·克劳德·基利

委员（1995—2014），名誉委员（2014）。阿尔贝维尔1992年奥组委主席之一，格勒诺布尔1968年奥运会高山速降、大回转、回转障碍3项冠军。

第15章 奥林匹克运动：团结与壮大

奥林匹克的团结精神使得奥林匹克赛事得以复兴
萨马兰奇促进了国际单项体育联合会与各国家/地区奥委会之间的对话

萨马兰奇的体育理念以及对奥林匹克运动的理念，最为强调的一点就是创新性与前瞻性。在上任不久之后他便写道："体育已经具有社会化的功能，如今的体育不再是一项仅属于特权阶级的运动。体育已融入各个社会阶层，有人（通过体育）追求健康，有人追求幸福，有人则为了休闲。在最高水平的竞赛当中，奥运会已成为全世界年轻人的盛典，他们通过体育运动展示了健康的竞争、公平的比赛，重新弘扬了国际奥委会创始人拜伦·皮埃尔·德·顾拜旦所推崇的价值观。"

奥林匹克旗帜由5个不同颜色的圆环组成，代表了奥林匹克的全球性。在6种（加上白色）颜色中能找到全球所有国家旗帜上的一种颜色。正是基于这一种考虑，才有了这样的设计

1981年的巴登-巴登奥林匹克代表大会勾画了未来奥林匹克运动的远景。在讨论中、文本上、行动中，胡安·安东尼奥·萨马兰奇屡次重申了他从未变更的理念：奥林匹克运动的团结性必须维持下去，这一难能可贵的精神是奥林匹克运动得以生存的关键。萨马兰奇以非常简单的方式表明了这一理念，他总是直率地说："我们越团结就越强大。"他在巴登-巴登代表大会（见"第2章 巴登-巴登奥林匹克大会"）上总结勾勒了他的路线图，列出了意将达成的目标。闭会致辞中，他表示国际奥委会将与国际单项体育联合会以及各国家/地区奥委会之间建立起新关系。萨马兰奇所有行动背后的主题只有一个，就是他反复提及的团结理念。为促成团结，他做出了不懈努力，并在达成共识之后，继续呼吁世人要维持好这一团结。因为这是奥林匹克运动统领全球的权威和力量的唯一保障。

针对巴登-巴登大会第三议题——"未来的奥林匹克运动"，他在最后的评论中凝聚了已达成的全部共识："国际奥委会已显著提高了自己的声望和道德权威。国际奥委会将力求成为全世界运动的引导者，并且拥护奥林匹克原则，严格尊重国家单项体育联合会和国家/地区奥委会的独立性。奥林匹克运动委员会将代替原来的三方委员会，并将扩编至27个成员（从每个部分分别选派9名代表）。国际奥委会将由执委会委员以及运动员委员会主席构成。"

奥林匹克运动正经历一个复杂而不确定的时期：慕尼黑1972年奥运会惨案和对蒙特利尔1976年奥运会的抵制带来大量的负面影响，奥林匹克组织缺乏领导是个不争的事实，颓废的顽固主义态度泛滥，注意力只集中在奥运会组织工作中。这种情况无疑引起了国家/地区奥委会和国际单项体育联合会的担忧，他们要求国际奥委会采取新的举措，以获得更深入和广泛的参与。

自1966年当选为国际奥委会委员以来，萨马兰奇就一直被认为是推动国际奥委会进行革新的坚定分子。他的一些想法和建议很快就在那些希望注入新鲜空气的委员中传播开来了。萨马兰奇的愿景是创造一种联系更为紧密的奥林匹克主义。随后，他本人身体力行推动这一愿景成为现实，而就任新闻委员会主席以及礼宾官又给他带来了新的机会，使他能够大力宣传自己的理念，并在1970年成功地当选为执委会委员。担任国际奥委会委员的同时，萨马兰奇还是西班牙奥委会主席和国家体育代表，全面领导西班牙体育事业发展。

1966年8月末，萨马兰奇刚当选国际奥委会委员不久，他便以奥林

> 自1966年当选为国际奥委会委员以来，萨马兰奇就一直被认为是推动国际奥委会进行革新的坚定分子。他的一些想法和建议很快就在那些希望注入新鲜空气的委员中传播开来。萨马兰奇的愿景是，创造一种联系更为紧密的奥林匹克主义。

匹克学院委员会成员的身份参加了国际奥林匹克学院在总部——希腊奥林匹亚市举办的第9届大会。他的题为"当今世界中的奥林匹克主义"的演讲被印制成小册子,以英语和法语这两种国际奥委会官方语言以及西班牙语一并发行。

同年12月,西班牙奥委会和西班牙国家体育学院编辑发行的《体育2000》杂志发表了由萨马兰奇署名的同名文章,对奥林匹克主义现状进行了深入分析,同时主张需要大力革新。这篇文章也发表在1970年3月版的《奥林匹克杂志》上。

重搭桥梁 在上任主席后的前几个月中,萨马兰奇特别重视这个问题,他决定尽最大努力搭建与国际单项体育联合会和各国家/地区奥委会间对话与沟通的桥梁。摆在他面前的情况很复杂,需要他充分发挥自己的两个强项:对话和外交。在国际单项体育联合会方面,于1967年4月23日在洛桑洲际酒店召开的世界体育联合会总会代表大会上,以国际赛艇联合会主席托马斯·凯勒(瑞士)为首的大部分体育联合会表示反对布伦戴奇的领导。大会要求能加入他们在国际奥委会决策中的参与度。

在萨马兰奇任主席期间,国家/地区奥委会数量增长显著。1980年,奥林匹克运动已拥有144个国家/地区的奥委会,而在2001年则达到199个。国家/地区奥委会之间一直以来都有按照所在大洲进行联合的习惯。自1955年以来,美洲各国家/地区奥委会就集中在泛美体育组织名下,它的第一任主席是时任美国奥委会领导人艾弗里·布伦戴奇。自1975年以来,实业家马里奥·巴斯克兹·拉涅亚(墨西哥)成为该组织的主席。欧洲奥协成立于1969年,在1980年萨马兰奇当选为国际奥委会主席时,由弗朗哥·卡拉罗(意大利)担任主席。大洋洲奥协成立于1979年。

在萨马兰奇还是西班牙奥委会主席时,他就十分赞同3位奥委会主席(意大利的朱利奥·奥内斯蒂、瑞士的雷蒙德·贾夫纳和比利时的拉乌尔·摩勒)所提出的建议,公开而明确地支持创建国际奥协。但是这一倡议没有得到当时的艾弗里·布伦戴奇主席的支持。尽管如此,面对这位来自美国的国际奥委会主席的一再反对和威胁,这一进程依旧得以开启,并按部就班地进行。最后各国家/地区奥委会于1965年举行奠基会议,正式启动一个长期而缓慢的创建过程,并于1979年6月宣布国际奥协正式成立,由马里奥·巴斯克兹·拉涅亚担任主席。该协会以囊括全世界的国家/地区奥委会为目标。

没多久国际奥委会就承认了这一组织。1981年7月,萨马兰奇应邀参加在意大利米兰举行的代表大会并发言。他清晰地表明了对国际奥协的态度,并指出国际奥委会将起到中间人的作用,帮助世界各地的国家/地区

洛桑奥林匹克博物馆内的奥运圣火

奥委会。我们必须向世界声明，国际奥委会和各国家/地区奥委会的团结赋予了我们真正的力量。这一声明受到100多位代表的热烈欢迎，其中57人与萨马兰奇进行了单独会谈。萨马兰奇全程都十分认真和专注，并给出令人满意的答复。

随着时间的推移，再仔细阅读萨马兰奇的文章可以发现，那个时候，可能他自己都没想过以后能成为国际奥委会主席。所以当时他所做出的一些分析可以算得上是极富远见，已经预测到很多可能出现的问题。10年后，当他成为该组织的主席后，这些问题果然一一出现。

AIOWF

Association of International Olympic Winter Sports Federations

（国际奥林匹克冬季运动总会联合会）

正如他在《奥林匹克回忆》中所说的那样，在他抵达洛桑时，形势很不稳定，而且不仅仅是在经济方面。"我立即得出结论，等待我的将是一片黑暗：因为当时国际奥委会与奥林匹克运动支柱之一的国家/地区奥委会之间还没有建立起联系。而与另一个支柱国际单项体育联合会之间的关系也岌岌可危，随时可能出现危机。我们需要立即着手解决这些问题。" 而这也恰恰是他所做的。 萨马兰奇的格言是：解决问题的最好办法是从近处着手。因此他开始了日程紧凑的旅行：访问许多国家/地区奥委会，并于1981年6月出席在多哥首都洛美举行的非洲奥协成立仪式。 1982年，他前往印度新德里参加亚奥理事会成立仪式。但是，国际奥委会和各国家/地区奥委会之间最重要的接触当数巴登-巴登大会。那次接触的灵感出自马里奥·巴斯克兹·拉涅亚，他支持萨马兰奇的建议，愿意与国际奥委会开展密切合作。从巴登-巴登大会上长长的演讲中可以看出他的态度。他对国际奥协在奥林匹克运动中的作用有如下评价："我百分之百表示同意，但这不仅仅是我个人的想法，它是一种共识，来自世界各地的奥委会，而我谨代表他们发言。"国际奥协必须将奥林匹克运动作为合作伙伴，起到协调的作用，它将各国家/地区奥委会的问题和需求传递给国际奥委会，并共同解决这些问题。国际奥协是一个专门的服务机构，不是、也没有刻意要成为其他体育或奥林匹克组织的管理、立法、代替或平行机构。国际奥协创建的动机就是为了服务于国际奥委会、国际单项体育联合会以及最重要的：奥林匹克运动。

运动员参加大会引起了巨大而积极的反响，但其实一开始大会并没有准备让他们积极地参与，那是萨马兰奇个人的决定。主席在讲话中指出，国际奥委会的主要作用并不是要给国家/地区奥委会和国际单项体育联合会施加压力，而是与他们实现更密切、更忠实的合作。我们现在的目标是要获得第二次的胜利，这无疑是最困难的一部分，因为我们需要战胜自己，让奥林匹克运动成为一个和谐的整体。其中的每一个部分既能保持其独立性并有其自己的位置，但同时又得利于来自集体的力量。我们现在必须以不分异己、不分党派的精神来工作。

国际体育单项联合会的领导作用 至于国际单项体育联合会，萨马兰奇面临的问题更加棘手。他曾承诺过，要前往蒙特卡洛参加于1980年10月举办的国际体育联合会总会集体大会。会上，他重述了他调和的态度，表示支持以平和、启发性的方式建立一个统一的机构。"奥林匹克运动的使命是捍卫奥林匹克理想。这个理想是什么？是纯粹的体育运动，这就是金科玉律。健康的体育运动自身并不是终结，而是要取得生命和人类友爱的胜利成果。奥林匹克运动的使命是捍卫这一理想，并让它变成普世的理想。这场运动，属于我们所有的人，不能被限制在僵化的体系内。道理虽是这样，但最终需要追随这一理想的组织来引领和推动。也就是来自奥林匹克运动三大支柱的组织：第一个支柱是国际奥委会，国际奥委会是这场运动的守护者和监护者；第二个支柱是国际单项体育联合会，它们坚决地在世界各地落实奥林匹克格言；第三个支柱是国家/地区奥委会，它们手握着我们的理想，并将其传播，使其在各自的国土上落地生根。如此，奥林匹克运动得以搭建起沟通千年的桥梁，让沉睡了15个世纪之久的奥林匹克赛事强势复苏，并稳定地继续下去。奥林匹克运动就是广阔澎湃的海洋，是思想

1994年，萨马兰奇主席与墨西哥委员马里奥·巴斯克兹·拉涅亚在亚特兰大

1995年，萨马兰奇主席与国际田径联合会领袖普里莫·内比奥罗在蒙特卡洛

奥林匹克主义

在奥林匹克从古至今的悠久历史长河中，奥林匹克主义所开展的一系列社会文化盛事无疑为世界历史演化做出了贡献。

奥林匹克运动的发展必须依靠所有成员——各国单项体育协会、国家/地区奥委会、国际奥协和国际单项体育联合会联合起来，为共同目标努力，为体育服务，使体育成为教育的手段，全世界社会、人类发展的手段……

奥林匹克运动终有一天会完成创始人交给它的历史任务，也是其成百上千的信徒们始终坚守的任务，那就是创造一个更美好的社会，一个更美好的世界，社会财富分配更均匀，为人类的自由、和平和友谊而努力。这才是奥林匹克主义的基本原则。

与行动的聚集。它本身就是一项美德。"

萨马兰奇发现，国际单项体育联合会在体育运动中占据着重要地位，而且它们希望与国际奥委会建立一种新的关系。但同时他也发现，联合会总会主席托马斯·凯勒好战和批判的姿态给他带来了一系列问题。托马斯·凯勒的愤怒情绪来源于1980年，当时他未能如之前有人预先允诺过的那样如愿当选为国际奥委会委员。这一机构的状况其实与萨马兰奇10年前的预测非常相似。当时他写过一篇文章，警告其他的机构或团体可能会希望取代国际奥委会的功能。凯勒的姿态咄咄逼人，通过媒体屡屡进行攻击。但这反而激活了萨马兰奇的外交技巧：既然无法相互理解与合作，那就干脆让对方无法再起到任何作用。这就是冬季和夏季奥运项目国际体育联合会协会的起源。数月之后的1982年，他支持国际滑雪联合会主席马克·霍德勒（瑞士）创建冬季奥运项目国际单项体育联合会协会，作为一个合格的代表机构来处理与一般的冬季运动以及具体的冬季奥运会有关的事宜。该协会目标之一是在国际奥委会下各个委员会内及其他国际单项组织内选举冬季运动代表，并协调其比赛日程。这一胜利，再加上国际奥协坚定的承诺，令萨马兰奇在1982年第85次罗马全会的开幕演讲中，第一次可以将"团结"定义为奥林匹克运动的主线。该次大会上，国际奥委会对冬季奥运项目国际单项体育联合会协会、非洲奥协和大洋洲奥协给予正式承认："因此，在既定原则下，在下一项任务中，我们必须共同协作做出选择，采取行动。我说的是我们一起，这是一个基本的、必不可少的前提。巴登-巴登大会已经证实了这一点。我们必须将奥林匹克运动的所有组成部分结合在一起，让它们找到自己应有的位置，我们必须积极组织辩论、讨论和会议。这是我访问、参观各国/地区奥委会和国际单项体育联合会的真正目的。"

马里奥·巴斯克兹·拉涅亚
国际奥委会委员（1991—2012），国际奥协第一任主席（1979—2012），墨西哥奥委会主席（1974—2001）

夏季奥运项目国际单项体育联合会协会的成立 1983年5月，夏季奥运项目国际单项体育联合会协会成立，最初成员是洛杉矶1984年奥运会比赛项目中的21个国际单项体育联合会。国际田联主席普里莫·内比奥罗（意大利）担任该组织主席职位长达16年（1983年至1999年），也是该倡议的主要推动者之一，他继承与萨马兰奇相同的路线，从而很快获得了国际奥委会的信任。国际奥委会发表声明，授予其协调职能，处理与国际单项体育联合会关于电视转播权利润分配制度有关的事宜。这样，国际单项体育联合会总会只起到纯粹的见证作用。

正如其章程第1条指出的"夏季奥运项目国际单项体育联合会协会旨在协调和维护其成员的共同利益，同时保证它的成员与奥林匹克运动和其他组织之间的密切合作"，该组织的主要活动之一是与国际奥委会执委会举行联席会议。从1984年起，夏季奥运项目国际单项体育联合会协会的9名代表成为奥林匹克运动委员会的一

1993年在洛桑，萨马兰奇与马克·霍德勒在拜伦·顾拜旦的塑像旁边合影留念

部分，除此之外，该委员会还有来自国际奥委会、国家/地区奥委会的代表。

萨马兰奇任期的中期（20世纪90年代），奥林匹克运动的支柱机构领导人均为拉丁裔人士。国际奥委会主席是西班牙人，国际奥协主席为墨西哥人，而夏季奥运项目国际单项体育联合会协会主席为意大利人。另外几个重要的国际单项体育联合会（田径、足球、排球、网球、篮球、皮划艇、击剑、射击和游泳）的主席也是拉丁裔。之前统治世界体坛的盎格鲁-撒克逊领导人则有所减少。一些国家，特别是英国的记者圈开始了一场诋毁这些领导人的运动，用如"拉丁黑手党"等名词来影射他们之间的联盟。萨马兰奇极为讨厌这一说法，他始终捍卫拉丁裔领袖的团结和才能。"我们这些拉丁人靠民主赢得了权力。"这一说法来自他写给国际奥委会德国籍委员维利·道默的一封信，谴责后者在德国电视台的数次声明有欠真实性。"对于德国人来说，一个西班牙人能够主持国际奥委会是不可想象的事情。他们看到一个拉丁人时，第一反应就是将他扫地出门。他们应该冷静一点，因为在很长一段时间内，会有许多拉丁裔的体育领袖，而且会取得优异的成绩。"

维护团结比达成团结更重要　1985年，即萨马兰奇当选国际奥委会主席5周年之际，他在接受采访时回顾并点评了自己头5年任期的工作成果。在回答他当选以来最关键的时刻这一问题时，萨马兰奇说："是确定奥林匹克运动获得独立的时刻。我们的信誉来自独立性。这是在政治和商业压力下维护主权的保障。它也能够增进理解，有助于各国人民的团结。"对于与国家/地区奥委会和国际单项体育联合会的接触，萨马兰奇在访问了132个奥委会后对结果非常满意。他的旅行总有一个明确的目标。"对巩固奥林匹克运动框架不受外力破坏性冲击有至关重要的作用。我要将公开和坦诚的合作制度化。我没有限制自己访问各奥委会的次数，也总是积极回应国际单项体育联合会的邀请，目的是加强他们与国际奥委会的关系。我相信结果不言自明。奥林匹克大家庭的三个主要组成部分从未有过这样稳固和密切的关系。我们共享一个主要目标：发展体育。"

在他的第一个任期结束之际，萨马兰奇值得为自己感到骄傲：他成功地实现了奥林匹克运动的团结，但他也永远保持警惕，以确保维持这种凝聚力。1986年4月末，在韩国汉城召开的国际奥协和国际奥委会执委会的联席会议上，现实而内敛的萨马兰奇指出"还有很多工作要做"，并补充说："我们建立黄金法则不是为了执掌大权，而是要向前推进，一步一个脚印，毫不犹豫但又不能操之过急。"3年后，在1989年4月的维也纳国际奥协代表大会上，萨马兰奇坚持认为，必须继续沿着既定的路线前进。"我们已经打下了基本而重要的基础，这意味着我们有权利也有义务继续前行。我们要保持发展势头，不是各走各的路，而是聚集在一起共同努力。要考虑到每一个组成部分的实际情况、需求和机遇。如果我们遵守这条规则，如果我们放下当下的分歧，更好地为真正的理想奋斗，那我们就是通过了博爱、团结和责任的真正考验。我相信，我们都将遵循同样的道路，为全世界青年争取长远而更大的成就。"这种团结，在国际奥协和国际单项体育联合会的积极参与下，在资源逐步增加的情况下，将逐步发展奥林匹克团结基金计划，以帮助那些资源不足的运动员和各国家/地区奥委会。这也意味着，最优秀的运动员将参加奥运会改革更新后增加的体育项目的比赛。这是萨马兰奇热切倡导的良性循环的结果：奥运会上比赛项目更多，竞争更激烈，运动水平更高，这尤其体现在汉城1988年和巴塞罗那1992年奥运会中。同时，夏季奥运会和冬季奥运会举办周期改变，冬季奥运会得到加强。1994年正值国际奥委会百年华诞，在挪威利勒哈默尔召开的第102次全会开幕式上，萨马兰奇认为值得为所获得的团结而骄傲，并肯定道：很难找得到其他国际机构像奥林匹克运动这样达到了如此积极的平衡。"我们继承了奥林匹克运动创建的原则，在对它们保持忠诚的同时也使其更适应现代社会，而且始终首先为运动员着想。我还要强调的是，我们实施的所有改革就是为了加强与国际单项体育联合会和各国家/地区奥委会的合作。"

向运动员、国家/地区奥委会和国际单项体育联合会的开放 与国际单项体育联合会之间的关系结构改革的结果是,它们开始更多地加入国际奥委会下属委员会,尤其是在那些与奥运会组织有关的委员会,比如奥运会组委会(OCOGs)与协调委员会。但是,要保持这种和谐,就需要加大他们成为国际奥委会委员的比例。这是一个萨马兰奇一直在考虑的问题,他耐心地等待把自己的计划付诸行动的一刻。

经过国际奥委会2000年委员会的努力工作(见"第18章 国际奥委会民主化和2000年改革"),在1999年洛桑第108次全会上,该委员会提出的50条措施获得一致通过。这些措施中最重要的一条是确定了国际奥委会委员的总数为115名,个人委员数为70名,而其余的45名成员由国际单项体育联合会的代表(他们的任期取决于其所代表的国际单项体育联合会)、各国家/地区奥委会和运动员委员各15名委员组成。所有这些成员将参加全会。这些委员就是所谓的"官方"委员。执委会也因此扩大,增加了各国家/地区奥委会、国际单项体育联合会和运动员代表。在《奥林匹克回忆》中萨马兰奇说:"我一直都知道联合会的重要性:是他们在进行体育的日常管理,所以我给予了他们最大程度的关注……我当时就认为,未来所有国际单项体育联合会的主席都应该是国际奥委会委员。这一点虽然还没有完全实现,但他们的数量已经有所增长,有18名国际奥委会委员是国际单项体育联合会的主席。"在他主持的最后一届奥运会——悉尼2000年奥运会后,他宣布:"将国际奥委会变成奥林匹克运动的梦想终于成真。目前,国际奥委会不再是奥林匹克运动的一部分,而是真正的奥林匹克运动的代名词。除了传统的三大支柱外,它还有了第四个组成部分:现役运动员。团结所有这些元素是我一生致力奥林匹克主义的主要目标,而它正在成为现实。团结令我们更强大。我们必须善于在危机中寻求机遇。我们利用危机来不断优化组织结构。今天,国际奥委会已经成为了奥林匹克运动的代名词。"

萨马兰奇为振兴和团结奥林匹克运动做出的贡献是巨大而成功的,这在他漫长而卓有成效的主席任期结束时得到了广泛的认可。在2001年8—9月版的《奥林匹克资讯》杂志中,当时的夏季奥运项目国际单项体育联合会协会主席丹尼斯·奥斯瓦尔德(瑞士),对萨马兰奇主席发挥的重要作用进行了分析,将其总结为五大贡献,与奥运五环相呼应:远见/创意、外交/政治头脑、效率/务实、改革/创新和忠诚/忠贞。在下面这一段摘录中,奥斯瓦尔德强调了萨马兰奇对国际单项体育联合会的忠诚:"他一直参加我们的锦标赛、会议和其他活动,承诺了就总是会履行。""他还承认了我们在奥林匹克运动中的作用,并且从来不吝赞赏我们对奥运会成功举办做出的贡献。他知道,如果没有我们,就没有奥运会。他一直这样开诚布公地说。他言而有信,坚定地支持我们的工作。"

萨马兰奇和奥林匹克大会 1994年是国际奥委会创立一百周年,联合国大会宣布这一年为"国际体育运动和奥林匹克理想年",借以表彰国际奥委会的四大贡献:奥林匹克运动对现代社会的贡献、现代社会中运动员的作用、不同社会背景下的体育以及体育与媒体的关系。这四个方面恰恰也是以"团结的大会"为口号的1994年巴黎百年庆典大会的主题。

国际奥委会自创建以来,共举行了13届奥林匹克大会,其中大部分是在创建初期的1894年到1930年间举办的。1939年到1945年间因为第二次世界大战暂停召开,直到1973年才在保加利亚瓦尔纳召开以"体育促进世界和平,奥林匹克运动与它的未来"为口号的大会。该次大会决定,以后将每8年举行一次会议,遇特殊情况另议。之后将再研究在特别情况下召开特别会议的可能性。

萨马兰奇以执委身份参加了瓦尔纳大会的筹备工作。大会的主要发

奥林匹克理念是当今世界最重要的运动之一

在我还是国际滑雪联合会一名年轻官员的时候,曾有幸参与了莫斯科1980年奥运会,那时萨马兰奇刚刚当选为国际奥委会主席。

我同其他许多人一样,希望这位新任主席对国际奥委会进行现代化的改革,并且改善与国际体育联合会的合作关系。出人意料但也令人高兴的是,我见证了他为国际奥委会和奥林匹克运动带来的活力、倡议和革新。由此,奥林匹克理念能够适应现代社会的要求,成为世界上最重要的运动之一。

这要完全归功于萨马兰奇,他的远见、源源不绝的想法、外交能力、领袖能力以及不可思议而不知疲倦的努力,使得奥林匹克运动以及体育成为现代社会的支柱元素。

萨马兰奇与他在体育界的支持者一起,在21年中创造了一种全球性的运动,并在奥林匹克理念及奥运会历史及发展中写下了重要的篇章,体育将在新的世纪中获得更大的发展,运动员将会成为青年人最光辉的象征。

吉安-弗朗哥·卡斯帕
国际奥委会委员(2000),冬季奥运项目国际单项体育联合会协会主席(2000—2002、2014),国际滑雪联合会主席(1998)

1994年在巴黎，埃德温·摩西正准备开始传递埃菲尔铁塔上点燃的火炬，以庆祝国际奥委会百年代表大会

言包括：国际奥委会主席基拉宁勋爵（爱尔兰）的《奥林匹克运动的重新定义及未来》，赫尔曼·冯·坎宁比克（荷兰）的《国际奥委会与国际单项体育联合会及国家/地区奥委会的关系》，以及维利·道默（联邦德国）的《奥运会的未来》。萨马兰奇和阿帕德·兹阿那提（匈牙利）参与了最后一篇演讲的准备工作。他认为大会的主题应该是奥林匹克运动的团结。在下一届奥林匹克大会上，必须听取各国家/地区奥委会和国际单项体育联合会的想法。只有通过他们与运动员的直接接触、与赛事的组织、公众和媒体的关系，他们才能与世界体育保持着日常而紧密的沟通。体育在全世界所有的国家/地区都在发展，这是对奥林匹克主义至高无上的贡献，超越了比赛，是精神、本质和灵魂的贡献。因此，国际奥委会必须致力推动体育在世界各地的发展，不仅进行细致的组织工作，也在主要政策上提供咨询与领导。这很重要，因为我们是构成这一至高无上的奥运机构的一部分。要记住，我们必须确保体育委托给我们的重要的教育任务可以持续发展。我们也相信，如果我们不想面对被其他迅速崛起的机构所取代的风险，那就必须把促进团结当作我们的职责。国际奥委会所具有的历史使它可以当之无愧地接受世界体育领袖的称号。萨马兰奇以礼宾官身份发表了关于颁奖仪式及其象征意义的讲话。这一演讲受到了普遍的赞誉。事实上，当今奥运会礼仪的发展仍然按照当时萨马兰奇制定的标准在进行。

　　实际上，瓦尔纳大会的结论停留在了文字阶段。与当时世界体育现状相比，实际工作的进展很小。直到1981年第11届巴登-巴登大会中萨马兰奇才第一次有机会重振奥林匹克运动。该次大会对他任期内的影响和意义完全值得在一个单独的章节中进行描述（见"第2章　巴登-巴登奥林匹克代表大会"）。巴登-巴登大会8年后的第12届奥林匹克大会原本在日本东京举办，最初计划在1990年与国际奥委会第96次全会一起召开。该次大会的举办地在1984年便已确定，而且准备工作也做了大半。但国际奥委会希望突出1994年大会作为百年庆典这一特点，在这一前提下，委托副主席亚历山大·梅罗德亲王（比利时）与法国奥委会联系庆典举办事宜。1987年伊斯坦布尔第92次全会意识到，4年内要准备1990年第12届奥林匹克大会和1994年国际奥委会百年庆典这两大会议，组织时间非常仓促，更何况这期间还要举办4届奥运会（1992年两届，1994年和1996年各一届）。鉴于时间实在紧迫，所以最好将精力集中在1994年，给予百年庆典活动应有的重视。最后在与法国奥委会达成的协议中确定，将在巴黎举办百年庆典活动，而其中最重要的活动将是第12届奥林匹克大会。1988年7月24日，国际奥委会执委会向日本奥委会通报了这一情况。1988年8月3日，后者同意放弃第12届奥林匹克大会的主办权，转而由巴黎举办。谈判结束后，于1989年在波多黎各圣胡安举办的第95次全会上，执委会提议第12届奥林匹克大会推迟到1994年在巴黎召开，届时将与国际奥委会百年庆典同时举行，该提议以投票方式获得通过。全会还通过了有关该届奥林匹克大会需要处理的基本问题的相关提案。与会者将从各个角度就体育进行讨

论,如体育对现代社会的贡献,体育的社会、法律和经济内涵,媒体影响力的重要性以及21世纪运动员应起到的作用。为此,运动员委员会提出四大具体待研究的议题:女性运动员的现状、教练员和技术支持人员的发展、体育与环境以及运动员运动生涯结束后有关的问题。

团结大会 自德国巴登-巴登到巴黎奥林匹克大会这13年间,国际奥委会的转变极为巨大。这一跨跃可以让人们意识到,奥林匹克运动已经实现了真正的发展和质的变化,它已经实现了自19世纪80年代提出的团结的目标,现在正处于最具活力和强大实力的时刻。这一变化虽然非同寻常,但是,运动员作为奥林匹克运动的核心,依然是决定性的因素。因此,在21世纪来临之际,第12届奥林匹克大会显得比以往任何时候都更为重要。

国际奥委会百年庆典于8月29日至9月3日召开,共有4650人跟踪或参与了该届大会。其中包括国际奥委会委员及名誉委员161名,191个国家/地区奥委会的代表408名,48个国际单项体育联合会代表172名,运动员代表80名,奥林匹克大家庭代表62名以及媒体、裁判员、教练员、奥组委和申办城市代表、政府和非政府组织的观察员等。联合国数个机构代表以及联合国秘书长布特罗斯·布特罗斯-加利(埃及)也在大会上发言,这就很好地体现出1994年时的国际奥委会正在吸引全球的关注。

会议的四个主题是:奥林匹克运动对现代社会的贡献;当代运动员的作用;体育的社会意义;体育与环保。

在致闭幕词时,萨马兰奇对参与者所进行的杰出的工作做了评价:"我相信你们所提供的精神食粮将会带来很多新的思路,这些卓有成效的新思路让奥林匹克运动的未来充满希望。我现在可以确定,国际奥委会、国际单项体育联合会、各国家/地区奥委会、运动员、教练员、官员、裁判员、新闻记者和专家的所有发言是积极、创新而具有深远意义的。我们也欢迎媒体代表,他们是第一次参与奥林匹克大会,这使得我们有机会交流许多有趣而且有建设性的意见。"

他在最后发言中说:"大会期间,大家所表达的意见和建议对我们来说是一种鼓励,我们要认真思考和研究,采取实际行动以回应大家的忧虑。对有的问题我们已经有了解决方案,例如人们常说的'巨人症'问题,在维持奥运会普遍性和尊重传统的基础上已经得到解决。奥林匹克运动必须适应时代需要,我对体育运动的未来和它在现代社会中的作用充满信心。奥林匹克运动必须适应时代的需要。在你们的支持下,我有幸主持这个拥有百年历史的机构。国际奥委会、国际单项体育联合会和各国家/地区奥委会的同事们需要进行深入的研究和分析,为进一步巩固奥林匹克运动的团结采取更适当的决定。至于我自己,我对体育的未来和它在现代社会的带动作用持乐观态度。"

这次代表大会百年庆典活动的中心主题都浓缩在一枚纪念奖章(百年奖章)中。这枚奖章是由加泰罗尼亚裔瑞士设计师安德烈·里卡德制作的。他也是巴塞罗那1992年奥运会奥林匹克火炬的设计师。

《体育2000》刊文《当今时代的奥林匹克主义》

这篇《当今时代的奥林匹克主义》由萨马兰奇执笔，写于1996年并发表于多个媒体。文章中收录了萨马兰奇的奥林匹克运动哲学，以及他担任国际奥委会主席的21年中是如何将其付诸实践的。下面是文章全文。

我并不想从奥林匹克主义出发对奥林匹克理念进行思索。因为从拜伦·顾拜旦本人开始，已经有诸多奥林匹克主义和体育方面的重要思想家对它进行了广泛的讨论和解读。今天我只想从实际角度出发，阐述自己对一些问题的看法。比如奥林匹克运动所创造的社会体育事业，这场运动继续取得实质性进展的可能性，以及固步不前可能带来的危险。

顾拜旦的思想

拜伦·顾拜旦不只是简单地追求组织几场体育竞赛，而是想要发起一场有关社会教育的运动，试图让体育在我们的世界，尤其是在年轻人的教育中，占有一席之地。这项运动的灵感来自于几个方面：古希腊的竞技精神、中世纪的骑士品格，以及有现代体育摇篮之称的英国19世纪的体育教育。

顾拜旦想要发展的是一项实际的事业，同时也希望它能成为一种象征，一场能够影响全人类的教育活动。因此他希望能够创办一场包含多个项目的竞赛，正如当年在德尔斐、科林斯、尼米亚和奥林匹亚举行的古希腊运动会一样。在这个想法的驱动下，他将这一项目命名为"奥运会"。而奥林匹亚就成为了这项运动的象征符号。尽管近代政局紧张，而且受到了两次世界大战的影响，但这场运动的参与度却是史无前例的。现在世界所有国家/地区都在参加奥运会。墨尔本奥运会上有67个国家参赛，罗马有84个，东京有94个，墨西哥有115个。到慕尼黑奥运会时，又会有多少个国家？毫无疑问，一定会更多。今天，国际奥委会是参与国家/地区最多的国际性机构。这些看起来简单的数字背后是世界各地数百万运动员的积极参与。他们在各自的体育协会登记参赛。对他们而言，参加奥运会是目标，是象征，也是激励自己不断前行的动力。

国际奥委会存在的问题

奥林匹克运动的领导者过于关注如何让奥运会获得成功，特别是在为促进该项比赛而创建的国际奥委会中。所以后者的功能已经越来越多地集中在解决奥运会组织中出现的问题上，或者是直接关系到奥林匹克本身及其原则的一些概念的讨论上，如"业余化"问题等。

奥运会在当今无疑是最高级别的国际体育赛事。其下包括了复杂的众多国际体育赛事及其组织机构，再往下则是构成世界体育主体的国家级比赛和相关组织机构。

顾拜旦的奥林匹克倡议毫无疑问唤醒了人们对体育的热情，体现了体育的发展对全人类的重要意义。不过国际奥委会越来越多地关注奥运会的组织及其存在的问题，与那些在所有国家遍地开花的体育组织的关系却渐行渐远，甚至与许多已有规模的、有能力组织并管理国与国之间体育比赛的国际性体育组织的关系也越来越疏远。

国际奥委会的重大失误

让我们比较一下只有22个运动项目组成的奥运会和管理着50个以上比赛项目的国际奥委会之间的差异。在国际奥委会忙于世界最大体育赛事的时候，奥运会却出人意料地渐渐脱离了那些奥运会之前就存在的、也是奥运会应该从那里汲取养分的许多实质性的体育比赛。尽管所有的国家/地区和国际体育组织一直对国际奥委会及其成员保持着最大程度上的尊重，但这种趋势仍在继续。回顾历史，国际单项体育联合会与国际奥委会的关系一直都是建立在互相尊重的基础上的。除了奥运会和与其直接相关的一些比赛，如区域性国际比赛外，国际奥委会目前对国际单项体育联合会几乎没有任何管辖权。

除了这些具体的问题，对于体育界整体来说，国际奥委会的努力一直受到广泛的好评和尊敬。这些努力让人们相信奥林匹克运动比奥运会更重要。所以这里存在着一个重大的错误。虽然有时候体育组织机构并不希望受到远程控制，但在另外一些情况下也坦言适当地监督管理是有必要的。而面对这种复杂的形势，国际奥委会限制了自己的功能。

这种情况会重复出现，完全掌握体育在世界各地的发展不是国际奥委会的使命。但是它有必要提供一种直接的道义上的支持，并以奥林匹克精神理念和现实为基础引导体育的发展，覆盖高层次比赛和学校、青年以及大学体育教育的方方面面。

这是顾拜旦希望我们拥有的体育精神：尽最大的努力，做最大的牺牲，始终以提高成绩为目标。奥运会是为这种体育理想加冕的盛会。顾拜旦非常清楚，要保持体育事业发展的强劲势头，既要大力刺激冠军的产生，也要推广各级别甚至是最基层的体育活动。"要使得100人实践体育文化，就有必要让50人参加体育运动；要让50人参加体育运动，则必须20人有专长；要让20人有专长，就需要有5人有惊人的成绩。"今天，在西班牙，就有不少这样的实例。

奥林匹克运动的升华

但事实是，正如我刚才所说的，除了4年一度的奥运会以及一些要求国际奥委会认可的运动会外，其他所有大型的、高级别的比赛都由各个国际单项体育联合会组办，而国际奥委会实际上被排除在外。要确认国际奥委会被大型国家和国际机构边缘化的事实，只要反思一下与各奥委会之间发生的问题就可以知道了。各国家/地区奥委会是由国际奥委会发明的一种对自己的复制品，在各个国家/地区传播奥运理念和力量，而奥林匹克主义一个成功的很好的证明就是国家/地区奥委会的数量在不断地增长着。某些国家/地区奥委会，相对于本国家/地区体育本身，几乎仅仅具有代表性质。然而在其他一些国家/地区，它们是真正的体育领导机构。

奥林匹克运动在世界上所具有的深远意义令各奥委会觉得有必要与国际奥委会联合起来。在此我不打算多说国际奥委会与国家/地区奥委会之间的关系给奥林匹克运动带来的问题，也不想对这种协作的未来和可能的发展走向做出判断。在此我要强调一个事实：为了与国际奥委会合作，各国家/地区奥运团体的领导人已经联合了起来。这才是它的使命。

国际奥委会已经得到了各方的钦佩、爱戴甚至崇拜。不过，在当今世界许多重要的体育发展事务中，人们发现或者单方面地认为，国际奥委会缺乏足够的动力，也没有理想的管理手段来管理体育对工业化时代带来的影响，或者是考虑新加入的发展中国家人民的具体问题和需要——其中包括体育和文化之间的平衡以及对那些文化和体育发展已经较为成熟的国家的冲击。

奥林匹克主义拥有强大的思想渊源，但在具体实施的过程中，它让很多人感到意外。人们之前对它的认识大多只是停留在表面。在当今教育引导的时代，奥林匹克主义是为数不多的、可能是引领社会发展起到积极作用的工具之一。

机器时代向计算机时代的转型，工业化所带来的工作和休闲习惯，信息的封闭性和即时性特征，使得人们逐渐成为社会发展的旁观者。对于久坐不动等习惯带来的健康问题以及可能产生的心理和生理失衡等社会问题，从社会和个体的人文价值出发来看，奥林匹克教育是少数可靠的解决途径之一。

发展或危机

因此，国际奥委会作为奥林匹克运动的领导者被迫面对由于价值观危机和习惯的转变而导致的深重压力。在这场捍卫纯洁的斗争中，他们已经耗费了巨大的能量，而在这种思想斗争中，某些较为敏感的问题也进一步加深。因此，国际奥委会立场艰难，它不能率性地做出决定或听从少数几个人的观点，而是要本能地遵循一种忠诚的理念，它们在今天比以往任何时候都对提高社会及人类素质更为有益。历史会公正地对待那些追逐理想的人。

把这些想法同50年前相比，可能会引起人们的非议，也可能会导致奥林匹克运动本身的危机。我在这里提出的是当前奥林匹克主义的一个基本问题，自然地，国际奥委会应该全力以赴地去解决它。

政治独立性

我完全不同意国际奥委会丧失它在国际政治上的独立性，因为这是它得以持久发展的最大保障之一。但必须认真寻找那些既能保持政治独立，又对机构可以采取有效管理的方式。一个机构在国内或国际上的权威通常由其在经济上对政府依赖程度的大小来决定。

这是涉及结构调整的许多问题中的一个小例子，国际奥委会可能会把自己打造成可以高效管理奥林匹克运动乃至世界体育界的机构。1897年在勒阿弗尔、1905年在布鲁塞尔、1906年在巴黎以及1913年在洛桑举办的奥林匹克大会有必要重新召开，这一决定也早已做出。但更需要做的是使奥林匹克运动适应现代体育的发展。在下一届1970年索菲亚奥林匹克大会上，有必要在广度和内容方面，在20世纪的最后三分之一时间里体现出现代体育这个独特的社会和人文力量的需求。

国际单项体育联合会的积极贡献

下届奥林匹克代表大会成功的关键将在于，奥委会和奥运会赛事所对应的国家单项体育联合会能走到一起。两大机构的所有工作人员都能出席，并带来只有他们才能获取的最新、也最具内容的情报。因为只有他们才能在组织赛事时与运动员进行直接接触，也只有他们才能通过与政界和新闻界的关系获取信息。体育事业在各个国家都在发展壮大。奥林匹克主义就像体育世界的最高峰。然而，除了竞赛意义上的最高峰外，它还代表着理想、灵魂以及精神境界的最高峰。最高级别的奥林匹克机构必须出现在整个世界体坛，不是去组织每场比赛，而是对大方向进行引领和把握。

世界范围内的体育领域都在自发地寻找一种将自己连接至国际层面的方法。当下，不仅是上述的国家单项体育联合会，还涌现了大量由国际、文化、社会、教育和经济机构支持的体育组织。在此，我不是要评判哪个机构最具优越性，但是，作为这个最高层奥林匹克组织的一份子，我们一定要谨记，在现在和未来都不能忘体育赋予我们的国际教育的使命。

国际奥委会必须占据其应有的地位，成为世界体坛的最高权力机构。它在这方面的优势是不容置疑的。我们相信，这也是它的责任。放弃或忽视这个责任就会让其他渴望占据这个位置的机构出现。国际奥委会占领此位置责无旁贷。

胡安·安东尼奥·萨马兰奇

奥林匹克奖项

奥林匹克勋章设立于1975年，是国际奥委会颁布的最高级别奖章，用于嘉奖认可那些为奥林匹克运动做出杰出贡献的人

国际奥委会成立初始，顾拜旦就创立了多个奖项奖励一些典范的行为和职业生涯。顾拜旦逝世后，1951年维也纳第45次国际奥委会全会决定保留奥林匹克奖杯，这是由顾拜旦于1906年设立的，旨在奖励那些拥有高水平体育并为体育良好发展和奥林匹克理念的传播提供大量服务的机构组织。而奥林匹克奖状则在1905年布鲁塞尔奥林匹克大会上设立，为了表彰做出相同贡献的个人。

在维也纳大会上还创立了其他的奖杯，并冠以奥林匹克大家庭一些显赫成员的名字：

"汤姆斯·菲力爵士奖杯"。以这位国际奥委会挪威委员的名字命名，旨在奖励那些对奥林匹克运动做出突出贡献的业余俱乐部或协会。此奖项在1951年第一次颁发，授予葡萄牙里斯本健身俱乐部，而最后一次则是由厄瓜多尔的瓜亚基尔市瓜亚斯体育联合会于1972年获得。

"塔希尔·帕查奖杯"。以这位国际奥委会埃及委员的名字命名，他也是地中海运动会的创始人。此奖项旨在奖励所有优秀的运动员，不论是否参加过奥运会。1951年，两届奥运会击剑冠军保罗·安斯波（比利时）成为了获得此奖杯的首位运动员。

"博纳科萨杯"。创立于1955年，为纪念意大利奥委会创始人阿尔贝托·博纳科萨。旨在奖励为传播奥林匹克主义做出贡献的奥委会。

1964年设立的东京杯，旨在奖励奥运会期间运动员的公平竞赛精神，这个奖项后来被公平竞赛奖取代。

奥林匹克勋章 1973年，在保加利亚瓦尔纳市举办的第74次全会上，胡安·安东尼奥·萨马兰奇发挥了领袖作用。作为国际奥委会礼宾官以及授奖委员会主席，他提出了更新国际奥委会颁发众多奖项标准的建议。萨马兰奇在提案中建议，奥林匹克奖杯由于其重要的象征意义和传统，应予以保留，而其他冠有已过世人物的所有奖项都应该淘汰，设立奥林匹克勋章来替代它们。萨马兰奇在他的报告中认为："似乎已经到时候将这些奖项集中起来，尽可能地给予它们一些价值。只有传统的奥林匹克奖杯会被保留，其余的奖项都将被替代，不会像现在这样奖状、奖杯和奖牌到处泛滥。我们将设立一个奥林匹克勋章，它将汇聚那些始终未曾忘记奥运创始人和国际奥委会精神的人们。国际奥委会不仅是一个机构，它其实就是奥林匹克运动本身，它备受推崇的原因来自其原动力：奥林匹克理念。"

萨马兰奇确立了授予奥林匹克勋章殊荣的11项标准。此奖项将授予个人。除勋章外，还伴有一张证书，授予通过自己的行动为奥林匹克理想做出突出贡献的、在体育领域发挥了突出作用的或是为奥运事业提供杰出服务的个人。根据规定，奖励的决定机构将是"奥林匹克勋章理事会"。在1974年维也纳第75次全会上，萨马兰奇宣布，奥林匹克勋章授予斯坦利·劳斯爵士（英国足球裁判、后成为国际足联主席）、菲利普·诺埃尔-贝克（英国奥运田径金牌得主，1959年诺贝尔和平奖得主）以及吉恩·博罗特拉（20世纪20年代法国网球界"4个火枪手"之一）。

按照瓦尔纳会议决议，奥林匹克勋章从1976年开始颁发除奥林匹克奖杯外，其余奖项将停止颁发。会议还决定，新设奖项的设计将由平面设计师奥特·艾舍（联邦德国）负责，他也是慕尼黑1972年奥运会图标的作者。奥林匹克勋章为项链状，按照级别以不同的金属打造而成，前端为橄榄叶环绕而成的王冠，中央则为奥运五环标志。除了项链外，还同时授予一枚小型徽章，按照级别分别以金、银、铜制成。

在1975年洛桑第76次全会上，萨马兰奇在报告中指出，执委会决定将奥林匹克金质勋章追授给当年5月过世的国际奥委会前主席艾弗里·布伦戴奇，以示国际奥委会对他的纪念。

银质奥运勋章授了国际奥委会名誉委员以及东京1964年奥运会举办的关键人士东龙太郎（日本），两届奥运会金牌得主、国际击剑联合会前主席米格尔·德·卡普里勒斯（美国），国际业余拳击协会前主席鲁德亚德·H.罗素中校（英国）。而铜质勋章则被授予查尔斯·德贝尔（比利时）、久洛·海吉（匈牙利）、约翰·凯斯奥卡（肯尼亚）、利亚·马诺里（罗马尼亚）、埃伦·穆勒-普雷斯（奥地利）和雅克·提尔波（法国）。

1984年2月南斯拉夫萨拉热窝国际奥委会第87次全会通过一项决议，决定不再区分银质和铜质勋章。

奥林匹克金质勋章获奖者名单（1980—2001）

1981	Burghley-6th Marqués de Exeter, Lord	GBR		Evren, Kenan	TUR
	Juan Pablo Ⅱ, Papa	POL		Jivkov, Todor	BUL
	M'Bow, Amadou Mahtar	SEN	**1988**	Bertil de Suecia, Príncipe	SWE
	Olaf de Noruega, Rey	NOR		King, Frank	CAN
1982	Yang di-Pertuan Agong de Malasia	MAS		Rainiero Ⅲ, Príncipe	MON
1983	Ghandi, Indira	IND		Vázquez Raña, Mario	MEX
1984	Mikulic, Branko	YUG	**1989**	Akihito, Emperador	JPN
	Mitterrand, François	FRA		Hernández Colón, Rafael	PUR
	Ueberroth, Peter	USA		Mollet, Raoul	BEL
1985	Ceacescu, Nicolas	ROM	**1990**	Andreotti, Giulio	ITA
	Honecker, Erich	GDR	**1991**	Daume, Willi	FRG
	Juan Carlos I de Borbón, Rey	ESP		Jean de Beaumont, Conde	FRA
1986	Wan, Li（万里）	CHN		Tsutsumi, Yoshiaki	JPN
1987	Bhumibol Adulyadej, Rey	THA	**1992**	Abad, Josep Miquel	ESP

英迪拉·甘地

教皇约翰·保罗二世

	Barnier, Michel	FRA		Young, Andrew	USA
	Gómez Navarro, Javier	ESP		Zedillo Ponce de León, Ernesto	MEX
	Killy, Jean-Claude	FRA	**1997**	Bongo, El Hadj Omar	GAB
	Maragall, Pasqual	ESP		Demirel, Suleyman	TUR
	Pujol, Jordi	ESP		Hrawi, Elias	LIB
	Rodés, Leopoldo	ESP		Kwaniewski, Aleksander	POL
	Salinas de Gortari, Carlos	MEX		Nazarbaev, Nursultan	KAZ
	Serra, Narcís	ESP	**1998**	Compaouré, Blaise	BUR
	Solana, Javier	ESP		Juan de Luxemburgo, Gran Duque	LUX
	Yeltsin, Boris	RUS		Kohl, Helmut	GER
1994	Alberto II de Bélgica, Rey	BEL		Luzhkov, Yuri	RUS
	Harald V de Noruega, Rey	NOR		Saito, Eishiro	JPN
	Heiberg, Gerhard	NOR		Shevardnadze, Eduard	GEO
	Koivisto, Mauno	FIN	**1999**	Kim, Dae-Jung	KOR
	Leguina, Joaquín	ESP		Lucinschi, Petru	MDA
	Mandela, Nelson	RSA	**2000**	Coates, John	AUS
	Sonia de Noruega, Reina	NOR		Knight, Michael	AUS
	von Weizsaecker, Richard	GER		Rawlings, Jerry John	GHA
1995	Göncz, Árpád	HUN		Ogi, Adolf	SUI
	Mugabe, Robert	ZIM	**2001**	Goh, Chok Tong	SIN
1996	Frazier, A.D.	USA		Putin, Vladimir	RUS
	Karimov, Islam	UZB		Qabus ibn Sa'id Al Sa'id, Sultán	OMA
	Payne, William Porter 'Billy'	USA		Samaranch, Juan Antonio	ESP
	Stephanopoulos, Constantinos	GRE		Wade, Abdoulaye	SEN

奥林匹克银质勋章获奖者名单（1981—2001）

1981	Arledge, Roone	USA		Paulen, Adriaan	HOL
	Ballesté, Jacinto	ESP		Rodoni, Adriano	ITA
	Barquero Chaves, Rafael	CRC		Wahby, Abdelmoneim	EGY
	Bogsch, Arpad	USA	**1982**	Beracasa, José	VEN
	Coquereaumont, Charles de	FRA		Chandra Chatterji, Avinash	IND
	Coward, David	GBR		Elvström, Paul	DEN
	D'Aboville, Gérard	FRA		Fernández, José Ramón	CUB
	Danz, Max	FRG		Fco José II de Liechtenstein, Príncipe	LIE
	Delamuraz, Jean-Pascal	SUI		Glovinsky, Haim	ISR
	Dieme, Henri Joseph	SEN		Hamengku Buwono IX, Sultán	INA
	Ekelund, Bo Daniel	SWE		Hatta, Hichiro	JPN
	Ferri, Pierre	FRA		Honkajuuri, Paavo Mikko	FIN
	Goddet, Jacques	FRA		Johnson, Clarence H.	USA
	Halldorsson, Gisli	ISL		Kane, Robert	USA
	Henning, Harold W.	USA		Kroutil, Frantisek	TCH
	Hyodo, Hideko	JPN		Lugger, Alo's	AUT
	Juskhevitsus, Henrikas	URS		Machado, Fernando Luis Pereira	POR
	Karpati, Karoly	HUN		Martin, Paul-René	SUI
	Kunze, Hubert	FRG		Martinski, Trendafil	BUL
	Möller, Kurt	DEN		Mercier, Edgar	FRA
	Mukhina, Elena	URS		Oliveira, Joao de	BRA
	O'Sullivan, Desmond	IRL			

Papp, Laszlo	HUN	Borotra, Jean	FRA
Romagna, Giovanni	ITA	Bradley, Tom	USA
Sales, Arnaldo de O.	HKG	Brusati, Gian-Carlo	ITA
Solakov, Angel	BUL	Cagigal, José María*	ESP
Takeda, Prince Tsuneyoshi	JPN	Cappabianca, Paolo	ITA
Thiam, Habib	SEN	Cavan, Harry H.	GBR
Thofelt, Sven	SWE	Cerar, Miroslav	YUG
Uunila, Jukka	FIN	Comaneci, Nadia	ROM
Williams, D.J.	BER	Craig, George	NZL

1983

Angama, Kouassi	CIV	Croce, Beppe	ITA
Athanassiadis, Georges	GRE	Danet, Alain	FRA
Cash, Gerald	BAH	Dassler, Horst	FRG
Csanadi, Arpad	HUN	Duncan, Sandy	GBR
Cuthbert, Betty	AUS	Elshafei, Abdelaziz	EGY
Dibós, Eduardo	PER	Ercegan, Milan	YUG
Dona-Fologo, Laurent	CIV	Erler, Suat	TUR
Dragnea, Marin	ROM	Frank, René*	BEL
Drapeau, Jean	CAN	Fuji, Shunji	JPN
Elek, Ilona	HUN	Fujita, Akira	JPN
Ewald, Manfred	GDR	Henderson, Knolly	TRI
Eyquem, Marie-Tèrèse	FRA	Higberg, Paul	SWE
Favre, Sisto	ITA	Himl, Antonin	TCH
Fried, Edgar	AUT	Hirschy, Pierre	SUI
Halim, Abdel Mohamed	SUD	Isatitsch, Bert	AUT
Kim, Taik-Soo	KOR	Karabegovic, Ahmed	YUG
Koukalova, Galina	URS	Kovacs, Pal	HUN
León, Leopoldo de	PAN	Libaud, Paul	FRA
Medvedev, Alexander	URS	Lupescu, Hero	ROM
Menard, Roger	FRA	Mbogo Kamau, Samuel	KEN
Nambu, Chuhei	JPN	Mbomba Njoya, Hadj Ibrahim	CMR
Osborne, Robert F.	CAN	Miller, F. Don	USA
Ostos, Javier	MEX	Mizuno, Kenjiro	JPN
Patching, Julius Lockington	AUS	Monagas, Julio Enrique	PUR
Philips, Berge	AUS	Nebiolo, Primo	ITA
Rong, Gaotang（荣高棠）	CHN（中国）	Nostini, Renzo	ITA
Saneev, Victor	URS	Oberlander, Fred B.	CAN
Shalibashvili, Serguei	URS		
Shibata, Katsuji	JPN		
Skoblikova, Lidia	URS		

1984

Ahrweiler, Hélène	FRA
Alami, Abdelhamid Rachdi	MAR
Asano, Kinichi	JPN
Baghadi, Si Mohamed	ALG
Ban, Motohiko	JPN
Bauma, Herma	AUT
Bengston, Bo	SWE
Bergamashi, Aldo	ITA
Bikila, Abebe*	ETH
Blay, Fred	LBR
Blum, Emeric	YUG

阿兰·达内

Paillou, Nelson	FRA	
Puig de la Bellacasa, Luis Azemar	ESP	
Renke, Marian	POL	
Rosberg, Walter J.M.A.Von	AHO	
Sabetzki, Günther	FRG	
Shervington, Keith	JAM	
Sucic, Anto	YUG	
Takac, Arthur	YUG	
Tomic, Stanko	YUG	
Usher, Harry	USA	
Uzelac, Uglijesa	YUG	
Vázquez Raña, Olegario	MEX	
Zhong, Shitong（钟师统）	CHN（中国）	
Ziffren, Paul	USA	

1985
Ademola, Adetokunbo	NGR
Al Khalifa, Sheik Esa Bin Rashed	BRN
Alexa, Haralambie	ROM
Aoki, Hanji	JPN
Ashry, Abdelk Azim	EGY
Ayele, Tsegaw	ETH
Barker, Edmund William	SIN
Bruschi, Domenico	SMR
Caron, Christine	FRA
Greenspan, Bud	USA
Grudzien, Josef	POL
Jannsen, Hermann	FRG
Kelly, John B.	USA
Mangombar, Ferdinand Siregar	INA
Oshima, Kenkichi	JPN
Porritt, Lord	NZL
Poula, Bedrich	TCH
Prokop, Ludwig	AUT
Richer, André Gustavo	BRA
Saporta, Raimundo	ESP
Simon, William	USA
Stankovic, Borislav	YUG
Vilaseca, Josep Lluís	ESP
Wasservogel, Walter	AUT
Weymann, Jean	SUI

1986
Akii Bua, John*	UGA
Avramov, Lachezar	BUL
Ba, Mahmoud	MTN
Baier, Bernhard	FRG
Buda, Istvan*	HUN
Diem, Liselott	FRG
Durand, Justin	BEN
Froimovich, Isaac	CHI
Georgiev Nikolov, Boris	BUL
Godó, Carlos de*	ESP
Goizueta, Roberto C.	USA
Khoury, Antoine	LIB
Kouyate, Cheick*	MLI
Leew, Jean-Arnould	BEL
Metha, C.L.	IND
Nissiotis, Nikolaos	GRE
Park, Chong-Kyu	KOR
Pérez Dueñas, Pedro	CUB
Qa'atabi, Ahmed Mohammed	YMD
Rinkenburger, Max	FRG
Roby, Douglas F.	USA
Roosevelt, Julian K.	USA
Rousseau, Roger	CAN
Russomando, Ricardo José	ARG
Starovoitov, Andrej	URS
Szymiczek, Otto	GRE
Tutt, William Thaver	USA
Ulatowski, Tadeusz	POL
Vichos, Georges	GRE
Wieczisk, George	GDR
Yashin, Lev*	URS
Huang, Zhong（黄中）	CHN（中国）

1987
Alves, Francisco Ferreira	POR
Bakrac, Boris	YUG
Barani, Gavrila	ROM
Brown, John Joseph	AUS
Chen, Jingkai（陈镜开）	CHN（中国）
El Bah, Abdel Moniem	LBA
Gerlein Comelin, Julio*	COL
Gonçalves, Ramiro Tavares	POR
Hellmann, Rudolf	GDR
Juantorena, Alberto	CUB
Kamper, Erich	AUT
Kerdel, Cornelius*	NED
Khurana, L.N.	IND
Killy, Jean-Claude	FRA
Krumm, Philip Othmar	USA

让-帕斯卡尔·德拉米拉

Krzyszkuwiak, Zdzislaw Ludwik	POL	
Li, Menghua（李梦华）	CHN（中国）	
Navacelle, Geoffroy de	FRA	
Orsi, Sergio	ITA	
Palenfo, Lassana	CIV	
Pasche, Marcel	SUI	
Przedpelski, Janusz	POL	
San, Haluk	TUR	
Stoytchev, Vladimir	BUL	
Stukelj, Leon	YUG	
Wightman, Brian	FIJ	

1988
- Acosta, Rubén — MEX
- Alguersuari Durán, Francisco — ESP
- Anderson, Eileen — GBR
- Andrianov, Constantin — URS
- Atakol, Turgut — TUR
- Brauchitsch, Manfred von — GDR
- Castillo, Juan José — ESP
- Cho, Sang-Ho — KOR
- Corenthin, Henri — MLI
- Cross, Cecil Lancelot — NZL
- Ekra, François Alain — CIV
- Evans, Roy — GBR
- Friermood, Harold T. — USA
- Gerevitch, Aladaar — HUN
- Hernández Martínez, Leonardo Sabino — ECU
- Houichi, Taieb — TUN
- Hsu, Henry Heng — TPE
- Kim, Chong-Ha — KOR
- Klein, Ralph — CAN
- Klimke, Reiner — FRG
- Kukuczka, Jerry — POL
- Lagoutin, Boris — RUS
- Lambasa, Ante — YUG
- Larfaoui, Mustapha — ALG
- Llera Trens, Juan de la — ESP
- Lyberg, Wolf — SWE
- Mariggi, Gianni — ITA
- Mariscal y Abasoal, Antonio G. — MEX
- Messner, Rainhold** — ITA
- Mollen, Arne B. — NOR
- Neckermann, Josef — FRG
- Ordia, Abraham Alegbe Chef — NGR
- Pereira, Mario Moniz — POR
- Pratt, Bill — CAN
- Riba, Fernando — ESP
- Rocha, Anisio da Silva — BRA
- Ruegsegger, Frederick J. — USA
- Russomando, Ricardo — ITA
- Scherer, Karl Adolf — FRA
- Schmitt, Otto Rodolfo — ARG
- Singh, Jasdev — IND
- Sir, Jozsef — HUN
- Witt, Katarina — GDR

1989
- Benslimane, Housni — MAR
- Blankers-Koen, Fanny — NED
- Busnel, Robert — FRA
- Castro, Raúl Pereira de — POR
- Chang, Kang-Jae — KOR
- Chen, Xian（陈光） — CHN（中国）
- Cho, Choong-Kun — KOR
- Choi, Won-Suk — KOR
- Choy, Man-Lip — KOR
- Durántez, Conrado — ESP
- Firatli, Jerfi — TUR
- Jekiel, Michal — POL
- Kim, Jip — KOR
- Kiyokawa, Masaji — JPN
- Knowles, Durward — BAH
- Kondo, Takashi — JPN
- Lu, Jindong（路金栋） — CHN（中国）
- Miyazaki, Yasuji — JPN
- Nishida, Shuhei — JPN
- Peper, Roberto Guillermo — ARG
- Song, Zhong（宋中） — CHN（中国）
- Svolopoulos, Christos — GRE
- Syssoev, Valery — URS
- Tang, Ming-Hsin — TPE
- Zatopek, Emil — TCH

1990
- Al-Falah, Fouad — KSA
- Devonisi Romero, Asnoldo Vicente — VEN
- Diack, Lamine — SEN
- Diop, Iba Mar — SEN
- Filho, Hugo de Sa Campello — BRA
- Frik, Güner — TUR
- Gálvez Velarde, Pedro J. — PER
- Gnoleba, Maurice Sen — CIV

卡洛斯·亚瑟·努兹曼

Janson, Jonathan	GBR	
Koike, Reizo	JPN	
Kunst-Ghermanescu, Ioan	ROM	
Latynina, Larissa	URS	
Lee, Kun-Hee	KOR	
Luque Salanueva, Víctor	MEX	
Mambeke-Boucher, Bernard	CGO	
Massengo, Boniface	CGO	
Patzaichin, Ivan	ROM	
Raafat, Mahmoud Mohamed	EGY	
Sato, Tomoo	JPN	
Schreiber, Horst Georg	FRG	
Simoes, Joaquim de Couto	BRA	
Tajima, Naoto	JPN	
Timmer, Jan	NED	
Worrall, James	CAN	
1991 Baró i Cabanes, Isidre	AND	
Bayatli, Togay	TUR	
Caslavska, Vera	TCH	
Chen, Xitong（陈希同）	CHN（中国）	
Clare, Michel	FRA	
Gafner, Raymond	SUI	
Gold, Arthur	GBR	
Hannover, Príncipe de	FRG	
Hay, Eduardo	MEX	
Heinze, Günther	FRG	
Hiro, Kentaro	JPN	
Mekhloufi, Rachid	ALG	
Muscat, Bertie A.	MLT	
Poulsen, Olaf	NOR	
Rieckehoff, Germán	PUR	
Wu, Shaozu（伍绍祖）	CHN（中国）	
Stevenson Lorenzo, Teófilo	CUB	
Titov, Yuri	URS	
Zhang, Baifa（张百发）	CHN（中国）	
1992 Agabani, Hassan	SUD	
Airaldi Rivarola, Eduardo	PER	
Azcona, José	MEX	
Bertellotti, Georges	MON	
Bustillo Abella, Antonio	ESP	
Caspi, Itzah	ISR	
Chowdhry, Anwar	PAK	
Colakoglu, Vahit	TUR	
Corrand, Jean-Albert	FRA	
Cortés Elvira, Rafael	ESP	
Cuyás, Romá	ESP	
Dennis, Evie	USA	
Dujol, Henri	FRA	
Echeverría, Alberto	ARG	
Elizondo Nájera, Jesús	MEX	

Ferran, Cardenal	ESP
Fonseca, Manuel	ESP
Fontana, Pedro	ESP
García Candau, Jordi	ESP
Glavany, Jean	FRA
Gómez-Navarro, Javier	ESP
Goyeneche Moreno, Alfredo	ESP
Gyarmati, Deszo	HUN
Heller, Kurt*	AUT
Herrera Barona, Jorge	COL
Jusmet, Martí	ESP
Koloskov, Viacheslav	RUS
Komadel, Ludovit	TCH
Kone, Gaoussou	CIV
Krzentowski, Alain	FRA
Lambert, Jacques	FRA
Lotz, Franz	GER
Mayoral Barba, Feliciano	ESP
McKenley, Herbert H.	JAM
Moreno de la Cova, Enrique	ESP
Nuzman, Carlos Arthur	BRA
Ozerov, Nikolai	RUS
Pardo, Carlos	ESP
Pérez de Guzmán, Antonio	ESP
Pescante, Mario	ITA
Pini, Mario Carvalho	BRA
Pittenger, Baaron	USA
Raidi, Abelardo	MEX
Reverter, Luis	ESP
Rodés, Leopoldo	ESP
Roldán, Santiago	ESP
Romero, Fernando	VEN
Royes, Manuel	ESP
Sáenz Couret, Aaron	MEX
Schoedl, Gottfried	AUT
Singh, Gursewak	IND
Smith, Robert E.	USA

雷蒙德·贾夫纳

Sumpsi, José María	ESP	De Bruin, P.	NED
Truñó, Enric	ESP	Elliott, Herb	AUS
Uriburu, Juan Carlos	ARG	Fernández Iriondo, Jesús	ESP
Vila, Josep Maria	ESP	Fok, Henry Ying-Tung	HKG
Yalouris, Nikolaos	GRE	Ganyet Solé, Joan	ESP
Ybarra Güell, Victoria	ESP	Glen-Haig, Mary Alison	GBR
Ybarra Zapata, Raúl	MEX	González Guerra, Manuel	CUB
Zhang, Caizhen（张彩珍）	CHN（中国）	Gross, George	CAN
Zimmann, Harold	USA	Guerra, Eugenio	PUR
1993 Agostoni, Jorge	MEX	Henderson, Paul	CAN
Anzai, Minuro	JPN	Hito, Gary	USA
Argue, John C.	USA	Innes, Shane	AUS
Aripinar, Erdogan	TUR	Keino, Kipchoge	KEN
Ashe, Arthur	USA	Kempa, Heinz	GER
Barros Silva, Pedro	BRA	Killian, George	USA
Blanc, Jacques	FRA	Kim, Sung-Jip	KOR
Blatter, Joseph	SUI	Klee, Karl-Heinz	AUT
Butler, Arlington G.	BAH	Kleveland, Ase	NOR
Canedo de la Bárcena, Guillermo J.	MEX	Kotter, Klaus	GER
Ebersol, Dick	USA	Kozlovsky, Alexander	RUS
Foussier, Claude	FRA	Lasunción Ripa, Francisco Javier	ESP
Gaspart Solves, Joan	ESP	Leguina, Joaquín	ESP
Gray, Eileen	GBR	Loesel, Heinz	GER
Knecht, Willi Ph.	GER	Luke de Pavenham, Lord	GBR
Larrauri, Iker	MEX	Min, Kwan-Shik	KOR
Miyakawa, Tsuyoshi	JPN	Muttaleb Ahmad, Abdul	KUW
Monreal, Luis	ESP	Myhrvold, Arne	NOR
Petrovic, Drazen	CRO	Ntone Moukori, Rodolphe	CMR
Puello, José Joaquim	DOM	Peker, Türkay	TUR
Rengel Mercadé, Rogelio	ESP	Pilson, Neal	USA
Ricard, André	FRA	Raytler, Carlos	VEN
Sinilkina, Anna J.	RUS	Roenningen, Petter	NOR
Steler, Jan	POL	Schiller, Harvey	USA
Stevens, Ted	USA	Sciommeri, Ernesto	ITA
Sust Mitjans, Fidel	ESP	Sporidis, Elias	GRE
Vera, Rafael	ESP	Thue, Sigmund	NOR
Villalta, Julio César	HON	Tron, Audun	NOR
Watson, Robert	GBR		
Zamora, Raúl Manzorra	CUB		
1994 Aguad Kunkar, Sabino	CHI		
Alveberg, Dag	NOR		
Andenaes, Henrik	NOR		
Atif, Manzoor Hussain	PAK		
Beattie, David	NZL		
Belov, Sergei	RUS		
Bregolat Obiols, Eugeni	ESP		
Cahen, Jean-Pierre	SUI		
Carlgren, Matts	SWE		
Chang, Choong-Shik	KOR		
Dalmau, Jaume	ESP		

加里·海特

Tsiang, Yien-si	TPE	Wendl, Karel	CZE
Walker, LeRoy T.	USA	Xu, Cai（徐才）	CHN（中国）
Yoon, Duck-Choo	KOR	Zatopková, Dana	CZE
1995 Abadía Urieta, Armando	ESP	Zheng, Fengrong（郑凤荣）	CHN（中国）
Adityan, Sivananthi	IND	**1996** Anderberg, Carl-Gustav	SWE
Ajan, Tamas	HUN	Battle, Charlie	USA
Al-Saad, Othman Mohamed	KSA	Boulongne, Yves Pierre	FRA
Arakawa, Kiyomi	JPN	Cannavo, Cándido	ITA
Aziz, Mohamed Ehsan	LBA	Chapman, Alexander B.	TRI
Berkovitz, Mickey	ISR	Ferrándiz, Pedro	ESP
Bonn, Otto	HUN	Figer, Walter	AUT
Brahmia, Amar	ALG	Gaprindashvili, Nona	GEO
Brown, Stanley Branson	AUS	Golubnychy, Vladimir	UKR
Bruno, Miguel Ángel	ARG	Jackson, Robert W.	CAN
Cameron, Bruce	NZL	Landry, Fernand	CAN
Danek, Ludvik	CZE	Lekarska, Nadia	BUL
Donike, Manfred	GER	Lennartz, Karl	GER
Durán Thornberg, Pablo	ESP	Lunzenfichter, Alain	FRA
Erb, Christian	DEN	Maggard, Dave	USA
Evans, Mike	GBR	Mercé Varela, Andrés	ESP
Furuhashi, Hironoshin	JPN	Moner i Codina, David	ESP
Garay Figueroa, Félix	CHI	Mouassiposso Mackonguy, Pascal	CGO
Glichitch, Etienne	FRA	Müller, Norbert	GER
Gihner, Werner	GER	Ornaque, Pablo	ESP
Heckly, Jean	FRA	Parry, Stephen	GBR
Hess, Claus	GER	Paul, C. Robert	USA
Indurain, Miguel	ESP	Popova, Nina	BUL
Jordan, Jerald M.	USA	Rasinpera, Kosti	FIN
Kastermans, Marten W.J.	NED	Romero, Manuel	ESP
Li, Shubin（栗树彬）	CHN（中国）	Salinas, Sebastián	PER
Lucas, John	USA	Salmenkyla, Matti	FIN
Marsá Abad, Lluís	ESP	San Epifanio 'Epi', Juan Antonio	ESP
Matsudaira, Yasutaka	JPN	Schantz, Otto	FRA
Merckx, Eddy	BEL	Schmidt, Oscar	BRA
Mizrachi, Shimon	ISR	Simonyan, Nikita	RUS
Mraz, Ján	SVK	Stephenson, Linda	USA
Onikura, Hiroki	JPN	Watkins, Ginger	USA
Oria, Atin	CIV	Xu, Yinsheng（徐寅生）	CHN（中国）
Palacios Salvador, Pedro	ESP		
Ramírez Vázquez, Pedro	MEX		
Rosario, Héctor Asunción	AHO		
Sasahara, Shozo	JPN		
Sobchak, Anatoly	RUS		
Szepesi, György	HUN		
Tírík, Ferenc	HUN		
Touny, Ahmed Eldmerdash	EGY		
van der Pol, K.	NED		
Vivas Arellano, Óscar Darío	VEN		
Wagnerberger, Fritz	GER		
Walker, John	NZL		

佩德罗·帕拉西奥斯

Yerles, Magdeleine	CAN	
Zachara, Jan	SLO	

1997

Acquadro, Boris	SUI
Ali, Syed Wajid	PAK
Álvarez Cambras, Rodrigo	CUB
Aune, Tor	NOR
Barney, Robert	CAN
Bay, Béla	HUN
Belova, Elena	BLR
Bereket, Cevdet	TUR
Borgman, Siggo	SWE
Brennan, Bob	USA
Buchanan, Ian	GBR
Castro, José Ángel	ESP
De Broglio, Chris D.	MRI
Dero, Robert	FRA
Díaz Carrillo, Paulino	MEX
Dienstl, Erika	GER
Ericsson, Gunnar	SWE
Girardet, Fredy	SUI
Grenier, Jean	CAN
Guerra Galarza, Osvaldo	ECU
Herzog, Maurice	FRA
Hors, Maria	GRE
Jackson, Roger	CAN
Jaggi, Yvette	SUI
Jones, Roy	USA
Landsberg-Velen, Graf Dieter	GER
MacAloon, John	USA
Maksimov, Vladimir	RUS
Mennea, Pietro	ITA
Mentes, Ridvan	TUR
Mikhaylova-Dimitrova, Virginia	BUL
Moragas, Miquel	ESP
Myers, Modey	GBR
O'Flanagan, Kevin	IRL
Ortiz, Georges	BOL
Perarnau, Martí	ESP
Porter, Don E.	USA
Poviliunas, Arturas	LTU
Pujante, Josep A.	ESP
Puskas, Ferenc	HUN
Reczek, Wlodzimierz	POL
Renault, Jean-François	FRA
Rie de Wit-Mastenbroek, Hendrika Wilhelmina	NED
Rosandich, Thomas	USA
Sano, Masayuki	JPN
Siddons, Larry	USA
Stastny, Peter	SVK
Stoute, Steven Roger	BAH

Tzikas, Antonios	GRE
Valle Alvarado, Manuel	MEX
Yagi, Yushiro	JPN

1998

Bagrationi, Jansug	GEO
Ballesteros, Severiano	ESP
Berger, Paul	AUT
Canovi, Arturio Mario	ARG
Chung, Jo-Yong	KOR
Cornelis, Willem F.	NED
Creus, Joan	ESP
Cruz, Teófilo 'Teo'	PUR
Devitt, John Thomas	AUS
Dillman, Charles	USA
Fallani, Carlo-Maria	ITA
Fouras, Andreas	GRE
Fox, Jim	GBR
Gomelsky, Alexander	RUS
Gorokhova, Galina	RUS
Grut, Wille	SWE
Gulbrandsen, Jan	NOR
Henke, Geoffrey John	AUS
Jaramillo, Mario	ECU
Khir Johari, Tan Sri	MAS
Knuttgen, Howard	USA
Kobayashi, Makoto	JPN
Kolesov, Anatoly	RUS
Kozhukhov, Alexander	RUS
Krause, Michael	GER
Kuroda, Yoshio	JPN
Lamour, Jean-François	FRA
Li, Tieying（李铁映）	CHN（中国）
Luthi, Cesar W.	SUI
Martín Marín, Pedro Antonio	ESP
McKay, Jim	USA
Montag, Wolf Dieter	GER
Nigg, Benno	CAN
Palmer, Richard	GBR

张彩珍

	Pautrat, Daniel	BEL	Tobin, Brian	AUS
	Pedersen, Odd	NOR	Tomba, Alberto	ITA
	Presset, Jean	SUI	Vicha, Jiri	CZE
	Raddock, Sophia	FIJ	**2000** Adorni, Vittorio	ITA
	Ruziev, Sabirjan	UZB	Allaire, Paul	USA
	Singh Kular, Hardial	KEN	Arkaev, Leonid	RUS
	Spallino, Antonio	ITA	Babashoff, Shirley	USA
	Terpstra, Erica	NED	Brugger, Andreas	SUI
	Tertak, Elemer	HUN	Burkhalter, René	SUI
	Thiam, Papa Gallo	SEN	Carvajal Castro, Jorge Nerv	CRC
	Topescu, Christian	ROM	Coleman, David	GBR
	Torruella, Juan R.	PUR	Dolezal, Miroslav	CZE
	Tsukada, Tasuku	JPN	Dore, David	CAN
	Tzartzanos, Athanassios	GRE	Elphinston, Bob	AUS
	Ueda, Muneyoshi	JPN	Eyers, Michael	AUS
	Yoshida, Soichiro	JPN	Ferreira da Silva, Ademar	BRA
	Yoshimura, Goro	JPN	Fetisov, Vyachelsav	RUS
1999	Arirachakarran, G. Charouck	THA	Fisher, George	USA
	Azaryan, Albert	ARM	Fitzgerald, John	AUS
	Bolkiah, Príncipe Haji Sufri	BRU	Gardin, Gösta	SWE
	Chub, Vladimir	RUS	Garnjost, John T.	USA
	Daumas, Amury	BRA	Gerstner, Lou	USA
	Gorski, Kazimierz	POL	Gretzky, Wayne	CAN
	Graf, Steffi	GER	Guegold, William	USA
	Harada, Chizuko	JPN	Guglielmetti, Savino	ITA
	Hiral, Shunichi	JPN	Heida, Hisashi	JPN
	Jiménez, Andrés	ESP	Hollway, Sandy	AUS
	Jones, Brian	GBR	Ivanov, Viktor	RUS
	Kanjanapas, Anant	THA	Karfoul, Nour El-Houda	SYR
	Kato, Taiho	JPN	Kerkyasharian, Stepan	AUS
	Kofman, Lev B.	RUS	Kogake, Teruji	JPN
	Krenz-Mikolajczak, Jan	POL	Komi, Paavo	FIN
	Kwasniewska-Maleszewska, Maria	POL	Kopilov, Yuri	RUS
	Laksanawisit, Jurin	THA	Kumar Jain, Sushil	IND
	Lemhenyi, Dezso	HUN	Leece, Bob	AUS
	Llopart Ribas, Jordi	ESP	Lenk, Maria	BRA
	Maennig, Wolfgang	GER	May, Norman	AUS
	Mangialardi Brancaccio, Francisco	ARG	McLennan, Margaret	AUS
	Mittermaier, Rosi	GER		
	Núñez, Josep Lluís	ESP		
	Paramonov, Alexei	RUS		
	Pautrat, Daniel	BEL		
	Piccard, Bertrand	SUI		
	Rattakul, Bhichai	THA		
	Remsa, Zdenek	CZE		
	Shantsev, Valery P.	RUS		
	Starshinov, Viacheslav	RUS		
	Subrt, Miroslav	CZE		
	Thanajaro, Chetta	THA		
	Tikhonov, Alexander I.	RUS		

路金栋、萨马兰奇、宋中夫人、陈先（自左至右）

Moissidis, Georges	GRE	Elhage, Ricardo	AHO
Mota, Rosa	POR	Francás, Juan Palau	ESP
Nando, Kunio	JPN	Fujiki, Hirokiyo	JPN
O'Brien, Mick	AUS	Funaki, Kazuyoshi	JPN
O'Donoghue, Lowitja	AUS	Hahn, Raymond	FRA
Omini, Agostino	ITA	Henry, Di	AUS
Padilha, Sylvio de Magalhaes	BRA	Hohenlohe, Hubertus de	ESP
Perisic, Djordje	YUG	Ignatenko, Vitaly	RUS
Petrova, Natalia	BUL	Ishimoto, Yoshikazu	JPN
Polikanin, Evgeny	RUS	Josanu, Efim	MDA
Prieto Caballa, Frederic	ESP	Karelin, Alexander	RUS
Richmond, David	AUS	Kennedy Shriver, Eunice	USA
Rodichenko, Vladimir	RUS	Lanc, Erwin	AUT
Rurua, Roman	GEO	Le Grelle, Daniel	BEL
Scharf, Albert	GER	Letheren, Carol Anne	CAN
Simonetto de Portela, Noemí	ARG	Lewis, Carl	USA
Sloman, Jim	AUS	Lu, Shengrong（吕圣荣）	CHN（中国）
Stibbe, Daddy	NED	Magni, Fiorenzo	ITA
Stibbe, Eddie	NED	Mallon, Bill	USA
Strickland, Shirley	AUS	Marin, Marco	ITA
Tikhonov, Viktor	RUS	Miroshnichenko, Leonid	RUS
Urchetti, Hugo	SUI	Mizuno, Masato	JPN
Vallverdú Gimeno, Jordi	ESP	Montgomery, Peter	AUS
Van der Bos, Alida Johanna	NED	Nicholson, George	GBR
Van der Reijden, Johannes Piet	NED	Nolla, Santiago	ESP
Varona, Donna de	USA	Okamoto, Yusaku	JPN
2001 Akpayev, Amancha	KAZ	Olaywan, Malih	LIB
Alioshin, Vladimir	RUS	Onitsuka, Kihachiro	JPN
Ansón Oliart, Rafael	ESP	Pahud, Jean-François	SUI
Bedard, Myriam	CAN	Pedro, Pau Pérez y de	ESP
Belk, Irwin	USA	Piquet, Enric	ESP
Bijkerk, Anthony	NED	Piseev, Valentin	RUS
Blake, Peter	NZL	Platonov, Volodymyr	UKR
Bogicevic, Bogic	BIH	Prince, Henry	AHO
Bunn, Richard	GBR	Quintana, Alberto	ESP
Bush Jr., Walter	USA	Ragulin, Alexander	RUS
Casanovas, José María	ESP	Rajzman, Bernard	BRA
Cho, Kyung-Ja	KOR	Ratner, Alexander	RUS
Daehlie, Bjorn	NOR	Redgrave, Steven	GBR
Delibasic, Mirza	BIH	Rose, Eduardo Henrique de	BRA
Douillet, David	FRA	Sabonis, Arvydas	LTU
Durry, Jean	FRA	Sanz, Enrique	ESP
Freeman, Cathy	AUS	Savón, Félix	CUB
Gabrielyan, Derenik	ARM	Suleymanoglu, Naïm	TUR
Gebreselassie, Haile	ETH	Tediashvili, Levan	GEO
Germar, Manfred	GER	Urdangarín, Iñaki	ESP
Gordon, Harry	AUS	Vasin, Vladimir	RUS
Green, Arnold	EST	Veljic, Caslav	YUG
Grinbergs, Janis	LTU	Walter, Eric	SUI
Egerszegi, Krisztina	HUN	Zurbriggen, Pirmin	SUI

奥林匹克铜质勋章获奖者名单（1981—2001）

1981 Baly, Slaheddine — TUN
Bangerter, Max — SUI
Callado, Henrique Alves — POR
Hradetzky, Gregor — AUT
Owen, J. Raymond — GBR
Rodnina, Irina — URS
Ryan, Kenneth A. — IRL
Szewinska, Irena — POL
Zavala, Eduardo Yáñez — CHI

1982 Baszanowski, Waldemar — POL
Chiriboga Parra, Luis — ECU
Costa, Joao da — BRA
Erdem, Sinan — TUR
Fioresti, Giuseppe Sabelli — ITA
Fredriksson, Gert — SWE
Honne, Arild — NOR
Jernberg, Sixten — SWE
Khomenkov, Leónid — URS
Montoya Sánchez, Guillermo — MEX
Mrad, Ridha — TUN
Muñoz Camposano, Jaime — ECU
Radford, E. Howard — CAN
Riethausen, Albert — FRG
Rowlands, Donald — NZL
Sailer, Toni — AUT
Smirnov, Vladimir — URS
Wehling, Ulrich — GDR

1983 Braga, Antonio Carlos Almeida — BRA
El-Zantouti, Massoud Ahmed — LBA
Gueorguiev, Nikolai — BUL
Hacking, Nigel — GBR
Hoehne, Erhard Georg Friedrich — GDR
Koffi, Guipro — CIV
Losada, Antonio — CHI
Maladi, Raden — INA
Piewcewicz, Janusz — POL
Roth-Sacharmarov, Esther — ISR
Seckiner, Yücel — TUR

1984 Al-Hadjii, Abdul Ahmid — KUW
Bello, Duarte Manuel de Almeida — POR
Brietzke, Siegfried — FRG
Butt, Muhammad Naqi — PAK
D'Almeida, Abilio Ferreira — BRA
Nonev, Bogomil — BUL
Pardivala, Jal — IND
Passadore, Alberto — URU
Szalay, Josef — HUN
Youria, Ashenafi — ETH

1986 Almeida, Carlos Orsio de — BRA
Paleologos, Cléanthis — GRE

1988 Williams, Mervyn O. — TRI

1990 Karpati, Rudolf — HUN

1991 Ogimura, Ichiro — JPN

1992 Decoufle, Philippe — FRA
Singh, Gursewak — IND

1993 Mironova, Zofia — RUS

1995 Muñoz Kapamas, Felipe — MEX

奥林匹克奖杯获奖者名单（1981—2001）

1981年	瑞士联邦共和国
	国际奥林匹克学院
1982年	法国国家赛马俱乐部
1983年	波多黎各奥委会
1984年	赫尔辛基1983年第1届世界田径锦标赛组委会
1985年	中国奥委会
1986年	斯图加特市
1987年	法国体育报刊《队报》
1988年	澳大利亚公民
1989年	汉城市
	意大利体育报刊《米兰体育报》
1990年	雅典帕内利尼奥斯田径俱乐部
1991年	日本奥委会
1992年	法国萨瓦省（罗纳-阿尔卑斯区）
	巴塞罗那市
1993年	摩纳哥奥委会
1994年	法国奥林匹克及体育委员会
	挪威公民
1995年	韩国奥委会
1996年	巴登巴登市
1997年	
1998年	长野市市民
1999年	联合国
2000年	悉尼市市民
2001年	摩尔吉雷特（肯尼亚）凯诺学校

荣高棠

第16章 环境保护

奥林匹克主义的第三要素
挪威利勒哈默尔1994年冬季奥运会示范如何减少负面环境影响

胡安·安东尼奥·萨马兰奇保护环境的立场十分坚定。"环境保护是当今世界最大的难题之一，这种全球趋势对奥林匹克主义不无影响。我任国际奥委会主席期间，国际奥委会遵循尊重自然的原则，采取了一系列重要举措保护地球和自然……我坚信，我们必须基于尊重自然的理念树立奥林匹克主义除体育和文化教育之外的第三内涵。"

1992年2月5—6日，法国阿尔贝维尔第16届冬季奥运会开幕前夕，国际奥委会第98次全会在法国库舍维尔开幕，萨马兰奇表示："据我所知，国际滑雪联盟专家、前奥运冠军伯恩哈德·鲁西修改了高山滑雪的赛道设置，为什么呢？只是为了保护一种花，那就是阿尔卑斯山脉地区非常稀有的楼斗菜。坦白讲，其实国际奥委会在洛桑也有同样的考量，为了保护一棵古老的橡树，我们也调整了奥林匹克博物馆的设计方案。进入21世纪之际，国际奥委会面临的重大任务正是对环境的体贴和尊重。为此，我们已经决定，奥运会候选城市的报告必须包含筹备工作的生态效应的章节，并在投票时作为重要考量。"

> 为了传递保护环境的清晰信号，国际奥委会保护了一棵可追溯至19世纪末奥林匹克运动重生时期的古橡树，极具象征意义。

1994年，国际奥委会第102次全会在同年的冬奥会举办地——挪威利勒哈默尔召开，萨马兰奇在会议开幕时指出："环境是我们的优先目标之一。国际奥委会发给奥运会申办城市的调查问卷要求提交环境影响的相关信息。阿尔贝维尔奥组委主席、法国现任环境部长米歇尔·巴尼耶力行环保政策、增强环保意识，利勒哈默尔也格外重视环境问题，我们谨对奥组委和全体民众表示感谢。为了保留一棵古橡树，国际奥委会也在要求修改博物馆的设计方案。我们将（在利勒哈默尔）见证第一届真正意义上的生态冬奥会、绿色冬奥会。"

1999年10月和11月《奥林匹克咨询》的社论刊登了国际奥委会主席萨马兰奇对环境保护的表态。"除了奥运会之外，国际奥委会热切希望采取其他积极和激励性行动。保护自然和人们想要从事的体育活动的环境是可持续发展理念的应有之义……奥林匹克运动必须深化对环境的理解，加强保护自然的工作，我们必须实事求是地提出针对与体育和奥林匹克相关的环境问题的战略。在此背景下，受1992年里约峰会成果文件的启发，国际奥委会体育和环境委员会将发布《奥林匹克运动21世纪议程》……我们始终坚信，符合奥林匹克精神的体育活动可以推动人类价值观进步，尊重环境和保护自然也涵盖其中。"

利勒哈默尔的贡献 将环境维度纳入奥林匹克运动，始于1986年萨马兰奇宣布环境是继体育和文化之后奥林匹克主义的第三大主要基石。

萨马兰奇和匈牙利奥委会委员、国际奥委会体育与环境委员会首任主席帕尔·施密特在一起

利勒哈默尔1994年冬奥会速滑场馆——哈马尔奥林匹克馆

巴塞罗那1992年奥运会前夕，具有历史意义的联合国环境与发展峰会在巴西里约热内卢召开，182个与会国通过了联合国环境规划署编制的《21世纪议程》，其中详细规划了全球实现可持续发展的行动计划，同时也凸显了工业化国家和发展中国家在环境问题上的不同观点。

是在大部分基础设施已经存在的高度工业化地区举办重大赛事更好，或是在大多设施待建、更易改善环境的发展中地区举办更优，这是一个政治选择。

在处理组织大规模活动涉及的各类关系时，需要分析相关的三个方面，即体育场馆和设施对自然的影响、活动过程中可能发生的问题、场馆和设施的后续利用。因此，对自然空间占用的大小、体育场馆的建设项目、交通网络和废物处理的研究很重要。

奥运会举办城市巴塞罗那已经出现了一些环境入侵现象。国际奥委会和萨马兰奇本人在支持、监督、协助巴塞罗那为举办奥运会而进行的城市改造和开发时，都强调环境可持续性。奥运村建在工业区，回收废弃用地，通往海滩的交通便利，增加景观区面积，新建环路网缓解交通压力，连接主城区和奥运场馆等举措都体现了这一理念。此外，国际奥委会、国际单项体育联合会、国家/地区奥委会签署了《地球誓言》，承诺建设更加安全的世界，所有参赛运动员许下在体育运动中尊重自然、倡导可持续发展理念的誓言。奥运会期间竞赛场地禁止吸烟。

利勒哈默尔1994年冬奥会在应对环境问题上率先垂范，提出了环境保护和改善的全新挑战，标志着现代奥林匹克运动发展的转折点，堪称首届"绿色奥运会"。

利勒哈默尔冬奥会证明，只要精心规划，明确行动，就可以减少奥运会产生的负面环境影响。尽管"绿色"生态项目无法轻易取得信任，当地居民发出反对在本国举办奥运会的声音，利勒哈默尔组委会坚持关注奥运会的生态方面，并且实施了20多个生态项目，同时敦促国际奥委会采取必要措施，使环境保护在今后的奥运会中得到应有的重视，由此，奥林匹克运动在体育和文化维度的基础上增加了第三内涵。

在利勒哈默尔1994年冬奥会筹备期间，挪威自然保护协会的"环境友好奥运会"项目负责人欧明浩（挪威）指出："从生态角度看，最合理的奥运会就是不办奥运会，次选是循环奥运，即老城再利用。利勒哈默尔冬奥会是第三种选择。"利勒哈默尔1994年冬奥会的各项组织工作都严格遵守生态标准，就像这些规则由来已久一样，赞助商及官方供应商签订的所有合同中也都包含体现这些标准的条款。

严格实施环保理念并遵守生态标准主要体现在以下方面：奥运场馆的建设；迁移大型滑冰场以避免干扰候鸟迁徙路径；在山里修建场馆以降低能源成本；室内禁止吸烟，提倡无烟室外场地；采用环境监测优化供暖制冷系统以控制运行参数；奥运区半径60公里内禁止任何机动车通行；修建大型停车区，开通定期奥运村公交线路和轨道交通。此外还有一般的回收项目，如不同废物的垃圾分类；用马铃薯淀粉取代纸制作各种容器和盘子，之后用作猪饲料；冬季两项场馆使用子弹收集器以防止土壤铅污染等。

为不影响鸟类保护区，哈马尔奥林匹克（速滑）馆更改了建筑物的设计

利勒哈默尔冬奥会组委会尝试在奥运会基础设施建设过程中使用利勒哈默尔通过的各项新举措，使奥林匹克运动成为真正的环境卫士，这对国际奥委会是一种挑战，因为此举的成功与否在很大程度上取决于国际奥委会、国际单项体育联合会、国家/地区奥委会和利勒哈默尔冬奥会赞助商。在国际奥委会的环境政策引领下和利勒哈默尔1994年冬奥会的示范下，很多奥运会主办方开始相信实现体育、环境和文化之间的平衡并非不可为。

重大挑战 利勒哈默尔冬奥会唤起生态意识觉醒后，萨马兰奇决定将绿色、可持续奥运会的理论付诸实践。1994年，他与国际奥委会其他委员、联合国环境规划署的代表和挪威环境专家进行商谈，签订了共同推进体育和环境发展的合作协议。自此，所有奥运会组委会和申办城市必须将环境和可持续发展纳入奥运项目的考虑之中。

1994年9月，第12届奥林匹克代表大会暨奥林匹克100周年代表大会（又称"团结大会"）在巴黎举行。胡安·安东尼奥·萨马兰奇正式确认通过鼓励负责任的行为促进环境和可持续发展、采取行动宣传环境保护意识的重要性的提案，并要求奥运会的举办符合上述理念。

于1995年7月在洛桑举办的庆祝联合国成立50周年纪念活动之一——第1届世界体育环境大会为来自世界各地的政府和专业性非政府组织代表提供了探讨环境问题的平台，是国际奥委会通过联合国环境规划署与联合国合作的重要组成部分。

在为期4天的会议期间，120多位政府、联合国、非政府组织、学术界、受影响行业和奥林匹克界的代表讨论了政府的环境责任、奥林匹克运动捍卫生态标准的义务、教育在环境保护中的角色、体育产业保护环境的责任等。

胡安·安东尼奥·萨马兰奇在讲话中重申了奥林匹克大家庭将环境纳为体育和文化之后第三优先事项的决心。国际奥委会副主席理查德·W.庞德（加拿大）强调，世界体育组织的角色远非仅限于举办奥运会，要成为引导人们关注与环境相关问题的媒介，为增强环保意识发挥作用。国际奥委会委员、国际赛艇联合会主席丹尼斯·奥斯瓦尔德（瑞士）补充道，体育赛事和基础设施的选址必须充分考虑生态资源状况，并敦促国际单项体育联合会在其中发挥重要作用。

亚特兰大1996年奥运会、长野1998年冬奥会、悉尼2000年奥运会和盐湖城2002年冬奥会的代表，高度评价了上述城市在举办奥运会期间为防止环境被破坏而采取的措施。

1995年末，萨马兰奇遵守国际奥委会将在环境保护中发挥积极作用的承诺，在奥林匹克大家庭中成立了体育与环境委员会，自1996年起监督奥林匹克运动的环境治理，自1983年起任国际奥委会委员的帕尔·施密特（匈牙利）被委任负责协调开展这项工作。曾两次（墨西哥城1968年奥运会和慕尼黑1972年奥运会）获得奥运会击剑冠军的施密特向萨马兰奇坦陈自己根本称不上这个领域的专家，但萨马兰奇委任他时如此说道："作为一名奥林匹克运动员，你深知努力奋斗和自我提升的重要价值，你还是一名热爱自然的运动员，你能感觉到。

有了这两个条件做基础,你能够接受这一挑战。"

在亚特兰大1996年奥运会之前召开的国际奥委会第105次全会修订了《奥林匹克宪章》,增补环境为"奥林匹克主义的第三个内涵",其中第2章第13条增加了国际奥委会的职责,即"奥林匹克运动会的举办须在表明对环境问题负责任的态度的条件下举办,以推动奥林匹克运动对环境问题的关注,将其纳入所有活动的考虑之中,增强所有与奥林匹克运动相关者对可持续发展重要性的认识"。

1996年,尽管当时环境计划还未全面展开,亚特兰大奥运会是国际奥委会开始实施环境计划后的首届夏季奥运会。亚特兰大推出装有电动机的氢气能源公交车,实现了零排放,改善交通服务,仅一年内环境污染就减少了15%。部分奥运场馆进行了临时配备,赛后可回归正常面貌。奥运村紧邻大学校园修建,会后可改造成学生住宅区。游泳馆屋面安装太阳能板以节约能源。最重要的环境遗产要数奥林匹克大家庭的会议举办和休闲场所——亚特兰大百年奥林匹克公园,该项目更建了21公顷低质量住房用地,在公路、铁路和小径沿线栽种了1.2万棵树木和数千株灌木、花草。此外,采取回收措施,使用木材和废金属制作容器,厨余垃圾回收制成堆肥。

随着国际奥委会相继实施环境行动,1997年印制了《体育与环境手册》,1999年编制了《奥林匹克运动21世纪议程》,2005年印发了《体育、环境和可持续发展指南》,定期召开会议和国际体育环境大会,如1996年西班牙体育理事会与国际奥委会在巴塞罗那共同举办的世界体育环境大会。

1997年11月,国际奥委会在科威特举办第2届世界体育环境大会,来自世界各地的200多位与会代表,论及环境领域的奥林匹克行动、政府的环境保护政策、生态友好举措、体育与环境的关系等议题。已指定城市(长野、悉尼、盐湖城、雅典)的奥运会组委会提交了保护可持续发展和环境保护的行动计划。除政府、产业和世界体育供应商代表外,各国际单项体育联合会和国家/地区奥委会也分享了在这一领域的经验。

经过两天的讨论,大会就需要共同解决方案的重点优先问题达成决议,提出一系列建议,决议构成了国际奥委会体育与环境委员会和奥林匹克大家庭促进、支持体育事业与环境平衡的基础。

1999年6月14日,国际奥委会第109次全会在韩国首尔举行,审议通过了《奥林匹克运动21世纪议程》,萨马兰奇通过敦促体育和奥林匹克界在举办活动时遵守可持续性标准的必要性的不懈努力,实现了基于环境设立的目标,兑现了对奥林匹克主义的承诺。在1992年里约热内卢联合国环境与发展峰会成果文件的启发下,《奥林匹克运动21世纪议程》旨在鼓励奥林匹克运动积极参与并发挥引领作用,以使奥运会的举办和可持续发展取得

利勒哈默尔1994年冬季奥运会为举办冰上曲棍球比赛而修建的约维克奥林匹克山会堂位于山中,是世界上最大的建于洞穴中的人工公用设施

有效成果。同年10月，国际奥组委在里约热内卢举行的第3届世界体育环境大会上，《奥林匹克运动21世纪议程》签署生效。

奥林匹克运动通过的《奥林匹克运动21世纪议程》的主要目标包括：改善社会经济条件，保护和管理资源以实现环境可持续发展，为主要参与群体提供助力和支持。

长野1998年冬季奥运会在环境保护方面更进了一步，尤其注重尽可能减少场馆建设和布置赛场过程中对环境的影响。重要举措之一是回收，安装了近3000个6种不同容器用于回收易燃和非易燃液体、废纸、罐子、玻璃和塑料。运动员使用的餐具是由苹果的残渣纤维制成的，刀具是塑料的，用过之后可转化成固体燃料或润滑剂。再生水和节能也备受重视，太阳能板和发电机的使用强化了自然采光的作用。奥运场馆建设所在地的表层土进行移除和保存，奥运会结束后再行铺设，并栽种多品种树木予以修复。

长野冬奥会对环境的投入还体现在标识和火炬上。长野冬奥会会徽是一朵名叫"雪花"的鲜花，6个不同冬季项目的运动员构成了6片花瓣，象征着长野冬奥会的环保理念，充满动感的色彩和生动的形象预示着奥运会的热烈气氛，代表着奥运会闪耀世界的光辉。奥运火炬的设计创意来自日本传统的松明火火炬，增加了现代特征，用低污染的丙烷点火，更有利于保护生态和环境，火炬顶端呈六边形，代表冰晶，灰白色的外观呼应冬季。

尽管利勒哈默尔1994年冬奥会推行环境政策的显著效果为全世界称道，但似乎"绿色奥运"的美誉还要给悉尼2000年奥运会，因为它的举办完全从环境保护的角度出发，且绿色和平组织开创性地参与了筹备工作。

绿色和平组织是一家非政府生态保护组织，1971年成立于加拿大温哥华。1993年，奥运会候选城市悉尼在蒙特卡洛获得第27届夏季奥运会主办权，进行奥运村设计的招标时，绿色和平组织发现了借此打造可行环境的机遇，自此与澳大利亚组委会建立了紧密合作，并为其他奥运场馆的筹备工作提供咨询。

绿色和平组织将悉尼2000年奥运会誉为"最绿色的"奥运会，并出版了奥运会可持续性指南，总结了悉尼的相关举措，作为所有奥运会候选和主办城市在环境保护方面的参考材料。

悉尼2000年奥运会成功实现可持续发展的关键是对环境准则的坚守。国际奥委会总部提出的环境计划纲要列出了将康宝树湾修复、改建成奥林匹克公园等五方面重点工作，这个区域此前多年来一直被用作各种工业废物的垃圾倾倒场，污染严重，无人问津。其中，主要方面是节能，通过优化自然采光，使用可再生能源、人工照明采用移动探测器和光敏元件以实现最优能源利用的实现。第二方面是节水，具体举措包括收集雨水用于卫生间和灌溉绿化区域，安装节水龙头等。第三方面是废物循环利用，如厨余垃圾制作堆肥，使用可回收餐具，使用电子信息传输以节省纸张等。第四方面是对工作人员和志愿者进行废物处理培训，由于预测到严重污染，园区实行全面空气和水资源质量控制，制定管理方案保护自然生态环境，保护自然和文化完整性。第五方面是使用清洁能源，如奥运村的照明和热水供应都采用太阳能板，665所住房接入了太阳能主网，能耗减少了50%，每年降低7000吨有害二氧化碳排放。

虽然奥运会的生态成就被广为宣扬，且"最绿色的"利勒哈默尔1994年冬奥会和悉尼2000年奥运会提供了佐证信息，但并非所有奥运场馆都达到了理想的履行环境责任的要求，盐湖城2002年冬奥会就是这样的例子，最初计划完全取消个人交通出行，最终却仅减少了70%的个人交通。

奥林匹克运动的第三内涵增添了奥运会体现的人类活动的魅力，有利于保护和改善大多数奥运会举办地的自然环境。更重要的是，几乎全世界所有国家都是奥运会的参与者，这是增强生态意识、促进世界人民团结一致的独特良机。

体育与环境委员会的成立 在慕尼黑1972年奥运会期间，国际奥委会在慕尼黑推动建成大型奥林匹克公园，园内百花齐放，争奇斗艳，所有国家/地区奥委会各植下

萨马兰奇和利勒哈默尔冬奥会组委会主席格尔哈德·海博格在利勒哈默尔1994年冬奥会闭幕式上

长野1998年冬奥会开幕式上的长野奥林匹克体育场一瞥

一棵象征体育与生命一体的树。随后的1995年，萨马兰奇成立体育与环境委员会，任命帕尔·施密特为主席。

此外，在萨马兰奇的主席任期内，国际奥委会还推行了很多其他保护自然的倡议，如1994年在法国巴黎举行的奥林匹克团结大会，洛桑（1995年）、科威特（1997年）、里约热内卢（1999年）世界体育环境大会等。

考虑到全球生态问题的广度，国际奥委会致力实施的生态政策基于奥林匹克运动对社会和人类福祉的责任，符合《奥林匹克宪章》原则。从所有奥运场馆适用的环境保护国际法、交通大气污染最小化、节能项目的选择，到要求场馆建设满足所在城市的实际需求，国际奥委会对奥运会候选城市举办奥运会提出各种严格的生态和可持续性要求。

上述要求都是为了确保奥运会组委会及所有地方、地区和国家机构都参与其中的奥运会追求卓越、团结、尊重环境。国际奥委会希望将这种理念和使命延伸至奥林匹克运动的所有参与方，尤其是国际单项体育联合会和国家/地区奥委会，使所有体育表现形式通过利用现有资源或重构自然环境保护未来资源。

第1届体育与环境委员会

帕尔·施密特（匈牙利），1983年起任国际奥委会委员，1991年至1999年任国际奥委会执委会委员，1995年至1999年任国际奥委会副主席，1995年至2013年任体育与环境委员会主席。

贡纳·埃里克森（瑞典），1965年至1996年任国际奥委会委员，1996年起成为国际奥委会名誉委员，1988年至1992年任国际奥委会执委会委员。

格尔哈德·海博格（挪威），1994年起任国际奥委会委员，2003年至2011年任国际奥委会执委会委员。

威利·卡尔茨施密特·卢汉（危地马拉），1988年起任国际奥委会委员，2012年起任国际奥委会执委会委员。

让-克劳德·基利（法国），1995年起任国际奥委会委员。

冈野俊一郎（日本），1990年至2012年任国际奥委会委员，2012年起成为国际奥委会名誉委员。

萨姆·兰萨米（南非），1995年起任国际奥委会委员，2006年起任国际奥委会执委会委员。

费科若·基达内（埃塞俄比亚），记者，国际奥委会国际关系顾问。

人人都须竭尽所能地保护环境

我认为奥林匹克主义和体育最重要的使命是教育年轻一代，只有具备相当的体魄和知识才足以应对下个世纪种种未知的挑战。因此，俗话"有健康的体魄，才会有健康的思想"变得更为中肯。承蒙萨马兰奇主席信任，让我担任体育与环境委员会主席，我坚信奥林匹克主义在这方面有很多机遇，大有可为。人人都必须竭尽所能地保护环境，奥林匹克运动员当然也肩负责任，我认为教育是最有效、最系统的途径。

国际奥委会将环境作为奥林匹克主义除体育和文化外的第三内涵的倡议受到了各界的热烈欢迎，引起很高期待，奥林匹克运动，特别是国际奥委会切实履行责任进而推进环境政策以实现可持续发展变得尤为重要。体育与环境委员会深知今后必须在这方面采取更多积极行动，因此提请国际奥委会主席和执委会设立"绿色基金"支持上述活动。

帕尔·施密特
1983年起任国际奥委会匈牙利籍委员，1995—2013年间任奥委会体育与环境委员会主席

参加1996年在洛桑举行的体育与环境委员会会议参会代表

詹姆斯·L.伊斯顿（美国），1994年起任国际奥委会委员，2002年至2006年任国际奥委会副主席，首届体育与环境委员会的国际单项体育联合会代表，1989年至2005年任国际射箭联合会主席。

保尔·亨德森（加拿大），2000年至2004年任国际奥委会委员，首届体育与环境委员会的国际单项体育联合会代表，1994年至2004年任国际帆船联合会主席。

朱利叶斯·哈弗斯坦恩（冰岛），1994年至1996年任冰岛奥委会主席，首届体育与环境委员会的国家/地区奥委会代表。

豪尔赫·埃雷拉（哥伦比亚），首届体育与环境委员会的国家/地区奥委会代表。

西蒙·巴尔德斯通（澳大利亚），悉尼2000年奥运会组委会主席办公室主任，首届体育与环境委员会个人委员。

托雷·布雷维克（挪威），联合国环境规划署信息与公共事务主管，首届体育与环境委员会个人委员。

艾丽卡·迪恩斯特（德国），德国击剑联合会主席，首届体育与环境委员会个人委员。

水野正人（日本），体育用品制造商美津浓公司总裁，首届体育与环境委员会个人委员。

欧明浩（挪威），国际奥委会顾问和环境顾问，利勒哈默尔1994年冬奥会期间任挪威自然保护协会"环境友好奥运会"项目负责人，首届体育与环境委员会个人委员。

长崎宏子（日本），国际奥委会运动员委员会委员，首届体育与环境委员会的运动员代表。

弗里德·罗斯卡姆（德国），建筑师，庭园设计家，德国科隆体育学院教师，国际体育和娱乐设施协会名誉会长，首届体育与环境委员会个人委员。

马特·史密斯（美国），国际赛艇联合会执行主任，首届体育与环境委员会个人委员。

何塞普·特拉德雷斯（西班牙），环保专家，瑞士联邦洛桑理工学院讲师，首届体育与环境委员会个人委员。

托马斯·韦尔奇（美国），任盐湖城2002年奥组委主席直至1998年，首届体育与环境委员会个人委员。

2001年体育与环境委员会

帕尔·施密特（匈牙利），1983年起任国际奥委会委员，1991年至1999年任国际奥委会执委会委员，1995年至1999年任国际奥委会副主席，1995年至2013年任体育与环境委员会主席。

比拉尔·德·波旁公主（西班牙），1996年至2006年任国际奥委会的国际单项体育联合会代表委员，2006年起成为名誉委员，1994年至2006年任国际马术联合会主席。

赛义德·穆斯塔法·哈什米·塔巴（伊朗），2000年至2008年任国际奥委会委员。

格尔哈德·海博格（挪威），1994年起任国际奥委会委员，2003年至2011年任国际奥委会执委会委员。

冈野俊郎（日本），1990年至2012年任国际奥委会委员，2012年起成为国际奥委会名誉委员。

萨姆·兰萨米（南非），1995年起任国际奥委会委员，2006年起任国际奥委会执委会委员。

保尔·亨德森（加拿大），2000年至2004年任国际奥委会委员，体育与环境委员会的国际单项体育联合会代表，1994年至2004年任国际帆船联合会主席。

用苹果残渣制成的盘子

罗伯特·斯托（加拿大），体育与环境委员会的国际单项体育联合会代表，1994年至2010年任国际雪橇联合会主席。

朱利叶斯·哈弗斯坦恩（冰岛），1994年至1996年任冰岛奥委会主席，体育与环境委员会的国家/地区奥委会代表。

马里奥·苏伊托（秘鲁），体育与环境委员会的国家/地区奥委会代表。

邓亚萍（中国），乒乓球运动员，巴塞罗那1992年奥运会和亚特兰大1996年奥运会乒乓球单打和双打冠军，1997年当选国际奥委会运动员委员会委员，体育与环境委员会的运动员代表。

罗伯特·斯特德沃特（加拿大），2000年至2001年任国际奥委会委员，1989年至2001年任国际残奥委会首任主席，体育与环境委员会的国际残奥委会代表。

旺德伍森·阿斯纳克·基布莱特（埃塞俄比亚），联合国环境规划署代表，体育与环境委员会个人委员。

西蒙·巴尔德斯通（澳大利亚），悉尼2000年奥运会组委会主席办公室主任，体育与环境委员会个人委员。

米歇尔·巴尼耶（法国），法国多任部长，欧洲委员会委员，阿尔贝维尔1992冬奥会组委会联席主席，体育与环境委员会个人委员。

托雷·布雷维克（挪威），联合国环境规划署信息与公共事务主管，体育与环境委员会个人委员。

恩里科·卡博纳（意大利），建筑师，体育与环境委员会个人委员。

大卫·切尔尼申科（加拿大），商人，环保电影导演，加拿大绿党政治家，渥太华市政委员会委员，体育与环境委员会个人委员。

黛安·康拉德（美国），盐湖城2002年冬奥会环境项目负责人，体育与环境委员会个人委员。

艾丽卡·迪恩斯特（德国），德国击剑联合会主席，体育与环境委员会个人委员。

水野正人（日本），体育用品制造商美津浓公司总裁，体育与环境委员会个人委员。

欧明浩（挪威），国际奥委会顾问和环境顾问，利勒哈默尔1994年冬奥会期间任挪威自然保护协会"环境友好奥运会"项目负责人，体育与环境委员会个人委员。

伯纳德·尼科德（瑞士），瑞士洛桑商人、房地产创办人、慈善家，体育与环境委员会个人委员。

弗里德·罗斯克姆（德国），建筑师，庭园设计家，德国科隆体育学院教师，国际体育和娱乐设施协会名誉会长，体育与环境委员会个人委员。

苏尼尔·萨巴瓦尔（印度），独立商业投资人，联合国教科文组织下属的国际公平竞争委员会财务主管，体育与环境委员会个人委员。

马特·史密斯（美国），国际赛艇联合会执行主任，体育与环境委员会个人委员。

何塞普·特拉德雷斯（西班牙），环保专家，瑞士联邦洛桑理工学院讲师，体育与环境委员会个人委员。

吉田总一郎（日本），商人，长野1998年冬奥会申办委员会副主席，体育与环境委员会个人委员。

《奥林匹克运动21世纪议程》　该议程由体育与环境委员会和联合国环境规划署紧密合作起草，确立了世界体育界积极参与保护环境的条文规定，1999年通过，是各级体育界保护环境、推动可持续发展的有益参考。《里约宣言》呼吁将施行《奥林匹克运动21世纪议程》作为奥林匹克运动成员伙伴与联合国在环境领域紧

奥林匹克博物馆的古橡树，萨马兰奇为了保护它要求修改了博物馆的设计方案

密合作的政策基础，联合国环境规划署对《里约宣言》表示欢迎。

这是推出体育和环境协调新举措和国家政策的良好开端，巩固了"健康的运动员需要健康的环境进行训练并达到巅峰水平"的认识。

体育与环境委员会自创建至2013年的主席帕尔·施密特如是说："《奥林匹克运动21世纪议程》宣示了奥林匹克运动保护环境、促进可持续发展的承诺，制定了奥林匹克运动参与全球推进可持续发展事业的行动计划，明确了各成员在遵循可持续发展理念行动中的责任。文件适用于坚持奥林匹克主义价值观的奥林匹克运动和全球体育的所有参与者，即国际奥委会、国际单项体育联合会、国家/地区奥委会、奥运会组委会、运动员、俱乐部及其经理人，以及体育参与者和与体育相关的公司。《奥林匹克运动21世纪议程》为体育引领性机构指明了将可持续发展纳入其政治战略的路径，列出了每个个人在推动可持续发展，不仅限于体育活动领域的行动中发挥积极作用。"

时任法国环境部长的米歇尔·巴尼耶和萨马兰奇在1994年巴黎奥林匹克百周年代表大会上

1995年至1999年任国际奥委会副主席、墨西哥城1968年和慕尼黑1972年奥运会两次获得击剑冠军的帕尔·施密特指出："《奥林匹克运动21世纪议程》必须作为各组织机构根据各自情况审议通过的工作文件，它体现了对子孙后代的福祉和生存的责任感，我希望它能有助于引起所有运动员和体育界领袖的重视。关于这个问题的任何倡议，无论多么微不足道，都不应置若罔闻。简言之，我们必须具有全球视野，立足本地采取行动。"

奥林匹克博物馆橡树：环境保护的象征 奥林匹克博物馆于1993年6月在瑞士洛桑的奥林匹克公园内开工建设，这期间萨马兰奇主席出人意料地提出倡议，为了保留一棵与19世纪末重生的奥林匹克主义同龄的古橡树，他要求调整建筑方案，传递了国际奥委会明确的保护环境的信息，这棵橡树也成为了环境保护的标志。

萨马兰奇发起了对奥林匹克博物馆建筑师最初方案的修改，提出要在施工过程中保证能保留和保护那棵橡树。为此，博物馆保留了外周水文系统，检查了地下管道系统的平均高度，安装了灌溉系统，把橡树及周围区域整理出来，加固了橡树根部，这棵橡树就此成为国际奥委会环保政策的杰出范例。

从此，这棵橡树成为了1894年6月23日——皮埃尔·德·顾拜旦男爵（法国）创办国际奥委会的象征和纪念，它默立于现代奥林匹克之父的雕像旁（2013年博物馆改造完成后，顾拜旦的雕像被移走了），不禁令人陷入沉思，树下出自巴斯克雕塑家爱德华多·奇里达之手的匾上写着"这棵古树是通过调整博物馆才保留下来的，象征着奥林匹克主义对自然的敬畏"，构成了一幅远离尘嚣的雅致图景。

奥林匹克博物馆的建筑师是1972年至1995年间任国际奥委会委员的佩德罗·拉米雷斯·巴斯克斯（墨西

哥），他在1993年6月在洛桑举行的国际奥委会第100次全会上说道："奥林匹克博物馆的建筑物和环境和谐地融为了一体，奥林匹克公园的游客们能够感受到我们为了保护和尊重自然所付出的努力，我们对这棵纪念奥运会诞生的古老但仍生机勃勃的橡树的精心照顾就是这种精神的象征，这样的努力还体现在博物馆使用美丽的日内瓦湖的湖水进行生态制冷。这些做法使每一位观众更加确信我们随时随地为保护环境做贡献的决心，让他们明白我们这一代不仅能够在追求文化成就和体育荣耀时将卓越视为最高理想，而且坚持不懈地为恢复地球健康、播种和平的种子、促进人类完善和福祉贡献力量。这种效应和本世纪最后数年的相关技术将影响到无数人。"

体育用品和环境保护 在世界体育用品企业联合会的框架内，大部分主要体育用品生产商也寻求与国际奥委会在环境保护领域开展合作，1991年，启动了名为"环保浪潮"的"绿化"项目，由活跃企业家、日本美津浓公司总裁水野正人负责。

水野正人

体育与环境委员会委员水野正人是这样解释为什么体育产业也必须关注生态保护的："环保浪潮项目旨在引起体育产业对环境保护问题的关注，我们将坚定不移地推动和扩展这个项目，直至延伸到世界上最偏远的体育用品公司。为此，我们希望这个运动能影响所有的国家/地区奥委会、国际单项体育联合会、运动员、教练员和所有的体育迷。我们认为，如果环保浪潮能成为国际奥委会和世界体育用品企业联合会都参与其中的联合项目，我们就能达成目标。"

环保浪潮运动的指导方针包括：保护生物圈，节约资源，有效利用资源，减少和安全销毁工业废物，节约能源，降低技术发展和科学研究的环境风险，提供环境安全型产品和服务，风险管理，完全资讯交换，设立环境（或特殊组织）、调查、公共关系和教育部门等。

环保浪潮运动倡导的举措包括实现体育设施建设和环境的和谐，持续使用可再生自然资源，材料回收，将回收再利用的产品作为原材料，优先使用耐用、安全的能源，贯彻落实生产过程，使用无害的技术及生产方式，销售环境安全型产品和服务等。

环境和可持续性的附加值

继利勒哈默尔1994年"白色和绿色"冬奥会带来惊喜后，国际奥委会很快通过了环境保护计划，至于他们何时会在宣传和参与方面迎头赶上却知之甚少。现在，各奥运会候选和主办城市争先恐后地制定更优的环保倡议和行动项目。在重视实现举办大型体育赛事负面环境影响最小化的同时，可持续性的现代原则开始占据重要地位。

最富远见的社会和经济发展观必然涵盖对优质环境的追求，奥林匹克大家庭的成员——国际单项体育联合会、部分奥委会和很多国家单项体育联合会已经通过了自己的环境政策和行动计划。赞助商们也开始积极将环境和可持续性作为赞助的附加值。

1994年，在巴黎举行的奥林匹克100周年代表大会上正式通过增补了环境保护条款的《奥林匹克宪章》，之后国际奥委会在这方面取得了良好进展。《奥林匹克运动21世纪议程》两年前生效，今年我们将启动奥运总体影响评价项目的首轮实施。悉尼奥运会大获成功后，环境突然之间成为了奥林匹克运动的主题。尽管环境问题仍然是争议点，但主办城市可以从容地直面环境方面的挑战了。

欧明浩
国际奥委会顾问和环境顾问，首届体育与环境委员会个人委员，利勒哈默尔1994年冬奥会期间任挪威自然保护协会"环境友好奥运会"项目负责人

第17章 名副其实的运动员

从斯托克曼德维尔运动会到残疾人奥运会
萨马兰奇官方承认特殊奥林匹克运动会,推动国际残奥委会发展

1918年,在第一次世界大战中受伤的德国人开始参加体育运动,有关适合残疾人体育运动的说法也是在此过程中第一次提出的。此后,有运动员在格拉斯哥打单臂高尔夫球,进一步推动了残疾人体育运动倡议。在德国,柏林1936年奥运会组委会秘书长、奥林匹克火炬传统创始人德国人卡尔·迪耶恢复了一些古老的传统。有历史记载显示,从19世纪末一直到20世纪前几十年,就断断续续有人提倡发展残疾人运动和体育锻炼。

开端 德国神经学家路德维希·古特曼医生播下了残疾人运动的种子。这位逃离纳粹德国的科学家曾说:"如果说在我医学生涯中我做出了什么贡献,那就是我把体育运动引入到残疾人的治疗和康复中……体育运动是帮助脊椎损伤病人康复的最重要的治疗工具。这种帮助既是生理上的,也是心理上的,因为它有助于重塑自信,同时作用于智力,培养友情和竞争意识。"

古特曼开始着手工作。逃离臭名昭著的盖世太保之后,他住在英格兰。他想亲自找到答案,因此坐上了轮椅来体验和评估最合适的运动。

> 夏季奥运会和冬季奥运会的主办城市必须承诺欢迎残疾人运动。

萨马兰奇与国际田联主席普里莫·内比奥罗祝贺汉城1988年残奥会奖牌得主

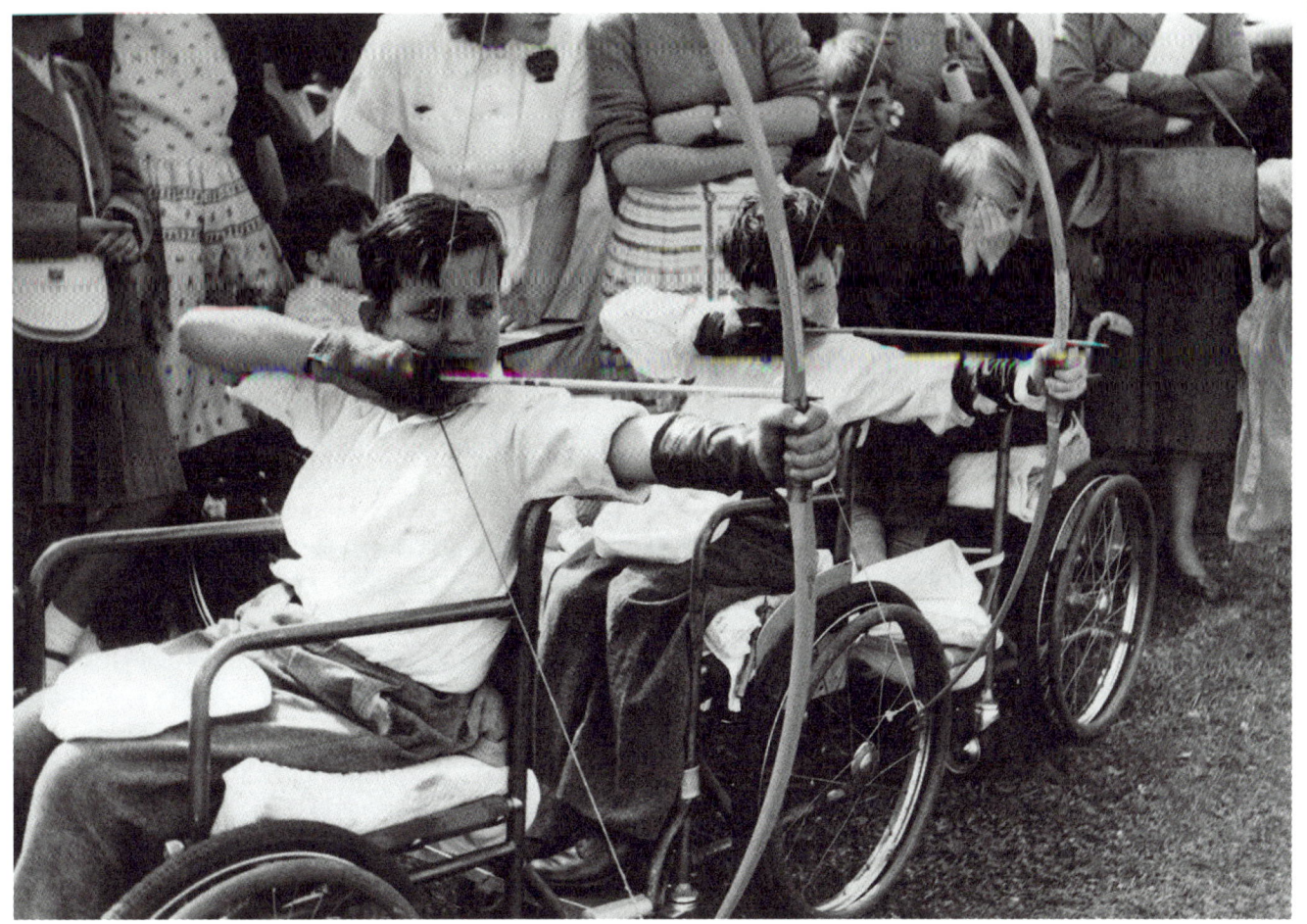

斯托克曼德维尔1956年运动会射箭比赛青少组

最后,他设计出了一种使用球槌的、像马球一样的运动。此外,他还设计了箭术、飞镖和台球。但是当他开始在轮椅上打篮球的时候,他才发现任何一种运动都比不上篮球。用古特曼自己的话来说,"对于残疾人来说,体育运动最高尚的目标是帮助他们重建与周围世界的联系"。

古特曼提倡的这种方法疗效显著,促进和加快了运动员融入社会。1948年7月22日,在伦敦奥运会召开期间,古特曼组织了历史上第一次残疾人箭术比赛,有16名运动员参加,包括14名退役士兵和2名护士。后来,人们以古特曼工作的医院来命名这次比赛——斯托克曼德维尔第1届运动会。斯托克曼德维尔医院位于艾尔斯伯里,古特曼在这家医院治疗脊椎损伤病人。自此以后,斯托克曼德维尔运动会每年举行一次。

1952年,由战争中负伤截肢的荷兰老兵组成的队伍渡过英吉利海峡,与同样情况的英国退伍老兵在斯托克曼德维尔运动会同台竞技。这是第一次国际性质的残疾人运动会。四年之后,第4届国际截瘫运动员运动会在澳大利亚城市墨尔本举行,这次运动会超越了国家层面而具有国际化性质。1960年,在罗马奥运会之后,意大利教授安东尼奥·马戈利亚举办了残疾人自己的运动会,来自23个国家的400名脊椎损伤运动员参加,运动会被命名为残疾人奥运会。教皇约翰十三世在残奥会领导人和参与人员的面前称赞古特曼为"残疾人的顾拜旦"。

分歧 残奥会首次与夏季奥运会在同一城市举行是重要的进步。古特曼将其解读为奥林匹克运动对斯托克曼德维尔运动会的默认。但是,尽管古特曼与国际奥委会主席基拉宁勋爵进行了接触,但双方仍存在明显分歧,在使用"奥林匹克"名称问题上尤其如此。似乎在奥林匹克运动某些领域,某种赛事的出现可能弱化奥运会的角色,这导致了一定程度的不安。最好的结果是,如果放弃使用奥林匹克的名称,斯托克曼德维尔运动会能得到国际奥委会的非官方承认和承诺,从而获得资助和支持。基拉宁本人提到了1974年在维也纳举行的第75次全会上达成的有关有条件承认的原则协议。

1976年2月,在奥地利因斯布鲁克举行的第77次全会上,加拿大人詹姆斯·沃勒尔表示国际奥委会可以在保留奥林匹克名称专用权的情况下,对提倡残疾人运动会的组织采取谅解的姿态,他提议可以使用"由奥委会赞助"这样的表达。参与辩论的还有英国埃克塞特侯爵六世——伯利勋爵,他称残疾人运动会组织提供了宝贵的服务,有些伤残的前运动员可以继续从事体育事业,这对他们的生理和心理都有好处。这次会议承认了国际斯托克曼德维尔运动会联合会的地位,前提是联盟避免使用"奥林匹克"名称。

1978年，国际斯托克曼德维尔运动会联盟主席路德维希·古特曼站在威尔士亲王查尔斯王子和国际举重联合会裁判员托尼·弗勒德身旁

在此期间，尽管国际奥委会默认和支持残疾人运动会，但是并未认真采取行动促进二者融合。除此之外，从东京1964年奥运会之后一直到1988年，残疾人运动会的举办地没有被安排在奥运会举办地，甚至没有被安排在同一国家。这表明奥林匹克运动会的举办城市不愿意举办残疾人运动会。影响这种情况的因素之一是相关残疾人运动会组织发展缓慢，并且各自为政。这些组织创立的标准是运动员伤残类型，这些组织根据运动员的具体情况，制定了差别化的标准。1980年3月，路德维希·古特曼爵士去世。他的去世意味着所有的体育运动团结在他周围，把他当作领袖。1980年4月的《奥林匹克杂志》刊文道别古特曼先生，文章充满敬意地写道："他是体育运动治疗残疾的坚定的支持者，在社会和医学领域，他为帮助截瘫病人做出了持续不断的努力，表现出了强烈的乐观主义精神。这为他赢得了全世界的感激。"

新时代 胡安·安东尼奥·萨马兰奇当选国际奥委会主席，为残疾人运动会的概念以及奥运会与残运会之间的关系带来了标志性变化。有1435名运动员参加了艾尔斯伯里残疾人运动会；在纽约运动会上，罗纳德·里根总统迎接了2500名运动员。萨马兰奇是这一领域极其敏锐的体育领导者。作为一名西班牙体育管理者，他在其职业生涯中发现了这一领域。1957年末，作为巴塞罗那市议会体育委员及巴塞罗那省政府体育代表，萨马兰奇开始在蒙德特保健院任职，该中心为有困难的人提供帮助，尤其是无家可归的孩子和青少年。20世纪40年代和50年代，小儿麻痹症在西班牙肆虐流行，很多人留下了后遗症。护养中心的体育运动主任胡安·帕拉乌·弗朗卡斯根据古特曼教授的理念，设计了一系列体育运动活动，以改善情况和促进融合。在护养中心，体育运动是传统物理疗法的有益补充，其治疗价值在帮助残疾人恢复身体状况、增强体力、提高协调性与速度和耐力中也得到认可。鉴于人们认为体育活动具有很高的娱乐和心理调节价值，体育活动得以被鼓励推广。

在数年之后的1967年，作为西班牙体育运动最高官员，萨马兰奇在发起成立西班牙第一个残疾人运动员联合会中发挥了突出作用。

担任国际奥委会主席之后，萨马兰奇在酝酿的计划中考虑如何将残疾人运动会融合到奥林匹克运动中。虽然这个问题非常复杂，而且还有许多更为紧迫的问题等待着他。但上任伊始，萨马兰奇还是关注了这一问题。残疾人运动第一次出现在奥运会上是在1984年的萨拉热窝冬季奥运会上。《奥林匹克杂志》写道："这个周六，洛桑天色晦暗，阴雨蒙蒙，国际奥委会主席萨马兰奇会对即将公布的创新措施感到自豪，这些措施超过了他的乐观预期。残疾人运动第一次切实纳入奥运会。尽管这只不过是示范性的，但是这条新闻是极为正面的消息。在萨拉热窝奥运会上，将会举办一场大型障碍滑雪赛，有34名运动员参加。在洛杉矶奥运会上，将会有一场800米女子轮椅赛跑和一场1500米男子轮椅赛跑。此外，这些比赛不会在二等体育馆悄悄进行，而将列入奥运会赛程，在奥运体育馆进行。这是国际奥委会对新的和更宽的领域采取开放政策的具体体现。"

有这样一个历史小故事。来自10个国家的29名运动员参加了1984年的萨拉热窝奥运会。这些运动员一部分选自在因斯布鲁克举行的第3届残疾人运动会，一部分是完成了女子滑雪障碍赛的运动员。这些运动员参加4个类别的角逐：无臂类别、单臂类别、单腿类别和膝盖以上单腿类别。在奥运会开始前，在萨拉热窝奥组委会主席布兰科·米克利奇的陪同下，萨马兰奇观看了在亚霍里纳山进行的女子障碍滑雪训练。萨马兰奇对滑雪运动员的技术惊叹不已，这些运动员仅用一条腿从山上滑下。对这次残疾人运动首次出现在奥林匹克运动会赛场，萨拉奇在其个人日记中回忆道："我希望这次残疾人运动亮相奥运会能让全世界意识到所有的人都有权利参加运动。"几个月之后，在洛杉矶1984年奥运会上，在主体育馆举行了两项残疾人田径赛：1500米男子轮椅赛和800米女子轮椅赛。这两项田径赛事从此成为奥运会的确定赛事，并将出现在此后的每一届奥运会赛场上。

官方接触 经过萨拉热窝奥运会和洛杉矶奥运会的考验，萨马兰奇与残疾人运动领导人会面，他提出了下面这样的想法：国际奥委会愿意资助国际单项体育联合会，共同研究并规划体育赛事，从而增加在卡尔加里

1988年奥运会和汉城1988年奥运会残疾人运动比赛项目数量；同时，请国际体育联合会在世界锦标赛上举办表演赛事。作为交换条件，萨马兰奇要求他们不能使用"奥林匹克"名称。

国际奥委会与残疾人运动之间的关系经历了4个阶段，即保持距离、接近、合作和融合。可以看到1950年到1980年间，国际奥委会对残疾人运动会保持了一定的距离，同时显示出合作的迹象。比如，在《奥林匹克杂志》上刊登一些简短的关于残疾人运动的文章，向斯托克曼德维尔医院颁发费恩利杯奖。颁奖是在1956年墨尔本第53次国际奥委会全会上通过的，"是对斯托克曼德维尔医院在支持关于推广轮椅运动的社会和人类价值观方面工作和努力的认可"。

1982年，负责残疾人运动的4家主要机构成立世界残疾人体育组织国际协调委员会。委员会的成立为与其他未加入的组织协调关系和沟通提供了便利，这是1989年9月22日在德国杜塞尔多夫成立国际残奥委会前迈出的第一步。

国际奥委会与残疾人运动会关系的第二阶段也在萨马兰奇担任国际奥委会主席任期内。在第二阶段，双方建立了对话点，让无数负责残疾人体育运动的组织可以不断地获得奥林匹克运动的认可。

萨马兰奇明白这项议题具有特别的敏感度，需要一定策略。因此，要获得最大的支持和社会认可，最好的方法是循序渐进。1982年，国际奥委会代表与残疾人体育组织国际协调委员会代表开始接触。对于残疾人运动员加入奥林匹克大家庭的渴望，萨马兰奇的观点很明确——国际奥委会愿意提供赞助和必要的财政支持。

在1983年2月的会议上，萨马兰奇的提议涉及以下几点：国际奥委会的赞助、主要残疾人运动比赛使用奥运会旗帜（4年一届）、财政支持、在汉城1988年奥运会举行表演巡回赛的可能性、要求各国家/地区奥委会保证各自国内残疾人运动联合会获得与其他联合会同等的待遇。

此后，召开了多次会议。1983年7月，令人头疼的"奥林匹克"名称使用问题最终得到解决——允许使用。萨马兰奇再一次显示出他的谈判技巧，找到了双方都满意的方案。一方面，保留奥运会的"奥林匹克"名称；另一方面，所有主要残疾人运动都使用Paralympics这一合并名称。Para是希腊语中的前置词，意思是"一起"，Paralympics是para与Olympics合并后的单词。此后不久的同年9月，在国际奥委会执委会的支持下，一项协议诞生了——将在萨拉热窝1984年冬奥会和洛杉矶1984年夏奥会上举办奥运历史上首次残疾人运动比赛。萨拉热窝冬奥会上的残疾人运动是截肢运动员滑雪，洛杉矶奥运会上的是轮椅赛跑。两场奥运会上的残疾人运动比赛都大获成功。

萨拉热窝和洛杉矶　萨马兰奇出席了1984年在萨拉热窝举办的残疾人冬季奥运会，该奥运会是世界残疾人运动组织国际协调委员会举办的第1届奥运会，得到了国际奥组委的认可。萨马兰奇的出席开辟了国际奥委会与残疾人体育运动合作的道路。在萨拉热窝运动会的开幕式上，萨马兰奇说道，这场运动会是第一步。在说完萨拉热窝奥运会将增加一项残疾人滑雪运动之后，萨马兰奇说道："我相信这将让世界上的所有人意识到每个人都有参与体育运动的权利。为每一位

国际奥委会与国际残奥委会的关系前所未有

多亏了国际奥委会，尤其是国际奥委会主席的努力，国际残奥委会与国际奥委会现在合作紧密。比如，现在奥运会的申办内容包含了举办残奥会。

我们通过奥林匹克团结基金获得了支持，并且举办了我们自己的项目帮助发展中国家和地区的运动员，从而让他们能够参加残奥会。

罗伯特·斯特德沃德
1989—2001年国际残奥委会主席，国际奥委会委员

斯托克曼德维尔1956年运动会伴乐行进表演

认可奥林匹克精神的人提供来自国际奥委会的帮助、专业知识和支持是我们的责任。"

1985年1月，萨马兰奇接待了世界残疾人体育组织国际协调委员会代表团，不仅是要评价萨拉热窝和洛杉矶奥运会上举办的残疾人运动会，还要协调接下来的工作，以及探讨在同年官方认可世界残疾人体育组织国际协调委员会这一议题。1985年9月，在接受《奥林匹克杂志》长时间采访的过程中，萨马兰奇对最后一个问题做了解答，表示还有很多事情有待讨论："奥运会还没有谈到残疾人运动，我们应该在这方面采取更多行动，奥运会大家庭中必须有所有权利都能实现的地方。我们理解当今世界真正问题的方式缺乏活力。"在1984年夏季奥运会和冬季奥运会举办经验的基础上，在国际夏季奥运单项运动总会联合会之后的会议上，国际奥委会鼓励国际单项体育联合会组织残疾人运动比赛，并且宣布提供7万美元的财政支持。

正如萨马兰奇在日记中写道的那样，之后的会议分歧越来越大。"自从第一次我们召开残疾人体育运动会议以来，已经有一年多的时间了。一切事情都比以前变得更好，但是必须认识到事情有时会很困难。"萨马兰奇坚持统一的观点，因为他坚定地认为把残奥会纳入到奥运会运动能够让他的观点更有力，萨马兰奇认为国际奥委会必须成为世界体育运动的真正领导者。同时，这种融入也是在践行奥林匹克理想基本原则之一——不歧视原则。不歧视原则意味着为任何人参与体育运动提供便利。因此，这种融合是建立在"大众体育"理念之上。1991年1月，国际奥委会执委会提议在下一次会议上批准在1992年奥运会上增加两项残奥会表演赛事。

主办城市　下一步是让奥运会组委会参与其中。最终的目标无外乎是让夏季和冬季奥运会举办城市承诺主办和承办残奥会。残奥会在奥运会结束后的一个月时间内举办，因此可以在同样的城市举办，使用同样的人力资源，利用他们的资金和服务。

在汉城1988年奥运会、阿尔贝维尔1992年奥运会和巴塞罗那1992年奥运会上，国际残奥委会与承办国的奥组委就上述议题展开了直接接触。这几届奥运会精彩壮观，推动残奥会取得势不可当的实质性进展。最终，在温哥华2010年冬奥会之后，残奥会正式纳入承办国奥组委名下，将残奥会的发展推向高潮。在温哥华冬季奥运会上，残奥会的组织机构是温哥华奥运会和残奥会组织委员会。

在国际奥委会的默许下，汉城1988年残奥会取得巨大成功，来自61个国家的3000名运动员参加此次奥运会。这些运动员在东京1964年奥运会之后第一次使用与奥运会同样的设施。汉城奥运会可以说是见证了残奥会的全面发展，因为残奥会首次与奥运会平起平坐。汉城奥运会开启了新的时代。残疾人运动员和普通运动员一样在各个赛事项目比赛，如田径、篮球、自行车、剑术、足球、举重、柔道、游泳、乒乓球、射击、射箭、草地保龄球、盲人门球和斯诺克台球。

运动员居住在残奥村，距离赛场4公里，有6000多名志愿者负责照顾。韩国总统卢武铉在奥运场馆对11万多名观众发表讲话："奥林匹克火炬之光将把所有的沮丧变为勇气，把所有的绝望变成希望，把所有的偏见变成理解。"

汉城奥运会的成功让国际协调委员会失去了存在的必要性。于是，在1989年做出了解散国际协调委员会的决定，从而为成立国际残奥委会做好准备。国际残奥委会将负责残奥运动。1992年，国际协调委员会彻底解散。在国际奥委会与国际残奥委会关系最为紧密之时，由于汉城残奥会标志设计引起了双方关系一定程度上的紧张。国际奥委会认为残奥会标志侵犯了奥运五环的版权，威胁着要起诉国际残奥委会。国际残奥委会对标志重新进行了适当设计，保留三种颜色（红色、蓝色和绿色）。如此，国际残奥委会设计出自己的标志，并且最终提升了自身形象和全球影响力。

1992年，转折点　在阿尔贝维尔1992年冬奥会上，参加比赛的运动员接近400名，来自24个国家。可以说，在平等原则之下，这些运动员也开启了冬季奥运会的新阶段。

在巴塞罗那1992年奥运会上，来自81个参赛国家的7000多名运动员、技术人员、助理人员等入住残奥村。巴塞罗那奥运会是残奥会的转折点。巴塞罗那奥运会的观众数量达到200万，在超过12天的时间里，共举办了15个体育项目、487场赛事。不仅如此，巴塞罗那残奥会首次使用了电视直播这种形式，产生了巨大的影响，吸引了无数观众。概括而言，这是对残疾人运动作为体育盛事的认同，同时发挥了体育运动融合和规范社会的重大价值。

有两件事情具有重要意义：第一件事情是由残奥会弓箭手安东尼奥·雷沃略在巴塞罗那1992年奥运会开幕式上射箭点燃主场火炬，这清楚地表明国际奥委会和国际残奥委会之间的密切关系。第二件事情是在巴塞罗那庆祝第1届残疾人奥林匹克代表大会。在萨马兰奇家乡召开的这次大会上，在谈到国际奥委会与奥运会承办城市签订合同草案时，他向参会代表宣布了一项令人期待和渴望的决定："我们将努力设立一项条件，我们提议有幸主办2000年奥运会的城市须在奥运会结束后几周内举办残奥会。"

在亚特兰大1996年奥运会上，这种现象自发形成。第10届残疾人奥运会在1996年8月16—25日举行，来自103个国家的3195名运动员（2415名男性运动员和780名女性运动员）和1717名随队官员参加了这次残奥会。此次残奥会包含17个竞赛项目和3场表演赛，即回力网球、帆船和轮椅橄榄球。悉尼2000年奥运会，比赛成果空前，产生了550枚金牌，打破了300多项奥运会和残奥会纪录。3824名来自103个国家的运动员入住残奥村。

国际残奥委会主席，国际奥委会委员 第三阶段在1993年完成。此前，国际协调委员会有关残奥会的所有监管权力已经转移到国际残奥委会，国际残奥委会作为残疾人运动世界性领导和管理机构的地位得到国际奥委会认可。同时，有必要进一步把国际协调委员会下属的、仍保持独立性的剩余国际组织和协会纳入国际残奥委会。当时，萨马兰奇对取得的成绩做出这样的评论："巴塞罗那残奥会的成功也证明了体育对于残疾人的重要性。体育对于他们的重要性不仅体现在身体状况，还体现在心理健康上。"

国际奥委会主席萨马兰奇与国际残奥委会主席罗伯特·斯特德沃德

在萨马兰奇任期的最后阶段，2000年在澳大利亚悉尼国际奥委会和国际残奥委会签署了合作协议，至此把残奥会纳入奥运会的过程最终完成。在这份合作协议中，双方确立了共同目标——在国际团结的原则下，确保任何人，不论身体和智力状况如何，都有权利参加体育比赛。国际残奥委会在国际奥委会的一些理事会（评估、协作、文化和教育、运动员及女性和体育）中获得了代表权，而国际残奥委会主席、加拿大人罗伯特·斯特德沃德被选为国际奥委会委员。显而易见，萨马兰奇和斯特德沃德两人平行的任期以及良好的个人关系是双方在谈判中形成理解、稳定氛围的一个因素。

2006年，在西班牙年度体育奖颁奖仪式上，萨马兰奇被授予"奥林匹亚杯"，以表彰他在担任西班牙和世界体育领导人期间对残疾人运动所做出的贡献。如一直提到的那样，萨马兰奇曾经是西班牙残疾人运动的先驱。萨马兰奇在担任国际奥委会主席期间，在把残疾人运动会纳入到奥林匹克运动过程中扮演了关键角色。担任过1989—2001年国际残奥委会主席、2000—2001年国际奥委会委员的罗伯特·斯特德沃德说："残疾人奥林匹克大家庭受惠于您，您值得我们所有的人尊重，我们无比感激您做出的所有努力，感激您对残疾人运动以及全世界残疾人的无条件支持。"斯特德沃德的话是对胡安·安东尼奥·萨马兰奇为残疾人运动员做出贡献的认可。

但是，胡安·安东尼奥·萨马兰奇战略中最具重大意义的结果是悉尼2000年残奥会的巨大成功。悉尼2000年奥运会是萨马兰奇任期内最后一届奥运会。参加悉尼残奥会的国家达到103个，人员数量达到6943，其中包括运动员和技术人员等。前进的步伐已经迈开，体育终于不用再加"残疾人"这一修饰词。他们就是名副其实的运动员。

国际残奥委会标志

特奥会，每个人都是赢家 1962年9月，美国人尤尼斯·肯尼迪·施莱佛公开透露她有一个姐姐，这个姐姐也是著名的美国总统约翰·F.肯尼迪的姐姐，她这个姐姐患有智障。这篇题为《智障者的希望》的文章在美国公众舆论中产生了强烈反响，几千万人开始不再为有一个智障的孩子而感到羞耻或有负罪感。那一天，一个不一样的新事物诞生了——特殊奥运会。

同年，尤尼斯建立了施莱佛夏令营，主要面向6岁至16岁的残疾孩童。第一次宿营活动在马里兰州的波托马克举行。宿营活动向有残疾孩童的家庭传递了一个明确的、直接的信息：不要隐瞒患有残疾的家庭成员。为消除障碍，一个私人机构成立了，旨在通过体育活动鼓励培养和提高残疾青年人的能力。机构运行得益于志愿者和家庭的帮助。施莱佛宿营的组织性逐渐增强，渐渐发展成国际性体育比赛。施莱佛夏令营的特点是它能适应不同残疾程度。这项倡议得到了"肯尼迪家族"的全力支持，尤其是得到了肯尼迪总统的支持。为了让智力残疾人士融入体育，肯尼迪总统支持了相关政治和社会倡议的发展。

第1届国际特殊奥林匹克运动会于1968年7月20日在伊利诺伊州芝加哥士兵广场举行，吸引了来自美国和加拿大的1000名智力残疾运动员。一名跑步运动员点燃了主火炬，主火炬上刻有"约翰·F.肯尼迪，希望之火"的字样。这次特殊奥运会共有200多场赛事，有田径类比赛如跳远、跳高、25米和100米冲刺跑，还有垒球、游泳（25米和100米）和水球运动。尤尼斯承诺1970年还将举办特殊奥林匹克运动会，此后每两年举办一届。同年9月，在约翰·肯尼迪和罗伯特·肯尼迪遇刺之后，肯尼迪家族的领导者爱德华·肯尼迪宣布约瑟夫·肯尼迪基金会将支持特殊奥林匹克运动会。

1971年，美国奥委会允许特殊奥运会使用"奥林匹亚"和"奥林匹克"这样的名称。1977年，特殊奥运会在科罗拉多州的斯廷博特斯普林斯举办了第1届冬季运动会。

1989年于洛桑，特殊奥运会创始人萨金特·施莱佛和尤尼斯·肯尼迪·施莱佛

1988年2月15日，特殊奥运会和国际奥委会在加拿大的卡尔加里签订了合作协议。合作协议得到了国际奥委会委员、法国人莫里斯·埃尔佐格，特殊奥运会创始人和名誉主席尤尼斯·肯尼迪-施莱佛，施莱佛的丈夫、美国驻法国大使萨金特·施莱佛以及国际奥委会主席萨马兰奇的支持。在协议中，除了有国际奥委会对特殊奥运会的认可和资助外，还提出要成立一个联合委员会。在联合委员会名单中的国际奥委会委员有赫尔佐格、法国人瓦尔特·特略格尔和列支敦士登公主诺拉。许多奥林匹克大家庭成员在做好自己工作的同时，也在特殊奥运会工作中扮演领导者的角色，包括奥林匹克冠军，如法国滑雪运动员让-克劳德·基利，波兰田径运动员人罗莎·蒙塔、罗马尼亚体操运动员娜迪亚·科马内奇、奥地利滑雪运动员弗朗兹·克莱默、美国自行车手格雷格·莱蒙德、巴西足球运动员贝利和济科，以及俄罗斯象棋冠军阿纳托利·卡尔波夫。

目前，特殊奥运会得到了世界主要组织的认可。在联合国和国际奥委会的领导下，已经有超过150个国家200万名不同年龄段的运动员参加了特殊奥运会。他们的信念是"我希望获胜，但是如果我失败，请让我勇敢尝试"。作为对施莱佛工作的认可，2002年在盐湖城举办的113次国际奥委会全会授予她奥林匹克勋章。施莱佛于2009年去世。

2010年4月，在去世前10天，萨马兰奇在位于加泰罗尼亚的特殊奥林匹克官方出版物《特奥杂志》上发表过如下一段话："1988年，在我的任期内，特殊奥林匹克获得了官方认可。这个决定是我那个时期最为自豪的决定之一。未来的视

在1988年卡尔加里第93次全会上，国际奥委会主席萨马兰奇与尤尼斯·肯尼迪·施莱佛在一起

野、融合的精神以及体育热爱者的团结再一次得到体现。体育精神在参加特殊奥运会的运动员的誓词中得以延续：我希望获胜，但是如果我失败，请让我勇敢尝试。

"特殊奥运会的真正精神在于超越公众认同的参与。运动员努力克服自身困难，但也努力享受运动、享受陪伴、享受比赛本身，超越了比赛结果。他们与所有人一起为自己，为自己的参与庆祝，而不计较奖牌的得失。因此，在特殊奥运会上，每一位参与的人都获得了一块奖牌，每个人都是冠军！

"奥林匹克运动的格言是'citius，altius fortius'（更快、更高、更强）。这种努力、这种拼搏、这种追求卓越的精神、这种挑战的乐趣是奥林匹克精神的基础。参加奥运会的运动员的目标是成为一个只有少数人能触及领域中的佼佼者。这个充满竞争性的格言支配着奥林匹克运动。特殊奥运会一直是一个节日，一个让人感到快乐的理由，是对真实精神的庆祝。特殊奥运会一直是这样，今后也是这样。"

萨马兰奇的儿子胡安·安东尼奥·萨马兰奇·萨利萨其斯是国际奥委会执委会委员，也是西班牙特殊奥运会主席。胡安·安东尼奥·萨马兰奇—中国基金会（基金会的目的是继续发扬中西友谊精神）与特殊奥林匹克上海分部和当地的其他机构在上海共同举办了一次运动员联合巡回赛，不论是有智力残疾还是没有智利残疾的运动员都可以参加。运动员来自西班牙城市马德里和巴塞罗那以及中国城市上海和酒泉（甘肃省）。小萨马兰奇说："我们不仅要让这次比赛成为基金会的重要比赛，还要让它宣誓我们的原则。"

精神寓于运动和残疾人奥林匹克价值

我对残疾人奥林匹克运动所具有的人力资源充满坚定信心。真正的体育有赖于数千名志愿者的贡献。这成为过去60年残奥会文化发展的重要方面。在过去20年里，通过把运动员、教练员、行政人员、支持者、观众和赞助者聚集在一起，残疾人奥林匹克精神这种独特的能量来源形成了。这种精神促成了残奥委会格言"精神寓于运动"的诞生。

运动员和残奥会比赛处于残疾人奥林匹克运动的中心地位。他们的表现和让人难以置信的故事可以让人们学会接受，学会珍惜身体有残疾的人。残疾人奥林匹克运动在体育和社会意识之间搭建了桥梁，从而有助于形成一个更加公平、尊重个人和机会均等的社会。

残疾人奥林匹克运动有4个主要的价值观：勇气、决心、灵感和平等。运动员个人、他的才能、他的成就要体现这些价值，从而能成为视野开阔、积极进取的榜样。

勇气 勇气包含了残疾人运动员努力达到普通大众认为"不可能的水平"的精神，而残奥会则是这一精神的有形体现。

决心 克服障碍，克服逆境对普通大众来说是非常流行的说法。但是对于残疾人而言，决心意味着把身体推向极限。

灵感 残疾人的故事和他们取得的成功让人震撼和感动。残疾人奥林匹克的精神能够指导并改变个人生活。

平等 残奥体育，从草根到精英，反映了残奥理念可促进改变，打破社会屏障以及消除对残疾人士的歧视。残疾人奥林匹克运动的目标是通过一系列诸如阿吉托斯基金会发展工程教育项目和性别平等运动等倡议建立一个更加公正的社会。

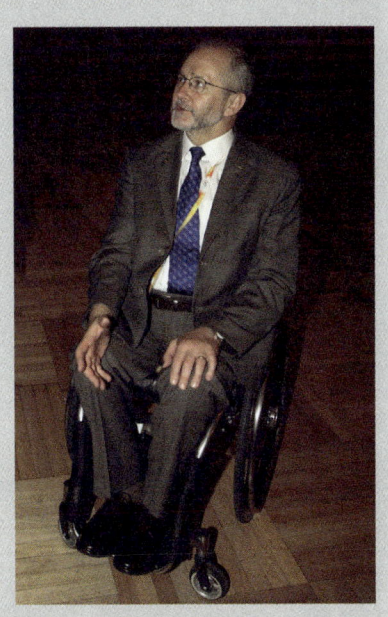

菲利普·克雷文

自2003年以来担任奥委会英国委员，自2001年以来担任国际残奥委会主席，自2003年以来担任英国奥林匹克协会（BOA）执委会委员，自2002年以来担任世界反兴奋剂机构基金会委员会委员

在洛杉矶1984年残奥会上，美国选手莎朗·赫德里克庆祝她在女子800米轮椅赛中获得胜利

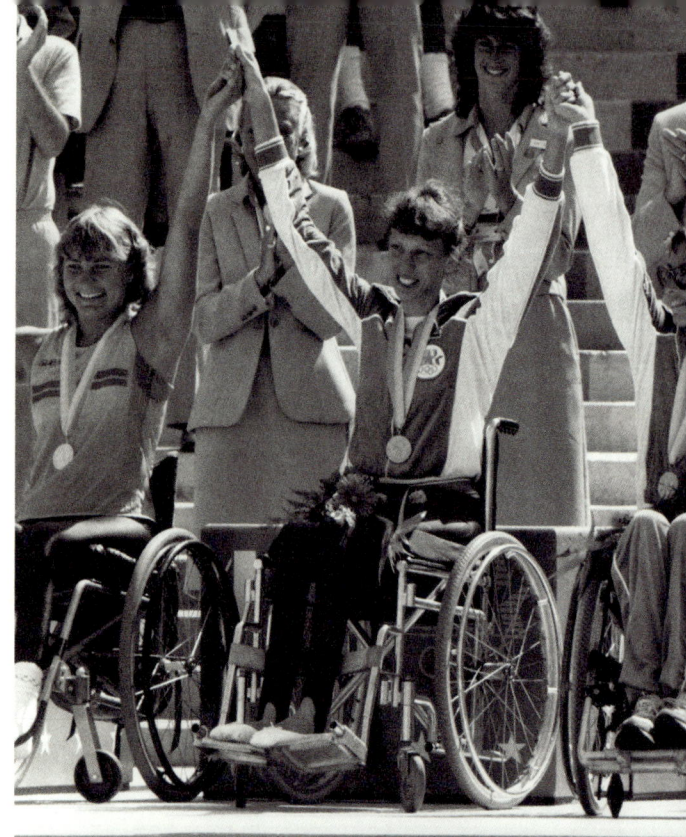
洛杉矶1984年残奥会女子800米轮椅赛颁奖台，运动员自左至右为：瑞典选手莫妮卡·索科尔（银牌）、莎朗·赫德里克（金牌）及美国选手坎迪斯·凯博（铜牌）

比利时运动员保罗·范·温克尔获洛杉矶1984年残奥会男子1500米轮椅赛冠军

萨马兰奇向温克尔颁发奖牌

在洛杉矶1984年残奥会男子1500米轮椅赛中,运动员们奋勇争先

洛杉矶1984年残奥会男子1500米轮椅赛颁奖仪式,运动员自左至右为:为兰迪·斯诺(银牌)、保罗·范·温克尔(金牌)和加拿大选手安德烈·韦杰(铜牌)

在1988年卡尔加里国际奥委会第93次全会上,莫里斯·埃尔佐格、尤尼斯·肯尼迪·施莱佛和萨金特·施莱佛签署与特奥会的合作协议

1989年在洛桑,国际奥委会、巴塞罗那1992年奥组委以及世界体育组织残疾人国际协调委员会(ICC)会议

巴塞罗那1992年残奥会宣传海报

在盐湖城2002年冬奥会期间，国际奥委会向残奥会创始人尤尼斯·肯尼迪·施莱佛颁发奥林匹克勋章的仪式

第18章 国际奥委会民主化和2000年改革

萨马兰奇启动奥委会改革
盐湖城丑闻导致奥委会进行一系列重大改革

萨马兰奇悲哀地看到，他任期的最后一程将会因为危机和丑闻而染上污点。然而，在这艰难的时刻，他的形象愈发高大起来。在伟大而光荣的时刻，萨马兰奇是领导者，而在艰难的情况下，他也能应付自如。在这些时刻，萨马兰奇让人们清楚地看到，他是奥林匹克运动的真正领导者，甚至赢得了最激烈的批评者的尊敬。

"毫无疑问，担任奥委会主席的这些年，我最为糟糕的时刻之一——不说最糟糕——就是从1999年底曝光的那次奥委会危机，一直到在洛桑举行的那次意义非凡的会议，会上批准了奥委会2000年委员会的建议，这次会议标志着变化与奥委会的的全面转变。"说完这些苦涩的话语，身陷逆境的胡安·安东尼奥·萨马兰奇描述了在他的奥林匹克记忆中，什么是他人生中最为糟糕的时刻。

萨马兰奇的准则是：人要从不好的经历中学习，在任何的危机中都要寻求积极的一面。他也是这么做的，他写道："自奥委会创立以来的108年里，如果不算20世纪导致奥林匹克运动会被取消的两次世界大战的话，那么此刻的危机是最为严重的。然而，这次危机让奥委会委员认识到，变革的时刻已经到来，他们必须要放弃《奥林匹克宪章》赋予的很多权力和特权，危机也让奥委会委员认识到，他们必须以不同的面貌应对未来的21世纪。总之，复兴已经到来，能领导这些机构变革是我莫大的荣幸。或者

> 这个大日子已经到来了。巨大的变革将在这个停滞不前的组织开展，而这个组织的主席萨马兰奇是最为积极的改革者。1999年12月11日和12日，第110次全会在洛桑召开，以批准奥林匹克2000年委员会所提出的约50条建议及与《奥林匹克宪章》相关的变动，这就是人们所说的"大变革"。改革遵照奥林匹克运动的一系列规则进行，这些规则自被奥委会通过起就一直管理着这一奥林匹克运动组织。

2002年冬奥会的举办地美国盐湖城的奥运村

1999年，在洛桑举行的第108次会议上，萨马兰奇接受信任票投票

这么说吧：我们所做的事，其实就是将我1966年发表在《体育2000》杂志上的一篇著名文章的内容付诸实践：转变奥委会，将它从奥林匹克运动的一部分变成奥林匹克运动，因为已经达成的协议，我们允许最为重要的国际单项体育联合会和国家奥林匹克运动委员会的主席与活跃的运动员加入奥委会。这样我们就能创造真正的团结。"（见"第15章 奥林匹克运动：团结与壮大"）

1999年是尤其艰难的一年。在写给1999年四五月的《奥林匹克杂志》的信中，萨马兰奇主席写道："就个人而言，我对一些成员的行为感到非常失望，他们不尊重奥林匹克誓言和奥委会的指令，我们不得不遗憾地对其做出评判。我相信，这是我们第一次不得不处理这样的事情，也是最后一次。几棵树挡不住一片森林，这些挫折不足以颠覆奥林匹克和体育已经取得的成就，也不足以贬低前辈和我们自己一个多世纪以来所做的大量工作。"

盐湖城丑闻 1998年11月24日，美国盐湖城当地的一家小电视台KTVX报道了一条新闻，勒内·埃松巴（喀麦隆）等几名奥委会委员的子女从奖学金获益，他们可以就读于犹他州或美国其他州的大学，条件是他们的父母要支持盐湖城申办2002年的冬奥会。在匈牙利首都布达佩斯举行的第104次全会上，瑞典的厄斯特松德、瑞士的锡永和加拿大的魁北克分别获得14票、14票和7票，盐湖城获得了54票，以极大的优势获得了举办资格（见"第3章 恢复奥运会品牌"）。

尽管报道这条消息的是一家地方电视台，胡安·安东尼奥·萨马兰奇却从一开始就意识到这个事件会带来极为严重的后果，因为那些对奥委会持批判态度的媒体会借此攻击奥委会，萨马兰奇意识到他们是不会错过这个机会的。萨马兰奇同盐湖城奥林匹克组委会的主席弗兰克·乔克莱克进行了沟通，后者否认了这条新闻，说这个与"人道主义援助"有关，同时保证此事会平息。

但是萨马兰奇主席并不相信他的话。他的第一反应是给盐湖城奥林匹克组委会写信，要求调查此事。同时，他请求凯巴·姆巴伊法官——他在奥委会最为亲密也最为忠诚的同事之一——对此事秘密地开展内部调查，以了解对奥委会委员的指控所涉及的人员的范围。调查的目的在于验证媒体的报道有多少属实。

关于消息泄露的源头，有很多猜想。但可以确定的是，这条新闻曝出的前一年，也就是在1997年，经过一段时间的考虑后，萨马兰奇决定在于洛桑举行的第106次会议上提交候选人申请，这可能是他最后一次寻求连任奥委会主席。1989年，在波多黎各的圣胡安，他通过口头决议的方式获得连任，而1993年在蒙特卡洛他又通过同样的方式连续获得连任。他之所以想继续领导奥委会，原因就在于他想确定复兴奥委会架构这一未决项目,他在回忆录中记录了这件事:"我必须承认,变革这个目标困住了我,变成了关乎我自己的一个挑战,我希望21世纪的奥委会成为一个更加开放、现代和透明的组织,拉近它与人们的距离。一句话,我希望它能发生变革。"

在不到一个月的时间里,弗兰克·乔克莱克之前谨慎的态度已经完全消失不见。在1998年12月11日举行的执委会会议上,萨马兰奇主席从犹他州的申奥组委会主席那里收到了大量的文件,这些文件证明确实支付了2万到2.5万美元金额的款项。这些款项指向了盐湖城竞标委员会,他们给多名在任的奥委会委员连续转了这一系列款项。看到这种可鄙的行为被揭露,萨马兰奇感到很羞愧,但责任在身,他决策时不得不非常谨慎。当时萨马兰奇已经78岁,他终生都奉献给了体育和奥林匹克事业,当时的情绪和状态下,发生这种事让他想辞职。但是,萨马兰奇知道真正的领导者要努力克服困难("带上头盔,等着它结束"是他处理危机时说过的有力话语)。他在回忆录中写道:"当时处境非常艰难,出乎意料,如果不能让那些遵守奥委会规则的成员免受波及,这件事可能影响整个机构的荣誉。当然,还是要遵守无罪推定的原则,听听被指控的那些人的辩解,我不能因为紧张而失去理智,也不能仓促采取相关决定……我相信,是时候该积极行动了,主动行事,免得受到不作为的指控。"他也决定给其他组委会发出一封信,请他们告知其他可能的违规行为。

弗兰克·乔克莱克,竞标主席,盐湖城奥组委主席

萨马兰奇和那些忠诚的同事必须认真工作,做好决定,这一点他再清楚不过了。时间不允许他瞻前顾后了。当天,他就提出要组建一个调查委员会,由奥委会的重量级人物领导。奥委会调查委员会将由奥委会委员理查德·庞德主持,他是一名律师专家,成员还包括托马斯·巴赫和雅克·罗格,他们俩都是执委会成员。除此之外还有帕尔·施密特和3次担任副主席的姆巴伊,而总干事弗郎索瓦·卡拉尔则担任协调员。调查委员会的目的就是彻查这个问题,发现真相,实践萨马兰奇的承诺。萨马兰奇主席直言不讳,且态度积极:"如果有需要,我们就要清理门户。"

马克·霍德勒上诉事件　　然而,更多让人惊讶的事情即将发生。同一天,马克·霍德勒作为主要人物出场,自1963年起他一直担任瑞士的奥委会委员,自1985年起担任执委会成员,1993年到1997年间担任奥委会的副主席,他也是国际滑雪联合会的主席。霍德勒是萨马兰奇的老对手,他对媒体声称,盐湖城的选举过程存在着违规行为,并坚持声称几名奥委会委员可能被"收买"了。他补充道,组织中5%到7%的代表是有罪的。

瑞士的马克·霍德勒,自1963年起担任奥委会委员,国际滑雪联合会主席,他公开谴责选举2002年奥运会举办城市的过程中发生的违规行为

"我知道有几名委员任由自己受到不良影响的腐蚀,但我不知道有这么多人是这样的,"霍德勒断言。马克·霍德勒是20世纪后半叶奥林匹克运动的领导成员之一,也是世界体育史上最为杰出的人物之一。

这一出乎意料的举动让很多人惊讶。萨马兰奇觉得这种行为是对奥委会不忠,他始终不能理解,为什么霍德勒在洛桑宫酒店的走廊向记者披露这件事,而不是向就在那天举行会议的执委会说出这件事。鉴于他担任国际滑雪联合会主席长达47年(1951—1998),他的声明引发了人们能想象到的最艰难的媒体拉锯战。平衡已经被打破。萨马兰奇和霍德勒都曾在1980年竞选奥委会主席,萨马兰奇获胜,他们维持着和平的关系,但这种和平的状态于1998年12月11日被打破。萨马兰奇在奥林匹克回忆录中写道:"从报纸上看到他的看法,看到他曾以为我想限制他的言论自由,我很伤心。但批评应该首先在内部表达,如果没有其他补救方式了再公开表达。"

调查委员会提议驱逐　　媒体,尤其是西方的媒体,表达了他们的愤怒。1999年,他们开始有计划地行动,以让奥委会名誉扫地。他们刊登了几条半真半假的消息,确保公众对每个奥委会委员的荣誉产生了怀疑。然而,最为重要的一点是,这是针对萨马兰奇主席的攻击。

经过一个月的密集工作,收集信息、证词和文件证据,临时特设的调查委员会在庞德的领导下向萨马兰奇和执委会提交了调查结果和建议。此前,调查委员会听取并接受了当时14名被举止不当指控牵涉的成员中的13位的书面证词。勒内·埃松巴已经在1998年的8月去世,之后很快就爆发了丑闻。4名同丑闻有联系的成员被揭露后,很快闻风辞职,他们是皮尔约·哈格曼(芬兰)、巴希尔·穆罕默德·阿塔拉布尔西(黎巴嫩)、大卫·塞克赫勒米·西班德泽(斯威士兰)以及查尔斯·蒂力图·马科拉(肯尼亚)。该委员会建议开除另外6名委员:阿古斯丁·卡洛斯·阿罗约(厄瓜多尔)、泽恩·埃尔·阿卜丁·阿卜杜勒·卡迪尔(苏丹)、计-克蒂德·冈加(刚果)、拉明·凯塔(马里)、塞尔吉奥-桑坦德·凡蒂尼(智利)和塞利·保罗·沃尔沃克(西萨摩亚群岛)。此外,委员会还建议继续调查路易·古朗杜-恩迪亚耶(科特迪瓦)、金云龙(韩国)和维塔利·斯米尔诺夫(俄罗斯),并向安东·基辛克(荷兰)发出警告。后来他们也对菲利普·沃尔特·科尔斯(澳大利亚)的不当行为进行了调查。

该委员会的调查报告指出,在盐湖城申办2002年冬奥会的危机中有涉嫌受贿,但只是对其提出警告而不予以开除的委员是:威利·卡尔施密特·卢汉(危地马拉)、沙格达哈维·玛格万(蒙古)、阿纳尼·马蒂亚(多哥)和穆罕默德·泽尔吉尼(阿尔及利亚)。对以下3位被调查委员则建议免除对他们的指控:亨利·埃德蒙·奥鲁菲米·阿德弗贝(尼日利亚)、阿什维尼·库玛尔(印度)和让普尔·鲁西(毛里求斯)。奥斯汀·卢埃林·希利(巴巴多斯)最初受到过警告,但是后来免除了对他的所有指控。

奥委会没有被动应对,而是主动行事。奥委会执委会通过了临时特设委员会的建议。胡安·安东尼奥·萨马兰奇决定于3月17日、18日在洛桑召开特别会议,讨论当时用于选奥运会主办城市的选举系统,同时就开除盐湖城丑闻涉及的成员进行投票。会议也提议了一系列新措施,以防止这种级别的事故在这一国际体育组织再次发生。

在奥委会104年的历史中,这是第二次召开特别会议,也是奥委会的第108次会议。此时,奥委会身处出乎意料的新闻媒体阴谋中,而此次特别会议在总部洛桑召开。来自世界各地的数百名记者齐聚奥林匹克之都。1999年3月17日,奥委会会议批准开除6名成员,他们被指控违背了任职时所发过的誓言,破坏了奥委会的名誉。就开除阿罗约、阿卜杜勒·卡迪尔、冈加、凯塔、桑坦德和沃尔沃克一事,大部分奥委会委员都投了赞成票。除了重申此前对柔道运动员安东·基辛克的警告之外,

1999年,在洛桑举行的第108次全会上,摄影师和记者团团围住马克·霍德勒

体育中的伦理

体育中的伦理对应我们个人的责任。毕竟伦理文化是所有人创造出来的。是个人创造了责任感,是个人能够创造并维护奥林匹克主义最高水平的价值观,这些价值观适用于青年及所有想要追随我们的步伐、与我们有着同样梦想的人。奥运会依赖奥林匹克运动,而运动员又是奥林匹克运动的中心。我相信,作为运动员我们要发挥非常积极的角色,以保证奥林匹克运动内部的举止是符合伦理道德的。这将反映我们的公信力。

夏曼·克鲁克斯
1999年到2004年间担任奥委会委员,1996到2011年间担任运动员委员会成员,第1届伦理委员会成员,洛杉矶1984年奥运会为加拿大赢得400米接力赛银牌

还通过了一项协议,延长对临时特设委员会的授权期限,以继续调查事宜。

信任票投票 萨马兰奇不愿意自己的品行继续受到猜忌和怀疑,并愿从问题的根源着手。若继续担任主席,前提条件是奥委会全体委员的支持和信任。萨马兰奇审时度势,迈出了大胆的一步。投票前,他做出了一个惊人的举动,要求委

第1届伦理委员会大家庭于2000年合影

员会对他的领导力进行信任票投票。他无视大部分人给出的建议,即进行举手表决,而是决定尊重大家的投票权,采取无记名投票的方式。国际足联主席同时也是奥委会一名主要的成员乔·阿维兰热(巴西)要求针对萨马兰奇进行信任票投票,大会批准了此要求。然而,萨马兰奇希望完全打消所有的疑虑,所以他对此表示感谢后,坚持采用无记名投票的方式。萨马兰奇意识到,他面前摆着一个独特的机会,能够让他终结西方媒体搅合起来的谣言,树立自己在解决问题时拥护透明的坚毅形象。萨马兰奇不希望因为他在场而让大家感到不自在。全场鸦雀无声。在始终忠诚的安妮·因肖斯佩的陪同下,萨马兰奇离开了会场,尽管有人嘀咕着表示不满。30分钟后,萨马兰奇收到了无记名投票的结果:86票赞同、2票反对、1票弃权。他上了一堂关于尊严的课。

毋庸置疑,奥委会是支持主席的,结果也是民主的。在他的《奥林匹克回忆》中,萨马兰奇也说道:"必须承认,我很惊讶,此次结果对我而言是难以想象的,即使在投票前已经有人预言了这个结果……我看到了将要来临的事情,我赢得了这场战斗。但是,要赢得这场战争,还有很多的事情要做。与其说这个压倒性的结果是个明显的证明,重新确认了我作为奥委会主席的地位,不如说成员相信我作为主席,才是处理奥委会这场危机、让这艘大船继续航行的最佳人选……我对自己承诺,我会付出一切的时间、精力和心血,复兴奥委会,恢复每个人对体育世界的信任和感情,直到我2001年7月结束任期的那一天……之后的两年是我在莫斯科当选国际奥委会主席后职业生涯中最重要的两年,因为我们终于解决了危机,并借此机会在奥委会内部启动了巨大的变革。我一直认为这是亟需实现的改革,但此前始终没有机会付诸实践。"

创建伦理委员会 还是在1999年3月于洛桑举行的那次特别会议上,成立奥委会伦理委员会的提议被通过。此组织的职责在于进行评估,提供建议,确保奥委会能遵守伦理自我约束的最高准则。为此,萨马兰奇此前组建过一个小的工作组,成员包括凯巴·姆巴依、执委会成员理查德·凯文·高斯帕(澳大利亚)和总干事弗郎索瓦·卡拉尔,此工作组的目的在于为这个新委员会制定指导守则,制定新的候选城市选举程序,除了决定2006年的冬奥会举办地之外,还将提出并通过这些选举程序。

因此,此次会议同意建立一个甄选委员会,成员包括奥委会主席及奥委会的主要成员、会上选出来的8名成员、评估委员会主席、1名冬奥会国际单项体育联合会代表和1名国家/地区奥委会的代表——由国际奥协任命,还有长野1998年奥运会期间由同事选举、进入运动员委员会的3名运动员。此外,不再允许奥委会委员拜访候选城市。会议还决定,候选城市所在国的公民或奥委会执委会的成员不得加入此甄选委员会,奥委会主席和评估委员会的领导除外。此委员会从6个候选城市中选出2个,在下一次会议进行投票,会议已经确定将于1999年6月在韩国首都汉城召开。这次临时性的改革只会影响2006年奥运会举办地的甄选程序。同时,还起草了新的建议,除了涉及奥运会的组织和庆祝外,还涉及奥运会候选城市和举办地的甄选程序。

伦理委员会以《奥林匹克宪章》为决定奥林匹克运动基础和理念的参考,决定其主要的目标是促进积极的伦理行为,在应用伦理原则时确保透明和责任,监督行为准则规定和原则的实施。萨马兰奇认识到,要想真正做到这一点,需要每个人的承诺。在会议的最后,为了建立委员会,他说道:"弘扬促进伦理的文化,这与每一名奥委会委员都息息相关。我们必须随时随地遵照奥林匹克理念行事。"

由谁来做这个榜单、透明和诚实的形象代表,萨马兰奇心中已经有了人选。他认为"主持这个委员会的人必须有出类拔萃的品行,在法律界享有盛名,具有人道主义的信念。"鉴于此,伦理委员会的第一任主席人选定为奥委会副主席凯巴·姆巴依——萨马兰奇的"非洲兄弟"和忠诚的同事。伦理委员会还有其他来自奥委会的成员,如猪谷千春(日本),他是1956年科尔蒂纳丹佩佐冬奥会高山滑雪项目的奖牌得主,也是执委会成员。还有另外一名执委会成员理查德·凯文·高斯帕。个人成员包括夏曼·克鲁克斯(加拿大)、参议员、法国宪法委员会前主席罗伯特·巴丹泰(法国),前参议员霍华德·贝克(美国),联合国前秘书长哈维尔·佩雷斯·德奎利亚尔(秘鲁),瑞士联邦前主席库尔特·福格勒(瑞士)。一年后,增加了澳大利亚前总督尼尼安·马丁·斯蒂芬。

从1999年5月到12月,伦理委员会共进行了5次会面,制定章程、确定内部规章制度,并实施了关于奥委会行为准则的项目。在组织奥运会的过程中,奥委会委员和候选城市的代表所走的程序,以及举办奥运会的组委会在与奥委会代表打交道时的行为,都受此行为准则的约束。

奥委会2000年委员会 洛桑峰会带来了更多的创新之举。在重大的第108次全会上,萨马兰奇主席和执委会提出的另一项变革是创立奥委会2000年委员会。此举旨在建立一个广泛的平台,以分析这些体育组织的所有结构和程序,最终提出改善内部运营所必需的变革。

萨马兰奇也希望不同于体育世界的社会能发挥作用,帮助奥委会接触并接纳在世界各地的许多朋友。因此,奥委会得以广泛地吸纳会员,这些奥委会的成员具有优良的品性,在体育世界和追求奥林匹克理想方面都有着丰富的经验。委员会有着明确的任务,那就是分析目前奥委会委员的增补程序、修订执委会的架构、为通过投票选举出来的运动员安排新的职位、重新确定奥林匹克运动的收入分配,并反映奥运会的未来发展趋势。

召开发布会,发布临时特设委员会的调查报告

萨马兰奇的务实精神确保他能找到切实的解决问题的方案

在胡安·安东尼奥·萨马兰奇担任主席期间，奥委会经历了非常重要的转变。在维迪的总部本是一栋只有几间房的大楼，现在已经扩张，以加强其功能，同时建立了行政架构，此架构由很多人组成，这些人不仅能在不同的领域工作，而且是这些领域方面的专家。

挪威利勒哈默尔冬奥会在1994年提前举办后，奥运会的举办时间有所变化，冬奥会和夏奥会每隔两年轮流主办。除了促成奥委会、国家/地区奥委会和国际单项体育联合会之间的合作外，运动会代表发挥的作用进一步扩大。所有的这些变动发生在1999年，并没有改变规则。胡安·安东尼奥·萨马兰奇是个务实的人，这也确保了他能找到切实的解决方案，解决问题，修改用途、事实和物质目标，同时不太过忧心规章制度的变化。不管怎样，盐湖城丑闻让萨马兰奇得以大刀阔斧地修订奥委会的准则。

除了文化、政治和经济方面的代表人物外，奥委会2000年委员会还动员了奥委会委员和所有对体育感兴趣的人士。我有幸担任了第一个工作组的协调员，此工作组的任务是研究以下问题：

奥委会（委员）的组成；当然委员和增补成员；委员的地位；委员职位任期、年龄限制及权利和职责。

架构和组成：奥委会会议、奥委会执委会、奥委会主席、奥委会委员会和奥委会的管理机构。

在我的记忆中，1999年7月1日和2日的经历非常难忘，且非常积极。就问题进行的讨论非常热烈、深入且严肃。参与人员表达了不同的观点，相互交流，最终产生了一系列被一致接受的提议。

这一共同的经历能为奥林匹克运动所用。给我留下尤其深刻印象的是亨利·基辛格、乔瓦尼·阿涅利、迪克·艾佩索尔和尼古拉斯·哈耶克的发言，他们都是体育爱好者，且最为重要的是，他们都是各自专业领域的重要人物。他们耐心、专注且非常严肃地聆听了所呈现的所有观点，发表了自己的看法，但是并未仰仗个人名望向他人施压。吉尔伯特·费利和他奥委会管理处的同事也给予了重要的支持。

由于奥委会所做的工作，2000年大范围地修改了奥林匹克宪章，我认为所做的修改是积极正面的，在奥委会的危机后，继续促进推广奥林匹克理念。在担任奥委会主席长达19年后，萨马兰奇还能实施如此激进的改革，这再一次证明了他具有少见的特质。

佛朗哥·卡拉罗
自1982年起一直担任意大利的增补委员。他也是执委会的一员（2000—2004），从2002年起担任奥林匹克项目委员会的主席。他也是奥委会2000年委员会（1999）下设"奥委会组成、架构和组织"工作组的主席

委员会大约由80个人组成，从奥委会委员、国际单项体育联合会、国家/地区奥委会、运动员和独立个人代表中选出。组建了3个工作组，解决不同方面的问题，以达成其目标：研究奥委会的组成、结构和组织，定义奥委会的角色，调查奥运会候选城市的指定程序。此外，委员会还建立了一个全会委员会和执委会。

萨马兰奇希望在这些工作任务中，奥林匹克运动能作为一个单独的部分呈现，与其相关的意见能被众人分享。在萨马兰奇主席的领导下，奥委会2000年委员会由36名奥委会之外的人员组成，其中的26名是运动员。在这26名运动员中有12人在亚特兰大1996年和长野1998年奥运会上由同行选出，加入了运动员委员会。此外，还有44名奥委会的成员，其中的12名是国际单项体育联合会的现任主席或是往届主席，24名是国家/地区奥委会的往届或现任主席。除外交、政治和世界经济领域的代表外，也有一些成员曾在往届奥运会中担任重要的职位。他们所有人都抱着公正无私的态度工作，同其他奥委会委员会一样遵守相同的规则规章。

执委会是负责改革的最高机构，由26人组成。此机构寻求平衡与独立：13人来自奥委会这一体育机构的内部，13人来自很多不同的外部机构。国际奥委会委员为：艾哈迈德·法赫德·萨巴赫亲王（科威特），奥塔维奥·辛光达（意大利），阿妮塔·德弗朗茨（美国），理查德·凯文·高斯帕（澳大利亚），马克·霍德勒（瑞士），让-克劳德·基利（法国），凯巴·姆巴依（塞内加尔），普里莫·内比奥罗（意大利），丹尼斯·奥斯瓦尔德（瑞士），理查德·W.庞德（加拿大），雅克·罗格（比利时），帕尔·施密特（匈牙利），马里奥·巴斯克兹·拉涅亚（墨西哥）。独立成员包括：乔瓦尼·阿涅利（意大利，菲亚特总裁），保罗·阿莱尔（美国，施

乐公司主席），奥斯卡·阿里亚斯·桑切斯（哥斯达黎加前总统，1987年诺贝尔和平奖得主），米歇尔·巴尼耶（法国，欧盟委员会委员和阿尔贝维尔1992年奥组委主席），布特罗斯·布特罗斯-加利（埃及，联合国前秘书长），路易斯·玛丽亚·卡索拉（西班牙，国家级律师，西班牙前议会成员），曼努埃拉·迪辛塔（意大利，利勒哈默尔1994年奥运会双料冠军，7枚奥运奖牌得主，运动员委员会委员），威廉·希布尔（美国奥委会主席），亨利·基辛格（美国前国务卿，1973年诺贝尔和平奖得主），约翰·奥拉夫·考斯（挪威，阿尔贝维尔1992年和利勒哈默尔1994年冬奥会4枚金牌得主，运动员委员会委员），彼得·洛希德（加拿大，保守党政治家，加拿大艾伯塔省前省长），约翰·J.麦克阿隆（美国人类学家，数篇关于奥林匹克运动文章的作者），彼得·维克托·尤伯罗斯（美国洛杉矶1984年奥组委主席，美国职业棒球大联盟专员）。

佩尔·米罗和奥委会主席托马斯·巴赫

吉尔伯特·费利和佛朗哥·卡拉罗

3个工作组 这3个细分小组任务是解决已经确定的问题，并通过执委会向全会委员会提出建议。每个工作组都由一名重要的奥委会委员领导，来自管理机构的一名经理予以协助。研究奥委会组成、架构和组织小组的协调人是佛朗哥·卡拉罗，协助他的是吉尔伯特·费利，奥林匹克项目总监。他们的任务包括检查一切与奥委会委员相关的事宜，除会议期间奥委会的组织模式、奥委会主席、执委会、委员会和管理之外，还包括他们的"自然"增补、法令、授权、职责和义务。

负责分析奥委会角色的小组负责人是托马斯·巴赫，为他提供协助的是各国家/地区奥委会关系主任、奥林匹克团结基金主管佩尔·米罗。这一小组下又有7个分小组，可供他们研究的主题包括：奥运会现在发挥的角色，运动员之间的关系和角色，奥林匹克团结基金的功能，兴奋剂的问题及如何防止此问题，同政府组织和非政府组织的关系以及奥委会和奥林匹克运动的公开形象。作为该工作组的领导，巴赫认识到奥委会需要加强几个方面的工作，比如两届奥运会的间隔时间，在解释奥委会的工作时，需要更加积极地宣传，更加清晰地沟通。巴赫将要在2013年成为奥委会的主席，他要发挥鼓舞人心的作用，而这涉及制定多项行动，以改善奥委会同社会的关系；在事关运动员时，发挥道德领导者的作用。当时提出的建议包括完善教育项目、让财务报告更加清晰、向媒体开放奥委会会议，就像1999年在汉城举行的会议一样。

负责检查指定奥运会候选城市的小组由阿妮塔·德弗朗茨领导，予以协助的是奥委会的财务官蒂埃里·斯普兰格尔（瑞士），他负责处理入选标准、竞标程序、投票体系和组织城市内部合同的担保及义务问题。

萨马兰奇给予工作组完全的自由，不做任何要求，不强加任何负担。他对工作组只有一个要求，那就是时间紧迫，一定不能在徒劳的讨论上浪费时间。因此，奥委会2000年委员会于1999年准备召开第一次会议，为工作组9月底得出结论和初步报告做好准备。接下来的一个月里委员会召开了全会，以分析并批准最终报告，此报告将由奥委会执委会检查。11月，奥委会2000年委员会的50条建议提交给了奥委会委员，供其研究，12月11日和12日，召开了特别会议，批准并采纳了提交的建议。

奥委会2000年委员会提交的50条建议全部都经过投票，得到批准，从对奥委会组织的未来影响的角度来看，以下建议值得一提：

吸纳15名民主选举选出的运动员作为奥委会在任成员。

新成员的年龄限制设定为70岁。

奥委会委员的总数为115（15名运动员、15名国际单项体育联合会主席、15名国家/地区奥委会代表和70名单独选出的成员）。

执委会扩大至15人，运动员、国际单项体育联合会和国家/地区奥委会代表均在其中。

蒂埃里·斯普兰格尔和阿妮塔·德弗朗茨

主席的委任期限限制在8年，可以连任，但只能连任一次，且连任时间为4年。

不再允许奥委会委员拜访候选城市。

奥委会的财务状况将要公开，详细说明其收支情况，这是透明政策的一处体现。

所有的国家/地区奥委会都要参加奥运会。

限制奥运会赛事的数目，以控制参赛者的数目。

支持世界反运动禁药机构打击禁药，政府直接参与。

奥委会的转变已经完成。其架构的复兴和民主化已成现实。由于奥委会2000年委员会所做的工作，以及

1999年，奥委会2000年委员会在洛桑奥林匹克博物馆召开会议

萨马兰奇主席在现代化、改革和改善奥委会架构的过程中所展现的决心。他在《奥林匹克回忆》中写道："那两年最终导致我在莫斯科辞职，那是艰难的两年。但是，我真的相信，我得以展示自己一直是个能面对狂风暴雨和艰难时刻的主席，不管是风平浪静，还是风雨如磐，都坚守如初，忠于职守。"在1999年这一混乱的一年里，总共举行了3次奥委会会议，其中的两次为特别会议，而那年执委会共举行了6次会面（一般每年4次），以处理、研究并解决选择盐湖城为2002年冬奥会举办城市引发的危机。

奥委会2000年委员会成员列表（按英文字母顺序）

何塞普·米克尔·阿巴德（西班牙）：巴塞罗那1992年奥组委主席。

鲁本·阿科斯塔（墨西哥）：奥委会委员，2000年到2004年间担任国际单项体育联合会主席；1984年到2008年间担任国际排球联合会主席。

乔瓦尼·阿涅利（意大利）：2000年到2003年间担任奥委会荣誉成员；菲亚特创始人之孙，从1966年到去世一直担任菲亚特主席。

保罗·阿莱尔（美国）：1986年到2001年间担任施乐公司主席。

艾哈迈德·法赫德·萨巴赫亲王（科威特）：1992年起担任奥委会委员；1991年起担任亚奥委员会主席。

奥斯卡·阿里亚斯·桑切斯（哥斯达黎加）：1986年至1990年间、2006年到2010年间担任哥斯达黎加总统；因为他80年代在中美洲武装冲突和解的过程中发挥的作用，1987年获得诺贝尔和平奖。

托马斯·巴赫（德国）：自1991年起担任奥委会委员；1996年到2000年间为执委会成员；2000年到2004年间、2006年到2013年间担任奥委会副主席，自2013年起担任奥委会主席；1981年在巴登-巴登市举行的第11届奥林匹克大会上担任运动员代表。

米歇尔·巴尼耶（法国）：保守派政治家，此前曾担任不同部门的部长和欧盟委员会成员。

约瑟夫·塞普·布拉特（瑞士）：1999年起担任奥委会委员，自1998年担任国际足球联合会主席。

布特罗斯·布特罗斯-加利（埃及）：1992年到1996年间担任联合国秘书长。

佛朗哥·卡拉罗（意大利）：自1982年起担任奥委会委员；2000年到2004年间为执委会一员。

理查德·L.卡里翁（波多黎各）：1990年起担任奥委会委员；2004年到2012年间担任执委会成员。

路易斯·马里奥·卡索拉（西班牙）：检察长、西班牙议会议员和西班牙奥委会副主席。

奥塔维奥·辛光达（意大利）：自1996年起担任奥委会委员，国际单项体育联合会主席；作为冬季运动国际单项体育联合会的代表，2000年至2008年间担任执委会成员。自1994年起担任国际滑冰联合会主席。

塞巴斯蒂安·科（英国）：中长跑运动员，莫斯科1980年奥运会和洛杉矶1984年奥运会冠军；1982年到1996年间担任奥委会运动员委员会成员；1981年在巴登巴登市举行的第11届奥林匹克大会上担任运动员代表；2012年伦敦奥组委主席。

阿妮塔·德弗朗茨（美国）：自1986年起担任奥委会委员；1992年到1996年间、自2013年起担任执委会成员；1997年到2001年间担任奥委会副主席。

阿尔法·易卜拉欣·迪亚罗（几内亚）：1994年到2012年间担任奥委会委员；2003年到2006年间担任执委会成员。

迪克·埃佩索尔（美国）：NBC体育台总裁。

弗朗西斯科·J.埃利扎尔德（菲律宾）：1985年到2003年间担任奥委会委员。

西纳姆·厄德姆（土耳其）：1988年到2003年间担任奥委会委员。

勒内·法塞尔（瑞士）：自1995年起担任奥委会委员和国际单项体育联合会的主席；自2008年起担任奥委会执委会成员；自1994年以来担任国际冰球联合会的主席。

迈克尔·芬内尔（牙买加）：自1989年起担任牙买加奥委会主席，也是奥委会妇女与体育委员会的成员。

尼科斯·费拉雷多斯（希腊）：1981年到2006年间担任奥委会委员；1987年到2006年间担任奥委会副主席；1986年到1992年间、1997年到2005年间担任国际奥林匹克学院的主席。

理查德·凯文·高斯帕（澳大利亚）：1977年到2013年间担任奥委会委员；1986年到1990年间、1995年到1999年间担任奥委会执委会成员；1990年到1994年间、1999年到2003年间担任奥委会副主席。

阿维兰热（巴西）：1963年到2011年间担任奥委会委员；1974年到1998年间担任国际足联主席。

尼古拉·海耶克（瑞士）：史华曲集团创办人及集团董事会主席。

何振梁（中国）：1981年到2010年间担任奥委会委员；1985年到1989年间、1994年到1998年间、1999年到2003年间担任奥委会执委会主席；1989年到1993年间担任奥委会副主席。

格尔哈德·海博格（挪威）：2003年到2011年担任执委会成员；利勒哈默尔1994年冬奥会组委会主席。

帕特里克·约瑟夫·希凯（以色列）：自1995年起担任奥委会委员；自2012年起担任执委会成员。

马克·霍德勒（瑞士）：1963年到2006年间担任奥委会委员；1985年到1989年间、1990年到1993年间、1998到2002年间担任执委会成员；1993年到1997年间担任奥委会副主席；1951年到1998年间担任国际滑雪联合会主席。

威廉·J.希布尔（美国）：2000年到2002年间担任奥委会委员；1991年到1992年间、1996到2000年间担任美国奥委会主席。

猪谷千春（日本）：1982年到2012年间担任奥委会委员；1987年到1991年间、1996年到2000年间担任执委会成员；2005年到2009年间担任奥委会副主席。

让-克劳德·基利（法国）：1994年到2014年间担任奥委会委员。

亨利·A.基辛格（美国）：自2000年起担任奥委会荣誉成员；因为促成了越南战争停火而获得了1973年的诺贝尔和平奖。

亚历山大·科兹洛夫斯基（俄罗斯）：欧洲奥协副主席。

让-弗朗索瓦·拉莫尔（法国）：保守派官员，此前担任过不同部门的部长，在洛杉矶1984年奥运会、汉城1988年运动会和巴塞罗那1992年运动会上共获得5枚击剑奖牌。

穆斯塔法·拉法维（阿尔及利亚）：1995年到2009年间担任奥委会委员；1988年到2009年间担任国际游泳联合会主席。

古妮拉·林德伯格（瑞典）：自1996年起担任奥委会委员；2000年到2004年间、自2011年起担任执委会成员；2004年到2008年担任奥委会副主席。

彼特·洛希德（加拿大）：律师、保守派政治家和专业足球运动员，1971年到1985年间担任阿尔伯特省省长。

约翰·J.麦克阿隆（美国）：人类学家，芝加哥大学社会科学和文化历史讲师；1995年国际奥林匹克主义研讨会第一位访问教授。

胡里奥·塞萨尔·马格利奥内（乌拉圭）：自1996年起担任奥委会委员；自1999年起担任国际游泳联合会主席。

凯巴·姆巴伊（塞内加尔）：1973年到2002年间担任奥委会委员；1984年到1988年间和1993年到1998年间担任执委会成员；1988年到1992年、1998年到2002年间担任奥委会副主席。

亚历山大·梅罗德（比利时）：1964年到2002年间担任奥委会委员；1980年到1985年间担任执委会成员；1986年到1990年间、1994年到1998年间，担任奥委会副主席；1967年到2002年间担任医学委员会成员。

罗宾·E.米切尔（斐济）：自1994年起担任奥委会委员。

水野正人（日本）：商人，体育设备生产企业美津浓集团总裁。

纳瓦尔·埃尔·穆塔瓦考（摩洛哥）：自1998年起担任奥委会委员；2008年到2012年间担任执委会成员；2012年起担任奥委会副主席。

诺伯特·穆勒（德国）：美茵茨大学讲师，写过多篇关于奥林匹克运动的文章，奥林匹克文化和教育委员会的成员。

普里莫·内比奥罗（意大利）：1992年到1999年间担任奥委会委员；1981年到1999年间担任国际田径联合会主席。

兰比斯·V.尼古拉乌（希腊）：自1986年开始担任奥委会委员；2001年到2005年间担任执委会成员，2005年到2009年间担任奥委会副主席。

卡洛斯·亚瑟·努兹曼（巴西）：2005年到2009年间担任奥委会委员、巴西奥委会主席。

丹尼斯·奥斯瓦尔德：自1991年起担任奥委会委员；2000年到2012年间担任执委会成员；1989年到2014年间担任国际赛艇联合会主席。

马里奥·贝斯康泰（意大利）：自1994年起担任奥委会委员；2006年到2009年间担任执委会成员，2009年到2012年间担任奥委会副主席。

理查德·W.庞德（加拿大）：自1978年起担任奥委会委员；1983年到1986年间和1992年到1996年间担任执委会成员，1987年到1991年间、1996年到2000年间担任奥委会副主席；1999年到2008年间担任世界反运动禁药机构主席。

萨姆·兰萨米：自1995年起担任奥委会委员；2006年到2013年间担任执委会成员。

克雷格·瑞迪（英国）：自1994年起成为奥委会委员；2009年到2012年间担任执委会成员，2012年起担任奥委会副主席；自2014年起担任世界反运动禁药机构主席；1981年到1984年担任世界羽毛球联合会主席。

雅克·罗格（比利时）：自1991年起担任奥委会委员；1998年到2013年间担任执委会成员，2001年到2013年间担任奥委会主席。

帕尔·施密特（匈牙利）：自1983年起担任奥委会委员；1991年到1994年间担任执委会成员；1995年到1999年间担任奥委会副主席；1999年到2000年间担任奥委会的礼仪主管；1995年到2013年间担任体育和环境委员会主席。

托马斯·西托莱（津巴布韦）：1996年到2003年间担任奥委会委员，2004年到2013年间担任奥委会国际合作发展部主任。

伊万·斯拉夫科夫（保加利亚）：1987年到2005年间担任奥委会委员。

托瓦尔德·施托尔滕贝尔格（挪威）：工党政治家，曾担任不同部门的部长，1989年到1990年间担任驻联合国大使。

伊莲娜·舍温斯卡（波兰）：自1998年起担任奥委会委员。

彼得·塔尔伯格（芬兰）：自1976年起担任奥委会委员；1981年到2002年间担任运动员委员会成员。

瓦尔特·特略格尔（德国）：1989年到2000年间担任奥委会委员；1983年到1990年间担任奥委会体育主任。

彼得·维克多·尤伯罗斯（美国）：洛杉矶1984年奥组委主席；1984年到1989年间担任美国职业棒球联盟的总管。

马里奥·巴斯克兹·拉涅亚（墨西哥）：1991年到2012年间担任奥委会委员；2000年到2012年间作为国家/地区奥委会代表担任执委会成员。

奥莱加里奥·巴斯克兹·拉涅亚（墨西哥）：自1995年起担任奥委会委员；自1980年起担任国际射击联合会主席。

海因·维尔布鲁根（荷兰）：1996年到2005年间、2006年到2008年间担任国际自行车联合会主席、奥委会委员。

菲利普·冯·舍勒（奥地利）：自1977年到2000年间担任奥委会委员。

伍绍祖（中国）：1988年到2000年间担任中国奥委会主席。

被选入运动员委员会的部分运动员如下：

罗兰德·巴尔（德国）：自1999年到2004年间担任奥委会委员；由亚特兰大1996年奥运会的运动员选出，1997年到2004年间担任运动员委员会成员。

谢尔盖·布勃卡（乌克兰）：自1999年起担任奥委会委员；2000年到2008年间和自2008年以来作为运动员代表，成为执委会成员；由亚特兰大1996年奥运会和悉尼2000年奥运会运动员选出，1997年到2002年间担任运动员委员会成员，2002年到2008年间担任运动员委员会主席。

夏曼·克鲁克斯（加拿大）：1999年到2004年间担任奥委会委员；由亚特兰大1996年奥运会和悉尼2000年奥运会运动员选出，1996年到2011年间担任运动员委员会成员。

罗伯特·西特里克（美国）：1999年到2008年间担任奥委会委员；由亚特兰大1996年奥运会和悉尼2000年奥运会运动员选出，1997年到2004年间担任运动员委员会成员。

亚历山大·波波夫（俄罗斯）：自1999年起担任奥委会委员；由亚特兰大1996年奥运会和悉尼2000年奥运会运动员选出，自1997年起担任运动员委员会成员。

扬·泽莱兹尼（捷克）：1999年到2002年间、2004年到2012年间担任奥委会委员；由亚特兰大1996年奥运会、悉尼2000年奥运会和雅典2004年奥运会运动员选出，于1997年到2002年间、2004年到2012年间担任运动员委员会成员。

曼努埃拉·迪·辛塔（意大利）：1999年到2010年担任奥委会委员；由长野1998年奥运会和盐湖城2002年奥运会运动员选出，1999年到2010年间担任运动员委员会委员。

约翰·奥拉夫·科斯（挪威）：1999年到2002年间担任奥委会委员；由长野1998年奥运会运动员选出，1999年到2002年间担任运动员委员会成员。

弗拉基米尔·斯米尔诺夫（哈萨克斯坦）：1998年到2002年间担任奥委会委员；由长野1998年运动会运动员选出，1999年到2002年间担任运动员委员会成员。

在美国参议院作证 1999年12月15日，发生了一件奥林匹克史无前例的事情。胡安·安东尼奥·萨马兰奇主席做出了重大的决定，就盐湖城事件引发的危机在美国国会给出证词，以期恢复美国对奥林匹克的信任。从经济的层面而言，美国购买奥运会转播权为奥委会带来最多的收益，这么做也是为了打消美国赞助商的担忧。

萨马兰奇的"任务"（一系列广泛的改革措施得到批准）已经完

作为美国参议院贸易委员会的主席，共和党参议员约翰·麦凯恩启动了对盐湖城丑闻的调查

成，他再一次展示了自己有能力、有决心维护他所领导的这个机构。他决心处理一个新挑战，解决这场似乎永无止境的闹剧的最后一环。有人劝萨马兰奇不要去华盛顿特区，但他没有放在心上，搭乘飞机前往美国，在密歇根共和党参议员弗莱德·厄普顿主持的美国参议院贸易委员会下属分委员会的16名政治代表前做证。这个委员会在广播和电视方面有着重大的影响力，且正在调查盐湖城2002年选举的违规之处。委员会的任务之一就是决定奥林匹克运动在美国享有的税收优惠是否正当，是否可以归到资金损失的类别。这完全是内部调查，美国政坛之外的人完全没有义务予以协助，当然，胡安·安东尼奥·萨马兰奇除外。

有的分析人士认为，因为萨马兰奇自愿到场（有的奥委会委员不像他一样对此事抱有积极的态度），所以一些报道此事的美国媒体的攻击性语调有所缓和。人们感觉到美国施加了政治干预，进而严重危及体育和奥林匹克运动的独立性，其原因就在于奥委会在经济上依赖美国全国广播公司，奥委会同美国全国广播公司签署了为期10年——直到2008年、金额为36亿美元的奥运会电视转播权合同。

萨马兰奇为听证会做了充分的准备。他搭乘协和式飞机抵达美国，以减少飞行时间，而且他准备了好几个锦囊妙计。首先，他坚持在听证会上讲西语，这意味着他需要一名口译员。萨马兰奇声称自己不懂英语，并且确保采用的是交替传译，而不是同声传译，这样就意味着他赢得了宝贵的思考时间，可以充分地准备应答。他也带上了美国的奥委会委员，即阿妮塔·德弗朗茨和詹姆斯·伊斯顿，还有国际奥委会荣誉委员亨利·基辛格，基辛格对美国共和党政策有着很大的影响力。

萨马兰奇指示他的个人助理安妮·因肖斯佩带上埃菲社拍的一张黑白照片。这张照片定格了两个历史性人物的拥抱：一个是美国总统德怀特·戴维·艾克·艾森豪威尔将军，一个是西班牙曾经的法西斯领导人弗朗西斯科·佛朗哥。如果议员的问题转向他参与法西斯运动的过去，萨马兰奇就打算利用这张照片，因为照片表明了美国对前西班牙法西斯政权的支持。听证会让人筋疲力尽，而对话也非常艰难。议员们提出的问题旨在披露他们认为看来已经渗透进奥委会的腐败。弗莱德·厄普顿甚至问及了私事，他说道："事实上，我们知道你妻子收下了一份礼物。她和一个朋友收到组织方提供的去亚特兰大的邀请，途经（南卡莱罗纳州的）查尔斯顿。途中为萨马兰奇夫人举办了一场私人的时装秀。萨马兰奇批准了这趟行程，因为这事，我不太能相信他已经做好了将来应对这些问题的准备。"萨马兰奇反复说着"我们已经清理了门户，实施了根本性的改革"，但他们似乎对此不感兴趣。他们问的问题继续倾向同一个方向，但萨马兰奇始终非常坚定，他内心肯定充满苦涩，但被他无动于衷的表情掩盖了。

议员的诘问漫长而又煎熬，这期间夹杂着诽谤性的问题，而这些问题的根据是充满偏见的媒体报道。德克萨斯州的共和党籍议员乔·莱纳斯·巴顿坚持声称萨马兰奇住在洛桑宫廷酒店价值30万美元的套房。萨马兰奇的回应非常谨慎、克制。只有另外一位议员对他妻子碧蔚丝在亚特兰大居留的费用刨根究底时，萨马兰奇才讽刺地回应，"我的妻子也旅游、购物，但我们是自费。我不仅知道此事，我还让我妻子去亚特兰大。组织方坚持邀请她去亚特兰大，我也觉得她应该接受邀请。她不是一个人出行，因为她也上了年纪了。我不会告诉她这点，因为她会生气。但她确实去了，而且他们也非常周到。"为了让他的回应更加完美，萨马兰奇读了当时美国副总统詹姆斯·丹佛斯·丹·奎尔祝他旅途愉快的信。

《萨马兰奇抵挡在国会山的恶意听证会》是《华盛顿时报》的头条，这份报纸甚至注意到，这位奥委会主席得忍受别人对他的奚落。而《萨马兰奇告诉国会：我们已经清理了门户》是《今日美国》的头条。萨马兰奇记得，在他向委员会供述后，"对我和奥委会的攻击大幅减少，这给我们创造了一个足够平和的环境，可以让我们实行所有经过批准的变革，平静地工作，以确保悉尼2000年奥运会的成功，这届奥运会对我而言必然是我主席任期内的标志性项目。"

同时，亚利桑那州的共和党籍议员、参议院贸易委员会主席约翰·麦凯恩也开始调查奥运会举办地的违规行为，尤其是盐湖城的违规行为。调查重点针对可能的违法行为，如贿赂、洗钱、密谋、邮件欺诈、逃税及大笔钱财转移到国外。多位参议员要求萨马兰奇于1999年4月到场，听取他关于腐败事件和当时正在进行的奥委会改革的看法。此次萨马兰奇拒绝做证，导致一些国会议员不满，尽管阿妮塔·德弗朗茨和詹姆斯·伊斯顿这两位美国奥委会委员的证词已为委员会提供了足够的陈述内容。据一些专家的看法，共和党党员和美国奥组委主席威廉·J. 海勃尔因为没有当选奥组委委员而心有不满，因而坚持取代罗伯特·H. 赫尔米克——前国际游泳联合会主席和美国奥组委前主席，后者为奥林匹克运动相关的组织和公司担任顾问，滥用职权，为己谋私，被控腐败，因而于1991年辞职。

曾居战斗机飞行员的约翰·麦凯恩进行调查的依据是，为美国奥组委对盐湖城丑闻进行官方调查的主任所提交的报告；而缅因州前参议员乔治·米歇尔提议了一些举措，其中包括限制奥委会在美国所享受的免税和赞助商的减税力度，以及美国奥委会独家负责管理奥运会的电视转播权。约翰·麦凯恩——2008年共和党的总统候选人——于3月份宣布"提议的改革仍离实现透明和责任所需的改革相距甚远"，他声明萨马兰奇试图控制奥委会道德委员会，这让人担忧，也导致了明显的利益冲突。

《奥林匹克宪章》的伟大改革　　重要的日子终于到来了。这是对一个僵化的组织进行重大变革的时刻，但萨马兰奇主席确实是最为积极的革新者。1999年12月11日和12日，在洛桑举行了第110次全会，以批准奥委会2000年委员会提议的50多条建议与《奥林匹克宪章》相关的改动，以及对奥林匹克运动规则和现代奥运会组织规则备受赞誉的改革，这些规则自奥委会建立之初就开始实施。

在这次具有历史意义的洛桑会议上通过的改革影响了《奥林匹克宪章》的如下条款：定义奥运会的第9条；关于奥委会权利的第11条；关于委员（组成、义务、任期结束、荣誉委员和委员列表）与适用规定（被选举资格和选举程序）的第20条；关于执委会（组成、选举、任期时长和连任、权力和职能）的第23条；关于奥委会主席的第24条；关于奥委会伦理委员会、其举措和制裁的第25条；关于程序（普通程序）的第26条；关于承认国际单项体育联合会的第29条；关于国家/地区奥委会目标和职能的第31条；关于国家/地区奥委会组成的第32条；关于选举决定举办城市和适用规则的第37条；关于体育项目和纳入体育、学科和赛事的第52条；最后是适用于关于开幕式和闭幕式的第69条的规则。

胡安·安东尼奥·萨马兰奇公开表明了他的立场，以争取获得奥委会委员的赞成票："随着时间的推移而变革、更新架构，在这一点上，我们和我们的前任自始至终都不曾犹豫过。我们可以对为青年、体育和奥林匹克精神所做的工作感到自豪。巩固奥林匹克运动必需的改革成果，并不意味着要摒弃信念。我们要进行改革，使奥林匹克主义能反映《奥林匹克宪章》中的定义。我们要进行必要的改革，保存创始人皮埃尔·德·顾拜旦

2000年奥委会委员会于1999年在洛桑召开会议

的遗产。我们要改革,让运动员在奥林匹克运动中发挥更重要的作用。我们要改革,使国际单项体育联合会和国家/地区奥委会在指导奥林匹克运动方面发挥更大的作用。我们要改革,让奥林匹克教育、和平和人类福祉的文化、奥林匹克团结和大众体育摆在最重要的位置。我们要进行透明、严格和有效的行政改革。我们要进行改革,保护奥运会的普世性、重要性和声望,保障奥委会的独立性。但是,我们不要仓促进行迎合批评者的改革,不要保护某些人的利益而伤害别人利益的改革,不要基于个人利益和冲突的改革。"

萨马兰奇亲密的同事费库鲁·基达内(埃塞俄比亚)在2001年六七月的《奥林匹克回顾》上发表了文章,写了萨马兰奇主席的平衡管理,他写道:"毫无疑问,'盐湖城危机'有助于改变行为、开展改革并遵循良好的举止。但是这次媒体的行动却是为了扳倒萨马兰奇,迫使他辞职。有的媒体要维护多方利益,计划加以操控,但他们以失败告终。萨马兰奇要求举行并通过的信任投票粉碎了投机主义者的阴谋。有一天这个故事一定会被说起。萨马兰奇得以抵挡住压力,安抚奉行不同战略的不同群体。他最终让自己的改革举措通过,让他的继任者去完善、调整、改善、修订这些举措,实施自认为适合的变动。"

上文提到的操纵之举,还有以扳倒萨马兰奇为目的的媒体讨伐,都是一场电视战争中的一些事件。根据一些渠道的消息,好几家电视运营商支持转播奥运会时遵循"按观看收费"的做法。而萨马兰奇则认为,奥运会的电视节目应该永远免费提供给大家,不需要让他们付费,这样才能保障奥林匹克的普世性,实践顾拜旦的理念。正是他毫不妥协的立场,引发了这场来势汹涌的讨伐,一场完全因为经济利益而发动的讨伐。

萨马兰奇常常觉得,他是这些艰难事件中的胜利者。在美国参议院做完供述后,他相信自己已经克服了最后的障碍。这些可能是最为艰难的时刻,因为他的对手想要对他赶尽杀绝。但是奥林匹克运动全体都支持他的改革措施,他也对取得的共识满意,因此,当他回忆起奥林匹克运动受到政治抵制、遭到反复打击那些紧张的时刻时,他说道:"现在我会想起当时不得不经历的艰难时刻。但是我不能退缩,我必须继续往前走。基拉宁曾经写道,我会常常感到孤身一人在奋斗,他是对的。"

奥委会2000年委员会的改革

毫无疑问,任期之初,您是奥委会史上最为伟大的主席之一,在您之前,由于政治抵制和经济问题,奥运会似乎行将就木,但您让它绝处逢生。自那之后,由于您的努力,奥运会多了之前从未实现的政治和经济维度。2000年的悉尼奥运会以非常独特的方式表明,奥林匹克运动在您的任期内攀上了新的高峰。

2000年的悉尼奥运会就像您任期内的其他奥运会一样,带来了丰厚的经济回报,但是它也发出了更强烈的和平和和解信号。朝鲜和韩国联合出席,波黑一支队伍参赛,东帝汶的运动员参赛,还有您亲自支持澳大利亚土著人,这些都是明确呼吁在奥林匹克运动内部和外界追求和平,令人难忘。

我想感谢您参与了这些发展进程。您任期内的亮点之一就是放权。通过这种做法,您给了我和其他很多奥委会委员合作的机会,您也给予了我们信任。正因如此,我得以参加1981年的巴登-巴登奥林匹克大会。您当时不顾奥委会行政人员的强烈反对,许可了我提出的请求,让运动员有更多发言时间。然后,您采纳了我们提出的想法,将当时选出的运动员代表组建成一个常设小组,就此创立了奥委会的第一届运动员委员会。最终,由于1999年的伟大改革,当选的运动员加入奥委会,使这一发展进程达到顶点。即使当时奥委会身陷巨大的危机,奥委会本身也受到这一危机的冲击,您也没有失去对事态的控制。正是因为您利用任期内获得的信任和权威,实施这些改革,才使得奥委会能够蓬勃发展。请原谅我又重复一遍,但没有您个人的努力,这是不可能实现的。

由于您实施的改革,在您任期结束后,奥委会仍能在您带领它走的路上行得更远,又实现您的一个愿景。能与您同走这一小段路,我无比感激。与您共事并不总是那么轻松,但我总有收获,而且您对我们非常信任。毫无疑问,正是由于您高超的协调能力,意见的不同从未引起对抗。

托马斯·巴赫
自2013年起担任奥委会主席,2000年到2004年间、2006年到2013年间担任奥委会副主席,自1996年起担任执委会成员,自1991年起担任德国的奥委会委员,2006年到2012年间担任德国奥委会主席。1981年巴登-巴登奥林匹克大会上担任运动员代表,蒙特利尔1976年奥运会花剑(团体赛)冠军

第19章　奥林匹克文化、价值观和教育

奥林匹克博物馆，留给未来的遗产
人们来到洛桑瞻仰这座宏伟的赞颂奥林匹克价值观的荣誉殿堂

"《奥林匹克宪章》将奥林匹克主义定义为颂扬个人精神发展的哲学，而我视其为体育与文化的结合，我努力将体育和教育联系起来。于我，这就是奥林匹克主义的基础，也是奥林匹克主义与广义体育的不同之处。融入文化界对我而言是一种挑战，但我相信我在这个领域留下了自己的印记。"如今，胡安·安东尼奥·萨马兰奇这一伟大理念仍令来到这里的人钦佩。洛桑奥林匹克博物馆：留给子孙后代的最宝贵遗产。

萨马兰奇认为令奥林匹克运动与众不同、享有盛誉的价值观基于体育和文化两大因素，体育道德和保护环境后来被补充进来。萨马兰奇致力重塑奥林匹克价值观，其中以教育和文化为尊。谈及奥运会时，他曾引用皮埃尔·德·顾拜旦男爵的话："数世纪以前，作家和艺术家们在奥林匹亚共聚一堂参加古代奥运会，这绝非偶然，这场独特盛会自此为奥林匹克运动带来了经久不衰的声望。"这位奥林匹克运动的创新者为我们指明了道路，奥林匹克主义的真正定义是体育和文化的结合。

奥林匹克博物馆，王冠上的明珠　洛桑奥林匹克博物馆的修建过程充分体现了胡安·安东尼

萨马兰奇主席在洛桑奥林匹克博物馆前

萨马兰奇深知奥林匹克价值观及其在全世界的表现，一直十分关心国际奥林匹克学院的正常运行，确保国际奥委会帮助奥林匹克团结基金、奥林匹克研究中心成长……1986年，奥委会主席萨马兰奇称国际奥委会是人类和各大洲团结友谊的象征，连接过去和现在、传统和现代、古希腊和20世纪的纽带。

奥·萨马兰奇坚持的体育和文化是奥林匹克两大核心因素的理念，这座博物馆是他最满意的作品，也是他长达21年的奥委会主席生涯中倾注最多精力和热情的项目。除了坚定不移地维护奥林匹克运动的团结之外，萨马兰奇穷尽其声望以确保这座博物馆成为奥林匹克运动的圣殿。他任国际奥委会主席最后数年间的主要目标就是建造一个能够保存并向子孙后代介绍国际奥委会和奥运会历史的典范建筑，一座能供世界瞻仰奥林匹克冠军伟大成就的神殿，一个教导和传授奥林匹克运动价值观的博物馆。用他自己的话说，这是"一个保存所有奥林匹克历史文献的中心，奥林匹克理想和价值观的象征，奥林匹克运动及发起人皮埃尔·德·顾拜旦男爵博大的人文主义的见证，国际奥委会为丰富人类文化遗产所做贡献的代表。"

由顾拜旦创立　1919年，皮埃尔·德·顾拜旦男爵决定在洛桑建立奥林匹克博物馆，藏品由他的一系列个人收藏品和瑞典奥委会捐赠的物品构成。最初选定的馆址是雄伟壮观的蒙伯农赌场，但藏品和图书馆最终被置于蒙里普斯总部，1922年才在三楼开辟了一个朴素的展厅。之后数年，由于经济形势困顿，加之国际奥委会难以承担高昂的维护开支，博物馆和图书馆都处于半开放状态，国际奥委会与洛桑市签订了协议使项目不至于被放弃，并通过资金监管应对复杂的经济状况。

博物馆举办的活动项目也仅仅是设想了举办几个具体活动，比如由奥委会主席艾弗里·布伦戴奇（美国）组织慕尼黑奥运场馆模型等展品在里昂、洛桑和巴塞罗那的巡回展出。

德国滑冰运动员卡特琳娜·维特在1993年洛桑奥林匹克博物馆开馆仪式上点燃火炬盆

于1969年在华沙举行的国际奥委会第68次全会决定，委派波兰华沙体育与旅游博物馆馆长、博物馆学家玛丽亚·布拉温斯卡·布泽奇卡（波兰）前往洛桑重新整理存于蒙里普斯的展品，结果发现博物馆既没有物品的详细清单，也没有文件目录，所有物品都随意堆放在那座旧建筑物的库房里，令人大失所望。面对这种情况，玛丽亚认为唯一的办法就是另找一处合适的地方修建博物馆，因此建议彻底关闭蒙里普斯的博物馆和图书馆，停用这座建筑物。

洛桑和国际奥委会的关系再度紧张起来，一连串分歧接踵而来：洛桑市政府坚持保持博物馆的位置不变，而莫尼卡·贝利乌干事领导的奥委会一味地制造问题和障碍，不断威胁要把国际奥委会总部和博物馆迁至巴黎。1974年，这种消极的预兆不幸成为了事实，古老的蒙里普斯楼里的小博物馆永久性闭馆，奥林匹克历史的火炬熄灭了。

1981年，具有历史性意义的国际奥委会全会在巴登-巴登举行，会上通过了重新开放奥林匹克博物馆的动议，但没有确定具体日期。基拉宁勋爵（爱尔兰）代表众多面对黑暗的未来仍试图解决问题的委员们疾呼："不能因为没有地方，就把我们那些看得见的历史珍宝存放在盒子里。"为了解围，萨马兰奇前往当时国际奥委会总部所在地——洛桑的维迪区。

国际奥委会及时任主席的萨马兰奇深知这件事刻不容缓，很快投入到寻找最终解决方案的工作之中。

国际奥委会要等瑞士联邦政府承认国际奥委会地位特殊，并授权它与瑞士政府建立新的关系框架（见"第13章 在奥林匹克之都洛桑的日常生活"）。萨马兰奇不愿让博物馆的暂时闭馆无限期地持续下去，长此以往很有可能就彻底开不了馆了，于是决定采取过渡性措施。为了保留奥林匹克博物馆，他与洛桑市签订协议，重新将博物馆设在洛桑火车站附近的卢彻涅特大道中部的多托体育学会原办公大楼，尽管是临时性的，但5年的房租由洛桑市承担。由于国际奥委会财力有限，于是萨马兰奇设法争取到了110万瑞士法郎的贷款，用于"复活"博物馆，包括重新装修、筹备奥林匹克物品永久展览、招聘工作人员和博物馆日常维护。

1982年6月23日，临时的奥林匹克博物馆开放，瑞士籍国际奥委会委员雷蒙德·贾夫纳任馆长，组建了由绘画教师、前运动员让-弗朗索瓦·帕伍德为首，包括来自洛桑旅游局的弗朗索瓦丝·兹韦费尔和馆长顾问让-克劳德·罗查特在内的优秀团队，负责筹备富有内容的临时展出。萨马兰奇说："所有来到维迪的奥林匹克大家庭的成员都要专程来卢彻涅特大道，频繁的活动很快使博物馆成为洛桑文化生活的活跃中心，过去10年，博物馆的工作取得了显著成绩。在全世界'童子军'联盟和恰到好处的预算的帮助下，我们获得了很多有

1984年，萨马兰奇和1972年至1980年间任国际奥委会主席的基拉宁勋爵在其半身像的落成仪式上

萨马兰奇和建筑师佩德罗·拉米雷斯·巴斯克斯、让-皮埃尔·卡恩一起观看奥林匹克博物馆建筑模型展示

趣的藏品，主要目标是重拾我们自己的历史，集齐各届奥运会的所有奥运火炬、奖牌、海报等。多亏世界各地对奥林匹克主义十分了解又富有激情的志同道合之士，我们才能多年来不断充实奥林匹克遗产，这是奥林匹克运动真正的记忆，最终集齐了所有火炬和奖牌藏品。今天，我可以自豪地告诉大家，这是世界上唯一的一整套奥运火炬和奖牌收藏，对我们来说弥足珍贵。"

萨马兰奇想更进一步，在已经规划好的展厅内嵌入一个奥林匹克研究中心，在博物馆和图书馆中扩增一部分空间用于存放国际奥委会所有文件和档案，对研究者和学术界人士开放。奥林匹克研究中心很快成形，开始对图书和文件进行检索和分类，共计1.5万卷记录、7000小时影像档案和20万张照片。公众来访是对博物馆工作的支持和鼓励，平均每年参观人数高达10万人次。这种临时状态持续了10年，可以说是成功的。萨马兰奇打定了主意，这座卢彻涅特大道上貌不惊人的建筑物只能是临时性的博物馆，因此，新博物馆的设计工作也在同时推进。国际奥委会值得拥有一座与其稳步提升的重要地位和影响力相匹配的博物馆。

萨马兰奇是这样形容他寻找博物馆最终选址的："卢彻涅特大道作为一个临时性或过渡性的处所还是可以接受的，但奥林匹克主义及其记忆值得一个更好的、与其重要性相匹配的地方，卢彻涅特大道显然不能胜任，不找到合适的位置我是不会放弃的。然后我就开始到处寻找可以修建这样一个建筑的地方。每逢周日，费尔南多·利巴和雷蒙德·贾夫纳就陪着我在洛桑转来转去，寻找那个完美的地方。我们找遍了洛桑的山区和湖区，一直没找到合适的地方。要么是地方很合适，但要价太高；要么是我们看上了，业主却不愿意卖。我们没有泄气，没有放弃，继续找。我心里非常清楚自己想找的是湖畔的一块空地，应该像小地中海，必须找到它。"

选址进展得很快。1982年，萨马兰奇在罗马国际奥委会第85次全会上做报告，表示已经在乌契找到并购买了一片1.26万平方米的场地，洛桑也买下了旁边紧邻的土地的所有权，准备改造成公园，作为博物馆象征绿色和可持续发展的入口。买下勒乌契曼湖湖畔起伏和缓的山丘后，国际奥委会执委会决定由1986年完成国际奥委会新总部的建筑师（国际奥委会墨西哥籍委员佩德罗·拉米雷斯·巴斯克斯和瑞士籍委员让-皮埃尔·卡恩）以同样肃穆和雅致的风格来负责设计奥林匹克博物馆。

捐赠者纪念墙 于1985年在柏林举行的国际奥委会第90次会议为奥林匹克博物馆筹集了1700万瑞士法郎的经费，但一向审慎的萨马兰奇不想冒险操之过急，他写道"我不准备在汉城奥运会结束之前开工"。汉城奥运会在外交和体育方面都大获成功后，施工日程才明确下来。1988年11月，也就是奥运会结束一个月后，奥林匹克博物馆动工。博物馆为5层建筑，占地1.1万平方米，展厅分布于3个楼层，总面积4000多平方米，70余家公

司的4050人参与了施工。于1989年在波多黎各圣胡安岛举行的国际奥委会第95次会议宣布博物馆项目已筹得2000多万美元私人资金的资助，1992年，在巴塞罗那召开国际奥委会第99次会议时，赞助资金已高达5000万美元。

萨马兰奇要百分百地投入这项工作之中，一家一家地拜访公司和政府当局，呼吁他们提供慈善资助，为博物馆做出自己的贡献，在捐赠者纪念墙上添一块写着自己名字的砖。这座捐赠者纪念墙是为了向所有使梦想变为现实提供过经济支持的公司、机构和个人致敬。

萨马兰奇写道："终于，在1993年6月23日，夙愿成真了。西班牙国王卡洛斯和瑞士联邦总统阿道夫·奥吉共同为博物馆正式揭牌，博物馆的大门在孩子们齐唱的《永远的朋友》的动听歌声中徐徐打开，令人感慨万千，重温

杰出的工作

我和胡安·安东尼奥·萨马兰奇的私交在墨西哥城1968年奥运会的时候变得亲厚起来，萨马兰奇在国际奥委会，而我是组委会主席，我们俩在那次工作中通力合作。

我们为能够组织这次现代奥运会中首屈一指的盛会感到自豪，在10个月的时间里举办了多种多样的艺术、音乐和科学活动，恢复了希腊文化奥林匹克运动会的传统。这是梵蒂冈教廷参加过的唯一一届奥运会，赠予我们一本《品达颂》特别版；是第一次有20多个非洲国家参加的奥运会，南非由于抵制被拒之门外；两个德国同时参加，使用同一面国旗和同一首国歌：贝多芬的《欢乐颂》；第一次由女性点燃圣火的奥运会；第一次正式进行兴奋剂检测的奥运会，也是历史上唯一一届官方电影获奥斯卡提名（1969年）的奥运会。

文化奥林匹克活动有20个精彩瞬间，其中值得一提的展览包括国际艺术节、国际雕塑家大会、世界诗人大会、儿童绘画节等。流行艺术表达形式方面，也有很多有趣的活动，如世界民俗文化节、五大洲芭蕾舞表演、国际流行艺术品展览等。此外，还有特别设置的"友谊之路"，长达17公里，两旁矗立着19座7米到22米高不等的五大洲艺术家创作的巨型雕塑。

我和萨马兰奇在这次奥运会期间形成的融洽关系后来在国际奥委会新总部和奥林匹克博物馆的建设项目中又进一步加深了，后来我们建立了深厚的友谊，连带着我的妻子奥尔加和萨马兰奇的妻子玛丽娅也成了很要好的朋友。萨马兰奇的工作成就斐然，绝对堪称卓越。

佩德罗·拉米雷斯·巴斯克斯
国际奥委会墨西哥增选委员（1972—1995），荣誉委员（1995—2013），国际奥委会文化委员会主席（1980—1994），洛桑奥林匹克之家和奥林匹克博物馆的建筑师

对巴塞罗那的记忆。"博物馆大获成功，立即受到了数千名观众和洛桑文化媒体的支持和欢迎，他们真心实意地前来参加博物馆组织的各项活动。管理团队表示，"博物馆每天都应该有活动。"很快就传来了令人欣慰的消息。1995年，肯尼斯·哈德森（英国）代表欧洲委员会在瑞士韦斯特罗斯市授予萨马兰奇欧洲年度最佳博物馆奖，良好的开端由此开始。

2001年，萨马兰奇在莫斯科卸任前几天，在他主持的最后一次国际奥委会执委会上，决定将奥林匹克博物馆命名为"萨马兰奇奥林匹克博物馆"，并任命萨马兰奇为奥林匹克博物馆基金会主席、奥林匹克珍藏委员会主席。

捐赠纪念墙的一角

希腊神殿　奥林匹克博物馆使用了希腊政府捐助的来自萨索斯岛的大理石外立面，为整座现代性建筑平添了与奥林匹克理念呼应的永恒和经典的气息，奥林匹克精神的高贵和地中海的光彩呼之欲出。在希腊籍国际奥委会委员兰比斯·尼古拉乌的积极推动下，希腊向博物馆捐助了萨索斯岛的白色优质大理石，完美得几乎找不到一丝瑕疵。

在一座缓坡旁，修建了一座延伸至湖畔的公园，两旁坐落着体育主题的雕塑，算是参观博物馆的序言或尾声。这些出自纳格·阿诺尔迪（瑞士）、伊戈尔·米托拉赫（波兰）、何塞·路易斯·帕斯夸尔（西班牙）、弗朗西斯科·克雷莫尼（意大利）、大卫·范·德·科普（荷兰）、吕西安·维克里尔（卢森堡）、贾博尔·米哈伊（匈牙利）、艾米利·阿尔门格尔（西班牙）等艺术家之手的作品一路与观众同行，凸显艺术特征的同时渲染了宁静优美的气氛。

古典的广场上伫立着安德烈·里卡尔（西班牙）设计的奥林匹克圣火台，圣火于1993年由德国滑冰运动员卡特琳娜·维特点燃，自此长燃不息，每天正午奏奥运会会歌。博物馆门前的空地上有两个水池，仿照希腊雅典奥林匹亚的宙斯神庙正面的石柱，两边也各伫立着4根白色石柱，长64米，刻有历届夏季奥运会和冬奥会的冠军及历任国际奥委会主席的名字，围出了一个空阔的中庭。

曾在塞维利亚1992年世博会国际奥委会展馆展出的西班牙雕塑家米格尔·奥尔蒂斯·贝罗卡尔的作品——"更快、更高、更强"裸体雕塑好像站岗放哨的库克罗普斯，暗喻那些伟大的体育功绩。剩下的空间由让-米歇尔·弗隆的雕塑作品和安东尼·塔皮埃斯（西班牙）的巨型壁画装饰。奥林匹克会旗每天飘扬在广场上空，并排悬挂正式访问博物馆的嘉宾的国家国旗。

在博物馆的门前，摆放着由普拉克西特利斯（希腊）复制的公元前5世纪希腊雕塑家波利克里托斯的作品"束发带的青年"，是希腊文化部长、演员梅利纳·梅尔库里赠予的礼品。稍远处的橄榄树前就是院子，观众在这里可以看到希腊古董展览，这个院子也是对地中海地区景色和氛围的成功再现。

一座环境友好型建筑　融入环境和尊重自然是萨马兰奇叮嘱建筑师的主要关切。"希腊建筑之美的真正秘密在于景观和建筑、建筑和人之间几近完美又无可否认的和谐，在于对比例和环境的尊重。"萨马兰奇这样写道。内容方面的工作，也就是记录国际奥委会发展历史的永久展览，交给了一位来自巴塞罗那的专家、文艺活动组织者和考古学家路易斯·蒙雷亚尔。作为全球最杰出的博物馆学家，他曾经负责多个项目，包括保罗·盖蒂基金会、凯克萨基金会以及后来的阿迦汗博物馆基金会。该团队还汇集了一批来自墨西哥的专家：伊戈尔·拉劳里和豪尔赫·阿戈斯蒂尼。

这座建筑坐落在山脚下，面朝日内瓦湖，背靠阿尔卑斯山，被一片宁静又不失壮美的景致所环绕。奥林匹克博物馆与环境是如此巧妙地融合，以至于逃过了行走在日内瓦湖畔乌契小镇的漫步者的眼睛。只有当你沿着奥林匹克公园错综的小径徐徐而上时，方能一睹这座白色建筑的真容。这块土地此前由国际奥委会买下，专门用来兴建奥林匹克博物馆，它旁边的区域则由洛桑市买下，环绕着博物馆设施建起了一片休闲和自然景观区，为其平添了几分韵味。这片区域被称作"奥林匹克公园"。

这座建筑拔地而起，但对空间并没有侵入感，相反，它依势而建，依树而立，小心翼翼地围绕着一棵历史古老、枝繁叶茂的橡树延展开来。可以说，由此达成的高效平衡也符合该组织宣告奥林匹克运动使命的合理关切，同时也体现这个历史悠久的组织的冷静与庄重。"为了满足1985年编制的预算要求，萨马兰奇一直谨慎万分。经由1985年在东柏林和1987年在伊斯坦布尔举行的会议批准，国际奥委会能提供的资金仅有1700万瑞士法郎。萨马兰奇清楚，国际奥委会不接受超出这个数额的经费，他也争取不到奥委会的批准。但是他也明白，这笔钱是不够的，无法满足工程建设的开支，哪怕这项工程是奥林匹克运动当之无愧的。"费尔南多·利巴（西班牙）回忆道。他是国际奥委会的财务顾问，同时也是萨马兰奇所信赖的同事。在这种情况下，萨马兰奇凭借创造力和想象力，制定了一项争取额外资金的计划。"要保证资金充足，私人捐赠是当时唯一的办法。利用商界的人脉，萨马兰奇最终发出了博物馆建设援助请求。为了感谢这些捐赠者，'捐赠者纪念墙'上放置了镌刻着捐赠企业或机构标识的纪念砖，以纪念和感谢他们的贡献。这一切对萨马兰奇并非易事。国际奥委会内部存在着一些反对该项目的声音，认为它不啻空中楼阁。因此，作为深谙管理和节俭之道的加泰罗尼亚人，萨马兰奇采取了双管齐下的策略，一方面严格控制经费，尽可能节省开支；另一方面全力寻求私人资助。"利巴回忆道。最终，成本没有超过1.2亿瑞士法郎，其中国际奥委会按照承诺提供了1700万。正如他在职业生涯中所做的众多决定那样，萨马兰奇又一次亲历了否极泰来，针对项目涉及风险的批评之声变成了称赞之语，而称赞者中不乏之前最激烈的批评者。

萨马兰奇领取1995年欧洲委员会授予的"年度最佳博物馆"奖，站在他身旁的是各大博物馆馆长

博物馆被设计为对公众开放的空间，主楼连通一个露台，露台上有一家餐厅，参观者凭门票可以参观永久展览和临时展览。博物馆一层是以奥林匹克运动的发展及起源为主题的永久展区，代表性的展品是描绘运动场面的希腊艺术杰作。多年来，欧洲最久负盛名的博物馆都捐赠过临时展品，包括大英博物馆和圣彼得堡的埃尔米塔日博物馆等。后来，博物馆开始收藏真正的考古珍品，这些藏品如今都是无价之宝。博物馆的所有展品都经过专家鉴定，具有最高的历史和考古价值。此外，展品中还有奥林匹克运动的象征物，包括奥林匹克格言"更快、更高、更强"，奥林匹克五环旗，奥林匹克圣歌，金银铜奖牌等多种公开奖励和表彰奥运冠军拼搏奋进和追求胜利的形式。

全世界最完整的奥运火炬收藏 从柏林1936年奥运会以来的历届奥运火炬按顺序整齐排列，这些展品记录了这种工业设计随着每届主办城市文化的不同而演变。现代奥运会火炬接力仪式始于柏林1936年奥运会，倡导者是时任组委会秘书长的卡尔·迪耶。自1936年7月20日起，具有象征意义的奥运火炬成为奥运历史的一部分，12名希腊少女在古运动场用聚光镜把阳光聚焦在架起的铁板上，引燃了第一支奥运圣火火炬。希腊人康斯但丁是奥运史上第一位火炬手，火炬由3000名火炬手从奥林匹亚传递到德国首都柏林，最后一名火炬手弗里茨·希尔根，他也是第一位点燃主火炬塔的火炬手。卡尔·迪耶根据古希腊陶器上的绘画，构想了奥运历史上第一支火炬，它的设计者是艺术家沃尔特·莱姆克，制造商是克虏伯公司。这支火炬重达1150克，燃料是镁。3075公里的接力活动全部通过火炬手跑步传递完成，途径希腊、保加利亚、南斯拉夫、匈牙利、奥地利和捷克斯洛伐克。迪耶自己这样评价它的象征意义："作为热爱符号的民族，希腊人民以此表现了年轻人该如何将他们祖先的力量和精神世代相传。"顾拜旦对运动员们说了这样一句话来评价这个仪式的设置："请小心翼翼地守护你们心灵深处的这团火！"

"更快、更高、更强"

这个在米开朗基罗的雕塑杰作《大卫》中所体现的古典理想定格成了普世的学术象征。这具拥有理想比例的身体在今天仍是象征古典理想的符号，而奥林匹克运动则是这个希腊古典理想的现代版本。运动员在拼搏中找到形体和运动之间真正的艺术感。身体和精神的专注是奥运会参赛运动员的最高美德。为了取得胜利，他们追求极致、超越极限。今天，运动员就是这种现代体育运动美学的最高表现。

"更快、更高、更强"这一格言激励着运动员不断进取。这也是我为什么为这座树立在奥林匹克博物馆门前4米多高的雕塑进行洗礼，它象征着两种现代古典主义理想的邂逅：奥运理想和人的身体。分别以人体躯干的形式和奥运五环的内涵为载体，这次人体史诗和奥运理想之间的邂逅，交汇成了连接肌肉和符号、身体和诗歌之间坚不可摧的纽带。这具在数学上还原度极高的身体生动地再现了运动员的力量，身体美感的展现和生命活力的迸发构成了运动员无形的特质。

米格尔·奥尔蒂斯·贝罗卡尔
西班牙雕塑家（1933—2006），雕塑《更快、更高、更强》的创作者，这座雕塑竖立在塞维利亚1992年世界博览会国际奥委会馆前，1993年移交给洛桑奥林匹克博物馆

奥林匹克运动空间 此空间用于纪念皮埃尔·德·顾拜旦男爵的生平，正是这位富有创见的法国教育家，于1894年成立了国际奥委会，并于1896年以"恢复古代希腊奥运会"的名义发起了第1届现代奥运会。来自希腊的迪米特里奥斯·维凯拉斯是国际奥委会第1任主席，而顾拜旦则是迄今任职时间最长的国际奥委会主席，长达29年。

奥林匹克历史回顾详解了奥林匹克运动的细节：国际奥委会的组织架构、成员、国际单项体育联合会、国家/地区奥委会、奥林匹克团结基金、资金来源、运动项目等。该层有一间300座席的会议厅、一座图书馆和一家纪念品店，店内提供了各种各样的文化礼品。此外，还有一个临时

众多临时展览构成了博物馆短期项目的一部分。2000年，博物馆举办了环法自行车赛主题展，当时恰逢环法赛手途径洛桑

展厅，举办各种各样的文化展，例如琼·米罗（西班牙）、爱德华多·阿罗约（西班牙）、安迪·沃霍尔（美国）、伊戈尔·米托拉吉等知名艺术家的展览，以及体育和运动相关的人类学展览，例如"中国体育五千年"、澳洲土著艺术创作与悉尼2000年奥运会的联系、记述球类运动在前哥伦布时期美洲起源的"乌力玛"等。

感受奥运会的魔力 楼上的天幕不间断地展示着历届冬季和夏季奥运会的图影资料，照亮了上楼的坡道。这一层充溢着奥运会的奋发激昂，收藏着顶尖运动员的私人物品（埃米尔·扎托佩克的跑鞋、梦之队的篮球、让-克劳德·基利的头盔和米格尔·安杜兰的自行车）。在这个记录体坛辉煌成就的博物馆里，奥林匹克精神从未停止，反而在岁月的流逝中定格成为永恒。奥林匹克仪式、运动员的器材和用具都能唤起那昔日伟大的时刻，让我们怀着振奋之情细细回味。所有这些在罗伯特·格雷厄姆（美国）和尚·丁格利（瑞士）细腻的雕塑中也完美呈现。

这些体坛传奇、奥运壮举和事迹的资料都存储在电脑菜单中，参观者可以从300多个程序中选择，选中项的配图还会投放在大屏幕上。另一个亮点是交互式控制台，参观者可以通过它来选择感兴趣的内容，获得源源不断的信息和独特互动的体验。这也证明，奥林匹克博物馆是一个活跃、动态、多样的空间。这里还提供视听眼镜，比如"奥林匹克的魔力"可以让观看者如身临其境般感受胜利的喜悦、失败的辛酸、公平竞技和互助友爱，这些价值理念正是奥林匹克运动永葆生机的源泉，也是奥林匹克理想赖以扎根的土壤。

永久收藏区旁边的大片区域用于临时展览。自1993年6月落成以来到2003年期间，博物馆举办了80多场体育主题的临时展览（环法100年、足球世界杯、美洲杯帆船赛、滑雪世界杯等），展出了米罗、沃霍尔、阿诺尔迪、米托拉吉等众位艺术家的作品。与此同时，博物馆还会举办音乐会和艺术表演。

集邮专区 参观者可以在一间专门房间里观赏钱币和邮票收藏，这个房间里没有阳光，以保护藏品免受阳光照射。此展区陈列了1.2万多张邮票和文件，其中一些是独一无二的。此外还有历届奥运会组委会制作的奖牌，600多种官方钱币藏品中包括各届奥运会举办国铸造的琳琅满目的纪念币。

萨马兰奇始终是奥林匹克博物馆和奥林匹克研究中心坚定的捍卫者。他将其视为自己经久不衰的杰作。"因为奥运会是独一无二的，所以值得用一个专门场所展示奥林匹克运动和世界体育运动的发展，这个展示汇集了造就超凡体育技巧的各种元素，富有教育意义。在这里，皮埃尔·德·顾拜旦先生曾心驰神往的使命终得实现，那就是向年轻一代传播奥林匹克的文化内涵。随着年轻参观者日益增多，博物馆为他们制作了特别节目和活动，例如奥林匹克周或教育活动，旨在向青少年传达奥林匹克主义的价值理念。"

楼上是一家餐厅，从餐厅唯美的露台可以观赏阿尔卑斯山和日内瓦湖令人赞叹的美景，餐厅里面还陈设了费尔南多·伯特罗（哥伦比亚）、爱德华多·奇利达（西班牙）和妮基·桑法勒（法国）创作的精美雕塑。

高效的团队 萨马兰奇将博物馆的管理职责委托给了弗朗索瓦丝·兹韦费尔所领导的忠诚高效的团队，费尔南多·利巴担任奥林匹克研究中心执行经理和协调员，让-弗朗索瓦·帕伍德负责藏品保护。萨马兰奇对管

奥林匹克研究中心

萨马兰奇一直认为，奥林匹克回顾活动必须消除各种壁垒，面向所有人开放。因此，在该建筑的二层，萨马兰奇专门划出了一片区域给奥林匹克研究中心及其相关服务使用。OSC成为了国际奥委会回顾活动的基地。奥林匹克研究中心的学术团队以学术委员会为代表，该委员会由世界各地的著名学者组成，包括诺伯特·穆勒（德国）、约翰·迈克阿隆（美国）和米盖尔·德·莫拉盖斯（西班牙），负责组织奥林匹克相关主题的研讨会，例如奥林匹克仪式、电视转播权、奥运村、志愿者等，为世界各地的研究者提供帮助，委员会还是巴塞罗那自治大学的"奥林匹克主持"。奥林匹克研究中心每天都会研究分析成千上万个原件的信息，从物品到手稿、文件、书籍、照片、影片、音频、视频等，致力为机构和个人提供源源不断的数据参考，为其进行研究和职业活动及宣传提供帮助。

在历史档案方面，不得不提到皮埃尔·德·顾拜旦基金会。得益于基金会的耐心搜集，博物馆才获得了顾拜旦生前的信件，并对多位国际奥委会主席的通信函件进行了系统整理，其中包括国际单项体育联合会和组织委员会的文件，构成了独一无二的纪实档案。这里是世界上最全面的奥林匹克图书馆，文献收藏超过1.8万卷，期刊和各类出版物250种，影像图书馆还收藏了40多万份录像文件。此外，研究中心每年都会组织教育活动，向儿童普及奥林匹克知识，还举办研讨会等。简而言之，中心所汇集的充满活力的现代文化活动进一步为奥林匹克大家庭增色添彩。过去，所有这些服务都由OSC统一提供，为专家和研究人员的工作提供了极大便利，但如今都已经分散化，不再需要统一组织，这也符合此类服务的性质。

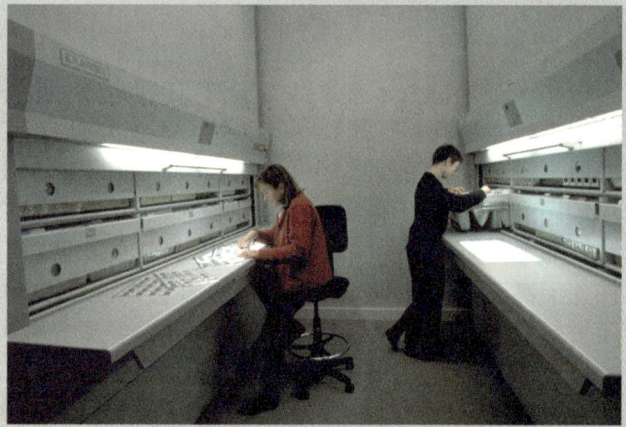

理团队的要求很明确：节省费用开支和控制员工数量，包括CEO在内的员工总数不得超过140人。该团队推出了面向学校的教育项目，向年轻人传达奥运会和奥林匹克运动历史的教育意义。2001年，来自沃州的3.6万多名学生参观了博物馆。

奥林匹克博物馆已经成为洛桑市民经常光顾的地方，他们会来博物馆当志愿者或"博物馆之友"，并且积极参加各项文化活动（展览、音乐会、休闲活动等）。在开馆的第一年里，博物馆的参观人数就突破了20万，而此后公众的兴致依然不减。2001年，参观人数更是打破了以往纪录，达到211347人，这汇下算夏逊参观者，以此标志着奥林匹克博物馆成为瑞士第二大热门博物馆。在第一个10年里，博物馆总参观人数超过200万，显示了对洛桑旅游业和社会生活的积极拉动作用。

奥运会的文化内涵 自奥运会产生以来，文化一直是其重要部分。萨马兰奇在回忆录中这样写道："古代奥林匹克运动会是真正的集会，体育和文化在这里交融。古代奥运会不仅汇聚了一流的运动员，还汇集了诗人、哲学家和历史学家，他们在奥林匹亚践行奥林匹克休战协议，停止一切战争活动。在神庙里，人们进行美好的祈愿，参观者可以欣赏艺术家创作的最精美绝伦的雕塑，人们在这里祭祀众神像，祈求奥林匹克运动会守护神宙斯的祝福。"

萨马兰奇和国际奥林匹克集邮联合会的毛里奇奥在洛桑奥林匹克博物馆的邮票和钱币收藏区交谈

伴随着奥林匹克运动会的恢复，顾拜旦还在体育赛事期间组织艺术比赛。他这样解释道："艺术和文学必须包含在现在奥林匹克运动之中，因为它们与体育运动密不可分，能够让奥运会升华。"这些文化活动以体育运动为灵感，主要涉及建筑、文学、绘画、音乐、雕塑等。1912年，第1届艺术比赛在斯德哥尔摩（第5届奥运会举办城市）举行，乔治·霍罗德和马丁·艾歇巴赫创作的《体育颂》获得首个文学类金奖。后来人们才发现，这部作品正是皮埃尔·德·顾拜旦先生本人以笔名创作的。在绘画比赛中，乔瓦尼·佩莱格里尼创作的《冬季运动》拔得头筹。在音乐方面，里卡多·巴特勒米创作的《奥林匹克凯旋进行曲》斩获金牌。

巴黎1924年奥运会推动了艺术融入体育运动。来自23个国家的作家、音乐人和建筑师在与奥运会同时举办的多个文化艺术盛会中同台竞技。当时巴黎举办了"奥运会艺术比赛"，多名文艺界的著名人物担任评委会会员。其中一些评委为西班牙裔：西班牙作曲家马努埃尔·德·法雅担任音乐组评委，加泰罗尼亚雕塑家约赛普·克拉拉担任雕塑组评委，著名画家伊格纳西奥·苏洛阿加担任绘画组评委，《芦苇和泥淖》作者文森特·布拉斯科·伊巴涅兹担任文学组评委。萨马兰奇为此深感自豪。23个国家参加了"奥运会艺术比赛"，参赛作品共计189项，包括建筑21项、文学32项、音乐7项、绘画62项、雕塑67项。

弗朗索瓦丝·兹韦费尔与费尔南多·利巴在洛桑奥林匹克博物馆基金会理事会会议上

西班牙博物馆学专家路易斯·蒙雷阿尔

雨（让-米歇尔·弗隆）

无暴力（卡尔·弗雷德里克·雷乌德施沃德）

足球运动员（尼基·德圣法尔）

巨人裸体站立像（伦勃朗·布加迪）

奥林匹亚（贾博尔·米哈伊）

壁画（安东尼·塔皮埃斯）

柏林1936年奥运会官方宣传片导演莱妮·里芬斯塔尔在拍摄中。萨马兰奇对这位伟大德国导演的作品推崇备至

在过去多次举办的奥运会期间，文化项目独具意义，各种精彩纷呈的活动格外引人注目。1968年在墨西哥城就产生了很好的效果，于是就有了时任国际奥委会主席布伦戴奇的这句话："奥运会的历史会记住墨西哥，这个带领我们重返古代奥林匹克净、美、简之精神的年轻国度。"

热心艺术 萨马兰奇被皇家圣费尔南多美术学院接纳为成员之时曾致辞，其中阐述了他对奥林匹克精神和艺术的看法。皇家圣费尔南多美术学院创立于1752年，是一家西班牙的美术学校，并对为艺术界做出贡献的人士进行表彰。萨马兰奇热衷于收藏西班牙艺术作品，如圣地亚哥·鲁西诺、伊西德·诺内尔、拉蒙·卡萨斯等画家的作品，以及更为现代的艺术家的作品，比如加泰罗尼亚艺术先锋组织Daual Set的成员安东尼·塔皮埃斯和萨尔瓦多·达利。萨马兰奇在西班牙体育运动委员会任职期间创建了体育绘画双年展，担任巴塞罗那议长期间扩充了展馆的精品收藏，担任巴塞罗那储蓄银行名誉主席期间创建了"见证展"，在该展览中陈列了来自不同艺术展的作品。

在学院致辞中，萨马兰奇称赞现代奥林匹克之父皮埃尔·德·顾拜旦男爵："他的事业基于教育和艺术的双重理想。对于顾拜旦而言，希腊精神是一种社会气息，一种灵魂状态，一种文明范式。在他看来，与弱肉强食、适者生存的斯巴达精神相反，希腊精神代表着对和谐的向往，代表着一种对道德、社会和个人三者之间平衡状态的追求。顾拜旦将古希腊艺术视作对人性的最高诠释。"

奥林匹克运动与多种艺术表达形式之间的关系就这样建立起来了。奥运五环形象的设计就是一个典型的例子，萨马兰奇曾这样写道："奥运五环自问世以来受到了广泛的欢迎和认可，经常被用作卓越和优秀的象征。"奥林匹克运动同时还推动了融合体育元素的建筑的发展，"融合体育元素的建筑不胜枚举：1896年由阿纳斯塔西奥斯·马塔萨斯设计的雅典奥林匹克运动场，詹姆斯·富尔顿设计的伦敦白城体育场，建筑师托尔本·格鲁特设计的斯德哥尔摩体育场，费尔南德·蒙蒂基尼和路易·索梅斯设计的安特卫普学院、巴黎哥伦布体育场和Tourelles航海体育场的修缮工作，建筑师詹·威尔斯设计的阿姆斯特丹体育场，1932年洛杉矶建造的第一个奥运村，1960年皮埃尔·路易吉·奈尔维为罗马奥运会设计的场馆等。另外，东京1964年奥运会日本建筑大师丹下健三发挥了重要作用，正如佩德罗·拉米雷斯·巴斯克斯在墨西哥城1968年奥运会中起到的作用一样。"

在奥林匹克文化遗产中，设计是一个不变的主题。奥运海报的演变细致地反映出平面设计的历史

游泳者（乔斯·路易斯·帕斯夸尔）

热心文化

胡安·安东尼奥·萨马兰奇推动了奥林匹克运动的建设，在奥林匹克运动史上赢得了荣誉。今天，成千上万的人来奥林匹克博物馆参观，来了解奥运会的历史、奥运会的象征和价值观。只有萨马兰奇才有这样的能力和决心克服选址、成本、资金等方面的重重困难，保证了奥林匹克博物馆的顺利落成。可以说，奥林匹克博物馆就是现代社会的帕特农神庙。这位来自加泰罗尼亚的领导人有一个很大的特点，那就是他对文化和艺术的热爱，以及对收藏的热衷（尤其是收集邮票和纪念品）。他热衷于奥林匹克精神的传达，而在这一过程中文化和运动是分不开的。我对他选择我担任国际奥委会文化与奥林匹克教育委员会主席永远心怀感激。能够担此重任，我感到荣幸，并竭尽全力。记忆中有一件事情非常好地诠释了萨马兰奇对文化的热衷。虽然他的日程安排极为紧张，需要频繁参加会议、参观，进行国际访问，而萨马兰奇主席却总是抽时间参加奥林匹克主题的儿童绘画比赛决赛。一个冬天的早晨，在洛桑一个寒冷的工业仓库里，大约100平方米的地上已经布置了一些儿童的画作。萨马兰奇小心翼翼地走在作品中间，避免踩到任何一张画，并不断指出那些他喜欢的画作。比赛评委们跟在他后面走，我们也表达了自己的意见。我们不断对作品进行评比，最后选出每个年龄组的获奖者。一位日理万机的世界领袖于百忙之中抽时间出来评比6岁儿童稚嫩的、五颜六色的画作，这本身就很能说明问题。

还有一个顶级的文化活动，萨马兰奇在其中也扮演了重要角色，那就是为庆祝奥林匹克运动进入新千年举办的2000年艺术及体育比赛，当时，54个国家的奥委会推举出的青年艺术家在洛桑的一个大展厅展示了他们的艺术作品（有平面艺术也有雕塑作品），这些作品之后又作为文化奥林匹亚项目的一部分被带到了悉尼。正如大众体育倡议为那些追求健康而平衡的生活的人们提供了机会一样，艺术在审美和素质提升方面具有独特的教育意义，最终必能全面推动人文精神的发展。萨马兰奇总是说奥林匹克精神是一种生命的理念，是体育与文化的结合。他践行了自己的看法，也帮助我们所有人更好地理解生命。

何振梁
国际奥林匹克委员会中国委员（1981—2010），国际奥委会副主席（1989—1993），国际奥委会执委（1985—1989及1994—2003），国际奥委会文化与奥林匹克教育委员会主席（2000—2009），中华人民共和国奥委会主席（1989—1994）

变化。奥运海报用共通的语言描绘体育竞赛。阿姆斯特丹1928年奥运会的设计带有立体派和包豪斯派的的影响，而东京1964年奥运会龟仓雄策设计的海报则明显体现出技术创新；墨西哥城1968年奥运会中厄瓜多尔·特拉萨的作品以及艾迪逊设计顾问为巴塞罗那1992年奥运会所作的令人惊叹的一系列设计，用到了美国国家宇航局提供的高清图片，画面富有深刻的运动寓意。

希腊国旗和奥林匹克会旗始终飘扬在国际奥林匹克学院上空

奥林匹克运动的另一个重要贡献就是在世界范围内促进了运动象形语言的发展和融合。最早是东京1964年奥运会在胜见胜指导下设计的一系列象形图；乌尔姆平面艺术高等学校的奥托·艾舍为在慕尼黑1972年奥运会做了设计；巴塞罗那1992年奥运会上，约瑟普·马瑞亚·特雅斯的设计灵感源自西班牙艺术家胡安·米罗的作品；而利勒哈默尔1994年冬季奥运会的设计则受到一个有4000年之久的石雕启发。该石雕是在挪威北部罗道伊的一个岩石上发现的，雕刻的是一个滑雪者的形象。

舞台布景艺术在奥运会的开闭幕式上有充分的体现，展示出深刻的文化内涵。萨马兰奇是这样认为的："舞台布景艺术赋予了多重表达方式，涵盖众多元素，如艺术、游戏、节日和景观，为的是超越文化差异传递奥运精神。"他还特别提到了奥运火炬："奥运火炬的历史发展同技术进步以及新材料的使用是紧密相关的。为了按照古代传统仪式重燃圣火，卡尔·蔡司股份公司接受了制造凹面镜的任务。火炬是由另一个大公司Kurpp AG制造的。"萨马兰奇特别强调阿尔贝维尔1992年冬季奥运会上个性鲜明的艺术家菲利浦·斯塔克以及巴塞罗那1992年奥运会上安德雷·里卡尔德设计的完美的火炬形象。

鸟瞰国际奥林匹克学院

在奥运历史上，一直不乏运动赛事的文学记叙。法国作家查尔斯·莫拉斯在雅典1896年奥运会马拉松比赛结束之时曾有感而发；1924年在巴黎，《奥运会》的作者亨利·德·蒙泰朗通过自身在体育场的所见所感，将对战争的描述与奥林匹克的理念进行了融合。埃德加·德加、皮埃尔·奥古斯特·雷诺阿、奥古斯特·罗丹和安托万·布德尔等艺术家都参加了奥运活动。其他人如保罗·克利、拉兹洛·莫霍利·纳吉和奥斯卡·施莱默对体操备感兴致；乔治·格罗斯、安德烈·德兰、毕加索、乔治·布拉克和爱德华多·阿罗约则喜欢拳击。萨尔瓦多·达利为墨西哥城1968年奥运会创作了"宇宙运动员"，而慕尼黑1972年奥运会则聚集了一批优秀的艺术家，包括爱德华多·奇里达、维克多·瓦萨雷、塞尔·波利亚科夫和马里诺·马里尼等。洛杉矶1984年奥运会邀请了罗伊·利希滕斯坦，而巴塞罗那1992年奥运会则邀请了安东尼·塔比埃斯。

摄影在艺术和体育的结合中发挥了决定性的作用。萨马兰奇曾这样写道："与运动相关的图形艺术在两部作品上达到了巅峰水平，一个是1936年莱妮·里芬斯塔尔导演的奥运会官方宣传片，另一个是一部鲜为人知的摄影作品集——《奥运奋斗之美》。摄影师使用了古希腊理想中的身形姿态，运动员或腾空而起，或跃入水中，皆不费吹灰之力，给人以轻盈之感。"萨马兰奇对里芬斯塔尔的作品推崇备至，奥运会博物馆还为其设立了专门的展馆。另一位现代摄影艺术大师当数美国的安妮·雷博维茨，她在亚特兰大1996年奥运会上展示了"奥林匹克肖像"，作品表现了运动员的个性，格外引人注目。

创作音乐的设想　自始至终，萨马兰奇都非常关注奥林匹克运动在文化层面上的发展，他从未错失任何机会利用他的聪明才智支持奥林匹克运动。他的这种发起活动、发起倡议的能力在好几个例子中都有生动的体现。有一些可能纯粹是幻想，即使他满怀诚挚地对其进行精心策划。皮埃尔·斯基克卢诺夫是一位来自日内瓦的律师，非常热爱艺术，为奥运会博物馆捐献了一个历史悠久的银质运动奖杯，奖杯是由著名金匠大师法贝热制造。法贝热是俄国沙皇的皇家御用珠宝师，技艺超群。

和这个银奖杯一起的还有一件珍贵的珠宝，都是俄罗斯沙皇尼古拉二世在斯德哥尔摩1912年奥运会之际颁发的奖品，这两件珍宝现在都陈列在博物馆中。萨马兰奇在回忆录中提到："我和皮埃尔·斯基克卢诺夫讲道，应该有人来创作一部奥运交响曲，当时我还建议他去和他的朋友音乐大师冯·卡拉扬聊一聊。在去罗卡罗多纳度假的路上，我阐述了我所说的奥运交响乐的意思。这部交响曲将以音乐为起点，将我们带回古希腊。突然之间，古代奥林匹克运动终结了，几个世纪以后，又在现代欧洲重生。这部交响曲应当体现奥林匹克的在不同民族和文化中的发展情况，并逐渐达到高潮，直到最后落脚在洛杉矶奥运会，通过这种形式来颂扬奥运文化的内涵。之后应当再创作一部歌曲来歌颂奥林匹克精神，主题包括青春、和平和友爱。我把我的想法详细地给他讲了一遍。我想他应该理解了我的意思，他当时还说近期会去萨尔茨堡找冯·卡拉扬一聊。"

虽然萨马兰奇最终没能成功促成冯·卡拉扬参与创作，但他仍然坚持己见，继续找机会实现自己的想法。比如有一次，他就同犹太律师塞缪尔·皮萨尔共同谋划这件事。塞缪尔·皮萨尔是大屠杀的幸存者，曾作为国际政治评估人员为国际奥委会提供过帮助，萨马兰奇在回忆录中详细阐述了事情的经过："我请求他从中活动，说服美国作曲家伦纳德·伯恩斯坦接受国际奥委会的邀请，创作交响曲。"时间一天天过去，却没有什么消息。不久后，他在日记中坦言："事情没有进展。"

发动这些倡议时，他往往满怀热忱，但时间一久也就事过境迁，全然淡忘了。他是一个更加重现实效果并务实的人，除非什么时候他又萌生了新的音乐创作想法。又有一次，希腊文化部长梅莲娜·梅尔库里在和他交谈时提到了希腊音乐家西奥多拉基斯。这位希腊作曲家因其为电影《希腊人佐巴》所作的配乐和巴勃罗·聂鲁达的《总章》而享有盛名。现在要创作的是一个新的奥林匹克圣歌，它将取代1896年3月25日在雅典奥运会开幕式上第一次演出的由斯皮罗·萨马拉斯创作的奥运会会歌。然而，古老的传统毕竟是不可逾越的，以帕拉马斯的诗作为歌词的奥运会会歌最终保留了下来，这个提议并没有实行。但由于萨马兰奇的积极介入，西奥多拉基斯得以在巴塞罗那1992年奥运会的背景音乐创作中发挥重要作用，创作了好几部主题曲。

巴登-巴登大会：文化政策

1981年的巴登-巴登大会为文化政策的发展奠定了基础，当时，国际奥委会委员吉尤利奥·奥内斯蒂（意大利）提出了文化政策发展的

在奥林匹亚，维斯塔贞女利用凹透镜聚集阳光点燃奥运火炬

方案，并得到了萨马兰奇的支持。文化政策给予奥组委特别优惠，旨在为运动员和观众发展文化项目。大会鼓励各国家/地区奥委会在自己的国家中发展文化活动，并促进运动员间的文化交流，同时也为创建奥运博物馆提供支持，用来展示各个国家的体育发展史，随着与奥运相关的展览、音乐会等文化活动的迅速发展，也吸引了众多顶尖的艺术家竞相申请参加文化项目。

"高尚的灵魂寓于强健的身体"，这句拉丁语的诗句在体育运动与精神活动的深度结合中获得了真谛。萨马兰奇主席所做的决策以及倡导的活动当中有着深刻的文化含义。他在了解了美术领域的最新发展趋势后，为将文化融入体育活动投入了大量精力。

国际奥林匹克学院 这是由皮埃尔·德·顾拜旦男爵创立的一所奥林匹克学院，深受传统和历史影响，旨在促进奥林匹克教育、推广奥林匹克文化，同时"维护奥林匹克理想和精神"。为了把这一想法付诸实施，其提出了很多建议，最终成立了国际奥林匹克研究中心，该中心是根据德国内政部长威廉·弗里克于1938年2月9日的命令创立的。奥林匹克研究中心旨在开展对奥林匹克理论的研究，一经创立便立刻开展活动。第一任主席是致力建立和发展研究中心的卡尔·迪耶教授。然而，研究中心的工作因为德国第三帝国的政治影响而中断。

但这个工作还要继续。1949年4月，在罗马举行的第43次全会一致决定创建国际奥林匹克学院，总部设在奥林匹亚（希腊）——一个距离雅典400公里的风景秀丽的地方。希腊政府慷慨地提供了这片土地。萨马兰奇自1967年起担任国际奥委会委员，一直以来都非常积极地参与这项工作。萨马兰奇在他的奥运回忆录中阐述了他之所以积极推动建设这样一个机构的原因："为了传承古典希腊时期的奥运精神，需要恢复奥林匹克学院的悠久传统。在希腊'法律卫士'的时代，就已经有奥林匹克学院的说法了。'法律卫士'属于执政官这一层级的人，拥有解释奥运会伦理及宗教涵义的权力，他们也是奥运会规则与规定的捍卫者。尽管皮埃尔·德·顾拜旦自1927年以来就希望设立一个致力研究和传播奥林匹克理念的机构，但是直到1961年6月16日，在希腊奥林匹亚市，国际奥委会才创立了国际奥林匹克学院，从那时起学院的三个主要目标包括：第一，捍卫奥林匹克教育的价值观基础；第二，捍卫奥林匹克主义的精神和文化价值；第三，传播与讲授奥运历史，在全球的青年当中传播和平与友爱的理念。"

在他以国际奥委会主席的身份召开的第1届执委会会议上，萨马兰奇任命希腊委员尼古拉斯·尼西奥蒂斯为委员会主席。尼西奥蒂斯必须不懈努力，来实现一系列目标："深化奥林匹克理念的哲学和文学理论基础，并稳步推进古代奥林匹克运动及奥林匹亚传统遗产的传承。所有这些都将促进世界人民深层精神上的和谐，进而有利于维护世界和平、自由和公平正义。"

对于奥林匹克学者塞尔吉奥·里卡罗·奎罗加而言，"学院的具体任务和责任是守护奥林匹克精神，并将其传播到整个体育界，解释奥运规则和国际奥委会的地位和作用，研究与竞技体育和奥运相关的问题。内容主要涵盖古代奥运史、奥运的哲学思想和意识形态，古代教育、艺术与社会科学对奥运的影响，现代奥运的发展历程，体育竞赛对和谐发展及对人类价值观培养的积极意义，体育暴力、兴奋剂、体育运动的商业化等。"他补充说："学院开展的工作一方面是召开专家会议，另一方面是组织讨论会和交流会，让青年人能够参与进来并发表意见。对话是学院教育系统中重要的一环，对话能让授课教师和听众共同找到解决问题的方案。教师、教练员、医生、艺术家，还有国际奥委会委员通过这种方式能够听到年轻一代的观点，而又不会受限于政治方面的压力或考量。组织这种对话的一个优点在于，最后即使没有做出决定，还是可以达成可能对国际奥委会的工作有所助益的合理结论，这种做法也符合奥林匹克理念。"

萨马兰奇对奥林匹克价值观及其在全球的传播极为敏感，也因此总是非常关注国际奥林匹克学院的正常运行，努力确保国际奥委会、奥林匹克团结基金以及奥林匹克研究中心对学院的援助，帮助其不断完善和进步。他曾经这样称赞道："由于希腊政府对扩建学院给予的慷慨援助，国际奥林匹克学院的设施非常完善，学院中的人在各方面都能享受到舒适的环境。学院的理念被传播到了世界各地。"

1986年，国际奥委会主席萨马兰奇在国际奥林匹克学院成立25周年的演讲中，将国际奥委会描述为"人类与七大洲团结和友谊的象征，跨越过去与现在的桥梁，融合传统与现代的纽带，连接古希腊与20世纪的通道。"在他的领导下，奥林匹克学院的工作稳步推进，并延伸到世界各地，创立了国家奥林匹克学院以及多个洲的奥林匹克学院，如拉丁美洲奥林匹克学院。

教育 萨马兰奇将教育视作决定个人和国家命运的重要因素。"看看世界上一些成功的国家，比如瑞士和

韩国,它们也许没有辽阔的国土,没有丰富的自然资源,但它们一定都大力投资教育,提升国民素质。教育是最好的投资,收益最高的投资。在担任国际奥委会主席的21年间,我的足迹遍布世界各地,到访之处数以百计,我得出了一个结论,那就是世界上最富裕的国家并不是那些拥有最丰富的自然资源的国家,比如石油,而是那些为人民实行了最好的教育体系的国家。我的经验告诉我,我们能给第三世界国家最好的帮助就是给它们提供高效的现代教育体系。就过去的经验而言,经济方面的援助在这些地区很快便蒸发得无影无踪。我真的相信,一个国家最优质的遗产就是给人民的教育。"

萨马兰奇与1987年至1999年间担任联合国教科文组织总干事的西班牙人费德里科·马约尔·萨拉戈萨有着良好的关系,这也促进了国际奥委会和联合国教科文组织之间的合作,共同推动合作项目取得丰硕的成果,尤其是针对发展中国家的项目(见"第8章 奥运外交")。萨马兰奇自始至终都非常注重体育运动与教育之间的联系。另外,他还一直深信,体育是教学理念的一个理想的应用方式。

"体育是一种教育资源,是促进和谐发展的重要推动力量。体育活动必须不断地巩固其性格塑造者的地位,在体育活动当中培养宽容和对他人的慷慨。教育则必须贯穿我们的一切行动,只有这样我们才能有信心解决未来一千年中遇到的各种问题。毫无疑问,未来的一千年将是一个技术主导的时代。简而言之,教育在任何发展进程中都起着关键作用。"

藏书标签 萨马兰奇曾认真而细致地设计自己的藏

收藏是一种艺术

对收藏的热情是继承来的,甚至可以说是基因遗传来的,从父亲传给儿子。我20岁的时候就开始收藏。我的父亲给了我他收藏的纪念邮票,包括雅典1896年第1届现代奥运会的珍藏版邮票。从那以后,我就开始集邮,并一直保持这一爱好,从未中断。

收藏是一门艺术,与商业是不兼容的。我不建议任何人以赚钱为目的而进行收藏。这是很多人犯的一个错误。收藏是一种艺术,一种美德。为了获得一个藏品,我往往会花好几年的时间。作为一个收藏者,需要有很强的毅力和耐心。收藏教给了我们生活的智慧:为了达到目标,必须付出坚持不懈的努力,只有这样才能不断扩充自己的收藏。

然而,未来令人担忧。集邮面临萎缩,主要原因无外乎现代社会中人们更愿意发电子邮件,而减少了书信往来。

胡安·安东尼奥·萨马兰奇
国际奥委会主席(1980—2001),集邮爱好者

书标签。他在回忆录中说:"不知道这是不是我自己对未来的预感？我自己在1964年设计了这个标签,其中融合了巴塞罗那省政府以及奥运会的标志。在1973年,我被任命为巴塞罗那议长,1980年当选为国际奥委会主席。真的很神奇。"

奥运纪念 奥林匹克运动与邮政服务有深厚的历史渊源。1896年,在雅典第1届现代奥运会体育设施建设的资金筹集上,组委会遇到了困难,希腊政府按照集邮协会主席的建议,发行了一系列古代奥运历史主题的邮票。这些邮票总共带来了40万德拉克马的收入,这笔资金对确保奥运会按计划进行非常重要。

希腊发行的邮票是世界上第一组以体育运动为主题的邮票,也是第一批奥运邮票。过去100年,奥林匹克运动的历史进程推动了奥运纪念活动和纪念文化的发展。体育与文化之间的纽带是现代奥林匹克运动中的重要一环,集邮展自然也成为奥运的一部分。1982年12月7日,国际奥林匹克集邮联合会成立,胡安·安东尼奥·萨马兰奇担任主席。1985年3月18日至24日,第1届世界奥运集邮展在洛桑举行。汉城1988年第24届奥运会期间也举办了奥运集邮展,1992年至2004年期间举办的奥运会均举办了集邮展。集邮有着独特的魅力,是奥林匹克运动的一个组成部分,与奥运是分不开的。所有的奥运会都保存了纪念邮册,受到世界各地收藏者的追捧。

对奥运收藏品的激情不仅限于邮票,而是延伸到其他物件。针扣或翻领徽章的出现也受到了收藏界热烈欢迎,同时还带动了其他更为传统的收藏品,如普通徽章、奖杯、证书、制服、烟灰缸、扇子、茶匙、套管、搭扣、领带、横幅、文凭、明信片、奖牌、硬币、海报、卡片、照片、火炬、书籍、图片、贴纸、药盒等。任何物品都可以制成小型纪念品或奥运纪念物。唯一需要保证的一点就是,印有奥运符号的物品必须成为官方纪念品的一部分,成为一类新的藏品。许多国家都经营着奥运收藏家俱乐部,如挪威、美国、加拿大、俄罗斯、法国、澳大利亚、德国、捷克共和国等。奥运博物馆以"奥林匹克收藏博览会"的名义为收藏者提供奥运纪念品交易或交换的平台。

胡安·安东尼奥·萨马兰奇奥林匹克运动博物馆 萨马兰奇曾对主办奥运会的城市说:"我们必须为后代保护好奥林匹克遗产,最好的办法是推动建立一个博物馆,让奥运精神永葆活力。"萨马兰奇以惯常的态度坚持要求推动建立一系列奥林匹克运动博物馆,由洛桑的博物馆,特别是他的家乡巴塞罗那的博物馆来主导这一举措。巴塞罗那致力发展体育运动,也是世界上唯一一座同时举办了世界上两场最有影响力的体育盛会开幕式的城市,即1992年奥运会和1982年世界杯(足球赛)。

巴塞罗那奥林匹克基金会的成立旨在保护和管理奥组委的遗产。巴塞罗那奥林匹克基金会决定创建奥林匹克画廊,以纪念1992年奥运会。画廊位于蒙特惠奇的奥林匹克体育场内,在奥运会闭幕一年后对外开放,目的是促进和宣传奥运理念和价值观。中央的位置有一个永久性的展览中心,也面向公众开放,全方位地为新一代年轻人展示巴塞罗那奥运会,以及奥运会给城市留下的重要遗产。

萨马兰奇完成他的任期后,与加泰罗尼亚政府就建立一个奥运运动博物馆进行了交流。他终于设法团结有关各方,让不同层级的政府(国家、地区、省级和市级政府机构)为建设博物馆提供足够的资金,这样城市就可以从西班牙奥委会接受藏品,并对其实行管理。2006年1月,在奠基仪式上铺设了第一块具有象征意义的石板,博物馆正式开始施工建造。整个施工过程只用了3个月,效率之高,前所未有。博物馆于2007年3月21日对外开放。在萨马兰奇的继任者雅克·罗格陪同下,西班牙国王和王后主持了仪式,许多体育界著名人物参加了仪式。那一天,萨马兰奇说:"这是对巴塞罗那奥运会的完美收官,巴塞罗那值得让后代永远缅怀。"他还预言,这是"珍藏他个人奥运藏品的理想之所"。

博物馆涵盖了各种各样的体育活动,向参观者呈现奥林匹克运动的发展史,并展示了巴塞罗那奥运会的详细记录。为胡安·安东尼奥·萨马兰奇专门设立的大展厅内全面展示了萨马兰奇作为奥运领导人和国际奥委会主席的光辉事业,并收藏了他捐献的许多物件,包括珍贵的艺术藏品。在他的形象和独特的签名旁边,是一句座右铭:"愿我们之间燃烧的奥运圣火永不熄灭。"

2010年4月底,在萨马兰奇去世还不到10天,巴塞罗那市市长乔迪·俄瑞武建议以胡安·安东尼奥·萨马兰奇的名字冠名奥林匹克博物馆。乔迪·俄瑞武说:"巴塞罗那市会记住萨马兰奇所做的诸多贡献。"这是巴塞罗那市——这个萨马兰奇出生的地方——对这位当地最卓越的世界公民的认可。那一天,萨马兰奇一直大力支持的博物馆更名为胡安·安东尼奥·萨马兰奇奥林匹克运动博物馆。

开放、互动的博物馆 博物馆中陈列着各种富有创意的展品。这座现代建筑位于巨大的圆弧形奥林匹克体育场之侧,与蒙特惠奇公园的自然环境融为一体,占地面积4000平方米,一共四层,每一层均可通过大型坡道进入。博物馆是通向体育世界的窗口,视角覆盖历史、伦理、教育和娱乐等方面,同时立体地呈现体育运动及其所有学科的方方面面。这个博物馆目的是宣传和促进体育运动以及奥林匹克精神。在这个博物馆里,有着1992年奥运会的生动记忆,展示着各个层面的体育运动,从高水平竞赛到大众体育。博物馆全年接待的中小学生及游客达10万人次，并根据参观者的需求专门为其设计了导览之旅。多功能厅和临时展馆可举办各种各样的活动，并且由于博物馆所具有的象征意义，还经常举办许多体育活动的相关仪式。

巴塞罗那奥林匹克基金会由一个董事会负责经营，其中包括4个负责财务的机构（巴塞罗那市政府、加泰罗尼亚政府、西班牙最高体育理事会和西班牙奥委会）以及5名个人成员：玛丽娅·特蕾莎·萨马兰奇·萨利萨其斯、约瑟普·米格尔·阿巴德、偌玛·居亚斯、雷欧波尔多·罗德斯和约瑟普·卢伊斯·维拉塞卡。主要活动包括奥林匹克论坛，论坛自1995年以来每年举办两次，探讨体育与奥运界共同关注的话题。2009年以来，体育电影艺术节、"巴塞罗那体育电影节"相继举办，2012年7月，胡安·安东尼奥·萨马兰奇奥林匹克研究中心成立，恰好是巴塞罗那奥运会20周年纪念。奥林匹克研究中心拥有重要的文献和书目档案。中心还组织了"历史课"讲习班，并与加泰罗尼亚不同大学密切合作、共同开展的学术活动。另外，奥林匹克研究中心也是萨马兰奇体育发展基金会在巴塞罗那所在地。

巴塞罗那奥林匹克博物馆

"愿你内心的奥运圣火永不熄灭。"萨马兰奇和奥林匹克运动所传递的和平信息

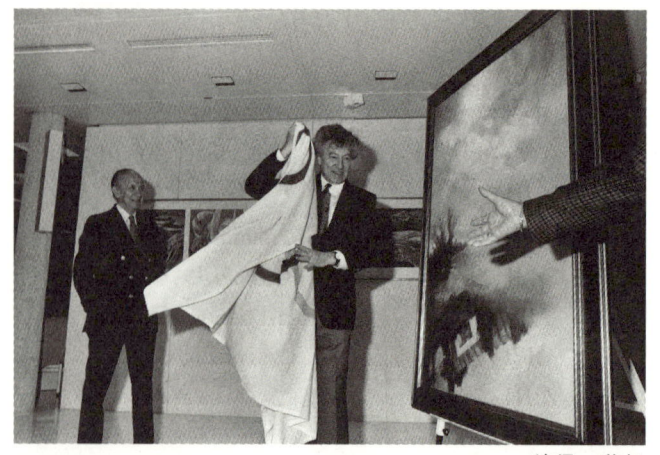

彼得·萨托

奥斯曼·索乌 "起跑线上的跑者"

汉斯·艾尔尼

萨尔瓦多·达利

安德烈·里卡德

纳格·阿诺尔迪

马塞尔·因姆塞德

让-米歇尔·弗隆和摩纳哥亲王兰尼埃

爱德华多·奇利达

米格尔·奥尔蒂斯·贝罗卡尔

尼基·德·圣法尔

伊戈尔·米托拉赫

让·汤格利

何塞普·玛利亚·苏比拉克斯

第20章　萨马兰奇与中国

萨马兰奇——中国的老朋友
与中国人民长达40年的情谊

萨马兰奇一直理解、赞赏和重视中国在重大国际体育事务中所持的原则立场，关心和支持中国体育事业的发展。萨马兰奇仰慕中国悠久的历史和文化，曾先后29次访问中国，在中国几乎家喻户晓。萨马兰奇在中国深受人们的尊敬和爱戴，正如他所说："我一生中得到过许多的荣誉和称号，但我最为珍视的称号是——中国人民的老朋友。"

中国在国际奥委会的合法权利　早在中国恢复与国际奥委会的关系之前，萨马兰奇就公开表示了他的想法：没有中国的参与，奥林匹克运动不可能像它的创始人顾拜旦所梦想的那样普及。他很快明白，一个像中国那样的国家，拥有世界上最多的人口，必须显示其在国际奥委会的力量，并且应该早日在其中占据一个强有力的位置。

1975年4月，中国与时任国际奥委会副主席的萨马兰奇建立联系，表示希望重返奥林匹克运动大家庭。萨马兰奇表示他愿意在友好对话的前提下推动解决这一问题，他认为不能忽视8亿中国人民和运动员，中国在国际奥委会合法权利尚未解决是不合理的。

1978年4月，萨马兰奇以国际奥委会副主席的身份首次对中国进行访问。4月22日，时任中华全国体育总会

基拉宁勋爵与萨马兰奇在名古屋执委会会议上

副主席路金栋、秘书长宋中等与萨马兰奇在北京饭店举行了会谈。萨马兰奇说："我此次来访，是想进一步了解你们所采取的立场，并和你们交换一些看法。今年5月份，国际奥委会将在雅典召开全会，我副主席的任期即将结束。我是希望在我任期届满之前，尽力解决中国问题。"关于中国在国际奥委会的合法权利问题，萨马兰奇也明确表达了他的意见：第一，中国应尽早成立一个奥委会。宋中向萨马兰奇介绍了中华全国体育总会的职能等情况。路金栋表示："我们会考虑你的意见，在条件成熟时采取相应的措施。"第二，他相信中国在国际奥委会的席位问题会在不远的将来得到解决。当然，通过投票驱逐台湾存在失败的风险。基拉宁主席也不愿冒投票失败的风险。第三，他大胆地提出一个建议，要改变台湾奥委会的名称。萨马兰奇对用台湾改名的方式来解决中国问题显得很有信心。中国体育界领导人十分感谢萨马兰奇在会谈中这种朋友般的口吻、坦率的态度和对中国立场的理解与支持。北京的会谈结束后，中方还安排萨马兰奇一行去上海参观访问。这次访问使萨马兰奇对中国和中国体育有了进一步的了解。

奥运模式——《名古屋决议》 经过萨马兰奇和中方多年的共同努力，中国在国际奥委会的合法权利得以恢复。1979年10月，在日本名古屋举行的国际奥委会执委会会议上，通过了《名古屋决议》，原文如下：

国际奥林匹克委员会执委会决议（1979年10月25日于名古屋）

中华人民共和国

名称：中国奥林匹克委员会

国家/地区奥委会的歌、旗和会徽：中华人民共和国国歌和国旗。提交并经执委会批准的会徽。

章程：符合规定。

位于台北的委员会名称：中国台北奥林匹克委员会。

奥委会的歌、旗和会徽：有别于目前使用的歌、旗和会徽，并须经国际奥委会执委会批准。

章程：须于1980年1月1日前进行修改，以符合国际奥委会宪章。

根据国际奥委会规定，此执委会决议仍须全体国际奥委会委员表决批准。1979年11月26日，时任国际奥委会副主席穆罕默德·姆扎利（突尼斯）在国际奥委会总部洛桑宣布了全体委员的通信表决结果：62票赞成，17票反对，1票弃权。名古屋执委会会议关于恢复中国在国际奥委会中合法权利的决议得以

中国奥林匹克委员会

中国台北奥林匹克委员会

批准。这个后来被称为"奥运模式"的《名古屋决议》，标志着中国正式成为奥林匹克大家庭的一员。而中国台北奥委会则在改旗、改歌、改徽的前提下，继续留在奥林匹克大家庭内。

此后，中国奥委会一直严格遵循《名古屋决议》精神。萨马兰奇和国际奥委会以及各国际体育组织均对《名古屋决议》的执行进行了认真的监督。

中国国际奥委会委员 1980年，萨马兰奇当选国际奥委会主席。在担任主席职务期间，他一直十分重视发挥中国奥委会在国际奥委会中的作用，并关注遴选中国国际奥委会委员。在萨马兰奇担任国际奥委会主席期间，3位中国体育界人士加入了国际奥委会。

1981年10月2日，在德国巴登-巴登召开的国际奥委会第80次全会上，何振梁当选为国际奥委会委员，这是中国恢复在国际奥委会合法权利后的首位国际奥委会委员。自此，萨马兰奇和国际奥委会与中国开启并保持实质性的合作关系，萨马兰奇称何振梁为"我的中国兄弟"。

1985年，在德国柏林召开的国际奥委会全会上，国际奥委会决定增加两名执委会成员，即由9名增加至11名。何振梁和瑞士的马克·霍德勒当选为执委。1989年，在波多黎各圣胡安召开的国际奥委会全会上，萨马兰奇连任国际奥委会主席，何振梁当选为国际奥委会副主席。

1996年，在美国亚特兰大召开的国际奥委会全会上，根据《奥林匹克宪章》第20条第1.3款关于国际奥委会可以选举国际单项体育联合会主席为国际奥委会委员的规定，萨马兰奇主席提名国际羽毛球联合会主席吕圣荣女士为国际奥委会委员。2000年，在澳大利亚悉尼召开的国际奥委会全会上，时任中国奥委会副主席于再清当选

为国际奥委会委员。

奥林匹克杯和奥林匹克勋章 中国在许多国家，特别是非洲国家，援建了一批体育场馆。萨马兰奇在访问非洲期间，目睹了这些体育设施，曾感慨地说：中国最好的体育馆在非洲，这值得给中国发一个很大的勋章。

为表彰中国奥委会对非洲奥林匹克运动发展所做出的贡献，萨马兰奇建议国际奥委会授予中国奥委会最高荣誉——奥林匹克杯。

1986年4月28日，萨马兰奇代表国际奥委会在北京人民大会堂向中国奥委会颁发奥林匹克杯。奥林匹克杯是根据顾拜旦的倡议于1906年设立的。这是国际奥委会为奥林匹克运动做出特殊贡献的组织设置的最高荣誉。授予中国奥林匹克杯的理由是：中国为发展中国家体育设施的建设做出了突出贡献。

为了表彰中国体育界领导人，萨马兰奇代表国际奥委会向中国国务院副总理万里颁发了奥林匹克金质勋章，并先后向荣高棠、钟师统、黄中、李梦华、陈镜开、陈先、路金栋、宋中、陈希同、伍绍祖、张百发、张彩珍等颁发了奥林匹克银质勋章。

中国申办奥运会 萨马兰奇一直关心中国体育事业的发展。洛杉矶1984年奥运会之后，中国体育运动的发展水平愈发引起萨马兰奇和国际奥委会的高度重视。同年，萨马兰奇应邀出席了新中国成立35周年庆典。在华期间，萨马兰奇向中方表达了中国完全有能力办一届奥运会的想法。

萨马兰奇与何振梁委员

萨马兰奇与吕圣荣委员，后者以国际羽毛球联合会主席身份在1996年至2001年间任国际奥委会委员。此为2001年莫斯科第112次全会

1991年12月4日，中国代表团赴洛桑向国际奥委会正式递交了举办2000年奥运会的申请书。北京开始了与柏林（德国）、悉尼（澳大利亚）、曼彻斯特（英国）和伊斯坦布尔（土耳其）这4个城市角逐2000年奥运会主办权的历程。

在申办期间，萨马兰奇利用访华的机会多次给予北京奥申委热情的鼓励，并对他们的工作提出宝贵的建议。萨马兰奇的好朋友，在巴塞罗那1992年奥运会的筹备中发挥了积极作用的实业家莱奥波尔多·罗德斯也来帮助北京申办。

1993年9月23日，在摩纳哥蒙特卡洛召开的国际奥委会全会上，北京以两票之差输给了悉尼（43对45票），与2000年奥运会举办权失之交臂。

然而，中国对奥林匹克运动的热情并未受到影响。萨马兰奇也仍对中国举办奥运会的能力充满信心。

1999年4月7日，北京2008年奥林匹克申办委员会代表团赴瑞士洛桑国际奥委会总部，向国际奥委会正式递交了北京举办2008年第29届奥运会的申请。2000年9月9日，中国国家主席江泽民致函国际奥委会主席萨马兰奇，江泽民主席在函中表示：我和我的同事们全力支持北京申办。如能在具有悠久文明并且迅速发展的北京举办2008年奥运会，无论对奥林匹克运动，还是对中国乃至世界都具有积极意义。我深信在中国政府和全国人民的支持下，北京市将做出非凡的努力，一定能举办一届高水平的奥运会。

萨马兰奇与于再清委员在2009年哥本哈根第121次全会上

国际奥委会调查数据显示：中国支持北京申办2008年奥运会的人数高达95%以上，这是奥林匹克运动史上一个空前的数字。一共有来自四大洲的10个城市参与申办本届奥运会。其中泰国曼谷、埃及开罗、古巴哈瓦那、马来西亚吉隆坡和西班牙塞维利亚没有通过初选，最终竞争在中国北京、加拿大多伦多、法国巴黎、土耳其伊斯坦布尔和日本大阪之间展开。

2001年7月13日晚22点08分（北京时间），国际奥委会主席萨马兰奇在莫斯科宣布：北京获得2008年第29届奥运会举办权。3天后，萨马兰奇主席任期届满，从担任了21年的国际奥委会主席的职位上卸任。

对中国人民的感情　萨马兰奇一生29次到访中国，与中国人民结下了诚挚的友谊。中国重返奥林匹克大家庭后，于1984年首次派体育代表团参加了洛杉矶奥运会，显示了中国在现代奥林匹克运动最困难时期对奥林匹

中国代表团在洛杉矶1984年奥运会开幕式上

萨马兰奇宣布北京为2008年奥运会举办城市

克运动和萨马兰奇主席最有力的支持,对此萨马兰奇一直念念不忘,在此后的20多年中多次提及。他说:"记得当年开幕式上,当来自中国的奥运代表团入场时,全场爆发出雷鸣般的掌声。洛杉矶也以同样的掌声鼓励奥运会第一枚金牌得主:中国选手许海峰。我亲自将金牌颁发给了这位射击选手,他是在击败了一位曾在慕尼黑奥运会中获得金牌的瑞典选手而成为冠军的。"

作为国际奥委会主席,萨马兰奇崇尚和提倡奥林匹克更快、更高、更强的体育精神,每当获悉中国运动员通过努力拼搏获得比赛冠军的时候,他的喜悦之情都溢于言表,认为从他们身上看到了中国运动员精湛的技艺、敢于和善于挑战的精神。萨马兰奇在担任国际奥委会主席期间多次为乒乓球选手邓亚萍颁奖。1991年5月,在日本千叶县举办的世界锦标赛女单决赛中,18岁的邓亚萍一举夺冠。萨马兰奇第一次给邓亚萍颁奖。此后,他又先后在同年9月日本松本县举办的"萨马兰奇主席杯"乒乓球大赛中、巴塞罗那1992年奥运会上、亚特兰大1996年奥运会上为夺冠的邓亚萍颁奖。国际奥委会主席连续两届为同一个项目的同一位冠军颁奖,这种情况在国际体育界也是不多见的。萨马兰奇曾说过:"邓亚萍那种不服输的劲头,代表了运动员的风貌。"

在萨马兰奇21年的国际奥委会主席任职期间,他每次访华都受到了中国领导人的接见。同时,他也和很多普通的中国民众成为了朋友:从北京胡同里的居民、南京木器厂的退休工人、上海里弄里的儿童、青岛的帆船爱好者到石家庄制药厂的普通职工。正是因为他和中国人民建立的深厚感情,很多中国媒体亲切地称萨马兰奇为"老萨"或"萨翁"。

2008年奥林匹克博览会 萨马兰奇喜爱中国的历史和文化,同时,作为一位集邮爱好者,他一直希望能够在北京奥运会期间举办一次以集邮为主题的综合性奥林匹克文化展览。国际奥委会做出决定:于2008年8月8日至18日在北京展览馆举办奥林匹克博览会,8月8日上午10时30分北京奥博会开幕。由国际奥委会、中国奥委会、北京奥组委、中国邮政集团公司联合主办,中国邮政集团公司承办。

2008年4月29日,《北京2008年奥林匹克博览会》邮票面世,中国邮政开创了为奥博会发行邮票的先例。

奥博会展出时,珍品引起了奥林匹克爱好者们的巨大兴趣。这些展品第一次从洛桑奥林匹克博物馆来到北京,观众反响热烈。33件雕塑、32把奥运火炬、52枚奥运奖牌、134幅绘画作品、16件获奖作品、26件集邮珍品,成为展示奥林匹克历史和文化的重要代表作品。萨马兰奇个人捐献给奥林匹克博物馆的邮集和藏品也在此次展览中展出。同时,23个国家和地区的215部邮集参加了北京奥博会体育类集邮展览。评审员们对每部展品都仔细观看、严格评审,萨马兰奇也亲自参与了部分评审。8月15日,评选揭晓。共评出金奖18个、镀金奖69个、银奖82个、铜奖40个。北京奥博会在11天里共接待观众达10余万人次,萨马兰奇称之为"我见到过的最好的奥林匹克文化展览"。

2008年奥林匹克博览会

中西论坛 推动中国和西班牙两国的友好交流是萨马兰奇长期的愿望,他卸任国际奥委会主席以后,一直热心推动中西友好和交流,并与中国政府和有关部门保持着良好的关系。2003年12月18日第1届中国—西班牙论坛正式在北京启动。这是一个组织中西两国间高层会议的平台。这些活动由中西理事基金会倡议,目的是为了推动西班牙和中华人民共和国之间的文化、经济、商业、企业、科学和体育之间的合作;增进中国与西班牙两国之间的相互了解以及提高两国语言的普及程度。胡启立为中方主席,西班牙外交和合作部任命萨马兰奇为西班牙方主席。他参加了2003年北京、2004年巴塞罗那、2006年上海及2007年马德里的中国—西班牙论坛。

对萨马兰奇的敬意 2010年4月21日,国际奥委会终身名誉主席萨马兰奇因病在西班牙巴塞罗那去世,享年89岁。中国人民深感悲痛。

时任中国国家主席胡锦涛表示:萨马兰奇先生是国际奥委会卓越领导人,毕生致力现代奥林匹克运动的改革和发展,为弘扬团结、友谊、和平的奥林匹克精神,推动现代奥林匹克运动走向新的辉煌,做出了不懈的努力,受到世界各国人民的高度赞誉。萨马兰奇先生是中国人民的老朋友、好朋友,生前为恢复中国在国际奥委会的合法权利、支持和扩大国际奥委会同中国的交流与合作,以及促进中西两国和两国人民友谊和合作做出了突出贡献。我们对此永远不会忘记。中国政府将一如既往支持中国体育界加强同国际奥委会和各国体育界的交

萨马兰奇与邓亚萍在打乒乓球。1998年

流与合作，增进中国人民同世界各国人民的了解和友谊。

中国前国家主席江泽民表示：萨马兰奇先生在担任国际奥委会主席期间，以出色才能和远见卓识，为推动奥林匹克运动的蓬勃发展，促进奥林匹克和平、友谊、团结理念在全世界的普及，奉献了毕生的智慧和精力。萨马兰奇先生是我的老朋友，他为推动奥林匹克运动在中国的发展做出了重要贡献。我为奥林匹克事业失去这样一位杰出领袖而深感痛惜，我们永远怀念他。

中国奥委会主席刘鹏表示：萨马兰奇主席作为奥林匹克运动的卓越领导者，为弘扬奥林匹克运动、推动世界和平与发展奉献了毕生的精力。尤其是在萨马兰奇先生担任国际奥委会主席的21年期间，他高举改革的旗帜，为奥林匹克运动的蓬勃发展注入了新的活力。

国际奥委会委员何振梁表示：国际奥林匹克运动失去了一位伟大的领导者，中国失去了一位好朋友，我自己失去了一位亲密的同事和兄长。我们将永远怀念他，也相信世界奥林匹克运动将沿着他所开创的道路继续前进，为各国和地区人民之间相互理解和友谊、为世界和平取得更大的成绩。他将永远活在我们的心中和他所热爱的奥林匹克事业中。

广大中国民众以各种形式表达了对萨马兰奇逝世的怀念之情：北京东城区东四奥林匹克社区的不少居民自发地为他们心中的老朋友送行，他们佩戴白花，手持纸鹤，来到萨马兰奇的雕像面前，深深地鞠躬，表达自己的哀悼之情，怀念萨马兰奇和这个社区的不解之缘。萨马兰奇曾于2008年9月走进这个奥林匹克社区，为顾拜旦、萨马兰奇、罗格的雕塑剪彩，并为社区博物馆题字、印手模。

天津萨马兰奇纪念馆 2013年4月21日是萨马兰奇逝世3周年纪念日，萨马兰奇纪念馆正式对公众开放。

萨马兰奇纪念馆坐落在天津市静海县团泊新城健康产业园，距离天津市区10公里，占地14.4万平方米，建筑面积约1.9万平方米。馆内陈列了萨马兰奇收藏

洛杉矶1984年奥运会射击50米手枪项目颁奖仪式，萨马兰奇为中国代表团获得的第一枚金牌获得者许海峰颁奖

萨马兰奇先生在首旅集团旗下全聚德餐厅用餐

的书籍、纪念品、生前用品16578件。展馆布展利用幻影成像、球形屏幕、虚拟现实等手段，使到访游客仿佛置身于电影之中，亲眼目睹萨马兰奇一生的传奇经历。

萨马兰奇纪念馆提供了一个让世界各国更多人了解他的奥运生涯，并作为一个奥运会历史见证人做出宝贵贡献的机会，让大家通过参观萨马兰奇纪念馆及通过讲故事方式体验奥林匹克的精神和价值观。建立萨马兰奇纪念馆，将萨马兰奇先生生前的奥林匹克运动收藏品进行展示，让更多人了解萨马兰奇、了解奥林匹克运动，

萨马兰奇担任中西论坛西班牙方主席

让奥林匹克精神发扬光大，展出萨马兰奇珍贵的收藏品是纪念他的最好方式。

萨马兰奇体育发展基金会 萨马兰奇逝世后，萨马兰奇家族成员一直在寻求一种方法使萨马兰奇与中国人民多年建立起来的深厚友谊得以传承。2011年6月，萨马兰奇的儿子、国际奥委会委员小萨马兰奇在中国访问期间，就创立萨马兰奇基金会的设想与中方进行了协商并得到了积极响应。

随后，小萨马兰奇又四处走访萨马兰奇生前的亲朋好友，邀请相关的企业和个人加入萨马兰奇体育发展基金会理事会。经过大半年的努力，理事会初见规模，他们是：于再清、萨马兰奇女儿玛丽娅·特蕾莎·萨马兰奇、何振梁、杨扬、李玲蔚，安踏体育丁世忠，中国邮政刘安东，北京首旅集团刘毅，北京奥运城市发展基金会张凤朝，西藏冰川矿泉水付琳，泰山体育卞志良，以及邓亚萍、严建昌、陈绍枢；西班牙体育部秘书长及高等体育理事会主席米盖尔·卡迪纳尔，巴塞罗那市长哈维尔·提亚斯，西班牙地中海储蓄银行维拉拉索，巴塞罗那1992年奥组委莱奥波尔多·罗德斯，西班牙依莎集团总裁大卫·哈奇等。这其中包含了来自中国政府、西班牙政府、国际奥委会、北京市政府、巴塞罗那市政

萨马兰奇纪念馆外观，萨马兰奇主席的外孙女、建筑师安娜·格拉斯·萨马兰奇曾参与过项目的设计

府、萨马兰奇家族和多家知名企业的代表。

2012年7月13日,北京申奥成功纪念日,中央领导代表、北京市委书记郭金龙、国家体育总局局长刘鹏、萨马兰奇的女儿玛丽娅·特蕾莎·萨马兰奇、基金会发起人小萨马兰奇共同为萨马兰奇体育发展基金会揭幕。中国奥委会副主席、国际奥委会副主席于再清先生出任理事长。

时任国际奥委会主席罗格发来贺词:胡安·安东尼奥·萨马兰奇先生是全世界人民都熟悉的、少有的几个能够在其所属领域创下如此非凡的业绩,并持续影响后代的伟人之一。他的远见和卓越才华,使奥林匹克运动更加强大、更加团结。他的成就及生平事迹为我们留下了宝贵的遗产。在他众多的伟大成就之中,最值得被人们铭记的是他帮助中国重返奥林匹克大家庭,并在这个伟大的国家,尤其青少年中进一步推广奥林匹克运动和传播奥林匹克理想。萨马兰奇被中国人民称为老朋友,他仰慕中国悠久的历史和文化,而这同时也是整个世界的瑰宝。通过萨马兰奇基金会的建立,他的伟大事迹和理想将得以保护并发扬光大。

基金会以传承"中国人民的老朋友"萨马兰奇先生的精神,延续其与中国之间的深厚友谊,推动中国体育文化事业发展,传播奥林匹克理想,促进国际体育文化交流为宗旨。

2013年,萨马兰奇体育发展基金会第一届理事会成员在西班牙巴塞罗那合影

2017年,萨马兰奇体育发展基金会第二届理事会在北京诺金酒店合影

《我为何热爱和尊重中国》——胡安·安东尼奥·萨马兰奇

2008年9月4日,萨马兰奇在加泰罗尼亚《先锋报》发表题为《我为何热爱和尊重中国》的文章,热情赞扬北京奥运会取得圆满成功,深情述说同中国人民的友谊。以下为文章摘录:

刚刚落幕的北京奥运会在体育竞技和组织上均取得巨大成功,获得国际社会的一致认可。这激励我与读者分享我与中国人民结下深厚友谊的渊源与原由。

得益于以改革开放设计师邓小平先生为核心的中国领导人的博大胸怀,我接任国际奥委会主席职务四个月的时候,国际奥委会达成了一项历史性的协议:正式承认中国奥委会,同时以"中国台北奥委会"的名称保留台湾席位……我对中国体育融入奥林匹克大家庭倾注热切期望,中国把我当作忠实的朋友……

在体育竞技上取得成功后,中国开始认真考虑举办奥运会的可能性。我把来自中国的国际奥委会委员何振梁当成我的中国兄弟,他当选了国际奥委会副主席,并开始酝酿北京申办奥运会。中国决定申办新千年伊始的2000年奥运会……巴塞罗那奥运会期间,我接待了由北京市市长率领的代表团,他们向我传递了对奥运会的热情和对获得举办权的渴望……(但最后)因某些原因,北京以两票之差输给了悉尼,其中发生的某些事情最好还是不要多谈了。中国尊重这一决定,但是失败并不意味着忘记。

过了一段时间,我再次坚持自己的建议:北京不应放弃争取举办奥运会。我把这个建议转告给了接替邓小平成为中国新领导人的江泽民先生……最后北京决定角逐2008年奥运会举办权。2001年7月在莫斯科举行的国际奥委会全会做出两个历史性决定:一是选出了我的继任者:外科医生出身的比利时人雅克·罗格,二是宣布北京获得2008年奥运会举办权。

对于中国政府来说,通向2008年的道路从第一天起就不是一帆风顺的。在7年的准备工作中,一些势力不断进行干扰,一直持续到奥运圣火在"鸟巢"熄灭。达尔富尔危机、西藏问题、发生在伦敦和巴黎的干扰奥运火炬传递,某些政客甚至扬言抵制奥运开幕式,另外自然还少不了关于空气污染、交通、言论自由、互联网等等都是他们大做文章的主题。所幸这些言行都无果而终,奥运会的成功让那些耸人听闻的言论销声匿迹。

北京奥运会是中国向世界展示她千年文化的绝好机会,中国人民开放而自由地同来宾相处和交流,共享奥林匹克精神。中国政府努力兑现承诺,北京奥运成为一个民族的伟大成就。50万热情好客的志愿者为来宾提供周到的服务,北京奥运受到全世界的赞誉。在同胡锦涛主席的会见中,我说,北京奥运会取得圆满成功,未来要超越是非常困难的。要知道中国到底花了多少钱在这次奥运会上是很难的。"鸟巢""水立方"等体育场馆,是真正的建筑奇迹。这对这个大国的未来是一笔绝好的投资。未来15到20年,中国将成为世界第一强国。

中国人民是一个拥有超强记忆力的民族,他们懂得珍惜患难之交,不会忘记患难时期与自己站在一边的人。正因为如此,在这次北京奥运会上,我才能享受到中国人民的友谊和对我的爱,这是很难用言语表达的情感。30年来我29次访问中国……我从中国收获了爱和友谊,也学会了爱与尊重中国人民。

第21章 萨马兰奇关键词

奉献给体育和奥林匹克事业的一生
奥运理念和价值的革新者，奥林匹克运动的复兴者

事业上的高度成功和丰富经验使得胡安·安东尼奥·萨马兰奇在国际奥委会具有很高的权威性。1966年，他作为增选人员进入国际奥委会。此后，他承担了多项任务并担任了多个职位，终于在1980年于莫斯科举行的国际奥委会第83次全会上当选为全球最重要的国际体育组织的第七任主席。在21年的任期中，他充分利用自己高超的谈判技巧，对皮埃尔·德·顾拜旦创立的机构进行了重新整合，为更多的国家和运动员参加奥运会打开了通道，帮助女性参选成为国际奥委会委员，同时大幅增加了国际奥委会的预算。在这一过程中，他还成功地使奥运会成为了全球媒体关注的大事件。

在一次到访悉尼奥运村的时候，萨马拉奇戴上了一副奥运五环形状的眼镜

非洲：非洲最有力的武器就是教育。它将帮助非洲人民开发关键资源，实现社会公平，提高民主和改善人权，进而保证人人享有福利。

阿尔贝维尔1992年冬奥会：不出所料，这届奥运会的组织工作非常完美。比赛区的建设堪称模板。一切进展得十分顺利。我们看到了格勒诺布尔1968年奥运会3枚金牌得主让－克劳德·基利在举办冬奥会上的丰富经验。但是，交通问题是组委会必须克服的困难。

国歌和国旗：在奥运会上，国歌和国旗不能分裂各国人民，而是要帮助他们更好地找到自己的身份，认识到自己与他人之间的联系和自己与其他个人或价值体系之间的关系。

种族隔离：作为一种政治和社会现象，种族隔离与将世界看成一个整体的奥林匹克精神相悖。我们必须共同努力消除种族隔离，在实现这一目标后，非洲人民必须第一时间告诉我们南非将于何时以何种方式融入国际体育界。

夏奥体协：1983年6月，一个由参加夏季奥运会的体育组织组成的联盟获准成立，即夏季奥运会项目国际单项体育联合会协会。两位来自意大利的领导人阿特米奥·弗朗奇和弗朗哥·卡拉尔制定了一份发展计划，确保主管奥运会第一大项的国际田联主席内比奥罗能够出任夏奥体联主席。新成立的夏奥体联所展现出的巨大力量意味着国际奥委会决定将其作为一个重要的媒介，用于应对分配国际单项体育联合会从电视转播权中所获收入的新系统。

亚特兰大1996年奥运会：第26届国际奥林匹克运动会不应仅仅被当作是百年奥运，而是国际性的、团结的奥运会。让来自197个国家/地区奥委会的超过1万名运动员齐聚一堂是一项艰巨的挑战，但我们成功完成了任务。

运动员：运动员是奥林匹克运动的核心，因此，他们的权利应当得到保护。只有这样，在他们结束体育生涯的时候，才能继续为奥林匹克大家庭做贡献。

我们的义务就是永远为运动员服务，而不考虑他们所处的经济、政治和外部环境。我们必须帮助他们实现独立，去帮助他们更好地发展并与阻碍自身成长和融入社会的各种歧视做斗争。

巴登－巴登大会：这是希望和复苏的大会。

巴塞罗那1992年奥运会：我成功地在自己的故乡举办了奥运会。巴塞罗那1992年奥运会组委会成功应对了挑战。巴塞罗那人民为自己争得了荣誉。如果奥林匹克运动不存在，我们也要把它创造出来。

一场奥运会要想获得成功并在奥林匹克历史上留下浓墨重彩的一笔，它就必须满足两个条件：完美的组织以及主办国全方位的积极参与，不论是个人、社会还是运动员（最好能收获奖牌）。巴塞罗那奥运会就同时满足这两个条件。

顾拜旦：作为奥林匹克运动的缔造者，他首先是一位教育者。他的视野远远超前于他所处的时代。而这也就意味着，他永远无法实现自己的理想。顾拜旦想要传达和阐述的理念是所有人属于同一个世界。秉承这一理念，他预测了国际体育的发展方向，重振了奥运会。这一切都象征着理想主义与团结。

顾拜旦的倡议毫无疑问唤醒了我们对于体育的热情，让无数人相信，体育对于每个国家的发展都有至关重要的意义。

抵制：我们决不能屈服于任何压力，包括来自内部的压力。我们为实现这一目标而不懈努力，从而使得莫斯科1980年奥运会和洛杉矶1984年奥运会能够成功举办。正是通过这样一点一滴的努力，第24届奥运会才能够按照计划于1988年在汉城举行。

拒绝参加奥运会或者不尽全力参加奥运会就是对奥林匹克精神的亵渎，也意味着没能履行作为国家/地区奥委会的基本义务。

政客们已经认识到，抵制所惩罚的只是那些宣布抵制奥运会的国家的运动员。经过多年的艰苦训练，他们却因为政治原因而不能出国比赛。我是一个非常实际的人，因此在世界各国访问的时候，我总会告诉他们：体育必须与政府通力合作，因为没有他们的帮助，体育就不可能实现前进与发展。但与此同时我也要求这些国家的政府要尊重体育组织的独立性。如果能做到这一点，体育就能不断发展。

卡尔加里1988年奥运会：从组织和体育设施两方面看，赛事的举办环境都处于最佳状态，除了大风天气造成了一定的影响。比赛期间也没有出现重大的事故，不论是政治层面还是运动员的资格审查。尽管有时天气状况不佳，但在比赛中，冠军取得了令人欣慰的成绩。这是目前为止最优秀的一届冬奥会。

我们需要把赛程延长到16天，这样就不会发生一些意外情况。比如之前就曾出现过冰球比赛在开幕式之前举行的情况。这种安排也能保证比赛时间内有3个周末，从而保证能有更多的观众来观看比赛。

候选城市：奥运会今天的成功所依赖的难道不是各个国家对申奥的热情？每个国家所做的计划都显示出我们的体育理想已经在世界各地引起共鸣。

今天，对主办城市来说，组织奥运会能带来巨大的好处，尽管存在大国主义的问题。它能够促进更好地利用国家资源、发展旅游业、提高当地人民生活水平、新建和完善体育设施、保护环境、使用尖端技术等。这些

萨马兰奇主席坐在国际奥委会总部维迪堡门口的台阶上

萨马兰奇的奥林匹克生涯

国际奥委会委员	1966—2001
新闻与公共关系委员会委员	1966—1971
国际奥委会礼宾官	1968—1980
文化委员会委员	1968—1973
国际奥林匹克学院委员会委员	1968—1970
国际奥委会援助国家/地区奥委会委员会主席	1969—1971
国际奥委会—国家/地区奥委会关系协调与监督委员会委员	1969—1971
国际奥委会执委会委员	1970—2001
新闻委员会主席	1972—1983
奖项委员会主席	1972
奥林匹克勋章委员会主席	1973—2001
奥运会行政委员会委员	1973
国际奥委会副主席	1974—1980
三方委员会委员	1975—1978
国际奥委会主席	1980—2001
三方委员会主席	1981—1982
奥林匹克团结基金主席	1982—2001
奥林匹克运动委员会主席	1982—1989
奥林匹克博物馆委员会主席	1982—1984
大众传媒委员会主席	1984—1988
大众体育委员会主席	1985—1988
第12届国际奥委会大会筹备委员会主席	1986—1988+1992—1994
奥林匹克收藏者委员会主席	1987—1988+1994—2001
皮埃尔·德·顾拜旦委员会主席	1994—2001
国际奥委会荣誉主席	2001—2010

都是举办奥运会所带来的积极影响。这就解释了为什么奥运候选举办城市的数量越来越多。

体育仲裁法庭： 如今，体育冲裁法庭作为一个国际机构，已经得到了所有对体育和法律都感兴趣的律师、运动员和领导人的认可。如今，体育仲裁法庭拥有很高的地位，也被我当作任职期间最重要的成就之一。事实证明，世界体育界需要这一机构。

中国： 中华民族是一个重情重义的民族。即便身处困境，他们也会展现出对他人的忠诚。我将任期内最后一次奥运会的主办权交给了北京，而我自己也深深感受到了中国人民的热情和友谊。这是很难用语言表达的。在过去这些年中，中国人民反复向我表达了友好和尊敬，而我也在这一过程中学会了尊重这个民族。

腐败： 就个人而言，我对一些成员的行为感到非常失望。非常不幸，他们因不尊重奥林匹克誓言和国际奥委会纲领而被送上法庭。我相信，这是我们第一次，也是最后一次面对类似的问题。

俗话说，"瑕不掩瑜"，这些挫折将不会抹杀奥运会和体育界所带来的积极影响，也不会让我们忘记我们的前辈和我们自己一个世纪以来的努力付出。

我们必须保护我们的价值观，保护我们的机构，保护奥运会。我们要选择一条正确的道路，绝不辜负所有支持奥林匹克运动的人。

兴奋剂： 服用兴奋剂就是选择死亡。从生理学上讲，它以错误的方式从根本上永久性地改变了正常的身体机能。从身体上讲，近年来我们已经看到了不少因服用兴奋剂而导致死亡的悲剧性事件。从精神上讲，服药就意味着接受谎言，掩盖自己的真实实力，承认自己无能或缺乏接受和超越自身极限的意志力。对体育界而言，兴奋剂就好比癌症。它不仅会对运动员的健康造成威胁，还会让年轻人误入歧途，而这是我们无法也不应该接受的。

服用兴奋剂是运动员所面临的压力不断增加的间接结果。他们必须在日益严酷和激烈的比赛中发挥出最佳状态，包括需要在每场比赛中都拔得头筹。

依靠兴奋剂会摧毁人的健康和生活，而这两者恰恰是人类最宝贵的财富。

与兴奋剂的斗争异常艰难和复杂。其结果不仅仅取决于对违规行为的事后处理，而是在各个层面开展教育活动，向运动员和大众宣传这种欺骗所带来的恶果及其对健康的损害。

我意识到，体育无法仅仅依靠自身的力量赢得这场战斗。因此我发起成立了世界反兴奋剂机构，与政府展开平等合作。因为政府掌握解决这一问题的方法，如组织警方采取行动。最近政府就组织警方采取行动，严重打击了兴奋剂的使用。

对话： 对话是最重要的事情，因为它是战胜所有分歧和困难的唯一方法。国际奥委会希望能够充当连接不同世界的桥梁，并由此将关注不同领域、具有不同特点的体育组织联系起来。

只要有谈判桌，就有可能达成协议。

环境： 因体育而团结，为体育而团结。奥林匹克运动能够也必须发动自身的力量为保护地球和人类福祉而努力。

这意味着首先要用奥运会所创造的大量资源以及在民众中所唤醒的热情来追求卓越、加强团结和保护环境。并且要与参加奥运会的所有组委会和地方、地区以及国家组织协同合作，从而实现这一目标。

我们坚信，根据奥林匹克的准则举办的比赛能够实现人类的真正价值，其中就包括对环境的尊重以及对自然的保护。

伦理： 在今天，坚持奥林匹克伦理是十分必要的。其基本的构成要素包括宽容、慷慨、团结、友好、没有歧视和对他人的尊重。从这一角度看，奥林匹克伦理必须是全球性的。它们必须包括反对使用兴奋剂、反对使用违禁药物和其他可能损害运动员和年轻人健康的物质。

在体育中追求卓越： 今天人们沉迷于在体育比赛中追求卓越，而这通常表现为运动员和经济上的成功，以及冠军们的超高人气所带来的好处。今天，他们被当作真正的明星来对待。但这不应该掩盖一些更基本的方面，比如在道德、社会和专业方面对卓越的追求。

公平竞争： 如果没有尊严和对自身的尊重，还有什么公平竞争可言？没有了社会原则，体育就无法存在。我们也必须注意到自己的日常行为。

我们都清楚地认识到，能够参加奥运会的只是少数人。因此，那些有幸参与奥运会的幸运儿就必须充分认识到自己应该传递正确的价值观。有很多的同行没有那么幸运，也没有那么有天赋，还有很多孩子崇拜和羡慕他们，并视他们为楷模。

大项主义： 要实现正常、健康的增长并不意味要抑制一些奥运会大项的发展，除非它们被滥用或不满足《奥林匹克宪章》的要求。真正的解决措施在于在单人项目的单项比赛中设置参赛运动员的数量配额，就像在团体运动中一样。通过这种方式，我们就能知道每个项目的大概参赛人数，而这也将

萨马兰奇的特点是视野长远，知道如何通过体育来捍卫和平

2001年，萨马兰奇任期内的最后一次全会在莫斯科召开，在会议上，萨马兰奇显示出疲惫的迹象

大大方便主办方。

希腊：雅典卫城，永远的雅典卫城。它是一个标志。自从我踏上希腊首都，雅典卫城就一直反复出现在我的脑海中。它总能将我的思绪拉回希腊。一方面，它集合了这个伟大的国家所有的文化和历史；另一方面，它让我回想起我在这个令人难忘的国家所度过的那些快乐的日子。

在奥林匹克的摇篮，我交了很多好朋友。作为国际奥委会委员，我在雅典第一次看到了奥林匹克文化和体育精神的实质。正因如此，与国际奥委会的其他同事一样，在希腊首都的每一天我都在思考如何才能够利用辉煌的过去来创造一个光明的未来。

人权：种族隔离在南非普遍存在，带着政治意味的抵制活动使运动员成为受害者，国际奥委会一直在与它们斗争中。这些问题同样也影响着人权。

在《人权宣言》发布50周年之际，我们要肯定，每个人都有权利选择自己喜欢的娱乐活动，有权利从事最适合自己需要的体育运动。这一点至关重要。

国际单项体育联合会：如果我们希望在多个领域展开更加紧密的合作，我们就必须充分尊重各国际单项体育联合会的独立性。我们必须保证各国际单项体育联合会都站在我们这边。我们有必须实现的目标，但这些目标可能会变化。因此，这种相互依赖的关系就是确保每次全体大会上制定的政策能够成功实现的关键。

国际奥林匹克学院：国际奥林匹克学院由国际奥委会在1961年创立。从诞生之日起，它就一直致力实现三个主要目标：捍卫奥林匹克教育的价值，维护奥林匹克主义的精神和文化价值，向全世界的年轻人宣传和普及奥运会的历史以及和平与友好的理念。

国际奥委会主席：他们会找到更好的主席，但绝对找不到一个比我在奥林匹克运动中投入更多时间的人。至少我是这样认为的。

正如大家所知，国际奥委会主席就好比交响乐团的指挥。他的责任包括协调每位乐手的节奏和声音。

洛桑：生活就是一个不断交流的过程。毫无疑问，你会意识到，国际奥委会的影响越大，洛桑在各个层面所获得的好处就越大。

奥林匹克主义在洛桑得到了真正的发展，从而成为了当今世界的一股重要的社会力量。如果缺少了这层意义，奥林匹克主义就不再忠实于其创始者的精神。

国际奥委会与瑞士联邦保持着良好的关系。正是在Canton de Vaud和洛桑市市政厅，国际奥委会获得了国际组织地位。其他一些国际单项体育联合会也迁至该城市，它们也像奥林匹克主义一样，将运动与文化结合在一起。

遗产：在我担任主席的21年间，很多事情发生了改变。我为自己任职期间所获得的成功和所犯下的错误负责。但我最满意的是能够给我的继任者雅克·罗格留下一个更加健康、参与度更高、更加透明、更加强大和独立的国际奥委会。

利勒哈默尔1994年奥运会：这是一届具有历史意义的奥运会。不仅仅是因为大家一致认为这是奥运历史上最优秀的一届冬奥会，同样也是因为这是国际奥委会首次在不同的年份举办冬季和夏季奥运会。两者轮流在偶数年举行。

人们给萨马兰奇的评价是：高效、迅速、准时、严格，但同时又很慈祥，脸上总是挂着笑容。他对朋友十分友善，对敌人十分机智

这是我担任国际奥委会主席以来举办的第7次奥运会，同时也是最好的一次。所有媒体都给出了一致好评，无一例外。电视转播的收视率也创下新高，在美国更是打破了以往的所有纪录。这让CBS和我们都感到喜出望外。现在我们必须仔细研究如何才能够充分利用此次奥运会取得的成功促进奥林匹克主义在未来的发展。

洛杉矶1984年奥运会：我上任以来的首届奥运会获得了圆满成功，这是我过去做梦都想不到的。我非常幸运，这届奥运会堪称模范，也只有在美国才能如此。这届比赛也创造了大量的经济收入。

在洛杉矶举行的第23届奥运会获得了圆满成功。对此我们深感自豪。我们再一次向世界证明，奥林匹克运动正在蓬勃地发展。

市场营销：奥运会的商业化永远不应被

萨马兰奇在1989年波多黎各圣胡安执委会会议上

原谅。奥运会将是世界上唯一在体育馆中和运动员服装上没有广告的运动会。与任何其他事物一样,我们必须充分利用其积极的一面,同时确保自己不被其消极的一面所影响。

长野1998年冬奥会:在日本长野举行的第28届冬季奥运会让各方都十分满意。我们有机会欣赏奥林匹克之美及其对于年轻人的价值。在欣赏日本文化传统的同时,我们还看到了运动员的才华和努力。

诺贝尔奖:国际奥委会获得诺贝尔奖是实至名归。一个世纪以来,它在全世界范围内为了体育,为了年轻人,为了团结,为了友谊与和平而努力。但是诺贝尔奖评审委员会并没有联系我们。在过去的100年来,我们都没有获得诺贝尔奖,但是在未来,我们还将继续自己的道路。

国际奥委会协调委员会:在奥运会的组织过程中,总是会出现各种各样的问题,不论是大是小。因此,我们组建了国际奥委会协调委员会。此委员会每年3次访问主办城市,这就让组委会和我们之间的沟通更加透明和顺畅。我们有随时待命的技术人员和专家。低估我们在奥运会组织方面的经验是十分愚蠢的,因为没人能比我们自己更好地组织比赛。

奥运会开闭幕式:我认为奥运会开闭幕式具有特殊的文化价值。它能够向我们展现出主办城市的传统。

在一些开闭幕式上,运动员方阵简直就是一场灾难。但是我相信,任何人都无权剥夺运动员出现在方阵中的权利,或者试图让每个国家只能有一小部分运动员出现在方阵中亦或是每个国家仅派出一位代表。尽管我认为亚特兰大1996年奥运会组委会关于减少闭幕式旗手的提议是个不错的主意。但不得不说,最近几届奥运会的闭幕式质量越来越差。对此我感到十分遗憾。

夏季奥运会开闭幕式

洛杉矶1984年奥运会:我们永远都会记着那个从我们头顶飞过的人给大家带来的惊喜。这让我想起了一部好莱坞音乐剧。这是一场精彩的表演,在这方面,美国人是真正的大师。

汉城1988年奥运会:民族舞蹈、大鼓和数百名跆拳道爱好者在草地上的精彩表演惊艳了世界。纪律、秩序与和谐,这是三个非常具有东方特色的概念。

巴塞罗那1992年奥运会:开幕式上出现了几个令人欢呼喝彩的瞬间。一位残奥会射箭选手以射箭的方式点燃了圣火,所有运动员站在一面巨大的五环旗下,暗喻着奥运五环永远保护着世界各地的运动员,还有基于赫拉克勒斯和地中海神话创作的舞蹈表演。这一切都让人终身难忘。

亚特兰大1996年奥运会:为庆祝奥林匹克运动百年而创作的中国手影表演令人耳目一新。各国代表团方阵游行似乎永远也结束不了，并且十分无聊。我们之前曾经就此提醒过组委会，但他们似乎并没有重视我们的意见。当我们看到拳王阿里点燃圣火的时候，之前的一切都忘到了脑后。那是一个令人激动的时刻。

悉尼2000年奥运会，这届奥运会总是与我妻子碧蔚丝联系在一起。艺术表演的部分非常精彩，比巴塞罗那的资源更为丰富，但或许艺术性要稍逊一筹。著名的奥运冠军德万·弗雷泽就坐在我旁边。当时的天气有点冷，但是随着时间的推移，情况有所好转。我向大家打了招呼，并且以一句"早上好，西班牙"献给我正在弥留之际的妻子碧蔚丝。当我引用土著人和弗雷泽的话的时候，他们都鼓起了掌。那是一场十分精彩的开幕式，人们向作为生命之源的水表达感激。最后我没能观看表演，我中途离开飞回了巴塞罗那。我妻子碧蔚丝的生命正在走向终点。

悉尼2000年奥运会是萨马兰奇担任国际奥委会主席期间的最后一届奥运会

冬季奥运会开闭幕式

萨拉热窝1984年冬奥会：本届奥运会是我担任主席以来主持的第一场奥运会。在这个南斯拉夫城市所展现出的不同种族之间的团结与凝聚力让我十分感动。闭幕式十分感人。一切都按计划进行，但在演讲的最后，在用塞尔维亚语说了几句话后，我收到了一生中最热烈的掌声。波斯尼亚人、克罗地亚人和塞尔维亚人3个不同的民族在萨拉热窝、波斯尼亚和黑塞哥维那和平共处。在这里，和谐永远是主旋律，从未发生过任何民族冲突。

卡尔加里1988年冬奥会：天气十分寒冷。当时的氛围和天气都很冷。从北极吹来的冷风不断透进体育馆。寒冷的感觉糟糕透了。主办方给观众提供的毛毯根本不足以御寒。印第安人和牛仔表演给开幕式增添了欢快的色彩，但是整场仪式并没有给大家留下什么印象。

阿尔贝维尔1992年冬奥会：这是柏林墙倒塌后的第一场奥运会。开幕式的艺术性是无与伦比的。表演极具试验性和先锋性。负责编舞的是来自巴黎的年轻艺术家菲利普·德库弗列。他被看作是"世界表演艺术的问题儿童"，但是他却用高质量的表演和大胆的服装惊艳了世界。

利勒哈默尔1994年冬奥会：开幕式非常精彩，尽管天气严寒。最后一位表演者的出场方式让所有人眼前一亮：他从蹦床上一跃而下。我请求观众保持一分钟静默，为在萨拉热窝恐怖袭击事件中死伤的人民致哀。我还有些担心现场观众的反应，但挪威人民表达了自己的同情。

长野1998年冬奥会：开幕式非常精彩，展现出了高超的艺术水准。一直都存在问题的运动员方阵也组织得非常完美。我认为自己的讲话非常顺利。我用非常容易接受的方式重点谈了谈关于"奥林匹克和平"的问题，以及体育和奥林匹克运动作为一种优秀的资源在促进教育方面的重要意义。它们是培养下一代的最佳资源。

奥林匹克文化：我们应当在社会各阶层加强奥林匹克主义教育。要实现这一目标，各国家/地区奥委会应当建立一个信息中心，一所学校和一座奥林匹克博物馆。这样就能够为下一代保留文化遗产。

奥林匹克圣火：从教育角度看，奥林匹克圣火传递必须纳入奥林匹克运动的日常活动当中，代表奥运精神的奥林匹克圣火必须保持长明。

愿在我们当中熊熊燃烧的奥林匹克圣火永不熄灭。

奥运会：奥运会是独一无二的，并且必须继续举办下去。正因如此，我们必须研究出正确的道路和方法来保护奥运会，并且如果可能的话不断提高它的地位，以便能够继续在现代社会举办这一盛事。

在世界各个角落，有上亿人在不断努力、拼搏、竞争。他们怀揣着同一个梦想，那就是有一天能够参加奥运会。奥运会不仅已经成为了人类历史上规模最大的体育赛事，而且也清晰地显示出，世界各地人民之间的共存、团结和友谊是可以实现的。

奥林匹克理想：从1894年开始，国际奥委会委员就来自于社会各个阶层。包括国家元首、皇室成员和贵族、军人、法官、教育工作者、医生、外交官、银行家、商人和记者。其中很多人都参加过奥运会，还有一些人是奥运冠军。尽管宗教信仰和政治理念各不相同，但他们都怀揣共同的奥林匹克理想。

奥林匹克运动：自1894年以来，奥林匹克运动经历了风浪与危机，但是每次都能够以成功和胜利告终。因为奥林匹克理想能够轻而易举地超越个人的利益。

奥林匹克运动不是僵化的、正在老去的运动，而是活着的、不断发展的运动。

我们的目标是让奥运会及其创造出的大量资源为奥林匹克运动服务。

与政府不同，国际奥委会的力量不是能够通过常规方式衡量的。但是如果有一天各国政府必须回报所有为体育事业付出时间和努力的人，那么很少有国家能做到这一点。正因如此，奥林匹克运动自身的价值应当得到认可，这一点是非常重要的。它是一个自愿性质的非政治团体，并且所有的人都应该尊重其原则。

奥林匹克运动不属于任何政府，它也不是国际奥委会的附属品，而是全人类的财富。

我坚信，奥林匹克运动的未来将取决于我们和我们的继任者将如何发展奥林匹克主义的概念。

对我来说，能够为奥林匹克运动服务是我的荣幸。每次当我打开位于维迪堡的办公室大门的时候，我都会感到非常高兴。

奥林匹克博物馆：位于洛桑的奥林匹克博物馆是奥林匹克运动多样文化财富的宝库。博物馆运用了多项高度现代化的技术，同时它还定期组织艺术、图片和奖章展。国际单项体育联合会、各国家/地区奥委会、奥运会组委会、运动员和慈善家都会向博物馆捐赠各种各样的艺术品和纪念品，这大大丰富了博物馆的藏品。

奥运会项目：我们想要的不是那些仅仅为奥运会而存在的项目。我们看到一些其他的项目也在期待我们的关注，比如铁人三项和沙滩排球。未来我甚至能看到高尔夫纳入奥运比赛项目的可能性。这项广受欢迎的运动在1900年就是奥运会比赛项目。奥运会比赛项目一定不能固定。

奥林匹克团结基金：没有团结的统一是不存在的。同样的话我不想再说，在体育上，同一个问题在印度和卢森堡的处理方式绝对是不同的。帮助奥林匹克大家庭的全部成员实现共同发展是我们的义务。

奥林匹克团结基金的一个主要任务就是加深运动员和教练员对体育技术的了解，通过奖学金和科研基金帮助他们提高专业水平，培训体育领袖，在必要的时候修建体育基础设施以及支持国家/地区奥委会组织和举办的各项比赛。

奥林匹克团结基金也是在这期间发展起来的。我认为在最近几年里，它在概念上出现了根本性的改变。因此我必须引用一句话"授之以鱼不如授之以渔"。奥林匹克团结基金已经从一个授人以鱼的组织变成了一个授人以渔的组织。

在2001年于莫斯科举行的第112次全会上，萨马兰奇戴着奥林匹克金质奖章与继任者雅克·罗格合影

胡安·安东尼奥·萨马兰奇与国际奥委会现任主席，来自德国的托马斯·巴赫在1994年于巴黎举行的一场会议上

残奥会：巴塞罗那残奥会的成功也也充分显示出为身体有残疾的人举办体育活动具有重要意义，这对他们的身体和心理健康都具有重大的意义。

和平：我们的计划都是为了和平，我们的人文活动都有象征意义。但是最重要的永远都是和平，所有的文化都崇尚和平。

政治：政治归政治，体育归体育。如果出现针对某个国家的抱怨，我们必须在合适的平台上对它们进行讨论，比如联合国这样的政治平台。但奥运会绝不是这样的平台，因为它在全球拥有巨大的影响力。如果一个国家必须受到惩罚，不论出于何种原因，不论是体育还是奥运会都不应被当作这样的平台。为什么不从经济和贸易角度解决问题呢？

内比奥罗：来自都灵的内比奥罗是一个有才华的人。他改革了田径运动，并且一直是我们忠实的伙伴。此外，他生前一直担任国际大学运动联合会主席，该机构负责组织世界大学生运动会。

改革：我们支持那些旨在强化奥林匹克运动的改革，这些改革能够保护奥运会的全球性和国际奥委会的独立性。

这些改革意味着，今天，由于国内运动员的积极参与，由于一套全新的内部职业道德标准的出现，由于有足够的财政收入能够保证其独立于政治力量，国际奥委会的开放程度大幅提高。因此，国际奥委会在体育界的领导能力进一步加强，并且保证奥运会是一个全球年轻人和平和谐相处的盛事。

尊重：我们必须尊重也的确尊重那些可能出现的不同的声音。但是我们绝不接受嫉妒和伪善。它们会驱使一些人试图去摧毁自己没能构建起来的东西。

责任：我们这些身居领导职位的人无权感到疲惫，因为当初正是我们自己选择承担这个责任。对于一些政客和官员，我无法理解。他们在努力获得今天的职位后却在成天抱怨。我之所以担任这一职位是因为我热爱我的工作，是因为我所做的一切都能带给我巨大的满足感。

萨拉热窝1984年冬奥会：今天是不寻常的一天。我相信它是我一生中最重要的一天。能在如此精彩的开幕式上致辞我感到十分骄傲。

汉城1988年奥运会：这是一场象征着和解的比赛，这是追求卓越与和平的比赛。

赞助： 在挑选赞助商的时候，体育方面的领导人最重要的目标就是要确保双方都能从合作中受益。但是这种合作决不能越界。对体育的控制权必须掌握在体育手中。

体育： 我一直都有一个座右铭：为体育服务，而不是通过体育达到自己的目的。

从体育中获得的经济收入应当用于回馈体育。

体育必须是自己命运的主人。

体育或许是社会最好的学校，而国际奥委会的目标就是证明这一点。

体育是一种教育的方式，也是促成和解的一个重要因素。体育活动必须回归自己的原始理念，起到塑造品格的作用，其中就包括对他人的宽容和慷慨。

体育教育人们要遵循公正、民主和人权的原则。当我们还是孩子的时候，在体育和运动中，这些就是我们要学习的最基本的原则。

今天，体育比赛是全球性的，这就意味着它已经跨越了国界。正如现在人们常说的，体育是世界性的通用语言。今天，体育带来团结，而不是分裂。

体育运动的大众化是有益的。它是一种生理上的需求，它体现出的是一种必须得到尊重的权利。

全民体育： 只有不局限于学校教育的范畴，体育才能够发挥其在教育方面的真正价值。高质量、活跃的、大众化的体育可以保证人的全面发展。大众体育赛事的开展能够将电视观众的热情转化为参与体育运动的愿望。

运动员： 如果奥运会是顶尖运动员的舞台，那么国际奥委会不能忘记其他成千上万名普通运动员的努力。虽然可能他们未想过要参加奥运会，但他们与我们拥有共同的理想。他们构成了奥林匹克运动的核心。

体育馆： 体育和奥林匹克主义的发展带来了一些新的体育场馆的建设，它们就像体育界的大教堂。作为运动殿堂，现代化的建筑是它们的亮点。在美观、功能性和受欢迎程度上，它们都可以和其他建筑媲美。在20世纪后半叶，它们无数次让人们惊叹不已。

集邮： 在我们提到的所有奥林匹克收藏中，我最尊重的就是集邮。我在1945年开始集邮。奥林匹克集邮的第一位重要推动者是意大利的阿尔伯特·博纳科萨伯爵，他在1925年至1953年间担任国际奥委会委员，从1935年到1952年担任国际奥委会执委会委员。他的热情激励了很多人开始收集奥林匹克主题邮票。在第二次世界大战结束后，此类邮票大量生产。这就促成了专业出版物的出现（第一本集邮册于1947年在法国出版）以及各类展览的举办。首个全国奥运集邮展于1951年在巴萨罗那举行，首次国际展于1952年在罗马举行。我在奥运集邮方面的兴趣要追溯到很多年前，因为我父亲非常喜欢集邮。我收集的最著名的一套奥运邮票一开始就是我父亲送我的一份礼物，那是雅典1896年奥运会召开时发布的第一套奥运邮票。这就是我奥运集邮的开始。加泰罗尼亚的收藏家维达尔·托伦给我提供了很大的帮助。正是他制作了世界第一本体育邮票目录。我一直都在不断丰富自己的藏品，尽管我在1989年12月5日将包括最著名的四格邮票在内的最好的藏品捐赠给了奥林匹克博物馆。

悉尼2000年奥运会： 在悉尼举办的第27届奥运会是我担任主席期间主持召开的最后一届奥运会。因此我想特别感谢那些为这届奥运会做出贡献的人们。正是在他们的帮助下，这届奥运会才成为了历史上最棒的一届奥运会。

电视： 每4年就有一大批电视观众发现或者重新发现奥运会的魅力。电视中播放着运动员的精彩表现，获得金牌的情景以及闭幕式烟火表演的盛况。在3周时间里，这些画面不断激发出人们对体育的热情。这种热情是推动奥运会不断发展的力量源泉，而国际奥委会有义务去充分挖掘它的潜力。

电视转播权： 我们永远都不能忘记一条原则，在与电视台进行谈判的过程中，奥林匹克运动的目的并不仅仅是赚钱，而是保证奥运会和每项运动都能触及到最广泛的观众群体。

第三个千年： 现在，我们正处在体育的黄金年代。而这就带来了嫉妒。如果不采取恰当的措施，它可能会给我们的运动带来损害。我们必须在已有经验的基础上对奥运会的组织进行反思，以便更好地应对奥运会的第三个千年。

国际奥委会全球合作伙伴计划： 全球合作伙伴计划是一项巨大的贡献，并且帮助我实现了从担任主席第一天起就一直追求的目标：一方面，它帮助我们实现了一直以来追求的经济独立；另一方面，从思想层面讲，它对我们的日常工作起到了帮助作用，使得皮埃尔·德·顾拜旦的理念能够传播到世界各地。

奥林匹克休战： 显而易见，此举具有重要的象征意义。但在实际操作过程中也有巨大的作用。如果我们能够在奥运会期间休战的话，我们就有可能在比赛结束后继续休战，从而彻底结束战争。

团结： 从理论上讲，国际奥委会的力量非常薄弱。我们只是奥林匹克运动的一部分。正因如此保证奥林匹克运动的三大支柱：国际奥委会、国际单项体育联合会和国家/地区奥委会能够统一行动具有至关重要的意义。

我们每天都必须面对的一个最重要的问题就是保证奥林匹克运动的团结。它是我们力量的源泉。我相信，我们正在经历奥林匹克的黄金年代，从20世纪80年代中期开始一直持续到现在。但是这种团结是非常脆弱的，必须悉心呵护。

全球性：帮助各国实现共同发展并不是简单的承诺，而是切实的行动。它完美地转化成了《奥林匹克宪章》的基本原则。奥运会的全球性特点必须得到尊重，并且通过奥林匹克文化的传承和赛事水平的不断提高而得以保留。我们必须鼓励来自世界各地的最优秀的运动员参加比赛。

确保奥运会的全球性是国际奥委会一直关心的问题。为了达到这一目标，我们提出了补助计划，由奥林匹克团结基金给来自发展中国家的运动员拨款，从而使得他们能够通过一切可能的方式为比赛做好准备。我们的义务就是为运动员服务，让他们取得令自己满意的成绩。

维迪堡：我们必须发展和壮大我们的总部，去制定出一套对一个引领世界体育运动的大型组织具有可操作性的标准。我们需要有一座博物馆，以及图书馆、图片库、电影库和音频视频设备，用以帮助我们完成自己的使命，展现自己的历史。通过这些平台，那些对奥林匹克感兴趣的人就可以获取到相关的资料。

志愿者：来自不同民族、文化和宗教的的数百万名志愿者构成了奥林匹克金字塔的基石。没有对体育充满热情的志愿者们的参与和奉献，体育的发展和奥林匹克教育的开展就是不可能的。他们在奥运会的组织中扮演了重要角色。

成为奥运会志愿者就意味着接受一项挑战。他们有意愿、有决心为体育界服务，尽管这并非自己的义务所在。他们能够从中获得道德上的满足感，有时候也能获得他人的认可。我们有责任推动志愿者文化的发展从而不断强化奥林匹克运动。

女性与奥林匹克主义：通过选择女性成为国际奥委会委员，我们纠正了一个历史错误。她们的才能能够丰富和发展体育和奥林匹克精神。

我们依然面临很大的挑战，直到女性在国家、地区和世界体育界的各级管理岗位都能担任要职，直到年轻女性都能在参加相关体育运动的时候与男性享有同等的机会。传统文化上的障碍有时在一些国家依旧妨碍女性参加体育运动，从而对她们的生理和心理健康都产生不良影响。

在1994年现代奥运百年之际召开的奥林匹克大会上，国际奥委会采纳了重要的建议，提高女性在体育界各层次的参与度，并保证能够实行男女机会平等的原则，这样她们就能在奥林匹克运动中起到越来越重要的作用。

在这方面，国际奥委会决定，任何希望成为奥运会比赛项目的新运动都必须涵盖女子赛事。但是我们要做的还有很多。女性在体育比赛中的参与度低主要是由于在很多国家她们都面临巨大的社会障碍和来自文化传统的阻挠。

奥林匹克运动有坚定的决心做出自己的努力，从而使得21世纪能成为一个新时代的开始。在这个新时代，女性能够真正成为世界体育的一部分。

21

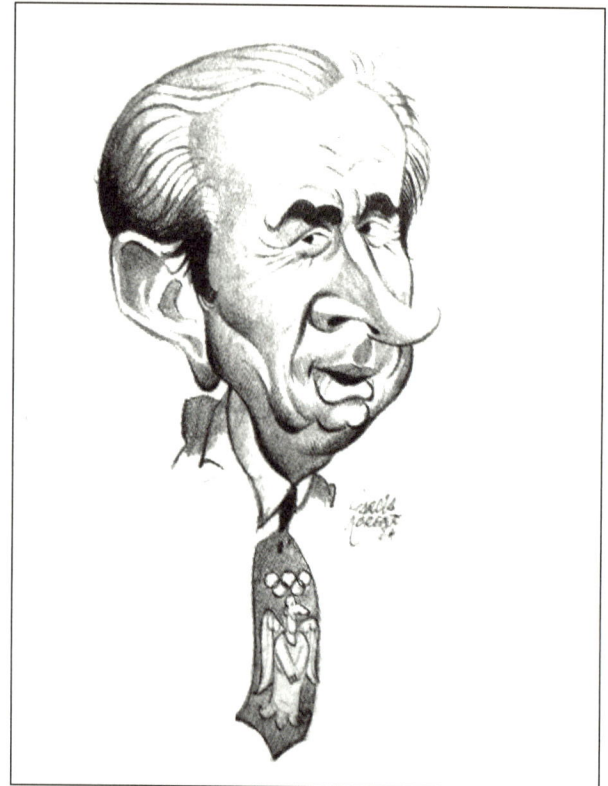

漫画

胡安·安东尼奥·萨马兰奇对收藏的热情促使他保留了许多以他为原型的漫画、笑话和绘画。具有讽刺和批评感的作品是巴塞罗那奥林匹克基金会萨马兰奇奥林匹克研究中心的重要文档。其中最突出的是在洛桑《晨报》上获得金奖的法国漫画家巴里格的作品。2001年奥林匹克博物馆展出了一系列关于萨马兰奇21年主席任期间的代表作品。萨马兰奇承认自己是"21年中巴里格最喜爱的笔下牺牲品之一",他毫无反感地向他表示祝贺。巴里格承认主席接受自己的作品所具有的幽默感,并以幽默和挑衅的方式感谢他的理解。

—我要举起香槟庆祝悉尼通过了兴奋剂检测。
—不,主席,你举的是尿样!

参考文献

BAILEY, Steve. "*Atlethe First: a history of the Paralympic Movement*". Wiley, 2008.
BOIX, Jaume; ESPADA, Arcadi "*El deporte del poder : vida y milagro de Juan Antonio Samaranch*". Espasa Calpe. Madrid, 1991.
BRUNET, Ferran; CARRARD, François; CORRAND, Jean-Albert. "*Le Président du Centenaire*". Comité International Olympique. Lausanne, 1997.
CHAPPELET, Jean-Loup; KÜBLER-MABBOTT, Brenda. "*The International Olympic Committee and the Olympic System*". Routledge, 2008.
CHAZAUD, Pierre. "*Le sport et sa gestion*". Ed. Vigot. Paris, 1983.
CICUENDES, Eduardo. "*Paralimpicos*". Comité Paralímpico Español. Servimedia, Madrid 2006.
CID LEAL, María Pilar. "*El Movimiento Olímpico y la información documental: análisis de fuentes, tipologías y métodos de tratamiento*". Universidad Autónoma de Barcelona, 1995.
COMITÉ INTERNATIONAL OLYMPIQUE. "*De Moscou à Lausanne: dix années de la présidence de Juan Antonio Samaranch*". Comité International Olympique, Lausanne, 1990.
COMITÉ INTERNATIONAL OLYMPIQUE. "*Les années Samaranch- The Samaranch years: 1980-2001*". Comité International Olympique, Lausanne, 2001.
COMITÉ PARALÍMPICO ESPAÑOL. "*Deportistas sin adjetivos. El deporte adaptado a las personas con discapacidad física*". Madrid, 2011.
DA COSTA, Lamartine P. "*Olympic Studies. Current intellectual crossroads*". University Gama Filho. Rio de Janeiro, 2002.
EYDI, Hossein; FARZI, Hamed. "*Comprehensive review of Olympic Movement*". Horizon Reasearch Publishing, 2014.
FERNÁNDEZ PEÑA, Emilio. "*Olympic Summer Games and Broadcast Rights. Evolution and challenges in the new media environment*". Madrid, 2009.
GRACIA Luis; REY, Juan Pablo; CASAJUS, José Antonio. "*El dopaje en los Juegos Olímpicos de Verano (1968-2008)*". Universidad de Zaragoza, 2009.
GUEORGUIEV, Nikolay. "*Analysis of the Olympic Program 1896-1996*". Collection IOC Olympic Studies Centre. Lausanne, 1996.
LANDRY, Fernand y YERLÈS, Magdeleine. "*1894-1994.*"Un Siècle du Comité Internationale Olympique". Colección dirigida por Raymond Gafner. CIO. Lausanne , 1996.
LA ROCCO, Claudia. "*Rings of Power. Peter Ueberroth and the 1984 Los Angeles Olympic Games*". Financial History, Spring 2004.
LEE, Mike (supervised). "*Aspects of the Olympic Games*". February, 2004.
LIANG LIJUAN. "*He Zhenliang and China's Olimpic Dream*". Foreign Languages Press Beijing, 2009.
LORET, Alain. "*Sport et Management: de l'éthique à la practique*". Revue EPS, Paris, 1995.
LYBERG, Wolf. "*The seventh President of the IOC. Facts and Figures*". Collection IOC Olympic Studies Centre. Lausanne, 1997.
MASLOVA, Nadezha. "*Green Olympics: intentions and reality*". Royal Institute of Technology. Stockholm, 2010.
MERCADER, Jordi. "*La realidad de un sueño*". Grijalbo, Barcelona, 1987
MERCÉ VARELA, Andrés. "*Los Juegos Olímpicos: una ilusión universal*". Edicions 62. Barcelona, 1988.
MERCÉ VARELA, Andrés. "*Pierre de Coubertin*". Edicions 62. Barcelona, 1992.
MILLER, David. "*Olympic revolution: the olympic biography of Juan Antonio Samaranch*". Pavilion. London, 1996.
MILLER, David. "*Athens to Athens. The official history of the Olympic Games and the IOC 1894-2004*". Mainstream Publishing, 2003.
MIRAGAYA, Ana Maria. "*The process of inclusion of women in the Olympic Games*". Universidade Gama Filho. Rio de Janeiro, 2006.
MORAGAS, Miquel de. "*The legacy of the Olympic Games: 1984-2000. International Symposium, Lausanne, 14th-16th November 2002*". Collection IOC Olympic Studies Centre. Lausanne, 2003.
MORATH, Pierre. "*Le CIO à Lausanne*". Editions Cabédita. Yens sur Morges,2000.
PALACIOS, Pedro. "**El legado de los Juegos Olímpicos**". Curso de Formación de gestores deportivos. Universidad Autónoma Madrid, 1997.
PARIENTÉ, Robert. "*The Samaranch years: 1980-1994 towards olympic unity .Interviews for the newspaper L'Equipe*". Collection IOC Olympic Studies Centre. Lausanne, 1995.
PAYNE, Michael. "*Olympic Turnaround*". Infinite Ideas, 2012.
PELLEGRINI, Vincent ; COTTAGNOUCI, Alain. "*Les anneaux Déchus. Le complot de Séoul*" Editions Pillet/ Saint-Augustin.
PUIG, Josep Maria. "*Olympic marketing: historical overview*". Centre d'Estudis UAB, Barcelona, 2006.
PREUSS, Holger. "*Economic dimension of the Olympic Games*". Centre d'Estudis UAB, Barcelona, 2006.
RATNER, Alexander; LINDER, V. "*Juan Antonio Samaranch: from Moscow to Moscow*". Golden Bee, Moscou, 2001.
RATNER, Alexander. "*The seventh President Juan Antonio Samaranch: the true story*". Olympic Panorama, Moscow 2001.
RIQUIER, Ludovic; LESCURE, Jean-Claude. "*Juan Antonio Samaranch: biographie à travers le quotidien Le Monde*". Université Pierre Mendès France. Grenoble, 2001.
ROUKHADZÉ, Marie-Hélène ; GUÉORGUIÉVA, Malina. "*Président Juan Antonio Samaranch : 23 juin 2001*" Lausanne, 2001.
ROTH, Erwin; LUZENFITCHER, Alain; MILLER David. "*Olympic Guardians/ Gardiens de l'Olympisme 1894–2010*". ProSportPublishing, 2010.
SAMARANCH, Juan Antonio. "*Memorias Olímpicas*". Editorial Planeta. Barcelona, 2002.
SAMARANCH, Juan Antonio. "*The International Olympic Academy: Ninth Session Aug. – Sept. 1969 Olympia Greece*". International Olympic Academy, COH. Athens, 1970.
SIEIGHT, S. "*Patrocinadores*". Ed. Macgraw & Hill, Madrid, 1992.
SIMSON, Vuv; JENNINGS, Andrew. "*Los Señores de los Anillos, poder, dinero y doping en los Juegos Olímpicos*", Ediciones Transparencia, Barcelona, 1992
TARRADELLAS, Josep. "*El Movimiento Olímpico y el medio ambiente*". Centre d'Estudis UAB, Barcelona, 2003.
WALLECHINSKY, David; LOUCKY, Jaime. "*The complete book of the Olympics*". Paperback, 2014.
WALLECHINSKY, David; LOUCKY, Jaime. "*The complete book of the Winter Olympics*". Paperback, 2012.
WU, Zhongyun. "*Samaranch: a true friend of China*". China Olympic Publishing House, 1990

Documentos

ARCHIVO PERSONAL, DIARIO PERSONAL Y NOTAS DE JUAN ANTONIO SAMARANCH
ACTAS DE LAS SESIONES DEL COI (1965-2001)
DIRECTORIOS OLÍMPICOS DEL COI (1968-2001)
INFORMES OFICIALES DE LOS JUEGOS OLÍMPICOS (1980-2001)

Periódicos y revistas

CARBONELL, Guillem. "*Samaranch, la última entrevista*". La Vanguardia. Barcelona, 2010
JOURNAL OF OLYMPIC HISTORY, Collection. Los Angeles: LA84 Foundation
REVUE OLYMPIQUE, Collection. Olympic Studies Centre. Lausanne.
MENSAJE OLIMPICO. Collection (1982/1994). Olympic Studies Centre. Lausanne.
MONNARD, Bertrand. "*Le seigneur des anneaux: olympisme, Juan Antonio Samaranch*". L'Hebdo, Lausanne 1991
SAMARANCH, Juan Antonio. "*Revista Deporte 2000*", Madrid, 1969
SOLIDARIDAD OLÍMPICA Informes anuales (1981-2001). Lausanne
SPIEGEL "*Dassler will alles kontrollieren*", 1986
Hemeroteca Digital diarios "El Mundo Deportivo" y "La Vanguardia"